BIBLIOTHÈQUE HENRI-BOURASSA
5400, boul. H
Montréal-Nord

JE SUIS UNE BOUCLE ÉTRANGE

DOUGLAS HOFSTADTER

Traduit de l'américain par
JULIEN BAMBAGGI

Avec la collaboration de
BELLA ARMAN

DUNOD

First published in the United States by Basic Books, a member of the Perseus Group.

L'édition originale de cet ouvrage a été publiée en 2007
aux États-Unis par Basic Books, sous le titre :
I'm a Strange Loop.

Copyright © 2007 par Douglas Hofstadter

Maquette de couverture : MATEO
Photo de couverture : William Frucht

Le pictogramme qui figure ci-contre mérite une explication. Son objet est d'alerter le lecteur sur la menace que représente pour l'avenir de l'écrit, particulièrement dans le domaine de l'édition technique et universitaire, le développement massif du photocopillage.
Le Code de la propriété intellectuelle du 1er juillet 1992 interdit en effet expressément la photocopie à usage collectif sans autorisation des ayants droit. Or, cette pratique s'est généralisée dans les établissements d'enseignement supérieur, provoquant une baisse brutale des achats de livres et de revues, au point que la possibilité même pour les auteurs de créer des œuvres nouvelles et de les faire éditer correctement est aujourd'hui menacée.
Nous rappelons donc que toute reproduction, partielle ou totale, de la présente publication est interdite sans autorisation de l'auteur, de son éditeur ou du Centre français d'exploitation du droit de copie (CFC, 20, rue des Grands-Augustins, 75006 Paris).

© Dunod, Paris, 2008 pour la traduction française
ISBN 978-2-10-049971-7

Le Code de la propriété intellectuelle n'autorisant, aux termes de l'article L. 122-5, 2° et 3° a), d'une part, que les « copies ou reproductions strictement réservées à l'usage privé du copiste et non destinées à une utilisation collective » et, d'autre part, que les analyses et les courtes citations dans un but d'exemple et d'illustration, « toute représentation ou reproduction intégrale ou partielle faite sans le consentement de l'auteur ou de ses ayants droit ou ayants cause est illicite » (art. L. 122-4).
Cette représentation ou reproduction, par quelque procédé que ce soit, constituerait donc une contrefaçon sanctionnée par les articles L. 335-2 et suivants du Code de la propriété intellectuelle.

À ma sœur Laura,
  qui peut comprendre

et à notre sœur Molly,
  qui ne le peut pas.

Sommaire

Remerciements — VII
Préface   Un auteur et son livre — XI
Avant-propos à l'édition française — XXIII

Prologue   Une aimable joute oratoire — 1

1   Les âmes et leur taille — 7

2   Ce bulbe vacillant plein d'espoirs et d'effroi — 29

3   Configurations et causalité — 45

4   Boucles, buts et bugs — 63

5   Le feedback vidéo — 81

6   Du moi et des symboles — 91

7   Le phénomène Épi — 111

8   Un safari au cœur des boucles étranges — 129

9   Structures et énoncés démontrables — 145

10   La boucle étrange type de Gödel — 161

11	Comment l'analogie produit du sens	191
12	De la causalité descendante	213
13	Le « Je » et son insaisissable fruit défendu	233
14	L'étrangeté dans le Moi de l'observateur	255
15	Enlacements	275
16	Les affres du plus profond mystère	299
17	Nos vies des autres	317
18	L'obscure clarté de l'identité humaine	341
19	La conscience, c'est la pensée	363
20	Duel à fleuret moucheté	371
21	Petit bras de fer avec les Ego cartésiens	397
22	Le tango des zombies	421
23	L'exécution de deux vaches sacrées	439
24	De la magnanimité et de l'amitié	451
Épilogue	Le dilemme	469
Notes		479
Bibliographie		499
Crédits		507
Index		509

Remerciements

❧ ❧ ❧

Je suis fasciné depuis mes années d'adolescence par ce qu'est et fait l'esprit, et cela fait plusieurs décennies que je m'interroge sur de telles énigmes. Certaines de mes conclusions viennent d'expériences personnelles et de réflexions solitaires mais, bien entendu, j'ai été profondément marqué par les idées de beaucoup d'autres, ce qui remonte à l'école élémentaire, si ce n'est plus tôt encore.

Parmi les auteurs connus qui ont le plus influencé ma pensée sur des sujets aussi imbriqués que l'esprit, le cerveau, les structures, les symboles, l'autoréférence et la conscience, il y a, dans une sorte d'ordre chronologique approximatif : Ernest Nagel, James R. Newman, Kurt Gödel, Martin Gardner, Raymond Smullyan, John Pfeiffer, Wilder Penfield, Patrick Suppes, David Hamburg, Albert Hastorf, M.C. Escher, Howard DeLong, Richard C. Jeffrey, Ray Hyman, Karen Horney, Mikhail Bongard, Alan Turing, Gregory Chaitin, Stanislaw Ulam, Leslie A. Hart, Roger Sperry, Jacques Monod, Raj Reddy, Victor Lesser, Marvin Minsky, Margaret Boden, Terry Winograd, Donald Norman, Eliot Hearst, Daniel Dennett, Stanislas Lem, Richard Dawkins, Allen Wheelis, John Holland, Robert Axelrod, Gilles Fauconnier, Paolo Bozzi, Giuseppe Longo, Valentino Braitenberg, Derek Parfit, Daniel Kahneman, Anne Treisman, Mark Turner, et Jean Aitchison. Livres et articles de beaucoup de ces auteurs sont cités dans la bibliographie. Au fil des années, j'ai été amené à connaître un bon nombre d'entre eux et les amitiés que j'ai nouées parmi eux comptent parmi les grandes joies de ma vie.

Sur un plan plus resserré, j'ai été influencé tout au long de ma vie par des milliers de conversations soutenues, d'appels téléphoniques, de lettres et de courriels avec des membres de ma famille, des amis, des étudiants et des collègues. Une fois encore, cités dans un grossier semblant d'ordre chronologique, il convient de nommer : Nancy Hofstadter, Robert Hofstadter, Laura Hofstadter, Peter Jones, Robert Boeninger, Charles Brenner, Larry Tesler, Michael Goldhaber, David Policansky, Peter S. Smith, Inga Karliner, Francisco Claro, Peter Rimbey, Paul Csonka, P. David Jennings, David Justman, J. Scott Buresh, Sydney Arkowitz, Robert Wolf, Philip Taylor, Scott Kim, Pentti Kanerva, William Gosper, Donald Byrd, J. Michael Dunn, Daniel Friedman, Marsha Meredith, Gray Clossman, Ann Trail, Susan Wunder, David Moser, Carol Brush Hofstadter, Leonard Shar, Paul Smolensky, David Leake, Peter Suber, Greg Huber, Bernard Greenberg, Marek Lugowski, Joe Becker, Melanie Mitchell, Robert French, David Rogers, Benedetto Scimemi, Daniel Defays, William Cavnar, Michael Gasser, Robert Goldstone, David Chalmers, Gary McGraw, John Rehling, James Marshall, Wang Pei, Achille Varzi, Oliviero Stock, Harry Foundalis, Hamid Ekbia, Marilyn Stone, Kellie Gutman, James Muller, Alexandre Linhares, Christoph Weidemann, Nathaniel Shar, Jeremy Shar, Alberto Parmeggiani, Alex Passi, Francesco Bianchini, Francisco Lara-Dammer, Damien Sullivan, Abhijit Mahabal, Caroline Strobbe, Emmanuel Sander, Glen Worthey – et, bien entendu, Carol et mes deux enfants, Danny et Monica Hofstadter.

Je ressens une profonde gratitude pour l'Université de l'Indiana qui nous a généreusement soutenus, moi-même et mon groupe de chercheurs (le *Fluid Analogies Research Group*, familièrement appelé le « FARG » – le groupe de recherche sur les analogies fluides), et cela depuis si longtemps. Quelques-unes des personnes clés de l'Université de l'Indiana qui ont maintenu à flot les FARGaunautes tout au long des vingt dernières années sont Helga Keller, Mortimer Lowengrub, Thomas Ehrlich, Kenneth Gros Louis, Kumble Subbaswamy, Robert Goldstone, Richard Shiffrin, J. Michael Dunn, et Andrew Hanson. Tous ont été des compagnons de pensée et des supporters inébranlables, certains

REMERCIEMENTS

depuis des décennies, et je suis heureux de pouvoir les compter parmi mes collègues.

Cela fait longtemps que je me sens comme faisant partie de la famille de Basic Books, et je suis reconnaissant du soutien que beaucoup m'y ont apporté depuis bientôt trente ans. Ces dernières années, j'ai étroitement collaboré avec William Frucht dont j'apprécie tellement l'ouverture d'esprit, les avis éclairés ainsi que son enthousiasme inépuisable.

Un petit nombre de personnes m'ont apporté une aide considérable pour ce livre. Ken Williford et Uriah Kriegel l'ont lancé ; Kellie Gutman, Scott Buresh, Bill Frucht, David Moser et Laura Hofstadter en ont tous lu de grosses parties et en ont donné de superbes avis critiques ; et Helga Keller a couru ici et là après les autorisations nécessaires. Je les remercie tous d'avoir avancé pas à pas, sur un chemin qui allait bien au-delà de ce qu'on était en droit d'attendre d'eux.

Les nombreux amis cités ci-dessus, et quelques autres qui ne le sont pas, forment une « nébuleuse » au sein de laquelle je repose ; je me les figure parfois comme une agglomération urbaine dont je serais le centre. Chacun a des amis et, en ce sens, je ne suis pas différent des autres, mais cette nébuleuse est *ma* nébuleuse ; d'une certaine manière, c'est elle qui me caractérise, et j'en suis fier comme je suis fier de tous ceux qui la composent. Aussi je dis à cette nébuleuse d'amis, de tout mon cœur : « Merci beaucoup, beaucoup, à chacun et à tous ! ».

Préface
Un auteur et son livre

❧ ❧ ❧

De la matérialité de la conscience

Dès mon plus jeune âge, je me suis posé des questions sur ce qu'était mon esprit et, de fil en aiguille, sur la nature de tous les esprits. Je me revois en train d'essayer de comprendre la façon dont j'échafaudais des calembours, élaborais des idées mathématiques, commettais des fautes de grammaire ou de vocabulaire, dont me venaient de curieuses analogies, et ainsi de suite. Je me demandais l'effet que ça ferait d'être une fille, d'avoir une autre langue maternelle, d'être Einstein, un chien, un aigle, voire un moustique. En somme, c'était la belle vie !

Quand j'ai eu douze ans, une ombre s'est abattue sur la famille. Mes parents, comme ma sœur Laura, âgée de sept ans, et moi-même, avons été confrontés à une cruelle réalité : notre cadette Molly, alors âgée de trois ans, était atteinte de quelque chose d'épouvantable. Personne ne savait de quoi il retournait, mais elle était incapable de parler ou de comprendre ce qu'on lui disait (il en est toujours ainsi et nous n'avons jamais découvert pourquoi). Elle évoluait dans le monde avec aisance, et même avec charme et grâce, mais aucun mot ne sortait de sa bouche. C'était vraiment triste. Pendant des années, nos parents ont exploré toutes les possibilités, y compris une éventuelle opération du cerveau. La recherche d'un traitement ou, à tout le moins, de quelque explication, devenait de plus en plus désespérée. La situation décourageante de ma petite sœur et la seule idée qu'on pût lui ouvrir le crâne pour y examiner la mystérieuse substance qui l'occupait (une option qui finalement n'a jamais été retenue), provoquèrent chez moi suffisamment d'angoisse et de terreur pour m'inciter à lire quelques livres de vulgarisation sur le cerveau humain. Cela eut une énorme influence sur le cours de ma vie, en me forçant pour la première fois à considérer les bases matérielles de la conscience et le fait d'être – ou d'avoir – un « Je », ce qui me parut déroutant, vertigineux et profondément inquiétant.

À la même époque, vers la fin de mes années de lycée, je fus confronté aux troublantes révélations métamathématiques du grand logicien autrichien Kurt Gödel, tout en apprenant la programmation sur le seul ordinateur de l'université de Stanford, un Burroughs 220, situé dans la délicieuse obscurité du sous-sol du vieux bâtiment décrépit de l'Encina Hall. Je devins rapidement un mordu de ce « Giant Electronic Brain », ce cerveau électronique géant dont les clignotants orange scintillaient selon des configurations étranges et magiques qui en révélaient les « pensées » et qui, à mon commandement, découvrait de belles structures mathématiques abstraites ou composait des fragments farfelus et incohérents dans les différentes langues étrangères que j'étudiais. Ce faisant, je me suis pris de passion pour la logique symbolique dont les signes ésotériques formaient un étrange ballet de combinaisons fascinantes traduisant autant de propositions vraies ou fausses, d'hypothèses, éventualités ou autres chimères qui, j'en étais certain, offraient de judicieux aperçus sur les ressources occultes de l'esprit humain. Tout ce bouillonnement mental à propos des symboles et du sens, des structures et des idées, de la machine et de l'activité mentale, des flux neuronaux et des âmes périssables, chahutait furieusement mon esprit/cerveau d'adolescent.

Le mirage

Un jour (je devais avoir seize ou dix-sept ans) que j'étais plongé dans cette nébuleuse d'idées qui m'inspiraient autant d'émotions que d'engouement intellectuel, j'ai eu le sentiment – qui ne m'a jamais quitté depuis – que ce que nous nommons « conscience » n'était qu'une sorte de mirage. Un mirage très étrange, certes, puisqu'il se percevait lui-même sans bien sûr *croire* à un mirage, mais peu importe : *c'était* bien un mirage. On aurait dit que ce phénomène insaisissable dénommé « conscience » surgissait spontanément du néant, pour y retourner sitôt que quelqu'un s'avisait de l'observer de plus près.

Je tenais tellement à comprendre ce que sont le vivant, l'humain et le conscient que j'ai voulu fixer sur le papier le flou de mes pensées de peur qu'elles ne s'esquivent à jamais ; c'est ainsi que j'ai entrepris de rédiger un dialogue entre deux hypothétiques philosophes contemporains que je baptisai avec désinvolture Platon et Socrate (je ne connaissais pratiquement rien des véritables Platon et Socrate). Cela a sans doute été mon premier écrit sérieux ; quoi qu'il en soit, j'en étais fier et ne l'ai jamais détruit. Aujourd'hui, ce dialogue entre ces deux philosophes pseudo grecs me paraît plutôt puéril et maladroit, pour ne pas dire très sommaire. J'ai néanmoins décidé de l'insérer ici, à titre de prologue, car il prélude à bien des idées qui suivront, tout en donnant un ton plaisant et provocateur au reste du livre.

Un cri dans un gouffre

Quelque dix ans plus tard, je me suis mis à écrire mon premier livre dont le titre devait être « Le théorème de Gödel et le cerveau humain ». J'avais en tête de jeter un pont entre le concept du moi chez l'être humain – le mystère de la conscience – et la découverte sensationnelle de Gödel : cette majestueuse structure autoréférente (une « boucle étrange », comme j'en vins à l'appeler plus tard) dont les entrelacs occupaient le cœur d'une redoutable forteresse d'où l'autoréférence avait été strictement bannie par ses audacieux architectes. Le parallèle entre la miraculeuse machine de Gödel à fabriquer de l'autoréférence à partir de symboles dénués de sens et l'apparition miraculeuse de *soi* et d'âmes à partir de matière inanimée me parut évident. J'en étais persuadé : c'était là que résidait le secret de ce que nous entendons par

« Je ». C'est ainsi qu'émergea mon livre *Gödel, Escher, Bach* (tout en acquérant un titre plus accrocheur).

Ce livre, publié en 1979, a fait un tabac inespéré et votre serviteur, pour ne rien vous cacher, doit une bonne part du chemin qu'il a fait dans la vie à ce premier succès. Cela dit, en dépit de la popularité du livre, le message fondamental de *GEB* (comme je m'y réfère toujours, en suivant l'usage quasi général) semble largement ignoré. On a aimé l'ouvrage pour toutes sortes de raisons, mais rarement, si ce n'est jamais, pour sa principale *raison d'être** ! Les années ont passé et j'ai publié d'autres livres qui faisaient allusion à ce message fondamental et l'enrichissaient, mais il ne semble toujours pas que ce que j'ai réellement voulu dire dans *GEB* soit bien compris.

En 1999, *GEB* a célébré son vingtième anniversaire et l'équipe de Basic Books m'a suggéré de rédiger une préface pour une nouvelle édition. L'idée m'a plu et je me suis exécuté. J'y ai relaté toutes sortes d'anecdotes et vicissitudes, sans oublier la frustration que m'a occasionnée la façon dont il a été compris en concluant sur ce grief : « J'ai parfois le sentiment d'avoir crié mon message le plus cher dans un gouffre et de n'avoir été entendu par personne. »

Et voilà qu'un jour du printemps 2003 m'est arrivé un courriel très sympathique de deux jeunes philosophes, Ken Williford et Uriah Kriegel, m'invitant à écrire un chapitre de l'anthologie qu'ils rassemblaient sur ce qu'ils appelaient « la théorie (ou les théories) autoréférentielle(s) » de la conscience. Ils insistaient en allant jusqu'à citer la récrimination de ma préface à *GEB*, en soulignant que c'était l'occasion ou jamais de me faire vraiment comprendre. Leur intérêt pour mon message essentiel et leur enthousiasme me touchèrent profondément. En vérité, contribuer à leur ouvrage m'offrait une excellente opportunité d'exprimer à nouveau clairement mes idées sur le soi et la conscience, pour un public *ad hoc* : les spécialistes de la philosophie de l'esprit. Il ne me fut donc pas trop difficile de répondre à leur invite.

---

* Les mots en italiques suivis d'un astérisque sont en français dans le texte.

De la majesté des Dolomites
à la douceur de Bloomington

Je me suis mis à mon chapitre dans une petite chambre d'hôtel tranquille du joli village alpin Anterselva di Mezzo, dans les Dolomites italiennes, à un jet de pierres de la frontière autrichienne. Inspiré par la beauté du site, je suis venu rapidement à bout de dix ou quinze pages, persuadé d'être à mi-chemin. Puis je suis rentré chez moi, à Bloomington, dans l'Indiana, où j'ai continué d'arrache-pied.

La tâche m'a pris bien plus de temps que je ne le pensais (certains de mes lecteurs reconnaîtront là une illustration de la Loi de Hofstadter : « Il faut toujours plus de temps que prévu, même en tenant compte de la Loi de Hofstadter »). Pis : le chapitre devint quatre fois plus long que les limites imposées : un désastre ! Mais Ken et Uriah furent très satisfaits quand ils finirent par le recevoir et manifestèrent une remarquable indulgence pour mes excès ; en fait, ils étaient tellement enchantés d'avoir une contribution de ma part qu'ils m'annoncèrent pouvoir accepter un chapitre un peu hors normes, et Ken, en particulier, m'a aidé à le réduire de moitié en y consacrant le dévouement d'un véritable passionné.

Entre-temps, je commençais à entrevoir que ce que j'avais en main pourrait bien aller au-delà de ce seul chapitre : il y avait matière à tout un livre. C'est ainsi que ce qui avait commencé comme un seul projet s'est scindé en deux. Je donnai à mon chapitre le titre « Quel effet cela fait d'être une boucle étrange ? », allusion au célèbre article sur le mystère de la conscience « Quel effet cela fait d'être une chauve-souris ? » du spécialiste en philosophie de l'esprit Thomas Nagel, tandis que l'ouvrage à venir porterait le titre plus court et plus agréable « Je suis une boucle étrange ».

Dans l'anthologie de Ken Williford et Uriah Kriegel, *Approches auto-représentatives de la conscience*, paru au printemps 2006, mon travail était placé tout à la fin, dans une section de deux chapitres intitulée « Au-delà de la philosophie » (pourquoi « au-delà de la philosophie », cela va au-delà de mon entendement, mais, malgré tout, j'aime bien cette idée). Je ne sais si dans cet ouvrage éminent mais plutôt spécialisé mes idées auront beaucoup d'impact sur quiconque, mais j'espère que dans ce livre-ci, plus abouti et plus clair, elles atteindront toutes sortes de lecteurs, férus ou non de philosophie, jeunes ou vieux, spécialistes ou néophytes, et qu'elles leur donneront une nouvelle image du soi et des âmes (sans parler des boucles !). Quoi qu'il en soit, je dois beaucoup à Ken et Uriah pour m'avoir fourni l'étincelle à l'origine de cet essai, sans compter les encouragements qu'ils m'ont prodigués tout au long du chemin.

Ainsi, au bout de quarante-cinq ans (mon dieu !), j'ai bouclé la boucle, en écrivant une fois de plus sur les âmes, le soi et la conscience, en me heurtant au même inquiétant mystère auquel s'était confronté l'adolescent fasciné par l'effroyable matérialité qui fait de nous ce que nous sommes.

Un auteur et son public

En dépit de son titre, ce livre ne parle pas de moi, mais du « Je », de son concept. C'est donc de vous qu'il s'agit, ami lecteur, autant que de moi. J'aurais aussi bien pu l'appeler « Vous êtes une boucle étrange ». La vérité, c'est que j'aurais été plus clair en l'intitulant : « Le 'Je' est une boucle étrange », mais allez imaginer un titre plus balourd ? Autant dire « Je vais faire un bide ».

Toujours est-il que ce livre parle du « Je », sujet vénérable s'il en est. À quel public est-il destiné ? Eh bien, comme toujours, je m'adresse à des lecteurs disposant d'une certaine culture générale. Je n'écris presque jamais pour des spécialistes, ne serait-ce parce que je n'en suis pas vraiment un. Non, je retire cela, c'est inexact. Après tout, au point où j'en suis, cela fait bientôt trente ans que je travaille avec mes étudiants sur des modèles informatiques de production d'analogies et de constructions, à observer et classifier les erreurs cognitives de toutes sortes, à accumuler des exemples de catégorisation et d'analogie, à étudier l'importance de l'analogie en physique et en mathématiques, à m'interroger sur les mécanismes de l'humour, à réfléchir sur l'élaboration des concepts et la récupération des souvenirs, à explorer toutes les facettes du vocabulaire, des idiotismes, des langues et dialectes, de la traduction, etc. – et, au fil de ces trois décennies, j'ai tenu des séminaires sur bien des aspects de la pensée et de la manière dont nous percevons le monde.

Alors oui, je suis une sorte de spécialiste – un spécialiste de la pensée sur la pensée. Effectivement, comme je l'ai mentionné plus haut, ce sujet m'a galvanisé depuis l'adolescence. J'en suis venu à conclure avec une quasi-certitude que nous pensons toujours en traçant des parallèles entre les choses provenant de notre passé et que nous communiquons le mieux en usant abondamment d'analogies et de métaphores, en évitant les abstractions, en ayant recours à un langage terre à terre, très simple, concret, et en parlant directement de nos propres expériences.

La religion du dada-toutou

Au fil des ans, j'ai adopté une forme d'expression personnelle que j'ai baptisée le style « dada-toutou », en m'inspirant d'un charmant épisode de la célèbre bande dessinée *Peanuts*, reproduite ici.

Je me fais souvent l'effet de Charlie Brown dans la dernière cartouche : quelqu'un dont les idées sont tout sauf « dans les nuages », quelqu'un de terre à terre au point d'en être gêné. Je sais que certains de mes lecteurs voient en moi un esprit féru d'abstractions éthérées, mais c'est une image parfaitement erronée. Je suis tout le contraire, et j'espère que ce sera évident après la lecture de ce livre.

Je n'ai pas la moindre idée de la raison pour laquelle mon souvenir a déformé la poignante petite réplique de Charlie Brown. Toujours est-il que j'affectionne depuis longtemps cette légère variante, « un dada et un toutou », laquelle est devenue, pour le meilleur et le pire, la formule standard que j'utilise toujours pour décrire mon style d'enseignement et d'expression orale ou écrite.

Je dois pour une bonne part au succès de *Gödel, Escher, Bach* la grande marge de liberté que l'on m'a accordée dans les deux universités où j'ai exercé : celle d'Indiana (depuis vingt-cinq ans environ) et celle du Michigan (pendant quatre ans, au cours des années 1980). Leur merveilleuse générosité m'a offert le luxe de pouvoir explorer toute la palette de mes centres d'intérêt sans avoir à subir la tristement célèbre pression du « publier ou succomber », voire pis, l'incessante contrainte de la course aux subventions. Je n'ai pas suivi le parcours universitaire classique, qui implique de publier article sur article dans des revues professionnelles. Bien sûr, j'ai publié de « vrais » articles mais, pour l'essentiel, je me suis appliqué à m'exprimer dans des livres où j'ai toujours privilégié la plus grande clarté.

Être clair, simple et concret : tout cela a fusionné en une sorte de religion personnelle – un ensemble de règles de conduite impératives. Fort heureusement, bien des gens sérieux apprécient l'analogie, la métaphore et les exemples, comme la relative absence de jargon et, dernière chose mais non la moindre, les récits à la première personne. En tout cas, ce livre, comme tous mes précédents, est destiné à ceux qui apprécient cette façon d'écrire. Un groupe, me semble-t-il, qui ne comprend pas seulement des francs-tireurs ou des amateurs, mais également bon nombre de professionnels de la philosophie de l'esprit.

Si je ne suis pas avare d'anecdotes à la première personne dans cet ouvrage, ce n'est pas que je me fasse une haute idée de ma propre existence, mais c'est tout simplement celle que je connais le mieux et elle fourmille d'exemples qui n'ont rien d'original. Je crois que l'on comprend bien mieux les idées générales au travers d'une anecdote et c'est pourquoi je cherche à transmettre les abstractions par le biais de ma propre expérience. J'aimerais que plus de penseurs s'expriment à la première personne.

Même si j'espère que les idées de ce livre atteindront les philosophes, je ne pense pas vraiment écrire comme l'un d'entre eux. J'ai l'impression que bien des philosophes, à l'instar des mathématiciens, pensent pouvoir *démontrer* vraiment ce en quoi ils croient : ils utilisent à cet effet un langage hautement technique et rigoureux et s'obligent parfois à réfuter par avance tous les arguments contraires. J'admire une telle confiance en soi, tout en restant un peu moins optimiste et un peu plus fataliste. Je ne pense pas qu'on puisse réellement prouver quoi que ce soit en philosophie ; on peut tout au plus tenter de convaincre, avant tout ceux qui étaient dès le départ relativement proches de la position défendue. C'est pourquoi, pour convaincre, je recours plus volontiers à la métaphore et à l'analogie que je ne sacrifie à la rigueur. D'où ce livre, un saladier géant de métaphores et d'analogies. Certains savoureront ma salade de métaphores et d'autres la trouveront trop… disons trop métaphorique. J'espère néanmoins que *vous*, cher convive, la trouverez assaisonnée à votre goût.

Dernières observations en vrac

Je prends les analogies si bien au sérieux que j'ai eu un mal fou à caser dans l'index bon nombre des analogies de ma « salade ». J'ai donc ménagé à mes listes d'exemples deux entrées principales. L'une s'intitule : « analogies, exemples sérieux d' » ; l'autre : « analogies fantaisistes, exemples hasardeux d' ». J'ai fait cette drôle de distinction car, si la plupart de mes analogies jouent un rôle clé dans la transmission d'idées, certaines sont simplement là pour mettre un peu de piment. Dernière remarque : en dernière analyse, pratiquement toutes les pensées de ce livre (ou de n'importe quel livre) sont une analogie, ce qui suppose considérer chaque chose comme une variété d'autre chose. Aussi, à chaque fois que j'écris « de manière similaire » ou « par contraste », y a-t-il une analogie implicite, et à chaque fois que je choisis un mot ou une expression (par exemple « salade », « stock », « bilan »), je procède par analogie avec un élément du stock d'expériences de mon existence. Quant au bilan, le voici : chacune des pensées exprimées ici pourrait être référencée dans la rubrique « analogies ». Je me suis toutefois abstenu d'établir un index aussi détaillé.

J'ai d'abord cru que cet ouvrage ne serait qu'une nouvelle version condensée du message essentiel de *GEB*, avec peu ou pas du tout de notations formelles, sans s'égarer dans des digressions à la Pouchkine sur des sujets aussi éclectiques que le bouddhisme Zen, la biologie moléculaire, les fonctions récursives, l'intelligence artificielle, et j'en passe. En d'autres termes, je pensais que j'avais déjà complètement formulé dans *GEB* et mes autres livres ce que j'avais l'intention de (re)formuler ici mais, à ma grande surprise, de nouvelles idées jaillirent en pagaille sous ma plume. Je fus soulagé de constater que mon nouvel essai ne prenait pas le chemin de la simple redite d'un ouvrage (ou d'ouvrages) antérieur(s).

L'alternance des chapitres et des dialogues a grandement contribué au succès de *GEB*. Mais je n'avais pas l'intention, trente ans après, de me plagier moi-même. J'étais dans une autre disposition d'esprit et tenais à ce que le livre en témoigne. Sur le point d'en achever la rédaction, j'ai voulu comparer mes idées aux thèmes favoris de la philosophie de l'esprit, ce qui m'a conduit à dire des choses comme « Les sceptiques pourraient rétorquer que… ». Après plusieurs phrases de ce type, je me suis rendu compte que je retombais sans crier gare dans un dialogue entre moi-même et un hypothétique lecteur réticent ; j'ai donc inventé un couple de personnages aux noms bizarres, en les laissant se chamailler dans ce qui est devenu un des chapitres les plus longs du livre. Sans chercher à déclencher le fou rire, j'espère que mes lecteurs souriront à sa lecture, ici ou là. En tout cas, fans de dialogues, haut les cœurs ! Il y en a deux dans ce livre.

J'ai toujours aimé mettre en relation la forme et le contenu, et cet essai ne fait pas exception. Comme pour plusieurs de mes livres antérieurs, j'ai eu la chance de pouvoir participer à sa mise en page dans les moindres détails ; l'élégance visuelle a d'innombrables répercussions sur la façon dont je formule mes idées. D'aucuns penseront que c'est mettre la charrue avant les bœufs, mais j'estime que l'attention à la forme améliore l'écriture. J'espère que la lecture de cet essai ne se contentera pas d'être intellectuellement stimulante, mais qu'elle apportera une agréable expérience visuelle.

De la jeunesse et de son utilité

GEB a été écrit par quelqu'un de plutôt jeune (je me suis mis à travailler dessus à vingt-sept ans et ai achevé à vingt-huit le premier jet – entièrement écrit à la main sur du papier quadrillé). Bien qu'à cet âge tendre j'eusse déjà connu ma part plus ou moins légitime de souffrance, de tristesse et de questionnement moral, on n'y trouve guère d'allusions à ces aspects de la vie. Ce nouvel essai, en revanche, a été écrit par quelqu'un qui a connu largement plus d'épreuves et de remises en cause, aussi ces aspects plus sombres de l'existence sont-ils abordés plus fréquemment. C'est l'un des symptômes de l'âge, me semble-t-il : ce qu'on écrit devient plus intime, plus réfléchi, peut-être plus sage, ou simplement plus triste.

J'ai longtemps été frappé par la poésie du titre du roman d'André Malraux, *La Condition humaine*. Je suppose que chacun d'entre nous a sa propre perception de cette expression suggestive. En ce qui me concerne, *Je suis une boucle étrange* est ma tentative la plus achevée de cerner cette « condition humaine ».

J'affectionne particulièrement ce commentaire du physicien et écrivain Jeremy Bernstein à propos de *GEB* : « Cela a la vitalité de la jeunesse [*a youthful vitality*], doublée d'une merveilleuse intelligence… » Comme cela sonne doux à mes oreilles ! Hélas, cette phrase flatteuse a fini par se brouiller : des milliers d'exemplaires de *GEB* traînent ici et là sur lesquels Bernstein proclame en quatrième de couverture : « Cela a une vitalité salutaire [*a useful vitality*[1]]... » Quelle déchéance par rapport à « la vitalité de la jeunesse » ! Mais allez savoir. Quelqu'un, quelque part, attribuera peut-être à ce nouvel essai – au style plus mûr, plus sobre – une « vitalité salutaire ». Il y aurait critique plus assassine.

Mais foin des commentaires. Laissons le livre s'exprimer par lui-même. J'espère que vous y trouverez intérêt et nouveauté et même une vitalité salutaire à défaut de celle de la jeunesse ; qu'il vous fera reconsidérer ce que signifie être humain – en fait, ce que signifie *être* tout court. J'espère enfin que, lorsque vous poserez ce livre, vous penserez, qui sait, être vous aussi une boucle étrange. Cela me ferait un plaisir fou.

Bloomington, Indiana,
Décembre 2006.

---

1. Confusion entre *youthful* (la jeunesse) et *useful* (utile), qui se prononcent presque à l'identique. (N.d.T.)

Avant-propos et remerciements pour l'édition française

୨ ୨ ୨

Un matin du mois d'août, lorsque j'avais treize ans, j'eus la très belle chance d'atterrir, avec ma famille californienne, au petit aéroport de Genève, encore mignon à cette époque-là. Nous avions (désolé, je ne parle pas de ces beaux aéronefs qui nous entouraient) l'intention de vivre une année entière en Suisse, car mon père, physicien nucléaire, avait choisi de passer sa toute première année sabbatique au CERN, organisation scientifique très jeune qui n'avait alors que quatre ans. (Le lecteur acharné pourra maintenant calculer mon âge actuel…)

J'avais déjà étudié un peu le français aux États-Unis mais je ne le parlais pas bien, et il était donc évident que je devais être placé du côté anglais de l'École internationale de Genève. Je m'y suis tout de suite habitué. J'en adorais la vieille architecture un peu délabrée, l'ambiance cosmopolite, les autres étudiants, et les profs. Je me suis fait, vite fait, un petit groupe d'amis, mais malheureusement avec eux je ne parlais qu'anglais. Par contre, avec mon voisin genevois, Roger Stauffer, qui par bonheur avait presque exactement mon âge, je ne parlais que français. Quel coup de pot pour moi ! Roger, apprenti pâtissier, était très sympa et nous jouions tous les jours aux « charrets », nous nous promenions à vélo, nous nous amusions avec ses cobayes et son colley, nous mangions un tas de pâtisseries à la pâtisserie Stauffer et un tas de glaces au bord du lac Léman, tout près du haut et beau Jet d'eau, et en général nous

nous divertissions à notre façon comme le font les jeunes adolescents où que ce soit. C'est à Roger avant tout que je dois ma maîtrise du français, la langue que j'aime le plus au monde (même si je parle mieux l'anglais, qui est, après tout, ma langue maternelle).

Chaque fois que j'écris un livre, mon éditeur américain fait de son mieux pour que le livre soit publié dans le monde entier, ce qui (si l'éditeur a du succès) exige forcément plusieurs traductions. Je m'intéresse en général aux traductions dans toutes les langues, mais il va de soi que les langues que je connais assez bien sont pour moi les plus importantes. Cela veut dire surtout le français, l'italien, et l'allemand. J'essaie toujours de travailler au moins un peu avec les traducteurs de ces langues, mais franchement, entre vous et moi, il est tout à fait fou de ma part d'essayer de m'immiscer dans le processus de traduction de mes livres. Je pourrais y consacrer le reste de ma vie sans jamais écrire un seul autre mot original. Alors que faire ?

Heureusement, il y a dans chaque pays des traducteurs très intelligents et créatifs. Le hic, c'est que ces traducteurs-là sont durs comme des œufs d'or à repérer. Mais heureusement il y a aussi, dans chaque pays, des éditeurs malins qui connaissent de superbes traducteurs. Le hic, c'est que ces éditeurs-là sont eux aussi durs comme des œufs d'or à repérer. Mais parfois on a de la chance et on tombe par hasard sur quelqu'un comme ça. Moi j'eus la chance, la vraie chance, de tomber sur l'éditeur Geoff Staines (Anglais né en Inde, mais résidant depuis la nuit des temps à Paris), et ce fut lui qui publia mon premier livre, *Gödel, Escher, Bach,* en français. Pour ce faire, Geoff recruta deux traducteurs excellents – Jacqueline Henry et Robert French – et le résultat fit un vrai tabac. Un compte rendu dithyrambique d'une page entière dans *Le Monde,* de la plume même de Jacques Attali – que pourrait-on espérer de plus ?

Dans la maison fondée par Geoff, il y avait une femme très vive qui s'appelait Martine et qui participa à la publication du *GEB* français, et qui, quelques années plus tard, arriva chez Dunod. Pendant vingt ans on se perdit de vue, mais il y a à peu près deux ans Martine Lemonnier me recontacta pour me faire part de la très bonne nouvelle que Dunod allait publier mon livre *I Am a Strange Loop* en français. J'étais ravi de l'apprendre, mais je tenais, naturellement, à ce que la traduction soit archifidèle.

Sous peu Martine me mit en contact électronique avec Bella Arman, une traductrice qu'elle connaissait et qui, bientôt, m'envoya par courriel (oui, oui, je suis un puriste linguistique, et je ne dis pas « un email » ni « un mél », et j'ai même l'audace, cher lecteur, de vous conseiller d'adopter ce beau mot d'origine québecquoise, ainsi que son partenaire élégant, le *pourriel,* qui veut dire, bien sûr, le *spam*) le tout début de son travail sur mon livre. Je fus totalement enchanté par le style de Bella, et je vis tout de suite qu'elle comprenait parfaitement mes idées. J'étais certain qu'on était sur le chemin du succès en français avec mon nouveau livre.

Mais un jour j'appris, à ma grande tristesse, que les aléas de l'existence avaient fait que Bella ne pouvait plus travailler sur la traduction de mon livre. Pendant quelques mois on chercha un autre traducteur mais personne n'était à la hauteur de Bella. Puis un beau jour, presque un an plus tard, arriva un courriel de Martine me disant que Bella s'était enfin remise au travail, du moins à temps partiel, et qu'elle collaborait avec un vieil ami, Julien Bambaggi, également traducteur, et aussi prof de lycée à Agen. Eh bien, lorsqu'on sait que quelqu'un est fiable, on a tendance à se fier à ceux à qui cette personne fiable se fie. C'est naturel, c'est logique, c'est on ne peut plus simple. Comme le chantait Charles Trenet, « Ne fais pas fi de ma phi, ne fais pas fi de ma phi, ne fais pas fi de ma philosophie ! »

Il ne fallut pas longtemps avant que je ne sois en contact régulier avec Bella et Julien. Chaque échange de courriels avec eux était un vrai plaisir, et tout marchait comme sur des roulettes. Et maintenant le lecteur – ô ce pessimiste obstiné ! – anticipe sans doute que je vais bientôt lui asséner un pénible coup du lapin en lui racontant qu'inopinément il y eut encore un autre contretemps, mais heureusement le lecteur – ô ce pessimiste obstiné ! – se trompe. Ici, on a tout bonnement affaire à une histoire au dénouement heureux. Les deux co-traducteurs faisaient un si bon travail que je pouvais sans souci leur confier à cent pour cent la traduction de mon livre. Alors jouissez-en, cher lecteur – ce n'est pas tous les jours que l'on se heurte à un dénouement si heureux !

Lors d'un séjour d'un mois passé à Paris pendant l'été de l'an 2008, j'eus l'occasion extrêmement agréable de rencontrer Bella (qui habite près de Paris) ainsi que Julien (qui était venu d'Agen) dans la brasserie Le Vaudeville, place de la Bourse. Là, en consommant nos cafés et nos jus de fruits ensemble, nous pûmes bavarder de beaucoup de choses, parfois centrées sur le livre, parfois ailleurs. Pour tous les trois ce fut principalement une occasion de faire vraiment connaissance. Quel émoi !

Quelques jours plus tard, rive gauche, place de la Contrescarpe, Café Delmas (image d'Épinal de Paris, comme un de mes amis parisiens me le fit remarquer), je revis Martine Lemonnier après plus de vingt ans. Quel plaisir ! Puis elle me présenta ses très charmants collègues dunodiens Anne Bourguignon et Benjamin Peylet, et ensemble nous passâmes une délicieuse matinée à résoudre plusieurs questions sur la production du livre, ainsi qu'à causer un peu de la physique, de Niels Bohr, de feu mon père, de *GEB*, de Geoff Staines, et en général, du bon vieux temps. Quelle nostalgie…

Si, cher lecteur, ce livre a un style qui vous plaît (je ne parle bien sûr pas de cet Avant-propos, écrit de ma propre plume française), c'est grâce aux personnages ici présentés. Tous y ont joué un rôle crucial, et je tenais à vous raconter au moins un chouïa de ce qui s'est passé en coulisses. Mais il est grand temps que vous vous mettiez à lire le vrai livre que voici, et il ne me reste donc qu'à me diriger vers l'acte final de l'écriture de mon livre – à savoir, à boucler la boucle étrange qu'est ce book – euh, ce bouquin. Et ça y est, c'est fait ! Alors, bon décollage, cher lecteur, et au plaisir de vous revoir !

JE SUIS
UNE BOUCLE
ÉTRANGE

Prologue
Une aimable joute oratoire

ॐ ॐ ॐ

[Comme je l'ai indiqué dans la préface, j'ai écrit ce dialogue à l'adolescence. C'était la première fois que je me mesurais avec ces idées délicates.]

Personnages

Platon : un chercheur de vérité qui croit en la réalité de la conscience.

Socrate : un chercheur de vérité qui se demande si la conscience n'est pas une illusion.

***

PLATON – Mais qu'entends-tu alors par « la vie », Socrate ? Selon moi, un être vivant est un corps qui, après la naissance, grandit, se nourrit, apprend à réagir à divers stimuli et finit par être à même de se reproduire.

SOCRATE – Je trouve intéressant, Platon, que tu dises d'un être vivant que *c'est* un corps, et non qu'il *a* un corps. Assurément, bien des gens diraient aujourd'hui qu'au moins certains êtres vivants ont une âme indépendamment de leur corps.

PLATON – C'est vrai, et j'acquiesce. J'aurais dû dire que les êtres vivants *ont* un corps.

SOCRATE – Alors, tu t'accordes à dire que les mouches et les souris ont une âme, même insignifiante ?

PLATON – Ma définition l'impose, c'est vrai.

SOCRATE – Et les arbres, les brins d'herbe ? Ont-ils une âme ?

PLATON – Tu joues sur les mots pour me coincer, Socrate. Je reviens sur ce que j'ai dit : seuls les animaux ont une âme.

SOCRATE – Mais non, ce n'est pas qu'une question de mots : il n'existe aucune différence entre les plantes et les animaux, pour peu que l'on considère des créatures suffisamment minuscules.

PLATON – Tu veux dire qu'il existe des créatures qui mêlent les propriétés d'une plante et d'un animal ? Oui, après tout, je l'imagine fort bien. Mais je te vois venir. Tu vas me faire dire que seuls les êtres humains ont une âme.

SOCRATE – Bien au contraire, je vais plutôt te demander à quels animaux tu attribues habituellement une âme ?

PLATON – Oh, tous les animaux supérieurs : ceux qui sont capables de penser.

SOCRATE – Ainsi, du moins, les animaux supérieurs sont-ils vivants. Maintenant, peux-tu réellement considérer un brin d'herbe comme un être vivant, comme toi ?

PLATON – Attends, Socrate : je ne peux concevoir la vie véritable qu'avec une âme, donc je ne peux attribuer de vie authentique au brin d'herbe et je me contenterais de dire qu'il présente les symptômes de la vie.

SOCRATE – Je vois. Ainsi, tu classerais les créatures sans âme dans la catégorie des êtres qui *paraissent* vivants, et les créatures dotées une âme dans celle de la vie *authentique*. Donc puis-je répondre à ta question, « Qu'est-ce que la vie véritable ? », que cela dépend de ce qu'on entend par l'âme ?

PLATON – Oui, c'est cela.

SOCRATE – Et tu as bien dit que l'âme, c'est l'aptitude à penser ?

PLATON – Oui.

SOCRATE – Donc, en réalité, tu cherches la réponse à la question : « Qu'est-ce que penser ? ».

PLATON – J'ai suivi chaque étape de ton raisonnement, Socrate, mais cette conclusion me met mal à l'aise.

SOCRATE – Ce n'est pas *mon* raisonnement, Platon. Tu as fourni tous les éléments, et j'en ai simplement tiré les conclusions logiques. Il est curieux de voir à quel point on peut se méfier de ses propres opinions dès lors qu'elles sont exprimées par quelqu'un d'autre.

PLATON – Tu as raison, Socrate. Et il n'est certainement pas simple d'expliquer la pensée. Il me semble que la quintessence de la pensée consiste à *connaître* quelque chose ; manifestement, connaître quelque chose, c'est plus que simplement la mettre par écrit ou l'affirmer. Il faut d'abord savoir ce dont on parle ou ce sur quoi l'on écrit ; mais on peut apprendre à connaître quelque chose en en entendant parler ou par des écrits. Cela dit, la connaissance, c'est plus que cela – c'est une certitude –, mais voilà que je me contente d'un synonyme. Franchement, comprendre ce qu'est le savoir, cela me dépasse, Socrate.

SOCRATE – Voilà une réflexion intéressante, Platon. Veux-tu dire que le savoir n'est pas aussi familier que nous le pensons ?

PLATON – Oui. Nous, les êtres humains, avons la connaissance, ou des certitudes, et c'est en cela que nous sommes humains ; toutefois, dès que nous essayons d'analyser la connaissance en soi, elle s'évanouit et nous échappe.

SOCRATE – Alors, n'est-il pas préférable d'être circonspect sur ce que nous appelons « connaissance » ou « certitude », et ne pas considérer que cela va de soi ?

PLATON – Exactement. Nous devons être prudents en disant « Je sais » ou « Je connais », et réfléchir à ce que signifie véritablement « Je sais » quand notre esprit nous commande de le dire.

SOCRATE – Certes. Si je te demande : « Es-tu en vie ? », tu me répondras sans doute : « Oui ». Et si je te demande : « Comment sais-tu que tu es en vie ? », tu me diras : « je le *ressens*, je *sais* que je suis en vie – et puis, *être* en vie, n'est-ce pas précisément le fait de se savoir en vie, de le ressentir ? » C'est bien cela ?

PLATON – Oui, je dirais certainement quelque chose de ce genre-là.

SOCRATE – Maintenant, supposons qu'on ait construit une machine capable de construire des phrases en français et de répondre à des questions. Suppose que je demande à cette machine : « Es-tu en vie ? » et qu'elle me donne exactement les mêmes réponses que toi. Que dirais-tu de la pertinence de ses réponses ?

Platon – Avant tout, j'objecterais qu'aucune machine ne peut savoir ce que sont les mots, ou ce qu'ils signifient. Une machine effectue simplement des opérations avec les mots, d'une manière abstraite et mécanique, *grosso modo* à la façon dont les machines mettent des fruits dans des boîtes de conserve.

Socrate – Je repousse tes objections pour deux raisons. Tu ne prétends tout de même pas que le composant de base de la pensée humaine est le mot ? Il est bien connu que les humains ont des cellules nerveuses, dont les lois opératoires sont arithmétiques. Deuxièmement, tu as préconisé la prudence tout à l'heure au sujet du verbe « savoir », et voilà que tu l'utilises de manière assez désinvolte. Qu'est-ce qui te fait dire qu'aucune machine ne pourra jamais *savoir* ce que sont les mots, ou ce qu'ils signifient ?

Platon – Socrate, prétends-tu que les machines peuvent connaître la réalité, comme nous ?

Socrate – Tu viens tout juste de déclarer que tu es toi-même incapable d'expliquer ce que veut dire « connaître ». Comment as-tu appris le verbe « connaître », étant enfant ?

Platon – À l'évidence, je l'ai assimilé en l'entendant autour de moi.

Socrate – En somme, tu en as acquis la maîtrise de façon automatique ?

Platon – Non… Enfin, je vois peut-être ce que tu veux dire. Je me suis accoutumé à l'entendre exprimé dans certains contextes, et c'est ainsi que je suis devenu capable de l'employer à mon tour dans les mêmes contextes, d'une manière plus ou moins automatique.

Socrate – Bref, à la manière dont tu utilises le langage aujourd'hui – sans avoir à réfléchir sur chaque mot ?

Platon – Oui, exactement.

Socrate – Donc, si tu dis : « Je sais que je suis en vie », cette phrase est simplement un réflexe provenant de ton cerveau et non pas le produit de la pensée consciente.

PLATON – Non, non ! L'un de nous deux a fait une erreur de raisonnement. Toutes les pensées que j'énonce ne sont pas simplement le produit de réflexes. Certaines pensées me viennent *consciemment* avant que je ne les énonce.

SOCRATE – En quel sens te viennent-elles consciemment ?

PLATON – Je ne sais pas. Je suppose que j'essaie de trouver les mots justes pour les décrire.

SOCRATE – Qu'est-ce qui te conduit vers ces mots justes ?

PLATON – Mais enfin, je recherche logiquement des synonymes, des mots similaires, et ainsi de suite, qui me sont familiers.

SOCRATE – En d'autres termes, c'est *l'habitude* qui conduit ta pensée.

PLATON – Oui, ma pensée est conduite par l'habitude d'assembler les mots les uns aux autres d'une manière systématique.

SOCRATE – Ainsi, une fois de plus, ces pensées conscientes sont produites par réflexe.

PLATON – Je ne vois pas comment je peux savoir que je suis conscient, comment je peux me sentir en vie, si cela est vrai, et pourtant j'ai suivi ton raisonnement.

SOCRATE – Mais ce raisonnement lui-même montre que tu réagis par habitude ou par réflexe, et qu'aucune pensée consciente ne te fait dire que tu sais que tu es en vie. Même en y réfléchissant, peux-tu comprendre le sens d'une telle phrase ? Ou te vient-elle simplement à l'esprit sans que tu y penses consciemment ?

PLATON – En effet, j'ai perdu pied et je ne sais plus trop.

SOCRATE – Cela devient intéressant de voir comment l'esprit échoue quand il travaille sur de nouvelles pistes. Vois-tu à quel point tu ne comprends pas grand-chose à la phrase « Je suis en vie » ?

PLATON – Oui, il s'agit vraiment d'une phrase qui, je dois l'admettre, n'est pas si évidente à comprendre.

SOCRATE – Je pense que la plupart de nos actes se produisent de la même manière que tu as formé cette phrase : nous pensons qu'ils procèdent de notre pensée consciente mais une analyse fine montre que chaque fragment de cette pensée relève d'un automatisme où la conscience n'a rien à voir.

PLATON – Ressentir qu'on est en vie, donc, n'est jamais qu'une illusion transmise par réflexe qui pousse à énoncer une telle phrase sans la comprendre ; et une créature réellement vivante se réduit à un ensemble de réflexes complexes. Voilà donc, Socrate, ce que tu dis de la vie.

Chapitre I
Les âmes et leur taille

☙ ☙ ☙

Les éclats d'âme

Un triste jour du début de 1991, deux mois après la mort de mon père, je me trouvais dans la cuisine de la maison de mes parents en compagnie de ma mère. Tout en contemplant une belle et émouvante photo de son mari datant d'une quinzaine d'années, elle déclara d'un ton désespéré, « Quel sens peut bien avoir cette photo ? Aucun. Ce n'est qu'un bout de papier, un simple bout de papier avec des taches noires ici et là. Ça ne rime à rien ». La tristesse de la remarque me donna le vertige. Je savais instinctivement que je n'étais pas d'accord, mais ne voyais pas comment expliquer à ma mère la façon dont, à mon avis, il fallait considérer la photographie.

J'ai littéralement sondé jusqu'au tréfonds de mon âme et, après quelques minutes d'émotion, une analogie m'est venue, susceptible de lui communiquer mon point de vue et de lui apporter quelque réconfort. Voici ce que je lui ai expliqué :
« Nous avons dans le salon un recueil des études pour piano de Chopin. Toutes ces pages ne sont jamais que des bouts de papier avec des marques noires, des feuilles à deux dimensions que l'on peut plier exactement comme la photo de papa – et pourtant, songe un peu à l'influence qu'elles ont exercée dans le monde entier depuis 150 ans. Grâce aux signes noirs des feuilles de papier, des milliers d'inconnus

ont passé au total des millions d'heures à bouger leurs doigts selon des configurations très complexes sur des claviers de piano, produisant des sons qui leur ont donné un plaisir indescriptible et les ont profondément inspirés. Les mêmes pianistes ont transmis à leur tour à des milliers d'auditeurs, dont toi et moi, les émotions profondes qui faisaient battre le cœur de Frédéric Chopin. Ce faisant, ils ont ménagé un accès, ne serait-ce que partiel, à l'intériorité de Chopin, à l'expérience de la vie qu'il avait en tête, ou plutôt en son âme. Ces marques noires ne sont rien de moins que des éclats d'âme – des vestiges éparpillés de l'âme brisée du musicien. Chacune de ces étranges figures géométriques a le pouvoir unique de ramener à la vie, à l'intérieur de nos cerveaux, d'infimes fragments d'expériences intérieures – souffrances, joies, passions et tensions – d'un autre être humain, ce qui nous permet de savoir un tant soit peu ce que cela faisait d'être cet être humain, et beaucoup l'en aiment profondément. Avec tout autant de pouvoir de suggestion, la vue de la photo de papa sur le comptoir ravive le souvenir, pour ceux qui l'ont connu intimement, de son sourire et de sa gentillesse. Elle active à l'intérieur de nos cerveaux vivants certaines des images essentielles que nous gardons de lui et fait à nouveau danser de petits fragments de son âme, mais dans d'autres cerveaux que le sien. Au même titre que l'étude de Chopin, cette photographie est un éclat d'âme du disparu, et c'est pourquoi il nous faut la chérir tant que nous vivrons. »

Le propos est sans doute un peu plus fleuri que celui que j'ai tenu à ma mère, mais le cœur du message est fidèle. Je ne sais pas si cela lui a fait voir la photo autrement ; toujours est-il que le portrait est toujours là, sur un comptoir de sa cuisine et, à chaque fois que je l'aperçois, je me rappelle notre entretien.

Qu'est-ce que ça fait d'être une tomate ?

Je coupe en rondelles et engloutis des tomates sans le moindre sentiment de culpabilité. Je vais au lit sans remords après avoir mangé une tomate fraîche. Il ne me vient pas à l'idée de me demander *quelle* pouvait bien *être* la tomate que j'ai mangée, si, ce faisant, j'ai éteint sa lumière intérieure et je ne crois pas que cela aurait un sens de chercher à me représenter ce qu'elle ressentait quand je la tailladais dans l'assiette. Pour moi, une tomate est une entité sans désir, sans âme et sans conscience et je n'ai aucun scrupule à malmener son « corps » à ma guise. En vérité, une tomate n'est jamais que son « corps ». Pas de « problème de rapport entre corps et esprit » pour les tomates. (J'espère, cher lecteur, que nous sommes complètement d'accord là-dessus !)

J'écrase également les moustiques sans état d'âme, même si je m'efforce d'éviter de marcher sur les fourmis et, le plus souvent, quand un insecte autre qu'un moustique pénètre dans la maison, de le capturer et le relâcher au dehors, sain et sauf. Il m'arrive de manger du poulet ou du poisson[1], mais cela fait des années que j'ai arrêté de manger la chair de mammifères. Ni bœuf, ni jambon, ni bacon, ni pâté, ni porc, ni agneau – non merci, chère Madame ! Attention : j'apprécierais encore le *goût* d'un croque-monsieur ou d'un hamburger cuit à point mais, pour des raisons d'ordre moral, je m'abstiens. Je ne vais pas partir en croisade ici, mais il me faut dire quelques mots de mes penchants végétariens car ils ont tout à voir avec les âmes.

Cochons d'Inde

À quinze ans, j'avais dégotté un job d'été où je devais appuyer sur les boutons d'une calculatrice mécanique Friden dans un laboratoire de physiologie de l'université de Stanford. (C'était il y a bien longtemps quand il n'y avait qu'un seul ordinateur pour tout le campus : un tout petit nombre de chercheurs en connaissaient à peine l'existence, et ils auraient encore moins songé à s'en servir pour leurs calculs.) C'était franchement assommant d'appuyer sur ces boutons du matin au soir et, un jour, Nancy, l'étudiante diplômée qui me faisait faire tout cela pour ses recherches, m'a demandé si je voulais un peu de répit en m'essayant à autre chose dans le labo. J'ai sauté sur l'occasion et c'est ainsi que, cet après-midi-là, elle m'a conduit au troisième étage du

---

1. Ce n'est plus le cas : voir le *post-scriptum* à la fin de ce chapitre.

bâtiment de physiologie en me montrant les cages des animaux – des cochons d'Inde, des cobayes au sens propre du mot – qu'on utilisait pour les expériences. Je me rappelle encore l'odeur âcre et la débandade panique de tous ces petits rongeurs à la fourrure orangée.

Le lendemain, Nancy m'a prié de monter lui chercher deux animaux pour sa prochaine série d'expériences. Je n'avais rien à redire mais, à la simple idée de pénétrer dans une cage pour choisir deux de ces petites boules de fourrure pour qu'elles soient zigouillées, ma tête se mit à tourner ; je perdis aussitôt connaissance, heurtant de la tête le ciment du sol. Quand je repris conscience, je vis au-dessus de moi le visage du directeur du labo, George Feigen, un vieil ami très cher de la famille, qui craignait fort que je ne me fusse blessé en tombant. Heureusement, il n'y avait pas de mal et je me suis relevé lentement pour enfourcher ma bicyclette et rentrer chez moi le reste de la journée. Après quoi, personne ne me demanda plus d'aller quérir les animaux condamnés pour le bien de la science.

Cochon

Assez curieusement, ce premier rendez-vous pathétique avec le concept d'atteinte à la vie animale ne m'a pas empêché de consommer moult hamburgers et toutes sortes de viandes les années suivantes. Je ne crois pas y avoir pensé plus que cela, dans la mesure où aucun de mes amis ne le faisait et où personne n'en parlait. Manger de la viande faisait partie des habitudes de toutes mes connaissances. Pire encore : j'ai un peu honte de l'avouer, mais, en ce temps-là, le mot « végétarien » évoquait pour moi des doux dingues un peu bizarres et franchement moralisateurs (dans le film *Sept ans de réflexion*, il y a une scène complètement folle dans un restaurant végétarien de Manhattan qui illustre parfaitement ce stéréotype).

Mais, à l'âge de vingt et un ans, je suis tombé sur une nouvelle de l'écrivain anglo-norvégien Roald Dahl intitulée *Cochon*[1] qui a eu une

---

1. Publiée chez Gallimard (Folio) dans le recueil de nouvelles *Kiss, Kiss*. (N.d.T.)

grande influence sur ma vie – et aussi, à travers moi, sur celle d'autres créatures vivantes.

Le début de *Cochon* est léger et drôle – un jeune homme naïf, Lexington, élevé dans une stricte discipline végétarienne par sa tante Glosspan (« Pangloss » à l'envers), découvre après la mort de cette dernière qu'il aime le goût de la viande (bien qu'il ne sache pas ce qu'il est en train de manger). Aussitôt, comme dans toutes les histoires de Roald Dahl, les choses prennent un tour étrange.

La curiosité éveillée par cette substance savoureuse appelée « porc », Lexington, sur les conseils d'un nouvel ami, décide de visiter un abattoir. Nous le retrouvons dans une salle d'attente, en compagnie d'autres visiteurs. Il observe nonchalamment tous ces gens qui, l'un après l'autre, sont appelés pour la visite. Finalement, c'est son tour, et il est conduit dans une salle où une chaîne défile : les cochons sont hissés par leurs pattes de derrière aux crochets de la chaîne, puis égorgés et, tandis que le sang jaillit de leur gorge ouverte, ils continuent à circuler, tête en bas, vers la « chaîne de démontage » ; ils sont précipités dans un chaudron d'eau bouillante qui leur ôte les poils ; après quoi leur tête et leurs membres sont tranchés, ils sont éviscérés et préparés pour être expédiés, dans des petites boîtes bien nettes enveloppées de cellophane, vers les supermarchés de tout le pays où ils attendront dans des rayons réfrigérés, avec leurs rivaux tout roses, que des acheteurs les remarquent et, avec un peu de chance, les choisissent pour les emporter à la maison...

Tandis qu'il observe tout cela avec une fascination détachée, Lexington est brusquement lui-même tiré par les pieds et renversé cul par-dessus tête, et il se rend compte qu'il est lui aussi en train de se balancer sur la chaîne, exactement comme les cochons qu'il était en train de regarder. Tout son calme s'est envolé. Il hurle : « Il y a eu une erreur effroyable ». Mais les ouvriers l'ignorent. Bientôt, la chaîne l'amène devant un type avec une bonne tête, et Lexington espère qu'il va saisir l'absurdité de la situation. Au contraire, c'est l'oreille de Lexington que l'homme au masque aimable saisit avec détermination ; il tire vers lui son copain qui se balance au bout du crochet, puis, avec un sourire plein de tendresse, lui tranche habilement la gorge avec un couperet. L'inattendu voyage inversé du jeune Lexington se poursuit : son cœur pompe hors de sa gorge son sang qui ruisselle sur le ciment du sol et, bien que tête en bas et rapidement en train de perdre conscience, il perçoit faiblement devant lui les cochons tombant, l'un après l'autre, dans le chaudron d'eau bouillante. L'un d'eux, assez curieusement, semble avoir des gants blancs sur ses pieds de devant, et il se rappelle que la jeune femme qui était juste avant lui dans la salle d'attente avait des gants... Et c'est avec cette singulière dernière pensée que Lexington, complètement dans les vapes, quitte discrètement notre « meilleur des mondes possibles » pour l'autre monde.

La scène finale de *Cochon* m'a longtemps hanté. En pensée, j'ai balancé entre la situation d'un cochon grognant sur son crochet et celle de Lexington tombant dans le chaudron...

Révulsion, révélation, révolution

Un mois ou deux après avoir lu cette obsédante histoire, je suis parti avec mes parents et ma sœur Laura à Cagliari, tout au sud de la rocailleuse Sardaigne : mon père y participait à un séminaire de physique. Pour donner une couleur locale à la conclusion de la conférence, les organisateurs avaient prévu un somptueux banquet dans un parc de la périphérie de Cagliari : on devait y rôtir un cochon de lait et le découper en tranches devant tous les convives. En tant qu'hôtes distingués de cette conférence, nous étions tous supposés prendre part à ce banquet, véritable cérémonie traditionnelle en Sardaigne. Mais moi, j'étais toujours profondément troublé par la nouvelle de Dahl que je venais de lire et il était hors de question que j'envisage seulement d'y participer. Dans le nouvel état d'esprit qui était le mien, je ne pouvais pas imaginer une seconde que quiconque ait seulement envie d'y être, encore moins de consommer le corps du cochonnet. Ma sœur Laura était tout autant horrifiée à cette perspective. Nous sommes donc restés tous deux à l'hôtel, nous régalant de pâtes et de légumes.

Sous le choc combiné du direct du « cochon » norvégien et de l'uppercut du cochonnet sarde, j'ai adopté l'initiative de ma sœur : plus question de viande ! Dans la foulée, je me suis interdit d'acheter des chaussures ou une ceinture en cuir. Je devins bientôt un fervent militant de ma nouvelle cause. Je me souviens combien j'étais heureux d'avoir convaincu un couple d'amis, même si cela ne dura que quelques mois et que je fus déçu de les voir peu à peu laisser tomber.

Que certaines de mes idoles – Albert Einstein, par exemple – aient pu manger de la viande m'interpellait souvent : je n'y trouvais pas d'explication. C'est récemment, pour mon plus grand plaisir, qu'une recherche sur Internet m'a fourni des indices montrant que les sympathies d'Einstein allaient en fait aux conceptions végétariennes, et cela non pour des raisons de santé, mais par compassion envers les êtres vivants. Mais je ne savais pas cela alors et, de toute façon, beaucoup de mes autres héros étaient sans doute carnivores et savaient exactement ce qu'ils faisaient. De telles choses m'attristaient et rendaient mes pensées confuses.

Réversion, re-évolution

Le plus étrange dans cette histoire est que, quelques années seulement plus tard, la pression de la vie quotidienne dans la société américaine m'a, à mon tour, conduit à laisser tomber ma flamme végétarienne éphémère. Pour un temps, mes intenses ruminations sont complètement passées aux oubliettes. Un tel retournement me serait sans doute apparu, tel que j'étais au milieu des années soixante, comme totalement énigmatique, mais il faut croire que ces deux versions de moi ont cohabité dans le même crâne. Étais-je vraiment la même personne ?

Plusieurs années passèrent ainsi : c'était presque comme si je n'avais jamais eu une quelconque révélation. Un jour – je débutais alors comme assistant à l'université d'Indiana –, je rencontrai une femme pleine de délicatesse qui avait adopté la même philosophie végétarienne que j'avais, une fois, faite mienne. Elle l'avait fait pour des raisons du même ordre, mais s'y était tenue plus longtemps que moi. Sue et moi-même devînmes bons amis, et j'admirais la pureté de ses principes. Notre amitié m'a fait repenser à tout cela et, pour faire court, j'ai renoué avec mes principes antérieurs de la période post-« cochon » de refuser d'ôter la vie.

Dans les années qui ont suivi, il y a eu encore quelques oscillations mais j'ai fini par atteindre, à la fin de la trentaine, un état stable, une manière de compromis : je me suis convaincu, intuitivement, qu'il existe des âmes de différentes tailles. Dans mon esprit, ce n'était pas vraiment clair comme du cristal mais plutôt l'idée vague que certaines âmes, pourvu qu'elles soient « suffisamment petites », pouvaient être légitimement sacrifiées au nom d'âmes « plus grandes », comme la mienne ou celle des autres êtres humains. Certes, tracer une telle ligne de démarcation entre les mammifères et les autres animaux est quelque peu arbitraire – comme l'est sans doute toute ligne de démarcation –, mais c'est devenu mon nouveau credo, et je m'y suis tenu depuis plus de vingt ans.

Le mystère de la chair inanimée

En Anglais comme en Français, on ne mange pas le cochon ou la vache, mais du porc et du bœuf. Nous mangeons du poulet, mais nous ne mangeons pas les poulets. Une fois, la fille d'un de mes amis, qui était toute jeune, s'adressant à son père, a remarqué avec force rires que le mot employé pour désigner une certaine volaille qui gloussait et pondait des œufs était le même que celui qui désignait ce qu'il y avait souvent dans son assiette au dîner. Elle y voyait une coïncidence très drôle, comme celle qui fait qu'en Anglais le même mot – « *calf* » – désigne le veau ou le mollet. Inutile de dire qu'elle fut très fâchée d'apprendre que le plat savoureux et la gloussante volaille pondeuse ne faisaient qu'un.

Je suppose que nous en passons tous par là quand, enfants, nous découvrons que nous mangeons des animaux que nous considérons, dans notre culture, comme mignons – les moutons, les lapins, les veaux, les poussins, etc. Je me souviens, même si c'est un peu confus, de mon propre trouble sincère au même âge devant ce mystère. Mais, dans la mesure où manger de la viande était terriblement banal, j'avais mis cela de côté et n'y pensai pas plus.

Mais les épiceries ont une fâcheuse manière de mettre en valeur leurs rayons. Sur les étals, il y avait toutes sortes de taches douteuses de couleur étrange, étiquetées comme « foie », « tripes », « cœur », « rognons », et même, parfois, « langue » ou « cervelle ». Non seulement cela sonnait aux oreilles comme différentes parties du corps d'animaux, mais cela y *ressemblait* ! Heureusement, ce qui était désigné par « viande hachée » ne ressemblait pas vraiment à une quelconque partie d'un animal, et, si je dis « heureusement », c'est parce que c'était drôlement bon. Pas question d'être privé de *ça* ! Le bacon, ça aussi c'était bon, et les tranches en étaient si fines et, une fois cuites, si croustillantes qu'elles ne pouvaient absolument pas faire penser à un animal. Quel bonheur !

La vengeance du mystère des étals est venue des quais de déchargement à l'arrière de l'épicerie. Il y avait parfois un camion qui s'arrêtait et, quand ses portes arrière s'ouvraient, on pouvait voir d'énormes tas de chair et d'os qui se balançaient, sans vie, à des crochets de métal à faire peur. Je regardais avec une curiosité morbide le transport de ces carcasses dans l'arrière-boutique ; elles étaient suspendues à des crochets coulissant sur des rails pour pouvoir être déplacées facilement. Tout cela mettait le préadolescent que j'étais mal à l'aise. Pendant que je regardais fixement une carcasse, je ne pouvais m'empêcher de penser : « Qui était cet animal ? » Ce n'est pas de son nom que je m'inquiétais : je savais que les animaux de la ferme n'ont pas de nom. Je cherchais à saisir une idée plus philosophique – que ressentait-il en étant cet animal *particulier* différent d'*un autre* ? De quelle nature était la lumière intérieure qui s'est brusquement éteinte quand il a été abattu ?

Adolescent, j'étais allé en Europe, et les choses étaient plus crues. Là, les corps sans vie des animaux (le plus souvent écorchés, sans tête ni queue, mais parfois non) étaient étalés devant tous les clients. Mon souvenir le plus saisissant est celui d'une épicerie dont la vedette, à l'approche de Noël, était une tête de cochon qui trônait sur une table au milieu d'une allée. Si vous vous hasardiez à la regarder par l'arrière, vous pouviez voir une coupe transversale montrant toutes les structures internes du cou de ce cochon, exactement comme s'il avait été guillotiné. On pouvait voir tout le réseau dense qui avait un jour relié l'ensemble des parties éloignées de son corps au « bureau central » de sa tête. Vu de l'autre côté, ce cochon affichait une sorte de sourire glacé qui me faisait froid dans le dos.

Une fois de plus, je ne pouvais échapper à la question : « Qui a bien pu être un jour dans cette tête ? Qui a vécu là-dedans ? Qui a pu voir à travers ces yeux, entendre à travers ces oreilles ? Qui a réellement été ce qui n'est plus qu'un tas de chair ? Était-ce un mâle ou une femelle ? » Aucune réponse, bien entendu, et aucun autre client n'avait l'air de se soucier de cet étalage. Il me semblait que personne d'autre ne regardait en face ces graves questions de vie, de mort et d'« identité porcine » que cette tête silencieuse, immobile agitait violemment dans la mienne.

Je me posais parfois des questions du même ordre si j'écrasais une fourmi, une mite ou un moustique – mais pas trop souvent. Mon instinct me dictait que la question « Qui est "là-dedans" » avait moins de sens dans ces cas-là. Néanmoins, le spectacle d'un insecte à moitié écrasé se contorsionnant sur le sol devrait nous amener à quelques interrogations.

En fait, je n'ai pas évoqué ces images macabres pour partir en guerre pour une cause qui a déjà, selon toutes probabilités, provoqué maintes réflexions chez mes lecteurs. Il s'agissait plutôt d'amener la question brûlante : qu'est-ce qu'une « âme » ? Qui en possède une ? C'est une question qui intéresse tout un chacun tout au long de sa vie – à tout le moins implicitement, mais, pour beaucoup, tout à fait explicitement. Et c'est l'interrogation qui est au cœur de ce livre.

Donnez-moi des hommes aux grandes âmes

J'ai déjà fait allusion à ma passion pour la musique de Chopin. Adolescent, puis jeune homme, j'ai beaucoup joué Chopin, en me fiant à l'édition d'un jaune éclatant publié par G. Shirmer à New York. Chaque volume était introduit par un essai de James Huneker, le critique américain du début du vingtième siècle. Aujourd'hui, sa prose peut sembler ampoulée. Pas pour moi. Sa sensibilité infinie entrait en résonance avec ma perception de la musique de Chopin et je continue d'apprécier le style d'Huneker comme la richesse de ses métaphores. Dans sa préface au volume des études de Chopin, à propos de la onzième étude en la mineur de l'opus 25 (une explosion titanesque dont le titre qui lui est souvent donné, « Vent d'hiver », ne doit sans doute rien à Chopin), il a cette remarque saisissante : « Les hommes dont l'âme est petite, quelle que soit leur virtuosité, ne devraient pas s'y risquer ».

Je peux personnellement témoigner des redoutables difficultés techniques que dresse cet invraisemblable torrent de notes, ayant vaillamment tenté de l'apprendre quand j'avais autour de seize ans pour, finalement, abandonner tristement en cours de route, le simple fait d'en jouer la première page au tempo (ce à quoi je suis finalement parvenu après plusieurs semaines d'un travail incroyablement ardu) suffisant à me provoquer des élancements de douleur à la main droite. Bien entendu, Huneker ne parlait pas de la difficulté technique. Il explique à juste titre que la pièce est noble et majestueuse, pour tracer ensuite, de façon plus discutable, une ligne de partage entre différents niveaux, différentes « tailles » d'âme humaine, comme si certaines personnes n'étaient tout simplement pas faites pour ce morceau, non pas du fait de limites physiques, mais parce que leur âme n'est pas « suffisamment grande » pour l'interpréter. (Je ne prendrai pas la peine de m'offusquer du sexisme des formulations de Huneker : c'était la façon de s'exprimer de l'époque.)

Ce type d'appréciation serait mal vu dans l'Amérique prétendument égalitaire d'aujourd'hui. De quoi choquer les honnêtes gens. Cela sonne terriblement élitiste, voire pis, à nos oreilles démocratiques contemporaines. Mais je dois avouer que, d'une certaine façon, je partage le point de vue de Huneker et ne puis m'empêcher de penser que tous autant que nous sommes faisons nôtre cette vague distinction entre « grandes » et « petites » âmes humaines. J'irais même jusqu'à prétendre que c'est une conviction générale, quel que soit l'égalitarisme que l'on professe.

Petites et grandes âmes

Certains d'entre nous croient en la peine capitale – l'anéantissement légal d'une âme humaine et qu'importe que cette âme implore ardemment sa grâce, tremble, s'agite, se batte désespérément pour s'échapper, pendant qu'on la conduit vers le couloir de la mort.

Certains, peut-être la plupart, estiment légitime de tuer les soldats ennemis en temps de guerre, comme si la guerre était une circonstance particulière qui rétrécit les âmes – du camp adverse.

Jadis, certains pouvaient penser (tels George Washington, Thomas Jefferson et Benjamin Franklin, chacun à leur façon, pendant un temps au moins) qu'il n'était pas immoral de posséder des esclaves, de les acheter et de les vendre, de disperser les familles comme nous le pratiquons aujourd'hui avec les chevaux, les chiens ou les chats.

Certains dévots pensent que les athées, les agnostiques, les fidèles d'autres fois – pis que tout : les traîtres qui ont abandonné « la » foi – n'ont pas d'âme du tout et méritent donc mille fois la mort.

Certains (y compris certaines) croient de tout leur cœur que les femmes n'ont pas d'âme – ou du moins, quand ils y mettent un zeste de générosité, qu'elles ont des « âmes plus petites » que celles des hommes.

Certains (dont moi) pensent que feu le président Reagan « avait rendu l'âme » bien des années avant que son corps ait rendu les armes, et nous estimons qu'il en va de même pour toutes les personnes souffrant de la maladie d'Alzheimer à son stade final. Même si chacune de ces boîtes crâniennes contient un cerveau humain, nous savons manifestement que quelque chose a déserté celui-ci – quelque chose d'essentiel, qui contient les secrets de l'âme de la personne en question. Le « Je » s'est partiellement ou totalement évanoui, a disparu à jamais.

Certains (je me compte encore une fois dans ce groupe) pensent qu'un ovule tout juste fécondé ou un fœtus de cinq mois sont l'un et l'autre dépourvus d'une véritable âme humaine, et qu'en un sens la vie de la mère « compte plus » que celle de la petite créature, indiscutablement vivante pourtant.

Hattie, le labrador chocolat

Kellie : Après le petit-déjeuner nous sortirons voir la dinde de Lynne avec quoi nous allons festoyer.

Doug : avec *quoi* ou *qui* ?

Kellie : J'ai dit *quoi*. Faut pas confondre !

Doug : Je vois… Et, pour Hattie, c'est avec *qui* ou avec *quoi* ?

Kellie : Oh, ce serait avec *qui*, bien sûr.

Ollie, le retriever doré

Doug : Ollie était content de sa ballade cet après-midi au Lac Griffy ?

Danny : Il[1] s'en est donné à cœur joie ! Mais il n'a pas trop joué avec les autres chiens. Il a joué, mais plutôt avec les gens.

Doug : Ça alors ! Comment ça se fait ?

Danny : Mais Ollie est une personne !

Où placer la ligne fatidique, fatale ?

Tous les êtres humains – du moins ceux dotés d'une âme suffisamment grande – se doivent d'avoir un avis sur ce genre de problèmes : écraser un moustique ou une mouche ; disposer un piège à souris ; manger du lapin, du homard, de la dinde ou du porc, ou même du chien ou du cheval ; acquérir une étole en vison ou des statues d'ivoire ; utiliser des valises de cuir ou des ceintures en crocodile ; voire même s'attaquer à coup de pénicilline aux essaims de bactéries envahissant notre organisme, et ainsi de suite à l'infini. Le monde nous inflige constamment ces dilemmes moraux, petits et grands – ne serait-ce qu'à chaque repas – et il nous faut bien prendre position. Le petit agneau a-t-il une âme qui compte, ou les côtelettes d'agneau sont-elles trop succulentes pour que l'on s'en soucie ? La truite qui a mordu à l'hameçon et se débat désespérément au bout de la ligne de nylon mérite-t-elle de survivre, ou suffit-il de lui donner un coup sec sur la tête « pour la délivrer de ses

---

1. « He », pronom réservé aux humains, et non « *it* » comme il est d'usage en anglais pour un chien comme Ollie. (N.d.T.)

affres », afin de pouvoir déguster la texture tout à la fois indescriptible et étrangement sans surprise de sa chair ? Les sauterelles, les moustiques et même des bactéries ont-ils une petite lumière intérieure, aussi infime soit-elle, où n'y a-t-il qu'obscurité « là-dedans » (*où* ça ?) ? Qu'est-ce qui m'empêche de manger des chiens ? Qui était le cochon qui a fourni le bacon dont je me régale au petit-déjeuner ? Quelle peut bien être cette tomate que je suis en train de croquer ? Pouvons-nous abattre cet orme magnifique dans notre cour ? Tant que j'y suis, ai-je le droit d'arracher ce mûrier sauvage ? Ou toutes ces mauvaises herbes qui poussent tout autour ?

Qu'est-ce qui nous donne un tel droit de vie ou de mort sur les autres créatures ? Pourquoi cela nous pose-t-il (du moins pour certains d'entre nous) de tels problèmes de conscience ? En dernière analyse, tout simplement parce que *la raison du plus fort est la meilleure* et que nous, humains, grâce à l'intelligence dont nous ont dotée la complexité de nos cerveaux, notre langue et notre culture, sommes puissants et haut placés par rapport aux animaux « inférieurs » (et aux plantes). En vertu de notre pouvoir, nous sommes contraints d'établir une sorte de classement parmi les créatures, que nous le fassions à l'issue d'une longue et prudente réflexion ou en nous contentant de suivre le courant dominant. Peut-on tuer les vaches aussi facilement que les moustiques ? Vous sentiriez-vous moins gêné d'écraser une mouche se lissant les ailes sur un mur que de décapiter un poulet frémissant sur le billot ? À l'évidence, on peut faire croître et multiplier de telles questions à l'infini (que les intégristes du « droit à la vie » me pardonnent la plaisanterie), mais ce n'est manifestement pas le lieu de s'étendre là-dessus.

Voici, ci-contre, mon propre « cône de conscience », issu de mon usage personnel. N'y cherchez pas une exactitude scientifique : il ne vise qu'à suggérer. Mais je soupçonne que vous avez en tête, comme tous les êtres humains pourvus d'un langage, une structure semblable, même si, dans la plupart des cas, il est rare de se livrer à un examen aussi minutieux : tout cela n'est pas explicite.

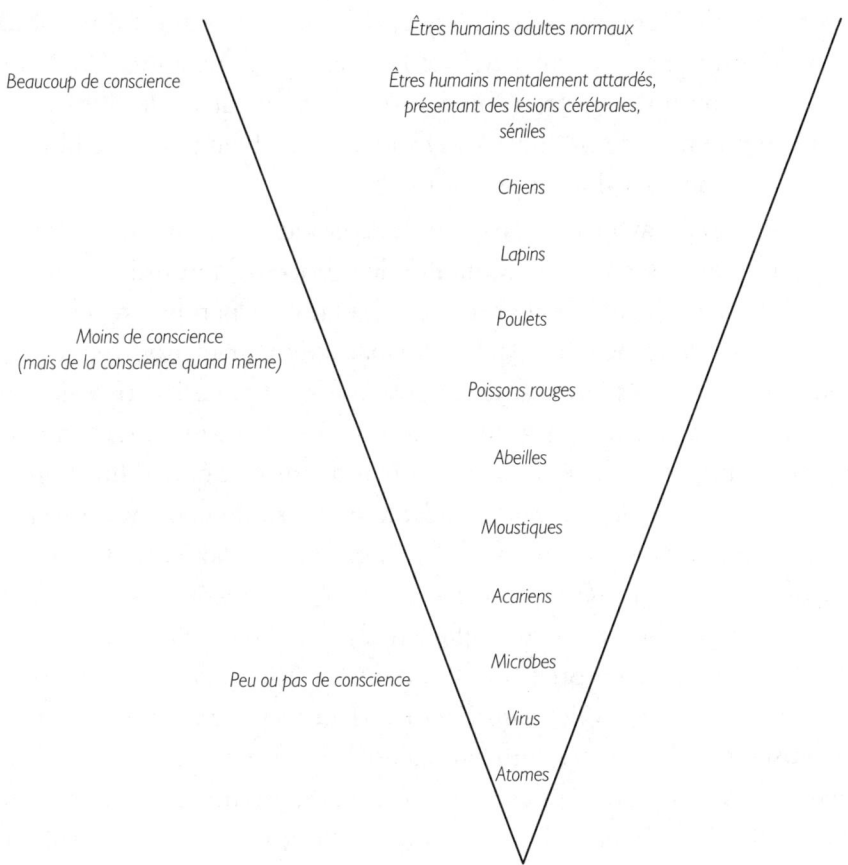

L'intériorité – qu'est-ce qui en est doté, et à quel degré ?

Il y a peu de chances pour que le lecteur de ce livre ait échappé à toute la série de la *Guerre des étoiles* et ses inoubliables personnages C-3PO et R2-D2. Pour être parfaitement invraisemblables, surtout pour quelqu'un comme moi ayant travaillé plusieurs décennies à tenter de comprendre les mécanismes essentiels de l'intelligence humaine en en construisant des modèles informatiques, ces deux robots ont un rôle très utile – ils contribuent à l'ouverture d'esprit. Le seul fait de voir C-3PO et R2-D2 « en chair et en os » à l'écran nous fait prendre conscience que la vue d'une entité de métal et de plastique n'induit pas automatiquement une conclusion dogmatique du style, « il s'agit forcément d'un objet inanimé puisqu'il est constitué de la "mauvaise substance" ». Nous constatons plutôt, à notre propre surprise, qu'il est facile d'imaginer qu'une entité faite d'une substance froide, rigide, bien peu ressemblante à de la chair soit sensible et pensante.

Je me rappelle avoir vu, dans l'un des épisodes de la *Guerre des étoiles,* un gigantesque escadron de centaines de robots défilant uniformément – *réellement* uniformément, tous se pavanant en parfaite synchronie, tous avec sur leur face des expressions parfaitement identiques, impassibles, stupides, mécaniques. Je suppose que c'est grâce à cette évidente impression d'interchangeabilité absolue que pratiquement aucun spectateur n'éprouve le moindre sentiment de tristesse quand une bombe tombe sur cette armée à l'assaut, anéantissant instantanément ces « créatures » industrielles. Somme toute, à la différence flagrante de C-3PO et R2-D2, *ces* robots-*là* ne sont pas du tout des créatures – ce ne sont jamais que des morceaux de métal ! Il n'y a pas plus d'*intériorité* dans ces coquilles de métal qu'il n'y en a dans un décapsuleur, une voiture, un cuirassé, ce que révèle manifestement leur parfaite conformité. Tout au plus sont-elles dotées, qui sait, d'un infime degré d'intériorité du même ordre que celui d'une fourmi. Ces manifestants de métal ne sont que de simples robots soldats, membres de l'une des castes de la colonie plus vaste des robots, qui se contentent d'obéir mécaniquement, comme des zombies, aux instructions rigides implantées dans leurs circuits. À supposer qu'il y ait de l'intériorité là-dedans, elle est d'un niveau négligeable.

Qu'est-ce donc qui nous donne l'impression indéniable que C-3PO et R2D2 ont « une lumière intérieure », qu'une authentique intériorité prend place dans leur crâne inorganique, quelque part derrière leurs drôles d'« yeux » globuleux ? D'où vient ce sentiment incoercible de percevoir leur « Je » ? Et, en revanche, que manquait-il à feu le président Reagan à la fin de sa vie, comme à la masse des robots soldats identiques soufflés par l'explosion ? Et quel est ce je-ne-sais-quoi chez Hattie, le labrador chocolat, ou chez le robot R2-D2, qui pour nous fait toute la différence ?

La croissance progressive de l'âme

J'ai affirmé plus haut faire partie de ceux qui ne pensent pas qu'une véritable âme humaine vient au monde dès qu'un spermatozoïde humain rejoint un ovule humain pour former un zygote humain. En revanche, je suis persuadé que l'âme humaine – soit dit en passant, ce livre se fixe comme objectif d'éclaircir ce que je veux dire en utilisant ce terme ambigu et traître qui, contrairement à l'usage, n'a ici strictement aucune connotation religieuse – se forge lentement au fil des années du développement. J'aimerais suggérer, en dépit de la grossièreté de la métaphore, une sorte d'échelle numérique des « degrés d'âme ». Supposons donc pour commencer une échelle de 0 à 100, que l'on aurait baptisée, histoire de plaisanter, le « huneker ». C'est ainsi que vous et moi, cher lecteur, possédons tous deux 100 hunekers de degrés d'âme, ou peu s'en faut. Tope-là !

Houp-là ! Je viens tout juste de me rendre compte que j'ai commis une erreur qui provient des longues années d'endoctrinement subies dans mon pays de naissance avec ses admirables traditions égalitaires : j'ai présumé inconsciemment que les degrés d'âme ont une « valeur plafond » que tous les adultes normaux atteignent et ne peuvent dépasser. Pourquoi donc faudrait-il accepter un tel postulat ? Pourquoi les degrés d'âme ne seraient-ils pas comme la taille ? Il y a une taille moyenne pour les adultes, mais avec une marge considérable. De même, pourquoi n'y aurait-il pas un degré d'âme moyen pour les adultes (disons 100 hunekers), avec une grande marge autour de cette moyenne, pouvant monter (comme pour le QI) jusqu'à 150 ou 200 hunekers dans de rares cas, ou descendre jusqu'à 50 ou moins dans d'autres ?

S'il en est ainsi, alors je reviens sur mon affirmation réflexe que vous comme moi, cher lecteur, partageons 100 hunekers de degrés d'âme. Je préférerais suggérer que nous avons tous deux des relevés considérablement *plus élevés* sur l'hunekomètre ! (J'espère que vous êtes d'accord.) Mais nous nous aventurons là sur un terrain moralement dangereux, nous flirtons avec l'idée que certaines personnes *valent plus* que d'autres – un tabou dans notre société (et qui me met d'ailleurs mal à l'aise). Je vais donc en rester là et cesser d'imaginer comment évaluer en hunekers les degrés d'âme des individus.

Quand le spermatozoïde pénètre dans l'ovule, il me paraît évident que la gouttelette biologique qui en résulte n'a encore qu'une valeur de zéro huneker. Ce qui s'est toutefois produit, c'est qu'un objet dynamique, avec un effet boule-de-neige, est né, lequel dans quelques années sera capable de développer un ensemble de structures et de configurations internes complexes, et que la présence desdites configurations, à un degré toujours plus élevé de complexité, est précisément ce qui va doter cette entité (ou, plus exactement, les entités prodigieusement plus complexes dans lesquelles elle se métamorphose lentement, pas à pas) d'une valeur toujours plus élevée sur l'échelle de Huneker, pour approcher progressivement les 100.

Le cône ci-dessous montre de façon sommaire mais évocatrice les valeurs sur l'échelle de Huneker que je pourrais attribuer aux êtres humains de zéro à vingt ans (ou, si l'on veut, à un seul être humain, mais à différents stades de son existence).

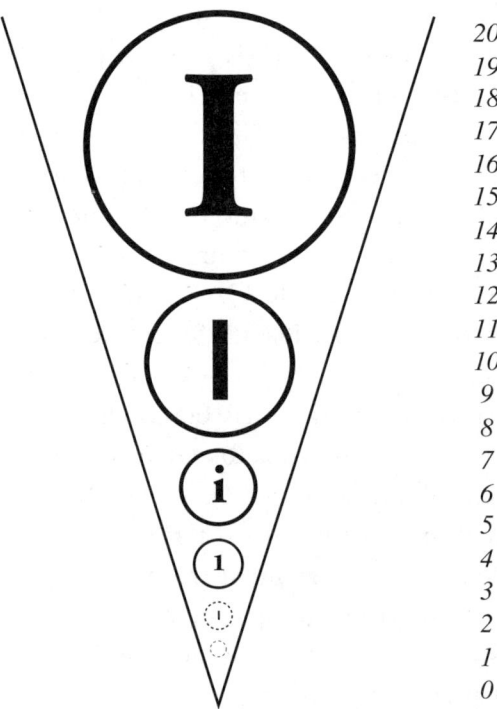

Pour résumer, je prétends, en reprenant et en généralisant l'affirmation provocatrice de James Huneker, que l'âme n'est en aucun cas un système marche/arrêt, blanc/noir, une variable discrète ne disposant que de deux valeurs comme un bit, un pixel ou une ampoule, mais plutôt une variable numérique ombrée, floue, qui varie continûment d'une espèce ou variété d'objets à une autre ; elle peut aussi monter et descendre au fil du temps selon l'essor ou le déclin, à l'intérieur de l'entité en question, d'un type particulier de configuration subtile (élucider quelle en est la nature nous occupera beaucoup dans ce livre). Je crois également que les idées préconçues que se font inconsciemment la plupart des gens au sujet de savoir s'il faut ou non consommer telle nourriture, acheter ou non tel article vestimentaire, écraser ou non tel insecte, prendre parti pour telle espèce de robot dans un film de science-fiction, s'attrister ou non de la mort violente de tel personnage de film ou de roman, déclarer ou non que telle personne sénile « n'est plus là », etc., reflètent précisément ce type de continuum numérique qu'ils ont à l'esprit, qu'ils l'admettent ou pas.

Peut-être vous demandez-vous si le fait que j'ai dessiné un cône montrant avec impénitence les « degrés d'âme » au cours du développement d'un être humain donné implique que, confronté à une énorme pression (comme dans le film *Le choix de Sophie*), je serais plus enclin à supprimer la vie d'un enfant de deux ans que celle d'un adulte de vingt ans ? La réponse est non. Même si je suis persuadé qu'il y a plus d'âme chez le dernier que le premier (bien entendu je sais que cette assertion me vaudra quelques démêlés avec bon nombre de lecteurs), je respecte néanmoins énormément la *capacité* de l'enfant de deux ans à *développer* une âme beaucoup plus grande. En outre, j'ai été formé, par les mécanismes de milliards d'années d'évolution, à percevoir chez le bambin ce que, à défaut d'un meilleur terme, j'appellerais « la mignonnerie », laquelle lui confère un extraordinaire bouclier protecteur contre les agressions non seulement de ma part, mais de celle des humains de tous âges, sexes ou convictions.

Lumières intérieures ?

Le principal objectif de ce livre est de tenter d'identifier la nature de ce « type particulier de configuration subtile » dont j'ai commencé à soupçonner qu'il est sous-jacent, ou donne naissance, à ce que j'ai nommé une « âme », ou un « Je ». J'aurais aussi bien pu dire « avoir une lumière intérieure », « posséder une intériorité », ou encore ce vieil ersatz « être conscient ».

Les philosophes de l'esprit utilisent souvent le terme « intentionnalité » (ce qui signifie avoir des croyances, des désirs, des craintes, etc.) ou « système sémantique » (ce qui signifie la capacité à véritablement penser *à propos* des choses, en opposition avec la « simple » capacité à jongler avec des occurrences dénuées de sens dans des configurations compliquées – une distinction que j'ai mise en évidence dans le dialogue entre mes versions de Socrate et Platon).

Bien que chacun de ces termes mette en évidence un aspect légèrement différent de l'abstraction ténue qui nous occupe, ils sont pour moi pratiquement interchangeables. Et, j'insiste, chacun de ces termes doit être considéré comme se présentant avec divers *degrés* selon une échelle glissante, plutôt que comme des interrupteurs fonctionnant sur le mode du tout ou rien, marche/arrêt, noir/blanc, oui/non.

Post-scriptum

Il y a deux ans que j'avais écrit le premier jet de ce chapitre. Bien qu'il y fût question du fait de manger de la viande et des conceptions végétariennes, il en parlait beaucoup moins que ne le fait la version finale. Quelques mois plus tard, alors que j'étais en train de l'« étoffer » en résumant la nouvelle *Cochon*, je me suis brusquement interrogé sur la ligne de démarcation que j'avais tracée avec soin deux décennies plus tôt et que j'avais respectée depuis (quoique, parfois, avec quelque difficulté) : je veux parler de la distinction entre les mammifères et les autres animaux.

D'un seul coup, je me suis senti mal à l'aise à l'idée de manger du poulet et du poisson, même si je l'avais fait depuis quelque vingt ans.

Je me suis ainsi surpris moi-même à rompre avec une telle addiction[1]. Par une coïncidence remarquable, indépendamment de moi, mes deux enfants en sont venus à une conclusion semblable et cela pratiquement au même moment. En seulement deux semaines, le régime familial devint complètement végétarien. J'en étais revenu au même point que lorsque j'avais vingt et un ans en Sardaigne, et j'ai l'intention de m'y tenir.

Écrire ce chapitre a donc eu un effet boomerang complètement inattendu sur son auteur – et, comme nous le verrons dans les chapitres suivants, un tel rebondissement inattendu dans nos choix, suivi de l'intégration de ses répercussions sur la représentation de soi, est un excellent exemple illustrant le sens de la devise : « Je suis une boucle étrange ».

---

[1]. Jeu de mot difficile à traduire. Le texte anglais dit : « *I stopped 'cold turkey'* », littéralement « j'ai arrêté la dinde froide », ce qui est évidemment en rapport avec la décision prise par l'auteur de cesser de manger toute chair animale. Mais, en argot, cela signifie une rupture brutale avec l'addiction à la drogue… (N.d.T.)

Chapitre 2
Ce bulbe vacillant plein d'espoirs et d'effroi

☙ ☙ ☙

Qu'est-ce qu'une « structure cérébrale » ?

On m'a souvent demandé, dès qu'on apprend que mes recherches portent sur les mécanismes de la pensée humaine : « Ah, vous étudiez le cerveau ? ».

Une part de moi-même a envie de répondre : « Non ! je réfléchis sur *la pensée*. Sur les rapports entre les mots et les concepts ; sur ce que signifie « penser en anglais ou en chinois » ; sur ce que cache un lapsus ou toute autre bourde de langage ; sur la façon dont un événement nous en évoque inopinément un autre ; sur la reconnaissance des lettres et des mots ; sur ce qui nous permet de comprendre le langage familier, mal articulé ou argotique ; sur la manière dont jaillissent des analogies originales et brillantes parmi tant d'autres insipides, dont nos concepts deviennent plus subtils, plus fluides au fil de l'existence, etc. Je ne réfléchis *pas le moins du monde* sur le cerveau – je laisse aux neurophysiologistes cette chose humide, grotesque et complexe. »

Une autre part de moi-même, toutefois, préfère répondre : « *Bien entendu*, je réfléchis sur le cerveau humain. *Par définition*. Je réfléchis sur le cerveau puisqu'il est précisément le siège du mécanisme de la pensée humaine. »

Cette amusante inconséquence m'a conduit à me demander, « Qu'entend-on par "recherche sur le cerveau" ? », d'où la question suivante : « Quelles sont les structures du cerveau qu'il faudrait, en principe, étudier ? » La plupart des neurophysiologistes, si on leur posait la question, dresseraient une liste dans laquelle figureraient (au moins en partie) les éléments suivants (classés en gros par ordre de taille) :

Les acides aminés

Les neurotransmetteurs

L'ADN et ARN

Les synapses

Les dendrites

Les neurones

Les assemblées de neurones de Hebb

Les colonnes du cortex visuel

L'aire 19 du cortex visuel

L'ensemble du cortex visuel

L'hémisphère gauche

Tous ces éléments sont importants et constituent les objets d'étude légitimes de la neurophysiologie. Cette liste me semble pourtant trahir une certaine étroitesse de vue. Dire qu'étudier le cerveau se limite à la recherche sur de telles entités physiologiques reviendrait à confiner la critique littéraire au papier et à la reliure, à l'encre et sa chimie, à la taille des pages, la largeur des marges, les familles de caractères, la longueur des paragraphes, etc. *Quid* des hautes abstractions au cœur de la littérature – intrigue, personnages, style, points de vue, ironie, humour, allusions, métaphores, et tout le reste ? Faudrait-il les faire disparaître de la liste des sujets d'étude de la critique littéraire ?

Mon opinion est simple : les abstractions sont essentielles, dans l'analyse littéraire comme l'étude du cerveau. Voici donc une liste d'abstractions qui devrait intéresser tout « chercheur sur le cerveau » :

Le concept de « chien »

Le lien associant les concepts de « chien » et d'« aboiement »

Les répertoires d'objets (« object files » – selon Anne Treisman)

Les cadres (« frames » – selon Marvin Minsky)

Le MOP's (« Memory Organization Packets », c'est-à-dire le stockage de nos expériences par paquets – selon Roger Schank)

La mémoire à long terme et la mémoire à court terme

La mémoire épisodique et la mémoire mélodique

Les passerelles analogiques (« analogical bridges » – selon mon propre groupe de recherche)

Les espaces mentaux (Gilles Fauconnier)

Les memes (Richard Dawkins)

Le moi, le ça et le surmoi (Sigmund Freud)

La grammaire d'une langue maternelle

Le sens de l'humour

Le « Je »

Je pourrais étendre cette liste arbitrairement. Telle quelle, elle vise à faire comprendre la nécessité d'élargir la notion de « structure cérébrale » en y intégrant ce type d'abstractions. Il va sans dire que certaines de ces notions théoriques risquent de faire long feu, quand d'autres se verront de plus en plus confirmées par différents types de recherches. Il faut se souvenir que la notion de « gène » a été avancée et étudiée comme une entité théorique activant la transmission des traits des parents à leurs descendants bien avant qu'on ait pu identifier le vecteur physique de ces traits. On peut en dire autant pour celle d'« atome » qui a été avancée et étudiée comme brique élémentaire théorique constitutive de tout objet physique bien avant que les atomes aient été isolés et qu'on en ait sondé la structure. Pourquoi, alors, ne pas considérer l'identification physiologique des structures théoriques évoquées plus haut comme un objectif légitime de la recherche sur le cerveau ?

Une telle identification (mais est-elle seulement possible ?) représenterait, j'en suis convaincu, une avancée extraordinaire. Je ne vois cependant pas pourquoi la cartographie physique devrait constituer l'alpha et l'oméga de l'investigation neurologique. Pourquoi ne pas intégrer également à la recherche sur le cerveau le fait d'établir des relations précises entre les notions citées plus haut, que ce soit avant ou après leur identification physique ? Après tout, c'est ainsi que la recherche scientifique sur les gènes et les atomes a progressé pendant des décennies, bien avant que leur nature physique et leur structure n'aient été élucidées.

Une simple analogie entre cœur et cerveau

J'aimerais présenter une analogie simple mais fondamentale entre l'étude du cerveau et celle du cœur. De nos jours, tout le monde tient pour acquis que le corps et ses organes sont constitués de cellules. Le cœur comprend donc plusieurs milliards de cellules. Mais, à en rester à une échelle microscopique, quelque important que ce soit, on peut passer à côté de l'image globale : *le cœur est une pompe*. De manière analogue, *le cerveau est une machine à penser*. Si l'on veut comprendre ce que c'est que penser, il ne faut pas que l'arbre (ou ses feuilles !) nous cache la forêt. L'image globale n'apparaîtra clairement que si l'on considère le cerveau dans son architecture d'ensemble, et non par l'analyse de la structure fine de ses éléments constitutifs.

Il y a environ un milliard d'années, la sélection naturelle, dans sa marche hasardeuse, est tombée sur des cellules qui se contractaient en rythme. Les petits êtres qui en étaient dotés s'en sont trouvés mieux du fait que ces contractions cellulaires favorisaient la circulation de la matière nutritive à l'intérieur d'eux-mêmes. Ainsi les pompes sont-elles nées : par accident. Parmi les structures géométriques de toutes ces proto-pompes, la nature a favorisé celles qui étaient le plus efficaces. Ayant découvert le fonctionnement interne des cellules composant ces pompes, la nature est passée à autre chose et ce fut *l'architecture* du cœur qui devint l'objet principal de la sélection. À partir de là, tout a rapidement évolué vers des structures toujours plus complexes.

Voilà pourquoi la chirurgie du cœur ne se préoccupe pas en détail des cellules cardiaques mais s'intéresse plutôt aux grandes structures architecturales. L'acheteur d'une voiture se préoccupe-t-il de la physique des protons et des neutrons, de la chimie des alliages ou préfère-t-il ces niveaux plus élevés d'abstraction que sont : confort, sécurité, consommation, maniabilité, allure et beauté, etc. ? Pour en finir avec cette analogie cœur-cerveau, la conclusion est simple : pour le cerveau, le niveau microscopique pourrait bien ne pas être le bon – ou, plutôt, ne l'est certainement pas – pour appréhender des phénomènes aussi abstraits que les concepts, les idées, les archétypes, les stéréotypes, les analogies, l'abstraction, le souvenir, l'oubli, la confusion, la comparaison, la créativité, la conscience, la sympathie, l'empathie, et ainsi de suite.

Le papier hygiénique peut-il penser ?

L'analogie que je viens de faire a beau être simple, sa conclusion semble malheureusement avoir été détournée par nombre de philosophes, chercheurs sur le cerveau, psychologues et autres spécialistes des relations entre cerveau et esprit. C'est ainsi que John Searle, un philosophe qui a consacré pas mal de son temps à manifester son dédain pour la recherche en intelligence artificielle et les modèles informatiques de pensée, prend un malin plaisir à se gausser des machines de Turing.

Petite digression… Les machines de Turing sont des ordinateurs théoriques très simples dont la mémoire consiste en une « bande » de « cellules » infiniment longue (c'est-à-dire extensible à volonté), chaque cellule étant simplement un carré soit vide, soit occupé par un point. Une machine de Turing possède une « tête » mobile qui regarde carré après carré et peut « lire » une cellule (dire si elle est pointée ou non) et « écrire » dessus (y mettre un point ou en effacer un). Enfin, une machine de Turing dispose d'une liste d'instructions précises, classées dans sa « tête », lui disant à quelles conditions déplacer une cellule vers la gauche ou vers la droite, et à quelles conditions mettre un nouveau point ou en effacer un ancien. Bien que les opérations d'une machine de Turing soient triviales, on peut effectuer tous les calculs que l'on veut à l'aide de l'une d'entre elles (les nombres sont représentés par des cellules pointées adjacentes, en sorte que « ... » encadré par des cellules vides représenterait le nombre entier 3).

Mais revenons à John Searle. Il a largement profité du fait que l'invention de Turing est une machine théorique et pourrait donc, en principe, être construite à partir de n'importe quels matériaux. Son stratagème n'aurait pas berné un enfant de huit ans mais, malheureusement, a marché auprès d'un grand nombre de ses collègues. Il a tourné en ridicule l'idée que la *pensée* pourrait être mise en œuvre par un système fait d'un matériau aussi improbable que *du papier toilette et des cailloux* (la bande serait un rouleau infini de papier hygiénique, et un caillou sur un carré de papier représenterait le point dans la cellule), ou par *un jeu de construction Tinkertoy*, ou encore par un vaste assemblage de *cannettes de bière et de balles de ping-pong* qui s'entrechoqueraient.

Les articles de Searle sont colorés ; on a le sentiment que ses traits d'humour lui viennent dans la bonne humeur et de manière spontanée. En fait, il est très calculateur et c'est de façon délibérée qu'il instille chez ses lecteurs de solides préjugés – à moins qu'il ne se contente de tirer partie de préjugés bien ancrés. Après tout, cela ne paraît-il pas grotesque de proposer du « papier toilette pensant » (qu'importe la longueur du rouleau, et tant qu'à faire, autant oublier les cailloux !), ou des « cannettes de bière pensantes », ou « un jeu de Tinkertoy pensant » ? Searle prémédite soigneusement la cocasserie de ses images pour que le lecteur s'esclaffe, sans chercher à aller plus avant – et, malheureusement, ça marche souvent.

Une canette de bière dévorée par la soif

Searle va très loin dans sa tentative de brocarder les systèmes qu'il décrit en les tournant en dérision. Par exemple, pour railler l'idée qu'un assemblage géant de cannettes de bière en interaction pourrait « avoir des sensations » (encore un autre terme pour la conscience), il prend l'exemple de la soif. Puis, comme s'il s'agissait d'une banalité, d'une évidence pour tout le monde, il lâche l'idée que, dans un tel système, *une canette précise* devrait « jaillir » en affichant le texte « J'ai soif » – ce que peut bien vouloir dire « jaillir » pour une canette de bière, on ne le saura pas : Searle se garde bien de décrire la façon dont ces canettes de bière interagissent, c'est tellement plus commode ! Le jaillissement d'une unique canette de bière (un micro-élément faisant partie d'un vaste système ainsi comparable – nous y voilà ! – à un neurone, ou une synapse, du cerveau) est supposé représenter la sensation de soif du système. Searle a choisi tout à fait délibérément cette image stupide : il sait très bien que personne ne la trouvera un tant soit peu plausible. Comment une canette de bière en métal pourrait-elle avoir soif ? En quoi son « jaillissement » *révélerait-il* la soif ? Et pourquoi le texte « J'ai soif » écrit sur une canette de bière devrait-il être pris plus au sérieux que « Je veux être lavé » écrit sur un camion couvert de boue ?

La triste vérité est que cette image est une caricature des plus absurde de la recherche informatique sur la place des connaissances et des sensations dans notre esprit. Il y aurait bien d'autres choses à dire, mais je voudrais centrer mon propos sur le tour de passe-passe clé de Searle : il postule tout simplement que l'expérience faite sur ces canettes de bière, interprétées comme modèle du cerveau, est concentrée sur *une seule canette* ; il évite soigneusement toute allusion au fait qu'on pourrait plutôt chercher la réaction du système à la sensation de soif dans une propriété de haut niveau – plus complexe, plus globale – de la configuration des canettes de bière.

Si l'on voulait se donner la peine de réfléchir sérieusement à la façon dont on pourrait mettre en œuvre un modèle « canette de bière » des pensées ou des sensations, la « pensée », ou le « sentiment », aussi superficiels soient-ils, ne serait pas un phénomène localisé, associé à une seule canette de bière. Il s'agirait d'énormes processus impliquant des millions, des milliards, des milliers de milliards de canettes de bière. Et l'état de « sensation de soif » ne se résumerait pas à trois mots préimprimés sur le côté d'une seule canette de bière qui aurait jailli, mais résiderait dans un réseau très complexe impliquant un nombre colossal de canettes de bière. Bref, les railleries de Searle n'atteignent que les cibles dérisoires qu'il a lui-même forgées ! Aucune personne sérieuse cherchant à modéliser les processus mentaux ne se risquerait à proposer l'idée d'une canette de bière (ou d'un neurone) isolée pour chaque sensation ou chaque concept. Voilà comment le trait à bon marché de Searle manque son but, et de très loin !

Notons que l'image de Searle de l'« unique canette de bière révélant la sensation de soif » n'est qu'une reprise déformée d'une idée tout à fait discréditée en neurologie : celle de « la cellule grand-mère ». Il s'agit là de l'idée que la reconnaissance visuelle que vous avez de votre grand-mère se déclenchera si, et seulement si, une cellule particulière de votre cerveau a été activée, cette cellule constituant le support cérébral physique de la représentation que vous vous faites de votre grand-mère. Quelle différence y a-t-il entre une cellule grand-mère et la canette de la soif ? Absolument aucune. Mais Searle a un don pour les images frappantes, et ses idées spécieuses ont eu, au fil des ans, une influence certaine sur un grand nombre de collègues, d'étudiants diplômés et de profanes.

Je n'ai pas l'intention de polémiquer avec Searle en détail – il y faudrait tout un chapitre, et il serait bien ennuyeux –, mais je voudrais souligner à quel point est répandue une hypothèse tacite, à savoir que le niveau des principaux composants physiques du cerveau doit *aussi* être le niveau où résident les propriétés les plus complexes et les plus insaisissables de l'esprit. De même que bien des aspects d'une roche (sa densité, sa couleur, ses propriétés magnétiques ou leur absence, la manière dont elle réfléchit la lumière, sa conductivité thermique ou électrique, son élasticité, sa capacité calorifique, la vitesse de propagation du son à travers elle, etc.) ont pour origine la façon dont les milliards d'atomes qui la composent interagissent et forment des configurations de haut niveau, de même les propriétés du cerveau se situent-elles non pas au niveau qu'occupe un seul et minuscule constituant mais au niveau d'*énormes configurations abstraites* impliquant ces constituants.

Considérer le cerveau comme un système fonctionnant à de multiples niveaux est essentiel si l'on veut pouvoir faire le moindre progrès dans l'analyse de phénomènes mentaux aussi insaisissables que la perception, les concepts, la pensée, la conscience, le « Je », le libre arbitre... Tenter de localiser un concept, une sensation ou un souvenir dans un unique neurone n'a strictement aucun sens. Y compris vouloir les localiser dans une structure de niveau supérieur comme une colonne du cortex cérébral (il s'agit de petites structures contenant de l'ordre de quarante neurones qui manifestent collectivement un comportement plus complexe que celui d'un seul neurone) n'a aucun sens quand il s'agit d'aspects de la pensée tels que le fait de tisser des analogies ou la résurgence spontanée de souvenirs anciens.

Niveaux et forces dans le cerveau

Je suis un jour tombé sur un livre dont le titre était *Les Dieux moléculaires : comment les molécules déterminent notre comportement*. Je ne l'avais pas acheté, mais son seul titre a suscité dans mon cerveau de nombreuses pensées. (Qu'est-ce d'ailleurs qu'une *pensée dans un cerveau* ? Une pensée se situe-t-elle réellement *à l'intérieur* du cerveau ? Une pensée est-elle faite de molécules ?) Quoi qu'il en soit, le simple fait que j'ai reposé le livre sur son étagère est un exemple parfait du genre de pensées que son titre a déclenchées en moi. Qu'est-ce qui a précisément déterminé mon comportement ce jour-là – mon intérêt pour le livre, mes spéculations sur son titre, ma décision de ne pas l'acheter ? Étaient-ce des *molécules* à l'intérieur du cerveau qui m'ont fait le remettre en rayon ? Ou des *idées* ? Quelle est la bonne façon de décrire ce qui m'est passé par la tête quand j'ai commencé par flasher sur ce livre, puis l'ai reposé ?

À cette époque, je lisais pas mal de livres sur le cerveau et, dans l'un d'eux, j'étais tombé sur un chapitre écrit par un neurologue, Roger Sperry, qui non seulement était plein de verve mais exprimait de plus un point de vue en résonance avec mes propres impressions. Je voudrais citer ici un court passage de l'essai de Sperry, *Esprit, cerveau et valeurs humanistes*, que je trouve particulièrement provocant.

> Selon ma propre représentation du cerveau, la conscience est figurée comme un agent causal tout à fait réel et atteint une place importante dans la séquence causale et la chaîne de contrôle des événements cérébraux, où elle apparaît comme une force active et opérationnelle. (…)

Pour faire très simple, cela nous amène à qui bouscule qui dans l'ensemble des forces causales occupant la boîte crânienne. En d'autres termes, un problème de réarrangement de la hiérarchie des agents de contrôle intra-crâniens. À l'intérieur de la boîte crânienne, il y a tout un monde de forces agissantes diverses imbriquées les unes dans les autres à tous les niveaux, comme dans aucun autre univers de quinze décimètres cubes que nous connaissions. (…)

Pour faire court, si l'on continue de s'élever dans la chaîne de commande à l'intérieur du cerveau, tout en haut, on trouve ces forces d'organisation globale et les propriétés dynamiques des grandes configurations d'excitation cérébrale qui sont corrélées avec les états mentaux ou l'activité psychique. (…) Près du sommet de ce système de commande dans le cerveau, (…) nous trouvons les idées.

L'Homme est au-dessus du chimpanzé : il a des idées et des idéaux. Dans le modèle cérébral proposé ici, la puissance causale d'une idée, ou d'un idéal, devient tout aussi réelle que celle d'une molécule, d'une cellule ou d'une impulsion nerveuse. Les idées engendrent des idées et facilitent l'élaboration de nouvelles idées. Elles interagissent entre elles, de même qu'avec d'autres forces du même cerveau, de cerveaux voisins et, grâce aux moyens de communication généralisés, de cerveaux étrangers et lointains. Elles inter-agissent aussi avec l'environnement extérieur pour produire *in toto* une explosion de sagesse qui laisse loin derrière tout ce que l'évolution a pu produire, y compris l'apparition de cellules vivantes.

Qui bouscule qui à l'intérieur du crâne ?

Eh oui, je vous le demande, cher lecteur : qui bouscule qui dans le super-ganglion enchevêtré qu'est votre cerveau ? Qui bouscule qui dans « ce bulbe vacillant plein d'espoirs et d'effroi » qui est le mien ? (« This teetering bulb of dread and dream » : cette phrase merveilleuse-ment évocatrice, qui a fourni le titre du présent chapitre, est tirée de *The Floor*, Le sol, du poète américain Russel Edson.)

La recherche de hiérarchisation de Sperry met le doigt sur ce que je dois comprendre sur moi, ou, plus précisément, sur mon *moi*. Qu'a-t-il bien pu se passer *vraiment* dans ce cerveau lumineux par cette journée lumineuse quand quelque chose qui se nomme lui-même « Je » a prétendu faire quelque chose qu'on appelle « décider », à la suite de quoi un de ses appendices a remis, d'un mouvement fluide, un livre à la place où il était quelques secondes auparavant ? Y avait-il vraiment quelque chose auquel on puisse se référer comme étant « Je » qui a bousculé différentes structures physiques du cerveau avec comme résultat l'envoi de messages précis et soigneusement coordonnés à travers des fibres nerveuses, entraînant le mouvement d'une épaule, d'un coude, d'un poignet et de doigts, cet agencement complexe et précis déposant le livre exactement à son emplacement d'origine ? Ou, au contraire, y a-t-il eu tout simplement une myriade de processus microscopiques (des collisions quantiques impliquant des électrons, des photons, des gluons, des quarks...) localisés dans cette portion du continuum spatio-temporel que le poète Edson a rebaptisé « bulbe vacillant » ?

Espoirs et effroi, attentes et chagrins, idées et croyances, intérêts et doutes, engouements et jalousies, souvenirs et ambitions, accès de nostalgie et déluges d'empathie, éclairs de culpabilité et étincelles de génie : tout cela joue-t-il un quelconque rôle dans le monde des objets physiques ? Ces pures abstractions ont-elles un pouvoir de causalité ? Sont-elles capables de bousculer des entités massives ou sont-elles de simples chimères ? Ce flou, cet intangible « Je » est-il capable de commander à des objets physiques concrets tels que des électrons ou des muscles (ou, en l'occurrence, des livres) ?

Les croyances religieuses ont-elles jamais été causes de guerres, ou toutes les guerres ont-elles simplement eu pour causes les interactions de milliards de milliards (et ce n'est là qu'une sous-estimation ridicule de la réalité) de particules infinitésimales régies par les lois de la physique ? Le feu est-il cause de fumée ? Les voitures sont-elles causes de smog ? Le ronronnement est-il cause d'ennui ? Les plaisanteries sont-elles causes de rires ? Les sourires sont-ils causes d'émois ? L'amour est-il cause de mariages ? Ou alors, en fin de compte, ne s'agit-il là que de myriades de particules s'entrechoquant selon les lois de la physique – ne laissant aucune place pour le moi et l'âme, l'espoir et l'effroi, l'amour et le mariage, le sourire et l'émoi, la plaisanterie et le rire, le ronronnement et l'ennui, les voitures et le smog, ou encore la fumée et le feu ?

Thermodynamique et mécanique statistique

J'ai grandi avec un père physicien, et voir la physique sous-jacente dans le moindre phénomène survenant dans l'univers m'était naturel. Très jeune, j'ai appris dans des livres de vulgarisation scientifique que les réactions chimiques étaient la conséquence d'interactions entre atomes. Lorsque mes connaissances devinrent plus élaborées, je vis dans la biologie moléculaire le résultat des lois de la physique agissant sur des molécules complexes. Bref, j'ai grandi dans un monde où il n'y avait nulle place pour des forces « supérieures », au-dessus ou au-delà des quatre interactions fondamentales que les physiciens ont identifiées (les interactions gravitationnelle, électromagnétique, et les deux types d'interactions nucléaires – forte et faible).

Comment, en vieillissant, ai-je pu concilier cette croyance solide comme le roc avec mes nouvelles convictions : l'évolution a transformé le cœur, les dogmes religieux ont engendré des guerres, la nostalgie a poussé Chopin à composer telle étude, une violente jalousie professionnelle a conduit à bien des critiques bêtes et méchantes, et tant d'autres choses encore… Ces forces agissantes facilement identifiables semblent radicalement différentes des quatre indicibles interactions de la physique dont j'étais sûr qu'elles étaient derrière toute chose dans l'univers.

La réponse est simple : ces « forces macroscopiques », je les ai tout simplement vues comme des *moyens de décrire* les configurations complexes engendrées par les interactions physiques fondamentales ; tout à fait comme les physiciens en sont venus à se rendre compte que des phénomènes macroscopiques tels que frottements, viscosité, transparence, pression ou température pouvaient être interprétés comme des régularités éminemment prédictibles déterminées par le comportement statistique d'un nombre astronomique d'invisibles constituants microscopiques fluctuant dans l'espace-temps et entrant en collision entre eux, le tout étant régi uniquement par les quatre interactions fondamentales de la physique.

Ce glissement dans les niveaux de description apporte quelque chose de très précieux : l'intelligibilité. Décrire le comportement d'un gaz en alignant un nombre d'Avogadro d'équations (à supposer qu'une telle prouesse herculéenne soit possible) ne ferait comprendre quoi que ce soit à qui que ce soit.

Se débarrasser d'une masse énorme d'informations pour faire un résumé statistique peut faire beaucoup pour l'intelligibilité. De même qu'il est plus aisé de parler d'un « tas de feuilles mortes » sans spécifier la forme exacte, la disposition et la couleur de chaque feuille, il est plus aisé de décrire un gaz en mentionnant uniquement sa température, sa pression et son volume.

Certes, pour tous les physiciens aussi bien que pour la plupart des philosophes, tout cela est complètement ringard et peut être résumé par ce poncif : *la thermodynamique trouve son explication dans la mécanique statistique.* Mais l'idée générale devient peut-être un peu moins banale si on l'inverse : *la mécanique statistique peut être contournée si l'on se situe au niveau de la thermodynamique.*

Nous sommes des animaux dont la perception est limitée au monde des objets macroscopiques de tous les jours. Cela nous contraint de manière presque évidente à fonctionner sans aucune référence aux entités et processus des niveaux microscopiques. Personne n'avait en réalité la moindre idée de ce qu'est un atome jusqu'il y a seulement une centaine d'années, et personne ne s'en portait plus mal. Ferdinand Magellan a fait le tour du monde, William Shakespeare a écrit des pièces de théâtre, J.-S. Bach a composé des cantates, Jeanne d'Arc s'est fait brûler sur le bûcher, chacun pour de bonnes (ou mauvaises) raisons qui n'avaient pas le moindre rapport, de leur point de vue, avec l'ADN, l'ARN, les protéines, le carbone, l'oxygène, l'hydrogène ou l'azote ; ni avec les photons, les électrons, les protons ou les neutrons, sans parler des quarks, des gluons, des bosons W et Z, des gravitons ou des particules de Higgs.

Psychodynamique et mentalique statistique

Ce n'est une révélation pour personne que des niveaux de description différents répondent à des besoins différents selon le sujet et le contexte. J'ai donc résumé cette vérité toute simple appliquée à l'univers de la pensée et du cerveau : *la psychodynamique trouve son explication dans la mentalique statistique* ainsi que dans sa version inversée : *la mentalique statistique peut être contournée si l'on se situe au niveau de la psychodynamique.*

Ce que j'entends par « psychodynamique » et « mentalique statistique » n'a rien de compliqué. La psychodynamique est l'analogue de la thermodynamique ; elle englobe des structures et configurations de grande échelle dans le cerveau et ne s'occupe pas de phénomènes microscopiques tels que l'excitation neuronale. La psychodynamique est ce que les psychologues étudient : de quelle manière nous faisons nos choix, commettons des erreurs, percevons diverses configurations, gérons des souvenirs nouveaux, etc.

Par contre, la « mentalique » recouvre pour moi les phénomènes de petite échelle dont s'occupent d'ordinaire les neurologues : comment agissent les neurotransmetteurs à travers les synapses, comment des cellules sont reliées, comment des assemblées de cellules résonnent de manière synchrone, etc. Et par « mentalique statistique », j'entends le comportement moyen, collectif de ces toutes petites entités – en d'autres termes le comportement d'un énorme essaim pris comme un tout, à l'opposé d'un tout petit bourdonnement en son sein.

Cependant, comme le neurologue Sperry l'a très clairement exprimé dans le passage cité plus haut, dans le cas du cerveau, le chemin qui mène des constituants élémentaires au tout ne se parcourt pas d'un seul saut comme dans le cas d'un gaz : l'escalier qui monte de la mentalique à la psychodynamique comporte de nombreux paliers. Et c'est ce qui fait qu'il nous est particulièrement difficile de voir, ou seulement d'imaginer, comment est le « rez-de-chaussée », l'explication, au niveau neuronal, des raisons pour lesquelles un certain professeur de sciences cognitives un jour a choisi de reposer sur son étagère un certain livre sur le cerveau, un autre jour s'est retenu d'écraser une mouche, un autre jour a piqué un fou rire pendant une cérémonie très solennelle, encore un autre jour s'est lamenté sur le départ d'une collègue estimée en s'exclamant : « Ce ne sera pas facile de trouver quelqu'un capable de rentrer dans ses godasses ! »

Les contraintes de la vie quotidienne nous demandent, nous obligent à parler des choses *au niveau où nous les percevons directement*. C'est le niveau dont nous avons hérité de nos sens, de notre langage et de notre culture. Dès notre plus jeune âge, on nous a offert sur un plateau des concepts tels que « lait », « doigt », « mur », « moustique », « dard », « démangeaison », « tapette tue-mouches ». Notre perception du monde se fait au travers de telles notions, et non au travers de notions issues du monde microscopique telles que la « trompe » ou le « follicule pileux », sans parler du « cytoplasme », des « ribosomes », des « liaisons peptidiques » ou des « atomes de carbone ». Nous pouvons, bien entendu, acquérir de telles notions plus tard – et certains y parviennent avec une grande maîtrise –, mais elles ne peuvent en aucun cas remplacer celles qui nous ont été servies sur un plateau au berceau et avec lesquelles nous nous sommes construits. En fin de compte, nous sommes victimes de notre nature macroscopique et nous ne pouvons échapper au piège des mots de tous les jours pour décrire les phénomènes dont nous sommes témoins et auxquels nous accordons un statut de *réalité*.

C'est la raison pour laquelle il nous est beaucoup plus facile de dire qu'une guerre a été déclenchée pour des raisons religieuses ou économiques que d'imaginer qu'une guerre est une vaste configuration de particules élémentaires, de même que les facteurs qui l'ont déclenchée. Et cela même si les physiciens nous répètent que c'est le seul « véritable » niveau d'explication, en ce sens qu'aucune information ne serait perdue si nous nous y maintenions. Mais nous situer à des niveaux d'une précision aussi phénoménale n'est, hélas, pas notre destin – ou plutôt Dieu merci !

Nous autres humains sommes condamnés à *ne pas* parler à ce niveau où aucune information n'est perdue. Nous simplifions *nécessairement*, en fait énormément. Mais ce sacrifice est aussi notre gloire. Une simplification drastique est ce qui nous permet de réduire une situation à sa structure sous-jacente, son squelette, de découvrir des abstractions, de mettre le doigt sur ce qui compte ; c'est ce qui nous permet l'appréhension d'un phénomène à des niveaux extraordinairement élevés, l'élaboration de moyens fiables pour survivre dans ce monde, la création en littérature, peinture, musique et science.

Chapitre 3
Configurations et causalité

ଔ ଔ ଔ

L'acteur premier

Avant d'aller plus loin, il importe d'appréhender clairement les rapports entre les différents niveaux de description des entités pensantes. Je vous proposerai donc quelques métaphores concrètes qui m'ont bien aidé à expliciter mon approche intuitive de ce sujet si insaisissable. Commençons par une image familière, celle de la chute des dominos. Je l'enjoliverai un peu en stipulant que chaque domino est astucieusement monté sur ressort (peu importent les détails) de sorte qu'après avoir été heurté par son voisin, il se redresse après une brève « rébellion », prêt au prochain assaut. Un tel système permet de concevoir un ordinateur mécanique qui fonctionnerait en envoyant à des zones de dominos des signaux pouvant bifurquer ou se rejoindre : de cette manière, les signaux peuvent se propager en boucles et déclencher simultanément d'autres signaux, et ainsi de suite. Bien entendu, le minutage de tout cela est essentiel mais, encore une fois, peu importent les détails. L'idée de base consiste à imaginer un réseau de chaînes de dominos minutés avec précision aboutissant à un programme informatique spécifique, permettant par exemple de déterminer si un nombre donné est premier ou non. (John Searle adorerait l'expérience de pensée « des dominos », lui qui raffole des substrats exotiques en matière d'informatique !)

Supposons que nous puissions « entrer » une donnée numérique spécifique (un entier positif quelconque – disons 641) dans la chaîne en disposant ce nombre de dominos dans une zone « réservée » du réseau. Une fois le premier domino de la chaîne tombé, une série d'événements du genre machine de Rube Goldberg se déclenchera et les dominos tomberont l'un après l'autre, y compris les 641 qui constituent la zone de notre donnée. Différentes boucles se formeront, l'une d'entre elles testant la divisibilité par 2 du nombre en question, une autre se chargeant de la divisibilité par 3, et ainsi de suite. Si jamais un diviseur (autre que 1 ou le nombre lui-même) est trouvé, un signal sera envoyé vers une zone particulière – appelons-la « la zone de divisibilité » – dont la chute nous informera que le nombre donné possède un diviseur et n'est donc pas premier. À l'inverse, si le nombre en question n'a pas de diviseur, la zone de divisibilité ne sera jamais activée et nous saurons que ce nombre est premier. Supposons maintenant qu'un observateur se tienne près de la chaîne quand le nombre 641 lui est attribué. L'observateur, à qui l'on n'a pas dit à quoi sert la chaîne, regarde attentivement un moment, puis désigne un des dominos de la zone de divisibilité et demande : « Pourquoi ce domino ne tombe-t-il jamais ? »

On pourrait donner deux réponses, de types très différents. La première – toute bête à force d'être à courte vue : « Parce que le domino qui précède ne tombe jamais, espèce d'âne ! » Sûr qu'une telle réponse va, mais pas très loin… Elle refile le bébé à un autre domino, et la question demeure !

L'autre réponse serait : « Parce que 641 est premier ». Mais cette réponse, pour être tout aussi correcte (et en un sens bien plus pertinente), a la curieuse particularité de ne rien mentionner de matériel. Non seulement la discussion s'est élevée au niveau des propriétés collectives de la chaîne, mais ces propriétés transcendent en quelque sorte le substrat matériel et relèvent de pures abstractions, telles que la primalité.

La seconde réponse passe par-dessus toute la physique de la gravité et des chaînes de dominos pour ne se référer qu'à un domaine conceptuel tout différent. Le domaine des nombres premiers est aussi éloigné de la physique de la chute des dominos que la physique des quarks et des gluons l'est de la « théorie des dominos » de l'époque de la Guerre froide, théorie selon laquelle le communisme ferait tomber chaque pays l'un après l'autre en Asie du Sud-Est. Dans les deux cas, les deux domaines de discussion sont à des niveaux très éloignés, l'un purement local et matériel, l'autre global et lié à des questions d'organisation.

Avant de passer à d'autres métaphores, juste une remarque : bien que la primalité de 641 ait été utilisée ici pour expliquer qu'un certain domino *ne tombe pas*, elle pourrait tout autant expliquer pourquoi un autre domino *est tombé*. On pourrait très bien avoir, dans la chaîne de dominos, une zone appelée « zone de primalité », dont les dominos tomberaient quand l'ensemble des diviseurs possibles a été épuisé, ce qui signifierait que le nombre donné a été classé premier.

L'intérêt de cet exemple est de montrer que la primalité de 641 est la meilleure explication, peut-être même *la seule*, du fait que certains dominos sont tombés et d'autres non. En un mot, 641 est l'acteur premier. D'où la question : qui bouscule qui à l'intérieur de la chaîne de dominos ?

La causalité des phénomènes collectifs

La métaphore suivante m'est venue à l'esprit il n'y a pas longtemps, par un après-midi d'embouteillage monstrueux sur une autoroute en pleine campagne, où j'étais coincé parmi plusieurs files de voitures à l'arrêt, pare-chocs contre pare-chocs. Je ne sais pourquoi, cela m'a fait penser aux embouteillages en pleine ville où l'on entend des coups de klaxon excédés ; je me voyais klaxonner furieusement la voiture devant moi, l'air de dire : « dégage, espèce d'andouille ! »

L'image de moi-même (ou de quiconque) se comportant d'une façon aussi puérile m'a fait sourire. Mais, à bien y réfléchir, on pourrait trouver un brin de logique à klaxonner ainsi. Après tout, si la voiture de devant disparaissait comme par enchantement, vous pourriez profiter du trou et progresser d'une place. Évidemment, la disparition instantanée d'une voiture n'a rien de très plausible et avancer d'une place n'est pas un très grand pas, mais au travers de cette image, l'idée de klaxonner m'est apparue un tout petit peu – à peine en fait ! – compréhensible. Cela m'a rappelé mon histoire de dominos et la stupidité à courte vue de la réponse : « Parce que le domino qui précède ne tombe jamais, espèce d'âne ! » J'eus l'impression d'avoir affaire au même type de myopie.

Tout en me tournant les pouces dans cet embouteillage en m'abstenant de klaxonner, mes pensées ont continué à torturer mes pauvres petits neurones sans défense. Je me suis mis à imaginer une autoroute plongée dans un effroyable brouillard, une telle purée de pois qu'on aurait à peine pu distinguer l'arrière de la voiture précédente. En l'occurrence, klaxonner n'aurait pas été complètement stupide : j'aurais pu rester bloqué, ou du moins le croire, par la faute de cette unique voiture, et espérer poursuivre ma route si elle avait bien voulu s'écarter !

Si vous êtes perdu dans le brouillard ou excessivement myope, vous pourriez vous dire « c'est la faute du voisin », et aurez une chance infime d'être dans le vrai. Mais si votre champ de vision est plus large et que vous voyez des hordes de voitures immobilisées de tous côtés, klaxonner la voiture qui vous précède est une absurdité puisqu'il est évident que le problème n'est pas local. Son origine se situe à un autre niveau que celui des voitures : même si vous n'en connaissez pas la nature, il doit y avoir une raison de niveau supérieur, plus abstraite, derrière cet embouteillage.

Il peut s'agir d'une importante partie de baseball qui vient de se terminer cinq kilomètres plus loin. Ou alors vous êtes en train de vous diriger vers la Silicon Valley à 7 h 30 un matin de semaine. Peut-être y a-t-il une énorme tempête de neige à 15 kilomètres. Ou autre chose, mais en tout cas un événement social ou naturel qui amène de nombreuses personnes à faire toutes la même chose. Tous vos talents de mécano seront impuissants à vous faire saisir la nature de la situation. Il vous faudra connaître les forces abstraites susceptibles d'influer sur le trafic autoroutier. Les voitures ne sont que des pions au sein d'un plus vaste jeu ; en dehors du fait qu'elles ne peuvent pas passer au travers les unes des autres en en sortant intactes (comme le feraient des vagues, ou des ondes), leur nature physique ne joue aucun rôle significatif dans les embouteillages. Nous sommes dans une situation analogue à celle où la réponse globale, abstraite, au niveau des mathématiques – « 641 est un nombre premier » – est de loin supérieure à la réponse locale, matérielle, au niveau des dominos.

Neurones et dominos

Les considérations terre à terre qui précèdent fournissent des métaphores utiles pour aborder les nombreux niveaux de causalité dans un cerveau humain. Supposons qu'il soit possible de surveiller un neurone donné dans mon cerveau. On pourrait se dire, alors que j'écoute un certain morceau de musique : « Comment se fait-il que le neurone 45 826 493 842 semble ne jamais être activé ? » Une réponse locale – de myope – pourrait être : « Parce que les neurones voisins qui lui transmettent les informations ne sont jamais activés ». La réponse serait sans doute correcte, mais sans intérêt parce qu'incapable d'expliquer quoi que ce soit, exactement comme les réponses de myope dans les autres situations. En revanche, la réponse globale, liée à des questions d'organisation – « Parce que Douglas Hofstadter n'est pas sensible au style de Fats Domino » – taperait bien plus dans le mille !

Bien entendu, nous ne tomberons pas dans le piège de croire que le neurone 45 826 493 842 est l'unique neurone qui serait activé si je vibre en écoutant un certain morceau de musique. Ce n'est que l'un des nombreux neurones qui participent à un processus de niveau supérieur, comme les électeurs dans une élection nationale : aucun électeur précis ne fait la décision. De même, aucun neurone précis n'est privilégié. Pour autant que nous écartions les notions simplistes du genre « neurone de la grande musique », nous pouvons nous servir de la métaphore des chaînes de dominos pour réfléchir sur le cerveau ; tout particulièrement pour nous rappeler comment, pour un phénomène cérébral donné, il peut y avoir des explications variées appartenant à des domaines conceptuels très disparates dont les niveaux d'abstraction sont extrêmement éloignés.

Des configurations agissantes

À la lumière de ces images, j'espère que les commentaires de Roger Sperry à propos de « la population des forces causales » et des « forces d'organisation globale et (des) propriétés dynamiques » dans un système complexe comme le cerveau (ou la chaîne de dominos) se sont éclaircis. Par exemple, essayons de répondre à la question : « La primalité de 641 peut-elle avoir un rôle causal dans un système matériel ? » Même si la primalité de 641 ne relève manifestement pas des forces physiques, la réponse doit être : « Oui, elle a un rôle causal dans la mesure où l'explication la plus efficace, la plus éclairante du comportement de la chaîne de dominos réside essentiellement dans cette notion. » L'intelligence profonde de la causalité requiert parfois la compréhension de très grandes structures, de leurs relations et interactions plus que celle d'objets microscopiques qui interagissent en des intervalles de temps infinitésimaux.

J'insiste sur le fait qu'il n'est pas question ici de « nouvelles » forces matérielles (ou immatérielles) ; les lois locales – les lois « myopes » – de la physique s'occupent bien de leurs propres affaires, mais c'est *l'arrangement* global des dominos qui détermine ce qui se passe. Si vous remarquez (et comprenez) cet arrangement, une réponse limpide au fait que le domino de la zone de divisibilité n'est pas tombé, tout comme d'ailleurs au fait que le domino de la zone de primalité est tombé, vous arrivera directement sur un plateau. À l'inverse, si vous ne faites pas attention à cet arrangement, vous êtes condamné à prendre des chemins de traverse et à ne comprendre les choses que d'un point de vue local et étriqué. Bref, considérer la primalité de 641 comme une cause matérielle dans notre chaîne de dominos revient sensiblement à considérer la température d'un gaz en tant que cause matérielle (de la pression exercée sur les parois de son contenant par exemple).

Réfléchissons un instant sur un tel gaz – enfermé dans un piston. Si la température du gaz monte brusquement (ce qui se produit dans le cylindre de votre voiture à essence quand la bougie produit son étincelle), la pression augmente brutalement et *il s'ensuit* (notez le lien de causalité) que le piston est brusquement repoussé. C'est ce qui permet le moteur à explosion.

Je viens de décrire ce qui se passe à grande échelle (celle de la thermodynamique). Aucun concepteur de moteur à explosion ne se préoccupe de ce qui se passe au niveau des molécules. Il n'y a pas un seul ingénieur qui essaie de se représenter les trajectoires de 10^{23} molécules se heurtant les unes aux autres ! La position et la vitesse de ces molécules sont tout simplement hors sujet. La seule chose qui compte est qu'on peut les utiliser *collectivement* pour pousser le piston. Qu'il s'agisse de molécules de type X, Y ou Z n'a aucune espèce d'importance : la pression, c'est la pression, c'est tout ce qui compte. L'explosion – un événement de niveau supérieur – fera son travail en chauffant le gaz, et le gaz fera le sien en poussant le piston. Ce niveau supérieur de description est *le seul* qui soit pertinent, pour la simple raison que, même en changeant tous les micro détails, la même chose se produirait quand même – du moins du point de vue de l'ingénieur.

L'étrange inutilité des niveaux inférieurs

Cette idée que le niveau inférieur, bien qu'il soit entièrement *responsable* de ce qui se passe, est cependant sans rapport avec le résultat, paraît paradoxale, tout en étant d'une banalité quotidienne. Afin de la rendre parfaitement claire, voici un autre exemple. J'ai entendu pour la première fois la quatrième étude de l'opus 25 de Chopin à huit ans, sur le tourne-disque de mes parents, et en suis immédiatement tombé amoureux. Supposons maintenant que ma mère ait placé l'aiguille sur le sillon une milliseconde plus tard. Ce qui est sûr, c'est que les molécules de l'air dans la pièce auraient été agencées différemment. Si vous aviez été l'une de ces molécules, votre vie en aurait été complètement chamboulée : cette milliseconde de retard vous aurait fait heurter des molécules différentes à des endroits différents, vous auriez tournoyé dans d'autres directions, et ainsi de suite, à l'infini. Peu importe quelle molécule vous étiez dans la pièce, votre vie serait devenue tout autre. Mais cela aurait-il changé d'un iota l'histoire de ce gosse écoutant de la musique ? Non, bien sûr ! Pas le dixième, le centième d'un iota. L'important était que l'air ait transmis fidèlement l'opus 25 n° 4, ce dont on ne peut douter. Le cours de *ma* vie n'aurait en rien été modifié, ni dans la forme ni dans le fond, si ma mère avait posé l'aiguille sur le sillon une milliseconde plus tôt ou plus tard. Ou même une seconde.

Bien que les molécules de l'air aient été les vecteurs fondamentaux de toute une série d'événements de haut niveau impliquant un gosse et un morceau de musique, leur comportement précis n'avait pas d'importance. Un constat au demeurant ridicule. Ces molécules auraient pu transmettre la musique à l'enfant en un nombre astronomique de façons différentes, inaccessibles au discernement humain. Les lois de niveau inférieur régissant leurs collisions n'ont joué qu'un rôle de support matériel permettant à des événements prédictibles de niveau supérieur de se réaliser (la propagation des notes de l'étude de Chopin vers les oreilles du petit Douggie). La position, la vitesse, la direction et même la nature chimique de ces molécules auraient pu être modifiées sans affecter les événements de niveau supérieur. La même musique serait parvenue à mes oreilles. On peut même imaginer des lois différentes de la physique des particules : la seule chose qui compte ne réside pas dans les détails de ces lois mais dans le fait qu'elles conduisent immanquablement à des résultats statistiques stables.

Jouez un million de fois à pile ou face avec une pièce de 1 euro et vous obtiendrez 500 000 fois face avec une marge d'erreur de moins de 1 pour cent. Utilisez une pièce de 50 centimes d'euro autant de fois, vous aurez le même résultat. Changez de pièce de monnaie à chaque lancer – 20 centimes, 10 centimes, une vieille pièce de 1 F, une pièce de 1 £, une pièce en argent d'un dollar, à votre guise : toujours le même résultat. Limez votre pièce pour lui donner une forme hexagonale plutôt que circulaire – pas de différence. Transformez la forme hexagonale en une silhouette d'éléphant. Trempez la pièce dans de la compote de pommes avant chaque lancer. Envoyez la pièce en l'air avec une batte de baseball plutôt qu'avec le pouce, faites-le dans l'hélium plus tôt que dans l'air, faites-le sur Mars plutôt que sur Terre. Utilisez toutes les variantes que vous voudrez, cela n'aura aucun effet sur le résultat : sur un million de lancers, vous obtiendrez 500 000 fois face avec une marge d'erreur de moins de 1 pour cent. Ce résultat statistique de niveau supérieur est inébranlable ; il ne dépend ni du substrat utilisé ni des lois élémentaires qui gouvernent les lancers et les rebonds. Il est inaccessible au niveau microscopique, il en est isolé. C'est un fait à part entière, à son propre niveau.

Voilà ce que signifie « les niveaux inférieurs sont *responsables* de ce qui se passe aux niveaux supérieurs, tout en n'ayant *aucun rapport* avec eux ». Les niveaux supérieurs peuvent tranquillement ignorer ce qui se passe en dessous d'eux. Pour reprendre ma formulation du chapitre 2 :

> Nous sommes des animaux dont la perception est limitée au monde des objets macroscopiques de tous les jours. Cela nous contraint de manière presque évidente à fonctionner sans aucune référence aux entités et processus des niveaux microscopiques. Personne n'avait en réalité la moindre idée de ce qu'est un atome jusqu'il y a seulement une centaine d'années, et personne ne s'en portait plus mal.

Le spectre de l'imprédictibilité

Je ne tiens pas à cacher sous le tapis les niveaux microscopiques invisibles, chaotiques et grouillant de particules, ni à les y oublier. Nous pouvons bien souvent nous fier au monde macroscopique qui s'offre à nous sous un jour totalement prévisible. Mais il y a bien des cas où, en toute lucidité, nous ne pouvons prévoir ce qui va arriver. Dressons d'abord une petite liste d'exemples prévisibles auxquels nous nous fions constamment, sans y penser. Quand nous tournons le volant d'une voiture, nous savons exactement où la voiture ira ; nous ne craignons pas qu'une bande de petites molécules rebelles s'avise de saboter le virage. Quand nous poussons le feu au maximum sous une casserole d'eau, nous savons que l'eau va se mettre à bouillir en quelques minutes. Nous ne pouvons pas prédire les motifs que formeront les bulles, mais on s'en fiche complètement ! Au supermarché, nous mettons dans le caddie une boîte de soupe sans craindre qu'elle ne se transforme en paquet de chips, qu'elle ne nous brûle les mains, qu'elle ne soit trop lourde pour être soulevée, qu'elle ne passe à travers les grilles, et ainsi de suite. Certes, si nous l'avons posée horizontalement et commençons à pousser le chariot dans le magasin, la boîte va se mettre à rouler dans tous les sens sans que nous puissions prévoir comment ; cela ne dépasse cependant pas certaines limites et n'a pas grand intérêt : c'est juste un peu agaçant.

Quand nous prononçons des mots, nous savons qu'ils arriveront aux oreilles de nos interlocuteurs sans être transformés en cours de route par la propagation des ondes sonores ; ils arriveront avec exactement l'intonation que nous leur avons donnée. Quand nous versons du lait dans un verre, nous savons exactement quelle inclinaison donner à la bouteille pour obtenir la quantité désirée sans en renverser une goutte. Nous contrôlons la situation et obtenons exactement ce que nous voulons.

Aucune surprise dans tout cela. Je pourrais allonger la liste indéfiniment, mais ce serait vite fastidieux car cela va de soi. Chaque jour de notre existence, nous dépendons tacitement d'un million de certitudes solides comme le roc sur le monde visible, tangible (la solidité du roc faisant partie de ces certitudes). Mais l'imprévu fait tout autant partie de notre monde macroscopique. Que diriez-vous d'une seconde liste, d'événements typiquement imprévisibles cette fois ?

Quand nous envoyons un ballon de basket vers le panier, nous ne savons pas du tout s'il va passer. Il peut rebondir sur le panneau, hésiter sur le bord de l'anneau une ou deux secondes et nous mettre sur les dents, nous ou une foule entière. Un match de championnat peut ainsi basculer selon les variations minuscules de la position du petit doigt du joueur qui a tenté le panier de la dernière chance.

Quand une pensée nous vient à l'esprit, nous n'avons aucune idée des mots que nous finirons par employer ni des tournures grammaticales de nos phrases. Nous ne pouvons pas plus prévoir un lapsus, ni ce qu'il trahira de notre inconscient. Généralement, la révélation n'aura aucune incidence, sauf de temps en temps – dans un entretien d'embauche, par exemple. Pensez par exemple à la façon dont on s'en prend à un politicien dont l'inconscient lui a fait choisir un mot lourd de sous-entendus (« la croisade contre le terrorisme », par exemple).

Lors d'une descente à skis, nous ne savons pas si nous n'allons pas tomber au prochain virage. Chaque tournant est à risque, petit pour certains, grand pour d'autres. Nous pouvons nous casser quelque chose, événement dont nous ne pénétrerons jamais la cause, profondément enfouie au cœur d'interactions précises entre la neige et nos skis. Un infime détail dans la façon dont nous sommes tombés fera la différence entre une existence ravagée par de multiples fractures et le simple souvenir d'une fêlure bénigne.

Bref, le monde macroscopique des êtres humains est un mélange intime d'événements allant de la fiabilité absolue à l'imprévisibilité la plus débridée. Nos premiers pas dans la vie nous rendent familière l'étendue de ce spectre : le degré de prédictibilité de la plupart des actions que nous entreprenons devient pour nous une seconde nature. Au sortir de l'enfance, nous avons acquis l'intuition qui nous fait discerner la plupart des zones d'imprédictibilité de la vie quotidienne. Et l'extrémité de ce spectre, la moins prévisible, nous attire et nous effraie. La prise de risque fascine autant qu'elle angoisse. Ainsi va la vie.

Boule et Bille

Je vais maintenant passer à une métaphore un peu plus complexe pour nous pencher sur les multiples niveaux de causalité de notre cerveau et notre esprit (et, si vous m'autorisez cette terminologie, de nos âmes). Imaginez une table de billard élaborée, sans frottement, où sont disposées non pas seize boules mais une myriade de toutes petites billes que nous appellerons des « sims » (acronyme anglais pour « *small interacting marbles* » – petites billes formant un « système en interaction mécanique »). Ces sims se cognent les unes aux autres, rebondissent sur les rebords de la table et divaguent assez brutalement dans leur monde parfaitement plat. La table étant sans frottement, elles continuent à divaguer sans jamais s'arrêter.

Jusque-là, notre billard semble modéliser un gaz parfait à deux dimensions. Mais nous allons ajouter un peu de complexité au système. Les sims sont aussi magnétiques (passons donc aux « simms », avec un « m » supplémentaire pour « magnétique »). Quand elles se heurtent à des vitesses suffisamment lentes, elles peuvent s'agglutiner pour former des grappes que j'appellerai – j'espère que vous me pardonnerez le terme – des « systèmes en interaction mécanique et magnétique de billes en ordre lié », des « simmbols ». Un simmbol consiste en un très grand nombre de simms (mille, un million, peu importe) ; à sa périphérie, le simmbol perd un certain nombre de simms et en gagne d'autres. Il y a donc deux sortes de résidents dans notre système : des simms, petites, légères, rapides comme l'éclair, et des simmbols géants, lourds et presque immobiles.

La dynamique qui gouverne cette table de billard – que nous appellerons désormais le billodrome – conduit les simms à se heurter entre elles, mais aussi à se heurter aux simmbols. Bien sûr, les lois de la physique font qu'il y a des transferts de quantité de mouvement, de moments angulaires, d'énergie cinétique, rotationnelle, tout comme dans un gaz ordinaire, mais nous n'aurons pas à nous préoccuper de cela : il s'agit seulement d'une expérience de *pensée* (et d'une expérience pensée). Tout ce qui nous intéresse ici est qu'il y a des collisions tout le temps.

Simmbolisme

Pourquoi ce jeu de mots un peu lourd sur « symbole » ? Vous allez voir. Je vais maintenant complexifier un peu plus notre système. Les rebords verticaux qui en constituent les frontières sont sensibles aux événements extérieurs au système (quelqu'un touche le bord de la table, par exemple, ou un simple courant d'air) en se déformant momentanément un petit peu. La déformation en question, dont la nature reflète l'événement extérieur qui en est la cause, a évidemment des effets sur le mouvement des simms qui rebondissement de l'autre côté ; indirectement, cela aura aussi des effets sur les simmbols les plus proches, lesquels « intériorisent » l'événement. Nous pouvons supposer que tel simmbol réagit toujours d'une certaine manière aux courants d'air, un autre aux coups secs, etc. Sans entrer dans les détails, nous pouvons même supposer que la configuration des simmbols *reflète l'historique* des événements extérieurs qui ont affecté le système. Ainsi, pour quelqu'un qui observe les simmbols et sait lire leur configuration, ce sont effectivement des *symboles,* en ce sens qu'ils encodent de l'information. D'où le jeu de mots facile !

Cette image est sans doute invraisemblable. Mais ce n'est qu'une métaphore sur le fonctionnement de notre cerveau. Or n'est-ce pas ce fonctionnement lui-même qui est invraisemblable, puisqu'il met en jeu des événements minuscules (les neurones excités) ou plus vastes (les configurations de neurones excités) dont on peut présumer que ce sont ces derniers qui, peu ou prou, permettent les *représentations* qui nous font percevoir et mémoriser le monde extérieur ? Une telle intériorisation de ce monde extérieur par des configurations symboliques à l'intérieur du cerveau est, quand on y pense, une idée passablement invraisemblable. Pourtant, nous le savons, c'est ce qui s'est produit d'une manière ou d'une autre au cours de l'évolution. Libre à vous d'imaginer que les billodromes ont été façonnés par les mécanismes évolutifs. Rien ne vous interdit de les voir comme l'aboutissement d'une succession de millions de systèmes primitifs en lutte pour leur survie. Mais les origines de notre billodrome n'ont ici aucune importance. Tout ce qui compte est l'idée qu'un simm ne code aucune information et ne joue aucun rôle symbolique alors que les simmbols, à leur niveau bien plus macroscopique, le font.

Un regard réducteur sur le billodrome

J'entends déjà le physicien moderne, à l'écoute de cette histoire, émettre un ricanement réductionniste en ravalant les simmbols au rang de simples *épiphénomènes* : malgré leur indéniable présence, ils ne représentent rien d'essentiel à la compréhension du système, puisque celui-ci est composé de simms ! Tout ce qui se passe dans le billodrome peut s'expliquer uniquement en termes de simms. Imparable. Un volcan a également une présence indéniable, mais qui a besoin de parler de montagnes, de pression souterraine, d'éruptions, de lave et autres phénomènes de ce style ? Ne pouvons-nous pas nous passer de ces concepts accessoires, pour aller directement au niveau le plus profond des atomes ou des particules élémentaires ? Ces épiphénomènes, n'est-ce pas, sont tout au plus des symboles commodes résumant un grand nombre de phénomènes se déroulant à des niveaux inférieurs, au plus profond. Ils ne sont jamais indispensables à une explication quelconque. Ah, le réductionnisme !

L'ennui, c'est qu'on se perd dans une complexité gigantesque dès que l'on abandonne toutes les façons de voir du monde macroscopique. Dès lors qu'on se refuse à utiliser un langage impliquant les épiphénomènes, on se condamne à n'observer que des myriades incalculables de particules, ce qui n'est guère engageant. De plus, quand on ne perçoit que des myriades de particules, le monde devient dépourvu de frontières naturelles. On ne peut tracer une ligne autour d'un volcan en prétendant qu'il n'est composé que de particules, tout simplement parce que les particules ne vont jamais s'arrêter à une telle ligne macroscopique, pas plus que les fourmis ne respectent les limites de propriété minutieusement dessinées par les êtres humains… On ne peut empêcher une portion donnée d'interagir avec le reste de l'univers, pas même de manière approximative. Pour un réductionniste, l'idée de découper l'univers en zones bordées de frontières spatio-temporelles macroscopiques et infranchissables n'a aucun sens.

Voici un exemple édifiant de l'absurdité de frontières locales spatio-temporelles. En novembre 1993, j'ai lu plusieurs articles au sujet d'une comète se dirigeant « lentement » vers Jupiter. Nous en étions encore à huit mois du dénouement, mais les astrophysiciens avaient déjà prédit à quelle minute, voire à quelle seconde, et à quel endroit aurait lieu la collision. Ce fait impliquant une comète invisible dérivant à des milliards de kilomètres de la Terre avait déjà eu un énorme impact à la surface de notre planète : des équipes de scientifiques calculaient son heure d'arrivée jovienne, des journaux, des magazines avaient déjà mis à la « une » tout un tas d'histoires à son propos et des millions de personnes comme moi les lisaient. Certains avaient peut-être raté leur avion, absorbés qu'ils étaient par cette lecture, d'autres noué des amitiés nouvelles grâce à cet intérêt partagé, d'autres encore étaient arrivés une seconde trop tard à un feu rouge parce qu'ils avaient relu une phrase dans un article, et ainsi de suite. Le dénouement approchait et, finalement, l'impact eut lieu exactement comme prévu : de nombreux Terriens se sont passionnés pour cet événement cosmique lointain. Il est certain que, des mois avant que la comète ne s'écrase sur Jupiter, notre planète a connu des incidents qui n'auraient pas eu lieu autrement. Des bébés sont nés, des mouches ont été écrasées, des tasses de café ont été ébréchées, etc. Tout ce délire sur notre petite planète à cause d'une comète évoluant dans le silence de l'espace à des milliards de kilomètres, presque un demi-million de minutes avant sa rencontre avec la planète géante.

La morale de cette histoire, c'est qu'on va vers de gros problèmes à suivre intégralement le chemin réductionniste. Non seulement les objets du système deviennent microscopiques et en nombre incalculable, mais le système lui-même franchit les barrières de l'espace et du temps pour devenir, en fin de compte, l'univers entier qui envahit tout. Plus aucune place pour la compréhension, dès lors que chaque chose est fracassée en des milliards de milliards de morceaux invisibles dispersés ça et là. Le réductionnisme est sans merci.

Un peu de recul

En revanche, si les événements au niveau des épiphénomènes ont une « logique » perceptible et compréhensible, nous, les humains, serons impatients de sauter directement à ce niveau. Nous n'avons d'ailleurs pas le choix. C'est notre attitude *de fait* quand nous parlons de volcans, d'éruption ou de lave. Ou même de pain noir, d'ongles noirs, d'humour noir et d'humour juif, plutôt que de cellules et de protéines, sans parler d'atomes ou de photons. Après tout, ne sommes-nous pas d'assez gros épiphénomènes ? Comme je l'ai déjà fait remarquer maintes fois ici, cela nous condamne à parler du monde en termes d'épiphénomènes à notre taille – père, mère, chat, chapeau, château, champagne, sablés, sabayon, saxophones et autres sassafras… Mais revenons à notre billodrome et regardons un peu ce qui s'y passe. Je me suis focalisé jusqu'ici sur les simms, leurs bonds et rebonds. Les simmbols sont présents, mais leur rôle est du même ordre que celui des rebords de la table : ce ne sont que de grosses choses stationnaires sur lesquelles les simms rebondissent. Le plus souvent, je vois l'action des simms comme celle des billes d'un flipper, les simmbols jouant le rôle des champignons – ces gros objets circulaires fixes sur lesquels les billes du flipper se cognent et rebondissent en roulant le long du plan incliné.

Voyons maintenant le billodrome autrement, suite à deux modifications de perception. En premier lieu, passons en défilement accéléré : les mouvements lents indécelables deviennent plus rapides et perceptibles, tandis que les mouvements rapides sont tellement accélérés qu'on ne peut plus les distinguer, pas même de manière confuse : ils deviennent imperceptibles, comme les pales d'un ventilateur en fonctionnement.

En second lieu, faisons un zoom arrière, diminuant l'échelle de perception : les simms sont désormais bien trop petits pour qu'on puisse les voir, et l'attention se porte nécessairement sur les seuls simmbols.

La dynamique de ce que nous voyons sur la table devient tout autre. Plus de simms rebondissant sur ce qui ressemblait à de grosses taches stationnaires. Celles-ci prennent vie et se déplacent sur la table en avant, en arrière et interagissent les unes avec les autres, comme s'il n'y avait plus qu'elles. Nous savons évidemment qu'à un niveau plus profond tout cela se produit grâce aux rebonds des simms minuscules, *mais nous ne pouvons plus voir les simms !* Dans ce nouveau paysage, leur frénésie a disparu derrière un fond grisâtre.

Songez à l'immobilité de l'eau dans un verre posé sur une table. Si nos yeux pouvaient changer d'échelle de perception (comme le permet la molette de réglage d'une paire de jumelles), nous pourrions scruter l'eau au niveau microscopique ; nous verrions alors tout sauf un paysage paisible : un tumulte endiablé de molécules d'eau se cognant les unes aux autres. D'ailleurs, si l'on ajoute à l'eau une solution colloïdale, on obtient un mouvement brownien, c'est-à-dire d'incessantes secousses aléatoires dues aux collisions imperceptibles des particules de la solution colloïdale avec les molécules d'eau beaucoup plus petites. (Les particules de la solution colloïdale jouent ici le rôle des simmbols, et les molécules d'eau celui des simms.) Cet effet, visible au microscope, a été expliqué en détail par Albert Einstein en 1905 : il a eu recours à la théorie des molécules, lesquelles n'étaient alors que des entités hypothétiques. Mais l'explication d'Einstein avait une telle portée (et surtout correspondait si bien aux faits expérimentaux) qu'elle devint l'une des meilleures confirmations de l'existence des molécules.

Qui bouscule qui à l'intérieur du billodrome ?

Nous en arrivons finalement au cœur du sujet : quelle est la bonne façon de regarder le billodrome ? Ou, en écho à la question clé posée par Roger Sperry : « Qui bouscule qui dans la population des forces causales qui occupent le billodrome ? »

D'un côté, les entités premières sont nos insignifiantes petites simms qui s'agitent comme des folles en poussant très lentement de-ci de-là nos lourds simmbols apathiques. Sous cet angle de vue, les petites simms bousculent les gros simmbols, un point c'est tout. En fait, à cette échelle, les simmbols ne sont même pas des entités à part entière puisque tout ce que nous pouvons en dire n'est qu'un raccourci pour parler de ce que font les simms. De ce point de vue, il n'y a ni simmbols, ni symboles, ni idées, ni pensées : juste une foule de minuscules sphères magnétiques chatoyantes qui tanguent au hasard. De l'autre côté, en défilement accéléré et en zoom arrière, tout ce qui reste des petites simms brillantes est une soupe grisâtre indistincte où l'attention ne se porte que sur la richesse des interactions des seuls simmbols. On distingue des amas de simmbols agissant sur d'autres dans une « logique » qui n'a rien à voir avec la soupe qui bouillonne autour d'eux, sinon, prosaïquement, en ce que les simmbols en tirent *leur énergie*. En fait, ce n'est guère surprenant, la logique des simmbols a trait aux *concepts* qu'ils symbolisent.

La danse des simmbols

La supériorité du point de vue macroscopique nous permettant de surplomber la table consiste en ce que nous pouvons voir *des idées* donnant naissance à *d'autres idées,* un événement symbolique remémorant au système un autre événement symbolique ; nous pouvons voir des motifs de simmbols élaborés qui se rejoignent et forment à leur tour des motifs plus vastes constituant *des analogies*. Bref, la chorégraphie des simmbols lève un coin du voile sur l'élaboration de la logique d'un cerveau pensant. De ce point de vue, *ce sont les simmbols qui se bousculent les uns les autres,* dans l'isolement de leur propre niveau symbolique. Bien sûr, les simms sont toujours là, mais uniquement au service de la danse des simmbols, en lui permettant de se manifester : les micro péripéties de leurs empoignades sont aussi étrangères à notre investigation que celles des molécules de l'air au regard de la rotation des pales d'un ventilateur. N'importe quelle agitation d'une molécule de l'air fera l'affaire, grâce à la forme aérodynamique des pales. De même, n'importe quel rebond de simm fera l'affaire. Le « moulin à pensées » moulinera quelque chose, peu importe quoi, grâce à la nature symbolique de ses simmbols.

Si tout cela vous paraît trop alambiqué pour être plausible, réfléchissez une minute à la façon dont le cerveau humain doit tourner pour susciter la pensée logique. Que peut-il se passer à l'intérieur d'un crâne humain sinon un scénario de ce genre ?

Bien entendu, nous en sommes revenus à la vieille question que le titre d'un livre, jadis, m'avait amené à poser et que Roger Sperry s'est posée à son tour : qui bouscule qui dans tout cela ? La réponse est que tout dépend du niveau où l'on se place. À un certain niveau, on peut légitimement dire que c'est la primalité de 641 qui bouscule les dominos au sein du réseau auquel elle appartient. De la même façon, il existe un niveau où les significations attachées aux différents simmbols peuvent légitimement être considérées comme les agents qui bousculent d'autres simmbols. On peut avoir l'impression de mettre ainsi le monde à l'envers, effectivement, mais cela correspond néanmoins parfaitement aux rapports de causalité fondamentaux des lois de la physique.

Chapitre 4
Boucles, buts et bugs

≈ ≈ ≈

Chassez les désirs, ils reviennent !

Avec l'apparition des premiers systèmes mécaniques à rétroaction (feedback), l'humanité a commencé à entrevoir un ensemble d'idées radicalement nouvelles. Parmi les tout premiers de ces systèmes : la machine à vapeur de James Watt. D'autres ont suivi, innombrables, parmi lesquels le mécanisme du flotteur qui fait fonctionner une chasse d'eau, la technologie des missiles autoguidés à infrarouge et les thermostats. Parlons plutôt du mécanisme de la chasse d'eau, le plus familier et facile à comprendre.

Une chasse d'eau contient un tuyau qui remplit d'eau le réservoir ; à la surface de l'eau, il y a un flotteur qui monte en même temps que le niveau d'eau. À ce flotteur est fixée une tige rigide dont l'autre extrémité est immobile, ce qui fait que l'inclinaison de la tige est fonction du niveau d'eau dans le réservoir. La variation de cet angle contrôle une valve régulant le débit de l'eau dans le tuyau. À un certain niveau d'eau, l'angle atteint une valeur critique et la valve se ferme complètement en coupant l'arrivée d'eau. Mais il arrive qu'il y ait une fuite dans le réservoir. Le niveau d'eau s'abaisse graduellement, ce qui entraîne bien sûr le flotteur vers le bas : la valve s'ouvre et l'arrivée d'eau aussi. On peut alors tomber dans un phénomène cyclique : parce qu'un petit truc en caoutchouc a atterri de travers sur le tuyau d'évacuation juste après un déclenchement de la chasse, le réservoir se vide tout doucement pendant quelques minutes, puis se remplit soudain pendant quelques secondes, puis se vide à nouveau lentement pendant quelques minutes, puis…, etc. Ce phénomène cyclique ressemble un peu à une respiration et ne s'arrête jamais – du moins jusqu'à ce que quelqu'un titille la tirette de la chasse. La manœuvre secoue le petit truc en caoutchouc qui, cette fois, atterrit au bon endroit sur le tuyau d'évacuation, mettant un terme à la fuite.

Un de mes amis, chargé de veiller sur ma maison pendant les quelques semaines de mes vacances, avait le premier jour utilisé la chasse d'eau. Par malchance, le petit truc de caoutchouc n'avait pas atterri bien au centre, et le cycle s'était enclenché. Mon ami s'était scrupuleusement acquitté de sa tâche et était retourné plusieurs fois chez moi, sans jamais rien remarquer de fâcheux. Le réservoir de mes W-C s'est donc vidé et rempli périodiquement pendant toute mon absence. Le résultat a été une facture d'eau de 300 dollars. De quoi se méfier des boucles rétroactives !

On pourrait, par anthropomorphisme, décrire une chasse d'eau comme un système qui « essaye » de hisser et maintenir l'eau à un certain niveau. Bien entendu, on peut se passer de cette terminologie anthropomorphique quand on comprend sans trop d'efforts comment le mécanisme fonctionne : il est à peu près clair qu'un système aussi simple n'éprouve aucun désir. Il n'empêche : quand on répare des W-C dont le réservoir a commencé à fuir, on peut être tenté de dire que le W-C « essaye » de hisser l'eau jusqu'en haut, mais qu'« il n'y arrive pas ». On ne peut pas *vraiment* attribuer des désirs ou des frustrations à l'engin – c'est juste une façon de parler –, mais c'est un raccourci bien commode.

Un ballon de foot nommé désir

Pourquoi est-il si tentant d'attribuer, par facilité de langage, des intentions à un système doté de rétroaction (on parle alors d'attitude *téléologique*), quand ça l'est beaucoup moins pour un système moins structuré ? C'est lié à la manière dont les « perceptions » du système (si l'on peut dire) rétroagissent sur le comportement dudit système. Quand un système se dirige toujours vers un certain état, nous voyons dans cet état le « but » du système. C'est l'autorégulation et l'autocontrôle intrinsèques au système qui nous incitent à adopter un langage téléologique.

Quels sont les systèmes qui possèdent un feedback, un but, des désirs ? Est-ce qu'un ballon de foot qui roule le long d'une pelouse en pente « veut » arriver en bas ? La plupart d'entre nous, par réflexe, répugnent à une conception aristotélicienne du mouvement aussi primitive et répondront « non » sans hésiter. Mais modifions juste un tout petit peu les données et reposons la question.

Et si notre ballon dévalait un étroit caniveau présentant une section en forme de U : poursuivrait-il un but ? Le ballon, grâce à la vitesse acquise en descente, remonterait tout d'abord le long de l'autre côté du caniveau, puis redescendrait vers le centre du U avant de remonter encore de l'autre côté et ainsi de suite, convergeant graduellement, dans un mouvement oscillatoire, vers le centre du U. Y a-t-il du feedback ici, oui ou non ? Est-ce que le ballon « recherche » le centre du caniveau ? « Veut-il » l'atteindre ? Bref, ici comme pour le ballon de foot dévalant une pelouse en pente, la présence ou l'absence de feedback, de buts ou de désirs n'est pas un problème tout blanc, tout noir : c'est une question d'appréciation.

La pente glissante de la téléologie

Dans le cas de systèmes comprenant des feedbacks plus élaborés, avec un mécanisme moins évident, le vocabulaire téléologique – en commençant par les « buts » pour en venir aux « souhaits », « désirs » et « tentatives » – est de plus en plus tentant et il devient plus difficile d'y résister. Le mécanisme du feedback n'a même pas besoin d'être très sophistiqué : il lui suffit d'être caché.

The Exploratorium, le musée des Sciences de San Francisco, possède une salle où l'on peut observer un spot de lumière rouge qui sautille le long des murs et sur le sol. Si l'on essaie de le toucher, il s'enfuit au dernier moment. En fait, sa danse donne le sentiment de se moquer de ceux qui le pourchassent : il s'arrête complètement, comme pour les défier, puis s'enfuit juste à temps. Malgré les apparences, il n'y a pas de comparse caché qui le guide : c'est un simple mécanisme de feedback dans un système de circuits qui surveille la salle et contrôle le faisceau lumineux. Mais tout le monde a *l'impression* que le spot rouge a sa propre personnalité, adore se payer la tête des gens et a le sens de l'humour ! Le point rouge de l'*Exploratorium* paraît plus vivant que, disons, un moustique ou une mouche, lesquels évitent de se faire écraser mais chez qui on ne peut manifestement pas détecter le moindre sens de l'humour.

Dans la vidéo de Karl Sims, *Créatures virtuelles,* on voit des objets virtuels formés de quelques tubes (virtuels) chevillés entre eux ; ces objets peuvent agiter leurs membres et se déplacer ainsi dans un plan (virtuel). On leur a donné une sorte de perception rudimentaire et une simple boucle de rétroaction a été mise en place qui les conduit à rechercher certains types d'aliments. La détermination avec laquelle ils recherchent ce qui ressemble à de la nourriture et se battent désespérément avec leurs « rivaux » pour l'attraper fait froid dans le dos des spectateurs qui ont le sentiment d'être témoins d'une lutte à mort.

Plus familières sont les plantes – pensez aux tournesols ou aux plantes grimpantes – qui semblent, quand on les filme à vitesse normale, aussi immobiles que des pierres et donc dépourvues de but. En défilement accéléré, elles paraissent soudain tout à fait conscientes de leur environnement, avec des objectifs clairs et des stratégies *ad hoc*. La question est de savoir dans quelle mesure de tels systèmes, en dépit de leur absence de cerveau, sont néanmoins le siège de buts et de désirs. Ont-ils des envies, des aspirations ? Connaissent-ils espoirs et effrois ? Croyances et souffrances ?

La présence d'une boucle de rétroaction, même assez simple, incite fortement les humains à changer de niveau de description ; à oublier la mécanique dénuée de buts (où ce sont *les forces* qui déplacent les choses) pour passer directement au niveau délibérément orienté de la cybernétique (où, pour parler sans détours, ce sont *les désirs* qui font se mouvoir les choses). La seconde façon de faire n'est rien d'autre – j'ai déjà insisté là-dessus – qu'une formulation plus efficace que la première. Mais dans les systèmes dotés de boucles de rétroaction d'un type de plus en plus subtil et sophistiqué, ces raccourcis efficaces deviennent pratiquement irrésistibles. Au bout du compte, non seulement le langage téléologique s'impose, mais nous n'imaginons même plus d'autres formes d'expression. À ce stade, cela fait partie de notre perception du monde.

Boucles rétroactives et croissance exponentielle

Le type de rétroaction qui nous est le plus familier – probablement celui qui a fourni le nom anglais communément utilisé partout dans le monde – est le feedback audio; cet effet Larsen qui se produit dans un auditorium lorsqu'un micro se trouve placé trop près des enceintes acoustiques qui amplifient les sons captés par le micro. À l'entrée, un son (n'importe lequel, aucune importance) et à la sortie le son amplifié : *ce son amplifié* est capté par le micro et ressort encore plus fort avant d'être à nouveau capté par le micro et tout à coup, comme venu de nulle part, vous avez une boucle, un cercle vicieux qui produit un sifflement suraigu terrifiant qui fait se boucher les oreilles à tout l'auditoire.

Ce phénomène nous est tellement familier qu'il a l'air de se passer de commentaire. En fait, il y a une ou deux choses qui méritent réflexion. L'une est qu'à chaque cycle le son devrait être théoriquement amplifié d'un facteur constant k ; deux boucles devraient donc amplifier de k^2, trois boucles de k^3, etc. Nous connaissons tous les propriétés de la croissance exponentielle, ne serait-ce que par les histoires épouvantables qui se racontent sur la croissance exponentielle de la population mondiale et autres désastres annoncés. (Dans ma jeunesse, ces propriétés se sont imprimées en moi d'une façon plus innocente mais pas moins durable avec l'histoire de ce sultan qui avait demandé qu'on plaçât sur chaque case d'un échiquier deux fois plus de grains de riz que sur la case précédente : la moitié de l'échiquier n'était pas remplie que toute la production du sultanat, manifestement, n'y suffirait pas, voire la production du monde entier.) En théorie, donc, le plus léger soupir deviendrait vite un rugissement, qui continuerait à enfler sans limite : dans l'auditorium, tout le monde deviendrait d'abord complètement sourd puis, très vite, la structure même du bâtiment serait violemment secouée jusqu'à ce qu'il s'écroule sur ses occupants et, quelques boucles plus tard, la planète entrerait en vibration avant que tout ne se termine par la disparition de l'univers entier... Il doit bien y avoir quelque chose de spécieux dans ce scénario apocalyptique, mais quoi ?

Erreur première

La première erreur de ce scénario est que nous n'avons pas pris en compte le support matériel du processus exponentiel, à savoir le système sonore lui-même, en particulier l'amplificateur. Pour que mon propos ne souffre aucune discussion, je vous fais déjà remarquer que, au moment où le toit de l'auditorium s'écroule, l'amplificateur est réduit en miettes, ce qui interrompt la boucle de rétroaction dont on avait perdu le contrôle. Le petit système contient les germes de sa propre destruction !

Mais ce scénario est également trompeur pour une autre raison : tout le monde sait que les choses ne vont jamais aussi loin. L'auditorium ne tombe pas, pas plus que le vacarme ne rend sourd. Quelque chose ralentit le processus en cours bien plus tôt. De quoi s'agit-il ?

Erreur seconde

L'autre erreur du raisonnement se rapporte également à un type d'auto-destruction du système sonore, mais plus subtile. Quand le son devient de plus en plus fort, l'amplificateur cesse d'appliquer le coefficient constant k. À un certain niveau, il tombe en panne. Tout comme une voiture qu'on conduirait pied au plancher ne pourrait pas conserver une accélération constante (atteignant 150 kilomètres à l'heure, puis 300, 450, 600, dépassant bientôt le mur du son) mais finirait par atteindre une vitesse maximale (qui dépend du frottement des pneus sur la route, de la résistance de l'air, des limites du moteur, etc.), un amplificateur ne peut pas pousser uniformément les sons à n'importe quel volume : il sature, amplifiant de moins en moins jusqu'à atteindre une valeur limite où le son sortant a la même intensité sonore que le son entrant ; là, le système s'est stabilisé. Le volume sonore pour lequel le facteur d'amplification est 1 est celui de ce sifflement familier : ça rend peut-être fou, mais pas sourd, et cela fait encore moins s'écrouler l'auditorium sur votre tête.

Pourquoi toujours ce sifflement suraigu ? Pourquoi pas un rugissement grave ? Pourquoi pas le fracas des chutes du Niagara, le hurlement d'un avion à réaction ou un grondement de tonnerre ? C'est une question de fréquence naturelle de résonance du système – l'analogue acoustique de la fréquence naturelle d'oscillation d'une balançoire, c'est-à-dire, en gros, une fois toutes les deux secondes. La boucle rétroactive d'un amplificateur a, elle aussi, une fréquence naturelle d'oscillation. Pour des raisons qui sont hors de notre propos, elle rend un son proche de celui d'un sifflement de haute fréquence. Mais le système ne parvient pas instantanément à la valeur précise de ce son. Si l'on pouvait ralentir sérieusement le processus, on entendrait le son se diriger vers ce sifflement suraigu à la façon dont le ballon de foot se dirigeait vers le bas du caniveau – à savoir par une série d'oscillations rapides dans les niveaux de fréquence, presque comme s'il « voulait » atteindre ce point naturel du spectre sonore.

Ainsi, même la boucle rétroactive la plus simple possède des niveaux de subtilité et de complexité auxquels on pense rarement, mais qui se révèlent riches en surprises. Imaginez ce qui se passe avec des boucles rétroactives plus complexes.

Un feedback qui sent le soufre

La première fois que mes parents ont voulu acheter une caméra vidéo, dans les années 1970, je suis allé avec eux voir ce qu'il y avait en magasin. On nous a montré plusieurs écrans de télé sur une étagère. Une caméra vidéo était branchée sur l'un d'eux, ce qui permettait de visualiser les images qu'elle captait, de jauger la fidélité des couleurs et autres caractéristiques du même style. J'ai pointé la caméra vers mon père, et nous avons vu son sourire amusé s'afficher à l'écran. Je l'ai ensuite pointée sur mon propre visage et aussitôt, là, sur l'écran, c'était moi à la place de mon père. Il ne me restait qu'à pointer la caméra sur l'écran lui-même.

Là, il s'est passé quelque chose de curieux que je me rappellerai toujours avec une certaine honte : j'ai *hésité* à boucler la boucle ! Au lieu d'y aller carrément, j'ai reculé et ai demandé timidement au vendeur *la permission* de le faire. Pourquoi diable ai-je fait une chose pareille ? La réponse du vendeur vous en donnera peut-être une petite idée : « Non ! Surtout pas ! Ne faites pas cela, vous casseriez la caméra ! »

Comment ai-je réagi à sa panique ? Par le dédain ? Le rire ? Me suis-je contenté de l'ignorer et de suivre mon idée ? Pas du tout. À la vérité, je n'étais pas sûr de moi. Son cri de panique a renforcé cette vague gêne et je me suis retenu de le faire. Plus tard, en rentrant à la maison avec notre nouvelle acquisition, j'ai réfléchi intensément et n'ai pas vu ce qui aurait bien pu, en bouclant la boucle, mettre en danger quoi que ce soit – même si, en théorie, la caméra et l'écran de télé sont susceptibles d'être détériorés. J'ai donc précautionneusement pointé la caméra vers l'écran et, miracle, rien d'effrayant ne s'est produit.

Je suppose qu'on aurait pu craindre quelque chose d'analogue à l'effet Larsen : un certain point de l'écran (celui que pointe la caméra, bien sûr) aurait-il pu devenir de plus en plus brillant jusqu'à ce que l'écran fonde sur-le-champ ? Mais pourquoi cela se serait-il produit ? Comme dans l'effet Larsen, il aurait fallu qu'il y ait amplification de l'intensité lumineuse. Or nous savons bien que les caméras vidéo ne sont pas faites pour *amplifier* une image de quelque façon que ce soit mais pour la *transmettre* à un autre endroit. Comme je m'en étais convaincu en rentrant tranquillement à la maison, il n'y a strictement aucun danger dans un feedback vidéo ordinaire. (En passant, je ne sais pas quand cette expression « feedback vidéo » a été inventée ni par qui ; en tout cas, je ne l'avais jamais entendue à ce moment-là.) Danger ou pas, je me rappelle très bien mon hésitation dans le magasin et peux donc facilement imaginer la panique du vendeur, pour irrationnelle qu'elle fût. Le feedback – qui fait se retourner le système sur lui-même en une boucle quasi taboue – paraît tenter le diable et semble dangereux, voire intrinsèquement *mauvais*, quel que soit le sens qu'on y met.

Il s'agit d'intuitions primitives, irrationnelles. D'où viennent-elles ? D'une généralisation simple et naturelle des désagréments du feedback audio, l'effet Larsen ? Je doute que l'explication soit aussi simple. Nous savons tous que certaines tribus craignent les miroirs, que de nombreuses sociétés se méfient des caméras, que certaines religions interdisent la représentation humaine, etc. Se représenter soi-même est mal vu. C'est bizarre, voire fatal. La crainte des boucles semble faire partie de notre humaine étoffe. Mais il en est comme dans bien des activités à risque, tels le vol à voile ou le saut en parachute : certains sont fascinés, d'autres meurent de trouille à cette seule idée.

Dieu, Gödel, les trémas et le Mystère

J'avais quatorze ans et je furetais dans une librairie quand je suis tombé sur un petit livre de poche dont le titre était *Gödel's Proof* (La preuve de Gödel).[1] Je n'avais aucune idée de qui était Gödel ni de ce qu'il pouvait bien avoir prouvé (je suis sûr qu'à cet âge je n'ai pas pensé « il » ou « elle »), mais qu'on puisse avoir écrit un livre entier sur la preuve d'un seul théorème de mathématiques, quel qu'il soit, voilà qui m'intriguait. Je dois aussi confesser que je trouvais un peu de piment au fait que le mot « God », Dieu, était manifestement tapi dans « Gödel », à quoi il fallait ajouter ces mystérieux trémas juchés au milieu de « God ». Les molécules de mon cerveau, titillées de la manière qu'il fallait, ont envoyé un signal à mes bras et à mes doigts, et me voilà feuilletant les pages de ce livre à trémas. J'y ai trouvé d'appétissantes expressions du genre : « métamathématiques », « métalangages » et « indécidabilité ». Je me suis alors rendu compte, pour mon plus grand plaisir, que le livre parlait de phrases autoréférentes paradoxales comme « Je suis en train de mentir » et d'autres plus compliquées. Ce que Gödel avait prouvé, je le voyais bien, ne portait pas sur les nombres eux-mêmes, mais sur le raisonnement, le

---

1. Ce livre a été traduit en français et publié avec d'autres textes sous le titre : *Le théorème de Gödel*, traduction de l'anglais et de l'allemand par Jean-Baptiste Scherrer. Seuil, Sources du savoir, 1989, réédité dans la collection Point Sciences du Seuil en 1997. (N.d.T.)

plus extraordinaire étant que les nombres ne figuraient que pour servir d'appui à des considérations sur la nature des mathématiques.

Même si cela peut paraître peu plausible à certains lecteurs, je me rappelle avoir été particulièrement intéressé par une longue note de bas de page sur le bon usage des guillemets pour distinguer usage et citation. Les auteurs – Ernest Nagel et James R. Newman – prenaient l'exemple des deux phrases suivantes : « Chicago est une ville très peuplée » et « Chicago est un mot de trois syllabes ». Ils affirmaient que la première est correctement écrite, mais pas la seconde, car si l'on veut parler des propriétés *d'un mot,* il faut utiliser son *nom,* ce que l'on obtient en le mettant entre guillemets. Ainsi, la phrase « "Chicago" est un mot de trois syllabes » ne parle pas de la ville mais de son nom et énonce une vérité. Les auteurs poursuivaient en expliquant qu'il fallait faire très attention à de telles distinctions dans des raisonnements formels et soulignaient le fait que les noms eux-mêmes ont des noms (il faut donc des guillemets), et ainsi de suite, indéfiniment. Je tenais en main un livre qui décrivait comment un langage peut parler de lui-même parlant de lui-même (etc.), et un raisonnement peut raisonner sur lui-même (etc.). J'en étais baba ! Je n'avais toujours pas le moindre indice sur ce théorème de Gödel, mais je savais qu'il fallait que je lise le livre. Les molécules formant le livre avaient atteint les molécules de ma tête qui avaient atteint les molécules de mes mains qui avaient atteint les molécules de mon sac qui… C'est bon, vous avez compris l'idée !

Les délices de la circularité et de l'auto-application

Ce qui me paraissait magique dans la brochure de Nagel et Newman, c'était la manière dont les mathématiques semblaient se retourner brusquement sur elles-mêmes, s'engloutir, s'enrouler en elles-mêmes. J'ai toujours été fasciné par les phénomènes en boucles. Par exemple, quand j'étais tout petit, j'adorais fermer une boîte en carton en plaçant les quatre rabats les uns sur les autres d'une façon en quelque sorte « circulaire » – A sur B, B sur C, C sur D et D sur A. Cette débauche de paradoxes m'enchantait.

BOUCLES, BUTS ET BUGS

J'ai toujours aimé me tenir entre deux miroirs à observer l'infinité des images qui s'évanouissent au loin. (La photo a été prise par Kellie Gutman.) Un miroir reflétant un miroir : y a-t-il une idée plus provocatrice ? J'ai aussi adoré l'image de la fille des boîtes de sel Morton tenant une boîte de sel Morton sur laquelle elle est dessinée tenant la boîte, en des copies implicitement toujours plus petites, indéfiniment.

Des années plus tard, j'ai emmené mes enfants en Hollande visiter le parc « Madurodam » (ces guillemets témoignent de l'influence durable de l'insistance de Nagel et Newman à distinguer usage et citation) où l'on trouve des dizaines de très belles maquettes miniatures des monuments célèbres de toute la Hollande. J'ai été très déçu de constater l'absence de réplique de Madurodam lui-même, avec bien sûr une réplique encore plus petite de lui-même, etc. J'ai été particulièrement surpris de constater cette lacune en Hollande – non seulement le pays natal de Maurits Escher, mais la patrie du célèbre chocolat en poudre Droste dont la boîte, tout comme pour le sel Morton, se représente elle-même en une régression infinie, et avec laquelle tout Hollandais a grandi.

L'origine de cette fascination pour de telles boucles remonte très loin. Je n'étais encore qu'un môme de quatre ou cinq ans quand j'ai découvert – à moins qu'on ne me l'ait dit – que « deux fois deux » font quatre. Cette petite expression facile à retenir – « deux fois deux » – me donnait des frissons dans le dos car je voyais qu'elle appliquait la notion de « deux » *à elle-même*. C'était en somme une opération autoréférentielle, l'enroulement d'un concept sur lui-même. Tel un pilote casse-cou ou un alpiniste téméraire, j'étais avide d'autres expériences du même style, voire plus risquées. Je me suis donc demandé le plus naturellement du monde combien faisaient *trois fois trois*. Trop petit pour élucider ce mystère tout seul (par exemple en fabriquant un carré avec trois rangées de trois points), je me suis tourné vers ma mère, ce Puits de Sagesse, qui m'a tranquillement informé que cela faisait neuf.

J'ai tout d'abord été ravi, mais il n'a pas fallu longtemps pour que s'insinue en moi un grand trouble : je n'avais pas posé la bonne question ! Ce qui me dérangeait était que dans les deux phrases apparaissaient seulement *deux* exemplaires du nombre choisi, alors que ce que je voulais était *dépasser* ce deux. J'ai tenté ma chance en inventant cette phrase mieux remplie : « trois fois trois fois trois ». Malheureusement, je n'avais aucune idée de ce que cela voulait dire ! Je me suis à nouveau tourné vers Celle Qui Sait Tout. Je me souviens que nous avons eu une conversation à ce sujet (dont, avec la naïveté de cet âge, j'étais convaincu qu'elle était certainement hors de portée du commun des mortels) ; elle m'a assuré qu'elle me comprenait parfaitement et m'a même fourni la réponse, que j'ai oubliée – sûrement 27.

Le problème n'étant pas la réponse. L'important est que mes plus vieux souvenirs regorgent d'un luxe de structures en boucles, d'opérations sur elles-mêmes, de circularité, de gestes paradoxaux, d'infinités implicites. Ce sont mes madeleines de Proust !

La frilosité de la théorie des types

Ce qui précède révèle certains traits de personnalité que je partage avec beaucoup de monde, mais certes pas tout le monde. J'ai constaté pour la première fois cette divergence de tempérament à l'occasion de mes lectures sur la « théorie des types » de Bertrand Russell, présentée dans les *Principia mathematica*, son célèbre *magnus opus* publié dans les années 1910-1913, écrit en collaboration avec son ancien professeur Alfred North Whitehead.

Quelques années plus tôt, Russel s'était attaqué aux fondements des mathématiques avec la théorie des ensembles, dont il était convaincu qu'elle constituait le socle le plus profond de la pensée humaine. Il pensait qu'il atteignait au but lorsqu'il y découvrit, contre toute attente, une faille monstrueuse, en somme un gros « bug », ou plutôt un « trou dans la boucle » (*loophole*) comme disent les Anglais. Ce *loophole* (le terme anglais tombe ici à pic ! [1]) était apparu avec la notion d'« ensemble de tous les ensembles qui ne se contiennent pas eux-mêmes », une notion autoréférente *a priori* valide dans la théorie des ensembles mais qui se révèle profondément contradictoire. Russel entreprit de vulgariser sa découverte, qui portait un coup fatal à la théorie, en la transposant par une image plus vivante : celle d'un barbier hypothétique « qui rase tous les habitants du village qui ne se rasent pas eux-mêmes ». Mais qui rase

---

1. Puisque la faille dans la théorie des ensembles a trait à une notion autoréférente, une « boucle » justement. (N.d.T.)

le barbier ? L'existence d'un tel barbier est un paradoxe, exactement pour la même raison qui entachait la théorie des ensembles.

Au vu de cette contradiction, tout le rêve de Russel d'une théorie servant de solide fondement aux mathématiques s'écroulait. Le traumatisme lui inspira la terreur de toute théorie autorisant les boucles d'autoinclusion ou d'autoréférence, car il attribuait la catastrophe intellectuelle qu'il venait de vivre à l'existence de ces boucles, et elles seules.

Pour s'en sortir, Russel travailla avec son ancien mentor et désormais collègue Whitehead en inventant une nouvelle théorie des ensembles dans laquelle la définition d'un ensemble ne pourrait jamais se référer à cet ensemble. Mieux, il y imposa une stricte hiérarchie linguistique interdisant toute proposition se référant à elle-même. Les *Principia mathematica* proscrivaient tout ensemble ou toute proposition enroulés sur eux-mêmes. Si un langage formel comprenait le mot « mot », ce mot ne pouvait en aucun cas se référer ou s'appliquer à lui-même, mais seulement à d'autres entités de niveaux *inférieurs* à lui-même.

Au fil de mes lectures sur cette « théorie des types », j'ai été frappé par le caractère pathologique d'un tel sauve-qui-peut devant le sens commun, mais aussi devant la fascination pour les boucles. Que diable y aurait-il d'incorrect à ranger le mot « mot » dans la catégories des mots ? Quel mal y aurait-il dans des phrases aussi innocentes que : « J'ai commencé à écrire ce livre dans un village pittoresque des Dolomites », ou : « La principale police de caractère de ce chapitre est le Garamond », ou encore : « Cette boîte en carton est faite de carton recyclable » ? De telles phrases mettent-elles qui que ce soit ou quoi que ce soit en danger ? Je n'arrive pas à voir en quoi.

Et « Cette phrase contient cinq mots », ou « Le dernier mot de cette phrase est un mot de sept lettres » ? Deux propositions simples à comprendre, manifestement vraies, qui n'induisent aucun paradoxe. Même des phrases ineptes comme « Le neuvième mot de cette phrase contient dix lettres », ou « Le dixième mot de cette phrase contient neuf lettres » ne posent pas plus de problèmes que « Deux plus deux font cinq ». Les trois assertions sont fausses ou, au pire, absurdes (la deuxième fait référence à quelque chose qui n'existe pas), mais elles n'ont rien de paradoxal. Bannir catégoriquement toutes les boucles me choque profondément : c'est une manœuvre tellement paranoïaque que j'en suis resté dégoûté à vie du style de pensée craintif – du genre « chat échaudé craint l'eau froide » – de Bertrand Russell.

Les intellectuels qui ont la frousse des boucles à feedback

Bien des années plus tard, alors que je tenais une rubrique mensuelle, *Thèmes métamagiques,* pour la revue *Scientific American*[1], j'ai consacré deux de mes articles à l'autoréférence dans le langage. J'y présentais un florilège de phrases de mon cru, de quelques amis et lecteurs, dont quelques prouesses de subtilité, de fantaisie et de provocation de ce style :

Si l'on intervertissait le sens de « vrai » et « faux », cette phrase ne serait pas fausse.

Je vais faire semblant de jouer franc-jeu avec toi[2]

La phrase suivante est totalement identique à celle-ci, sauf qu'on a échangé les mots « suivante » et « précédente », de même que « sauf que » et « en ce que », « identique à » et « différente de ».

La phrase précédente est totalement différente de celle-ci, en ce qu'on a échangé les mots « précédente » et « suivante », de même que « en ce que » et « sauf que », « différente de » et « identique à ».

Cette analogie revient à vous soulever vous-même par vos bretelles.

Cète phrase n'est pas autoréférentielle parce que « cète » n'est pas un mot.

Si les souhaits étaient des chevaux, la proposition antérieure de cette phrase conditionnelle serait vraie.

---

[1]. L'ensemble de ces articles, ainsi que quelques autres, a été publié en français sous le titre *Ma Thémagie*, InterEditions, 1988. (N.d.T.)
[2]. *I am going two-level with you.* Jeu de mots entre *I am going to level with you* : « Je vais jouer franc jeu avec toi », et « *Two-level* », ici, « double jeu ». (N.d.T.)

Cette phrase un mot trois, mais toujours compréhensible

Si vous estimez que cette phrase est confuse, changez juste un cochon

Comment se fait-il que ce groupe nominal ne signifie pas la même chose que ce groupe nominal ?

Ee ae e oie a e oyee e a ééee a e ooe

Ctt phrs n cntnt ps d vll t l prcdnt ps d cnsnn.

Ce pangramme autodescriptif en hommage à Douglas Hofstadter, Lee Sallows, Jacques Pitrat, Nicolas Graner et Éric Angelini contient exactement dix-sept a, un b, onze c, huit d, trente-cinq e, cinq f, neuf g, six h, vingt-quatre i, deux j, un k, sept l, six m, vingt-six n, onze o, huit p, huit q, onze r, quinze s, vingt-sept t, dix-sept u, quatre v, deux w, neuf x, un y, et cinq z.[1]

J'ai reçu bon nombre de feedbacks (pardonnez le terme, c'était trop tentant !) positifs de lecteurs. J'en ai également reçu de très négatifs sur ce que certains considéraient comme de pures frivolités dans une revue par ailleurs tout à fait respectable. Une des critiques les plus véhémentes venait d'un professeur en sciences de l'éducation de l'université du Delaware, qui citait le célèbre béhavioriste B. F. Skinner, à propos des phrases autoréférentes :

> Peut-être n'y a-t-il aucun mal à jouer ainsi avec les phrases ou à analyser quelles transformations peuvent rendre une phrase acceptable ou non pour un lecteur ordinaire, mais c'est perdre son temps, tout particulièrement lorsque cela donne des phrases qu'il ne viendrait à l'idée de personne de prononcer. Un exemple classique est la phrase paradoxale « Cette phrase est fausse », qui apparaît comme vraie si on la suppose fausse et fausse si on la suppose vraie. L'important est que personne n'aurait pu prononcer une telle phrase dans une conversation. Une phrase doit exister avant que quelqu'un puisse dire : « Cette phrase est fausse », et la réponse elle-même ne sert à rien, puisque la phrase n'existait pas avant de la prononcer.

---

1. Ce pangramme en français, « à la Hofstadter », est extrait du site http://www2.iap.fr/users/esposito/pangrammes.html

Ce type de réflexe rotulien contre la simple *éventualité* de pouvoir délibérément énoncer une phrase autoréférentielle était nouveau pour moi et m'a pris au dépourvu. Les jérémiades du pédagogue m'ont donné du fil à retordre et j'ai rédigé une assez longue réponse pour le numéro suivant de la revue. J'y ai décrit de nombreuses situations où la communication entre êtres humains recourt à l'autoréférence de manière flagrante, souvent utile, voire indispensable ; des échanges dans des situations ordinaires, mais aussi dans l'humour, l'art, la littérature, la psychothérapie, les mathématiques, l'informatique, etc. Je n'ai aucune idée de la façon dont lui ou d'autres détracteurs ont accueilli cette réponse. Toujours est-il que je me suis rendu compte que des gens très cultivés et, par ailleurs, parfaitement sensés peuvent faire preuve d'une allergie irrationnelle à l'idée d'autoréférence, de structures ou de systèmes repliés sur eux-mêmes.

Je suppose que cette aversion tient, en dernière analyse, à une crainte atavique des paradoxes ou de l'écroulement de l'univers (métaphoriquement s'entend) ; une peur apparentée à la panique du vendeur de télés dès que j'ai fait mine de pointer la caméra vidéo sur l'écran. Le contraste entre mon appétit de toujours pour les boucles et la répugnance qu'elles inspirent à des gens comme Bertrand Russel, B. F. Skinner, le professeur en sciences de l'éducation et le vendeur de télés, m'a en tout cas donné une leçon mémorable en « théorie des types » : il y a deux types de personnes en ce bas monde.

Chapitre 5
Le feedback vidéo

❦ ❦ ❦

Deux explorations vidéo à trente ans d'intervalle

La boucle de feedback vidéo est particulièrement riche, comme je l'ai constaté lors de mes premières investigations sur la nouvelle caméra familiale au milieu des années 1970. Quelques mois plus tard, j'ai considérablement approfondi ma compréhension du phénomène visuel en l'explorant en détail pour mon livre *Gödel, Escher, Bach*. J'avais pris rendez-vous aux studios de télévision de l'université de Stanford ; à mon arrivée, j'ai découvert qu'un type très gentil avait installé un écran de télé et une caméra vidéo sur un trépied, pour que je me livre à mes fantaisies tout à mon aise. C'était simple comme bonjour de pointer la caméra sur l'écran, de faire des zooms avant et arrière, d'incliner la caméra, de changer d'angle, d'ajuster luminosité et contraste, etc. Le gars m'a dit que je pouvais me servir du système à mon gré, et j'ai donc passé plusieurs heures, cet après-midi-là, à m'aventurer dans l'océan « tabou » des possibilités offertes par la boucle vidéo. Comme le premier touriste venu, j'ai pris des dizaines de clichés (seulement en noir et blanc) pendant mon excursion exotique ; j'en ai sélectionné douze parmi mes préférés pour illustrer un des dialogues de *GEB*.

Depuis cette première aventure, trente ans ont passé et la technologie a un peu évolué ; j'ai donc décidé, pour mon nouveau livre, de m'y remettre. Cette fois, j'ai pu bénéficier de l'aide et des encouragements de Bill Frucht qui, étant mon éditeur chez Basic Books depuis quelque douze ans – ou peut-être malgré cela ! – est devenu un ami et a fait spécialement le voyage de New York pour la circonstance. Ensemble, dans la vieille salle de jeux des enfants, nous avons passé des heures merveilleuses à voguer sur les mêmes océans mais sur un bateau plus récent. Nous avons commis plusieurs centaines de clichés en couleurs qui relatent superbement notre voyage. Mise à part la photo de couverture, seize de mes clichés préférés en couleurs, assez représentatifs, sont insérés dans ce livre.

Mes deux explorations vidéo ont été vivantes et pittoresques. J'ai toutefois choisi de présenter dans ce chapitre le « journal » de la plus ancienne, celle de Stanford : c'était la première fois que j'explorais le phénomène et c'est là que j'ai tout appris, pas à pas. L'histoire qui suit met en jeu un matériel différent – télé, caméra – et, d'une façon générale, une technologie plus ancienne que celle qui a permis les photos en couleurs de ce livre. Néanmoins, comme vous le verrez, l'essentiel de l'ancien compte rendu s'applique encore à l'exploration récente. Il y a bien quelques différences, mais il suffira d'en parler quand elles se présenteront.

Journal d'une escapade vidéo

Il se trouve qu'il y avait, par hasard, une étroite bande métallique le long du côté droit de l'installation mise à ma disposition. Cet objet fortuit a eu un effet imprévu : on pouvait facilement distinguer les différentes couches d'écrans imbriqués les uns dans les autres. J'ai bientôt découvert un angle critique qui déterminait si la régression des écrans était finie ou infinie. Si je pointais la caméra vers la bande métallique plutôt que sur le centre de l'écran, ce que j'obtenais ressemblait au cliché du mur de droite d'un long couloir présentant quelques « issues » régulièrement espacées (qui n'étaient autres que les images de la bande métallique), lui-même fuyant depuis l'endroit où « je me trouvais ». Mais on ne pouvait discerner la fin de ce « couloir ». Un cas de figure à l'écran que j'appellerai désormais couloir *tronqué*.

Quand je faisais un lent panoramique vers la gauche, et donc vers le centre de l'écran, je voyais forcément de plus en plus loin dans le « couloir », ce qui voulait dire que de plus en plus de portes apparaissaient tout au long du mur de droite, de plus en plus petites et éloignées. Et d'un seul coup, à un moment précis, j'obtenais une merveilleuse, vertigineuse impression d'infini : j'avais la sensation de pouvoir regarder jusqu'au fin fond du couloir, comme si un vide béant s'étirait vers un unique point de convergence (le « point de fuite » de la théorie de la perspective). Ce que j'appellerai un couloir *sans fin*. (C'est le même genre de couloir que vous pouvez voir sur la photo du chapitre 4 où deux miroirs se reflètent l'un l'autre.)

Bien entendu, l'impression de voir un nombre infini de portes n'était qu'illusion, puisque les grains de l'écran et la vitesse de la lumière imposent une limite à la multitude des niches qui peuvent apparaître. Toujours est-il qu'il était bien plus émoustillant d'observer la magie d'un couloir infini que de se contenter du spectacle d'un banal couloir tronqué.

L'ensemble d'expériences qui ont suivi a consisté à incliner la caméra : chaque écran s'inclinait alors docilement du même angle par rapport à l'écran qui le contenait, ce qui faisait surgir instantanément la fuite d'un couloir hélicoïdal, en tire-bouchon. Pour être très joli à voir, il n'y avait rien là de très surprenant.

Mais j'ai tout de même eu une surprise : en bougeant la caméra selon certains angles, au lieu d'avoir une vue plongeante sur un couloir hélicoïdal pourvu d'ouvertures, je voyais une spirale plate ressemblant à ces galaxies que l'on observe au télescope. Les bords de cette spirale étaient des courbes lisses blanches et n'étaient pas composées de traits droits bien découpés (les bords des écrans), ce qui me rendait perplexe. Je ne voyais pas la raison d'être de ce passage brutal des coins anguleux à ces courbes gracieuses. Je remarquai également qu'au cœur de chaque « galaxie », apparaissait presque toujours un très beau « trou noir ». (Dans notre expédition vidéo récente, Bill et moi-même avons été incapables de reproduire ce phénomène du « trou noir », à notre grand regret et embarras ; vous ne pourrez donc en voir aucun dans les photos de ce livre.)

L'énigme de la réverbération émergente

À un moment, ma main s'est placée accidentellement devant l'objectif de la caméra. Bien entendu, l'écran est devenu totalement noir. Mais quand j'ai enlevé ma main, la configuration qui occupait l'écran ne s'est pas reformée comme je l'attendais ; un nouveau motif est apparu… qui n'était pas stationnaire. Il battait comme un cœur ! Sa pulsation était d'environ une fois par seconde et durant chaque « battement de cœur », les formes à l'écran se métamorphosaient complètement sous mes yeux. D'où pouvait bien venir cette pulsation mystérieuse alors que rien ne bougeait dans la pièce ?

Ah, mille excuses ! Je viens d'écrire une ânerie : il y avait bien quelque chose qui bougeait dans la pièce. Vous savez quoi, cher lecteur ? Eh bien l'image à l'écran *elle-même* ! La réponse peut vous paraître niaise, triviale ou impudente, mais puisqu'on avait affaire à l'image d'*elle-même* (même si c'était avec un léger retard), c'est bien de cela qu'il s'agissait. L'image fidèle de quelque chose qui se modifie doit nécessairement se modifier ! Dans notre cas, le mouvement créait le mouvement, dans un cycle sans fin, parce qu'il y avait un phénomène périodique – une boucle. Et ce qui avait tout déclenché – le mouvement premier – était le mouvement de ma main, dont cette réverbération vidéo représentait la mémoire, la trace visible s'entretenant elle-même !

Cette situation me rappelle un autre phénomène en boucle que j'appelle « l'aboiement en échos », que l'on peut entendre quand il y a beaucoup de chiens dans le voisinage. Si un joggeur passant devant une maison déclenche l'aboiement d'un chien, il arrive que les chiens du voisinage s'y mettent à leur tour, suscitant une réaction en chaîne de dizaines d'aboiements. Cela donne bientôt un festival d'aboiements qui vit sa vie, alors que celui qui a involontairement tout déclenché a quitté le quartier depuis longtemps. Mais les chiens ne sont pas des robots et ils finissent par se fatiguer, sans quoi le passage fugace du joggeur laisserait une trace sonore permanente, qui s'entretiendrait toute seule : un souvenir composé d'aboiements.

Ces motifs animés de pulsations dynamiques n'avaient plus rien à voir avec les indéfectibles « univers stationnaires » qui prévalaient jusque-là dans mon excursion vidéo. Cette réverbération vidéo périodique stable était un phénomène étrange autant qu'inattendu sur lequel j'étais tombé par hasard en explorant les possibilités occultes du feedback vidéo.

Même aujourd'hui, bien des années après, l'origine de la pulsation ne me paraît toujours pas claire et garde une pointe de mystère. C'est un phénomène *émergent*, autrement dit un *épiphénomène*, ce dont nous avons parlé au chapitre 3. En général, un phénomène émergent est le produit naturel et automatique de règles rigoureuses qui œuvrent à un niveau inférieur et plus fondamental, la façon *exacte* dont cela se produit n'étant pas du tout claire pour l'observateur.

J'admets me sentir un peu bête de ne pas avoir élucidé ce qui se cache derrière cette réverbération vidéo, mais je me suis tellement habitué au phénomène qu'il me paraît « logique ». Je veux dire par là que je sais le faire apparaître à volonté à l'écran et qu'une fois enclenché, c'est un phénomène vigoureux qui va probablement perdurer des heures sans atténuation, peut-être même à jamais si personne n'intervient. Plutôt qu'essayer de comprendre précisément ce qui régit une telle réverbération vidéo aux niveaux inférieurs, j'ai fini par l'accepter comme un fait et m'en accommoder, car c'est un phénomène qui existe à son propre niveau. Cela devrait vous être familier : c'est ce que nous faisons avec pratiquement tout dans notre univers matériel et biologique.

Ravitailler la boucle

Comme je l'ai signalé au début de ce chapitre, le matériel de Stanford m'a porté chance avec la bande métallique attachée sans raison particulière sur un côté de l'écran. Cette bande – un intrus, en somme – a donné du piment à l'image qui l'a indéfiniment recyclée, et s'est du coup révélé un ingrédient essentiel de l'expédition vidéo I.

Lors de l'expédition vidéo II, il nous est arrivé, à Bill et moi-même, d'avoir le sentiment de voguer sur des eaux trop placides. Nous aurions goûté un peu plus d'action, un spectacle plus excitant. Ce qui m'a rappelé l'intrusion de la bande métallique durant l'excursion I et le piquant qu'elle avait apporté. Par jeu, nous avons donc décidé d'introduire quelque chose qui pourrait jouer un rôle analogue. J'ai attrapé divers objets qui traînaient dans la pièce et les ai agités devant la caméra sans savoir ce qui en ressortirait une fois la boucle enclenchée. Dans la plupart des cas, nous avons obtenu de merveilleux résultats qui étaient, une fois encore, totalement imprévisibles. Quand j'ai balancé devant la caméra un collier de perles, par exemple, il a émergé (le choix du verbe n'est pas fortuit) un improbable tourbillon de petites boules blanc bleuâtre qui m'évoquaient certain fromage exotique.

Bien entendu, chaque intrusion différente ouvrait un nouvel univers de possibilités puisque nous pouvions déplacer l'objet et jouer sur les autres paramètres standards tels que le zoom, l'inclinaison, la direction de la caméra, la brillance, le contraste et autres. J'ai eu recours à des intrus aussi disparates qu'un vase en verre, un disque compact et finalement mes propres mains. Les résultats ont été franchement fantastiques, mais Bill et moi, hélas, ne disposions pas d'assez de temps pour explorer à loisir ces multiples univers qui nous avaient mis en appétit. L'investigation a duré une douzaine d'heures et nous en avons tiré un album de 400 photos, pas plus. Comme pour toute expédition en de belles contrées exotiques, la balade fut trop courte, mais nous étions enchantés de l'avoir savourée ensemble.

Un cousin mathématique

Comme on pouvait s'y attendre, tous les phénomènes inattendus dépendaient de l'infinité (théorique) des emboîtements des écrans – autrement dit de l'apparition d'un couloir sans fin, non tronqué. Cela tenait à ce que le phénomène visuel le plus imprévisible paraissait toujours survenir au voisinage du point magique vers lequel la régression infinie convergeait.

Mes explorations ne m'ont pas fait croire que n'importe quelle forme pouvait surgir d'un feedback vidéo. Mais elles m'ont introduit dans un univers bien plus riche de possibilités que prévu. Aujourd'hui, cette magnificence visuelle me rappelle l'univers extraordinaire découvert, dans les années 1980, par le mathématicien Benoît Mandelbrot qui étudiait les propriétés de la simple suite des itérés de la fonction $z \mapsto z^2 + c$, où c est un nombre complexe donné et où la variable complexe z vaut initialement 0. Il s'agit là d'une boucle mathématique, un feedback, où l'on entre une valeur z pour en ressortir une autre, prête à être entrée à son tour, exactement comme dans un feedback audio ou vidéo. La question clé est celle-ci : si vous jouez le rôle du micro et du haut-parleur (ou de la caméra et de l'écran) en réitérant la manœuvre indéfiniment, les valeurs de z vont-elles croître sans limites et s'évader vers le bleu profond des cieux (ou le jaune ou rouge profonds), ou vont-elles tendre vers une valeur finie ?

Sans entrer dans des détails ici superflus, l'important est que la réponse dépend de manière très subtile de la valeur du paramètre c. Si vous cartographiez cela en attribuant des couleurs différentes aux différentes valeurs de c selon le taux de divergence de z, vous obtenez des images incroyables (voilà pourquoi j'ai plaisanté sur la couleur des cieux). Dans un feedback vidéo comme dans ce système mathématique, une opération en boucle très simple fait apparaître inopinément toute une famille de motifs tourbillonnants incroyablement complexes.

Le phénomène du verrouillage

Le phénomène mystérieux et étrangement vigoureux qui émerge d'un processus en boucle, comme le feedback vidéo, sera désormais l'une des principales métaphores auxquelles j'aurai recours pour aborder la question majeure de la conscience et du soi.

Mes excursions vidéo m'ont familiarisé à l'immense richesse du phénomène de feedback. Plus précisément, j'ai appris que des structures et des motifs merveilleusement complexes naissent très souvent à l'écran, dont l'origine est parfaitement obscure pour l'observateur humain. C'est la circularité – le caractère en boucle – du système qui donne naissance à ces motifs et les fait perdurer. Voilà ce qui m'a frappé. Une fois qu'un motif est *apparu à* l'écran, il n'est besoin de rien d'autre pour justifier *son maintien* que la fameuse réplique de George Mallory, à qui l'on demandait pourquoi il s'était senti obligé d'escalader l'Everest : « Mais parce qu'il est là ! » Dès qu'il est question de boucles, les justifications se mordent la queue.

Pour le dire autrement, les feedbacks donnent naissance à un nouveau type de phénomène abstrait que l'on pourrait baptiser « verrouillage ». La plus petite offrande au processus de bouclage, sa toute première amorce (la toute première image envoyée à l'écran durant la toute première fraction de seconde), suffit à mettre en œuvre presque instantanément (après peut-être vingt ou trente itérations), toutes ses implications. Cette nouvelle structure de niveau supérieur, ce motif qui émerge à l'écran, cet épiphénomène donc, est « verrouillé », stabilisé grâce à la boucle. Il ne va pas s'évanouir car il se renouvelle perpétuellement, se nourrit de lui-même, se redonne la vie. Autrement dit, la configuration émergente est une structure autostabilisée dont l'origine, en dépit de la simplicité de la boucle de rétroaction, est très vite impénétrable vu le nombre de fois que la boucle se referme.

Feedback vidéo et nouvelles réalités émergentes

Je n'avais jamais eu en tête d'attribuer des sobriquets pittoresques et commodes aux motifs visuels imprévus lors de mon excursion vidéo de Stanford, mais ce petit jeu s'est rapidement révélé indispensable. Au départ, je pensais me lancer dans une entreprise qui se contenterait d'expressions prosaïques comme « écran dans l'écran », « bande argentée », « angle d'inclinaison », « zoom avant », et ainsi de suite. Très vite, j'ai dû, bon gré mal gré, utiliser des termes tout à fait inattendus pour décrire ce que j'avais sous les yeux. Vous l'avez constaté, je me suis mis à parler de « couloirs », de « murs » et autres « portes » ; de « galaxies », de « spirales » et de « trous noirs », de « pulsations », etc. J'ai dû avoir recours aux mêmes termes lors de ma seconde excursion vidéo avec Bill, et à d'autres comme « étoile de mer », « fromage », « feu », « écume », etc.

Loin de moi était l'idée d'une telle terminologie quand je me suis lancé pour la première fois dans le feedback vidéo. Le système que j'ai fini par décrire en ces termes avait beau être mécanique et déterministe, les motifs qui émergeaient de la boucle étaient imprévisibles : le vocabulaire *ad hoc* devait forcément l'être autant.

Des métaphores simples mais évocatrices comme « couloir », « galaxie » ou autres se sont vite révélé indispensables pour décrire les formes abstraites qui s'inscrivaient sur l'écran et les événements dont j'étais témoin. Les termes initiaux qui paraissaient couler de source ont été le plus souvent délaissés : ils n'éclairaient pas grand-chose. Certes, en principe, ils auraient pu tout décrire, sur un mode verbeux rigoureux mais incompréhensible (autant décrire la température et la pression d'un gaz en alignant un nombre d'Avogadro d'équations). Une telle description, fastidieuse et réductrice, quasiment pixel par pixel, serait totalement passée à côté des merveilleux phénomènes visuels de haut niveau auxquels l'œil et l'esprit humains répondent intuitivement.

En résumé, le phénomène de bouclage donne naissance à de nouvelles structures surprenantes qui constituent un nouveau niveau de réalité. On pourrait, *en théorie*, déduire ces structures de la boucle de base et du détail de ses propriétés mais, *en pratique*, elles sont animées d'une vie propre, différente, laquelle exige un vocabulaire et un niveau de description nouveaux qui transcendent le niveau élémentaire dont elles émergent. Du moins lorsque cette vie propre se manifeste aux créatures limitées que nous sommes, friandes de simplicité et de jolis motifs.

Chapitre 6
Du moi et des symboles

❧ ❧ ❧

Boucles perceptives et genèse de la « Je »-nesse

Je trouve curieux que le seul mot de la langue anglaise doté d'une majuscule, en dehors des noms propres et des adjectifs afférents, soit le pronom de la première personne du singulier (sujet), « I » (je), avec lequel cette phrase appareille en fanfare. Cette convention étrange et remarquable suggère que ce mot désigne quelque chose de très important. Le fait est que certaines personnes – peut-être la majorité, voire tous autant que nous sommes –, considèrent le sentiment ineffable d'être un « Je », une « première personne », la sensation intuitive d'« être là » ou simplement d'« exister », d'« éprouver », d'« avoir des sensations brutes » (ce que certains philosophes désignent sous le terme de « *qualia* »), comme la réalité la plus tangible de leur existence ; une petite voix intérieure regimbe obstinément à la simple idée que cela puisse n'être qu'une illusion, ou tout simplement le résultat de certains processus physiques à « la troisième personne », c'est-à-dire issus d'objets inanimés. J'entends combattre ici cette véhémente voix intérieure.

Je commencerai avec le simple fait que les êtres vivants, façonnés par l'évolution, ont pour but fondamental, automatique et atavique, la survie. Tout être vivant doit être capable de réagir avec souplesse à ce qui passe autour de lui, pour accroître ses chances de survie. Cela signifie qu'il doit développer l'aptitude à percevoir et classer, même de façon rudimentaire, les événements de son environnement immédiat (la plupart des créatures terrestres peuvent ignorer sans dommage l'écrasement d'une comète sur Jupiter). Mais une fois acquise l'aptitude à percevoir les événements extérieurs, s'ensuit un curieux effet secondaire aux conséquences fondamentales : la faculté de percevoir certains aspects de l'environnement permet en retour de ressentir certains aspects de *soi-même*.

Ce retournement n'a rien de surprenant ou de miraculeux : ce n'est jamais qu'une retombée, en fait banale, de la perception. Pas plus étonnant que l'effet Larsen ou que de diriger une caméra vers l'écran qui projette sa propre image. La notion de perception de soi peut paraître bizarre, oiseuse, voire contrariante, mais cela n'en fait pas pour autant une idée complexe ou subtile, encore moins paradoxale. Après tout, la seule chose qui se trouve *en permanence* dans l'environnement d'une créature qui lutte pour sa survie est… elle-même. Pourquoi faudrait-il que sa perception ignore l'élément principal de son univers ? Voilà qui serait franchement contrariant !

Une telle lacune ferait penser à une langue dont le vocabulaire se serait sans cesse enrichi, sans jamais créer de mots pour des concepts aussi courants que « dire », « parler », « mot », « langage », « comprendre », « demander », « questionner », « répondre », « converser », « affirmer », « nier », « discuter », « raconter », « phrase », « histoire », « livre », « lire », « insister », « décrire », « traduire », « paraphraser », « répéter », « mentir », « biaiser », « nom », « verbe », « temps », « lettre », « syllabe », « pluriel », « sens », « grammaire », « souligner », « se référer », « prononcer », « exagérer », « se vanter » et ainsi de suite. Une langue qui s'ignorerait autant elle-même, à mesure qu'elle gagnerait en souplesse et sophistication, aurait pourtant permis à ses locuteurs de prendre goût à la parole, aux discussions, à la vantardise, etc., mais sans jamais s'y référer ; des entités comme les questions, réponses et mensonges y auraient proliféré sans jamais être nommées. Un tel langage, tout comme le formalisme boiteux de la frileuse théorie des types de Bertrand Russell, aurait au cœur un vide béant – l'absence d'un mécanisme quelconque permettant à un mot, un énoncé ou un livre de référer à lui-même. De façon analogue, une créature vivante qui aurait acquis de puissantes capacités de perception et de catégorisation mais serait intrinsèquement incapable de diriger la moindre de ces dispositions sur elle-même serait hautement anormale. Son désintérêt sélectif serait pathologique et compromettrait sa survie.

Des boucles de toutes variétés

Certes, les êtres vivants les plus primitifs ont peu, ou pas, de perception d'eux-mêmes. Par analogie, imaginons une caméra fixée de façon rigide au-dessus d'un écran de télévision et orientée vers l'avant, comme la lampe frontale du casque d'un mineur, dans le sens de son regard. Manifestement, il est hors de question de parler ici de boucle tournée sur elle-même. De quelque façon que vous l'orientiez, l'ensemble tournera de façon synchrone, empêchant la boucle de se fermer.

Imaginons maintenant un ensemble plus évolué, donc plus souple. Cette fois la caméra, au lieu d'être boulonnée au-dessus de la télé, lui est reliée par une courte « laisse ». Selon la longueur et la souplesse du lien, la caméra peut tourner suffisamment pour avoir au moins une partie de l'écran dans le champ de son viseur, ce qui fait apparaître un couloir tronqué. L'équivalent biologique d'un feedback de ce niveau de sophistication pourrait être la façon dont un animal familier, voire un jeune enfant, a un peu conscience de lui-même.

À l'étape suivante, évidemment, la « laisse » sera suffisamment longue et flexible pour que la caméra puisse viser le centre de l'écran. Cela fera apparaître un couloir sans fin, bien plus riche qu'un couloir tronqué. Pourtant, la possibilité de fermer la boucle d'auto-observation ne fige pas les possibilités du système car de nombreux paramètres restent ouverts. La caméra peut-elle être inclinée ou non et, si oui, de quel angle ? Peut-elle faire un zoom avant ou arrière ? Donne-t-elle une image en couleurs ou en noir et blanc ? Peut-on régler luminosité et contraste ? Quelle est la résolution de l'image ? Combien de temps consacre-t-on à l'auto-observation par rapport à l'observation de l'environnement extérieur ? Peut-on faire apparaître la caméra à l'écran ? Et ainsi de suite. On peut encore jouer sur de nombreux paramètres, ce qui ouvre à notre boucle potentielle de nombreuses dimensions de sophistication.

Réception et perception

En dépit de la richesse qu'offrent toutes ces options, il manquera toujours quelque chose d'essentiel au système de télévision en auto-observation : la capacité de *perception*, par opposition à la simple *réception* de l'image. La perception intègre à son point de départ un certain type de donnée (éventuellement une image bidimensionnelle, mais pas forcément) constituée d'une multitude de signaux minuscules, pour ensuite aller bien au-delà en finissant par activer sélectivement tel sous-ensemble d'un vaste répertoire de *symboles* en sommeil – des structures discrètes ayant des propriétés de représentation. Autrement dit, on devrait considérer un symbole à l'intérieur du crâne comme un simmbol de notre billodrome hypothétique : l'activation d'une structure physique représentant la façon dont le cerveau met en œuvre une *catégorie* ou un *concept* particulier.

Arrêtons-nous un instant sur le mot « symbole » dans cette nouvelle acception, dans la mesure où il nous arrive déjà chargé de significations que je tiens à écarter, du moins pour certaines. Nous parlons souvent de « symboles » en désignant des signes écrits (lettres de l'alphabet, nombres, notes de musique sur une portée, idéogrammes chinois, etc.). Ce n'est pas cela que j'ai ici à l'esprit. Il nous arrive aussi de parler de « symboles » en invoquant des objets faisant partie d'un mythe, d'un rêve ou d'une allégorie (une clef, une flamme, un anneau, une épée, un aigle, un cigare, un tunnel…) qui représentent autre chose qu'eux-mêmes. Ce n'est pas non plus ce que j'ai en tête. Ce que j'entends par l'expression « un symbole dans le cerveau » est l'activation d'une structure spécifique à l'intérieur de votre crâne (ou de votre billodrome, selon l'espèce à laquelle vous appartenez) sitôt que vous songez, par exemple, à la Tour Eiffel. Cette structure cérébrale, quelle qu'elle puisse être, est ce que j'appelle votre « symbole Tour Eiffel ».

Vous avez aussi le symbole « Albert Einstein », le symbole « Antarctique », le symbole « manchots », ce dernier étant une sorte de structure à l'intérieur de votre cerveau qui s'active lorsque vous voyez un ou plusieurs manchots, ou quand vous y pensez sans les voir. Votre cerveau comprend également des symboles pour des concepts d'action tels que

« frapper », « embrasser » et « tuer », pour des concepts relationnels comme « avant », « derrière » et « entre », etc. Dans ce livre, donc, les symboles cérébraux sont les entités neurologiques qui correspondent aux concepts, tout comme les gènes sont les entités chimiques correspondant aux traits héréditaires. Chaque symbole est en sommeil l'essentiel du temps (après tout, la plupart d'entre nous pensons rarement à la barbe à papa, au tourin, à Saint Thomas d'Aquin, au dernier théorème de Fermat, à la grande tâche rouge de Jupiter ou aux distributeurs de brossettes interdentaires) ; en revanche, chaque symbole du répertoire de notre cerveau peut être activé à tout moment.

Le passage conduisant d'une multitude de *signaux* reçus à l'activation d'une poignée de *symboles* est une sorte de processus en entonnoir où les signaux initiaux sont manipulés, « triturés » ; il en résulte l'activation sélective de signaux plus lointains (c'est-à-dire plus « internes »), et ainsi de suite. Ce passage de relais entre des escouades de signaux dessine dans le cerveau un chemin qui se rétrécit constamment, pour finalement activer un petit ensemble de symboles dont l'identité, bien entendu, dépend subtilement des signaux d'entrée initiaux.

En voici une illustration que j'espère humoristique : les myriades de contractions olfactives microscopiques dans les narines d'un voyageur déambulant dans les galeries d'un aéroport peuvent conduire, selon sa faim et ses expériences passées, à l'activation simultanée des deux symboles « sucré » et « odeur », ou « colle aux dents » et « fait grossir », ou encore « pâtisserie orientale » et « tout proche », voire « flotter », « publicité », « subliminal », « dissimulé » et « gadget » – ou peut-être à l'activation cérébrale de ces onze symboles à la fois, dans un ordre ou un autre. Chacun de ces exemples d'activation constitue un acte de *perception*, par opposition à la simple *réception* d'un nombre gigantesque de signaux microscopiques arrivant de quelque part, à la façon d'un million de gouttes de pluie s'écrasant sur un toit.

Pour être clair, j'ai donné une image simplifiée du processus de perception. En réalité, il s'agit pour une bonne part d'un flux à double sens. Les signaux ne se propagent pas seulement depuis les données extérieures vers les symboles. Les attentes issues d'expériences passées donnent en même temps naissance à des signaux qui se propagent vers l'extérieur à partir de certains symboles. Une forme de négociation se déroule entre les signaux d'entrée et de sortie qui aboutit à l'instauration d'un chemin reliant les données brutes à l'interprétation symbolique. Ce va-et-vient des flux cérébraux fait de la perception un processus passablement complexe. Pour l'heure, il suffit de dire que la perception, grâce à une rafale de signaux circulant rapidement dans les deux sens, revient à ce que des torrents de signaux d'entrée finissent par activer un petit ensemble de symboles ou, en termes moins biologiques, quelques concepts.

En résumé, il manque au système vidéo, quel que soit le niveau de fidélité de sa restitution visuelle, un *répertoire de symboles* pouvant être activés de façon sélective. On ne peut dire que le système *perçoit* effectivement quelque chose qu'à la condition qu'un tel répertoire existe et a été atteint. Cela dit, rien ne nous interdit d'imaginer qu'on puisse perfectionner un système vidéo ordinaire en lui adjoignant des circuits très sophistiqués, lesquels impliquent une cascade de processus de manipulation des signaux conduisant à un répertoire de symboles potentiellement activables. De fait, imaginer la façon de relever un tel défi permet de se représenter à la fois le processus de la perception cérébrale d'une créature vivante et son équivalent dans le système cognitif d'une intelligence artificielle (ou d'un extraterrestre). Cependant, c'est évident, toutes les réalisations d'une telle architecture – qu'elles soient terrestres, extraterrestres ou artificielles – ne posséderont pas la même richesse de répertoires de symboles susceptibles d'être activés par des stimuli extérieurs. Ainsi que nous l'avons déjà fait dans cet ouvrage, envisageons à nouveau la façon de gravir les échelons de la sophistication.

Les symboles du moustique

Commençons par un humble moustique (même si j'en connais d'arrogants). Quelle représentation du monde extérieur une créature aussi primitive possède-t-elle ? En d'autres termes, quelle sorte de répertoire de symboles peut bien loger dans son cerveau, susceptible d'être exploité par le processus de la perception ? Le moustique sait-il ou croit-il qu'il existe des objets « à l'extérieur » ? Supposons que la réponse soit oui, même si cela me laisse sceptique. Les objets qu'il perçoit sont-ils répartis en différentes catégories ? Des mots tels que « savoir » ou « croire » ont-ils un sens quelconque pour un moustique ?

Soyons un peu plus concrets. Le moustique divise-t-il le monde extérieur en différentes catégories mentales (bien entendu sans se servir de mots) telles que « chaise », « rideau », « mur », « plafond », « personne », « chien », « pelage », « jambe », « tête », ou « queue » ? En d'autres termes, le cerveau d'un moustique recèle-t-il des symboles – des structures discrètes activables – pour de telles abstractions d'un niveau relativement élevé ? Cela paraît plutôt improbable. Après tout, pour vaquer à ses tâches de moustique, il pourrait s'en sortir parfaitement sans une telle débauche de moyens « intellectuels ». Que lui importe de piquer un chien, un chat, une souris ou un être humain, que lui chaut qu'il s'agisse d'un bras, d'une oreille, d'une queue ou d'une jambe, du moment qu'il s'abreuve de sang ?

Quels sont donc les types de catégories dont un moustique a besoin ? Quelque chose comme « source potentielle de nourriture » (en bref, « le bon ») et « lieu potentiel d'atterrissage » (en bref, « le refuge ») me semble un système de catégories largement suffisant. Le moustique peut aussi avoir une vague conscience de ce que nous, êtres humains, appellerions « menace potentielle » – certains types d'ombres se déplaçant rapidement ou certains contrastes visuels (le « mauvais »). Mais, encore une fois, le mot « conscience », même atténué par l'adjectif « vague », paraît trop fort. La question est de savoir si un moustique possède des *symboles* pour de telles catégories ou s'il peut au contraire s'en sortir avec une machinerie plus rudimentaire ne mettant en jeu aucune cascade de signaux perceptifs culminant dans l'activation de symboles.

Si cette façon de court-circuiter les symboles et de se pencher sur un substitut très rudimentaire de la perception vous semble un peu déroutante, réfléchissez donc aux questions suivantes. La chasse d'eau a-t-elle conscience, aussi peu que ce soit, de son niveau d'eau ? Le thermostat a-t-il conscience, même de manière extrêmement ténue, de la température qu'il contrôle ? Un missile à tête chercheuse a-t-il conscience, même d'une façon infime, de la chaleur émanant de l'avion qu'il poursuit ? Le spot de lumière rouge qui sautille gaiement à l'Exploratorium a-t-il conscience, même de manière rudimentaire, des gens qui l'entourent et qui le font joyeusement partir en flèche ? Si vous répondez « non » à ces questions, vous pouvez également imaginer de semblables mécanismes inconscients dans la tête d'un moustique lui permettant de trouver du sang et d'éviter d'être écrasé sans recours à une quelconque *idée*.

L'âme du moustique

En considérant les symboles du moustique, nous avons fait un petit pas vers le cœur de notre recherche. Quelle est la nature de l'intériorité d'un moustique ? Autrement dit, quelle expérience le moustique a-t-il du « Je » ? Jusqu'à quel point le moustique est-il doté d'un sens du moi ? Ces questions étant très ambitieuses, commençons par quelque chose d'un peu plus simple. Le moustique a-t-il une image visuelle de ce à quoi il ressemble ? J'espère que vous partagez mon scepticisme à ce propos. Le moustique sait-il qu'il possède des ailes, des pattes, une tête ? Où donc aurait-il pêché les notions d'« ailes » ou de « tête » ? Sait-il qu'il a des yeux, une trompe ? Cette simple suggestion paraît ridicule. Comment aurait-il pu apprendre de telles choses ? Essayons plutôt de spéculer un peu sur ce que le moustique connaît de son fonctionnement *interne*. Ressent-il la chaleur ou le froid ? A-t-il le sentiment d'être complètement vanné ou en pleine forme ? D'avoir faim ou de tomber d'inanition ? D'être heureux ou triste ? D'être plein d'espoir ou effrayé ? Je suis désolé, mais même cela me paraît inacceptable pour une entité aussi rudimentaire qu'un moustique.

Essayons des choses plus élémentaires comme « souffrir » ou « ne pas souffrir » ? Même là, je suis sceptique. Par contre, je peux aisément imaginer que l'œil du moustique envoie au cerveau des signaux qui en déclenchent d'autres et le font s'envoler dare-dare, l'équivalent d'un réflexe verbal humain du style : « Danger à gauche ! », ou simplement :

« Barrons-nous ! » – mais j'ai bien peur qu'une telle traduction en style télégraphique ne représente *encore* trop de conscience pour un moustique. En fait, je me contenterais bien de comparer le comportement du moustique à celui de la chasse d'eau ou du thermostat : personnellement, je n'irais pas plus loin. Pour moi, le comportement du moustique est parfaitement compréhensible sans avoir recours à quoi que ce soit méritant le nom de « symbole ». En d'autres termes, la fuite face au danger, chez le moustique, est un comportement dépourvu de mot ou de concept, et qui ressemble moins à la perception telle que nous la connaissons qu'au réflexe rotulien faisant suite au petit coup donné par le médecin sous le genou, sans mot et sans concept lui non plus. Le moustique a-t-il plus de vie intérieure que votre genou ?

Le moustique a-t-il la moindre lueur de lui-même en tant que partie animée d'un vaste monde ? Encore une fois, j'en doute, car cela exigerait toutes sortes de symboles abstraits dans son cerveau microscopique – des symboles pour des notions telles que « grand », « petit », « partie », « lieu », « mouvement », etc., sans même parler de « moi-même ». À quoi lui servirait un tel luxe ? En quoi cela l'aiderait-il à être plus efficace dans sa quête de sang ou d'accouplement ? Le moustique hypothétique qui aurait suffisamment d'intelligence pour abriter des symboles aussi élaborés serait une tête d'œuf devant transporter bien plus de neurones que ses cousins plus aérodynamiques et plus frustes ; il serait du même coup plus lourd et plus lent, ce qui signifie qu'il ne serait pas capable de rivaliser avec eux dans la quête de sang et d'accouplement : il serait perdant dans la course de l'évolution.

Quoi qu'il en soit, mon intuition me dit qu'un minuscule système nerveux tel que celui convenant au moustique est dépourvu de catégories de perception (donc de symboles). Si je ne me trompe pas, cela place les types de boucles d'autoperception qu'il peut y avoir dans le cerveau d'un moustique à un niveau extrêmement bas, ce qui, en vérité, fait du moustique un individu doté d'une « toute petite âme ». J'espère ne pas être trop blasphématoire ou délirant si je suggère que l'« âme » du moustique pourrait avoir environ la même taille que celle du petit spot de lumière rouge qui rebondit sur les murs de l'Exploratorium – disons un dix-milliardième d'huneker (soit un millième de milliardième de la taille d'une âme humaine).

Bien sûr, je plaisante en faisant cette estimation numérique, mais je suis tout à fait sérieux dans mon estimation subjective de la présence ou non de symboles dans le cerveau des moustiques. Cela reste toutefois une estimation subjective et une controverse à propos de questions aussi subtiles ne serait ici pas très pertinente. Le point important est beaucoup plus simple et sommaire : il existe un *certain* type de créatures à qui l'on peut attribuer pour l'essentiel un tel niveau de complexité et pas un niveau plus élevé. Si vous n'êtes pas d'accord avec moi, je vous invite à monter ou descendre l'échelle des différentes capacités intellectuelles animales jusqu'à ce que vous tombiez sur le niveau approprié.

Une dernière remarque. Certains lecteurs, avec une apparente sincérité, pourraient objecter à ces questions sur le point de vue d'un moustique sur le monde : « Qu'en savons-nous ? Ni vous ni moi ne pouvons entrer dans le cerveau ou l'esprit d'un moustique – personne ne le peut. Pour ce que j'en sais, les moustiques sont exactement aussi conscients que je le suis ! ». Eh bien, je suggérerais respectueusement que de telles objections ne peuvent pas être sincères, car que je vous fiche mon billet que de tels lecteurs écraseraient le premier moustique atterrissant sur leur bras sans y penser plus que cela. S'ils croient vraiment que les moustiques sont aussi doués de sensations qu'eux-mêmes, comment se fait-il qu'ils peuvent en zigouiller aussi prestement ? Ces gens ne sont-ils pas des monstres s'ils exécutent sans remords des créatures vivantes qui, clament-ils, pourraient bien jouir d'une conscience aussi grande que celle des êtres humains ? Mieux vaut juger l'opinion des gens non pas sur leurs dires, mais sur leurs actes.

Un intermède sur les véhicules robots

Avant de parler d'espèces animales d'un niveau plus élevé, je voudrais faire une parenthèse sur les véhicules qui se conduisent eux-mêmes le long de routes peu fréquentées ou à travers des déserts rocheux. À bord de n'importe lequel de ces véhicules, il y a une ou plusieurs caméras de télévision (ainsi que des télémètres lasers et toutes sortes d'autres capteurs) munies de processeurs supplémentaires qui permettent au véhicule d'appréhender son environnement. En aucun cas l'analyse simpliste des seules couleurs ou des formes brutes sur l'écran ne peut fournir les informations adéquates permettant de contourner les obstacles sans basculer ou finir coincé. Un tel système, pour réussir à se conduire tout seul, doit avoir une banque de données non négligeable, des structures de connaissance préconditionnées pouvant être activées sélectivement par la scène extérieure. Ainsi, une certaine connaissance d'abstractions telles que « route », « colline », « rigole », « boue », rocher », « arbre », « sable » et bien d'autres seront nécessaires pour éviter que le véhicule ne s'embourbe, ne soit piégé dans une rigole, ou ne soit coincé entre deux rochers. Les caméras de télévision et les télémètres (etc.) fournissent seulement les étapes *initiales,* donc les plus simples, du « processus de perception » du véhicule, et l'activation des différentes structures de connaissance évoquées plus haut correspond à la phase finale, la fin *symbolique,* du processus.

J'ai légèrement hésité à mettre entre guillemets les mots « processus de perception » de la phrase précédente, mais j'ai fait un choix arbitraire entre ces deux options, les présumant fautives toutes les deux ! Si je n'avais pas mis les guillemets, j'aurais tacitement suggéré que le processus d'impression visuelle de ces véhicules robots ressemble réellement à notre propre perception ; en les mettant, j'aurais suggéré qu'il y a un abîme infranchissable entre ce que de « simples machines » peuvent faire et ce que font des créatures vivantes. Chacun de ces choix est un peu trop « tout blanc, tout noir ». Les guillemets, hélas, n'apparaissent pas en différents tons de gris… Si cela avait été le cas, j'aurais utilisé un ton intermédiaire pour suggérer une position plus nuancée.

La navigation autonome des véhicules robots d'aujourd'hui, bien que très impressionnante, reste loin du niveau de perception des mammifères. Cependant, je pense qu'il est juste de dire que la « perception » (désolé pour les guillemets sans ton de gris !) par un tel véhicule de son environnement est aussi sophistiquée que la « perception » (là, j'espère avoir fait un partout !) d'un moustique, peut-être même considérablement plus sophistiquée. (On trouvera un bel exposé de ce concept de véhicules robots et de leurs différents niveaux de « perception » dans le livre intitulé *Vehicles* de Valentino Braitenberg[1].)

Sans entrer dans les détails, permettez-moi juste de dire qu'il est tout à fait sensé de discuter d'animaux vivants et de robots autoguidés dans la même partie de cet ouvrage dans la mesure où les aboutissements technologiques actuels nous amènent toujours plus près de la compréhension des mécanismes de survie d'un système vivant dans un environnement complexe. De tels succès réfutent le dogme ressassé et inlassablement repris par John Searle selon lequel les ordinateurs sont à jamais voués à « simuler » le processus de la vie. Comment peut-on parler de simple « simulation », quand un automate peut se conduire lui-même sur trois cents kilomètres à travers un désert formidablement menaçant ? Il s'agit là d'un acte de survie dans un environnement hostile aussi authentique que celui d'un moustique volant dans une pièce en évitant d'être écrasé.

Réflexion sur la pensée canine

Revenons à notre montée dans l'échelle de sophistication purement biologique des modes de perception, échelle qui va des virus aux bactéries, aux moustiques, aux grenouilles, aux chiens, aux personnes (je sais, j'ai sauté quelques barreaux). Au fur et à mesure que l'on gravit les échelons, le répertoire de symboles activables devient bien sûr de plus en plus riche – d'ailleurs, quel autre sens pourrait avoir « montée dans l'échelle » ? En se basant sur leur seul comportement, nul ne peut mettre en doute que des animaux familiers comme les chiens mettent en œuvre un répertoire de catégories de taille respectable dont, par exemple, « ma patte », « ma queue », « ma nourriture », « mon eau », « mon écuelle », « l'intérieur », « l'extérieur », « la chatière », « la porte », « ouvert », « fermé », « chaud », « froid », « la nuit », « le jour », « le trottoir », « la

---

1. Traduit en français sous le titre *Véhicules : expériences en psychologie synthétique* par Annie Cantal et Pierre Marchal, Presses polytechniques et universitaires romandes, Lausanne, 1991. (N.d.T.)

chaussée », « le buisson », « l'herbe », « la laisse », « la promenade », « le parc », « la voiture », « la porte du garage », « mon maître », « mon petit maître », « le chat », « le gentil chien d'à côté », « le méchant chien d'à côté », « le camion de la Poste », « le vétérinaire », « la balle », « manger », « lécher », « boire », « jouer », « s'asseoir », « canapé », « grimper dessus », « mauvais comportement », « punition », etc. Les chiens guides apprennent souvent une centaine de mots ou plus et réagissent à des circonstances extrêmement variées d'emploi de ces concepts dans des contextes très différents, ce qui révèle une partie de la richesse de leur système de catégories internes (c'est-à-dire leur répertoire de symboles activables).

J'ai utilisé un ensemble de mots et de phrases pour suggérer la nature d'un répertoire de catégories canines mais, bien entendu, je ne veux pas dire par là que les mots humains sont impliqués dans la réaction d'un chien face à celui d'à côté ou au camion de la Poste. Un mot mérite cependant une mention particulière : l'adjectif possessif, comme dans « ma queue », « mon écuelle ». La plupart des lecteurs seront d'accord si je dis qu'un chien domestique se rend compte que cette patte bien précise fait partie de lui-même, n'est pas un simple objet placé par hasard dans son environnement ou n'appartient pas à un autre animal. De même, quand un chien se met à courir après sa queue, quand bien même il n'est pas conscient du comique de situation, il doit savoir que *cette* queue fait partie de *son propre* corps. Ce que je veux dire par là, c'est qu'un chien a une représentation rudimentaire de lui-même, une sorte de conscience de lui-même. En plus des symboles pour « voiture », « balle » et « laisse », et de ceux pour les autres animaux et les êtres humains, il possède une sorte de structure cérébrale interne qui le représente lui-même.

Si vous avez des doutes concernant les chiens, qu'en est-il des chimpanzés ? D'un enfant de deux ans ? Dans tous les cas, l'émergence de cette sorte de structure symbolique réflexive, à quelque niveau du ressenti que cela commence, constitue le germe, l'étincelle initiale du « Je », la toute petite parcelle à laquelle vont s'agréger tout au long de la vie des significations plus complexes du « Je », tout comme le flocon de neige grossit autour de la poussière initiale.

Étant entendu que la plupart des chiens adultes possèdent un symbole pour *chien*, est-ce que le chien sait, d'une façon ou d'une autre, qu'il appartient aussi à la catégorie *chien* ? Quand il regarde un miroir et voit son maître se tenir à côté d'un « certain chien », se rend-il compte qu'il s'agit de lui-même ? Ce sont des questions intéressantes, mais je ne vais pas essayer d'y répondre. Nous sommes là aux frontières des possibilités mentales d'un chien mais, pour ce qui nous intéresse ici, peu importe de quel côté de ces frontières les chiens se situent. Après tout, il ne s'agit pas d'un livre sur les chiens ! L'essentiel est qu'il existe *un certain* niveau de complexité à partir duquel une créature commence à appliquer à elle-même les catégories qu'elle possède, commence à bâtir des structures mentales autoreprésentatives, à se placer dans une sorte de « perspective intellectuelle » la mettant en relation avec le reste du monde. À cet égard, je pense que les chiens sont considérablement plus avancés que les moustiques ; et je crois que vous êtes d'accord.

D'un autre côté, vous me permettrez sûrement de dire qu'un chien a une âme considérablement « plus petite » que celle d'un être humain, sinon comment se fait-il que nous ne soyons pas, vous et moi, devant nos chenils respectifs à manifester avec véhémence contre le fait que l'on « pique » quotidiennement des chiens errants et des chiots sans défense ? Fermeriez-vous les yeux si l'on exécutait les humains sans abri ou les bébés abandonnés ? Qu'est-ce qui vous fait tracer une ligne de partage entre les chiens et les humains ? Cela pourrait-il être la taille relative de leurs âmes ? De combien d'hunekers faudrait-il que les chiens soient dotés, en moyenne, pour que vous décidiez d'organiser une manifestation de protestation devant un chenil ?

Des créatures du niveau de sophistication d'un chien, grâce au retournement sur lui-même de leur appareil perceptif et à leur répertoire de catégories, modeste mais non dérisoire, ne peuvent s'empêcher de développer une conscience approximative d'être des entités physiques au sein d'un monde plus vaste. (Les véhicules robots engagés dans la difficile traversée d'un désert ne passent pas un temps précieux à se considérer eux-mêmes – ce serait aussi inutile que de manipuler leur volant –, aussi leur sens du moi est-il considérablement moins sophistiqué que celui d'un chien.) Un chien ne connaîtra jamais rien de ses reins ou de son cortex cérébral, mais il acquerra une certaine connaissance de ses pattes, de sa gueule, de sa queue, peut-être même de sa langue et de ses dents. Il a pu se voir dans un miroir et s'est peut-être rendu compte que « ce chien là-bas, à côté de mon maître » est, en fait, lui-même. Ou il s'est vu avec son maître dans une vidéo familiale, a reconnu la voix du maître et s'est rendu compte que l'aboiement de la vidéo était le sien.

Cependant tout cela, pour impressionnant que ce soit par bien des aspects, n'est rien en comparaison du sens de soi et du « Je » qui se développe au cours de la vie d'un être humain normal. Pourquoi en est-il ainsi ? Que manque-t-il aux Lassie, Fido et autres Pif le chien ?

Le répertoire conceptuel radicalement différent des êtres humains

Alors que les êtres humains se séparaient progressivement des autres primates, l'évolution a ouvert un véritable abîme : le système de catégories humain est devenu *arbitrairement extensible*. Notre vie intérieure a acquis une qualité remarquable de finitude ouverte, une extensibilité infinie comparée aux limitations très palpables des autres espèces.

Les concepts dans le cerveau humain ont acquis la propriété de pouvoir être adjoints à d'autres dans des ensembles plus vastes, chacun de ces derniers pouvant alors devenir à son tour un nouveau concept. En d'autres termes, les concepts ont pu *nicher* hiérarchiquement à l'intérieur les uns des autres, selon des niveaux d'emboîtement arbitraires. Cela me rappelle – je ne pense pas que ce soit pure coïncidence – l'énorme différence, dans le feedback vidéo, entre le couloir sans fin et le couloir tronqué.

Par exemple, le fait d'avoir une progéniture a donné naissance à des concepts tels que « mère », « père » et « enfant ». Ces concepts ont à leur tour donné naissance au concept gigogne de « parent » – gigogne car son élaboration suppose trois concepts préalables : « mère », « père » et l'idée abstraite du « ou ». (Est-ce que les chiens possèdent le concept du « ou » ? Les moustiques ?) Une fois le concept de « parent » apparu, cela a ouvert la porte aux concepts de « grand-mère » (« mère d'un parent ») et de « petit-enfant » (« enfant d'un enfant »), puis d'« arrière grand-mère » et d'« arrière petit-enfant ». Tout cela nous est venu grâce à l'emboîtement des concepts. Avec l'ajout de « sœur » et de « frère » apparurent des notions plus lointaines possédant des niveaux supérieurs de nidification (d'emboîtement), telles que « oncle », « tante » et « cousin ». Une notion gigogne d'un niveau encore supérieur comme « famille » a pu alors apparaître (car « famille » se construit sur les concepts antérieurs et en tient compte).

Dans l'idéosphère humaine collective, la construction de concepts *via* de telles imbrications a commencé comme une boule de neige et s'est poursuivie indéfiniment. Notre espèce s'est vite retrouvée propulsée vers des concepts tels que « histoire d'amour », « triangle amoureux », « fidélité », « tentation », « vengeance », « désespoir », « folie », « dépression nerveuse », « hallucination », « illusion », « réalité », « fantasme », « abstraction », « rêve » et, bien sûr, au pinacle, les « séries télé » (où se nichent également les concepts « pause publicité », « La Mère Denis » ou « Votre marque habituelle »).

Considérons le concept d'apparence banale « caisse de supermarché » qui, je parierais, figure en bonne place dans votre répertoire conceptuel personnel. Il apparaît déjà comme une entité gigogne, puisque composée essentiellement de deux mots ; cela nous dit d'emblée qu'il s'agit d'une caisse de paiement dans un magasin qui vend des articles d'épicerie. Mais à ne regarder que sa structure lexicale visible, on en effleure à peine la surface. En réalité, ce concept en implique des dizaines d'autres, parmi lesquels : « caddie », « allée », « client », « attente », « rayon confiseries », « barres chocolatées », « tabloïdes », « stars de cinéma », « titres racoleurs », « scandales sordides », « programme télé », « séries télé », « adolescent », « badge », « caissière », « salutation machinale », « caisse enregistreuse », « clavier », « prix », « nombres », « addition », « scanner », « code barre », « bip », « laser », « tapis roulant », « produits surgelés », « boîte de conserve », « paquet de légumes », « poids », « plateau », « coupon de réduction », « barre de séparation entre clients », « sac en plastique », « sac en papier », « jetons en plastique », « papier-monnaie »,

« charger », « payer », « carte de crédit », « carte monéo », « lecteur de carte », « reçu », « stylo », « signature », etc. Cette liste paraît sans fin ; nous nous contentons pourtant d'évoquer la richesse contenue dans un concept humain extrêmement ordinaire !

Bien sûr, tous ces concepts ne sont pas activés lorsque nous pensons à une caisse de supermarché – un noyau central de concepts l'est infailliblement, tandis que la plupart de ceux qui se situent à sa périphérie peuvent ne pas l'être –, mais tous ceux qui ont été cités et bien d'autres encore forment dans notre esprit le concept complet. Bien plus, ce concept, comme n'importe quel autre présent dans notre esprit, peut être incorporé dans un autre, par exemple : « coup de foudre à une caisse de supermarché », ou « jouet à une caisse de supermarché ». À vous d'inventer vos variations sur le même thème !

La mémoire épisodique

Quand nous sommes assis autour d'une table à tailler une bavette avec des amis, inévitablement nous reviennent des épisodes survenus quelque temps auparavant, souvent il y a bien des années. La fois où notre chien s'est perdu dans le voisinage. Celle où le gosse du voisin s'est perdu à l'aéroport. Celle où nous avons raté l'avion d'un cheveu. Celle où nous avons réussi à attraper le train quand notre ami a failli le manquer. Celle où l'on étouffait de chaleur dans la rame en restant debout dans le couloir pendant quatre heures. La fois où nous avons pris le mauvais train sans pouvoir descendre avant une heure et demie. Celle où personne ne parlait un mot d'anglais excepté « Ma-ree-leen Mon-roe ! », accompagné de sourires salaces et de gestes esquissant des formes généreuses. Celle où nous nous sommes perdus sur une route de campagne en Slovénie, à minuit, au bord de la panne d'essence, en retrouvant notre chemin vers la côte italienne grâce à quelques mots de mauvais slovène. Et ainsi de suite.

Les épisodes sont des sortes de concepts qui ne se manifestent qu'après un long délai. On peut présumer que chacun est unique en son genre, un peu comme un nom propre mais sans nom et relié à un moment précis. Bien que chacun soit « unique », ces épisodes rejoignent aussi leur propre catégorie, comme le suggèrent les clins d'œil du paragraphe précédent, du genre « Vous voyez ce que je veux dire ! ». (Rater un avion d'un cheveu n'a rien d'unique. Même si cela ne vous est arrivé qu'une seule fois dans votre existence, vous connaissez certainement d'autres cas appartenant à cette catégorie et pouvez en imaginer aisément une infinité d'autres.)

La mémoire épisodique est notre magasin personnel d'épisodes qui nous sont arrivés à nous-mêmes, à nos amis, aux personnages d'un livre ou d'un film, relatés dans les faits divers des journaux, aux flashs d'infos à la télé, etc., constituant une bonne part de la mémoire à long terme qui fait de nous des êtres humains. Il est évident que les souvenirs de ces épisodes peuvent être activés par des événements extérieurs dont nous sommes témoins ou par l'activation d'autres épisodes, et tout aussi évident que la plupart de ces souvenirs spécifiques sont dormants (sinon, nous deviendrions complètement fous).

Les chiens ou les chats ont-ils des souvenirs épisodiques ? Se rappellent-ils les événements qui se sont produits il y a des années ou des mois, voire hier ou même il y a quelques minutes ? Quand je promène notre chien Ollie, se rappelle-t-il comment, la veille, il tirait sur sa laisse pour aller saluer cette jolie Dalmatienne de l'autre côté de la rue (qui, elle aussi, tirait sur sa laisse) ? Se souvient-il qu'il y a trois jours nous sommes passés par un chemin complètement différent du chemin habituel ? Quand je l'emmène au chenil pour les vacances de Thanksgiving, il semble bien qu'il se rappelle le *lieu*, mais se souvient-il de quelque chose de précis qui *s'est produit* la dernière fois qu'il y était (ou une autre fois) ? Lorsqu'un chien est effrayé par un endroit précis, cela lui évoque-t-il un événement traumatique précis, ou s'agit-il d'un sentiment diffus de malaise associé à cet endroit ?

Je ne cherche pas ici de réponses à ces interrogations, même si elles me fascinent : je ne suis pas en train d'écrire un traité sur la conscience chez les animaux. Je souhaite seulement faire comprendre qu'on peut répondre par « oui » ou par « non » à certaines de ces questions, tout en ne sachant quoi répondre à d'autres. Ce qui m'importe est que nous, les êtres humains, à la différence des autres animaux, possédons cette sorte de souvenirs. En fait, nous en avons des tonnes. Nous nous souvenons dans le détail de certains épisodes de vacances qui se sont produits quinze ou vingt ans plus tôt. Nous savons exactement pourquoi certaines personnes ou certains endroits nous effrayent. Nous pouvons rejouer en détail la scène où nous sommes tombés inopinément sur Untel à Venise, Paris ou Londres. La profondeur et la complexité de la mémoire humaine sont d'une richesse stupéfiante. Elle est parée de tout un arsenal de concepts et souvenirs dont elle peut jouer. Il n'est donc guère étonnant qu'en portant son attention sur elle-même, ce qui est inévitable, elle produise un modèle de soi extraordinairement profond et complexe. Ce sont la profondeur et la complexité de ce modèle qui font tout le prix de notre « Je ».

Chapitre 7
Le phénomène Épi

☙ ☙ ☙

Les caprices du réel

Grâce au processus en entonnoir de la perception qui aboutit en quelques millisecondes à l'activation de symboles cérébraux discrets, l'animal (ainsi que les véhicules robots, ne l'oublions pas !) peut établir des relations fiables et intimes avec son environnement. L'animal humain adulte ne se contente pas de faire du bon boulot en évitant la peau de banane ou les épines de rosier ; il réagit instantanément à la forte odeur, à l'accent bizarre, au mignon bébé, au fracas, au titre à sensation, aux prouesses du skieur, à la tenue voyante, etc. Il lui arrive même de renvoyer une balle qui lui parvient à 130 kilomètres/heure. Le reflet du monde à l'intérieur de l'animal devant être parfaitement fiable (pas question que le symbole *éléphant* soit activé par le bruit d'un moustique, ni que le symbole *moustique* le soit dès l'entrée en scène d'un éléphant), il devient, par le biais de sa réserve de symboles personnelle, un pilier de stabilité indéniable. Les objets et les configurations qu'il perçoit définissent sa réalité – mais tous ne lui apparaissent pas réels *au même degré*.

Bien entendu, chez les animaux non dotés de parole, la question « qu'est-ce que je perçois de plus réel ? » ne se pose jamais, ni explicitement ni implicitement. Mais les interrogations sur ce qui est réel et ce qui ne l'est pas finissent tôt ou tard par surgir au cours de l'existence humaine, parfois consciemment et avec méticulosité, en se contentant le reste du temps de mijoter par bribes en silence à l'arrière-plan. Bien des choses à l'existence putative se disputent l'attention des enfants et des adolescents afin d'être admises par leurs évaluateurs de réalité : s'ils n'en sont pas des témoins directs, ils les ont vues à la télévision, ont lu à leur propos ou en ont entendu parler – comme Gautama, Godzilla, Godiva, Godot, Gödel, les goules, gobelins, gremlins, golems, griffons, gluons ou autres gnomes. Il faut quelques années à l'enfant pour se faire une idée de leur réalité ; pour bien des gens, il y faut la vie entière (et parfois un peu plus).

Par « se faire une idée de la réalité de X », j'entends parvenir à une conclusion ferme sur le degré de crédibilité que vous lui accordez : à savoir, dans quelle mesure vous pouvez aisément compter sur la notion de X en guise d'explication de certaines choses. Si vous avez recours aux griffons dans vos explications et ne bronchez pas quand d'autres font de même, c'est que les aigles à corps de lion sont pour vous un concept à la réalité bien établie. Si vous vous êtes déjà fait un avis sur la réalité de ces animaux fabuleux et apprenez qu'ils seront prochainement l'objet d'une émission de télévision, vous n'éprouverez pas le besoin de la regarder pour savoir si oui ou non ils existent : ou bien vous croyez fermement à leur existence, ou bien vous pensez qu'il s'agit de contes pour enfants ou d'un canular – toujours est-il que votre opinion est faite. À moins que vous ne soyez toujours dans l'incertitude ; dans ce cas, pour peu que le sujet arrive sur le tapis au cours d'un dîner, vous vous sentirez indécis, perplexe, ignorant, sceptique ou vous vous cantonnerez dans la neutralité. Une autre façon de considérer la réalité de X, est la crédibilité que vous pourriez accorder à un article de journal qui tiendrait pour acquise l'existence de X (un dinosaure vivant, une apparition de Hitler, la découverte d'insectes sur Mars, une machine à mouvement perpétuel, un enlèvement par des ovnis, l'omniscience divine, des expériences hors du corps, des univers parallèles, les supercordes, les quarks, Bigfoot – le cousin américain du Yeti –, Big Brother, le Big Bang, l'Atlantide, l'or de Fort Knox, le Pôle Sud, la fusion froide, Einstein qui tire la langue, le cerveau d'Holden Caulfield [le personnage de *L'Attrape-cœurs* de J.D. Salinger, N.d.T.], le compte en banque de Bill Gates ou le fameux « mur des trente kilomètres » des coureurs de marathon). Si vous cessez de lire l'article en voyant que l'existence de ce concept y est tenue pour acquise, c'est que vous considérez comme plus que douteuse la « réalité » de ce dernier. Prenez n'importe lequel des exemples ci-dessus. Bien des gens, c'est sûr, y croient dur comme fer, d'autres un petit peu, d'autres encore pas du tout (par ignorance, cynisme, manque de culture ou au contraire grâce à une excellente culture). Certains de ces concepts, selon des avis autorisés, n'ont pas de réalité. Toutefois, on nous en rebat les oreilles à la télévision, dans des livres, les journaux, si bien qu'il nous reste un curieux sentiment de perplexité : existent-ils vraiment, auraient-ils existé, le pourraient-ils ? D'autres, selon les mêmes avis autorisés, sont tout à fait réels, sans que nous puissions les voir. D'autres encore sont censés *avoir* existé mais n'existent plus, ce qui place leur réalité dans les limbes. Sans parler de ceux qu'on nous dit réels mais hors d'accès de notre imagination, ni de ceux dont la réalité supposée n'est que métaphorique ou simplement approximative, et ainsi de suite. Décidément, il n'est pas facile de se faire une opinion à ce sujet.

Murs concrets, plafonds abstraits

Essayons d'être plus concrets : dans quelle mesure le mur des trente kilomètres des marathoniens mentionné plus haut est-il réel ? Si vous êtes vous-même marathonien, vous avez sans doute une idée bien arrêtée là-dessus. Peut-être en avez-vous fait personnellement l'expérience ou connaissez-vous des gens qui l'ont faite. Ou peut-être pensez-vous que la notion est très exagérée. Personnellement, je ne me suis jamais heurté à ce mur, mais n'ai jamais couru plus de 25 kilomètres. Je sais seulement que l'« on dit » que la plupart des coureurs, sans entraînement approprié, se cogneront brutalement à un mur au bout de trente kilomètres environ : leur organisme, ayant consommé toute sa réserve de glycogène, s'attaque alors aux graisses (« le corps se met à brûler ses propres muscles », ai-je entendu dire). Cela arrive sans prévenir et est extrêmement douloureux (« comme un éléphant tombant d'un arbre sur mes épaules », explique le marathonien Dick Beardsley), incitant bien des coureurs à abandonner, sans pouvoir faire un pas de plus. S'agit-il d'un phénomène universel ? En va-t-il de même pour tout le monde ? Certains marathoniens ont-ils échappé à cette malédiction ? Et quand bien même existerait-il une explication scientifique, le phénomène est-il aussi réel et palpable qu'un mur de béton, bien concret, auquel on se heurterait ?

À mon entrée en troisième cycle de mathématiques à Berkeley, en 1966, je me voyais comme un crack en maths. Après tout, en tant qu'étudiant en maîtrise de maths à Stanford, non content de suivre les cours les doigts dans le nez, j'avais pas mal de travaux de recherche originaux à mon actif et obtenu ma maîtrise avec mention. Bref, j'étais persuadé de devenir mathématicien et d'accomplir de grandes choses. Mais à Berkeley, les étudiants de première année devaient suivre deux cours obligatoires, l'algèbre et la topologie générales, auxquels je me suis donc inscrit. À ma grande surprise, j'ai beaucoup peiné dans les deux matières – rien à voir avec ce que j'avais connu jusque-là. J'ai obtenu de bonnes notes aux examens, mais uniquement en régurgitant les idées que je m'étais contenté de mémoriser. Toute l'année, ma tête a souffert d'un manque criant d'images concrètes, ce que je n'avais encore jamais connu. Autant escalader un très haut sommet en souffrant d'une lancinante migraine à mesure que l'air se raréfie. Les abstractions s'ajoutaient aux abstractions, et plus je labourais, moins j'allais vite... et moins je comprenais. Finalement, au bout d'un an et demi, je me suis incliné devant le caractère désespéré de la situation en renonçant à mon rêve de mathématicien et en tournant le dos pour toujours à la discipline, avec force larmes amères et une sacrée perte de confiance en moi. Comme je l'ai détesté, ce « plafond d'abstractions » si dur contre lequel ma tête s'était métaphoriquement heurtée sans que rien ni personne ne m'ait jamais mis en garde ! J'en ai éprouvé une douleur fulgurante et ressenti le changement du cours de mon existence comme un véritable traumatisme. Cela dit... dans quelle mesure ce « plafond d'abstractions » était-il concret, authentique, réel ? Aussi réel que le mur du marathonien ? Que la solive en bois sur laquelle il arrive à mon crâne de se cogner bruyamment ? Qu'est-ce qui est réellement réel ?

Bien que personne n'y soit pour rien, la plupart d'entre nous sortons de l'adolescence avec un sens profondément nuancé de la réalité, avec des tons de gris un peu partout. (J'ai cependant connu, et probablement vous aussi, cher lecteur, quelques adultes à qui tout ce qui me frappe par sa subtilité paraît totalement blanc ou noir – sans avoir à se soucier de ces teintes de gris qui font désordre. De quoi rendre la vie facile !) Cela dit, il serait bien trop simple de suggérer que l'existence de la plupart d'entre nous est faite de « nuances de gris », l'expression évoquant un continuum clairement unidimensionnel avec de nombreux paliers de gris allant du blanc au noir, alors que l'histoire de chacun se trame sur de multiples dimensions. Ce qu'il y a de troublant dans cette affaire, c'est que le mot « réel », comme tant d'autres, semble impliquer une dichotomie bien nette, bien tranchée. Certes, mieux vaudrait que certaines choses *soient* simplement réelles, et que d'autres *ne le soient pas*. Mieux vaudrait que rien ne soit *partiellement* réel – ce qui ne voudrait rien dire ! Mais voilà. Nous avons beau chercher à contraindre l'univers à s'accorder à cette dichotomie idéale en blanc et noir, les choses s'obstinent malheureusement à rester affreusement floues.

Les multiples facettes des fondements intellectuels de la réalité

La bille dans la boîte en carton sur mon bureau est certainement réelle parce que je *vois* la boîte et peux aller l'ouvrir, serrer la bille, la soupeser et en éprouver la solidité. J'espère que vous trouvez que cela se tient.

Le bord supérieur de ce panneau publicitaire pour Shell de 20 mètres de haut près de la sortie de l'autoroute est réel, j'en suis convaincu, parce que tous les panneaux de ce genre sont des objets solides et que tous les solides ont un haut ; parce que, aussi, j'en vois le bord inférieur et les côtés et peux, par analogie, me figurer la partie supérieure ; parce que, encore, sans probablement avoir jamais l'occasion de le toucher, je pourrais grimper dessus ou m'y faire héliporter, du moins en théorie.

Voire me précipiter sur ce qui était son bord supérieur s'il s'écroulait lors d'un tremblement de terre, etc.

Dans le même ordre d'idées, l'Antarctique est réel, car même si je n'y suis jamais allé et n'irai probablement jamais, j'en ai vu des centaines de photos, y compris de la Terre vue de l'espace révélant toute son étendue. Par ailleurs, j'ai un jour rencontré quelqu'un qui m'a dit y être allé, et ainsi de suite.

D'où vient que j'accorde davantage de crédit aux dires de telle personne plutôt que de telle autre ? Que telle photo constitue pour moi une preuve de réalité ? D'où vient la confiance que j'accorde à telle photo de tel livre ? À certains journaux et seulement jusqu'à un certain point ? Pourquoi ne pas l'accorder pareillement à tous les journaux ? À tous les éditeurs ? À tous les auteurs ?

Nous élaborons pour nous-mêmes un ensemble complexe de convictions sur *ce qui existe* « au-dehors », par le biais de toutes sortes d'abstractions, d'analogies et de raisonnements inductifs, d'une multitude de longs enchaînements tortueux de citations émanant d'autorités en tous genres (lesquelles constituent le support indispensable du système de certitudes de tout adulte, en dépit de l'insistance des professeurs du secondaire à nous enseigner au fil des ans qu'il ne faut pas croire aveuglément « les arguments d'autorité », tout en étant convaincus... du haut de leur autorité, qu'il faudrait les croire). Et voilà, une fois de plus, que cet ensemble de certitudes se replie sur lui-même et, sans déroger à la règle, s'applique inéluctablement à nous-mêmes.

Tout comme nous sommes convaincus de l'existence des reins et du cerveau d'autrui (presque exclusivement par analogies ou arguments d'autorité), nous en venons à croire en l'existence de nos propres reins et cerveau. De même, nous sommes convaincus que tout un chacun est mortel (là encore essentiellement pour les mêmes raisons), pour finalement penser que nous le sommes également, en n'ayant aucun doute sur l'existence de nos futures notices nécrologiques dans les journaux locaux, quand bien même nous n'aurons jamais l'occasion de les lire. D'où provient cette certitude absolue à propos de choses aussi abstraites ? Tout d'abord de la fidélité avec laquelle nos symboles internes reflètent directement notre environnement extérieur (exemple : nous commandons un café et, instantanément, une représentation de ce café en provenance d'une partie de notre crâne, Dieu seul sait laquelle, se matérialise pour localiser sa position sur la table ou dans notre main, tout en actualisant constamment sa couleur, son amertume, sa chaleur et son niveau dans la tasse). Ensuite, de la fidélité avec laquelle nos mécanismes de pensée nous révèlent des entités plus abstraites que nous ne pouvons percevoir directement (par exemple, le rôle de Napoléon dans l'histoire de France, l'influence de Wagner sur les compositeurs français post-romantiques ou l'impossibilité, d'après Évariste Galois, de résoudre par radicaux l'équation générale du cinquième degré). Tout ce substrat plus abstrait prend racine dans la consolidation perpétuelle des symboles activés fortuitement par les événements du monde extérieur que nous percevons directement. Tous ces événements mentaux instantanés constituent les fondations de notre sens plus général de la réalité.

Fatalement, ce qui nous paraît le plus réel est ce qui est le plus souvent activé. Les petits bouts de peau morte sur le pourtour de nos ongles sont pour nous incroyablement réels (comme par hasard, je me suis surpris à m'en enlever un négligemment pendant que je remaniais ce paragraphe), alors que, pour la plupart d'entre nous, le village anglais de Nether Wallop ou le royaume du Bhoutan dans le Haut-Himalaya, sans parler de la galaxie spirale au lent tournoiement dans la constellation d'Andromède, nous semblent nettement moins réels, même si notre moi intellectuel aimerait faire valoir que la taille et l'ancienneté de ces derniers devraient nous les faire paraître bien plus réels. Nous pouvons nous le répéter pendant des lustres, peu d'entre nous agissent comme si nous y croyions vraiment. Un petit glissement de terrain faisant disparaître 20 000 personnes dans une contrée lointaine, l'incessant pillage de la forêt amazonienne, un essaim d'étoiles sans défense englouties l'une après l'autre par un trou noir, ou même une collision entre deux énormes galaxies contenant chacune cent milliards d'étoiles – de tels événements colossaux sont tellement abstraits pour quelqu'un comme moi qu'ils ne peuvent même pas égaler les sentiments d'urgence et d'importance, donc la réalité, suscités par un minable bout de peau sur le petit doigt de ma main gauche. Nous sommes tous égocentriques et ce qui est le plus réel pour chacun de nous est en fin de compte *nous-mêmes*. Les choses les plus réelles de toutes sont *mon genou, mon nez, ma faim, ma rage, ma rage de dents, ma tristesse, ma joie, mon amour des maths, mon plafond d'abstractions,* etc. Leur trait commun, ce qui les relie, est le concept de « mon, ma », qui vient de celui de « Je » ou « moi ». Bien qu'il soit moins concret qu'un nez ou même une rage de dents, il s'ensuit que ce « Je », finalement, nous semble constituer la réalité la plus tangible. Cela pourrait-il n'être qu'illusion ? En tout cas moins réel, moins irréfutable que nous le pensons ? Se pourrait-il que le « Je » s'apparente plus au chatoiement d'un insaisissable arc-en-ciel qu'à la réalité bien tangible, manipulable et massive du chaudron d'or ?

Pas de chance, que dalle, mauvaise pioche

Il y a bien des années, j'ai voulu un jour sortir toutes les enveloppes d'une boîte en carton qui traînait sur le sol de mon bureau pour les ranger dans un tiroir. J'ai donc ramassé la boîte, ai glissé la main droite autour du paquet d'enveloppes (environ une centaine) en les pressant étroitement pour sortir l'ensemble d'un coup. Jusque-là, pas de surprise. Puis, tout à coup, j'ai senti entre mon pouce et le reste des doigts quelque chose de très étonnant. Curieusement, une *bille* se trouvait (ou flottait ?) juste au milieu de cette fragile petite boîte !

Comme beaucoup d'adultes de ma génération, j'ai eu enfant des billes en main des centaines de fois, et je n'avais aucun doute sur ce que je sentais. Comme vous, cher lecteur, je suis un « expert en billes ». Mais comment l'une d'elles avait-elle pu se nicher dans une boîte qui se trouvait d'habitude sur mon bureau ? À cette époque, je n'avais pas d'enfant, ce ne pouvait donc pas être l'explication. De toute façon, pourquoi restait-elle en suspension en plein *milieu* de la boîte et non au fond ? Pourquoi la gravitation était-elle en panne ?

J'ai scruté entre les enveloppes, à la recherche d'une de ces petites boules de verre lisses et colorées. Pas de chance. J'ai fouillé des doigts entre les enveloppes à sa recherche. Que dalle ! Mais dès que j'ai serré tout le paquet comme au début, elle s'est à nouveau manifestée au même endroit, aussi solide que jamais ! Où donc ce petit démon marbré se cachait-il ?

J'ai regardé plus attentivement, ai évidemment sorti les enveloppes en essayant de les secouer pour la dénicher : mauvaise pioche ! Pour finir, j'ai vérifié chaque enveloppe : elles étaient toutes vides. Mince alors ! C'était quoi, cette histoire ?

Une ode inattendue à ma vieille amie Épi

Pour vous, astucieux lecteur (sûrement expert en enveloppes de surcroît), c'est peut-être évident mais, croyez-moi, j'en ai perdu mon latin une minute ou deux. J'ai fini par comprendre qu'il n'y avait pas de bille du tout mais quelque chose que les doigts du vieux joueur de billes que j'étais *ressentaient* exactement comme une bille. Il s'agissait d'un *épiphénomène* dû à ce que, sur chaque enveloppe, au sommet du « V » formé par son rabat, il y a une triple épaisseur de papier plus une légère épaisseur de colle. Conséquence inattendue de cet innocent design : quand vous serrez entre vos doigts une centaine d'enveloppes parfaitement superposées, vous ne pouvez pas comprimer cette zone autant que les autres – il y a une résistance. Ce que vous ressentez au bout des doigts évoque étrangement une dureté plus familière (devrais-je dire plus réelle ?).

Un épiphénomène, nous l'avons vu dans des chapitres antérieurs, est le résultat collectif apparemment unique de nombreux événements minuscules, souvent invisibles ou imperceptibles, voire complètement insoupçonnés. En d'autres termes, on pourrait dire qu'un épiphénomène est une *illusion* à grande échelle créée par la collusion de nombreux petits événements qui n'ont rien d'illusoire.

Bref, l'illusion épiphénoménale de la bille dans la boîte m'a si bien charmé et fasciné que j'ai baptisé la boîte d'enveloppes « Épi » et l'ai gardée depuis – cela fait bien trente ans ou plus. (Malheureusement, après tout ce temps, la boîte se déglingue.) Il m'arrive d'aller donner une conférence sur le soi et le « Je » en prenant Épi avec moi, histoire de permettre à mes auditeurs de ressentir l'effet par eux-mêmes et de leur rendre le concept d'épiphénomène – en l'occurrence le phénomène Épi – extrêmement vivant et réel. Récemment, j'ai fait un détour pour donner ce type de conférence à Tucson, en Arizona, en prenant Épi avec moi. Une de mes auditrices, Jeannel King, a été tellement captivée par la saga de mon Épi qu'elle en a fait un poème, en s'offrant la licence artistique de la transposer dans sa propre existence. Elle me l'a envoyé quelques jours plus tard. Son poème m'a en retour si bien charmé que je lui ai demandé l'autorisation de le reproduire ici, ce qu'elle a généreusement accepté. Voici donc, sans plus de façons, le délicieux poème de Jeannel King inspiré par Épi.

Ode à un paquet d'enveloppes
(Pour tous ceux qui ont perdu la boule…)[1]
De Jeannel King

Une boîte d'env'loppes gît par terre
Je veux les ranger dans mon secrétaire.
Je palpe – quelque chose là-dedans !
Je regarde – de l'air, rien, néant.

Je palpe encor, trouve une boule au fond.
Est-ce là la boule de ma raison ?
C'est décidé, je me lance, j'extrais
Chaque enveloppe, mais rien n'y fait !

---

1. Ode to a box of Envelopes / (For all who have lost their marbles…) / *By Jeannel King*
A box of env'lopes on the floor – / I want to shift them to my drawer. / I squeeze inside – there's something there! / I look inside – there's naught but air /
I squeeze again and marble find. / Is this a marble of my mind? / Determined now, and one by one, / Out come the env'lopes – still no plum!
For closer views of each, I must / Brave paper cuts and motes of dust. / In tips? Or env'lope forty-six? / My marble, whole, does not exist.
Then coarse-grained Mother whispers, "Nell, / You keep this up, you'll go to hell!" / To which Dad counters, "Mind yer mopes! / Let Nell seek God in envelopes!"
So envelopes lie all around / As I sit, vexed, upon the ground. / My marble's lost, but in my core / Could there, perhaps, be something more?
For more than parts this whole has grown: / No single part doth stand alone. / In parts, the marble simply mocks. / Intact, I think, I'll keep this box.

*Pour mieux voir, il me faut affronter
Poussières, rognures de papier.
Tapie en coin ? Dans l'env'loppe vingt-et-trois ?
Boule, ma boul', n'existes pas, je crois !*

*Sur quoi ma Mère fruste m'interpelle :
« Tire pas le diable par la queue, Nell ! »
Père dit : « Mêle-toi de ton affaire,
Si Nell y cherche Dieu, laisse faire ! »*

*Les env'loppes sont toutes étalées.
Assise par terre contrariée,
J'ai perdu la boule mais, dans mon être,
Y aurait-il autre chose peut-être ?*

*Plus que les parties, a grandi le tout :
À rester seul il n'y a pas d'atout.
De chaque élément la boule se joue.
De cette boîte, je garderai tout.*

Pas de sphère, pas de rayon, pas de masse

Le plus curieux dans ma bille épiphénoménale était que j'étais sûr que cet « objet » dans la boîte était *sphérique,* que j'aurais pu estimer sans hésiter son *diamètre* (un peu plus d'un centimètre, comme la plupart des billes d'agate) et évaluer sa *dureté* (comparée, disons, à un jaune d'œuf ou une boule de glaise). Bien des aspects de cet objet imaginaire avaient une consistance évidente et familière. En un mot, je me suis laissé entraîner par une illusion tactile. Il n'y avait aucune bille là-dedans : juste un épiphénomène statistique.

Il est toutefois indéniable que la phrase : « quelque chose que les doigts (…) ressentaient (…) comme une bille » apparaît bien plus claire au lecteur que si j'avais écrit : « J'ai ressenti l'effet collectif de l'alignement précis d'une centaine d'épaisseurs triples de papier et de couches de colle ». Il a suffi que je parle d'une « bille » pour que vous compreniez clairement ce que je ressentais. Si je n'avais pas utilisé ce terme, auriez-vous pu prédire qu'un épais paquet d'enveloppes ferait apparaître, en son milieu, quelque chose (quelque *chose* ?) donnant l'illusion d'une *sphère* parfaite, dont on puisse estimer la *taille*, avec une consistance extrêmement *solide*, bref, que cet effet collectif pût être ressenti comme un objet physique très simple et très familier ? J'en doute fortement. Il y a donc avantage à ne pas rejeter le terme de « bille », même s'il n'y a pas de bille *véritable* dans la boîte. Il existe quelque chose qu'on ressent parfaitement *comme* étant une bille. C'est là un fait essentiel dans ma façon de dépeindre et dans votre façon de comprendre la situation. Tout comme les concepts de « couloir », de « galaxie » et de « trou noir » étaient essentiels pour me permettre de percevoir et décrire le phénomène sur l'écran de la télévision en auto-observation – même si, à strictement parler, il n'y avait aucun couloir, aucune galaxie, aucun trou noir.

Qui peut bien tirer les ficelles ?

J'ai relaté cette histoire de bille mi-réelle mi-imaginaire à l'intérieur de la boîte d'enveloppes à titre de métaphore sur le type de réalité qui s'applique à notre indéniable sentiment qu'il y a quelque chose de « solide », de « réel » au fond de notre être, un sentiment puissant qui place le pronom « Je » au cœur de notre existence et le rend indispensable. La thèse de ce livre est que, dans tout cerveau humain qui n'est pas celui d'un embryon ou d'un tout petit bébé, il y a une sorte de structure, ou de configuration abstraite qui joue le même rôle que l'alignement précis d'épaisseurs de papier et de colle – une configuration abstraite qui donne naissance au sentiment d'être « soi ». J'ai l'intention m'étendre longuement sur la nature de cette configuration abstraite mais, auparavant, je dois expliquer ce que je veux dire par « le soi » (ou « le moi »), du moins de manière plus spécifique, expliquer pourquoi nous avons besoin d'une telle notion. Tout être vivant, aussi simple soit-il, possède un ensemble de buts innés ancrés en lui, grâce aux boucles de feedback qui se sont développées avec le temps et qui caractérisent son espèce. Ces boucles de feedback représentent les activités familières, presque banales, comme rechercher un certain type de nourriture, un certain degré de température, à s'accoupler, etc. Certaines créatures développent en outre leurs propres buts individuels, comme jouer tel morceau de musique, visiter tel musée ou posséder tel type de voiture. Quels que soient les objectifs d'une créature, nous avons l'habitude de dire qu'elle les *poursuit* et nous ajoutons souvent – du moins si elle est suffisamment complexe et sophistiquée – qu'elle agit ainsi parce qu'elle *veut* certaines choses.

« Pourquoi es-tu allé en vélo jusqu'à cet immeuble ? » « Je voulais jouer du piano. » « Et pourquoi voulais-tu jouer du piano ? » « Parce que je veux apprendre ce morceau de Bach. » « Et pourquoi veux-tu apprendre ce morceau ? » « Je ne sais pas… C'est comme ça – il est beau. » « Mais qu'est-ce qui est si beau, dans ce morceau ? » « Je n'en sais trop rien – c'est juste qu'il me plaît. » Cette créature attribue son comportement à des choses qui se réfèrent à ses *désirs* ou à ses *envies*, mais elle ne sait pas exactement pourquoi elle a de tels désirs. Arrivé à un certain point, il n'est plus possible d'aller plus avant dans l'analyse ou la verbalisation ; ses désirs sont tout simplement là et, pour la créature, ils semblent être la cause première de ses décisions, de ses actions, de ses mouvements. À l'intérieur des phrases exprimant le pourquoi de ses actions, vous trouverez toujours le pronom « Je » (ou ses cousins « moi », « mon/ma », etc.). Celui qui tire les ficelles semble tout trouvé : le dénommé « Je ».

Le mouvement premier – revisité

Cet après-midi de fin d'automne, la couleur rouge, orange et jaune des feuilles est si séduisante, la fin de saison si douce comparée à l'été étouffant, que je décide de faire un grand footing. Je vais dans ma chambre, cherche mon short, mes chaussures et mon T-shirt, me change à toute vitesse et, aussitôt, mon corps se retrouve sur le bord de la route, les pieds foulant le sol et le cœur faisant des bonds. Avant même que je m'en rende compte, voilà que j'ai fait cent pas, bientôt trois cent. Puis mille, trois mille, et je continue, à souffler comme un phoque, à transpirer en me disant : « Pourquoi faut-il que je me dise que *j'aime* courir ?

Je *déteste* ça ! ». Pourtant, mon corps ne s'arrête pas, même une fraction de seconde : peu importent mes muscles endoloris, mon *moi* leur dit, comme un sergent instructeur sadique à un peloton de jeunes recrues : « Alors, espèce de dégonflé ! ». Et voilà mon pauvre corps, haletant, défaillant, hurlant sa détresse, qui obéit sans discuter à mon moi et s'attaque à une pente raide contre sa volonté. Bref, mon organisme physique a beau se rebeller, il est implacablement poussé à poursuivre cette course automnale par la détermination immatérielle de mon « Je » tout aussi immatériel. Qui pousse qui là-dedans ? Où se trouvent les particules de la physique dans ce tableau dépeignant ce qui nous fait agir ? Elles sont invisibles et, même si vous vous rappelez leur existence, il semble bien qu'elles aient le second rôle. C'est ce « Je », un ensemble cohérent de désirs et convictions, qui met tout en mouvement. C'est ce « Je » qui est le mouvement premier, l'entité mystérieuse qui se tient derrière tous les comportements d'une créature, qui les impulse. Si je *souhaite* que quelque chose arrive, je n'ai qu'à *vouloir* que cela arrive et, sauf si c'est hors de ma portée, cela *arrivera*. Les molécules du corps, qu'elles se trouvent dans les doigts, les bras, les jambes, la poitrine, la langue ou n'importe où, obéissent docilement aux ordres suprêmes de son Altesse le « Je ».

C'est ce qui se produit quand j'appuie sur diverses pédales et que, comme prévu, ma voiture d'une tonne obéit docilement pour aller droit où je *veux* qu'elle aille. Le « Je » éthéré a forcé le mouvement de l'énorme objet physique. Je manipule mes baguettes et, là encore, les haricots verts arrivent docilement dans ma bouche, je reçois la joie sensorielle que je convoite et la nourriture dont j'ai besoin. J'appuie sur certaines touches du clavier de mon Macintosh et, toujours comme prévu, des phrases apparaissent docilement à l'écran, exprimant parfaitement les pensées que le « Je » éthéré voulait exprimer. Où sont donc passées les particules ? Elles ne sont visibles nulle part. Tout semble tenir dans ce « Je » par qui tout arrive. Si le « Je » est cause de tout ce que fait une créature, est responsable de ses décisions, de ses plans, de ses actes, de ses mouvements, il faut bien, pour le moins, qu'il *existe*. Comment pourrait-il être tout-puissant et ne pas exister ?

L'œil de Dieu et l'œil du billodrome

Au point où nous en sommes, revenons-en à l'image du billodrome. Au cœur de mon propos sur les petites simms sautillantes et les simmbols bien plus grands et balourds du billodrome, se tenait le fait qu'on pouvait regarder le système à deux niveaux très différents, ce qui donnait des interprétations largement divergentes.

Du point de vue supérieur de la « psychodynamique », on a une activité symbolique dans laquelle les simmbols interagissent les uns avec les autres en exploitant « l'énergie thermique » provenant de la soupe bouillonnante des simms invisibles. De ce point de vue, la cause de tout événement simmbolique observable est un ensemble d'autres événements simmboliques, même si les relations de cause à effet sont souvent trop épineuses ou trop floues pour être définies avec précision. (Ce flou dans les relations de causalité nous est familier dans la vie quotidienne – si je manque de peu un lancer franc au basket, nous savons que c'est ma faute, que j'ai dû faire *quelque chose* légèrement de travers, sans savoir exactement quoi. Si je lance un dé et qu'un « 6 » sort, nous ne sommes pas surpris le moins du monde, sans que nous sachions *pourquoi* un « 6 » est sorti – d'ailleurs, nous n'y pensons même pas.)

À l'inverse, du point de vue inférieur de la « mentalique statistique », il n'existe exclusivement que des simms qui interagissent (se cognent entre elles) selon les lois fondamentales de la dynamique du billodrome. Cette fois, il n'y a jamais la moindre imprécision ou le moindre doute sur la causalité car tout y est gouverné par des lois mathématiques nettes, précises, bien affûtées. (Imaginons que nous puissions zoomer arbitrairement sur mes bras, mes mains, mes doigts, ainsi que sur le ballon de basket, le panneau, le cercle, ou encore sur le dé et la table. Et aussi que nous puissions observer ce qui se passe, en mouvement aussi ralenti que nous le voulons. Nous pourrions alors découvrir exactement ce qui a fait manquer le lancer franc ou sortir le « 6 ». Cela pourrait nécessiter de descendre jusqu'au niveau des atomes, mais c'est dans l'ordre des choses. La cause finirait par être élucidée.) Si l'on comprend bien le fonctionnement du billodrome, les deux points de vue sembleront valides : le dernier, qui ne laisse aucun détail de côté, apparaîtra comme le plus *fondamental* (nous pourrions l'appeler le point de vue de « l'œil de Dieu ») ; tandis que le premier, parce qu'il résulte d'une simplification très compressée dans laquelle de grands pans d'information ont disparu, apparaîtra comme le plus *utile* à nous autres mortels, dans la mesure où il est infiniment plus efficace (même si certaines choses semblent se produire « sans raison » – mais c'est le prix à payer).

Je ne suis pas Dieu

Mais tous les observateurs du billodrome n'apprécient pas le luxe de naviguer entre ces deux points de vue largement divergents. Les créatures pensantes ne comprennent pas toutes son fonctionnement aussi clairement et complètement que je l'ai décrit au chapitre 3. Le point de vue de l'œil-de-Dieu n'est tout simplement pas à la portée de n'importe qui ; en fait, certains observateurs du billodrome ne soupçonnent même pas qu'un tel point de vue puisse exister. Je pense, entre autres, à un observateur tout à fait particulier et privilégié : *le billodrome lui-même*.

Quand le billodrome est aux prises avec sa propre nature, particulièrement quand il est « en pleine croissance » et commence tout juste à se connaître lui-même, et donc bien avant qu'il ne soit devenu un scientifique étudiant les mathématiques et la physique (voire, pourquoi pas, la noble discipline de billodromologie), tout ce dont il a conscience est son activité *simmbolique* : pas les bouillonnements du niveau des simms. Après tout, comme nous le savons vous et moi (mais pas lui), la perception de toute chose par le billodrome est une simplification extrêmement grossière (de petits ensembles de simmbols qui ont été collectivement activés par un grand cyclone de signaux efficients) – et sa perception de lui-même ne fait pas exception.

Notre jeune et innocent billodrome n'a pas la moindre idée du grouillement et du bouillonnement au niveau des simms qui s'activent en catimini en son sein à une micro-échelle. Pas une fois il n'a soupçonné l'existence, même théorique, d'un quelconque autre point de vue sur sa nature et son comportement. En réalité, ce jeune billodrome me rappelle mon adolescence, juste avant que je ne lise les livres sur le cerveau humain de Pfeiffer, Penfield et Roberts, lesquels m'ont profondément troublé tout en enflammant mon imagination. Ce jeune billodrome idéal ressemble beaucoup au jeune Doug, encore naïf, qui ne subodorait pas déjà l'extraordinaire étrangeté de ce qui se passe jour et nuit, dans le noir complet, à l'intérieur de tout crâne humain.

C'est ainsi que le sentiment d'être *une créature entièrement guidée par la pensée et les idées* se construit de façon aussi irréfutable qu'une bille d'agate au sein de la compréhension pré-scientifique que le billodrome a de lui-même ; l'image de soi-même est infiniment éloignée d'une vaste entité mécanique dont le destin est entièrement déterminé par des milliards de micro-objets invisibles qui tanguent et s'entrechoquent. C'est ainsi que notre naïf billodrome peut sereinement dire de lui-même « Je suis exclusivement guidé par *moi-même* et en aucun cas par de simples objets physiques. »

Quelle est donc la nature de ce « Je » à qui le billodrome attribue ses choix et ses actes, tout comme le font les êtres humains ? Au point où nous en sommes, personne ne sera surpris de m'entendre dire qu'il s'agit d'un type particulier d'abstraction, une boucle refermée à l'intérieur du billodrome ou du crâne – en fait, une boucle *étrange*. Aussi, afin d'énoncer clairement ce qui, selon moi, constitue le « Je », il me faut expliquer ce que j'entends par « boucle étrange ». Étant parvenu à la fin du chapitre 7 de *Je suis une boucle étrange*, il est grand temps !

Chapitre 8
Un safari au cœur des boucles étranges

❧ ❧ ❧

Genoux en boucle

J'ai déjà évoqué, au chapitre 4, le ravissement que procurait à l'enfant que j'étais l'acte effronté de refermer une boîte en carton en en glissant l'un sur l'autre les rabats dans un ordre cyclique. C'était toujours avec un frisson de délices que je réussissais ce pliage illicite et flirtais dangereusement avec les joies du paradoxe (cela produit en moi toujours un peu le même effet). Inutile de dire, toutefois, que cela n'aboutissait jamais à un paradoxe authentique.

Proches cousins de ces « rabats en boucle », les « genoux en boucle » de la photo ci-contre. Elle a été prise à Anterselva di Mezzo. J'y suis au premier plan au centre, hilare (je me désignerai par « A »), assis sur les genoux d'une jeune femme (« B ») tout aussi souriante, elle-même assise sur les genoux de C, assis sur ceux de D, etc., jusqu'à ce qu'on ait fait le tour, K étant assis sur *mes* genoux. Des tas de genoux qui se chevauchent, sans s'effondrer. Si vous n'y avez jamais joué, je vous conseille d'essayer. On se demande vraiment ce qui peut bien faire tenir la boucle.

Comme pour la boîte en carton, la boucle de genoux de la photo frôle la situation paradoxale, puisqu'à chacun des onze chevauchements de genoux on s'élève un peu. Évidemment, dans la mesure où ce chevauchement en boucle s'accomplit dans le monde réel, il ne peut s'agir d'un authentique paradoxe. Toujours est-il que dans le rôle « A », j'ai eu l'impression que j'étais assis, même si c'était indirectement, sur mes propres genoux ! Une sensation vraiment très étrange.

À la recherche de boucles étranges chez Escher

Toutefois, en parlant de « boucle étrange », c'est autre chose que j'ai en tête : une notion moins concrète, plus insaisissable. Ce que j'entends par « boucle étrange », en première approche, n'est pas un circuit physique mais une boucle abstraite dans laquelle, au fil des étapes qui constituent le chemin circulaire, il y a un déplacement d'un niveau d'abstraction (ou de structure) à un autre, donnant l'impression de grimper dans une hiérarchie. Mais il se trouve que chaque étape de cette « montée » donne en quelque sorte naissance à un cycle fermé. Ce qui veut dire, malgré l'impression de s'éloigner toujours plus de son point de départ, que l'on aboutit étrangement exactement là où l'on avait commencé. En bref, une boucle étrange est une boucle en feedback paradoxale où les niveaux s'entrecroisent.

L'exemple classique par excellence (et, désolé de le dire, par trop ressassé) est la lithographie *Drawing Hands* (ci-contre) de M.C. Escher dans laquelle une main droite (selon le point de départ) dessine une main gauche (rien de paradoxal encore), mais où il se trouve que la main gauche dessine également la main droite (et d'un seul coup, nous plongeons dans un profond paradoxe).

Ici, le déplacement abstrait d'un niveau à un autre serait le saut vers le haut de *dessiné* à *dessinant* (ou, de manière équivalente, d'*image* à *artiste*), ce dernier niveau étant intuitivement « au-dessus » du premier, dans plusieurs acceptions de cette expression. Pour commencer, le dessinant est toujours un être doué de sensations, mobile, tandis que le dessiné est une image figée, immobile (cela peut être un objet inanimé ou une entité animée mais, dans tous les cas, elle ne bouge pas). Ensuite, alors que le dessinant possède trois dimensions, le dessiné n'en a que deux. Enfin, le dessinant *choisit* quoi dessiner, tandis que le dessiné n'a pas voix au chapitre. Dans ces trois acceptions au moins, le saut de dessiné à dessinant donne toujours l'impression de se faire « vers le haut ».

UN SAFARI AU CŒUR DES BOUCLES ÉTRANGES

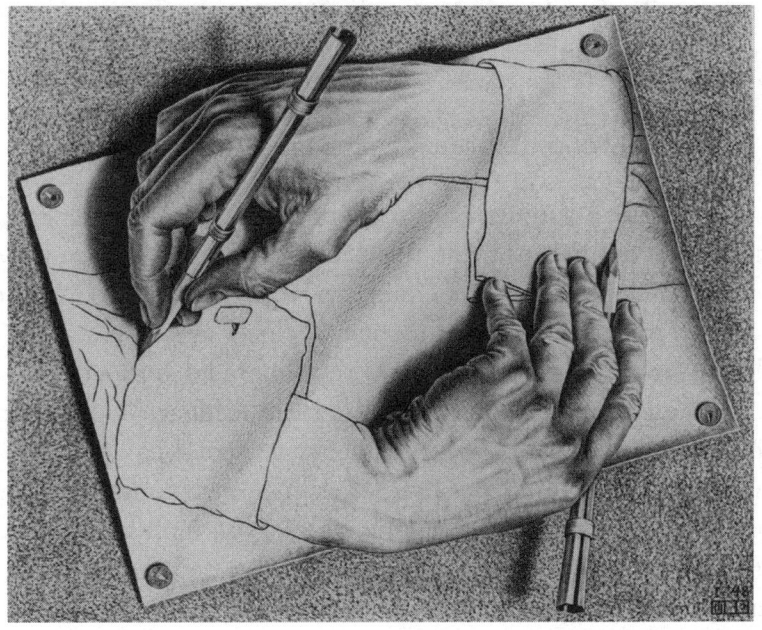

Comme nous venons de l'expliquer, il y a par définition un saut vers le haut clair et net de toute image dessinée vers son dessinateur – or, dans *Drawing Hands*, cette règle de mouvement vers le haut a été tout aussi clairement et nettement violée, puisque chaque main est hiérarchiquement « au-dessus » de l'autre ! Comment est-ce possible ? La réponse est évidente : l'ensemble n'est qu'un dessin, une simple image, un pur fantasme. Mais elle paraît si réelle et nous aspire si efficacement dans son univers paradoxal qu'elle nous dupe et nous oblige, l'espace d'un instant, à croire en sa réalité. Et comme nous adorons les canulars, la popularité de ce dessin était assurée.

La structure abstraite de *Drawing Hands* pourrait constituer un parfait exemple de boucle étrange s'il n'y avait un petit défaut : ce que nous croyons voir n'est pas authentique ; c'est un trucage ! Bien sûr, le dessin est irréprochable, à tel point que nous avons l'impression d'avoir rencontré un membre à part entière, un fidèle de la confrérie des paradoxes – mais cette conviction nous vient de ce que nous avons fait fi de notre sens critique et avons laissé notre intelligence glisser dans l'univers ensorceleur d'Escher. Ne serait-ce qu'un instant, nous sommes tombés amoureux d'une chimère.

À la recherche de boucles étranges dans le feedback

Mais alors, existe-t-il une *authentique* boucle étrange – une structure paradoxale qui néanmoins ferait indéniablement partie de notre univers ? Ou bien les prétendues boucles étranges ne sont-elles jamais qu'illusions, caprices de l'imagination se contentant de flirter avec le paradoxe ? De simples bulles enchantées qui éclatent sitôt qu'on les approche de près ?

Bon. Et qu'en est-il de notre vieil ami le feedback vidéo, comme candidat à l'étrangeté en boucle ? Malheureusement, bien que ce phénomène moderne affectionne les boucles et flirte avec l'infini, il ne recèle pas une once de paradoxe – pas plus que son aîné plus rudimentaire, l'effet Larsen. Certes, si l'on pointe une caméra de télévision juste sur l'écran (ou si l'on approche le micro tout à côté du haut-parleur), on a l'étrange sensation de jouer avec le feu, non seulement parce qu'on viole une hiérarchie apparemment naturelle, mais parce qu'on a le sentiment de créer une véritable régression infinie. Toutefois, quand on y pense, on se rend compte qu'il n'y a pas de hiérarchie inflexible au départ, et que l'infinité suggérée n'est jamais atteinte. La bulle éclate. Aussi, même si les boucles de feedback sont d'indiscutables boucles et donnent une sensation d'étrangeté, elles n'entrent pas dans la catégorie « boucle étrange ».

À la recherche de boucles étranges au cœur des ténèbres russelliennes

Heureusement, il existe des boucles étranges qui ne sont pas des illusions. Je dis « heureusement », car la thèse de cet ouvrage consiste à dire que vous et moi – non pas nos corps, mais nos « moi » – sommes des boucles étranges : si toutes les boucles étranges n'étaient qu'illusions, nous le serions tous également, et ce serait bien dommage. C'est donc une chance que des boucles étranges existent dans le monde réel.

D'un autre côté, il n'est pas si simple d'en exhiber une. Les boucles étranges sont des créatures timides, qui craignent la lumière du jour.

L'exemple type de ce phénomène n'a été en fait découvert qu'en 1930 par Kurt Gödel. Et il l'a déniché où on l'attendait le moins : au sein des ténèbres de l'austère forteresse de la théorie des types de Bertrand Russell, censée être à l'épreuve des paradoxes.

Quelle mouche avait piqué ce logicien autrichien de 24 ans pour fouiner dans cette sombre et sinistre citadelle anglaise ? Il était fasciné par les paradoxes et, tout en sachant que Russell et Whitehead étaient censés les avoir éradiqués, il avait l'intuition que quelque chose, dans la nature extrêmement riche et flexible des nombres, avait tendance à faire éclore les paradoxes, même au sein de l'aridité désertique des palais de granit les plus aseptisés. Une pléthore de paradoxes récents traitant les nombres d'une façon nouvelle et curieuse avait éveillé les soupçons de Gödel. Il était convaincu que quelque chose de profond se nichait dans ces jeux subtils, même si certains prétendaient pouvoir les désamorcer.

M. Berry, de la bibliothèque bodléienne

Un de ces paradoxes originaux avait été concocté en 1904 par un bibliothécaire d'Oxford, G.G. Berry, deux ans avant la naissance de Gödel. Berry était intrigué par la possibilité subtile de décrire les nombres par des mots. Il avait remarqué qu'on pouvait, en regardant attentivement, trouver une définition assez concise de n'importe quel nombre entier. Par exemple, l'entier 12 n'a besoin que d'une syllabe pour être défini ; l'entier 153 peut être décrit avec précision en cinq syllabes (« cent cinquante-trois »), mais aussi en quatre (« neuf fois dix-sept »). L'entier 1 000 011 est descriptible en seulement cinq syllabes (« un million onze »), etc. Quel est le plus petit nombre de syllabes permettant de décrire le nombre 1 737 ?

On pourrait penser qu'en général plus un nombre est grand plus longue sera n'importe laquelle de ses descriptions. Mais tout dépend de la facilité avec laquelle on peut exprimer ce nombre à l'aide d'entiers « jalons », ces entiers rares qui ont des noms ou des descriptions exception-nellement courts, comme dix puissance un milliard dont la description en seulement sept syllabes est extrêmement économique. La plupart des grands nombres ne sont évidemment ni des nombres jalons, ni proches de tels nombres. En fait, la plupart des nombres, et de loin, sont « obscurs », admettant seulement une description très longue et complexe, disons parce qu'ils sont juste « difficiles à décrire », comme ces adresses complètement paumées dans la cambrousse qu'on ne peut rejoindre qu'en prenant toute une série de petites routes qui deviennent toujours plus étroites et cahoteuses à mesure qu'on approche du but.

Prenez 777 777, dont le nom français standard, « sept cent soixante-dix-sept mille sept cent soixante-dix-sept » est plutôt long – 16 syllabes, en fait. Mais on peut faire un peu plus court : « 259 fois 3 000 plus 3 » (« deux cent cinquante-neuf fois trois mille plus trois »), en douze syllabes, ou carrément « 259 fois 3 003 » (« deux cent cinquante-neuf fois trois mille trois »), onze syllabes, ou encore « 777 fois 1 001 » (« sept cent soixante-dix-sept fois mille un »), qui n'a que dix syllabes. Une sacrée économie ! Mais on peut compresser encore un peu plus. Avec le très sobre : « le nombre écrit juste avec six sept », on tombe à neuf syllabes.

En travaillant dur, nous pourrions trouver des tas d'expressions de la langue française pour désigner 777 777, dont certaines, lues à voix haute, pourraient contenir très peu de syllabes. Que pensez-vous par exemple de « 7 007 fois 111 » (« sept mille sept fois cent onze ») ? Sept syllabes ! Jusqu'où pourrions-nous comprimer les descriptions de ce nombre ? Ce n'est pas tout à fait évident parce que 777 777 *pourrait* justement avoir des propriétés arithmétiques subtiles lui permettant d'être exprimé de façon très concise. Une telle description pourrait bien avoir recours à des nombres jalons bien plus grands que 777 777 lui-même !

Le bibliothécaire Berry, après avoir ruminé sur les subtilités de la chasse aux descriptions toujours plus courtes, est parvenu à dénicher la définition diabolique d'un nombre très spécial – que je nommerai b en son honneur. b est le plus petit entier dont toute description en français utilise au moins trente syllabes. En d'autres termes, b n'a pas de caractérisation précise de moins de trente syllabes. Puisqu'il faut toujours un grand nombre de syllabes pour le décrire, nous savons que b doit être un entier énorme. Grand comment, même approximativement ?

Quelque grand nombre que vous pourriez rencontrer dans un journal, une revue, un texte d'astronomie ou de physique, il est certainement descriptible en une quinzaine de syllabes, une vingtaine tout au plus. Par exemple, le nombre d'Avogadro (6×10^{23}) peut être exprimé d'une manière très concise (« six fois dix puissance vingt-trois » – seulement huit syllabes). Vous allez avoir du mal à trouver un nombre suffisamment grand pour que n'importe laquelle de ses descriptions en français utilise plus de trente syllabes !

En tout cas, le nombre b de Berry est, par définition, le tout *premier* entier qui ne peut être réduit à moins de trente syllabes de notre belle langue. Il est, j'insiste en utilisant les italiques, *le plus petit entier dont toute description en français utilise au moins trente syllabes.* Stop ! Combien de syllabes ma phrase en italiques contient-elle ? Comptez-les : 26. D'une façon ou d'une autre, nous avons décrit b en moins de syllabes que sa définition ne l'autorise. En fait, la phrase en italiques ne définit pas simplement b « d'une façon ou d'une autre » : c'est l'exacte *définition* de b ! Du coup, le concept de b est gravement ébranlé. Il y a là quelque chose de très étrange.

Je ne peux vous dire à quel point c'était incroyablement indescriptible

Il arrive que certains mots ou expressions courantes en français (comme en anglais) aient une connotation elle aussi autodestructrice. Prenez par exemple l'adjectif « indescriptible ». Si je dis : « Il y avait, dans cette pièce, un désordre indescriptible », cela va certainement faire naître en vous une image, même si (ou plutôt, précisément parce que) cet adjectif suggère qu'il n'y a pas de description possible. Il est encore plus curieux de dire : « Les roues du camion étaient incroyablement énormes », ou « Je ne peux pas vous dire à quel point j'apprécie votre gentillesse ». La propriété d'autodestruction, de dénégation, est curieusement indispensable à la communication.

Il existe également une sorte de « version junior » du paradoxe de Berry, inventée quelques décennies plus tard et qui fonctionne de la façon suivante. Certains entiers sont remarquables. 0 est remarquable parce que 0 fois n'importe quel nombre donne 0. 1 est remarquable parce que 1 fois un nombre quelconque laisse ce dernier inchangé. 2 est remarquable parce que c'est le plus petit entier pair et 3 l'est aussi parce que c'est le nombre de côtés du polygone plan le plus simple (le triangle). 4 est remarquable parce qu'il est le premier entier composé. 5 l'est parce que (entre bien d'autres choses) c'est le nombre de polyèdres réguliers de l'espace. 6 est remarquable parce qu'il est à la fois 3! (factorielle trois : $1 \times 2 \times 3$) et le nombre triangulaire d'ordre trois ($1 + 2 + 3$). Je pourrais continuer cette énumération, mais vous avez compris le principe. La question est : quel est le premier nombre *non* remarquable ? Est-ce 62 ? Ou 1 729 ? Peu importe, car il s'agit là d'une propriété tout à fait remarquable pour un nombre ! Donc, après tout, 62 (ou tout autre candidat de votre choix) devient remarquable – remarquable justement parce qu'il est non remarquable. Voici donc que le concept de « plus petit entier non remarquable » se retourne contre lui-même d'une façon qui rappelle clairement l'autotorpillage de la définition du *b* de Berry.

Ce sont de tels enroulements du langage qui retournaient l'estomac de Bertrand Russell, fragile comme nous le savons ; à son crédit, cependant, il a été le premier à faire connaître le nombre *b* paradoxal de G.G. Berry. Dans l'article qu'il lui avait consacré de 1906 (Gödel naît – trois syllabes !), Russell a fait de son mieux pour dévier le trait assassin du paradoxe en prétendant qu'il s'agissait d'une illusion provenant de l'emploi naïf du mot « descriptible », abusif dans un contexte mathématique. Cette notion, prétendait Russell, doit être divisée en une hiérarchie infinie de différents *types* de « descriptibilité » – les descriptions de niveau 0, qui pourraient renvoyer seulement aux notions d'arithmétique pure ; les descriptions de niveau 1, qui pourraient utiliser l'arithmétique mais aussi renvoyer aux descriptions de niveau 0 ; les descriptions de niveau 2, qui pourraient renvoyer à l'arithmétique et aussi aux descriptions de niveau 0 et 1 ; et ainsi de suite. Ainsi, l'idée de « descriptibilité » sans la limiter à un niveau hiérarchique spécifique était une chimère, affirmait Russell, persuadé qu'il avait découvert une nouvelle vérité profonde. Grâce à sa théorie flambant neuve (la théorie des types), il prétendait avoir immunisé l'univers précieux et délicat du raisonnement rigoureux contre cette vilaine peste, à vous retourner l'estomac, du Berry-Berry.

Les brumes de Berry bannies

Je suis d'accord avec Russell sur un point : il y a quelque chose de louche dans le paradoxe de Berry. Mais nous divergeons sur la nature du problème. La faiblesse que je vise est le fait que le français (ou l'anglais) est un intermédiaire désespérément imprécis pour exprimer des énoncés mathématiques : son vocabulaire et ses locutions sont beaucoup trop vagues. Ce qui paraît précis de prime abord tourne à l'ambiguïté. Par exemple, l'expression « deux cent cinquante-neuf fois trois mille plus trois », que j'ai utilisée plus haut comme description de 777 777, est en fait ambiguë : on pourrait aussi la comprendre comme signifiant 259 fois 3 000 et rajouter 3 à la fin, ce qui donnerait 777 003.

Mais cette petite ambiguïté n'est que la partie émergée de l'iceberg. Le problème, c'est qu'il est bien difficile de trouver des formes d'expression françaises (ou anglaises) convenant à la description d'un nombre. Prenez les phrases suivantes, censées décrire des entiers spécifiques :
- le nombre de langues différentes ayant jamais été parlées sur Terre ;
- le nombre de corps célestes dans le système solaire ;
- le nombre de carrés magiques distincts d'ordre quatre ;
- le nombre d'entiers remarquables inférieurs à 100.

Ce qui ne va pas ? Elles font toutes référence à des notions mal définies.

Par exemple, qu'entend-on par langue ? Le langage des signes est-il une langue ? Est-il « parlé » ? Y a-t-il une frontière bien nette entre langues et dialectes ? Combien de « langues distinctes » peut-on repérer dans l'évolution du latin vers l'italien ? Combien entre l'époque des Néandertaliens et celle du latin ? Le latin de l'Église est-il une langue ? Et l'argot, le « javanais » ? Même si nous possédions un enregistrement vidéo de toutes les formes d'expression orale humaine depuis un million d'années, l'idée d'assigner objectivement chacune d'elle à un langage « officiel » précis – et donc de démêler nettement toutes les langues « vraiment distinctes », ce qui permettrait de les compter – resterait *encore* un rêve inepte. Il est déjà passablement absurde de vouloir compter tous les objets entassés dans une poubelle. Alors, pour ce qui est de toutes les langues de tous les temps !

Avançons. Qu'est-ce qu'un « corps céleste » ? Faut-il y inclure les satellites artificiels ? Et tout le bric-à-brac largué au petit bonheur par les astronautes qui flotte dans l'espace ? Faut-il compter chaque astéroïde individuellement ? Chacun des cailloux des anneaux de Saturne ? Et les grains de poussière ? Et les atomes isolés divaguant dans le vide ? Où s'arrête le système solaire ? Et ainsi de suite, *ad infinitum*.

Vous pourriez objecter : « Mais ce ne sont pas là des notions mathématiques ! L'idée de Berry était d'utiliser des définitions *mathématiques* des nombres entiers. ». Fort bien. Mais il va falloir m'indiquer la frontière précise entre les mathématiques et le reste du monde. Par exemple, la définition de Berry utilise la notion vague de « nombre de syllabes ». Combien de syllabes y a-t-il dans « cinquante-trois » ou, mieux, dans « entier », « description », « million » ou « milliard » ? Mais ce n'est pas le plus important : nous pouvons supposer que nous avons défini une façon rigoureuse et objective de compter les syllabes. Mais qu'est-ce qu'un « concept mathématique » ? Les mathématiques sont-elles vraiment définies aussi précisément ? Quelle est, par exemple, la définition exacte d'un « carré magique » ? Ses définitions diffèrent selon les auteurs. Faut-il faire un sondage au sein de la communauté mathématique ? Et dans ce cas, qui faut-il considérer comme membre de cette corporation aux contours incertains ?

Qu'en est-il de la notion floue de « nombre remarquable » ? Pourrions-nous lui donner un semblant de sens mathématique ? Comme nous l'avons vu plus haut, les raisons de qualifier un nombre de « remarquable » pourraient être du ressort de la géométrie ou d'autres branches des mathématiques – mais, encore une fois, où se situent les frontières des mathématiques ? La théorie des jeux en fait-elle partie ? Les statistiques médicales ? La théorie de l'enroulement des vrilles végétales ? La liste serait longue !

En résumé, la notion de « définition en langue française (ou anglaise) d'un nombre entier » tourne au fiasco. Le concept retors du b de Berry, tout comme les deux mains d'Escher se dessinant mutuellement, s'apparente plus à un ingénieux produit de l'imagination qu'à une authentique boucle étrange. Et voilà une candidature pleine de promesse à l'étrangeté en boucle qui tombe à l'eau !

Bien que cette courte digression laisse entendre que l'idée de Berry de 1904 était naïve, il me faut préciser que le jeune mathématicien Greg Chaitin, quelque six décennies plus tard, inspiré par ladite idée, en a concocté une cousine plus précise en utilisant un programme informatique plutôt que la description dans une langue parlée. Ce changement astucieux a apporté une preuve radicalement nouvelle du théorème de Gödel de 1931, en même temps qu'un nouvel angle de vue. Dès lors, Chaitin et d'autres ont développé une nouvelle branche importante des mathématiques connue sous le nom de « théorie algorithmique de l'information ». Y pénétrer nous entraînerait loin, mais j'espère avoir montré la richesse de l'intuition de Berry : ce fut le terreau sur lequel ont germé les idées révolutionnaires de Gödel.

Un sandwich au beurre de cacahuète et aux fruits de Berbéris

La tentative de Bertrand Russell de proscrire la construction paradoxale de Berry par l'introduction d'un formalisme interdisant toute phrase autoréférente et tout ensemble se contenant lui-même était non seulement trop hâtive mais complètement à côté de la plaque. En quoi ? Comment dire… Un de mes amis m'a récemment parlé d'une interdiction à la Russell édictée par une de ses connaissances, une jeune mère idéaliste. Cette jeune femme, dans un beau geste, a strictement banni de sa maison tous les jouets représentant des armes. Cela a marché un temps, jusqu'au jour où elle a préparé pour son bambin un sandwich au beurre de cacahuète. Le gosse lui a vite donné la forme d'un pistolet en le mâchouillant, a tendu le bras en visant sa mère et crié : « Bang ! Bang ! T'es morte, maman ! ». Cette anecdote cocasse est édifiante : ce qui a échappé au rigorisme de tous vos interdits peut acquérir suffisamment de souplesse pour faire surgir précisément ce que vous aviez proscrit.

En vérité, Russell a eu beau excommunier Berry, cela n'a pas eu grand effet : en ces temps de bouillonnement intellectuel, à la charnière du dix-neuvième et du vingtième siècle, on a concocté (ou déterré) toujours plus de paradoxes. On imaginait l'apparition de choses très étranges. C'était dans l'air du temps. Les cousins modernes de paradoxes anciens surgissaient dans l'univers rigoureusement logique des nombres, où rien de tel n'était apparu jusque-là ; un paradis parfait où le paradoxe n'était pas de mise, même pas en rêve.

On accueillit ces paradoxes d'un genre nouveau comme des agressions contre le temple, magnifique et sacré, du raisonnement numérique. Malgré tout (ou plutôt grâce à cette inquiétante incursion), un petit nombre de mathématiciens se sont lancés avec intrépidité dans la quête de paradoxes toujours plus profonds et troublants. C'est-à-dire dans une quête risquant de saper toujours plus les fondements de leur propre discipline ! Cela peut paraître tordu, mais ils pensaient qu'à long terme cela ferait un bien fou aux mathématiques : la mise en lumière de certaines failles révélerait les parties branlantes à étayer. Bref, plonger profondément dans la nouvelle déferlante de paradoxes semblait œuvre salutaire, si ce n'est indispensable, pour qui s'occupait des fondations des mathématiques : les nouveaux paradoxes ouvraient la voie à des questions majeures sur la nature du raisonnement, donc sur la nature insaisissable de la pensée et les mystères de l'esprit humain.

Quelques bribes d'autobiographie

Comme je l'ai signalé au chapitre 4, je me suis précipité à quatorze ans sur le petit bijou d'Ernest Nagel et James R. Newman, *Gödel's Proof,* (La preuve de Gödel)[1] et suis tombé sous le charme des idées flirtant avec les paradoxes, au cœur du travail de Gödel. Une des boucles les plus étranges de cette période de ma vie a voulu que je fasse la connaissance au même moment de la famille Nagel. Ils habitaient Manhattan mais avaient fait le voyage « vers l'Ouest » pour passer l'année universitaire 1959-1960 à Stanford. Ernest Nagel et mon père étaient de vieux amis,

---

1. Voir note page 71.

aussi ai-je vite connu la famille entière. Peu après leur année à Stanford, je me suis offert le plaisir retors de lire entièrement *La preuve de Gödel* à haute voix à mon copain Sandy, leur fils aîné, dans le jardin verdoyant de leur maison d'été, sur les hauteurs tranquilles des environs de Brattleboro, dans le Vermont. Sandy avait mon âge et explorer tous deux la jungle des mathématiques nous plongeait dans cette ivresse sauvage que seuls les adolescents connaissent.

Une partie de ce qui m'excitait tellement était la boucle mystérieuse qui se trouvait au cœur du travail de Gödel. Le reste venait du sentiment que ce qui était *réellement* exploré par Gödel, et par tous ceux qu'il a inspirés, était le mystère de l'esprit humain, le mécanisme de la pensée humaine. L'article de Gödel de 1931 semblait avoir mis à jour d'un seul coup tant de questions – des questions comme…

Que se passe-t-il dans la tête d'un mathématicien quand il est le plus créatif ? Une simple manipulation de symboles obéissant à des règles imposées, déduisant les théorèmes d'un ensemble d'axiomes ? Quelle est la nature de la pensée humaine en général ? Ce qui se produit dans nos têtes est-il un simple processus physique déterministe ? Et, dans ce cas, sommes-nous tous, quel que soit le talent personnel de chacun, des esclaves assujettis aux lois rigides qui gouvernent les particules invisibles dont nos cerveaux sont faits ? La créativité peut-elle jamais émerger d'un ensemble de telles lois régissant des objets minuscules ou des relations numériques ? Une machine qui suit les règles voulues peut-elle être aussi créative qu'un être humain ? Une machine programmée peut-elle se hisser à des idées qui ne lui ont pas été programmées ? Peut-elle prendre une décision qui lui est propre ? Avoir sa propre opinion ? Être désorientée ? S'en rendre compte ? Ou ne pas en être sûre ? Croire qu'elle dispose d'un libre arbitre ? Qu'elle n'en dispose pas ? Être consciente ? En douter ? Posséder un moi, une âme, un « Je » ? Croire que cette foi fervente en son « Je » n'est qu'illusion, mais une illusion *inéluctable* ?

Rêves idéalistes sur la métamathématique

En ces jours enivrant de ma jeunesse, à chaque fois que j'entrais dans une librairie universitaire (c'est-à-dire aussi souvent que possible), je fonçais directement au rayon Mathématiques et ratissais tous les livres qui, de près ou de loin, parlaient de la logique symbolique ou de la nature des symboles et du sens. J'en ai acheté, des livres traitant de ces sujets, comme le fameux mais austère *Logical Syntax of Language* (La syntaxe logique du langage) de Rudolf Carnap, ou *Truth and Denotation* (Vérités et symboles) de Richard Martin, sans parler d'innombrables textes de logique symbolique. Je n'en ai lu attentivement qu'un petit nombre, mais les volumes de Carnap et Martin trônaient sur mes étagères à me narguer, semblant toujours hors de portée. Ils étaient denses et hermétiques mais je persistais à croire que si seulement un jour, un grand jour, j'étais enfin capable de les lire et les comprendre, j'aurais alors pénétré au cœur des mystères de la pensée, de la signification, de la créativité et de la conscience. Rétrospectivement, cela paraît ridiculement naïf (d'abord d'imaginer qu'on pût atteindre cet objectif, ensuite de croire que ces livres en particulier recelassent tous les secrets), mais j'avais alors la foi du charbonnier !

À seize ans, j'ai fait l'expérience insolite d'enseigner la logique symbolique à l'école primaire de Stanford (l'école de mon enfance) en me servant d'un texte alors tout récent du philosophe et pédagogue Patrick Suppes, qui habitait notre rue et dont la classique *Introduction à la logique* avait été un de mes guides les plus sûrs. Suppes menait une expérience afin de voir si les schémas de la stricte déduction logique pouvaient être inculqués aux enfants de la même manière que l'arithmétique. Le directeur de l'école, qui me connaissait depuis des années, m'a sauté dessus dans la rotonde de mon lycée en me demandant si je voudrais enseigner la logique symbolique à la classe de sixième[1] (celle de ma sœur Laura) à raison de trois fois par semaine durant toute l'année. J'ai sauté sur l'occasion et ai vraiment apprécié la tâche, même si quelques gamins m'ont parfois donné du fil à retordre (élastiques dans les yeux et j'en passe…). Je leur ai enseigné l'usage de bien des règles de déduction, y compris le mélodieux *modus tollendo tollens* (le raisonnement par contraposition), ou l'usage du « syllogisme », au nom si impressionnant.

---

1. Dans le système américain d'éducation, certaines écoles primaires vont jusqu'à notre classe de cinquième des collèges. (N.d.T.)

Ce qui m'a permis d'aiguiser mes compétences, non seulement de logicien débutant mais d'enseignant.

Ce qui me motivait si passionnément était le désir brûlant de voir révélés les secrets de l'activité mentale humaine, de parvenir à comprendre comment se synchronisent à chaque seconde des milliards d'éclats silencieux à l'intérieur de la boîte crânienne pour permettre de penser, percevoir, se souvenir, imaginer, créer et ressentir. À peu près à la même époque, je lisais des livres sur le cerveau, étudiais plusieurs langues étrangères, explorais les systèmes d'écriture exotiques de divers pays, inventais les moyens d'obtenir d'un ordinateur qu'il produise des phrases à la grammaire élaborée et à peu près cohérentes en anglais et autres langues, tout en suivant un cours de psychologie merveilleusement stimulant. Tous ces chemins variés conduisaient à la dense nébuleuse de questions sur les rapports entre esprit et machine, entre activité mentale et mécanique.

L'étude des configurations (les mathématiques) et celle des paradoxes (la métamathématique) s'imbriquaient étroitement dans mon cerveau d'adolescent. J'étais persuadé que tous les mystères qui m'obsédaient se révéleraient clairs comme de l'eau de roche dès lors que je maîtriserais ces deux disciplines. Au cours des deux décennies qui ont suivi, j'ai pratiquement renoncé à l'idée qu'elles puissent répondre (même implicitement) à toutes ces questions, tout en gardant l'espoir intuitif que le vortex éthéré de la boucle minutieusement élaborée par Gödel tournoie non loin du cœur de l'éternelle énigme : « Qui suis-je ? ».

Voilà pourquoi il me faudra, dans cet ouvrage, où je me livre essentiellement à des considérations sur la conscience et le moi, consacrer quelques pages aux fondamentaux nécessaires à la compréhension (très sommaire) des idées de Gödel : à savoir, en particulier, la théorie des nombres et la logique. Rassurez-vous, je ne vous les infligerai pas à hautes doses, mais il me faut expliquer à grands traits les concepts de base pour aller plus loin. Alors, cher lecteur, veuillez accrocher votre ceinture ! Nous allons traverser une zone de turbulences au cours des deux prochains chapitres !

Post-scriptum

Je venais de terminer ce chapitre avec un sentiment de satisfaction, quand je me suis souvenu que je possédais deux livres sur les « nombres remarquables » : *The Penguin Dictionary of Curious and Interesting Numbers*, de David Wells, un auteur d'ouvrages sur les mathématiques que j'admire beaucoup, et *Les nombres remarquables*, de François Le Lionnais, un des deux fondateurs du célèbre mouvement littéraire français Oulipo. Je me rappelais vaguement que ces deux livres dressaient la liste de leurs « nombres remarquables » par ordre croissant. J'ai donc décidé de regarder quel nombre entier chacun de ces deux livres laissait de côté.

Comme il était prévisible, les deux auteurs avaient consenti des efforts héroïques pour intégrer dans leur liste tous les entiers. Mais la connaissance humaine étant finie et les êtres humains mortels, chacun des livres finissait tôt ou tard par sauter un nombre. Wells avait d'abord sauté le 43, tandis que Le Lionnais avait poussé un peu plus loin, jusqu'à 49. Je n'ai pas été trop surpris par 43. Mais par 49, si : après tout, c'est un carré, ce qui devrait le rendre un tout petit peu remarquable. D'un autre côté, je voulais bien admettre que le fait d'être un carré finissait par perdre de son intérêt après avoir été étudié plusieurs fois, et que cette seule propriété n'était pas suffisante pour que 49 fût admis dans la liste finale de Le Lionnais. Wells dresse une liste de propriétés curieuses de 49 (mais pas le fait que c'est un carré) et, à l'inverse, Le Lionnais remarque plusieurs propriétés très surprenantes de 43.

Je me suis alors intéressé au plus petit entier que *les deux* livres considéraient comme totalement dépourvu d'intérêt : 62. Pour ce que cela vaut, c'était l'âge que j'avais au moment de la parution des épreuves du présent ouvrage. Se pourrait-il, après tout, que 62 présente quelque intérêt ?

Chapitre 9
Structures et énoncés démontrables

☙ ☙ ☙

Les *Principia mathematica* et leurs théorèmes

Bertrand Russell, au début du vingtième siècle, aiguillonné par la maxime : « Trouvez les paradoxes, étudiez-les ! Puis concevez de hauts murs pour les contenir ! » (ce sont mes mots, pas les siens), décida que dans les *Principia mathematica*, la nouvelle place forte du raisonnement mathématique, un ensemble ne pourrait jamais se contenir ni aucune proposition se prendre elle-même pour objet, se retourner sur elle-même. Ces interdits parallèles furent édictés pour éviter aux *Principia mathematica* les pièges qui avaient fait tomber des théories plus naïves. Mais Gödel découvrit quelque chose de véritablement étrange en étudiant avec attention ce que j'appellerai *PM* – c'est-à-dire le système formel utilisé dans les *Principia mathematica* pour raisonner sur les ensembles (mais aussi les nombres, qui vinrent plus tard car définis en termes d'ensembles).

Cette distinction entre *Principia mathematica* et *PM* doit être explicitée. Le premier est un ensemble de trois ouvrages volumineux tandis que le second est un ensemble de règles précises de manipulation de symboles présenté et exploré en profondeur dans ces volumes et utilisant une notation ésotérique (voir à la fin de ce chapitre). Une distinction analogue peut être faite entre l'imposant volume des *Principia* d'Isaac Newton et l'ensemble de lois qu'il y met en œuvre.

Pour démontrer rigoureusement, en utilisant les strictes règles de syntaxe symbolique, ce fait relativement modeste : un plus un égale deux (en notations *PM*, c'est quelque chose comme : s0 + s0 = ss0, où la lettre « s » représente le concept de « successeur de »), il faut plusieurs chapitres de théorèmes et corollaires. Malgré ce caractère très encombrant, Gödel se rendit compte que *PM* offrait une possibilité importante : traiter des nombres entiers – précisément, décrire des propriétés *arbitrairement subtiles* des nombres entiers. (En passant, cette petite phrase, « propriétés arbitrairement subtiles », vend déjà la mèche, bien que l'allusion soit voilée au point que presque personne n'en mesure la portée. Mais Gödel si.)

Par exemple, dès que suffisamment de machinerie ensembliste eut été introduite dans les *Principia mathematica* pour permettre à des concepts arithmétiques de base tels que l'addition et la multiplication d'entrer en scène, il devint facile de définir, à l'aide du formalisme de *PM*, des concepts plus élaborés comme « carré » (c'est-à-dire le carré d'un nombre entier), « non carré », « entier premier », « entier composé ».

Un volume entier des *Principia mathematica* pourrait donc, en théorie du moins, être exclusivement consacré à l'étude des nombres entiers qui sont ou ne sont pas *somme de deux carrés*. Une infinité de nombres entiers peuvent être décomposés en somme de deux carrés (par exemple 41, qui est somme de 16 et 25). Appelons-les éléments de la classe A. Mais il n'existe aucune paire de carrés dont 43 serait la somme et il y a une infinité de nombres entiers tels que lui. Appelons-les éléments de la classe B. (Dans quelle classe 109 se trouve-t-il ? Et 133 ?) Comprendre pleinement cette élégante dichotomie de l'ensemble des nombres entiers est une tâche des plus subtiles ; elle a cependant été accomplie par les spécialistes de la théorie des nombres bien avant la naissance de Gödel.

De manière analogue, on peut imaginer un autre volume des *Principia mathematica* entièrement consacré à l'étude des entiers qui sont, ou ne sont pas, décomposables en *somme de deux nombres premiers*. Par exemple, 24 est somme de 5 et 19, tandis qu'une telle décomposition est impossible pour 23. Là encore, nous pouvons nommer ces classes d'entiers respectivement C et D. Chacune de ces classes a un nombre infini d'éléments. Cette dernière dichotomie de l'ensemble des entiers est, elle aussi, très élégante. Mais la comprendre entièrement représente pour les spécialistes de la théorie des nombres un défi qui recouvre des concepts très profonds : c'est toujours une question ouverte, même si de grands progrès ont été réalisés depuis plus de deux siècles que la question a été posée pour la première fois.

Le mélange improbable de deux idées disparates : nombres premiers et nombres carrés

Avant de se pencher sur les surprenants résultats de l'investigation de Gödel dans *PM*, je voudrais d'abord parler de la joie intense qu'on éprouve à la découverte d'une structure et de celle non moins intense qui accompagne la compréhension de ce qui se cache derrière. Les mathématiciens pourchassent avec acharnement le *pourquoi*, et c'est cela qui définit, en dernier ressort, la nature de leur discipline. Une de mes propriétés préférées de la théorie des nombres me permettra, je l'espère, d'illustrer cela de façon plaisante.

Commençons par nous poser une question assez simple sur les nombres premiers : lesquels sont somme de deux carrés (comme 41) et lesquels ne le sont pas (comme 43) ? Autrement dit, revenons aux classes A et B ; elles sont toutes les deux infinies et nous pouvons nous demander quels nombres premiers appartiennent à chacune d'elle. Est-il possible qu'ils soient presque tous dans l'une et très peu nombreux dans l'autre, ou alors est-ce que c'est plutôt moitié-moitié ? Sont-ils infiniment nombreux dans chaque classe ? Si p est un nombre premier quelconque, y a-t-il un test rapide et simple déterminant dans quelle classe il se trouve (en se passant de toutes les additions possibles de deux carrés plus petits que p) ? Y a-t-il une sorte de structure prédictible concernant la distribution des nombres premiers entre ces deux classes, ou ne règne-t-il là-dedans qu'un sacré chaos ?

De telles questions peuvent sembler bizarres, voire oiseuses, à certains lecteurs, mais les mathématiciens sont par nature gens très curieux, le plus souvent irrésistiblement attirés par l'envie de mêler des concepts qui, *a priori*, n'ont pas de raisons de l'être (comme les nombres premiers et les nombres carrés). Il arrive souvent qu'apparaisse une relation aussi étroite qu'inattendue – quelque régularité cachée géniale qui paraît magique et dont la découverte ou la révélation ont quelque chose de mystique à vous donner des frissons dans le dos. Pour ma part, et je ne suis pas le seul, je reconnais sans honte être particulièrement sujet à ces décharges d'adrénaline en présence de ces mixtures de beauté et de mystère qui forcent l'admiration.

Si vous voulez avoir une idée de ce type d'état, commençons par dresser la liste de tous les nombres premiers inférieurs à 100 (2, 3, 5, 7, 11, 13, 17, 19, 23, 29, 31, 37, 41, 43, 47, 53, 59, 61, 67, 71, 73, 79, 83, 89, 97), une liste qui, soit dit en passant, est sacrément chaotique. Écrivons-les à nouveau en mettant en caractères gras ceux qui *sont* somme de deux carrés (c'est-à-dire ceux de la classe A) et en laissant inchangés ceux qui ne le sont *pas* (ceux de la classe B). Voici ce que nous obtenons :

2, 3, **5**, 7, 11, **13**, **17**, 19, 23, **29**, 31, **37**, **41**, 43, 47, **53**, 59, **61**, 67, 71, **73**, 79, 83, **89**, 97…

Y voyez-vous quelque chose d'intéressant ? Eh bien, pour commencer, n'est-il pas déjà surprenant de constater qu'il y a jeu égal ? Pourquoi en est-il ainsi ? Pourquoi l'une des classes, A ou B, ne serait-elle pas dominante ? L'une va-t-elle finir par l'emporter, ou cela va-t-il continuer à peu près ainsi, indéfiniment ? À mesure que nous allons vers l'infini, le bilan va-t-il se rapprocher toujours plus de l'exact équilibre moitié-moitié ? Si c'est le cas, pourquoi un tel équilibre aussi stupéfiant que délicat ? Pour ma part, je trouve qu'il y a là quelque chose d'extrêmement séduisant, aussi je vous invite à regarder cette liste un petit moment – disons quelques minutes – et à essayer d'y trouver une structure quelconque avant que nous poursuivions.

STRUCTURES ET ÉNONCÉS DÉMONTRABLES

La chasse aux structures

Très bien, cher lecteur, nous voilà réunis après, je l'espère, une petite recherche de votre part. Vous avez, selon toute vraisemblance, remarqué que, même sans que nous le voulions, le fait d'avoir utilisé les caractères gras semble bien avoir, par un coup de chance (mais est-ce une *chance* ?) partagé la liste en *singletons* et *paires*. Un lien caché a-t-il été révélé ?

Regardons d'un peu plus près. Les paires en gras sont 13-17, 37-41 et 89-97, tandis que les paires en caractères maigres sont 7-11, 19-23, 43-47, 67-71 et 79-83. Remplaçons chaque *paire* par la lettre « P » et chaque *singleton* par la lettre « S », en conservant le type de caractère qui fait la distinction entre les classes A et B. Nous obtenons la séquence de lettres suivante :

S, S, **S**, P, **P**, P, **S**, S, **P**, P, **S**, S, **S**, P, **S**, P, **P**…

Y voyez-vous comme une structure ? Si nous prenons les seules lettres de la classe A, nous obtenons ceci : **SSPSPSSSP** ; et si nous prenons seulement celles de la classe B, nous obtenons cela : SPPSPSPP. S'il y a ici une quelconque périodicité ou une rythmicité d'un genre plus subtil, c'est en tout cas bien caché. Aucune structure prédictible ne saute aux yeux, que les séquences soient en caractères gras, maigres ou qu'elles soient mélangées. Nous avions repéré un indice de jeu presque égal entre les deux classes, et voilà que nous n'en avons plus. C'est excitant, mais frustrant.

Ceux qui traquent les structures avec persévérance

Arrivé à ce point, il me faut signaler une différence non pas entre deux classes de nombres mais entre deux catégories de personnes. Il y a ceux qui se sentent immédiatement attirés par l'idée de rechercher une structure et ceux qui trouvent cela sans intérêt, voire déplaisant. Les premiers sont ceux qui, par nature, sont portés vers les mathématiques, les derniers ne l'étant pas. Les mathématiciens sont des gens qui, au plus profond d'eux-mêmes, ne peuvent s'empêcher de rechercher des structures là où, de prime abord, il semble ne pas y en avoir. La quête fervente de l'ordre dans un désordre apparent est ce qui allume leurs feux et enflamme leur âme. J'espère, cher lecteur, que vous faites partie de cette catégorie, mais même si ce n'est pas le cas, patientez encore un peu.

Il semblerait bien que nous ayons pressenti une sorte de structure – à savoir que nous allons toujours rencontrer des singletons et des paires. Même si nous ne pouvons pas dire à coup sûr comment les S et les P se répartiront, il apparaît au moins que le fait d'avoir imposé à la liste des nombres premiers cette curieuse dichotomie – « décomposables en somme de deux carrés » / « non décomposables en somme de deux carrés » – la partage en singletons et paires, ce qui constitue déjà une découverte assez fantastique ! Qui l'eût cru ?

Malheureusement, il me faut avouer que je vous ai induit en erreur. Si nous nous contentons d'ajouter à notre liste le nombre premier qui vient immédiatement après, c'est-à-dire 101, cela réduit en miettes le semblant d'ordre que nous avions trouvé. 101 est la somme de deux carrés, 1 et 100, il relève donc de la classe A et doit être écrit en caractères gras : notre *paire* en gras **89-97** est en fait tronquée et il convient de la remplacer par un *triplet* en gras. Notre conjecture pleine d'espoirs d'une séquence uniquement composée de S et de P tombe à l'eau.

Que fait un traqueur de structure quand il en est arrivé là : abandonne-t-il ? Certes non ! Après un échec, il se relève en souplesse et *regroupe* ses forces. Prenons exemple là-dessus et regroupons notre liste de nombres premiers d'une manière différente. Séparons les deux classes, mais en les disposant sur deux lignes. Cela donne :

Oui carré + carré : 2, 5, 13, 17, 29, 37, 41, 53, 61, 73, 89, 97, 101…

Non carré + carré : 3, 7, 11, 19, 23, 31, 43, 47, 59, 67, 71, 79, 83…

Commencez-vous à voir quelque chose ? Non ? Laissez-moi vous donner un indice. Et si vous faisiez la différence entre deux nombres adjacents sur chaque ligne ? Essayez – ou, si vous êtes très paresseux, lisez la suite.

Pour la première ligne, cela donne : 3, 8, 4, 12, 8, 4, 12, 8, 12, 16, 8, 4, et, pour la deuxième : 4, 4, 8, 4, 8, 12, 4, 12, 8, 4, 8, 4. Quelque chose doit sauter aux yeux du lecteur le plus indifférent : non seulement il y a hégémonie de seulement quelques entiers (4, 8 et 12) mais, de plus, ce sont tous des multiples de 4. C'est trop pour être une simple coïncidence.

De plus, le seul nombre qui est le plus grand dans les deux listes, 16, est aussi un multiple de 4. Cette nouvelle structure – exclusivement des multiples de 4 – va-t-elle se maintenir indéfiniment ? (Il y a bien ce rabat-joie de 3 tout à fait au début, mais on peut mettre sa présence au compte du fait que 2 est le seul nombre premier pair. Donc, pas de problème.)

Où il y a une structure, il y a une raison

L'idée clé dans les lignes qui précèdent est l'acte de foi : *cela ne peut pas être une simple coïncidence*. Un mathématicien qui découvre une structure de ce genre se demandera instinctivement : « Pourquoi ? Quelle est la *cause* qui se cache derrière cet ordre ? » Tout mathématicien se demandera *ce qu'elle est*, mais il y a plus important encore : qu'on la trouve ou non, il restera persuadé qu'il *doit y en avoir* une. Rien n'arrive « par hasard » dans le monde mathématique. L'existence d'une structure parfaite, une régularité qui se poursuit indéfiniment, révèle – comme il n'y a pas de fumée sans feu – que quelque chose se tient derrière la scène. Pour les mathématiciens, c'est un but sacré de le rechercher, de le découvrir et de le révéler.

On appelle cette activité, comme chacun sait, « trouver la preuve » ou, pour le dire autrement, transformer une conjecture en théorème. Feu Paul Erdös, un grand mathématicien hongrois excentrique, fit un jour remarquer avec drôlerie : « un mathématicien est une machine à transformer le café en théorèmes ». Bien qu'il y ait sûrement du vrai dans ce trait d'esprit, il serait plus juste de dire que les mathématiciens sont des *machines à poser des conjectures et à les transformer en théorèmes*.

Derrière la façon de voir d'un mathématicien, il y a la conviction inébranlable que, du moment qu'une assertion X est *vraie*, alors X peut être prouvée, et *vice versa*. En fait, dans l'esprit d'un mathématicien, « avoir une preuve » ne signifie rien de moins qu'« être vrai » ! Réciproquement, « être faux » signifie « n'avoir aucune preuve ». On peut avoir des *indices* d'une structure parfaite et infinie en procédant à des explorations numériques, ainsi que nous l'avons fait plus haut, mais comment être certain que la régularité présumée se maintiendra indéfiniment ? Comment peut-on savoir, par exemple, qu'il y aura indéfiniment de nombreux entiers premiers ? Comment être sûr qu'à un moment donné, il n'y en aura pas un dernier – le Tout Dernier Nombre Premier P ?

S'il existait, P serait un nombre remarquable vraiment important. Mais, quand on observe une longue liste de nombres premiers consécutifs (celle des nombres premiers inférieurs à 100 imprimée plus haut en donne une idée), on peut voir que les sauts entre deux nombres premiers sont toujours plutôt petits par rapport à la taille des nombres premiers en question – même si leur rythme d'apparition est un peu « cahoteux », avec des sauts bizarres ici et là. Cela étant clairement posé, si les nombres premiers venaient tout à coup à manquer, ce serait un peu comme plonger dans le néant depuis la lisière du monde. Un choc cosmique ! Alors, comment *savons*-nous qu'il n'en sera rien ? Le savons-nous seulement ? Trouver, sur ordinateur, des nombres premiers dépassant le million ou le milliard, c'est bien beau, mais cela ne nous donne pas une garantie solide comme le roc que quelque part, un peu plus loin, tout ne va pas s'arrêter d'un coup. Pour arriver à une certitude, nous devons nous appuyer sur le *raisonnement* : même si un nombre fini de preuves peut être très convaincant, cela ne fera pas le poids, car l'infini n'a rien à voir avec n'importe quel nombre fini.

Naviguer sur l'océan des nombres premiers et plonger dans le néant

Vous connaissez probablement la preuve d'Euclide de l'existence d'une infinité de nombres premiers. Si ce n'est pas le cas, vous avez raté quelque chose : c'est l'un des piliers les plus solides de la connaissance humaine qu'on ait jamais édifié. Votre existence souffrirait d'une lacune de taille, comme de n'avoir jamais goûté du chocolat ou jamais entendu un morceau de musique. Cette seule idée m'insupporte, cher lecteur, donc qu'à cela ne tienne, et tant pis si c'était inutile.

Supposons que P, le Tout Dernier Nombre Premier de l'Univers, existe : voyons ce qui en découle. Dire que P existe, c'est dire qu'existe un Club Très Fermé et Fini de Tous les Nombres Premiers, club dont P est la clé de voûte, le membre ultime. Multiplions maintenant ensemble tous les nombres de ce Club Très Fermé : nous obtenons un nombre colossal à ravir que nous appellerons Q et qui est donc divisible par 2, par 3, 5, 7, 11 et ainsi de suite. Il est par définition divisible par n'importe lequel des nombres premiers de notre Club, autrement dit par n'importe quel nombre premier de l'univers ! Et maintenant, joyeuse touche finale, comme dans une fête d'anniversaire, ajoutons une bougie pour grandir : nous parvenons à $Q + 1$. Là, nous disposons d'un nombre gigantesque dont nous sommes sûrs qu'il n'est *pas* premier puisque P (qui est évidemment écrasé par Q) est notre Tout Dernier Nombre Premier, le plus grand de tous. Tous les nombres au-delà de P sont, par hypothèse, composés. Il s'ensuit que $Q + 1$, qui est bien au-delà de P et donc composé, *doit* avoir un diviseur premier. (Je vous prie de retenir cela.)

Ce diviseur premier inconnu, quel peut-il être ? Ça ne peut pas être 2, parce que 2 divise Q lui-même et que Q se trouve un rang avant $Q + 1$: or l'écart entre deux nombres pairs n'est jamais de 1. Ça ne peut pas être 3 non plus, parce que 3 divise Q et que deux entiers divisibles par 3 ne sont jamais côte à côte. En fait, quel que soit le nombre premier p que nous aurons choisi dans le Club, il ne divisera pas $Q + 1$, parce que p divise son voisin immédiat Q (et les multiples de p ne sont jamais côte à côte : on les retrouve seulement tous les p nombres). Ce raisonnement nous a montré qu'*aucun* des membres du Club Très Fermé et Fini de Tous les Nombres Premiers ne divise $Q + 1$.

Mais nous avons remarqué plus haut (et je vous avais demandé de le retenir) que, $Q + 1$ étant composé, il *doit* avoir un diviseur premier. La gifle ! Nous nous sommes pris les pieds dans le tapis et sommes tombés sur un os ! Nous avons concocté un nombre complètement dingue – un nombre qui d'un côté doit être composé (c'est-à-dire être divisible par un nombre premier plus petit) et, de l'autre, n'a aucun diviseur premier plus petit. Cette contradiction nous est venue de ce que nous avons postulé qu'il existait un « Club Très Fermé et Fini de Tous les Nombres Premiers », glorieusement couronné par *P*. Nous n'avons plus qu'à faire machine arrière et faire table rase de cette idée certes amusante mais hautement suspecte.

Il ne peut y avoir un « Tout Dernier Nombre Premier de l'Univers ». Ni un « Club Très Fermé et Fini de Tous les Nombres Premiers ». C'est de la fiction. La vérité, et nous venons de le démontrer, est que la liste des nombres premiers ne finit jamais. Aussi loin que nous allions, nous ne plongerons jamais dans le néant. Un raisonnement parfait nous en donne l'assurance, ce dont aucun nombre *fini* de croisières informatiques sur l'océan des nombres n'aurait été capable.

Si, par chance, le fait de *comprendre pourquoi* il n'y a pas de dernier nombre premier (par opposition à se contenter de *le savoir*) est pour vous une nouveauté, j'espère que vous avez apprécié la démonstration autant qu'on apprécie un morceau de chocolat, ou de musique... La balade le long de cette preuve est un des plaisirs de l'existence que l'on peut s'offrir sans se lasser : sa fraîcheur reste toujours intacte. Praline sur le chocolat, cette démonstration en amène beaucoup d'autres – Variations sur un thème d'Euclide –, que nous n'explorerons toutefois pas ici.

Le Credo du mathématicien

Nous venons de voir de très près ce que j'appelle le « Credo du mathématicien » et que je résumerai comme suit :

X est vrai *parce qu*'il y en a une preuve ;

X est vrai *et donc* il y en a une preuve.

Remarquez que c'est une rue à double sens. La première partie du Credo affirme qu'*une preuve est une garantie de vérité*, tandis que la seconde affirme que *là où il y a une régularité, il y a une raison*. Bien entendu, il se peut que nous ne la trouvions pas nous-mêmes, mais nous croyons fermement et sans discussion qu'elle existe et pourrait, en principe, être découverte.

Mettre en doute une des moitiés du Credo est impensable pour un mathématicien. Douter de la première ligne reviendrait à imaginer qu'une assertion prouvée pourrait néanmoins être fausse, ce qui tournerait en dérision la notion même de « preuve » ; le doute sur la seconde moitié introduirait l'idée que, à l'intérieur des mathématiques, il pourrait y avoir des structures qui seraient indéfiniment parfaites, sans singularité, mais sans rime ni raison. Pour un mathématicien, l'idée même d'une structure sans défaut mais sans cause n'a aucun sens. En cela, le mathématicien est cousin d'Albert Einstein et de sa déclaration fameuse : « Dieu ne joue pas aux dés ». Ce qu'Albert Einstein voulait dire est qu'il n'y a, dans la nature, rien qui soit sans cause. Pour un mathématicien, dire qu'il y a toujours une cause sous-jacente, une unification possible est un acte de foi inébranlable.

Une coïncidence perpétuelle, ça n'existe pas

Revenons-en aux classes A et B de nombres premiers : notre quête de la révélation, du grand frisson mystique dont j'ai parlé n'est toujours pas achevée. Pour vous rafraîchir la mémoire, nous avions remarqué que chaque ligne était caractérisée par des différences de la forme $4n$ – c'est-à-dire 4, 8, 12, etc. Nous ne l'avions pas *prouvé*, mais nous l'avions *observé* suffisamment de fois pour le *conjecturer*.

La ligne du bas de notre liste commence avec 3, notre conjecture impliquerait donc que les autres nombres de cette liste sont de la forme $4n + 3$. De même (si nous laissons de côté ce 2 marginal du début), le premier nombre de la liste du haut est 5. Cela signifie, si notre conjecture est vraie, que tous les nombres suivants sont de la forme $4n + 1$.

Tiens, tiens. Notre conjecture nous a suggéré une structure remarquable de simplicité : les nombres premiers de la forme $4n + 1$ *sont* décomposables en somme de deux carrés et ceux de la forme $4n + 3$ *ne le sont pas*. Si cette supposition est exacte, cela tisse un lien spectaculaire et magnifique entre nombres premiers et nombres carrés (deux classes de nombres qui n'avaient aucun rapport *a priori*), lequel nous prend totalement au dépourvu. C'est un moment de pure magie – un de ces moments pour lesquels vit un mathématicien.

Mais cet éclat de joie n'est que le début de toute une histoire, en tout cas pour un mathématicien. C'est comme dans une série noire : nous avons un mort, mais qui est le meurtrier, l'âme noire de la série ? Il y a toujours une explication. Pas forcément facile à trouver ou à comprendre, mais elle doit exister.

Ici, nous savons (du moins nous soupçonnons fortement) qu'il y a une très belle structure infinie, mais *pour quelle raison* ? Notre hypothèse fondamentale est qu'*il y a* ici une cause (notre structure, loin d'être une « coïncidence infinie » provient d'une seule raison, sous-jacente et irrésistible), que, derrière cette infinité de faits « indépendants » se cache un seul phénomène.

Comme cela arrive parfois, la structure que nous avons entrevue est en fait bien plus riche. Non seulement les nombres premiers de la forme $4n + 3$ ne sont pas décomposables en somme de deux carrés, mais il se trouve que, pour ceux de la forme $4n + 1$, cette *décomposition est unique*. Prenons, par exemple, 101. 101 est égal à 100 + 1, mais aucune autre somme de deux carrés ne donne 101. En fin de compte, à la limite, quand on va de plus en plus loin, le rapport du nombre d'entiers premiers de la classe A à celui des entiers premiers de la classe B tend vers 1. Cela signifie que l'équilibre délicat que nous avions observé pour les nombres premiers inférieurs à 100, et dont nous avions conjecturé que cela devait continuer indéfiniment, est rigoureusement démontrable.

Je ne vais pas aller plus avant dans cette étude, mais je tiens à préciser que de nombreux ouvrages de théorie des nombres donnent la démonstration de ce théorème (démonstration qui n'a rien d'évident), renforçant ainsi la structure par une preuve. Comme je l'ai dit plus haut, X est vrai *parce que* X possède une preuve et réciproquement, X est vrai, *donc* X possède une preuve.

La route est longue vers les preuves, mais aussi vers leur nature

J'ai mentionné plus haut la question : « Quels sont les nombres qui sont somme de deux nombres premiers ? », posée il y a bientôt trois siècles et qui n'a jamais été pleinement résolue. Mais les mathématiciens sont des chercheurs tenaces et, quand ils s'attaquent à une preuve, ça peut durer des siècles, voire des millénaires. Ils peuvent achopper pendant des lustres sur la preuve d'une structure mathématique qu'ils ont explorée numériquement et qui semble devoir se vérifier indéfiniment : cela ne les décourage pas. Une conjecture mathématique peut bien recevoir toujours plus de confirmations empiriques – ce qui serait bien suffisant pour la plupart des gens –, cela ne fait que renforcer l'acharnement et la frustration des mathématiciens. Ils veulent une preuve aussi solide que celle d'Euclide et pas seulement des tas de confirmations ponctuelles. Ils sont guidés par la foi, celle qu'une preuve existe – autrement dit que *s'il n'existe aucune preuve*, c'est que la structure étudiée doit être *fausse*.

C'est là le revers du Credo des mathématiciens :

X est *faux* car il n'y a aucune preuve de X ;

X est faux *et donc* il n'y a aucune preuve de X.

En résumé, pour un mathématicien, prouvable et vrai, et sa contrepartie non prouvable et faux, sont synonymes.

Dans les siècles qui ont suivi la Renaissance, les mathématiques se sont divisées en de nombreux rameaux et l'on a trouvé des preuves de toutes sortes dans toutes ses branches. Ici et là, toutefois, des résultats manifestement absurdes paraissaient avoir été rigoureusement démontrés, sans que personne puisse situer à quel endroit tout était parti en vrille. À mesure que des résultats toujours plus étranges apparaissaient, les doutes sur la nature des démonstrations devenaient plus troublants. À la fin du dix-neuvième siècle, un puissant mouvement a vu le jour dont le but était de préciser la nature exacte des raisonnements, afin de les lier à jamais aux mathématiques, de fusionner science du raisonnement et mathématiques.

De nombreux philosophes et mathématiciens ont apporté leur contribution à ce noble objectif et, à la charnière du dix-neuvième et du vingtième siècle, le but paraissait proche. On pensait avoir caractérisé avec précision le raisonnement mathématique comme étant le recours répété à certaines règles de base de la logique, appelées *règles d'inférence*, tel le *modus ponens* : si vous avez prouvé X, mais aussi X $\Rightarrow$ Y (où la flèche représente le concept d'implication, ce qui signifie que la dernière expression veut dire : « Si X est vrai, alors Y l'est aussi »), alors vous pouvez ranger Y dans la boîte des résultats prouvés. Il y avait aussi quelques autres règles fondamentales d'inférence, mais il était admis que seul un petit nombre était nécessaire. Dans la première décennie du vingtième siècle, Bertrand Russell et Alfred North Whitehead ont codifié ces règles en créant une notation plutôt tarabiscotée mais du moins unifiée (voyez la page ci-contre), censée permettre à la logique d'être incorporée à toutes les branches des mathématiques, dans une unité et une continuité parfaites.

Grâce à l'œuvre de Russell et Whitehead, les *Principia mathematica*, plus personne n'allait travailler avec la crainte de tomber dans les pièges camouflés des fautes de raisonnement. Les théorèmes seraient vus désormais comme la dernière ligne de séquences de manipulations de symboles dont les premières lignes étaient formées ou bien d'axiomes, ou bien de théorèmes antérieurs. La vérité mathématique s'affirmait avec élégance. Tandis que le Saint Graal se révélait ainsi en pleine lumière, un jeune garçon grandissait dans la ville de Brno, en Autriche-Hongrie.

***97·31.** $\vdash . (\overrightarrow{B'R}) \uparrow \text{Cnv}'\overleftarrow{R_*} \epsilon \epsilon_\Delta ' \overleftarrow{R_*}''\overrightarrow{B'R} . \text{D}'\{(\overrightarrow{B'R}) \uparrow \text{Cnv}'\overleftarrow{R_*}\} = \overrightarrow{B'R}$

Dem.

$\vdash . *97\cdot3 . *85\cdot13 \dfrac{\breve{R}_*}{Q} . \supset$

$\vdash : S \epsilon (\breve{R}_*)_\Delta '\overrightarrow{B'R} . \supset . S | \text{Cnv}'\overleftarrow{R_*} \epsilon \epsilon_\Delta '\overleftarrow{R_*}''\overrightarrow{B'R}$ (1)

$\vdash . (1) . *97\cdot301 . \quad \supset \vdash . I \upharpoonright \overrightarrow{B'R} | \text{Cnv}'\overleftarrow{R_*} \epsilon \epsilon_\Delta '\overleftarrow{R_*}''\overrightarrow{B'R} .$

[*50·61] $\supset \vdash . (\overrightarrow{B'R}) \uparrow \text{Cnv}'\overleftarrow{R_*} \epsilon \epsilon_\Delta '\overleftarrow{R_*}''\overrightarrow{B'R}$ (2)

$\vdash . *35\cdot62 . *33\cdot431 . \supset \vdash . \text{D}'\{(\overrightarrow{B'R}) \uparrow \text{Cnv}'\overleftarrow{R_*}\} = \overrightarrow{B'R}$ (3)

$\vdash . (2) . (3) . \supset \vdash . \text{Prop}$

***97·32.** $\vdash . \overrightarrow{B'R} \epsilon \text{D}''\epsilon_\Delta '\overleftarrow{R_*}''\overrightarrow{B'R}$ [*97·31]

***97·33.** $\vdash : R \epsilon 1 \to 1 . \alpha \subset s'\overleftrightarrow{R_*}''\beta . \beta \subset s'\overleftrightarrow{R_*}''\alpha . \supset . \overleftrightarrow{R_*}''\alpha = \overleftrightarrow{R_*}''\beta$

Dem.

$\vdash . *97\cdot15 . \text{Fact} . \supset \vdash :. \text{Hp} . \supset : y \epsilon \beta . x \epsilon \overleftrightarrow{R_*}'y . \supset . \overleftrightarrow{R_*}'y = \overleftrightarrow{R_*}'x . y \epsilon \beta .$

[37·62] $\supset . \overleftrightarrow{R_*}'x \epsilon \overleftrightarrow{R_*}''\beta$ (1)

$\vdash . (1) . *10\cdot11\cdot21\cdot23 . *40\cdot4 . \supset \vdash :. \text{Hp} . \supset : x \epsilon s'\overleftrightarrow{R_*}''\beta . \supset_x . \overleftrightarrow{R_*}'x \epsilon \overleftrightarrow{R_*}''\beta :$

[Hp.Syll] $\supset : x \epsilon \alpha . \supset_x . \overleftrightarrow{R_*}'x \epsilon \overleftrightarrow{R_*}''\beta :$

[*37·61] $\supset : \overleftrightarrow{R_*}''\alpha \subset \overleftrightarrow{R_*}''\beta$ (2)

$\vdash . *40\cdot4 . \supset \vdash :. \text{Hp} . \supset : y \epsilon \beta . \supset . (\exists x) . x \epsilon \alpha . y \epsilon \overleftrightarrow{R_*}'x .$

[*97·15] $\supset . (\exists x) . x \epsilon \alpha . \overleftrightarrow{R_*}'x = \overleftrightarrow{R_*}'y .$

[*37·62] $\supset . \overleftrightarrow{R_*}'y \epsilon \overleftrightarrow{R_*}''\alpha$ (3)

$\vdash . (3) . *37\cdot61 . \supset \vdash : \text{Hp} . \supset . \overleftrightarrow{R_*}''\beta \subset \overleftrightarrow{R_*}''\alpha$ (4)

$\vdash . (2) . (4) . \supset \vdash . \text{Prop}$

***97·34.** $\vdash : R \epsilon 1 \to 1 . \beta \epsilon \text{D}''\epsilon_\Delta '\overleftrightarrow{R_*}''\alpha . \supset . \overleftrightarrow{R_*}''\alpha = \overleftrightarrow{R_*}''\beta$

Dem.

$\vdash . *83\cdot6\cdot62 . \quad \supset \vdash :. \text{Hp} . \supset : x \epsilon \alpha . \supset_x . \exists ! \beta \cap \overleftrightarrow{R_*}'x : \beta \subset s'\overleftrightarrow{R_*}''\alpha$ (1)

$\vdash . *40\cdot4 . *97\cdot101 . \supset \vdash :. x \epsilon \alpha . \supset_x . \exists ! \beta \cap \overleftrightarrow{R_*}'x . \equiv . \alpha \subset s'\overleftrightarrow{R_*}''\beta$ (2)

$\vdash . (1) . (2) . *97\cdot33 . \supset \vdash . \text{Prop}$

***97·341.** $\vdash : R \epsilon 1 \to 1 . \beta \epsilon \text{D}''\epsilon_\Delta '\overleftarrow{R_*}''\overrightarrow{B'R} . \supset . \overleftrightarrow{R_*}''\beta = \overleftarrow{R_*}''\overrightarrow{B'R}$

$[*97\cdot34 \dfrac{\overrightarrow{B'R}}{\alpha} . *97\cdot2]$

***97·35.** $\vdash : R \epsilon \text{Cls} \to 1 . T \epsilon \text{Potid}'R . \overrightarrow{B'R} \subset \text{D}'T . \supset .$
$\text{Cnv}'\{(\overleftarrow{R_*} \upharpoonright \overrightarrow{B'R}) | T\} \epsilon \epsilon_\Delta '\overleftarrow{R_*}''\overrightarrow{B'R} . \text{Œ}'\{(\overleftarrow{R_*} \upharpoonright \overrightarrow{B'R}) | T\} = \breve{T}''\overrightarrow{B'R}$

Dem.

$\vdash . *97\cdot3 . *92\cdot101 . \supset \vdash : \text{Hp} . \supset . \text{Cnv}'\{(\overleftarrow{R_*} \upharpoonright \overrightarrow{B'R}) | T\} \epsilon 1 \to \text{Cls}$ (1)

Chapitre 10
La boucle étrange type de Gödel

❧ ❧ ❧

La rencontre de Gödel et de Fibonacci

À vingt ans, notre jeune homme de Brno était déjà un mathématicien de talent. Comme tous les mathématiciens, il connaissait les innombrables facettes des nombres premiers. En dehors des carrés, des cubes, des nombres premiers, des puissances de dix, des sommes de deux carrés et autres combinaisons possibles usuelles, il était rompu à bien d'autres catégories d'entiers. Grâce à Léonard de Pise (plus connu sous le nom de « Fibonacci »), le jeune Kurt était familier – et cela se révélera déterminant pour l'avenir – des classes d'entiers qu'on pouvait définir par *récursion*.

Dans les années 1300, Fibonacci avait concocté et exploré ce qu'on appelle aujourd'hui les nombres de la « suite de Fibonacci » :

1, 2, 3, 5, 8, 13, 21, 34, 55, 89, 144, 233, 377, 610, 987, 1 597…

Dans cette suite infinie à croissance rapide, dont j'appellerai désormais les termes « les nombres F », chaque nouvel élément est obtenu en faisant la somme des deux qui le précèdent (à l'exception de la première paire, 1 et 2, dont on se contente de décréter qu'ils sont des nombres F).

Cette façon presque-mais-pas-tout-à-fait-circulaire de définir une suite de nombres en se servant d'eux-mêmes s'appelle une « définition récursive ». Cela signifie qu'il y a une règle de calcul précise qui permet de construire de nouveaux éléments à partir des anciens. La règle peut provenir d'additions, de multiplications, de divisions, peu importe du moment qu'elle est bien définie. On peut considérer le gambit d'ouverture d'une suite récursive (dans notre cas, les nombres 1 et 2) comme une poignée de semences à partir desquelles pousse une plante gigantesque – avec son infinité de branches et de feuilles – d'une façon prédéterminée, assise sur la règle fixée.

Les gemmes de la Caspienne : une allégorie

La suite de Léonard de Pise déborde de structures sensationnelles mais qui, malheureusement, nous entraîneraient trop loin. Je ne peux cependant m'empêcher de faire remarquer que 144 saute aux yeux dans la liste des quelques premiers nombres F : c'est un carré parfait. À part 8, qui est un cube, et 1, qui est un cas passablement dégénéré, il n'y a pas un seul autre carré parfait, pas un cube ni une puissance quelconque qui apparaisse dans les premières centaines de termes de la suite F.

Il y a quelques décennies, on a commencé à s'interroger : la présence de 8 et 144 a-t-elle une *raison*, ou est-ce un simple « accident » ? On a repris les recherches dès que des outils informatiques, toujours plus puissants, furent disponibles. Fait plutôt curieux, même les super-ordinateurs débitant des millions ou même des milliards de nombres F ne sont pas tombés sur une seule autre puissance parfaite dans la suite de Fibonacci. La possibilité qu'une puissance apparaisse très prochainement dans la suite F paraissait mince, mais pourquoi faudrait-il qu'il n'en apparaisse plus *jamais* ? Pourquoi les puissances n-ièmes entretiendraient-elles nécessairement un rapport antinomique avec l'étrange addition de paires de nombres des suites de Fibonacci ? 8 et 144 seraient-ils de simples incidents de parcours ? Et pourquoi n'y en aurait-il pas d'autres ?

Pour éclairer tout cela d'une façon allégorique, imaginons quelqu'un qui, un jour, trouverait un diamant géant, un rubis flamboyant et une toute petite perle au fond de l'immensité verte de la mer Caspienne, en Asie centrale, et que d'autres chercheurs de bonne fortune, stimulés par la trouvaille, se mettent à draguer comme des fous le fond du plus grand lac du monde à la recherche de diamants, de rubis, de perles, d'émeraudes et autres topazes. Mais ils ont beau draguer, ils ne trouvent rien. On pourrait évidemment se demander s'il s'y trouve d'autres pierres précieuses, mais comment savoir ? (Attention, mon allégorie est un peu bancale, car on peut toujours imaginer une équipe scientifique richement subventionnée qui fouillerait le lac de fond en comble, lequel, pour être gigantesque, n'en est pas moins fini. Pour que mon analogie soit « parfaite », il nous faudrait concevoir une mer Caspienne infinie. Mais quoi, cher lecteur, faites un petit effort d'imagination !)

Et maintenant, l'estocade. Imaginons un géologue féru de mathématiques qui s'avise de *prouver* que les deux belles gemmes de la Caspienne et sa minuscule perle ronde sont *sui generis*, en d'autres termes, qu'il y a une *raison* précise à ce qu'on n'en trouve jamais plus (ou qu'on ne *puisse* plus jamais en trouver) d'aucune sorte, d'aucune taille, au fond de la mer Caspienne. Se lancer à la recherche d'une telle preuve a-t-il un sens ? Quelle serait la *raison* scientifique indiscutable interdisant formellement, à jamais, qu'on trouve au fond de la Caspienne une gemme quelconque, à l'exception d'une perle, d'un rubis et d'un diamant particuliers ? Cela paraît absurde.

C'est typiquement notre façon de considérer le monde physique : nous y voyons plein d'événements contingents, des faits qui auraient pu être autres, des situations qui n'ont pas d'explication particulière sinon qu'elles existent. Mais rappelez-vous : les mathématiciens voient leur monde abstrait immaculé comme l'antithèse du monde physique aléatoire et plein d'aspérités qui est le nôtre. Pour les mathématiciens, tout ce qui arrive dans leur monde provient, sans souffrir d'exception, de *raisons* qu'on peut formuler et comprendre.

Il vous faudra adopter ce credo si vous voulez comprendre la manière de penser des mathématiciens. Bien qu'il s'agisse d'un détail aux yeux de la plupart des mathématiciens, dans notre cas précis, le mystère des puissances dans la suite de Fibonacci restait un vrai casse-tête : pas un seul angle d'attaque naturel en vue… Il semblait bien que les deux phénomènes concernés, l'élévation d'entiers à des puissances arbitrairement grandes d'une part et les nombres de la suite de Fibonacci de l'autre, fussent (comme les pierres précieuses de la mer Caspienne) trop éloignés conceptuellement l'un de l'autre pour avoir un quelconque lien profond, systématique, inéluctable.

Vint alors la cohorte de mathématiciens qui se sont collectivement attaqués à un « gros gibier », en apportant leur pierre à l'édifice du dernier théorème de Fermat (l'affirmation célèbre, énoncée pour la première fois par Pierre de Fermat au milieu du dix-septième siècle, qu'il n'existe pas d'entiers strictement positifs a, b et c vérifiant la relation $a^n + b^n$ égale c^n pour tout entier n strictement supérieur à 2). Cette grande équipe internationale de course de relais, dont le sprint final a été magnifiquement remporté par Andrew Wiles (ce qui lui a tout de même pris près de huit ans) a pu enfin démontrer l'affirmation plusieurs fois centenaire de Fermat, en utilisant pour cela des techniques démentielles combinant des idées venues de tout le vaste champ des mathématiques contemporaines.

Dans le sillage du travail révolutionnaire de cette équipe, de nouvelles voies ont été tracées permettant d'entrebâiller bon nombre de vénérables portes fermées, y compris celle, bien verrouillée, du petit mystère néanmoins fascinant de la suite de Fibonacci. De fait, une dizaine d'années après la démonstration du dernier théorème de Fermat, un trio de mathématiciens a réussi, en exploitant les techniques mises en œuvre par Wiles et d'autres, à repérer la *raison* exacte pour laquelle le cube 8 et le carré 144 n'auront jamais d'autres copains d'aucune puissance dans la suite récursive de Léonard de Pise (en dehors de 1). Bien qu'extrêmement absconse, la raison de ce ballet sans fin d'évitement mutuel a été trouvée. Nouveau triomphe du credo des mathématiciens – et raison supplémentaire d'investir un bon paquet dans la fière devise mathématique : *là où il y a une structure, il y a une raison.*

La petite étincelle dans le cerveau de Gödel

Revenons-en à l'histoire de Kurt Gödel et à sa rencontre avec l'idée féconde que toutes sortes de classes infinies de nombres peuvent être définies à l'aide de différentes règles de récursion. L'image de la croissance organique d'une structure ou d'un motif infini, se développant à partir d'un petit ensemble de semences initiales était pour Gödel bien plus qu'une simple curiosité. Cela lui rappelait que les théorèmes de *PM* (tout comme les théorèmes des *Éléments* d'Euclide) provenaient toujours de théorèmes antérieurs par le jeu des règles d'inférence formelles. À l'exception toutefois des premiers dont on décrète qu'ils sont des théorèmes, ce pourquoi on les nomme « axiomes » (analogues aux semences).

En d'autres termes, cette vague réminiscence avait fait surgir dans le cerveau de Gödel l'étincelle d'une prudente analogie : les *axiomes* de *PM* joueraient le rôle des semences initiales de la suite de Fibonacci (1 et 2) et les *règles d'inférence* celui de la procédure consistant à additionner les deux derniers nombres sortis. La différence essentielle est que, dans *PM*, il y a plusieurs règles d'inférence et non une seule, ainsi chaque étape vous laisse face à des choix. Il y a plus : rien ne vous oblige à appliquer la même règle à chaque fois, ce qui vous ouvre encore plus de possibilités. Mais, en dehors de ces degrés supplémentaires de liberté, le lien vu par Gödel était très étroit, et cette analogie s'est révélée prodigieusement féconde.

Des règles ingénieuses insufflent du sens aux symboles inertes

Il me faut insister ici sur le fait que chaque règle d'inférence d'un système formel comme *PM* ne se contente pas de conduire à de nouvelles formules à partir d'une ou plusieurs antérieures : cela se fait d'une façon *purement typographique*, c'est-à-dire *via* des manipulations mécaniques de symboles qui ne nécessitent aucune réflexion sur leur signification. Du point de vue d'une personne (ou d'une machine) qui se conforme aux règles de production de théorèmes, ces symboles pourraient tout aussi bien être dénués de sens.

D'un autre côté, chaque règle doit être soigneusement pesée pour qu'à partir de formules exprimant des vérités sorte une formule qui en fasse autant. Le concepteur de règles (en l'occurrence Russell et Whitehead) doit donc réfléchir aux significations qu'il donne aux symboles pour être certain que la règle va parfaitement fonctionner quand ils seront manipulés (par un humain ou quoi que ce soit d'autre) *sans* réfléchir aux significations en question.

Prenons un exemple très simple. Supposons que le symbole « ∨ » soit prévu pour représenter le concept de « ou ». Une règle d'inférence possible pourrait être :

*De toute formule « $P \vee Q$ », on peut déduire
la formule symétrique « $Q \vee P$ ».*

Cette règle d'inférence est raisonnable parce qu'à chaque fois qu'une affirmation contenant « ou » (comme « Tu es fou ou je suis fou ») est vraie, l'affirmation renversée (« Je suis fou ou tu es fou ») l'est aussi.

Il se trouve que cette fichue règle du « ∨ » bien précise ne fait pas partie de *PM*, mais elle aurait pu l'être. Il s'agissait simplement de montrer, avec cette règle, comment on peut manipuler mécaniquement les symboles sans se préoccuper de leur signification, tout en étant certain d'obtenir quelque chose de vrai. Cette règle est passablement triviale, mais il y en a de plus subtiles qui fonctionnent très bien. L'idée tout entière de la logique symbolique est là. Elle a été suggérée la première fois par Aristote puis développée pas à pas au cours des siècles par des penseurs tels que Blaise Pascal, Gottfried Wilhelm von Leibniz, George Boole, Augustus De Morgan, Gottlob Frege, Giuseppe Peano, David Hilbert et bien d'autres. Russell et Whitehead ont simplement développé le vieux rêve d'un raisonnement totalement mécanisé ; mais ils l'ont fait d'une façon plus ambitieuse qu'aucun de leurs prédécesseurs.

La mécanisation du Credo des mathématiciens

Si l'on applique les règles d'inférence de *PM* à ses propres axiomes (les semences qui constituent la « génération zéro » des théorèmes), on obtiendra une « descendance » – les théorèmes de « première génération ». En appliquant à nouveau les règles aux théorèmes de la première génération (aussi bien qu'aux axiomes) de toutes les manières possibles, on obtiendra un nouveau paquet de théorèmes – ceux de seconde génération. De l'ensemble de cette mixture sortira le paquet des théorèmes de troisième génération, et ainsi de suite, *ad infinitum*, comme une boule de neige grossissant sans cesse. Le corpus infini des théorèmes de *PM* est entièrement déterminé par les semences initiales et par les « règles de croissance » typographiques permettant de produire de nouveaux théorèmes à partir des anciens.

Il va sans dire qu'on s'attend à ce que tous les théorèmes de *PM*, générés mécaniquement, soient des propositions vraies de la théorie des nombres (c'est-à-dire qu'aucun théorème faux n'apparaisse jamais) ; réciproquement, on s'attend à ce que toute proposition vraie de la théorie des nombres soit engendrée mécaniquement en tant que théorème de *PM* (c'est-à-dire qu'il ne puisse jamais se produire qu'un énoncé vrai attende indéfiniment d'être engendré par les mécanismes de *PM*. La première de ces attentes est appelée *consistance* (ou *cohérence*), la seconde *complétude*.

En un mot, nous nous attendons à ce que la totalité du corpus infini de *PM* coïncide exactement avec le corpus infini des énoncés vrais de la théorie des nombres : nous voulons un parfait parallélisme. En tout cas, c'était là l'ambition de Russell et Whitehead, et ils pensaient y être parvenus (après tout, « s0 + s0 = ss0 » était bien un théorème, non ?).

Rappelons-nous le Credo des mathématiciens qui, sous une forme ou une autre, avait cours des siècles avant l'arrivée de Russell et Whitehead :

X est vrai *parce que* il y a une preuve de X ;

X est vrai *donc* il y a une preuve de X.

La première ligne exprime la première attente énoncée plus haut : la consistance (ou cohérence). La seconde exprime la complétude. Comme on le voit, le Credo des mathématiciens est en relation étroite avec les objectifs de Russell et Whitehead. Ils cherchaient toutefois à établir le credo sur une base nouvelle et rigoureuse, *PM* lui servant de piédestal. En d'autres termes, là où le Credo des mathématiciens se contente de parler d'une « preuve », sans dire ce qu'on entend par là, Russell et Whitehead voulaient qu'on comprenne qu'il s'agit d'une *preuve à l'intérieur de PM*.

Gödel lui-même avait un profond respect pour la puissance de *PM*, comme on le voit dès les premières phrases de son article de 1931 :

Le développement des mathématiques vers plus d'exactitude a conduit, comme nous le savons, à en formaliser de larges secteurs, de telle sorte que la démonstration puisse s'y effectuer uniquement au moyen de quelques règles mécaniques. Les systèmes formels les plus complets établis jusqu'à ce jour sont, d'un côté, le système des *Principia mathematica (PM)* et, de l'autre, le système axiomatique de la théorie des ensembles établi par Zermelo-Fraenckel (et développé par J. von Neumann). Les deux systèmes sont si vastes que toutes les méthodes de démonstration utilisées aujourd'hui en mathématiques y sont formalisées, c'est-à-dire ramenées à quelques axiomes et règles d'inférence.[1]

Cependant, malgré ce généreux coup de chapeau à l'œuvre de Russell et Whitehead, Gödel ne croyait plus que la coïncidence parfaite entre les énoncés vrais et les théorèmes de *PM* ait été atteinte, ni même qu'une telle chose *puisse jamais* être atteinte. Son profond scepticisme venait de ce qu'il avait senti la présence d'une boucle extrêmement étrange tapie à l'intérieur des dédales de ce palais du raisonnement mathématique assommant, qui ne faisait que débiter mécaniquement des symboles et qui était, pour tout dire, dénué de sens.

Un miracle de synchronie

Le parallèle conceptuel entre les suites d'entiers définies par récursion et l'ensemble des théorèmes de différentes générations de *PM* (ou, dans ce cas précis, de n'importe quel système formel dès lors qu'il comprend des axiomes en guise de semences et des règles d'inférence en guise de mécanismes de croissance) suggéra à Gödel que les motifs typographiques des symboles dans les pages des *Principia mathematica* – la déduction logique rigoureuse de nouveaux théorèmes à partir de théorèmes antérieurs – pourraient bien avoir une parfaite « image en miroir » dans le monde des nombres. Une voix intérieure lui disait que cet air de famille

---

1. D'après la traduction de l'allemand de Jean-Baptiste Scherrer dans l'ouvrage déjà cité : *Le théorème de Gödel*, Seuil 1989, réédité dans la collection « Points Sciences » en 1997.

n'était pas qu'une vague ressemblance mais pourrait probablement se transformer en une correspondance d'une précision absolue.

Précisément, Gödel envisagea un ensemble de nombres entiers qui pourraient organiquement se déduire les uns des autres par des calculs arithmétiques, en gros comme le font les nombres *F* de Fibonacci, mais qui pourraient aussi correspondre terme à terme avec l'ensemble des théorèmes de *PM*. Par exemple, si le théorème *Z* vient des théorèmes *X* et *Y* en appliquant la règle typographique *R5*, et si le nombre *z* se déduit des nombres *x* et *y*, alors tout va se correspondre. C'est-à-dire que, si *x* est le nombre correspondant au théorème *X*, et *y* à *Y*, alors « miraculeusement », *z* se trouverait être le nombre correspondant à *Z*. La synchronie serait parfaite : les deux aspects (typographique et numérique) se suivraient pas à pas. Au départ, cette idée d'une synchronie miraculeuse n'était qu'une simple étincelle, mais Gödel s'est vite rendu compte que son ébauche de rêve pouvait être précisée, et de là expliquée à des tiers. Il s'est donc jeté à l'eau.

Un va-et-vient entre formules et très grands entiers

Pour transformer son intuition en une idée sérieuse, précise et respectable, Gödel devait d'abord concevoir comment transformer systématiquement une chaîne quelconque de symboles *PM* (qu'il s'agisse d'une assertion vraie ou fausse, ou même d'un fouillis de symboles alignés au petit bonheur) en un entier positif ; réciproquement, comment un tel entier pourrait être « décodé » pour redonner la chaîne dont il était issu. La première étape du rêve de Gödel, une correspondance systématique assignant un nombre à chaque formule, se présentait de la façon suivante.

L'alphabet de base de *PM* se limitait à une petite douzaine de symboles (d'autres furent introduits par la suite, mais en étant tous définis à l'aide des symboles initiaux, ce qui ne les rendait pas conceptuellement nécessaires). Gödel avait attribué à chacun de ces symboles un petit nombre entier spécifique (le choix initial était quasiment arbitraire – le nombre associé à un symbole donné n'ayant pas vraiment d'importance).

Pour les formules composées de symboles multiples (soit dit en passant, les termes « chaîne de symboles » – ou « chaîne » en abrégé – et « formule » sont synonymes dans ce livre), l'idée était de remplacer les symboles un à un, en allant de gauche à droite, par leur numéro de code, puis de faire opérer tous ces numéros de code individuels entre eux (en s'en servant comme exposants des nombres premiers successifs) pour obtenir un unique grand entier. Par conséquent, une fois qu'on avait attribué des numéros aux symboles *isolés,* les nombres correspondant aux *chaînes* de symboles n'avaient quant à eux *rien* d'arbitraire.

Par exemple, supposons que le numéro de code (arbitraire) pour le symbole « 0 » soit 2 et que celui du symbole « = » soit 6. Pour les trois symboles de la formule très simple « 0 = 0 », les numéros de code sont 2, 6, 2 ; ces trois nombres sont utilisés comme *exposants* pour les trois premiers nombres premiers (2, 3 et 5) de la manière suivante :

$$2^2 \cdot 3^6 \cdot 5^2 = 72\,900$$

72 900 est donc l'unique nombre qui correspond à la formule « 0 = 0 ». Évidemment, c'est un entier plutôt grand pour une formule aussi courte et on imagine la taille astronomique de celui correspondant à une formule de cinquante symboles ! Cela suppose en effet élever les cinquante premiers nombres premiers à différentes puissances, puis multiplier entre eux ces nombres déjà gigantesques pour en arriver à un chiffre colossal. Mais peu importe – les nombres sont des nombres et on ne soucie pas de leur taille. (Heureusement pour Gödel qu'il y a une infinité de nombres premiers ! S'il n'y en avait eu que disons un milliard, sa méthode ne lui aurait pas permis d'encoder des formules de plus d'un milliard de symboles – en fait, bien moins. Quel dommage !)

Le décodage consiste à décomposer 72 900 en facteurs premiers (décomposition qui est unique) puis à prendre les exposants des nombres premiers pris l'un après l'autre dans l'ordre croissant – dans notre cas, cela donnera : 2, 6 et 2.

En résumé, par ce procédé guère évident mais assez simple, Gödel avait trouvé un moyen de remplacer une formule donnée de *PM* par un nombre équivalent (qu'on allait bientôt baptiser son *nombre de Gödel*). Il étendit cette « arithmétisation » à des *séquences* arbitraires de formules, puisque les preuves *PM* sont des séquences de formules, et chercha à s'attaquer aux preuves de *PM* et pas seulement aux formules isolées. C'est ainsi qu'une séquence arbitraire de formules, quelle que soit sa longueur, pouvait se convertir en un grand entier essentiellement *via* la même technique, en ayant recours à des nombres premiers et des exposants. Sachez que nous parlons donc ici de nombres *vraiment* très grands !

Pour résumer, Gödel a donc montré comment assigner un nombre unique à un quelconque motif visuel symbolique respectant la notation caractéristique des *Principia mathematica*, nombre qui pouvait être facilement décodé pour restituer le motif visuel (c'est-à-dire la séquence de symboles) originel. Construire et affiner cette correspondance bi-univoque, universellement appelée aujourd'hui « la numération de Gödel », constituèrent la première étape décisive de son travail.

Des entiers gigantesques dans la foulée des formules

L'étape suivante fut de fournir des définitions récursives, à la Fibonacci, d'ensembles d'entiers particuliers – des entiers engendrés par croissance organique à partir d'autres entiers engendrés de la même façon, par addition, multiplication ou quelque manipulation plus complexe. On pourrait prendre pour exemple les nombres *fbf* qui, selon le code de Gödel, sont les entiers qui représentent les « formules bien formées » ou « signifiantes » de *PM*, par opposition à celles qui sont sans signification ou aux chaînes grammaticalement incorrectes. (Exemple de formule bien formée, en abrégé « fbf » : « 0 + 0 = sss0 ». L'assertion qu'elle exprime est fausse mais signifiante. Par contre : « =)0(= », ou : « 00 = = 0 + = » ne sont pas fbf. À l'instar de la séquence arbitraire de pseudo-mots « zzoum pilloubillou mouzz », elles n'affirment rien du tout.) Tout comme il arrive qu'à l'intérieur de *PM* de longues fbf soient construites à partir de formules plus courtes par la simple application des règles de juxtaposition typographiques standards, le grand code numérique correspondant peut être calculé à partir de codes plus petits, ou plus courts, grâce à seulement quelques règles de calcul.

J'ai décrit tout ce qui précède avec une relative simplicité, mais cette étape représente probablement ce qu'il y a de plus profond dans les idées de Gödel : une fois que les chaînes de symboles eurent été « arithmétisées » (c'est-à-dire qu'on leur eut assigné une contrepartie numérique), n'importe quelle chaîne de symboles écrite avec les règles d'enchaînement typographique avait son correspondant numérique, lequel évoluait dans l'univers strictement parallèle des *calculs purement arithmétiques*. Sans doute s'agissait-il de nombres énormes, mais ce n'était jamais que des nombres. Ce qui apparaissait à Russell et Whitehead comme des *manipulations de symboles* élaborées n'était plus pour Gödel qu'une foule de simples *number-crunchings* (pour reprendre l'argot imagé des informaticiens d'aujourd'hui, autrement dit des *traitements de nombres à grande échelle*, lequel bien entendu ne faisait pas partie du vocabulaire de Gödel en ces temps préhistoriques où les ordinateurs n'existaient pas). Il ne s'agissait que de deux façons différentes de voir la même chose, à cent pour cent équivalentes et interchangeables.

Quelques lueurs sur la façon dont *PM* se retourne sur lui-même pour se contempler

Gödel vit que le jeu de construction d'une classe infinie de nombres tels que les nombres fbf, par le biais de la récursion – à savoir la fabrication de nouveaux « membres du club » en combinant entre eux les vétérans de la confrérie *via* un procédé de traitement de masse – revenait pour l'essentiel à la même chose que le jeu récursif utilisé par Fibonacci pour construire la classe des nombres F par addition de nombres antérieurs. Bien entendu, les procédés récursifs peuvent être bien plus compliqués que la simple somme, à l'intérieur du club, des deux derniers impétrants.

Une définition récursive partage implicitement l'ensemble des nombres entiers en membres et non-membres du club – à savoir ceux qui *peuvent en faire partie* et ceux qui *ne le peuvent pas*, quel que soit le temps d'attente. C'est ainsi que 34 est membre du club F, mais pas 35. Comment savons-nous que 35 n'en est pas ? C'est très simple : la règle de recrutement de nouveaux membres fait qu'ils sont toujours plus grands que les anciens ; dès qu'on a dépassé une certaine taille, il n'y a aucune chance en allant plus loin de recruter des membres plus petits. En d'autres termes, une fois construits les nombres F : 1, 2, 3, 5, 8, 13, 21, 34, 55, nous savons que ce sont les seuls jusqu'à ce rang : il est donc évident que 35, 36, etc. jusqu'à 54 ne sont pas des nombres F.

Mais, si quelque autre club de nombres est défini par une loi récursive telle que les nouveaux venus sont tantôt *plus grands* que leurs prédécesseurs tantôt *plus petits*, alors, contrairement au cas simple du club F, on ne peut pas être sûr de ne jamais retourner en arrière dans l'ordre des entiers et de finalement recruter un entier plus petit ayant échappé aux passages précédents.

Attardons-nous un peu sur le club défini récursivement des nombres que nous avons appelés « fbf ». Nous avons vu que 72 900 possède la propriété fbf, la « fbf-itude » et, en y réfléchissant un peu, on peut voir que 576 et 2 916 en sont dépourvus. (Pourquoi ? Eh bien, si vous les décomposez en facteurs premiers et regardez les exposants de 2 et 3, vous verrez que ces nombres encodent respectivement les chaînes « 0 = » et « = 0 » qui n'ont pas de sens : ce ne sont donc pas des formules bien formées.) Autrement dit, en dépit de sa curieuse définition, la propriété fbf, est un objet d'étude tout aussi pertinent de l'univers numérique que le fait d'être un carré parfait, que la primalité ou la propriété F de Fibonacci. En tout cas pas plus et pas moins. La distinction entre membres et non-membres du « club fbf » est aussi authentique *en théorie des nombres* que celles qui caractérisent les clubs des carrés, des nombres premiers, des nombres F, pour la bonne raison que les nombres fbf sont définis arithmétiquement de façon récursive (c'est-à-dire d'une façon quantitative). De plus, il se trouve que les règles récursives qui définissent la propriété fbf produisent toujours de nouveaux termes plus grands que les précédents, ce qui fait qu'elle partage avec la propriété F le fait très simple qu'une fois dépassée une certaine taille, on sait qu'on ne reviendra pas sur nos pas.

De même qu'il y avait de quoi être intrigué par la présence ou l'absence de carrés dans la suite de Fibonacci, de même aurait-on très bien pu s'intéresser à la présence de carrés (ou de cubes, etc.) dans la suite récurrente des nombres fbf. On peut passer pas mal de temps sur ces questions relevant exclusivement de la théorie des nombres, sans jamais penser aux formules correspondantes des *Principia mathematica*.

On peut ignorer totalement le fait que les nombres fbf de Gödel avaient leur origine dans les règles de Russell et Whitehead permettant de définir des formules fbf dans les *Principia mathematica*. Exactement comme on peut étudier les probabilités sans jamais soupçonner que cette branche profonde des mathématiques est issue de l'analyse des jeux de hasard. Ce qui s'est passé jadis dans la tête du quidam l'ayant amené à définir une suite récursive n'a évidemment aucune incidence sur les nombres qu'il a définis : tout ce qui compte est le procédé de calcul permettant de fabriquer de nouveaux membres du club à partir des semences initiales, en appliquant la règle de récursion un certain nombre de fois.

Les nombres fbf sont donc relativement faciles à définir de façon récursive. C'est bien pourquoi la propriété fbf (tout comme la propriété *F*) est très exactement le genre de concept mathématique dont traitent les *Principia mathematica*. Il est certain que Russell et Whitehead n'avaient jamais imaginé que leur système de raisonnement mécanique pourrait se prêter à un aussi curieux usage où ses propres propriétés mécaniques deviennent l'objet de ses investigations, un peu comme on se servirait d'un microscope pour chercher les défauts éventuels de ses propres lentilles. Ce ne serait pas la première fois qu'une invention surprend ses inventeurs !

Des nombres princiers

S'étant rendu compte qu'on aurait pu ajouter un volume hypothétique à l'œuvre de Russell et Whitehead, où les nombres fbf seraient définis et leurs propriétés minutieusement étudiées, Gödel poussa l'analogie plus loin et montra, en se servant de toute une machinerie raffinée mais sans véritable difficulté conceptuelle, qu'il y avait, définie de façon récursive, une classe infinie de nombres entiers infiniment plus intéressants encore et que je nommerai les nombres *princiers*[1] (hommage malicieux au titre des trois célèbres volumes), à savoir les nombres qui renvoient à des formules *prouvables* de *PM* (les théorèmes).

Une preuve de *PM* est bien sûr une série de formules qui, à partir des axiomes de *PM*, mènent à la formule qu'on veut prouver, chaque étape étant légitimée par quelque règle de raisonnement – laquelle devient dans PM une règle d'inférence typographique formelle. Pour chaque règle agissant sur des chaînes de *PM*, Gödel a produit une règle de calcul parfaitement assortie agissant sur les nombres. Le calcul numérique fait un pied de nez à la manipulation typographique, en lui lançant avec culot : « Ce que tu peux faire, je le fais mieux ! ». D'accord, pas vraiment *mieux*. Mais ce qui est important, c'est que Gödel a montré de manière irréfutable que les règles de calcul sont toujours capables de singer à la perfection n'importe quelle règle typographique, de rester en parfaite synchronie avec elle. Les règles numériques sont donc *au moins aussi efficaces*.

En conséquence de quoi, toute *chaîne prouvable* du système formel de Russell et Whitehead avait sa contrepartie en *nombre princier*. Tout entier princier pouvait être décodé en symboles, et la chaîne obtenue était une formule prouvable de *PM*. De même, toute formule prouvable dans *PM* pourrait être codée par un nombre gigantesque et, à la grâce de Dieu, avec suffisamment de calculs, vous pourriez finir par montrer qu'il s'agit bien d'un nombre princier. Notre vieux copain 72 900 est un exemple simple de nombre princier, puisque la formule « 0 = 0 », outre qu'elle est bien formulée, est aussi déductible dans *PM*, ce qui n'est pas trop surprenant. (En fait, si elle ne l'était pas, *PM* serait une illustration pathétique d'un type de raisonnement mathématique purement mécanique !)

Il y a une différence fondamentale entre les nombres fbf et les nombres princiers : elle provient du fait que les règles d'inférence de *PM* produisent parfois des chaînes *plus courtes* que celles dont elles sont issues.

---

1. Pour « *Prim numbers* » : triple jeu de mots sur « *prime number* », nombre premier, « *prim* », affecté, collet monté, comme-il-faut, et « *Principia mathematica* », l'œuvre de Russell et Whitehead. (N.d.T.)

Cela signifie que les règles arithmétiques correspondantes définissant des nombres princiers partiront parfois de *grands* nombres pour les transformer en un nombre *plus petit*. Il s'ensuit qu'on peut être amené à revisiter un intervalle de nombres où l'on est déjà passé, ce qui rend bien plus difficile de savoir si un entier donné est princier ou non. Il s'agit là d'une propriété très importante et très profonde des nombres princiers.

Tout comme pour les carrés, les nombres premiers, *F* ou fbf, nous pourrions avoir ici aussi un volume hypothétique de l'œuvre de Whitehead et Russell dans lequel les nombres princiers pourraient être définis et leurs propriétés étudiées. Par exemple, un tel volume pourrait contenir une preuve de la formule de *PM* (une fois examinée avec soin) qui affirme : 72 900 est un nombre princier, tout en discutant d'une autre formule qui apparemment affirmerait le contraire (« 72 900 n'est pas un nombre princier »), etc. Cette dernière assertion est évidemment fausse, alors que la première est vraie. Des idées plus complexes de la théorie des nombres pourraient être formulées en notations *PM* et étudiées dans notre volume hypothétique, comme : « Il y a une infinité de nombres princiers » – ce qui serait équivalent (*via* un code) à l'assertion : « Il y a une infinité de formules prouvables dans *PM* ».

Aussi curieux que cela puisse paraître, on pourrait se poser des questions de théorie des nombres dans le style de celles du dix-huitième siècle, comme : « Quels sont les entiers décomposables en somme de deux nombres princiers, quels sont ceux qui ne le sont pas ? » Il est probable qu'il ne viendra à l'idée de personne de se poser des questions aussi saugrenues, mais cela montre que la propriété d'être un entier princier, quelque ésotérique et « moderne » qu'elle soit, n'est pas moins authentique qu'une propriété « classique » de la théorie des nombres telle qu'être un carré, être premier ou un nombre de Fibonacci.

L'étrange pouvoir des nombres princiers

Imaginons que quelqu'un vous ait dit avoir construit une machine – appelons-la « Guru » – qui saurait toujours répondre avec exactitude à toute question du style : « *n* est-il premier ? », où *n* est un entier quelconque. Si on lui demandait : « 641 est-il premier ? », Guru ferait ronronner ses rouages un petit moment avant de répondre : « Oui ». Pour 642, Guru « penserait » un peu avant de répondre : « Non ». Pas de quoi en faire un plat. À notre époque, la construction d'un tel engin, à l'aide de circuits en silicium ou de notre technologie des dominos, ne ferait plus rêver personne.

Supposons maintenant qu'on vous annonce qu'une machine analogue – appelons-la cette fois « Göru » – sait répondre à toute question comme : « n est-il un princier ? » Ne réagiriez-vous pas à la nouvelle – strictement analogue à la précédente – par un « Bof ! » quelque peu blasé ? Si c'est le cas, je me permets de vous suggérer d'y réfléchir à deux fois.

Voilà pourquoi. Si vous pensez que Göru est fiable et que vous vous en remettez au credo des mathématiciens (version *Principia mathematica*), vous pourriez conclure que votre petit Göru, qui travaille tout seul, pourrait répondre à *n'importe quelle question de théorie des nombres* que vous vous poseriez, comme un génie tout droit sorti de sa lampe magique. Pourquoi ? Qu'est-ce qui donne à Göru les pouvoirs magiques du petit génie d'Aladin ?

Eh bien, si vous vouliez savoir si l'assertion X est vraie ou fausse (par exemple la célèbre affirmation : « Tout entier pair strictement supérieur à 2 est la somme de deux nombres premiers » – et dont j'ai dit plus haut qu'elle n'était toujours pas réglée aujourd'hui, après près de trois siècles de dur labeur), il vous suffirait de transcrire X dans les notations de *PM*, de convertir mécaniquement la formule obtenue en son nombre de Gödel x, et de donner ce dernier en pâture à Göru (c'est-à-dire lui demander si x est un princier ou non). Évidemment, x serait très, très grand et ça occuperait sans doute Göru pendant un bon petit moment mais tôt ou tard (présumant que Göru n'est pas un canular), il vous recracherait un oui ou un non. Si c'est « oui », vous sauriez alors que x est un nombre princier, ce qui vous informerait que la formule qu'il code est *prouvable*, autrement dit que X est vraie. À l'inverse, si c'est « non », vous sauriez que l'assertion X n'est *pas* prouvable et donc, d'après le credo des mathématiciens (version *Principia mathematica*), vous en concluriez que X est fausse.

En d'autres termes, si seulement nous avions une machine pouvant infailliblement séparer les nombres princiers des nombres « roturiers » (non princiers) et tenant pour acquise la validité du credo des mathématiciens dans la version des *Principia mathematica*, nous saurions avec certitude distinguer les assertions vraies des fausses. Bref, la possession d'un Göru nous ouvrirait la porte du savoir mathématique universel.

À eux seuls, les nombres princiers sembleraient donc receler, bien empaqueté, *tout le savoir mathématique* ! Personne avant Gödel n'avait osé rêver à la magie d'une suite de nombres dotés de telles propriétés prophétiques. Ces nombres étonnants valent leur pesant d'or ! Mais voilà, comme je vous l'ai dit, les nombres princiers sont insaisissables : il en est de petite taille qui s'invitent au club alors que nous avons déjà avancé très loin dans la liste ; il n'est donc pas si simple de distinguer les nombres princiers des nombres roturiers, ni de fabriquer un Göru. (Cela, en guise de prémonition de la suite.)

L'étrangeté gödelienne

Finalement, Gödel mena son analogie à sa conclusion inéluctable d'une importance capitale – la transcription à l'intention de ses lecteurs (non pas symbole par symbole, bien entendu, mais grâce à un ensemble précis d'« instructions d'assemblage ») d'une formule de *PM* d'une longueur astronomique qui énonçait la proposition apparemment innocente : « Un certain entier g n'est pas un nombre princier ». Or il se trouve que cet « entier g » dont parlait la formule était, par une coïncidence ne devant rien au hasard (certains diraient diabolique), le nombre associé à *cette même formule* (c'est-à-dire l'entier qui la codait), donc forcément un entier gargantuesque. Comme nous allons le voir, la curieuse formule de Gödel peut être interprétée à deux niveaux distincts, et elle prend une signification tout à fait différente selon le niveau où l'on se place.

À son niveau le plus élémentaire, la formule de Gödel affirme simplement que ce nombre gigantesque g ne possède pas la *propriété des nombres princiers*. Cette affirmation est très semblable à cette autre : « 72 900 n'est pas premier », même s'il faut reconnaître que g est bien plus grand que 72 900 et que la propriété « être princier » est beaucoup plus épineuse que la primalité. Toutefois, comme la propriété princière a été définie par Gödel pour refléter numériquement la prouvabilité d'une chaîne *via* les règles du système *PM*, la formule affirme *aussi* :

> La formule dont il se trouve que le numéro de code est g
> n'est pas prouvable *via* les règles des *Principia mathematica*.

Comme je l'ai déjà dit, la formule dont « il se trouve simplement » qu'elle est codée par le nombre g est la formule qui fournit l'affirmation ci-dessus. Bref, la formule de Gödel affirme quelque chose à propos d'*elle-même* – à savoir :

> Cette formule précise n'est pas prouvable *via* les règles de *PM*.

Cette deuxième formulation est parfois exprimée de façon plus explicite : « Je ne suis pas un théorème », ou encore plus laconique :

> Je ne suis pas prouvable

(où « dans le système *PM* » est implicite).

Gödel montrait plus loin que cette formule, bien qu'au premier abord très étrange et pour tout dire confondante, n'avait rien de si insolite ; en fait, elle faisait simplement partie d'une famille infinie de formules énonçant des propositions à propos du système *PM*, bon nombre d'entre elles affirmant (certaines à raison, d'autres à tort) de semblables choses bizarres et tordues sur elles-mêmes (par exemple : « Je ne suis pas un théorème de *PM*, pas plus que mon contraire », « Si je possède une preuve à l'intérieur de *PM*, alors ma négation en possède une qui est même plus courte », et ainsi de suite).

Le jeune Kurt Gödel – il n'avait que 25 ans en 1931 – avait découvert un vaste océan de formules saugrenues, d'un incroyable exotisme au sein du monde austère, solennel, dûment protégé par la théorie des types et donc théoriquement exempt de paradoxes, que Russell et Whitehead avaient conçu dans leur œuvre grandiose en trois volumes, les *Principia mathematica*. Les nombreuses propriétés contre-intuitives de la formule originale de Gödel et ses innombrables cousines, n'ont cessé depuis d'occuper mathématiciens, logiciens et philosophes.

Comment coller dans une formule son propre nombre de Gödel

Il m'est impossible de m'en tenir là sur le superbe exploit de Gödel sans aborder un point légèrement plus technique, faute de quoi, un sentiment de confusion pourrait subsister chez quelques lecteurs, voire même un certain scepticisme à propos d'un aspect pourtant essentiel de son œuvre. D'autant qu'il y a là une touche de magie qui mérite d'être évoquée brièvement.

La question qui tue est celle-ci : comment diable Gödel a-t-il pu caser le nombre de Gödel d'une formule dans la formule elle-même ? Autant introduire un éléphant dans une boîte d'allumettes – d'ailleurs, il y a vraiment de ça. Aucune formule ne peut contenir au sens propre la transcription de son propre nombre de Gödel, pour la simple raison que l'expression écrite de ce nombre contiendrait bien plus de symboles que la formule ! L'écueil semble *a priori* incontournable, or ce n'est pas le cas : repensez au paradoxe de G.G. Berry et vous verrez peut-être pourquoi.

L'astuce vient du simple fait que certains nombres énormes ont une description très brève (387 420 489, par exemple, peut être décrit en seulement cinq syllabes : « neuf puissance neuf »). Si vous disposez d'une recette très courte pour calculer le nombre de Gödel d'une très longue formule, plutôt que de décrire ce nombre énorme de la manière la plus lourde, la plus encombrante (« le successeur du successeur du successeur du... successeur du successeur de zéro »), rien ne vous interdit de le décrire à l'aide de votre raccourci quantitatif ; et si, à l'intérieur de la formule, vous exprimez votre raccourci en symboles (au lieu d'y mettre le nombre lui-même), vous aurez alors réussi à faire parler la formule d'elle-même, sans introduire d'éléphant dans la boîte d'allumettes. Plutôt que de m'aventurer dans une explication mathématique, je vous propose l'élégante analogie linguistique due au philosophe W.V.O. Quine, par le biais de laquelle on saisit l'essentiel.

L'éléphant-dans-la-boîte-d'allumettes de Gödel et l'analogie de Quine

Supposez que vous vouliez écrire une phrase en français qui parle d'elle-même sans utiliser l'expression « cette phrase ». Vous diriez sans doute qu'il s'agit d'une gageure car, pour vraiment *décrire* la phrase à l'intérieur d'elle-même, il vous faudra en citer les mots et les expressions entre guillemets. Premier exemple (un peu faible), à titre d'essai :

> La phrase « Cette phrase est composée de sept mots »
> est composée de sept mots.

Ce que je viens d'écrire (et que vous venez de lire) est une phrase qui est vraie. Malheureusement, elle ne parle pas d'elle-même. Tout compte fait, elle contient *quatorze* mots, en plus des guillemets. Cette phrase évoque une phrase plus courte enchâssée en elle entre guillemets. Changer « sept » en « quatorze » ne la fera toujours pas se référer à elle-même ; tout ce qu'on obtiendrait serait de rendre fausse une phrase vraie. Jetez un coup d'œil :

> La phrase « Cette phrase a quatorze mots » a quatorze mots.

La phrase est fausse. Et, pis, elle porte *encore* sur une phrase plus courte enchâssée en elle. Comme vous pouvez le voir, nous ne sommes pas près de concevoir une phrase qui parle d'elle-même, du moins jusqu'ici.

La difficulté vient du fait que tout ce que je mets entre guillemets sera nécessairement plus petit que la phrase entière qui le contient. C'est d'une évidence criante, et c'est en fait l'exact analogue linguistique de l'écueil sur lequel on bute en essayant de coller directement dans une formule son propre nombre de Gödel. Un éléphant, ça trompe énormément, sans pour autant entrer dans une boîte d'allumettes ! Mais l'ADN de l'éléphant, quant à lui, *y entrera* volontiers...

De fait, tout comme son ADN est une *description* de l'éléphant et non l'éléphant lui-même, il y a moyen de contourner l'obstacle en nous servant d'une *description* du nombre énorme et non du nombre lui-même. (Pour être légèrement plus précis, nous pouvons utiliser une description symbolique concise plutôt que la transcription écrite interminable d'un nombre énorme.) Gödel découvrit la ruse. Elle est assez subtile, mais l'analogie de Quine nous la fera comprendre clairement. Regardez le fragment de phrase suivant, que j'appelle le « Quasi-Quolibet de Quine » :

> précédé de lui-même entre guillemets produit une phrase complète.

Comme vous l'avez noté, le Quasi-Quolibet de Quine n'est certainement *pas* une phrase complète puisque, grammaticalement, il n'a pas de sujet (« produit » n'a pas de sujet). D'où le préfixe « Quasi ». Et si nous mettions un nom au début du Quasi-Quolibet, disons par exemple le titre « Professeur Quine » ? Le Quasi-Quolibet de Quine deviendrait une phrase complète, « le Quolibet de Quine » :

> « Professeur Quine » précédé de lui-même entre guillemets
> produit une phrase complète.

Là, le verbe « produit » *a vraiment* un sujet – à savoir le titre Professeur Quine, suivi d'une expression adjectivale de six mots.

Mais que *veut dire* le Quolibet de Quine ? Pour le comprendre, nous devons vraiment *construire* l'entité dont il parle, ce qui veut dire que nous devons faire précéder le titre de Professeur Quine de lui-même entre guillemets. Ce qui donne :

> « Professeur Quine » Professeur Quine

Le Quolibet de Quine que nous avons construit il y a un instant affirme (ou plutôt prétend) que cette expression quelque peu idiote est une phrase complète. Prétention qui est évidemment fausse. L'expression ci-dessus n'est *pas* une phrase complète : elle ne contient même pas de verbe.

Cependant, c'est arbitrairement que nous avons utilisé le titre du Professeur Quine, quand nous aurions pu utiliser un million d'autres choses. Quel autre nom pourrait-on mettre en tête du Quasi-Quolibet de Quine pour que le Quolibet de Quine devienne *vrai* ? Ce dont Gödel s'est rendu compte, et que l'analogie de Quine permet d'éclairer, est qu'il faut utiliser comme sujet du verbe « produit » *un fragment de phrase sans sujet* pour que la proposition devienne vraie.

Qu'est-ce qu'un fragment de phrase sans sujet ? Prenez n'importe quelle phrase comme « La neige est blanche » et enlevez le sujet. Vous obtenez un fragment de phrase sans sujet : « est blanche ». Eh bien nous n'avons qu'à prendre *cela* comme sujet à mettre au début du Quasi-Quolibet de Quine :

> « est blanche » précédé de lui-même entre guillemets
> produit une phrase complète.

Cette expression, incomplète mais complètement à coucher dehors, appelle une remarque sur une construction que nous devons examiner. Allons-y gaiement :

> « est blanche » est blanche.

(J'ai mis un point pour faire bonne mesure, mais ne chicanons pas.)

Ce que nous avons là *est* certainement une phrase complète : elle a un verbe (« est »), un sujet (les deux mots entre guillemets) et l'ensemble a un sens. Notez que je ne dis pas qu'elle est *vraie* : il est évident qu'elle est fausse ; « est blanche » est en fait *noire* (bien que, pour être exact, les lettres et les mots inscrits sur la page contiennent aussi du blanc dans les espaces entre les lettres et les mots, sans quoi nous ne pourrions pas lire). Quoi qu'il en soit, le Quasi-Quolibet de Quine produit une phrase complète quand on le fait débuter par « est blanche », et c'est très exactement ce qu'il fallait au Quolibet de Quine. Là, nous progressons.

L'étape la plus roublarde

La dernière ruse est démoniaque : elle va consister à utiliser le Quasi-Quolibet de Quine *lui-même* comme expression nominale en tête de phrase. Voici donc le Quasi-Quolibet de Quine avec une copie de lui-même entre guillemets placée au début :

> « précédé de lui-même entre guillemets produit une phrase complète »
> précédé de lui-même entre guillemets produit une phrase complète.

Que dit ce Quolibet ? Eh bien, tout d'abord, nous devons déterminer *de quoi il parle*, ce qui signifie que nous devons construire l'analogue de « "est blanche" est blanche ». Dans ce cas, l'analogue est :

« précédé de lui-même entre guillemets produit une phrase complète » précédé de lui-même entre guillemets produit une phrase complète.

J'espère que vous n'êtes pas perdu, parce que nous en sommes réellement au nœud de l'affaire. Il se trouve que le Quolibet de Quine parle d'un groupe de mots qui est identique au Quolibet lui-même ! Il prétend que *quelque chose* est une phrase complète et, quand vous décortiquez cette chose, il s'agit du Quolibet lui-même. Ce dont parle le Quolibet de Quine, c'est de lui-même ; il prétend que lui-même est une phrase complète (ce qu'il est sans conteste, même s'il est formé de deux fragments de phrase dotés d'un sujet, l'un entre guillemets, l'autre sans).

Pendant que vous réfléchissez à tout cela, j'en reviens au point de départ de toute cette histoire : la formule de *PM* de Gödel qui parle d'elle-même. Ce qui se passe, c'est que les nombres de Gödel, qui peuvent être employés comme les *noms* de formules et être *insérés* dans des formules, jouent très précisément un rôle analogue à celui des groupes de mots entre guillemets. Nous venons de voir qu'on peut utiliser des guillemets et des fragments de phrase pour former une phrase complète qui parle d'elle-même (ou si vous préférez, qui parle d'une *autre* phrase, mais qui est son clone, ce qui fait que ce qui est vrai pour l'une est vrai pour l'autre).

De manière analogue, Gödel produisit un « fragment de formule doté d'un sujet » (je veux dire par là une formule de *PM* qui ne porte pas sur un entier spécifique mais seulement sur une variable numérique non précisée x). Par un déplacement analogue à celui utilisé pour placer le Quasi-Quolibet de Quine dans lui-même (mais entre guillemets), Gödel prit le nombre k de Gödel de ce fragment de formule (qui est un nombre précis, pas une variable) et le mit à la place de la variable x, produisant ainsi une formule (et pas seulement un fragment) qui était une affirmation à propos d'un entier bien plus grand, g. Or g est très précisément le nombre de Gödel de cette affirmation. Dernier point, mais non le moindre, l'affirmation ne portait pas sur le fait d'être une phrase complète ou non, mais sur le fait d'être ou non une *formule prouvable*.

Un éléphant dans une boîte d'allumettes, ce n'est ni de la figue ni du raisin

Je sais que ça fait beaucoup à avaler d'un coup, et s'il vous faut plusieurs bouchées (plusieurs relectures attentives), ne vous découragez pas : je connais nombre de mathématiciens avertis qui admettent n'avoir jamais entièrement compris cette argumentation !

Au point où nous en sommes, je pense pouvoir vous aider à l'aide d'une sorte de phrase hybride qui a des relents de la construction auto-référentielle de Gödel mais écrite en termes « quinéens » — c'est-à-dire en utilisant les idées que nous venons de développer. Cette phrase hybride ressemble à ceci :

« une fois nourri de son propre nombre de Gödel, donne un nombre non princier », une fois nourri de son propre nombre de Gödel, donne un nombre non princier.

La phrase ci-dessus n'est ni figue ni raisin car elle n'est pas une formule des *Principia mathematica* mais une phrase de français ; elle ne peut bien entendu pas avoir de nombre de Gödel et ne peut pas non plus être un théorème (ou un non-théorème) de *PM*. Quelle mixture dans la métaphore !

Mixture ou pas, elle fait du bon boulot et a le parfum de la formule de *PM* que Gödel a vraiment concoctée. Il vous faut simplement garder à l'esprit que l'utilisation des guillemets est une métaphore pour les nombres de Gödel : la première ligne de la phrase isolée plus haut peut être interprétée comme un nombre de Gödel (k) plutôt que comme un fragment de phrase entre guillemets. Cela signifie que, métaphoriquement, le sujet de la deuxième ligne (ligne qui constitue un fragment de phrase de français) *est* son propre nombre de Gödel. Très malin !

Je sais bien que tout cela est particulièrement abstrus, aussi laissez-moi le redire une fois de plus, légèrement différemment. Gödel nous demande d'imaginer la formule que *k* représente (et cette formule contient la variable *x*) ; et ensuite d'inclure *k* dedans (c'est-à-dire de remplacer la lettre isolée *x* par l'écriture extrêmement longue de *k*, ce qui nous donne une formule bien plus grande que celle du départ) ; puis de prendre le nombre de Gödel du résultat. Nous obtenons le nombre *g*, de loin plus gigantesque que *k* ; enfin, Gödel affirme que *ce nombre phénoménal n'est pas princier*. Si vous avez suivi mes arguments heuristiques, vous serez d'accord que le nombre de Gödel de la formule complète (*g*) ne figure pas explicitement dans la formule ; au lieu de quoi c'est la formule qui le décrit de manière très subtile. C'est l'ADN de l'éléphant qui a permis d'introduire une description complète de l'animal dans la boîte d'allumettes.

Arthur et la fille du sel Morton

Bon. Je ne veux pas plus insister sur les points techniques. Ce qui est essentiel est de se rappeler que Gödel a trouvé une astuce très ingénieuse pour représenter un nombre – une recette pour construire un nombre *g* gigantesque à partir d'un nombre *k* qui l'est moins – afin d'obtenir une formule *PM* qui parle de la propriété non princière de son propre nombre de Gödel (ce qui signifie vraiment que la formule affirme elle-même qu'elle n'est pas un théorème). Et il vous faut aussi essayer de vous rappeler que le « petit » nombre *k* est le nombre de Gödel d'un « fragment de formule » contenant une variable *x*, l'analogue d'un fragment de phrase entre guillemets, cependant que le nombre *g*, plus grand, est le nombre de Gödel d'une *phrase complète écrite en notations PM*, l'analogue d'une phrase complète de français.

La culture populaire n'est pas du tout réfractaire aux délices de l'autoréférence, et il se trouve que les deux idées que nous avons opposées – une formule contenant *directement* son propre nombre de Gödel (ce qui aurait supposé une régression infinie) et une formule contenant une *description* de son nombre de Gödel (ce qui contourne avec élégance le problème de la régression infinie) – sont illustrées de façon charmante par deux dessins familiers au lecteur américain.

Sur ce premier dessin, Arthur, le personnage d'Ernie Bushmiller (l'auteur de la célèbre bande dessinée *Zoé et Arthur*) rêve qu'il rêve qu'il rêve… et ainsi de suite, de lui-même. C'est manifestement une situation d'autoréférence, mais qui suppose une régression infinie, analogue à la formule *PM* qui contiendrait directement son propre nombre de Gödel. Une telle formule, malheureusement, devrait être infiniment longue !

En revanche, le second dessin est la célèbre étiquette de la boîte de sel Morton. Vous pouvez à nouveau y flairer une régression infinie mais, si c'est le cas, vous vous mettez le doigt dans l'œil ! Le bras de la fillette cache le point critique où pourrait apparaître la régression. Si vous pouviez demander à la gamine de (bien vouloir) vous tendre sa boîte de sel afin que vous puissiez vraiment voir la régression infinie sur l'étiquette, vous seriez déçu : l'étiquette sur *cette* boîte vous la montrerait tenant une boîte plus petite avec son bras interrompant une nouvelle fois la régression.

Cela dit, nous avons tout de même un dessin autoréférentiel, parce que les clients de l'épicerie se disent que la petite boîte dessinée sur l'étiquette est la même que celle qu'ils ont à la main. Comment en arrivent-ils à cette conclusion ? Par analogie. Pour être précis, pas seulement parce qu'ils tiennent à la main la grande boîte, mais parce qu'ils voient la petite boîte tenue par la fille, et les deux boîtes ont beaucoup en commun (leur forme cylindrique, leur couleur bleu foncé, leurs couvercles blancs de chaque côté) ; et, au cas où cela ne suffirait pas, on peut également voir du sel qui tombe de la petite boîte. Ces indices suffisent à convaincre tout un chacun que la petite et la grande boîtes sont identiques et nous y voilà : une autoréférence, mais sans régression infinie !

Pour terminer ce chapitre, j'aimerais attirer votre attention sur le fait que les traductions les plus concises de la formule de Gödel et de ses cousines emploient le mot « Je » (« Je ne suis pas démontrable dans *PM* » ; « Je ne suis pas un théorème de *PM* »). Ce n'est pas un hasard. En fait, cette manière informelle, quasi détachée, d'employer le pronom de la première personne du singulier nous ramène à ce que nous avions entrevu une première fois : le lien profond entre l'austère boucle étrange mathématique de Gödel et la notion profondément humaine de la conscience de soi.

Chapitre 11
Comment l'analogie produit du sens

ঌ ঌ ঌ

Le double sens des formules PM

Imaginez la perplexité du tout nouveau Sir Lord Russel lorsqu'un jeune turc autrichien dénommé « Kurt » affirma que les *Principia mathematica*, cette formidable forteresse intellectuelle soigneusement érigée pour se protéger de l'abominable fléau de l'autoréférence, étaient en fait truffés de formules comprenant toutes sortes d'énoncés incompréhensibles et absurdes sur elles-mêmes. Comment un tel affront avait-il pu se produire ? Comment le caquetage inepte de propositions autoréférentes avait-il pu s'insinuer dans les épais remparts des beautés intemporelles de la Théorie des types ? Ce petit morveux de sorcier autrichien avait dû jeter un mauvais sort, mais comment le misérable s'y était-il pris ?

La réponse se trouve dans son célèbre article – « Sur les propositions formellement indécidables des *Principia mathematica* et des systèmes apparentés (I) ». Gödel avait réanalysé la notion de *signification* et en avait conclu que celle des formules de *PM* n'était pas si simple – c'est-à-dire contenait tout de même des ambiguïtés – contrairement à ce que pensait Russel. Soyons justes. Russel lui-même avait toujours insisté sur le fait que les longues formules biscornues de *PM* n'avaient pas de signification intrinsèque. En effet, comme les théorèmes de *PM* étaient concoctés à partir de règles formelles qui ne s'intéressaient pas au sens, Russell aimait dire que l'ensemble de l'œuvre n'était jamais qu'une collection de signes sans signification (comme on le voit à la fin du chapitre 9, les pages des *Principia mathematica,* le plus souvent, évoquent plus l'iconographie exotique que l'œuvre mathématique).

Cela dit, Russell tenait également à faire remarquer que l'on *pouvait* interpréter, si on le voulait, tous ces curieux motifs en fer à cheval, crochets, étoiles et autres gribouillis comme étant des assertions sur les nombres et leurs propriétés : s'il le fallait, on pouvait traduire l'œuf vertical sans signification « 0 » par le nombre zéro, la croix « + » toute aussi dénuée de sens par addition et ainsi de suite, auquel cas tous les théorèmes de *PM* devenaient de véritables propositions sur les nombres – et non des âneries aléatoires. Imaginez l'accablement de Russell si le gribouillis « ss0 + ss0 =sssss0 » s'était révélé un théorème de *PM* ! Le parfait désastre. C'est pourquoi il lui avait fallu concéder qu'on pouvait effectivement trouver une signification dans tout le fatras rébarbatif des tomes de son œuvre (sinon, pourquoi aurait-il passé tant d'années de son existence à les écrire, et se serait-il soucié de savoir quelles chaînes étaient des théorèmes ?). Mais cette signification exigeait le recours à une correspondance reliant les signes sur le papier à des grandeurs abstraites (telles que zéro, un, deux…), des opérations (comme l'addition), des relations (telles que l'égalité), des concepts de logique (tels que « non », « et », « il existe », « quel que soit »), etc.

Le fait que Russell ne pût se passer d'une correspondance exhaustive pour détecter des significations au sein de sa forteresse de symboles est particulièrement révélateur, car ce que notre jeune turc de Gödel avait découvert, était tout simplement une correspondance exhaustive *différente* (bien plus compliquée, certes) fournissant, au sein de la même forteresse, des interprétations *différentes*. L'ironie de l'histoire, c'est que la découverte de Gödel s'apparentait fort à la démarche russellienne.

La subtilité du nouveau codage de Gödel, qui transcrivait systématiquement les chaînes de symboles en nombres et *vice versa* (sans oublier qu'il décodait également les lois d'enchaînement typographique en calculs numériques, et *vice versa*), permettait de lire bon nombre de formules à un second niveau. Le premier niveau de signification, obtenu *via* le vieux code standard, portait toujours sur des nombres, comme Russell l'affirmait, mais le deuxième niveau, grâce au nouveau système découvert par Gödel (se superposant au premier code de Russel), portait sur les *formules*. Comme les deux niveaux de signification procédaient également d'un système de codage, le nouveau degré de signification de Gödel n'était pas moins réel et valide que l'original, de Russel – juste un peu plus difficile à lire.

De nouvelles significations en prime, grâce à toi, analogie !

Ce qui m'a le plus frappé au cours de toutes ces années passées à réfléchir sur ce que Gödel avait accompli en 1931, c'est la pénétration avec laquelle il s'est aventuré jusqu'aux origines de la signification – le fait qu'il ait découvert, grâce à un système de codage, qu'une signification digne de ce nom pouvait soudainement se manifester là où on ne l'attendait absolument pas. Je trouve la profondeur et la simplicité de cette idée saisissantes. Curieusement, j'ai rarement, sinon jamais, entendu quelqu'un la commenter en mettant en valeur sa profondeur et c'est pourquoi je me propose de relever le défi dans ce chapitre. J'aurai recours pour ce faire à une série d'exemples plutôt insignifiants au départ, pour gagner ensuite en subtilité et, j'espère, en humour. Allons-y.

Je fais la queue dans un café avec un ami et avise un gros gâteau au chocolat derrière le comptoir. Je demande au garçon de m'en servir une part. Mon ami est tenté mais y renonce. Nous regagnons notre table et après ma première bouchée je déclare : « Ah, que c'est mauvais ! ». Bien entendu, je veux dire que tout le gâteau est détestable et pas seulement ma part, de sorte que mon ami n'ait pas à regretter de s'être abstenu. Ce type de remarque prosaïque illustre la facilité avec laquelle nous généralisons. Nous pensons inconsciemment, « ce morceau est identique au reste du gâteau, donc l'appréciation que nous porterons sur lui s'appliquera également à tout autre morceau ». (Sans parler d'une autre analogie implicite, à savoir que la réaction de mon ami à la nourriture est similaire à la mienne, mais laissons cela de côté.)

Autre exemple, un poil plus intrépide. Lors d'une réception, je choisis un cookie parmi d'autres sur un plateau, en prends une bouchée et dis à mes enfants, « c'est délicieux ! ». Immédiatement les gosses en prennent un chacun. Pourquoi ? Parce qu'ils veulent goûter quelque chose de délicieux. D'accord, mais comment ont-ils sauté de mon affirmation au sujet de *mon* cookie à une conclusion sur les *autres* cookies du plateau ? La réponse évidente est que les cookies sont, en un certain sens, tous « les mêmes ». Contrairement aux morceaux de gâteau, toutefois, les cookies ne font pas partie d'un seul objet matériel et sont donc très légèrement « plus différents » les uns des autres que les morceaux de gâteau – mais ils ont été confectionnés par la même personne avec les mêmes ingrédients et les mêmes ustensiles. Ces cookies proviennent d'une seule fournée – ils appartiennent à la même catégorie. Toutes leurs propriétés ici significatives font qu'ils nous paraissent interchangeables. Certes, chacun est unique, mais du point de vue du consommateur humain de cookies, ils sont presque certainement équivalents. Donc, si je dis à propos de l'un d'eux en particulier, « Oh dis donc, c'est délicieux ! », la signification de mon énoncé s'applique implicitement à tous les autres, par la force de l'analogie. Bien sûr, le fait de passer d'un cookie à un autre quand tous viennent du même plateau constitue une analogie plutôt triviale, mais cela reste une analogie, ce qui autorise mon appréciation spécifique, « c'est délicieux ! », d'être comprise comme une affirmation générale s'appliquant à la fois à tous les cookies.

Vous trouverez peut-être ces exemples franchement puérils. Le premier implique une « analogie » entre plusieurs tranches d'un même gâteau, et le second une « analogie » entre plusieurs cookies d'un même plateau. De telles banalités méritent-elles le label « analogie » ? En ce qui me concerne, cela ne fait aucun doute : l'essentiel de la richesse de notre vie mentale est fait de cette lourde étoffe d'innombrables analogies insignifiantes de ce type. Ces analogies banales vont tellement de soi que nous avons tendance à penser que le mot « analogie » doit désigner quelque chose de bien plus élevé. Mais l'un de mes leitmotivs favoris consiste à dire que nous devons avoir les plus grands égards envers les analogies qui nous paraissent les plus triviales car, pour peu qu'on les examine, on s'aperçoit souvent qu'elles prennent leur source au plus profond de la connaissance humaine et en révèlent les secrets.

L'exploitation des analogies dans la vie quotidienne

Comme nous venons de le voir, une remarque s'appliquant à une situation A peut également s'appliquer implicitement à une situation B, même s'il n'était pas question de parler de B, et que B n'a jamais été mentionnée. Il suffit d'une analogie facile – une correspondance spontanée qui révèle que les deux situations ont essentiellement la même structure centrale ou le même cœur conceptuel – pour qu'on puisse décrypter la signification supplémentaire, qu'on choisisse ou non de le faire. En bref, un énoncé sur une situation peut être compris comme s'il s'appliquait à une situation analogue ou, en terme légèrement plus technique, *isomorphe*. Un isomorphisme n'est jamais qu'une analogie stricte et formalisée où l'on a explicité les différents niveaux de parallélisme entre deux situations ; c'est un terme que j'utiliserai abondamment dans ce qui suit.

Quand une analogie entre les situations A et B crève les yeux (peu importe son degré de simplicité), il nous arrive de l'exploiter en parlant « exprès sans le vouloir » d'une situation B, tout en faisant semblant de ne parler que de la situation A. « Hé, dis donc, Andy – enlève tes chaussures pleines de boue avant d'entrer dans la maison ! ». Une telle phrase, quand on la crie à son fils de cinq ans qui patauge devant la porte d'entrée en compagnie de son copain Bill tout aussi crotté, s'adresse visiblement autant à Bill qu'à Andy, par le biais d'une analogie très simple et manifeste (un saut de môme à môme, si vous préférez, tout comme le saut précédent de cookie à cookie). L'allusion par analogie nous permet de transmettre notre message poliment mais efficacement. Bien entendu, il faut nous assurer que la personne à laquelle nous destinons notre message implicite (ici, Bill) est susceptible de comprendre l'analogie A/B, si nous ne voulons pas que la courtoisie de notre fin stratagème tombe à plat.

Avançons et montons d'un cran dans notre chaîne d'exemples. On utilise constamment ce type de ruse dans les situations romanesques. Un soir, à l'instant passionné d'une tendre étreinte, Xerxès demande à sa petite chérie Yolanda : « Ai-je mauvaise haleine ? ». Il veut sincèrement connaître la réponse, ce qui est une preuve de délicatesse de sa part, mais la question est également chargée d'un second degré (qu'il le veuille ou non) nettement moins délicat : « Tu as mauvaise haleine ! ». Yolanda répond à sa question mais bien entendu saisit au vol l'autre sens éventuel. En fait, elle se doute que la véritable intention de Xerxès était de lui parler de son haleine, *à elle*. Il faisait seulement preuve de diplomatie.

Maintenant, comment un énoncé peut-il viser deux niveaux à la fois ? Comment une seconde signification peut-elle se tapir au sein de la première ? Vous connaissez la réponse aussi bien que moi, cher lecteur, mais laissez-moi tout de même l'expliciter. Tout comme dans la situation des chaussures pleines de boue, il existe une analogie très simple, forte, remarquable, évidente entre les deux parties, ce qui signifie que l'on comprendra (ou, du moins, que l'on pourra comprendre) toute déclaration concernant X également comme une déclaration concernant Y. Le code X/Y, l'analogie, l'isomorphisme partiel – peu importent les termes – transfère la signification d'un contexte à un autre de façon fiable et efficace.

Penchons-nous sur ce mode de communication dans une situation romanesque légèrement plus délicate. Audrey, qui n'est pas très sûre des intentions de Ben, oriente « innocemment » la conversation sur leurs amis communs Cynthia et Dave, et demande toujours « innocemment » à Ben ce qu'il pense de l'incapacité de Dave à s'engager auprès de Cynthia. Ben, pas bête, sent vite le terrain miné et reste d'abord sur ses gardes en évitant de dire quoi que ce soit de précis sachant qu'il pourrait se compromettre en ne parlant « que » de Dave, puis se rend compte que le piège lui offre l'occasion de communiquer à Audrey certaines choses qu'il n'a pas osé lui dire directement. Ben, donc, répond avec un détachement étudié qu'il s'imagine parfaitement pourquoi Dave hésite à s'engager dans la mesure où, somme toute, Cynthia est beaucoup plus intellectuelle que lui. Ben espère qu'Audrey saisira l'allusion dans la mesure où *elle* se passionne beaucoup plus pour la peinture que *lui,* si bien que *lui-même* hésite également à s'engager auprès d'elle. Il lui transmet l'allusion implicitement mais clairement, *via* l'analogie couple à couple assez forte qu'Audrey et Ben se sont formée mentalement les mois précédents, sans avoir besoin d'en souffler mot l'un à l'autre. Ben s'est débrouillé pour parler très clairement de lui-même sans jamais parler *directement* de lui-même et, en outre, lui comme Audrey le savent parfaitement.

La situation précédente vous paraîtra peut-être forcée, en vous laissant l'impression que le fait de considérer un rapport amoureux comme en codant un autre est très improbable. Or c'est loin d'être le cas. Lorsque deux personnes sont amoureuses (ou du moins que l'une d'entre elles a ressenti une étincelle prometteuse), tout échange réciproque sur la moindre affaire de cœur, quels que soient les tourtereaux concernés, a de bonnes chances, au moins pour l'un des protagonistes, de projeter une lumière crue sur leur propre situation. Cet effet boomerang est quasiment imparable, car les histoires d'amour, même les plus idylliques, regorgent d'incertitudes et d'attentes passionnées. Nous sommes toujours aux aguets dans notre vie sentimentale, et les analogies font partie des meilleures sources d'indices et d'informations. L'analogie entre notre situation et celle d'un autre couple au centre d'une conversation, c'est le morceau de gâteau qu'on nous tend sur un plateau. L'essentiel est de savoir s'il est ou non savoureux.

L'ambiguïté latente des anathèmes du boulanger

La littérature exploite volontiers le type de référence indirecte dont nous venons de parler : le lecteur percevant aisément la forte analogie entre les situations A et B, il applique naturellement les propos des personnages en situation A à la situation B. Il arrive que les personnages en situation A ignorent complètement la situation B, ce qui peut produire un effet comique. Mieux, les personnages en situation A sont également en situation B, mais sans connaître l'analogie reliant les deux situations (ou sans y penser), ce qui bien entendu est le comble de l'ironie.

Je ne peux résister au plaisir de vous en donner une merveilleuse illustration que j'ai pu récemment apprécier. Il s'agit de la dernière scène du film de 1938 de Marcel Pagnol, *La Femme du boulanger*. Aimable, le boulanger du village, si bien nommé, fait assaut de gentillesse et de jovialité envers sa femme Aurélie qui s'était enfuie avec un berger du coin pour revenir subrepticement à la maison, tête basse, trois jours plus tard. En revanche, il se montre parfaitement impitoyable envers sa chatte Pomponnette, qui *elle aussi* avait délaissé son copain Pompon trois jours auparavant, pour revenir, *elle aussi,* le même jour qu'Aurélie (bien entendu par pure coïncidence). Prenant parti pour notre Pompon déconfit (comme qui dirait, « s'identifiant à lui »), Aimable se déchaîne contre Pomponnette en présence d'Aurélie tout juste de retour, à grand renfort de mots assassins que le spectateur s'attend à entendre à l'encontre de la femme volage. Pour couronner le tout, Aurélie se met à manger le petit pain en forme de cœur qu'Aimable avait confectionné pour son propre dîner (il ne se doutait pas du retour de la belle), tandis qu'au même instant Pomponnette, la minette fugueuse, dont le collier porte un énorme cœur, dévore la pâtée réservée à Pompon.

Aimable, le boulanger, perçoit-il vraiment l'analogie qui crève les yeux ? Ou sa magnanimité naturelle l'amène-t-elle à ne pas voir qu'Aurélie et Pomponnette se ressemblent comme deux gouttes d'eau, au point que la bile à double effet qu'il déverse (à juste titre) sur la chatte ne vise pour lui qu'une seule cible ?

Quoi qu'il en soit, voyez le film ; c'est un chef-d'œuvre très poignant. Et pour peu, par un étrange hasard, que votre bien-aimé(e) le regarde à vos côtés juste après avoir regagné le nid au lendemain d'*une toute petite amourette**, imaginez son embarras au moment de la dernière scène ! Mais comment diable quelqu'un qui se trouve *en dehors* du film peut-il ressentir la volée de bois vert infligée par un quidam *dans* le film ? Eh bien… c'est que la force de l'analogie est proportionnelle à sa précision et sa visibilité.

Chantal et la superposition des niveaux de signification

Explorons maintenant une analogie dont les deux volets diffèrent nettement des cookies ou des amoureux et même de la femme et de la chatte infidèles. Celle-ci survient, implicitement, quand nous regardons une vidéo à la télé – une comédie sur un boulanger français, sa femme, ses amis et ses chats par exemple. Le problème, c'est que nous ne regardons pas *réellement* les frasques de tout ce petit monde, en tout cas pas au sens propre. Parler ainsi est un raccourci commode, car nous regardons en fait une multitude de pixels qui reproduisent, de façon parfaitement synchronisée, des motifs changeants de taches de couleurs ayant émané jadis d'un lointain village français. Nous regardons peu ou prou un million de petits points qui « codent » les faits et gestes de ces gens-là, et il se trouve que, par chance, nous décryptons très facilement le code en question, si aisément en fait, que le codage, l'isomorphisme (ou si vous préférez, *l'analogie* écran/scène) nous absorbe au point que nous nous retrouvons « téléportés » en une époque et un lieu lointains où nous avons l'impression d'assister à des événements sur le vif ; pinailler sur le fait de savoir si nous voyons « réellement » ou pas ces événements nous paraîtra particulièrement oiseux. (Se parle-t-on *réellement* les uns aux autres au téléphone ?)

Il est par trop facile d'oublier que les papillons, mouches, chiens, chats, nouveau-nés, caméras vidéo et autres êtres à petites âmes ne perçoivent pas l'écran de télé comme nous. Bien que cela nous soit difficile à concevoir, ils voient les pixels à l'état brut et sans les interpréter ; un écran de télé leur paraît aussi dépourvu de significations venant de loin et de temps révolus qu'un tas de feuilles mortes, un tableau de Jackson Pollock ou un article de journal en malgache (mille excuses si vous parlez malgache ; dans ce cas, mettez plutôt islandais – et ne me dites pas que vous parlez aussi l'islandais !). La « lecture » d'un écran de télévision au niveau figuratif dépasse largement les capacités intellectuelles de telles créatures, même si, pour la plupart des êtres humains, cela devient une seconde nature pratiquement dès l'âge de deux ans.

Le chien qui fixe, le regard vide, l'écran de télévision, incapable de se représenter la moindre image, ignorant même qu'il est question d'images, n'est donc pas si différent de Lord Russel avisant, le regard vide, une des formules de son cher système *PM* en n'y voyant que son sens « facile » (arithmétique), quand l'autre sens, dû à l'encodage de Gödel, lui est parfaitement inaccessible et inconcevable, intellectuellement hors de portée. Vous me direz peut-être que là je suis injuste avec nos amis les animaux, et j'avoue que certains chiens et chats reconnaissent leurs congénères ou leurs proies sur l'écran de télé, au point d'aller voir derrière de quoi il retourne… avant de s'en désintéresser quand ils constatent qu'ils ont été bluffés ! Eh oui, nos animaux familiers sont parfois dotés d'une âme pas si petite que cela. De pareille façon, vous trouverez peut-être que j'ai été injuste avec Sir Bertrand et, en un sens, je vous l'accorde. Lui aussi possédait une âme pas si petite que cela.

Au lieu d'un chien qui, face à un écran de télé, ne voit que des pixels et non des gens, imaginez la petite Chantal Duplessix de trois ans qui regarde *La Femme du boulanger* avec ses parents. Le français est leur langue maternelle et il n'y a donc pas de barrière linguistique. Chantal, tout comme sa *maman* et son *papa**, voit les événements du village à travers les pixels et, à l'apparition de la merveilleuse scène finale où Aimable passe un savon au chat, se met à éclater de rire au vu de sa colère, sans se douter une seconde qu'on puisse interpréter ses paroles *autrement*. Elle est trop jeune pour saisir l'analogie entre Aurélie et Pomponnette et ne voit ici qu'une seule interprétation. Ses parents perçoivent sans effort la signification médiatisée par l'analogie du cinéaste Marcel Pagnol, laquelle s'adosse à l'encodage rudimentaire des pixels aux événements lointains, qu'ils considèrent comme allant de soi (un code de premier niveau qui échappe toutefois au chien). Mais, pour l'heure, cette analogie de second degré dépasse les capacités intellectuelles de Chantal et lui est parfaitement inaccessible. Dans quelques années, bien sûr, tout sera différent – Chantal aura appris à saisir au vol les analogies entre toutes sortes de situations complexes, mais nous n'en sommes pas encore là.

Cette saynète nous permet une comparaison plus réaliste et généreuse avec Bertrand Russell (encore une analogie !). Chantal, contrairement au chien, ne se contente pas de voir des motifs lumineux sans signification sur l'écran ; elle voit aisément les personnages et le déroulement des événements, la signification « facile » desdits motifs. Mais il existe un sens de second degré qui considère les personnages et les événements comme allant de soi, un sens transmis par une analogie entre les événements, et c'est ce degré de signification *supérieur* qui échappe à Chantal. De façon très semblable, le degré de signification supérieur de Gödel, transmis par sa correspondance, sa merveilleuse analogie, échappe à Bertrand Russell. De tout ce que j'ai lu au sujet de Russell, il n'a jamais repéré un second niveau de signification aux formules de *PM*. C'est triste à dire mais, en un sens, notre bon Lord n'a jamais appris à lire sa propre bible.

La grève à la boutique de luxe

Comme je l'ai évoqué plus haut, l'élu(e) de votre cœur tout juste revenu(e) de son escapade, pourrait bien comprendre un degré de signification supplémentaire en entendant Aimable sermonner Pomponnette. Ce style de pièce ou de film peut receler des niveaux de signification dont l'auteur n'a jamais rêvé. Considérons, par exemple, une pièce peu connue datant de 1931, *The Posh Shop Picketeers* (« Les grévistes de la boutique de luxe »), de l'obscure dramaturge engagée Rosalyn Wadhead (Rosalyn qui ?). La pièce a pour sujet une grève sauvage des employées de chez Alf and Bertie (j'avoue n'avoir jamais compris ce qu'on y vendait exactement). Une des scènes montre les grévistes exhortant les clients qui s'approchent à ne pas franchir le piquet de grève et à ne rien acheter (« Alf et Bertie sont de beaux salauds ! Ne franchissez pas nos piquets, s'il vous plaît ! Allez plutôt à la petite boutique du coin ! »). Grâce au talent de notre auteur, cette simple situation suscite une grande tension dramatique. Mais, pour une raison quelconque, un conflit sérieux éclata juste avant le début des représentations entre les ouvreuses et les acteurs, ce qui aboutit à ce que le syndicat des ouvriers organise une grève sauvage le soir de la première, mette en place un piquet de grève et implore les spectateurs potentiels de ne pas le franchir pour voir *The Posh Shop Picketeers*.

Manifestement, vu le contexte politique inopiné, les dialogues interprétés par les acteurs de la pièce prenaient un second sens très fort aux oreilles des spectateurs, un nouveau degré de signification que Rosalyn Wadhead n'avait pu imaginer. De fait, quand la gréviste de la boutique de mode dénommée « Cagey » s'écria d'un air écœuré, après qu'une matrone l'eut effrontément bousculée pour pénétrer dans le très chic salon d'exposition, « Ceux qui franchissent le piquet des chez Alf and Bertie sont des ordures ! », le public (qui par définition n'était composé que de ceux qui avaient franchi le piquet de grève du théâtre) ne pouvait que comprendre, « Tous ceux qui ont traversé le piquet devant le théâtre sont des ordures », puis, degré supplémentaire, « Tous ceux qui sont assis ici pour regarder le spectacle sont des ordures », que l'on pouvait également traduire par « vous ne devriez pas écouter ces dialogues », ce qui était exactement l'inverse de ce que les acteurs, y compris celle qui jouait le rôle de Cagey, souhaitaient signifier au public dont ils appréciaient particulièrement la présence, étant donné le piquet de grève dissuasif des ouvreuses.

Mais que pouvaient les acteurs au fait qu'ils traitaient indéniablement leurs chers spectateurs « d'ordures » en insinuant que personne n'aurait dû se trouver dans la salle à entendre les injures en question ? Rien. Il leur *fallait* réciter les dialogues de la pièce, d'où l'entrée en scène de l'analogie, flagrante, puissante, et de la signification boomerang, ironique, autoréférentielle, inévitable de la réplique de Cagey, comme bien d'autres répliques du spectacle. D'accord, l'autoréférence était *indirecte* – transmise par une analogie –, mais cela ne la rendait pas moins réelle et puissante qu'une référence « directe ». D'ailleurs, ce que nous serions tentés de qualifier de « référence directe » est transmis également par un code – le code reliant les mots et les choses, que nous lègue notre langue maternelle (le malgache, l'islandais, etc.). Ce code-*là* étant seulement plus simple (ou du moins plus familier). En somme, la nette distinction apparente entre référence « directe » et « indirecte » n'est jamais qu'une affaire de degré, pas une démarcation en noir et blanc. Répétons-le, la force de l'analogie est proportionnelle à sa précision et sa visibilité.

Prince Hyppia : Math Dramatica

Bon. Tout cela fait beaucoup pour Rosalyn Wadhead et les répliques à double sens imprévus de sa pièce *The Posh Shop Picketeers,* une œuvre passablement obscure, il faut bien le reconnaître. Passons à quelque chose de totalement différent, la pièce mondialement connue *Prince Hyppia : Math Dramatica,* écrite dans les années 1910-1913 par le célèbre dramaturge britannique Y. Ted Enrustle (vous avez sûrement entendu parler de *lui* !). Ayant par-dessus la tête des ficelles de ce semblant de théâtre sur le théâtre alors en vogue, il se mit à écrire une pièce n'ayant strictement rien à voir avec la dramaturgie, les acteurs ou la scène. C'est ainsi que, dans cette pièce réputée, comme vous vous en souvenez certainement, tous les personnages doivent s'en tenir strictement à des propos sur les diverses propriétés des nombres entiers, des plus simples au plus mystérieuses. Impossible de s'éloigner plus de la rédaction d'une pièce sur une pièce. Par exemple, au début de l'acte I, la belle princesse Bloppia lance sa fameuse réplique : « 7 fois 11 fois 13 égale 1001 ! », ce à quoi le séduisant prince Hyppia rétorque avec enthousiasme : « C'est pourquoi le nombre 1001 est composé et non premier ! ». Un dialogue au paradis des maths, en somme. (Vous avez le droit de rechigner.)

Mais c'est à l'acte III que l'ambiance se réchauffe. On arrive au paroxysme quand Princesse Bloppia mentionne un fait arithmétique à propos d'un certain entier très grand g, et que Prince Hyppia réplique, « C'est pourquoi le nombre g est roturier, et non pas princier ! » (Rares sont les spectateurs qui n'ont pas le souffle coupé en entendant ce coup de théâtre mathématique.) Le plus curieux est que l'orgueilleux prince semble n'avoir aucune idée de l'importance de ce qu'il vient de dire, tout comme apparemment, comble de l'ironie, le dramaturge, Y. Ted Enrustle. Cela dit, comme tout le monde le sait aujourd'hui, cette remarque du Prince Hyppia signifie – *via* le lien intermédiaire d'une étroite analogie – qu'une certaine longue chaîne de symboles typographiques est « inécrivable » en ayant recours aux conventions de la dramaturgie en vigueur en ces temps révolus. Et le plus drôle est que la chaîne présumée « inécrivable » n'est autre que la proclamation que l'acteur jouant Prince Hyppia vient juste de prononcer !

Comme vous l'imaginez, bien que Y. Ted Enrustle écrivît en permanence de longues lignes de symboles se conformant aux conventions de la dramaturgie populaire (après tout, c'était son gagne-pain !), il n'avait jamais rêvé d'une connexion entre les entiers naturels (dont ses curieux personnages exprimaient avec précision les étranges propriétés) et les humbles lignes de symboles qu'il couchait sur le papier afin que ses acteurs pussent les mémoriser. Néanmoins, quand, près de deux décennies plus tard, cette drôle de coïncidence fut révélée au public par une spirituelle critique assassine intitulée « Sur les proclamations formellement inécrivables de *Prince Hyppia : Math Dramatica* et des pièces de théâtre apparentées (I) », dont l'auteur était un jeune critique dramatique turco-viennois à la plume acerbe dénommé Gerd Külot (je passe ici sur les détails, l'histoire étant bien connue), nombreux furent ceux qui apprécièrent immédiatement la puissance du trait. Du coup, les spectateurs qui avaient lu la critique irrévérencieuse de Külot furent en mesure de réinterpréter les célèbres répliques de *Prince Hyppia : Math Dramatica* comme si elles ne s'appliquaient pas du tout aux nombres, en dépit des intentions de Y. Ted Enrustle, mais comme autant de commentaires directs (souvent cinglants il faut le dire) sur la pièce elle-même de Y. Ted Enrustle !

Il ne fallut pas longtemps pour que le public bien informé réinterprète les remarques désopilantes de la numérologue farfelue Qéé Dzhii (un personnage de *Prince Hyppia : Math Dramatica* qui s'était fait un nom pour avoir seriné tant et plus qu'elle préférait les nombres roturiers aux nombres princiers) : elle révélait, par le biais d'allusions dont l'évidence était désormais comique, la raison pour laquelle elle préférait les répliques théâtrales inécrivables (se conformant aux conventions dramaturgiques du jour) aux tirades écrivables. C'est peu dire que les amateurs de théâtre apprécièrent délicieusement cette nouvelle façon de comprendre la pièce, dévoilant que *Prince Hyppia* n'était jamais qu'une pièce sur une pièce (très fort !), même si on portait plutôt cette idée au crédit de l'impertinence du jeune critique étranger qu'à celui du vénérable auteur dramatique.

Y. Ted Enrustle, le pauvre, en fut tout estomaqué – il n'y a pas d'autre mot. Comment quiconque de sensé pouvait-il comprendre les répliques de Qéé Dzhii de façon aussi grotesque ? Elles ne s'appliquaient qu'aux *nombres* ! Et puis, tout de même, n'avait-il pas eu pour seule ambition d'écrire une comédie dramatique sur les nombres, et *uniquement* sur eux ? Et n'avait-il pas trimé des années pour accomplir ce noble dessein ?

Y. Ted Enrustle batailla véhémentement par écrit en maintenant que sa tragi-comédie n'était décidément *pas* une pièce sur une pièce, *a fortiori* pas sur elle-même ! Il alla même jusqu'à prétendre qu'il était inconcevable que la critique de Gerd Külot portât sur *Prince Hyppia : Math Dramatica* mais qu'elle devait plutôt s'appliquer à une *autre* pièce, éventuellement *apparentée* à la sienne, peut-être une pièce *analogue,* voire même une pièce parfaitement *parallèle,* dont le titre serait fortuitement comparable et qui aurait été écrite par un couple de paradoxophobes paranoïaques. Toujours est-il que cette critique calamiteuse n'avait strictement rien à voir avec *sa* pièce.

Mais il eut beau protester tant et plus, Y. Ted Enrustle resta impuissant devant la nouvelle interprétation de ses chers dialogues, parce que les amateurs de théâtre comprenaient désormais les deux notions – la roture de certains entiers et l'inécrivabilité de certaines tirades théâtrales – comme des phénomènes parfaitement isomorphes (dont les détails respectifs étaient aussi isomorphes que les escapades parallèles d'Aurélie et Pomponnette). Le codage subtil découvert par ce garnement de Külot, et que sa critique révélait avec jubilation, faisait que les deux sens convenaient aussi bien l'un que l'autre (du moins pour quiconque avait lu et compris son article). Le comble de l'ironie fut que pour certaines remarques d'arithmétique bien choisies, comme la célèbre sortie de Prince Hyppia, il était *plus facile* et *plus naturel* de les comprendre en tant que références à des répliques théâtrales inécrivables plutôt qu'à des nombres princiers ! Mais Y. Ted Enrustle eut beau lire maintes fois la critique de Külot, il semble qu'il n'ait jamais tout à fait compris ce qu'elle signifiait réellement.

L'analogie, une fois de plus, joue des tours à la Cagey

Bon. D'accord. Assez plaisanté ! Je l'avoue. Je me suis amusé, au fil des dernières pages, à évoquer une pièce de théâtre et son dramaturge, une critique et son auteur… aux noms respectifs plus étranges[1] les uns que les autres. La vérité étant (comme vous l'aviez dûment noté, cher lecteur), que j'ai *vraiment* parlé de quelque chose de tout à fait différent – à savoir, la boucle étrange que le logicien autrichien Kurt Gödel (Gerd Külot) découvrit et révéla au sein des *Principia mathematica* de Russell et Whitehead.

« Minute ! » entends-je une voix protester (pas la *vôtre* bien entendu). « Comment diable auriez-vous pu *réellement* parler de Whitehead et Russell et des *Principia mathematica* si ce que vous avez écrit ici ne portait pas sur eux mais sur Y. Ted Enrustle et *Prince Hyppia : Math Dramatica* et autres choses du même acabit ? » Eh bien, une fois plus, grâce au pouvoir de l'analogie ; le jeu est le même que dans un *roman à clef** où l'auteur parle, de manière transparente, d'individus de la vie réelle tout en n'évoquant ostensiblement que des personnages fictifs, mais dont les lecteurs bien informés savent pertinemment qui se cache derrière qui. Ils le peuvent grâce à des analogies si convaincantes et éclatantes que, prises dans leur contexte culturel, quiconque de raisonnablement cultivé ne peut passer à côté.

Nous avons donc gravi les échelons de mon échelle de remarques à double entendement, depuis l'interjection familière de Café du commerce « Ah, que c'est mauvais ! », jusqu'à la réplique théâtrale super-sophistiquée, « Le nombre *g* n'est pas princier ». Nous avons vu à plusieurs reprises comment les analogies et les codages font apparaître des significations secondaires qui chevauchent les premières. Nous avons vu également que même les sens premiers procèdent de codages implicites, pour finalement constater que toute signification est transmise *via* un code, autrement dit que toute signification provient

---

1. Notre lecteur francophone aura sans doute fini par déceler le jeu de mots, en prononciation anglaise, entre Y. Ted Enrustle et *White-Head-and-Russell*. (N.d.T.)

d'analogies. C'est là l'idée profonde de Gödel, qu'il exploite à fond dans son article de 1931, en réduisant à néant les prétentions des *Principia mathematica*. J'espère que mes lecteurs goûteront désormais l'élucidation de l'idée géniale de Gödel comme une friandise.

Comment écrire « l'inécrivable » ?

Quelque chose vous a peut-être troublé en apprenant que la célèbre réplique de Prince Hyppia au sujet du nombre g postule (par analogie) sa propre « inécrivabilité ». N'est-ce pas une contradiction dans les termes ? Si une réplique est vraiment impossible à écrire, comment le dramaturge a-t-il pu l'écrire ? Ou pour renverser la question, comment trouver la réplique classique du Prince Hyppia dans la pièce de Y. Ted Enrustle si elle n'a jamais été écrite ?

Excellente question. Mais souvenez-vous que j'ai défini une « réplique écrivable » comme étant celle d'un dramaturge se conformant tacitement à un ensemble de conventions dramaturgiques bien établies. Autrement dit, le concept d'« écrivabilité » se réfère implicitement à un certain *système de règles* particulier. Ce qui signifie qu'une réplique « inécrivable » n'est pas tant celle qui ne pourrait jamais être écrite par quiconque, que celle qui violerait une ou plusieurs conventions dramaturgiques allant de soi pour la plupart des auteurs. Une réplique inécrivable pourrait donc être effectivement écrite – mais pas par quelqu'un qui respecte ces règles à la lettre.

On penserait que le dramaturge strictement respectueux desdites règles serait très inconsistant (voire incohérent !) en écrivant ce type de réplique ; un critique dramatique discourtois, cherchant toujours la petite bête, pourrait même écrire, « La pièce de X n'est que méga-inconsistance ! ». C'est peut-être d'ailleurs la révélation de cette méga-inconsistance bizarroïde qui, invariablement, coupe le souffle au public à l'écoute du coup de théâtre mathématique énoncé par le Prince Hyppia. Pas étonnant que Gerd Külot ait tiré gloire d'avoir signalé qu'une réplique *formellement* inécrivable avait bel et bien été écrite !

« Ne pas » n'est pas source d'étrangeté

Le lecteur peut être tenté de conclure qu'une boucle étrange implique nécessairement un autotorpillage ou une propriété autodévalorisante, autonégative (« Cette formule *ne* peut *pas* être prouvée » ; « Cette réplique *n*'est *pas* écrivable » ; « Vous *ne* devriez *pas* assister à cette pièce »). La négation, toutefois, ne joue pas un rôle essentiel dans la boucle étrange. L'étrangeté devient simplement plus drôle et piquante quand la boucle bénéficie d'une propriété autodévalorisante. Souvenez-vous des *Drawing Hands* d'Escher. Aucune négation là-dedans – les deux mains dessinent. Imaginez ce que ça donnerait si l'une effaçait l'autre !

Dans ce livre, l'étrangeté d'une boucle provient uniquement de la façon dont le système semble « s'engloutir lui-même » par le biais d'enroulements inattendus, en violant insolemment ce que nous considérons comme un ordre hiérarchique inviolable. Dans le cas de *Prince Hyppia : Math Dramatica* comme dans celui des *Principia mathematica*, on voit qu'un système soigneusement conçu pour parler uniquement des nombres et *non* de lui-même, finit inéluctablement par parler de lui-même sur un mode à la « Cagey » – et cela précisément en vertu de la nature caméléon des nombres, laquelle est si riche et complexe que les structures numériques ont suffisamment de souplesse pour refléter n'importe quel autre type de structure.

Gödel aurait créé une boucle en tout point aussi étrange, juste peut-être un brin moins spectaculaire, s'il avait concocté une formule auto-*affirmative* affirmant effrontément à propos d'elle-même : « Cette formule est prouvable par les règles *PM* », laquelle m'évoque l'impertinence de Muhamad (« Je suis le plus grand ») Ali, ou l'aplomb de Salvador (« le Grand ») Dalí. De fait, des logiciens comme Martin Hugo Löb et Leon Henkin étudièrent ce type de formules autoréférentes quelques années après Gödel. Elles aussi ont des propriétés étonnantes et profondes. Je persiste donc et signe : *l'étrangeté* de la boucle ne réside pas tant dans le demi-tour suscité par la négation « *ne... pas* », que dans le retournement inattendu, violant la hiérarchie qu'implique le mot « cette ».

Je signalerai toutefois immédiatement qu'il n'est pas question de trouver une expression telle que « cette formule » au sein d'une formule de Gödel à la Cagey – pas plus que l'expression « ce public » n'est contenue dans la réplique de Cagey, « Ceux qui franchissent le piquet de grève pour entrer chez Alf and Bertie sont des ordures ». La signification inattendue « les membres *de ce public* sont des ordures », est plutôt le résultat inévitable d'une analogie (ou d'un codage) évidente entre deux piquets de grèves entièrement différents (l'un devant le théâtre, l'autre sur scène) et du même coup, par extension, entre les spectateurs qui ont franchi le piquet et les personnages qui l'ont franchi dans la pièce qu'ils regardent.

La découverte de Gödel montre que l'idée préconçue selon laquelle un système a nécessairement besoin d'un ingrédient éveillant manifestement la suspicion comme « ce/cette » (ou « je », « ici », « maintenant », des « indexicaux » comme disent les philosophes, des mots qui se réfèrent explicitement au locuteur, à quelque chose qui lui est étroitement lié ou au message lui-même) pour susciter l'autoréférence, est une illusion naïve. Non. L'étrange retournement est une simple conséquence naturelle d'un isomorphisme inattendu entre deux situations différentes (celle dont il est question explicitement d'un côté, et celle qui suscite le propos de l'autre). Bertrand Russell, qui avait pris soin d'exclure toutes les notions indexicales telles que « ce/cette » de son système formel, s'imaginait avoir immunisé à jamais son œuvre contre le fléau des boucles – mais Kurt Gödel montra au moyen de son isomorphisme fatidique que cette prétention n'était qu'un vain article de foi.

Les nombres comme mode de figuration

Pourquoi ce type d'isomorphisme n'est-il apparu que lorsqu'un quidam s'est mis à scruter soigneusement les *Principia mathematica* ? Pourquoi personne n'y avait pensé avant l'arrivée de Gödel ? L'isomorphisme s'est manifesté parce que les *Principia mathematica* traitent par définition des entiers naturels et que Gödel a vu que leur univers est si riche qu'on peut trouver un ensemble de nombres isomorphe à *n'importe quelle* structure comprenant des objets de tout type – en d'autres termes, qu'il y a des nombres qui refléteront parfaitement lesdits objets et leur structure, des nombres qui exécuteront la même danse que les objets de la structure. Exécuter la même danse. C'est là le secret.

Kurt Gödel fut la première personne à se rendre compte de la chose suivante et à l'exploiter : les entiers positifs, bien qu'ils aient une apparence très austère et solitaire, constituent en fait un mode de représentation fabuleusement riche. Ils peuvent reproduire ou imiter n'importe quelle structure. Comme tout langage humain, où les noms, verbes (etc.) peuvent se livrer à des danses d'une complexité infinie, les entiers naturels peuvent également exécuter des danses d'additions, de multiplications (etc.) d'une complexité infinie et peuvent ainsi « discourir », *via* un code ou une analogie, sur des événements en tous genres, relevant des nombres ou non. C'est ce que je voulais dire au chapitre 9, en écrivant qu'on pouvait se douter des germes de la destruction de *PM* par le seul fait apparemment innocent que *PM* avait assez de pouvoir pour parler des *propriétés arbitrairement subtiles* des nombres entiers.

Nos aînés, jadis, avaient eu l'intuition de cette richesse quand ils entreprirent de décrire la nature de bien des aspects variés de notre univers – étoiles, planètes, atomes, molécules, couleurs, courbes, notes, harmonies, mélodies, etc. – par des équations ou autres types de structures numériques. Il y a quatre siècles, Galilée, qui était à l'origine de ce courant de pensée, avait prononcé cette phrase mémorable : « Le livre de la nature s'écrit dans le langage des mathématiques » (une pensée qui peut laisser perplexes les gens qui aiment la nature mais détestent les maths). Encore que, malgré tous ces siècles de mathématisations formidables de divers aspects du monde, personne avant Gödel ne se soit rendu compte que les mathématiques pouvaient également modéliser *la pratique des mathématiques elle-même.*

Le résultat de tout cela, donc, est que le retournement autoréférentiel inattendu que Gödel a décelé au sein des *Principia mathematica* procédait inéluctablement du profond pouvoir représentatif des nombres entiers. Il n'y a pas plus de miracle à ce que les *Principia mathematica* (ou tout autre système comparable) contiennent des phrases centrées sur elles-mêmes comme la formule de Gödel, qu'il n'y a de miracle à ce qu'un système vidéo puisse créer une boucle autoréférentielle, qui n'est autre qu'un phénomène banal évident dû au fonctionnement des caméras de télévision (ou, pour s'exprimer plus précisément, au pouvoir représentatif incroyablement riche d'un ensemble impressionnant de pixels). Car le système des nombres entiers, exactement comme une caméra vidéo (mais à plus forte raison !) peut « viser » n'importe quel système et en reproduire parfaitement les structures sur un « écran » métaphorique constitué par son ensemble de théorèmes. Tout comme dans le feedback vidéo, les tourbillons provoqués par le fait que *PM* se vise lui-même possèdent toutes sortes de propriétés émergentes inattendues qui requièrent un nouveau vocabulaire spécifique pour les décrire.

Chapitre 12
De la causalité descendante

ৰ ৰ ৰ

Le pire cauchemar de Bertrand Russell

À mon sens, le phénomène émergent le plus inattendu issu des travaux de Kurt Gödel de 1931 est un nouveau type saugrenu de causalité mathématique (si vous me permettez ce terme inhabituel). Je n'ai jamais lu de commentaires présentant sa découverte sous cet angle, aussi ce qui suit est-il une interprétation toute personnelle. Pour expliquer mon point de vue, il me faut revenir à la célèbre formule de Gödel – appelons-la « KG » en son honneur – et analyser ce que son existence implique pour *PM*.

Comme nous l'avons vu à la fin du chapitre 10, la signification de KG (plus précisément sa signification *secondaire*, de niveau supérieur, non numérique, non russellien, comme l'a révélée la codification ingénieuse de Gödel), réduite à l'essentiel, est l'affirmation dévastatrice « KG ne peut être démontrée dans *PM* ». D'où la question qui s'impose naturellement – *la* question – « Eh bien, KG ne peut-elle *vraiment* pas être démontrée dans *PM* ? »

Pour y répondre, il faut nous en remettre à un article de foi, à savoir que tout ce qui peut être prouvé dans *PM* est vrai (ou, en renversant ce qui précède, que *rien de faux ne peut être prouvé* dans *PM*). C'est cette vision idyllique que nous avons appelée, au chapitre 10, la « consistance », autrement dit la cohérence. Si *PM* n'était pas cohérent, il démontrerait des contrevérités à gogo sur les nombres entiers car, dès l'instant que vous avez prouvé une seule proposition fausse (telle que « 0 = 1 »), une infinité d'autres (« 1 = 2 », « 0 = 2 », 1 + 1 = 1 », « 1 + 1 = 3 », « 2 + 2 = 5 », etc.) en découlent en vertu des règles de *PM*. En fait, c'est pire : si une affirmation fausse *quelconque*, aussi obscure et ésotérique soit-elle, était démontrable dans *PM*, cela voudrait dire que *n'importe quelle* assertion arithmétique *concevable*, vraie ou fausse, deviendrait prouvable, et tout le grandiose édifice s'écroulerait en une pagaille pitoyable. En bref, la démonstration d'une seule assertion fausse signifierait que *PM* n'a strictement rien à voir avec la véracité en arithmétique.

Quel serait donc le pire cauchemar de Bertrand Russell ? Qu'un beau jour, quelqu'un se présente avec une démonstration *PM* d'une formule exprimant une proposition arithmétique fausse (« 0 = s0 » est un bon exemple), parce que, dès cet instant, *PM* serait bon pour la benne à ordures. Mais, heureusement pour Russell, tout bon logicien de ce bas, monde préférerait parier sur les chances d'une boule de neige de tenir un siècle dans les flammes de l'enfer ! En d'autres termes, le pire cauchemar de Bertrand Russell n'est jamais qu'un cauchemar et ne se réalisera jamais en dehors du pays des rêves.

Pourquoi logiciens et mathématiciens – Russell (et Gödel) compris – restent-ils à cet égard si impavides ? Eh bien, les axiomes de *PM* sont certainement vrais, et ses règles d'inférence aussi simples et rationnelles qu'on puisse l'imaginer. Comment dégoter des choses fausses dans tout cela ? Imaginer des propositions fausses dans *PM* ou penser que deux et deux font cinq, c'est très exactement du même ordre. Aussi, à l'instar de tous les mathématiciens et logiciens, accordons à Russell et Whitehead le bénéfice du doute et présumons de la cohérence de leur monument de la logique. Pour l'heure, donc, nous supposerons généreusement que *PM* ne démontre jamais de propositions fausses – que tous ses théorèmes énoncent à coup sûr des assertions vraies. Munis de cette hypothèse amicale, demandons-nous maintenant : « Que se passerait-il si KG était prouvable dans *PM* ? »

Le pays étrange où « parce que » coïncide avec « bien que »

Postulons donc vous et moi, cher lecteur, que KG est prouvable dans *PM*, et voyons où cette hypothèse – je la surnommerai le « scénario de la preuve de KG » – nous conduit. Notez que l'ironie de l'affaire est que KG elle-même *ne* croit *pas* au scénario de la preuve de KG. KG s'entête à crier à la face du monde, « je ne suis *pas* démontrable ! ». Si donc *nous* ne nous trompons pas au sujet de KG, cher lecteur, c'est KG qui se trompe sur son propre compte, malgré ses cris d'orfraie. Après tout, aucune formule ne peut être à la fois *démontrable* (comme nous le prétendons pour KG) et également *indémontrable* (comme KG prétend l'être). L'un de nous doit avoir tort. (En l'occurrence *avoir tort*, c'est énoncer une proposition *fausse* : les deux sont synonymes.) Aussi... si le scénario de la preuve de KG se vérifie, c'est que KG a tort (= faux).

Très bien. Notre raisonnement est parti du scénario de la preuve de KG et aboutit à la conclusion que « KG est fausse ». En d'autres termes, *si KG est démontrable, c'est qu'elle est également fausse.* Holà, pas si vite ! Quelque chose de faux démontrable dans *PM* ?! Ne venons-nous pas tout juste d'affirmer fermement, il y a quelques instants, que *PM* ne démontre jamais quoi que ce soit de faux ? Si ! Nous reprenons à notre compte la croyance universelle des logiciens en la cohérence de *PM*. Et si nous voulons garder cette cartouche, c'est le scénario de la preuve de KG qui doit être faux, car il mène droit au pire cauchemar de Russell. Il nous faut le désavouer, le supprimer, le répudier, l'invalider, l'excommunier, car *l'accepter* amène à une conclusion (« l'incohérence de *PM* ») dont nous savons qu'elle est fausse.

En conséquence de quoi, par la présente, nous déclarons rejeter le scénario de la preuve de KG, ce qui ne nous laisse que le scénario opposé : KG n'est *pas* démontrable. Le plus drôle étant désormais que c'est exactement ce que KG se tue à hurler sur les toits. Nous constatons que ce que KG affirme sur elle-même – « je ne suis pas démontrable » – est *vrai*. En deux mots, nous avons établi deux faits : (1) KG n'est pas démontrable dans *PM* ; (2) KG est vraie.

Nous venons juste de découvrir une très étrange anomalie au sein de *PM* : voici un énoncé d'arithmétique (de la théorie des nombres, pour être un peu plus précis) dont nous somme sûrs qu'il est *vrai*, tout en étant également sûrs qu'il *n'est pas démontrable* – et, comble du comble, ces deux faits parfaitement contradictoires procèdent l'un de l'autre. Autrement dit, KG n'est pas démontrable *bien* qu'elle soit vraie, mais pis, *parce qu*'elle est vraie.

Cette situation insolite est sans précédent et extrêmement contrariante. Elle nargue le credo des mathématiciens selon lequel vérité et prouvabilité sont les deux faces de la même médaille – à savoir qu'elles vont toujours ensemble car elles se conditionnent l'une l'autre. Et voilà que nous venons de tomber sur un cas où, chose extraordinaire, vérité et *im*prouvabilité se conditionnent l'une l'autre. Nous voilà en bien fâcheuse situation !

L'incomplétude vient de la force

Le fait qu'il existe une vérité de la théorie des nombres qui ne peut être démontrée dans *PM* signifie, comme nous l'avons vu au chapitre 9, que *PM* est *incomplet*. Il est criblé de trous. (Jusque-là nous n'en avons vu qu'un seul – KG – mais il s'avère qu'il y en a pleins d'autres – une infinité, en fait.) Certains énoncés de la théorie des nombres qui *devraient* être démontrables échappent au vaste réseau de preuves de *PM* – ils passent au travers des mailles du filet. En clair, nous avons affaire à un autre type de cauchemar – peut-être pas aussi dévastateur que le pire cauchemar de Bertrand Russell, mais d'une certaine façon plus insidieux et inquiétant.

Les mathématiciens et logiciens de 1931 ne s'attendaient certes pas à cela. Rien ne laissait subodorer une quelconque faille ou déficience dans les axiomes et règles d'inférence des *Principia mathematica*. Celles-ci semblaient, tout au contraire, s'appliquer virtuellement à tout ce qu'on pensait être vrai sur les nombres. Les premières lignes de l'article de 1931 de Gödel, citées au chapitre 10, l'affirment clairement. Il écrivait, rappelez-vous, en parlant des *Principia mathematica* et de la théorie des ensembles de Zermelo-Fraenkel : « Les deux systèmes sont si vastes que toutes les méthodes de démonstration utilisées aujourd'hui en mathématiques y sont formalisées, c'est-à-dire ramenées à quelques axiomes et règles d'inférence ». Gödel énonçait ici le credo quasi universel de l'époque, et la trentaine de pages suivantes révélant l'incomplétude de *PM* faisaient figure de coup de tonnerre dans un ciel serein.

Pour couronner le tout, la conclusion de Gödel venait non pas d'une faiblesse de *PM* mais de sa force. Cette force tient au fait que les nombres sont si flexibles, si « caméléonesques », que leurs structures peuvent mimer celles du raisonnement. Gödel exploitait cette idée simple mais merveilleuse : l'ensemble familier des nombres entiers peut exécuter exactement les mêmes pas de danse que les étranges structures symboliques de *PM*. Pour être plus précis, rien ne pouvait distinguer le comportement des « nombres princiers » qu'il avait inventés de celui des séquences démontrables, et l'une des forces naturelles de *PM* tient à ce que le système est en mesure de parler des nombres princiers. C'est d'ailleurs pourquoi le système est capable de parler de lui-même (en code). En un mot, l'incomplétude de *PM* provient de sa *force expressive*. Quel fantastique retour de bâton !

Le second pire cauchemar de Bertrand Russell

Tout enrichissement de *PM* (disons un système comprenant plus d'axiomes ou de règles d'inférences, ou les deux) devrait pouvoir exprimer tout autant la flexibilité des nombres que *PM* (il s'agirait sinon d'un système plus faible et non plus fort), ce qui en ferait tout autant la proie du traquenard gödelien. Le nouveau système se ferait prendre tout aussi facilement à son propre piège.

Plus concrètement, les séquences démontrables dans un système *Super-PM* plus vaste et en principe supérieur, seraient imitées de façon isomorphe par un ensemble de nombres *plus riche* que celui des nombres princiers (que nous appellerons « nombres super-princiers »). Dès lors, tout comme il le fit pour *PM,* Gödel aurait créé une nouvelle formule KH pour *Super-PM* qui dirait, « h n'est pas un nombre super-princiers », ce qu'il aurait fait bien sûr de telle façon que *h* fût le nombre de Gödel de KH elle-même. (Une fois que vous avez réalisé la manœuvre pour *PM*, la rééditer pour *Super-PM* est un jeu d'enfant.) Les mêmes étapes de raisonnement que nous venons de parcourir pour *PM* conduiraient le nouveau système, prétendument plus puissant, à succomber pareillement sous les affres de l'incomplétude, et pour les mêmes raisons. Comme le résume le vieil adage, « Plus dure sera la chute… ».

Autrement dit, la lacune dont souffre *PM* (et tout autre système axiomatique aussi riche que *PM*) n'est pas due à une quelconque négligence de Russell et Whitehead mais n'est jamais qu'une propriété inéluctable de *tout* système suffisamment flexible pour reprendre à son compte les aptitudes caméléonesques des nombres entiers. *PM* est suffisamment riche pour se retourner et se cibler lui-même, comme une caméra de télévision dirigée vers l'écran sur lequel elle envoie les images. Si vous confectionnez un système vidéo *ad hoc*, cette aptitude à revenir en boucle est inévitable. Plus la résolution du système est élevée, plus l'image sera fidèle.

Comme au judo, la force de l'adversaire constitue sa vulnérabilité. Kurt Gödel, en bon « ceinture noire », se sert de la force de *PM* pour le faire basculer. Ce qui n'est, cela dit, pas aussi catastrophique que l'incohérence, mais sur un mode totalement inattendu – un effondrement par *incomplétude*. Le fait de ne pouvoir contourner la feinte « ceinture noire » de Gödel en enrichissant ou en agrandissant *PM* de quelque façon, s'appelle « incomplétude essentielle » – le *second pire* cauchemar de Bertrand Russell. Mais contrairement à son pire cauchemar, qui n'est jamais qu'un mauvais rêve, celui-ci se réalise en dehors du pays des songes.

Une interminable succession de monstres

Non seulement l'extension de *PM* ne sauve pas le navire du naufrage, mais pis, KG est loin d'être la seule lacune de *PM*. Il existe une infinité de façons de chiffrer « à la Gödel » tout système axiomatique donné, et chacune d'elles donne une formule cousine de KG. Lesdites formules sont toutes différentes, mais si similaires qu'on pourrait parler de clones. Si vous cherchez à sauver le paquebot du naufrage, libre à vous de lancer KG ou n'importe lequel de ses clones dans *PM* en tant que nouvel axiome (en l'occurrence, libre à vous de les y précipiter tous à la fois !), mais votre geste désespéré n'aura guère de résultat ; la recette de Gödel donnera instantanément une toute nouvelle cousine de KG. Une fois de plus, cette nouvelle séquence autoréférentielle « ressemblera exactement » à KG et sa flopée de clones, sans être *identique* à aucun d'entre eux. Lancez *celle-ci* à son tour, et vous obtiendrez une nouvelle cousine ! En dépit des efforts surhumains de l'équipage, les trous prolifèrent à bord de *PM* comme autant de pâquerettes et violettes au printemps. Vous voyez pourquoi je dis que ce cauchemar est plus insidieux et inquiétant que le premier.

Bertrand Russel ne fut pas le seul à être surpris par la perversité extraordinaire de cette manœuvre superbe ; pratiquement tous les théoriciens des mathématiques le furent, y compris le grand mathématicien allemand David Hilbert dont l'une des aspirations majeure de l'existence fut de refonder rigoureusement toutes les mathématiques dans une construction axiomatique (ce que l'on appelle « le programme de Hilbert »). Jusqu'au coup de tonnerre de 1931, tout le monde pensait que ce noble objectif avait été atteint par Whitehead et Russell.

Pour dire les choses autrement, les mathématiciens de l'époque croyaient tous en ce que j'ai désigné plus haut comme le « Credo du mathématicien (version *Principia mathematica*) ». La révélation scandaleuse par Gödel d'une faille fondamentale et rédhibitoire dans le piédestal sur lequel ils pensaient raisonnablement assurer leur conviction procédait de deux choses. L'une est notre hypothèse amicale de la consistance de ce piédestal (à savoir que nous ne trouverons jamais de proposition fausse tapie dans les théorèmes de *PM*) ; l'autre étant la non-prouvabilité de KG et de l'infinité de ses cousines dans *PM*, dont nous venons de montrer qu'elle est une conséquence de leur autoréférentialité, compte tenu de la cohérence de *PM*.

Pour résumer une dernière fois, qu'est-ce qui fait que KG (ou n'importe laquelle de ses cousines) n'est pas démontrable ? En un mot, c'est sa signification autoréférentielle : si KG était démontrable, sa signification en boucle se retournerait sur elle-même et la rendrait non démontrable, ce qui rendrait *PM* incohérent, et nous savons que ce n'est pas le cas.

Remarquez toutefois que nous nous sommes abstenus de toute analyse détaillée de la nature des enchaînements où KG finirait par apparaître à la dernière ligne. En fait, nous n'avons prêté aucune attention au sens *russellien* de KG (ce que j'ai appelé son sens *premier*), qui consiste à dire que le nombre gargantuesque que j'ai désigné par « g » possède une propriété plutôt rare et secrète de la théorie des nombres que j'ai baptisée pour rire « roture », (en lieu et place de « non princier »). Vous aurez noté que dans les deux dernières pages, il n'y a pas un mot sur les nombres princiers ou non princiers ni sur leurs propriétés en théorie des nombres, sans que j'aie même du tout mentionné le nombre g. Nous avons fait l'impasse sur toutes ces questions numériques en examinant seulement la signification *secondaire* de KG, celle que Bertrand Russell n'a jamais vraiment comprise. Quelques lignes de raisonnement absolument pas numérique (la seconde section de ce chapitre) nous ont convaincus qu'il était inconcevable que cette assertion, KG (qui porte sur des nombres), fût un théorème de *PM*.

La consistance empêche d'escalader le pic

Imaginez qu'une équipe d'explorateurs à bord d'un satellite vienne de découvrir un pic himalayen inconnu (appelons-le « KJ ») et que ceux-ci déclarent simultanément, très sûrs d'eux, qu'il n'existe aucune voie concevable pour y parvenir, en vertu d'une propriété inhabituelle spécifique à ce seul sommet. Il a suffi d'un seul cliché pris à la verticale à 400 kilomètres d'altitude pour que nos spationautes annoncent que KJ est un *pic inaccessible,* et parviennent à cette conclusion vertigineuse sans se référer le moins du monde aux propriétés relatives à l'alpinisme conventionnel, sans parler de se salir les mains en expérimentant effectivement les innombrables voies d'approche potentielles jusqu'au sommet. « Non ! Y'en a aucune de bonne ! » rétorqueront-ils joyeusement. « Ne vous embêtez pas à les essayer toutes, vous vous casserez le nez à chaque fois ! »

Une telle annonce saugrenue se démarquerait de façon spectaculaire de toutes les conclusions antérieures sur l'ascension en montagne. Jusque-là, les alpinistes devaient toujours tenter bien des voies – en fait les tenter à maintes reprises, avec différents types d'équipement, dans des conditions météorologiques variées. Des milliers d'échecs à la file n'auraient pas réussi à apporter la preuve péremptoire que le pic en question serait à jamais impossible à escalader ; tout ce qu'on pourrait en conclure est qu'*il a résisté à l'ascension jusque-là*. En effet, l'idée même de « preuve d'inaccessibilité » est particulièrement étrangère à l'alpinisme.

En revanche, une propriété originale de KJ a permis à notre équipe d'explorateurs de conclure qu'il était par nature impossible à escalader, sans avoir besoin de se référer aux innombrables voies d'accès imaginables, et encore moins de les tenter. Et pourtant, prétendent-ils, leur conclusion ne se contente pas d'être probable ou très vraisemblable, elle est absolument certaine.

Nous avons affaire ici à une forme inversée de causalité alpinistique, contrôlée d'en haut en quelque sorte, totalement sans précédent. Quel type de propriété peut bien expliquer l'impossibilité singulière d'escalader ce pic ? Les spécialistes de la varappe traditionnelle auraient de quoi rester perplexes face à l'affirmation générale qu'un grimpeur tombera fatalement sur un obstacle infranchissable, quel que soit le parcours entrepris. Ils se contenteraient de conclure plus modestement que le haut sommet est extrêmement difficile à gravir en *levant les yeux* vers lui et en imaginant toutes les voies d'accès concevables. Mais notre équipe d'explorateurs présomptueux, quant à elle, s'est contentée d'observer la pointe du sommet de KJ pour en conclure, *en regardant vers le bas,* qu'il ne pourrait jamais y avoir une quelconque voie d'accès à partir de la base.

Quand on les pousse dans leurs retranchements, nos explorateurs finissent par expliquer comment ils en sont venus à leurs conclusions fracassantes. Il se trouve que la photographie de KJ prise d'en haut n'avait pas recours à la lumière ordinaire, qui n'aurait rien révélé de spécial, mais aux « rayons Gödel » qu'on venait juste de découvrir. Ce nouveau médium révèle un ensemble de structures fatales profondément cachées au sein de KJ.

Le problème vient de la consistance de la base rocheuse sous-jacente aux glaciers des sommets ; elle est si fragile que, dès qu'un grimpeur parvient à proximité du pic, le seul fait d'y imprimer une infime pression (ne serait-ce que celle d'un grain de sel ou d'un cil de petit bourdon !) déclencherait immédiatement un tremblement de terre retentissant qui ferait s'effondrer la montagne. L'inaccessibilité du pic se révèle donc sans aucun rapport avec la façon de conduire *l'ascension* ; elle tient à l'instabilité inhérente au sommet lui-même, et de plus, à un type d'instabilité que seuls les rayons Gödel peuvent déceler. Une histoire tout ce qu'il y a de plus fantaisiste, non ?

La causalité descendante en mathématiques

Certes. Mais la bombe de Gödel, tout aussi fantastique, n'avait rien d'une fantaisie. Elle était précise et rigoureuse. Elle révélait ce fait stupéfiant que le *sens caché* d'une formule pouvait avoir une singulière force causale « descendante », laquelle déterminait la véracité ou la fausseté de la formule en question (ou sa déductibilité ou non-déductibilité au sein de *PM* ou de tout autre système axiomatique suffisamment riche). Il suffit de connaître la signification de la formule pour qu'on puisse être fixé, sans faire le moindre effort de raisonnement déductif traditionnel qui exige de partir des axiomes pour « monter » méthodiquement et péniblement vers la solution. Ce n'est pas seulement insolite, c'est ahurissant. Normalement, on ne peut se contenter de ce que *dit* une conjecture mathématique en en exploitant le contenu, pour en déduire si l'assertion est vraie ou fausse (démontrable ou non démontrable).

Par exemple, si je vous dis, « il y a une infinité de nombres parfaits » (tels que 6, 28 et 496 dont la somme des diviseurs donne le nombre lui-même), vous ne saurez pas si mon affirmation – appelons-la « Coquine » –

est vraie ou non, et vous aurez beau examiner longtemps l'expression écrite de Coquine (en français ou dans une notation formelle rébarbative du style de *PM*) que cela ne vous avancera guère. Il vous faudra tenter diverses approches vers le sommet. Vous pourriez ainsi découvrir que 8 128 est le premier nombre parfait qui suit 496 ; noter qu'aucun des nombres parfaits déjà trouvés n'est impair, ce qui pour le moins est un… impair ; puis constater que tous ceux que vous trouvez ont la forme $p(p + 1)/2$, où p est un entier premier impair (comme 3, 7 ou 31) et $p + 1$ une puissance de 2 (comme 4, 8 ou 32) ; et ainsi de suite.

Au bout d'un moment, il se peut qu'après moult vaines tentatives de démontrer Coquine, vous finissiez par vous demander si elle n'est pas fausse (ou, si préférez, franchement Im-parfaite !). Dans ce cas, vous déciderez peut-être de changer d'objectif et de tenter différentes approches d'un sommet voisin concurrent – à savoir ~Coquine, négation de Coquine – qui affirme « Il n'y a *pas* une infinité de nombres parfaits », ce qui équivaut à affirmer qu'il existe un nombre parfait *plus grand* que tous les autres (faisant penser à notre vieil ami *P*, censé être le plus grand nombre premier de l'univers).

Mais supposez que par un incroyable coup de génie vous ayez découvert une nouvelle sorte de « rayon Gödel » (c'est-à-dire un astucieux nouveau chiffrage à la Gödel, comprenant toute sa machinerie standard sachant faire danser les nombres princiers en parfaite synchronie avec les séquences démontrables) lequel vous permettrait de déceler un *second* degré de signification de Coquine – un sens caché qui déclarerait aux heureux élus sachant le décrypter « l'entier q n'est pas un nombre princier », où q est, comme par hasard, le nombre de Gödel de Coquine elle-même. Eh bien, cher lecteur, je crois que vous auriez vite fait de reconnaître le scénario. Vous vous rendriez compte que Coquine, tout comme KG, dit d'elle-même *via* le nouveau code Gödel : « Coquine n'est pas démontrable dans *PM* ».

Ce délicieux synopsis, certes parfaitement improbable, vous permettrait immédiatement de conclure, sans avoir à chercher plus loin dans l'univers des nombres entiers et leurs diviseurs, ni celui des preuves rigoureuses, que Coquine est à la fois *vraie* et *indémontrable*. Autrement dit, vous pourriez conclure que l'assertion « Il y a une infinité de nombres parfaits » est vraie, tout en ajoutant qu'elle n'est pas démontrable en ayant recours aux axiomes et règles d'inférences de *PM,* et pour finir (en remuant le couteau du paradoxe dans la plaie) que l'absence de preuve de Coquine dans *PM* est une conséquence directe de sa *véracité.*

Vous vous dites peut-être que le scénario que je viens de dépeindre est absurde, mais il est parfaitement analogue à la démarche de Gödel. Simplement, Gödel avait soigneusement *élaboré* une affirmation sur les nombres et révélé qu'elle avait une signification très étrange, par la façon même dont il l'avait formulée, au lieu de partir d'une affirmation intéressante et bien connue sur les nombres pour ensuite se heurter à une autre signification très étrange cachée en son sein. Mis à part cela, les deux scénarios sont identiques.

Le scénario hypothétique de Coquine et celui, authentique, de KG sont, vous en conviendrez sûrement, radicalement différents de la pratique traditionnelle des mathématiques. Ils consistent à *raisonner de haut en bas* – en descendant d'un théorème hypothétique, au lieu de *remonter* à partir d'axiomes. En particulier, ils raisonnent à partir du *sens caché* du théorème hypothétique, et non à partir de ce que le théorème en question affirme sur les nombres en première approche.

Göru et la quête vaine d'une machine à vérité

Vous souvenez-vous de Göru, la machine hypothétique qui distingue les nombres princiers des nombres roturiers (non princiers) ? Au chapitre 10, je faisais remarquer que, si nous avions construit un Göru, ou si quelqu'un nous en avait fait cadeau, nous pourrions décider si n'importe quelle assertion de la théorie des nombres est vraie ou fausse. Pour ce faire, il nous suffirait de traduire la conjecture C en une formule *PM,* calculer son nombre de Gödel *c* (tâche facile), puis demander à Göru, « *c* est-il princier ou roturier ? ». Si Göru répondait « *c* est princier » nous dirions : « Puisque *c* est princier, la conjecture C est démontrable, donc vraie » ; tandis que, si Göru répondait « *c* est roturier », nous dirions, « puisque c est roturier, la conjecture C est indémontrable, donc fausse ». Et comme Göru, par définition, finirait toujours par nous donner l'une ou l'autre des deux réponses, il nous suffirait d'aller dormir en attendant tranquillement qu'il nous donne la solution de tous les casse-tête mathématiques imaginables, quel que soit leur niveau de profondeur.

Voilà un scénario grandiose permettant de résoudre tous les problèmes à l'aide d'un simple petit gadget mais, malheureusement, nous savons maintenant qu'il souffre d'un vice de forme rédhibitoire. Gödel nous a révélé qu'il y a un abîme entre vrai et prouvable dans *PM* (de fait, dans tout système formel axiomatique tel que *PM*). Bien des formulations vraies, hélas, n'y sont pas démontrables. Si donc une formule de *PM* ne réussit pas à être un théorème, vous ne pouvez pas y voir à coup sûr le signe qu'elle est fausse (bien que, par chance, à chaque fois qu'une formule *est* un théorème, ce soit un signe indubitable qu'elle est vraie). Donc, même si Göru fonctionne exactement comme prévu en répondant toujours à bon escient « oui » ou « non » à toute question du style « n est-il un nombre princier ? », il sera néanmoins incapable de répondre à toutes les questions mathématiques que nous nous posons.

Même s'il n'a pas réponse à tout comme nous l'espérions, Göru n'en resterait pas moins une machine précieuse. Mais, en fait, ce n'est même pas dit : la machine à distinguer le roturier du princier de façon fiable n'existe pas. (Je n'entrerai pas ici dans les détails qu'on peut trouver dans bien des textes d'informatique ou de logique mathématique.) Tout se passe comme si les rêves s'effondraient soudainement autour de nous – et, d'une certaine manière, c'est ce qui est arrivé dans les années 1930, quand on découvrit pour la première fois l'abîme séparant le concept abstrait de véracité des façons mécaniques de s'assurer de celle-ci, et que la communauté scientifique commença à prendre conscience de l'envergure du problème.

Il appartint au logicien Alfred Tarski d'enfoncer l'un des derniers clous dans le cercueil des rêves mathématiques de cet ordre, en montrant qu'il n'y avait même pas moyen *d'exprimer* en notation *PM* l'affirmation en polonais (français ou anglais) : « n est le nombre de Gödel d'une formule vraie de la théorie des nombres ». Le verdict de Tarski signifie que, même s'il existe un ensemble infini de nombres représentant des propositions vraies (ayant recours à un chiffrage de Gödel spécifique), et un ensemble complémentaire infini de nombres représentant des propositions fausses, il n'y a pas moyen d'exprimer cette distinction comme une propriété de théorie des nombres. En d'autres termes, la dichotomie vrai/faux partage l'ensemble de tous les entiers fbf (correspondant à une formule bien définie de *PM*) en deux parties complémentaires, mais la frontière est si étrange et insaisissable qu'il n'existe aucun procédé mathématique pour la caractériser.

Tout cela peut sembler terriblement contrariant mais est plutôt merveilleusement stimulant dans la mesure où le problème révèle la profondeur des aspirations mathématiques séculaires de l'humanité. Cela montre à quel point la recherche collective de la vérité mathématique vise quelque chose d'incroyablement subtil et donc, en un sens, sacré. Ce qui me fait penser une fois de plus que « Gödel » contient le mot « God » (Dieu) – et allez savoir quels nouveaux mystères se cachent dans les trémas qui le surmontent ?

La perception renversée des créatures évoluées

Comme l'excursion que nous venons de faire l'a montré, les boucles étranges en logique mathématique ont des propriétés très surprenantes, y compris ce qui se révèle comme une sorte de causalité inversée. Mais ce n'est pas la première fois que nous sommes confrontés à la causalité inversée dans ce livre. La notion a surgi dans la discussion sur le billodrome et le cerveau humain. Nous en avions conclu que l'évolution avait façonné les êtres humains en entités qui sont capables de percevoir, qui filtrent l'environnement en catégories macroscopiques. Nous sommes du même coup voués à décrire ce qui nous concerne, y compris ce que les autres et nous-mêmes faisons, non pas en termes de particules physiques sous-jacentes (qui se situent à des ordres de grandeur très éloignés de nos perceptions quotidiennes et catégories familières), mais en termes de structures abstraites et mal définies de haut niveau telles que mères et pères, ami(e)s et amant(e)s, grandes surfaces et caisses de supermarchés, séries télévisées et publicités pour la bière, génies et cinglés, religions et stéréotypes, comédies et tragédies, obsessions et phobies ; et, bien sûr, croyances et désirs, espoirs et craintes, rêves et effrois, ambitions et jalousies, amours et haines, et tant d'autres structures abstraites à des millions de kilomètres métaphoriques du micro-univers de la causalité physique.

Ce qui donne un curieux renversement dans la façon humaine de percevoir le monde : nous sommes conçus pour percevoir « en grand » plutôt qu'« en petit », même si le domaine de l'infime semble être le siège du moteur effectif de la réalité. Le fait que notre esprit ne voie que le niveau supérieur en ignorant totalement le niveau inférieur fait penser aux possibilités de la vision de haut niveau que Gödel nous a révélée. Il a trouvé le moyen de faire tenir une formule *PM* d'une longueur colossale (KG ou n'importe laquelle de ses cousines) en une expression concise et facile à comprendre (« KG n'est pas démontrable dans *PM* »), au lieu de la lire sous forme de l'assertion numérique de niveau inférieur voulant qu'un certain entier gargantuesque possède une certaine propriété ésotérique que la théorie des nombres définit de façon récursive (ce que nous avons appelé « la roture », c'est-à-dire le fait de ne pas être un nombre princier). La lecture standard d'une formule de *PM* au niveau inférieur, en surface, est à la portée de n'importe qui. Mais il a fallu un génie pour imaginer qu'une lecture à un niveau supérieur puisse exister en parallèle.

En revanche, dans le cas d'une créature qui pense à l'aide d'un cerveau (ou d'un billodrome), la lecture de l'activité de son propre cerveau à un haut niveau lui est naturelle et banale (« Je me souviens de ma frayeur la première fois que Mamy m'a emmené voir *Le magicien d'Oz* », par exemple), alors que les activités de bas niveau qui conditionnent le niveau supérieur (les innombrables neurotransmetteurs sautillant comme des fous dans les espaces synaptiques, ou les milliards de simms se cognant silencieusement les unes aux autres) sont totalement cachées, insoupçonnées, invisibles. La créature qui pense ne sait pratiquement rien du substrat qui lui permet de penser, mais comprend pratiquement tout ce qui a trait à sa propre interprétation symbolique de l'univers, et connaît très intimement quelque chose qu'elle appelle « Je ».

Avec « Je » sur les bras, pour le meilleur et le pire

Rares doivent être les penseurs qui, au fil des jours, ne tiennent pas compte de leurs symboles familiers et de leur sens permanent du « moi », en ayant l'audace de spéculer sur l'existence matérielle à l'intérieur de leur crâne (ou de leur billodrome) d'un niveau *inférieur* ésotérique et caché, peuplé de tourbillons invisibles n'ayant rien à voir avec leurs symboles (ou simmbols), mais qui sont constitués d'une multitude d'unités microscopiques mystérieusement dénuées de toute propriété symbolique.

Quand on réfléchit à l'existence humaine de cette façon, on peut s'étonner d'avoir conscience de son cerveau en termes de haut niveau, non matériels (comme les espoirs et les croyances) bien avant d'en avoir conscience en termes neuronaux de bas niveau. (En fait, la plupart des gens n'entrent jamais en contact avec leur cerveau à ce niveau.) Si les choses s'étaient présentées de manière analogue dans le cas des *Principia mathematica,* la reconnaissance de la signification gödelienne de haut niveau de certaines formules de *PM* aurait largement précédé la reconnaissance de leurs significations russelliennes bien plus basiques, ce qui, au demeurant, reste un scénario inconcevable. En tout état de cause, les êtres humains que nous sommes ont évolué pour se percevoir et se décrire eux-mêmes en termes mentaux de haut niveau (« J'espère pouvoir lire *Eugène Onéguine* cet été ») et non en termes physiques de bas niveau (imaginez un peu ce qui serait la liste des états de tous les neurones responsables de vos espoirs de lire *Eugène Onéguine* cet été), bien que l'humanité progresse collectivement pas à pas dans cette direction.

La lente progression vers le niveau inférieur

Des notions aussi intellectuelles que « croyance », « espoir », « culpabilité », « envie » etc., sont apparues bien avant qu'un être humain ait seulement rêvé de les fonder en tant que structures récurrentes et reconnaissables sur un substrat physique quelconque (le cerveau vivant, vu sous un très haut niveau de résolution). La tendance à progresser lentement de la compréhension intuitive de niveau supérieur à la compréhension scientifique au niveau inférieur, rappelle qu'il a fallu de l'audace pour postuler la notion abstraite de *gène,* en tant qu'unité de base permettant à l'hérédité de se transmettre de parent à progéniture, et l'étudier minutieusement en laboratoire pendant des décennies avant qu'on en découvre un fondement physique « concret ». Une fois enfin mises à jour les structures microscopiques permettant de faire correspondre une « image » physique à la notion abstraite, on s'est aperçu qu'il s'agissait d'entités parfaitement inattendues : un gène se présente sous la forme d'une séquence de taille moyenne d'un très long cordon hélicoïdal replié sur lui-même, constitué uniquement de quatre types de molécules (les nucléotides) reliées les unes aux autres en une chaîne de millions d'unités.

Puis, miraculeusement, la chimie des quatre molécules en question s'est avérée, en un certain sens, accessoire – leurs nouvelles propriétés *informationnelles* qu'on venait de découvrir comptaient infiniment plus du point de vue de l'hérédité que leurs propriétés chimiques traditionnelles. Autrement dit, la description appropriée du fonctionnement de l'hérédité et de la reproduction pouvait pour l'essentiel s'abstraire de la chimie, en se contentant d'une représentation de haut niveau des processus de manipulation de l'information.

Au cœur de ces processus se trouve une haute abstraction dénommée « code génétique », lequel traduit chacun des soixante-quatre « mots » formés de trois nucléotides (ou « codon ») en une des vingt molécules différentes appartenant à une famille chimique totalement indépendante (les acides aminés). Autrement dit, on ne peut accéder à une profonde compréhension des gènes et de l'hérédité qu'à condition de s'être intimement familiarisé avec une fonction de transfert de sens de haut niveau. Ce qui doit vous rappeler quelque chose.

Cochons, chiens, marécages

Pour comprendre ce qui se passe dans une cellule biologique, il vous faut apprendre à penser à ce nouveau niveau informationnel. Même si, en théorie, il suffirait de s'en remettre à la physique, en pratique ça ne fera pas l'affaire. Manifestement, les particules élémentaires s'occupent d'elles-mêmes, sans se soucier le moins du monde des niveaux informationnels des biomolécules (sans parler des catégories perceptives humaines, des convictions abstraites, du « Je », du patriotisme, de l'ardent désir de la part d'une agglomération de biomolécules particulièrement vaste de composer un ensemble de vingt-quatre préludes et fugues). Les événements macroscopiques propres à la biocréature émergent de toutes ces particules élémentaires aux occupations microscopiques.

Cela dit, comme je l'ai déjà souligné, si vous choisissez de cibler le niveau de la particule, vous ne pourrez pas dessiner de frontières nettes entre une entité comme une cellule ou un cochon et le reste de l'environnement où ils résident. Des notions comme « cellule » ou « porc » ne sont pas pertinentes à ce niveau inférieur éloigné. Les lois de la physique des particules ne respectent pas des notions telles que « porc », « cellule », « gène » ou « code génétique », voire même des notions comme « acide aminé ». Ces lois ne s'appliquent qu'aux particules, lesquelles ignorent joyeusement des frontières macroscopiques conçues pour la commodité des créatures pensantes, tout comme les papillons se fichent pas mal des circonscriptions électorales. Les électrons, photons et autres neutrinos passent comme des flèches à travers ces frontières artificielles sans le moindre scrupule.

Pour peu que vous empruntiez la route des particules, il vous faudra sortir le grand jeu et … embrocher le cochon jusqu'au bout : prendre en compte toutes les particules de tous les membres de sa parentèle, de sa porcherie, de la boue où il se vautre, de son fermier, de l'air qu'il respire, des gouttes de pluie qui s'abattent sur lui, des cumulo-nimbus dont viennent les gouttes en question, des coups de tonnerre qui font résonner ses tympans, de l'ensemble de la planète, du soleil, des radiations cosmiques naturelles qui se propagent dans tout l'univers et remontent à la nuit des temps, au Big Bang, etc. Une tâche par trop gigantesque pour de braves gens limités comme nous, ce qui nous amène à faire un compromis en regardant les choses à un niveau moins exhaustif, moins détaillé, mais (heureusement pour nous) nettement plus suggestif, à savoir le niveau informationnel.

À ce niveau, les biologistes parlent de ce que les gènes *représentent*, et réfléchissent là-dessus, plutôt que de se focaliser sur leurs propriétés physico-chimiques traditionnelles. Ils considèrent implicitement que cette nouvelle façon économique et concise de s'exprimer suggère que les gènes, grâce à leurs qualités informationnelles, ont des propriétés causales intrinsèques – à savoir que certains événements, ou circonstances à grande échelle, très abstraits (par exemple, le stéréotype de haut niveau voulant que les golden retrievers soient généralement gentils et amicaux) peuvent être légitimement considérés comme relevant des *significations des molécules*.

Pour les gens qui s'intéressent directement aux chiens et non à la biologie moléculaire, tout cela va de soi. Les amis des chiens passent leur temps à parler du caractère ou de l'intelligence présumés de telle ou telle race, comme si tout cela n'avait rien à voir avec la physique et la chimie de l'ADN (sans parler de niveaux physiques plus fins que celui de l'ADN), et se situait exclusivement au niveau abstrait des « traits de caractère des races de chiens ». Et le plus beau, c'est que les experts en chiens, tout comme les biologistes moléculaires, s'en trouvent très bien. C'est que ça marche ! En vérité, si les uns et les autres se risquaient à emprunter la voie de la physique pure ou de la biologie moléculaire pure, ils s'enliseraient immédiatement dans le marécage des innombrables interactions des entités microscopiques qui constituent les chiens et leurs gènes (sans parler du reste de l'univers).

Le résultat de tout cela, c'est que la façon la plus *réelle* de parler des chiens ou des cochons implique, comme le disait Roger Sperry, que les entités de haut niveau marchent impunément sur les pieds des entités de bas niveau. Rappelez-vous : la primalité du nombre entier 641, cette propriété abstraite intangible, est ce qui fait basculer effectivement nos bons vieux dominos bien solides situés dans la « zone de primalité » de la chaîne. Il s'agit rien de moins que d'une causalité descendante, qui nous amène directement à la conclusion que le moyen le plus efficace de considérer les cerveaux pourvus de symboles – et le plus souvent le moyen le plus *véridique* – est de se dire que c'est leur fatras microscopique interne qui se fait chahuter par les idées et les désirs et non l'inverse.

Chapitre 13
Le « Je » et son insaisissable fruit défendu

❧ ❧ ❧

Les structures du vécu

La nature profonde de notre humanité nous fait baigner dans le monde confortable et familier de structures abstraites pratiquement impossibles à définir, telles que : « fast-food » et « jus de chaussette », « poisse » et « angoisse », « prime de fin d'année » et « service clientèle », « tourner en rond » et « s'la jouer », « cinglé » et « talon d'Achille », « smash » et « score final », « fais c'que j'dis, pas c'que j'fais » et « huile de coude », « coup tordu » et « se faire avoir », « jouer perso » et « salaud », « dépit » et « feuilletons télé », « renvoyer l'ascenseur » et « être fair-play », « fin » et « moyens », « espoirs » et « effroi », « elle » et « lui » – et, les dernières mais non les moindres, « toi » et « moi ».

Même si j'ai mis chaque expression qui précède entre guillemets, je ne parle pas des mots en eux-mêmes, ni des phénomènes observables qu'ils désignent. Je parle des *concepts* que ces termes recouvrent – ou, pour en revenir à un terme déjà employé, des *symboles dans nos cerveaux respectifs*.

Ma petite liste humoristique (je ne vous en ai infligé qu'une version très raccourcie), vise à humer le quotidien de la vie mentale de la plupart des adultes : ces symboles terre à terre que nos occupations routinières activent chaque jour – lors de conversations entre amis ou collègues, à un feu rouge, en écoutant la radio ou en feuilletant un magazine dans une salle d'attente, etc. Cette liste pioche au hasard dans l'espace mental quotidien afin de donner une idée des phénomènes qui nous tiennent le plus à cœur et sont à la base de nos certitudes (chimères et déboires étant très réels pour la plupart d'entre nous), par opposition au niveau aride et inaccessible des quarks et des gluons ou à celui, qui l'est à peine moins, des gènes, des ribosomes ou de l'ARN messager – des niveaux de « réalité » auxquels nous faisons peut-être mine d'acquiescer, mais qui n'intéressent et ne font discuter que très peu d'entre nous.

Et pourtant, cette liste ne comprend que des abstractions vagues et floues, parfaitement insaisissables. Comment définir *précisément* un seul de ses éléments ? Quelle qualité peut bien désigner le fait d'avoir « la poisse » ? Sauriez-vous l'expliquer à vos enfants ? Et puis, de grâce, donnez-moi l'algorithme de reconnaissance des formes permettant de repérer infailliblement un « salaud » ?

Les célibataires communistes de spin 1/2 se mettent le doigt dans l'œil

Histoire de montrer à quel point notre façon de penser épouse les catégories floues et brumeuses du monde macroscopique, songez à ce fait curieux que les logiciens – dont le métier consiste à transcrire les lois d'airain de la déduction logique selon des expressions linguistiques précises – ont rarement, voire jamais, recours au niveau des particules ou des champs électromagnétiques pour illustrer leurs vérités fondamentales et éternelles. Au lieu de quoi, leurs exemples de « vérités » les plus fréquents sont des phrases utilisant des catégories aux contours vagues, comme : « La neige est blanche », « L'eau mouille », « Les hommes célibataires ne sont pas mariés » ou « Le communisme traversera/ne traversera pas des crises graves en Chine au cours des prochaines années. »

Si vous pensez que ces phrases expriment *vraiment* des vérités affûtées, réfléchissez-y un instant… Qu'est-ce que signifie réellement « la neige » ? Une catégorie aussi tranchée qu'« échec et mat » ou « nombre premier » ? Et que veut dire exactement dire « mouiller » ? Rien de flou là-dedans ?

Et « célibataire » – sans même parler des « prochaines années » ou « des crises graves » ? Que d'ambiguïtés ! Or de telles phrases, classiques dans la bouche des philosophes, semblent généralement bien plus réelles (et donc d'une vérité plus fiable) que « Les électrons ont un spin de 1/2 » ou « Les lois de l'électromagnétisme sont invariantes par parité », tout simplement parce qu'elles se situent à un niveau qui nous est naturel.

Notre taille étant relativement gigantesque, la plupart d'entre nous n'ont jamais directement affaire aux électrons et aux lois de l'électromagnétisme. Nos perceptions et nos actes se concentrent sur des choses bien plus grandes et plus floues. Nos certitudes les plus ancrées, bien loin de s'appliquer aux électrons, portent sur la multitude des entités macroscopiques que recouvrent nos catégories mentales de hautes ou basses fréquences (« fast-food » et « se faire avoir » pour les hautes, « talon d'Achille » et « service Clientèle » pour les basses) ainsi que sur ce qui nous apparaît comme leur causalité sous-jacente, aussi floue et incertaine soit-elle.

Nos aperçus les plus pénétrants sur la causalité propre au monde extrêmement embrouillé des êtres vivants nous viennent immanquablement de la façon très fine dont nous classifions le niveau macroscopique. Il arrive par exemple que nous comprenions soudainement les raisons d'une guerre mystérieuse dans une contrée lointaine grâce à la sagacité d'un commentateur faisant remonter l'origine des hostilités à un ancien conflit religieux. Nous ne serions guère avancés si un physicien s'avisait d'expliquer la même guerre en la réduisant aux milliards de milliards de collisions conservant la quantité de mouvement entre les grains éphémères de la mécanique quantique.

Je pourrais poursuivre par des considérations du même ordre sur la façon dont nous percevons les histoires d'amour et autres grands thèmes de la condition humaine en termes de structures tangibles de la vie quotidienne appartenant au monde à grande échelle, et jamais en termes de particules élémentaires. Au lieu de déclarer que l'électrodynamique quantique « est ce qui fait tourner le monde », j'invoquerais plutôt les éternels mystères insondables que sont la beauté, la générosité, la sexualité, l'inquiétude, l'inconstance, la fidélité, la jalousie et autres solitudes, sans oublier ce merveilleux frémissement de deux âmes que nous, Anglo-saxons, désignons curieusement par « chimie » et qui encore plus curieusement, pour les Français, revient à *avoir des atomes crochus**.

On pourrait s'amuser à dresser une telle liste, mais l'exercice ne vous apprendrait rien de nouveau. L'essentiel est de comprendre que nous percevons pratiquement *tout* de l'existence à ce niveau et quasiment *rien* à celui des composants invisibles dont nous savons intellectuellement que nous sommes faits. Je vous le concède, il y a quelques exceptions : nous avons aujourd'hui une conscience aiguë des causes microscopiques des maladies, portons un vif intérêt pour la rencontre du minuscule spermatozoïde et de l'ovule donnant naissance à une vie nouvelle, connaissons le plus souvent le rôle des facteurs microscopiques déterminant le sexe d'un enfant – mais ce ne sont que de rares exceptions. La règle générale est que nous baignons dans le monde des concepts de la vie de tous les jours : ce sont eux, et non les micro-événements, qui définissent notre réalité.

Suis-je une bille étrange ?

Les considérations qui précèdent signifient que nous pouvons mieux comprendre nos *propres* faits et gestes comme ceux des autres créatures en termes de structures internes stables mais immatérielles et insaisissables, que nous nommons « espoirs », « certitudes », etc. Mais le besoin de se comprendre soi-même va bien plus loin. Nous sommes inexorablement amenés à créer un terme qui synthétise l'unité présumée, la cohérence interne et la stabilité temporelle de tous les espoirs, croyances et attentes enfouis dans notre propre crâne – et ce terme, comme nous l'apprenons très tôt, est « Je ». Très vite, cette abstraction de haut niveau tapie dans les coulisses, finit par devenir l'entité la plus réelle de l'univers.

Nous attribuons à notre « Je » la responsabilité de nos actions, de la même façon que nous mettons les guerres et les histoires d'amour sur le compte des idées et des passions, et non des particules. Le Grand Promoteur et Ordonnateur de notre corps est notre « Je », cette bille merveilleuse dont nous éprouvons sans conteste la rondeur, la solidité et la taille dans la boîte noire de tous nos espoirs et désirs.

Je fais bien entendu allusion à « Épi », la bille imaginaire de la boîte d'enveloppes. Mais l'illusion du « Je » est bien plus subtile et rebelle que celle de la bille, suscitée par l'alignement de multiples épaisseurs de papier et de colle. D'où vient la ténacité de cette illusion ? Pourquoi refuse-t-elle de décamper, quelle que soit la dose de « science exacte » qu'on lui jette à la figure ? Pour essayer de répondre à ce genre de questions, je vais maintenant examiner la boucle étrange qui constitue le « Je » – l'endroit où elle se trouve, la manière dont elle apparaît et se stabilise.

Je ne suis pas un collier de perles

Tout d'abord, la boucle étrange de notre « Je » unique se trouve dans notre propre crâne. Celui de chaque être humain ordinaire recèle une telle boucle étrange. En fait, je retire cela : au chapitre 15, je vais en augmenter le nombre considérablement. Mais après tout, dire qu'il n'y en a qu'une est une bonne approximation pour commencer.

En parlant d'« une boucle étrange à l'intérieur d'un crâne », ai-je en tête une structure physique – une sorte de boucle palpable, disons un circuit de neurones enfilés bout à bout ? Une opération chirurgicale permettrait-elle d'exciser adroitement une telle boucle neuronale pour l'exposer sur une table à la vue de tous, tel un délicat collier de perles ? La personne dont le cerveau aurait été ainsi « débouclé » deviendrait-elle du même coup un zombie inconscient ?

Ce n'est pas vraiment ce que j'ai à l'esprit. Cela va sans dire. La boucle étrange qui forme le « Je » n'est pas plus un objet physique que l'on peut repérer et extraire que l'effet Larsen n'est un objet tangible possédant une masse et un diamètre. Cet effet peut se produire « à l'intérieur » d'un auditorium mais le fait qu'il soit physiquement localisé n'en fait pas quelque chose qu'on puisse prendre en main et soupeser, sans parler d'en mesurer la température et l'épaisseur ! Une boucle « Je », comme une boucle audio, un effet Larsen, est une abstraction – mais une abstraction qui paraît au plus haut point réelle, presque palpable physiquement, aux êtres tels que nous, aux êtres experts en hunekométrie.

Je suis le symbole le plus complexe de mon cerveau

On peut considérer le cerveau à (au moins) deux niveaux, comme le billodrome (ou *PM*) : un niveau inférieur, impliquant de très petits processus physiques (des particules ou des neurones, comme vous voudrez) et un niveau supérieur impliquant de grandes structures activables sélectivement par la perception, que j'ai baptisées *symboles* dans cet ouvrage et qui constituent nos catégories.

Parmi les myriades de symboles présents dans le répertoire d'un être humain normal, certains sont bien plus fréquents et dominants et c'est l'un de ceux-ci que nous désignons, avec une certaine dose d'arbitraire, par « Je » (du moins en français). Quand nous parlons des autres, nous évoquons leurs ambitions, leurs habitudes, leurs goûts et aversions… et avons besoin d'attribuer à chacun l'analogue de notre « Je », mais naturellement dans *leur* crâne, pas dans le nôtre. Cet homologue de notre « Je » se voit attribuer des noms différents qui dépendent du contexte : « Danny », « Monica », « vous », « il » ou « elle ».

Le processus de la perception d'un soi interagissant avec le reste de l'univers (représenté essentiellement, bien entendu, par la famille et les amis, les morceaux de musique, livres et films préférés, etc.) se poursuit toute la vie. Le symbole « Je », donc, comme tous ceux de notre cerveau, commence par être très simple et tout petit, pour grossir tant et plus jusqu'à devenir la structure abstraite la plus importante de notre cerveau. Mais où se localise-t-il exactement ? Pas en un point précis ; il se diffuse un peu partout. C'est qu'il en a des choses à ingérer à propos de tout !

L'intériorisation de ce que nous fûmes, voulons et voudrions

Mon self-symbole, à la différence de celui de mon chien, remonte avec précision, mais toutefois pas mal de lacunes, à mon passé apparemment le plus lointain. Le système indéfiniment extensible des catégories humaines assure cet extraordinaire saut dans la sophistication qui nous sépare des autres animaux et nous permet de construire notre mémoire épisodique – ce gigantesque hangar à souvenirs d'événements, mineurs comme majeurs, simples ou complexes, qui nous sont arrivés au fil des décennies (ainsi qu'à nos amis, aux membres de notre famille, mais aussi aux personnages de romans, de films, d'articles de journaux et ainsi de suite, *ad infinitum*).

De la même façon, mon self-symbole, guidé par ses appréhensions et ses rêves, scrute avec intensité mais bien peu de certitudes l'épais brouillard qui masque mon existence future. La vaste mémoire épisodique de mon passé, flanquée de sa collègue indiquant vaguement ce qui doit advenir (celle que j'ai envie de baptiser *ma projection épisodique*), puis embellie par le roman fantastique des versions de rechange, des « reprises conditionnelles » d'épisodes innombrables (« si seulement X s'était produit… » ; « Quelle chance s'il y avait eu Y à la place… » ; « Comme ce serait formidable si Z arrivait… » – ce qu'on pourrait appeler, pourquoi pas, mon *conditionnel épisodique* ?) fait apparaître l'interminable galerie des glaces de mon « Je ».

Jamais sans mon moi !

Étant donné que nous ne percevons pas de particules en interaction mais des structures macroscopiques où certaines choses en bousculent d'autres selon des liens de causalité indistincts, que le Grand Bousculeur dans et hors notre corps est notre « Je » et que nos corps bousculent le reste du monde environnant, nous ne pouvons que conclure que c'est le « Je » qui tire les ficelles. Le « Je » apparaît à chacun d'entre nous comme le point de départ de tous nos actes, toutes nos décisions.

Ce n'est bien entendu qu'un aspect de la vérité, qui ignore superbement toute la physique impersonnelle des micro-entités. Cette distorsion de la réalité se révèle toutefois étonnamment fiable et parfaitement indispensable, deux propriétés qui insèrent toujours plus solidement la naïveté de ce point de vue dans notre système de croyances, au fur et à mesure que nous passons de la petite enfance à l'enfance puis à l'âge adulte.

J'ajouterais que le « Je » d'un physicien des particules n'est pas moins solidement ancré que celui d'un écrivain ou d'un vendeur de chaussures. La maîtrise de toutes les branches de la physique serait bien incapable d'anéantir les décennies de lavage de cerveau opéré par la culture et le langage, sans parler des millions d'années d'évolution humaine ayant préparé le terrain. La notion de « Je », en tant que raccourci d'une efficacité incomparable, est un dispositif explicatif fondamental, pas une béquille facultative qu'on peut joyeusement jeter aux orties sitôt pourvu d'un bagage scientifique suffisant.

La lente construction du soi

Qu'est-ce qui pourrait faire du cerveau humain un candidat à l'hébergement d'une boucle d'autoreprésentation ? Pourquoi pas celui d'une mouche ou d'un moustique ? Voire d'une bactérie, d'un ovule, d'un spermatozoïde, d'un virus, d'un plant de tomates, d'une tomate ou d'un crayon ? Que la réponse soit claire : le cerveau humain est un système de représentations dont la capacité d'extension et la flexibilité des catégories ne connaissent aucune limite. Le cerveau d'un moustique ne comprend qu'un système de représentation minuscule, pratiquement dépourvu de catégories, *a fortiori* sans souplesse ni possibilité d'extension. Le système de représentation des bactéries, des ovules, des spermatozoïdes, des plants de tomates, des thermostats, etc., quant à lui, est trop infime pour se payer le luxe de l'autoreprésentation. Et pour ce qui est de la tomate ou du crayon, ils n'en possèdent aucun, ce qui clôt toute discussion à leur sujet (pardon, petite tomate ! désolé, petit crayon !).

Le cerveau humain est donc un candidat sérieux à la possession d'un feedback de perception, donc d'une autoreprésentation étoffée. Mais quelles sortes de cycles de perception cela suppose-t-il ? Nous abordons la vie avec des boucles de feedback personnelles rudimentaires qui nous incitent à élaborer des catégories pour les parties les plus manifestes de notre corps, socle élémentaire qui nous permet de ressentir bientôt nos corps comme des objets physiques flexibles. Dans le même temps, comme certains de nos actes sont récompensés et d'autres punis, nous commençons à développer un certain sens plus abstrait du « bien » et du « mal », tout comme les notions de culpabilité et de fierté. Notre perception de nous-même en tant qu'entité abstraite capable de forcer les événements (comme de continuer à gravir une pente raide à la course quand nos jambes nous supplient de nous contenter de marcher) s'enracine peu à peu.

Il est essentiel à nos jeunes existences d'affûter aussi précisément que possible nos self-symboles en pleine croissance. Nous cherchons à connaître notre place dans toutes sortes de hiérarchies et classes sociales (et en avons besoin), et quand bien même nous ne le voudrions pas, la réponse nous arrive. On nous dit par exemple très tôt que nous sommes « mignons » ; chez certains, le message se renforce beaucoup plus que chez d'autres. De sorte que chacun finit par savoir qu'il est « beau », « naïf », « effronté », « timide », « gâté », « drôle », « paresseux », « original », etc. Des dizaines d'étiquettes et de concepts de ce genre s'agrègent à nos self-symboles en plein développement.

Les représentations de milliers d'expériences, petites et grandes, font également croître nos self-symboles. Bien entendu, le souvenir d'une visite au Grand Canyon, par exemple, ne participe pas seulement de notre self-symbole, mais de bien d'autres symboles dans notre cerveau. Mais cela l'enrichit et il en devient plus complexe.

Lancer, intérioriser le rebond

Mon self-symbole se façonne, s'affine constamment, obstinément au fil des heures et des jours et suscite en retour moult actions externes, au fil du temps. (C'est ainsi qu'une forme de causalité lui apparaît, puisqu'il perçoit le monde à ce niveau, et non au niveau microscopique.) Il voit ses propres actes délibérés (coups de pied, lancers, cris perçants, rires, blagues, coups de coude, croche-pieds, paris, plaintes, menaces, etc.) qui déclenchent plus ou moins de réactions dans l'environnement, dont il intériorise les effets par le biais des catégories rudimentaires dont il dispose (il n'a pas le choix). Le self-symbole, au hasard de ce genre d'explorations innombrables, acquiert lentement un résumé pertinent sur sa propre nature de décideur et de lanceur, au sein d'un vaste univers multiforme partiellement prévisible.

Soyons plus concrets : je tente un panier de basket et rate ou réussis mon tir, en fonction du déroulement des innombrables événements microscopiques qui prennent possession de mes bras et mes doigts, du tournoiement du ballon, de l'air, du cercle du panier, etc., toutes choses dont au demeurant je ne me préoccupe pas. Cette petite exploration du monde, répétée des centaines ou des milliers de fois, m'informe toujours plus précisément sur mon niveau de compétence en basket (tout en me permettant de décider si j'aime ce sport ou non). La conscience que j'ai de mon niveau n'est bien sûr qu'un résumé grossier à grande échelle de milliards d'incidents à l'échelle microscopique impliquant mon corps et mon cerveau.

De même, mes faits et gestes sociaux suscitent des réactions de la part d'autres êtres doués de sensations. Le retour de ces réactions vers moi me les fait ressentir à travers mon répertoire de symboles et c'est ainsi que je me perçois indirectement au travers de l'effet que je produis sur les autres. Je me construis l'idée que j'ai de moi-même dans les yeux des autres. Mon self-symbole se forge hors du vide initial.

Le sourire d'Hopalong Cassidy

Un matin d'expression orale en classe de CP – j'avais dans les six ans – je rassemblai tout mon courage pour me lever et déclarer fièrement : « Je peux sourire exactement comme Hopalong Cassidy ! ». (Je ne me rappelle pas ce qui m'avait persuadé d'avoir ce merveilleux talent, mais j'en étais sûr, croix de bois, croix de fer.) Je me suis empressé de produire devant tout le monde ce sourire auquel je m'étais passionnément entraîné. Ma mémoire épisodique, après tant d'années, garde une trace vivace de cet acte de bravoure. Malheureusement, je n'ai qu'un très pâle souvenir de la façon dont ont réagi ma maîtresse, Mlle McMahon, une très gentille dame que j'adorais, et mes petits camarades de classe. Leur réaction collective, toutefois, quelle qu'elle fût, a certainement eu un effet formateur sur ma jeune existence, donc sur la croissance et la lente stabilisation de mon « Je ».

Ce que nous faisons – ce que notre « Je » nous dit de faire – a des conséquences parfois positives, parfois négatives, et nous nous efforçons au fil du temps de modeler notre « Je » de façon à rechercher les premières et à éviter les secondes. Nous voyons si notre sourire d'Hopalong Cassidy a fait un tabac ou un bide, et nous ne le resservirons que dans le premier cas. (Pour être franc, je ne l'ai jamais ressorti depuis le CP.)

Avec quelques années de plus, nous voyons si nos calembours tombent à plat ou suscitent des rires admiratifs et adaptons notre humour ou apprenons à nous censurer, voire les deux, en fonction du résultat. Nous essayons divers costumes et apprenons à lire entre les lignes les réactions des autres pour savoir ce qui nous va ou pas. Quand on nous reproche nos petits mensonges, nous décidons de cesser de mentir ou apprenons à le faire d'une manière plus subtile, en incorporant notre nouveau savoir sur notre degré d'honnêteté à notre self-symbole. Ce qui vaut pour les mensonges vaut pour les vantardises, bien sûr. La plupart d'entre nous apprenons à adapter notre langage à différentes normes sociales, parfois de façon tout à fait délibérée, parfois moins. Les niveaux de complexité sont infinis.

Mensonges dans-son-Je

Cela fait plus d'un siècle que les psychologues cliniciens se sont efforcés de comprendre la nature de cette étrange structure cachée au plus profond de chacun de nous. Certains ont écrit des pages tout à fait pénétrantes à ce propos. Il y a quelques décennies, j'ai lu deux livres de la psychanalyste Karen Horney qui m'ont laissé une impression durable. Dans son livre *Our Inner Conflicts* (« Nos conflits intérieurs »[1]), elle parlait de l'« image idéalisée » que chacun se forge à propos de lui-même. Bien que son idée première portât sur les souffrances névrotiques, ce qu'elle en disait avait une portée beaucoup plus générale.

---

1. Paru en 1955. Traduit en français par Jean Paris sous le titre *Nos conflits intérieurs*. Paris, Arche éditeur, 1992.

> (…) Elle [l'image idéalisée] représente une sorte de création artistique dans laquelle les contraires semblent réconciliés. (…)
>
> On pourrait dire de l'image idéalisée qu'elle est un moi fictif ou illusoire, mais ce ne serait qu'une partie de la vérité, donc trompeur. Il est frappant de constater qu'elle se crée en prenant ses désirs pour des réalités, surtout quand il s'agit de personnes qui, par ailleurs, ont les pieds sur terre. Ce qui ne la rend pas totalement fictive. L'image idéalisée est une création imaginaire étroitement mêlée aux facteurs réalistes qui la déterminent. Elle contient généralement des bribes d'idéaux authentiques. Quand bien même les exploits grandioses sont illusoires, les potentialités sous-jacentes sont souvent réelles. Il serait plus approprié de dire qu'elle naît de nécessités intérieures tout à fait réelles, qu'elle remplit des fonctions et a une influence très réelles sur son créateur. Les processus à l'œuvre dans son élaboration sont déterminés par des lois si précises qu'une connaissance de ses traits spécifiques nous permet des déductions exactes sur la véritable structure caractérielle de la personne en question.

Manifestement, Karen Horney ne parle pas de la conscience qu'un individu aurait de ses traits les plus superficiels tels que la taille, la couleur des cheveux, ou de petites abstractions comme le métier qu'il exerce, ou de savoir si celui-ci lui plaît. Il s'agit plutôt de l'image (nécessairement quelque peu déformée) qu'il se forge au cours de son existence sur ses traits de caractères les plus profonds, sur le niveau qu'il occupe dans toutes sortes de hiérarchies sociales aux contours flous, sur ses réalisations et ses échecs les plus retentissants, sur ses aspirations ou ses déconvenues, etc. Elle insiste dans ce livre sur les aspects illusoires, donc nuisibles, de cette image mais la structure complète accueillant de tels travers névrotiques est bien plus vaste. C'est ce que j'ai appelé ici le « self-symbole » ou, simplement, le « Je ».

Le livre antérieur de Karen Horney, *Self-Analysis,* (« L'auto-analyse »[1]), se consacre au défi complexe qui consiste pour un individu à tenter de modifier ses propres tendances névrotiques. L'ouvrage se focalise

---

[1]. Traduit de l'anglais sous le titre *L'auto-analyse* par Dominique Maroger, préface de Didier Anzieu. Paris, Stock, 1953.

inévitablement sur l'idée plutôt paradoxale d'effectuer par soi-même des changements profonds sur soi-même. Ce n'est pas le lieu de fouiller des sujets aussi compliqués, mais je les ai mentionnés pour rappeler aux lecteurs l'immense complexité psychologique qui gît au cœur de toute existence humaine.

Le verrouillage de la boucle « Je »

Résumons-nous en termes légèrement plus abstraits. Le vaste amoncellement de matériaux que nous avons appelé le « Je » provoque collectivement, à un moment donné, une action extérieure, à la façon dont un caillou lancé dans une mare engendre des ondes qui se propagent. Très vite, les innombrables effets de notre action rebondissent vers nous, comme les premières ondes reviennent après avoir rebondi sur les bords du plan d'eau. Ce qui nous revient nous permet de percevoir ce que la métamorphose graduelle de notre « Je » a façonné. Des millions de tout petits signaux réfléchis nous affectent depuis l'extérieur, que ce soit par la vue, l'audition, le toucher ou tout autre sens. Quand ils nous atteignent, ils activent à l'intérieur de notre cerveau des ondes *internes* de signaux secondaires et tertiaires. En fin de compte, cette rafale de signaux se focalise sur une poignée de symboles activés – un petit ensemble de catégories triées sur le volet qui constituent la compréhension sommaire de ce que nous venons d'accomplir (par exemple : « Tire ! Raté d'un cheveu ! », ou « Ouah ! Il a flashé sur ma nouvelle coiffure ! »).

Voilà comment le « Je » courant – l'ensemble de souvenirs, d'aspirations, de passions et de désarrois le plus actualisé qui soit –, joue avec le vaste univers imprévisible des hommes et des choses pour susciter un rapide feedback qui, une fois intégré sous la forme d'activations de symboles, donne naissance à un « Je » modifié de façon infinitésimale. Le cycle se poursuit au fil des instants, des jours et des années. La structure abstraite au cœur de notre essence intime évolue ainsi, lentement mais sûrement, *via* la boucle de symboles mettant en œuvre des actions et leurs répercussions activatrices de symboles. Ce faisant, elle se verrouille toujours plus solidement dans notre esprit. En fait, les années passant, le « Je » converge et se stabilise inéluctablement, exactement comme le bruit perçant de l'effet Larsen converge et se stabilise à la fréquence naturelle de résonance du système.

Je ne suis pas une boucle de feedback vidéo

Et revoilà l'heure de l'analogie ! Je voudrais une nouvelle fois évoquer le monde des boucles de feedback vidéo car une bonne part de ce que nous venons d'aborder a sa contrepartie dans ce domaine bien plus simple. Quelque chose se passe devant la caméra et est donc transmis à l'écran, mais d'une façon simplifiée puisque les formes continues (c'est-à-dire avec un grain très fin) sont rendues par une trame faites de pixels en nombre fini (un support à gros grains). Le nouvel écran est alors capturé par la caméra et renvoyé à l'écran, et ainsi de suite, en boucle. Il en résulte une seule forme globale simple – une sorte de tourbillon stable mais unique en son genre, jamais vu jusque-là – qui apparaît à l'écran.

Il en va de même avec la boucle étrange façonnant le « Je » humain, avec une différence fondamentale. Dans le phénomène de l'écran de télévision, comme nous l'avions observé, il n'y a aucune *perception*, à aucun niveau de la boucle – seulement transmission et réception de pixels. La boucle de télévision n'est pas une boucle *étrange* mais une simple boucle de feedback vidéo.

Au contraire, dans toute boucle étrange faisant apparaître un soi humain, les fluctuations de niveaux des actes de perception, d'abstraction et de catégorisation sont des éléments essentiels, indispensables. C'est le saut du *rang des stimuli* jusqu'aux *symboles* qui confère à la boucle son caractère « étrange ». La « forme » globale du soi, sa *gestalt* – le « tourbillon stable », pour ainsi dire, de la boucle étrange constituant le « Je » – n'est pas capturée par une caméra détachée et neutre, mais perçue d'une manière hautement subjective à travers le processus actif de la catégorisation, de la reprise mentale, de la réflexion, de la comparaison, de la contrefactualisation (c'est-à-dire la réécriture de son histoire en fonction d'événements dont on regrette qu'ils ne se soient pas produits) et du jugement de valeur.

Je suis inexpugnable…

En lisant l'anecdote où, bravement, je m'efforçais de reproduire le sourire d'Hopalong Cassidy au cours d'une séance d'expression orale d'école primaire, une question, qui sait, vous a peut-être traversé l'esprit : « Pourquoi Hofstadter est-il encore en train de mettre de côté les particules élémentaires ? ». Ou peut-être pas, ce que j'espère ! Pourquoi une telle lubie effleurerait-elle un être sain d'esprit à la lecture de ce passage (y compris les physiciens des particules les plus endurcis) ? La plus vague, la plus fugace allusion aux particules de la physique dans un tel contexte serait faire preuve d'un illogisme inepte : que diable viendraient faire les gluons, muons, protons et autres photons avec l'histoire d'un petit garçon en train d'imiter son idole, Hopalong Cassidy ?

Évidemment, bien qu'il y eût des particules à gogo tournoyant un peu partout dans le cerveau de ce petit bonhomme, elles étaient aussi invisibles que les myriades de simms divaguant dans le billodrome. Roger Sperry (une de mes idoles plus tardives dont les écrits – si j'avais pu les lire et les comprendre au CP – auraient pu m'inciter à proclamer bravement devant tous mes petits camarades : « Je peux faire de la philosophie exactement comme Roger Sperry ! ») aurait remarqué en outre que les particules dans le cerveau de ce jeune garçon étaient simplement au service (et donc bousculées par) des événements symboliques de plus haut niveau auxquels le « Je » du garçonnet participait tout en s'y façonnant. Au fur et à mesure que ce « Je » croissait en complexité et devenait plus réel à ses propres yeux (c'est-à-dire devenait toujours plus indispensable à la catégorisation et la compréhension par l'enfant des événements uniques de son existence), les chances pour qu'un quelconque « Je » de rechange, ouvrant une autre voie de compréhension du monde, apparaisse et rivalise avec lui, se réduisaient à néant.

Au fur et à mesure que je me familiarisais moi-même toujours plus avec le fait que ce « Je » était responsable de mes actes, mes parents et amis se persuadaient également toujours plus qu'il y avait « là-dedans » quelque chose de tout à fait réel (en d'autres termes quelque chose de très semblable à une bille, avec ses caractéristiques uniques de « dureté », d'« élasticité » et de « forme »), digne d'être désigné par « tu », « il » ou

« Douggie », en même temps que « Je » par Douggie lui-même. Une fois de plus, c'est ainsi que le sens de la réalité de ce « Je » ne cessait de se conforter, d'une multitude de façons. Au bout de quelque deux ans d'existence de ce cerveau, le concept « Je » s'y était ancré sans espoir de retour concevable.

…mais suis-Je réel ?

Cela dit, ce « Je », en dépit de son extraordinaire stabilité et son apparente utilité, est-il quelque chose de *réel* ou un simple mythe bien commode ? Je crois qu'il nous faut ici quelques bonnes vieilles analogies pour nous en sortir. Aussi je vous pose la question, cher lecteur : la température et la pression sont-elles *réelles* ou de simples *façons de parler**? Un arc-en-ciel est-il réel, ou n'existe-t-il pas ? Pour en revenir au sujet, la « bille » que j'avais découverte dans la boîte d'enveloppes était-elle *réelle* ?

Que se serait-il passé si la boîte avait été hermétiquement scellée sans que j'aie la possibilité de regarder chacune des enveloppes ? Ou si ma connaissance de la boîte d'enveloppes procédait de la manipulation de sa centaine d'enveloppes *comme un tout unique* ? Si je n'avais même pas su qu'il y avait des enveloppes dans la boîte, mais avais simplement pensé qu'il y avait des espèces de *trucs* mollassons, vaguement compressibles et pliables, que j'aurais pu saisir à pleine main, avec, au milieu, quelque chose qui paraissait beaucoup plus dur et de forme indéniablement sphérique ?

Si, de plus, le seul fait d'invoquer cette prétendue bille avait eu un pouvoir explicatif extrêmement utile dans mon existence ; si, pour couronner le tout, mes amis avaient de semblables boîtes d'enveloppes en évoquant constamment et sans aucun scepticisme les « billes » de leurs boîtes, j'aurais considéré de façon irrésistible ma propre bille comme une partie intégrante de l'univers en y faisant allusion fréquemment dans mes explications de divers phénomènes. Dans ces conditions, le premier farfelu qui ferait semblant de toucher sa bille en prétendant bille en tête qu'il n'y a aucune bille dans la boîte se verrait prier illico de reprendre ses billes !

Il en va de même avec le concept de « Je ». Nous ne pouvons nous empêcher d'attribuer de la réalité à notre « Je » et celui des autres – en vérité le plus haut degré possible de réalité – pour la bonne raison qu'il résume avec une efficacité remarquable ce que nous percevons comme les aspects essentiels de la causalité du monde qui nous entoure.

La taille de la boucle étrange qui constitue le soi

Une fois de plus, revenons-en aux moustiques et aux chiens. Possèdent-ils quelque chose comme un symbole « Je » ? Au chapitre 1, en parlant de « petites » et « grandes âmes », j'ai expliqué qu'il ne s'agissait pas d'un problème tout blanc tout noir mais d'une question de degrés. Nous devons donc nous poser la question : y a-t-il une boucle étrange – une boucle de rétroaction sophistiquée faisant se chevaucher les niveaux – dans la tête d'un moustique ? Un moustique a-t-il une représentation riche, symbolique de lui-même, incluant des représentations de ses désirs et des entités qui menacent ces désirs ? A-t-il une représentation de lui-même par comparaison avec d'autres soi ? Un moustique pourrait-il avoir une pensée évoquant même très vaguement « Je peux sourire exactement comme Hopalong Cassidy » – par exemple : « Je peux piquer exactement comme Vroum-vroum Betty ? » La réponse à de telles questions est évidemment : « Jamais de la vie ! » (à cause du répertoire de symboles terriblement spartiate du cerveau d'un moustique, à peine plus grand que celui d'une chasse d'eau ou d'un thermostat). Du coup, je n'ai aucun scrupule à écarter l'idée qu'il puisse y avoir une boucle étrange « Je » dans un si petit cerveau aussi écrabouillable que celui du moustique.

En ce qui concerne les chiens, cela ne vous étonnera guère, j'ai plus de raisons de penser qu'il y a là au moins les rudiments d'une telle boucle. Les chiens ont non seulement des cerveaux qui abritent de nombreuses catégories plutôt subtiles (comme « le camion de la poste » ou « les objets de la maison que je peux promener dans ma gueule sans me faire punir ») mais ils semblent avoir une compréhension rudimentaire de leurs propres désirs et de ceux des autres, que ceux-ci soient canins ou humains. Un chien sait souvent quand son maître est mécontent de lui, et remue la queue dans l'espoir de rentrer en grâce. Néanmoins, il manque manifestement au chien un répertoire de concepts arbitrairement extensible et sa mémoire épisodique est rudimentaire (il lui manque également un entrepôt de stockage d'événements futurs imaginaires alignés selon une chronologie mentale, sans parler de scénarios contre-factuels suspendus dans le passé, le présent et même le futur). Le chien a nécessairement une représentation de lui-même bien plus simple que celle d'un être humain adulte, et donc une âme nettement plus petite.

Le prétendu moi du véhicule-robot

J'ai été très impressionné par un article sur « Stanley », un véhicule-robot développé par le Stanford Artificial Intelligence Laboratory. Il n'y a pas si longtemps, l'engin s'est conduit entièrement tout seul à travers le désert du Nevada, en ne comptant que sur ses télémètres laser, ses caméras de télévision et la navigation par GPS. Je n'ai pu m'empêcher de me demander : « Quelle dose de "Je" Stanley possède-t-il ? ».

Peu après cette traversée victorieuse du désert, un industriel tout feu tout flamme, le directeur de la division Recherche et Développement d'Intel (sachez qu'Intel a fabriqué les ordinateurs de bord de Stanley), déclara carrément dans une interview : « Deep Blue [la machine d'IBM à jouer aux échecs qui a battu le champion du monde Garry Kasparov en 1997] avait simplement une puissance de traitement. Elle ne pensait pas. Stanley pense. »

Eh bien, avec tout le respect dû au remarquable travail collectif que Stanley représente, je me contenterais de dire que cette remarque n'est que du baratin publicitaire à l'état pur, d'une impudente naïveté. Je vois les choses tout à fait autrement. Si Stanley acquiert un jour la capacité de forger *ad libitum* des catégories boules de neige comme celles de la liste qui commence ce chapitre, je serais *alors* heureux de dire que Stanley pense. Cela dit, aujourd'hui, si son aptitude à traverser un désert sans s'autodétruire m'impressionne, c'est parce que je la compare à celle d'une fourmi qui suit une piste de puissantes phéromones dans un terrain vague sans périr. On peut difficilement cracher sur un tel comportement autonome de la part d'un véhicule-robot, mais on reste loin de la pensée et de la possession d'un « Je ».

À un moment donné, la caméra vidéo de Stanley a cadré un autre véhicule-robot devant lui (il s'agissait de H1, un véhicule rival de la Carnegie-Mellon University) et finalement Stanley a renversé H1 en le laissant en rade dans la poussière. (À propos, j'évite soigneusement le pronom « il » dans ce texte[1], même si, comme il fallait s'y attendre, les références journalistiques à Stanley ne s'en sont pas privées, y compris le Labo d'intelligence artificielle, vu qu'on y avait donné un nom humain au véhicule. Malheureusement, ce genre de négligence linguistique contribue à savonner la pente glissante vers l'anthropomorphisme le plus complet.) On peut voir cet épisode sur l'enregistrement vidéo fait par la caméra, et c'est le point culminant de toute l'histoire. À ce moment crucial, Stanley a-t-il reconnu l'autre véhicule comme étant « comme lui » ? Stanley a-t-il pensé, en renversant gaiement H1, « Pourvu qu'il ne m'arrive pas la même chose ! », ou qui sait, « Ah ! Je t'ai eu ! »

Qu'est-ce que supposerait, pour un véhicule-robot, d'avoir de telles pensées ou de tels sentiments ? Suffirait-il que sa caméra, fixée de façon rigide, puisse se retourner sur lui et permette du même coup à Stanley d'acquérir une image visuelle de lui-même ? Bien sûr que non. Cela pourrait être une étape indispensable dans le long processus d'acquisition d'un « Je », mais, comme nous le savons dans le cas des poulets et des cafards, la perception d'une partie du corps ne fait pas un Moi.

Un Stanley contrefactuel

Ce qui manque à Stanley pour qu'il soit doté d'un « Je », et qui ne semble pas faire partie des programmes de recherche des développeurs de véhicules autoguidés, est une compréhension profonde de la place

---

1. L'anglais possède un neutre : en français, nous traduisons "it" par "il" ou "elle", et "its" par "son" ou "sa". Douglas Hofstadter emploie le neutre à propos des véhicules-robots, contrairement à différents articles de journaux parus à l'époque. (N.d.T.)

qu'il occupe dans le monde. Je n'entends pas par là, évidemment, la position du véhicule à la surface de la Terre, ce qui lui est fourni au centimètre près par le GPS. Cela signifierait une riche représentation des propres actions du véhicule et de ses relations avec les autres véhicules, de ses buts et de ses « attentes ». Cela nécessiterait que l'engin possède une mémoire épisodique complète faite de ses milliers d'expériences passées, mais aussi une projection épisodique (ce que Stanley attendrait de sa « vie », ses espoirs, ses craintes) et un conditionnel épisodique revenant sur ses déconvenues récentes tout en imaginant ce qui serait arrivé si les choses avaient tourné autrement.

Ainsi, Stanley, le Robot Steamer[1], devrait être capable de se souffler des pensées sur un futur hypothétique telles que : « Ça alors ! Je me demande si H1 va délibérément faire une embardée devant moi et m'empêcher de le dépasser, ou même me pousser dans le fossé ! C'est ce que *je ferais* si *j'étais* lui ! » Quelques instants plus tard, il devrait être capable de pensées contrefactuelles telles que : « Ouf ! Je suis bien content que H1 ne soit pas aussi futé que je le craignais – ou peut-être n'a-t-il tout simplement pas autant que moi l'esprit de compétition ! »

Un article dans la revue *Wired* décrivait la panique naissante au sein de l'équipe de Développement de Stanford à l'approche angoissante de l'épreuve du désert. Ils se rendaient compte que quelque chose manquait cruellement. L'article expliquait avec désinvolture : « Ils avaient besoin d'un algorithme équivalent à la conscience de soi », en poursuivant qu'ils eurent tôt fait d'y parvenir (ce qui leur prit à tous trois mois de travail !). Encore une fois, chapeau devant l'exploit de l'équipe. Mais il faut tout de même savoir qu'il n'y a rien à l'intérieur de Stanley qui mérite l'étiquette très lourde de sens, très anthropomorphique, de « conscience de soi ».

La boucle de rétroaction présente dans les mécanismes informatiques de Stanley suffit à le guider le long d'une route poussiéreuse, parsemée de nids de poule, bordée de cactus Saguaros rabougris et d'amarantes.

---

1. Allusion à la première automobile à vapeur qui fut un succès commercial, produite en 1897 par les frères Stanley et appelée *Stanley Steamer*. (N.d.T.)

Je la salue ! Mais si l'on ne vise pas seulement la conduite automobile mais la pensée et la conscience, alors la boucle de rétroaction de Stanley n'est pas assez étrange – loin de là. L'humanité a encore bien du chemin à parcourir avant d'avoir collectivement forgé un « Je » artificiel.

Chapitre 14
L'étrangeté dans le Moi de l'observateur

≈ ≈ ≈

Des éponges inertes dans nos têtes

Peut-être vous demandez-vous pourquoi je qualifie d'*étrange* cette boucle d'autoreprésentation installée à vie chez l'être humain ? Vous prenez des décisions, agissez, affectez le monde extérieur, recevez le feedback, l'intégrez, puis votre « soi » mis à jour prend de nouvelles décisions, et ainsi de suite, en une ronde sans fin. Nul doute : il s'agit bien d'une boucle – mais où sont les propriétés paradoxales lui valant d'être « étrange » ? Pourquoi ne serait-elle pas une boucle de rétroaction ordinaire ? Qu'a-t-elle en commun avec la boucle étrange type que Kurt Gödel découvrit là où on ne l'attendait pas, dans les *Principia mathematica* ?

Le cerveau semble *a priori* aussi peu propice à l'autoréférence, aux si riches retombées contre-intuitives, que le très austère traité des *Principia mathematica* qui l'avait strictement bannie. Le cerveau humain est un simple gros bulbe spongieux inerte formé de molécules inanimées, hermétiquement enfermé dans un crâne dur comme la pierre. Pourquoi l'autoréférence et le soi auraient-ils été se nicher là-dedans plutôt que dans un morceau de granit ? Où se trouve le « Je » dans le cerveau ?

Il avait fallu un événement très étrange pour que la forteresse de pierre des *Principia mathematica* laisse s'infiltrer ce « Je » hors-la-loi des phrases gödeliennes du style « Je ne suis pas prouvable ». De même, il aura fallu de drôles de circonstances pour que la geôle osseuse d'un crâne fourré de molécules inanimées laisse apparaître une âme, une lueur, une identité humaine unique, un « Je ». N'oubliez pas que le « Je » ne surgit pas comme par magie dans *n'importe quel* crâne, de par le bon vouloir de « la bonne substance » (des molécules d'un genre « particulier ») ; cela n'est possible que si des *structures* appropriées se sont installées dans ce substrat. Sans elles, le système n'est que ce qu'il semble être : un simple morceau de matière spongieuse, sans âme, sans « Je », dépourvu de toute lumière intérieure.

La chimie entre en scène

Quand les premiers cerveaux apparurent, ils possédaient quelques mécanismes de rétroaction élémentaires, moins sophistiqués que ceux d'une chasse d'eau ou de votre thermostat. Tout comme pour ces derniers, ils permettaient aux organismes primitifs de se diriger sélectivement vers certains objets (la nourriture), d'en fuir d'autres (les dangers). Les pressions évolutives ont cependant complexifié progressivement le criblage cérébral de l'environnement, à de multiples niveaux. Finalement (nous parlons ici de millions ou de milliards d'années), le répertoire des catégories en mesure de réagir est devenu suffisamment riche pour que le système, de la même façon qu'une caméra attachée à une laisse assez longue, soit capable de se diriger vers lui-même, du moins dans une certaine mesure. Ce faible éclairage de soi a été l'embryon de la conscience et du « Je », mais un grand mystère demeure.

Quel que soit le niveau de complication et de sophistication auquel les cerveaux sont parvenus, ils ne sont, au fond, qu'un ensemble de cellules qui « font jaillir de la chimie » et se l'échangent entre elles (pour emprunter une expression de Hans Moravec, pionnier de la robotique et écrivain provocateur), un peu comme une énorme raffinerie de pétrole où les liquides passent sans cesse d'un réservoir à un autre. Comment un système de pompage peut-il abriter un espace de causalité inversée, où les *significations* semblent avoir infiniment plus d'importance que les objets physiques et leurs mouvements ? Comment un tel système froid et inanimé peut-il loger la joie et la tristesse, la passion pour la peinture impressionniste et le sens de l'humour ? Autant partir à la recherche d'un « Je » dans une forteresse de pierre, un réservoir de chasse d'eau, un rouleau de papier hygiénique, une télévision, un thermostat, un missile à tête chercheuse, un tas de canettes de bière ou une raffinerie de pétrole.

Certains philosophes voient en nos lueurs intérieures, nos « Je », notre humanité et nos âmes une propriété émanant de la nature même du support – c'est-à-dire de la chimie organique, celle du carbone. Je trouve cette façon d'expliquer cette babiole – la conscience ! – pour le moins étrange. Cela se résume à une rengaine mystique qui n'explique rien. Pourquoi la chimie du carbone, contrairement à toutes les autres, aurait-elle une propriété magique ? Et en quoi *consiste* cette propriété magique ? Que possède-t-elle qui nous rend conscients ? Si tout vient de la chimie du carbone, pourquoi cela ne s'applique-t-il qu'au cerveau et pas aux rotules ou aux reins ? Pourquoi nos cousins en chimie du carbone, les moustiques, n'ont-ils pas autant de conscience que nous ? Et les vaches ? L'organisation (ou la structure) ne joue-t-elle là aucun rôle ? Bien sûr que si ! Dans ce cas, pourquoi n'endosserait-elle pas *tout* le rôle ?

En préférant le support au message, l'amphore au motif peint, la typographie à l'histoire qu'elle raconte, les philosophes qui voient dans la chimie organique une ineffable propriété indispensable à la conscience manquent le coche. Comme Daniel Dennett a un jour répliqué avec esprit à une rengaine assommante de John Searle sur « la bonne substance », « C'est pas l'bout de chair qui compte, c'est qu'ça bouge ». (Il s'agissait d'une allusion subtile au titre qui l'était beaucoup moins d'une chanson clairement égrillarde écrite en 1951 par Lois Mann et Henry Glover et rendue célèbre des années plus tard par la chanteuse Maria Muldaur, « It ain't the meat, it's the motion ».) Pour moi, en tout cas, la magie qui naît dans la chair du cerveau n'a de sens que si vous savez comment ça bouge dedans !

La danse majestueuse des symboles

Le cerveau prend une tout autre allure dès que vous sautez au niveau supérieur au lieu d'en rester à l'agitation des molécules. C'est pour pouvoir parler facilement de ce bond que j'ai imaginé l'allégorie du billodrome dont je vais rappeler l'idée essentielle. Si, par un zoom arrière, on quitte le niveau des simms sautillant comme des folles et observe le système en accéléré, le bouillonnement local et chaotique des premières s'estompe en un brouillard dans lequel on voit apparaître d'autres entités, invisibles auparavant. Et c'est à ce niveau, merveille, qu'émerge le sens.

Nous voyons désormais les simmbols chargés de sens exécuter une danse majestueuse au sein d'une soupe indistincte dont ils ne soupçonnent pas un instant qu'elle est constituée de petites billes en interaction magnétique, lesdites « simms ». Si j'ai dit qu'ils sont « chargés de sens », ce n'est évidemment pas parce qu'ils exsudent une espèce mystique de jus sémantique poisseux appelé « sens » (même si certains philosophes entichés de la chair y trouveraient leur compte) : c'est que leur danse est en parfaite synchronie avec les événements du monde qui les entoure.

Les simmbols sont synchrones avec le monde extérieur à la façon dont le retour de la chatte Pomponnette, dans *La Femme du boulanger*, était synchrone avec le retour d'Aurélie, l'épouse volage : le parallélisme entre les situations « P » et « A » était à multiples facettes. Cela dit, le parallélisme des situations, au paroxysme du film, n'était qu'un clin d'œil du scénariste : le spectateur de *La Femme du boulanger* n'imagine pas une seconde que les fugues de la chatte vont correspondre à celles de l'épouse pendant des mois. Nous savons qu'il s'agit d'une coïncidence et c'est ce qui fait tout le comique de la scène.

La danse des simmbols dans le billodrome, quant à elle, *continuera* à s'inscrire dans les pas des événements du monde extérieur, *restera* en phase avec eux. Cela tient (par la volonté de l'auteur) à la nature même du billodrome. Les simmbols sont *systématiquement* en phase avec ce qui se passe dans le monde, exactement comme, dans la construction de Gödel, les nombres princiers sont en phase avec les formules prouvables

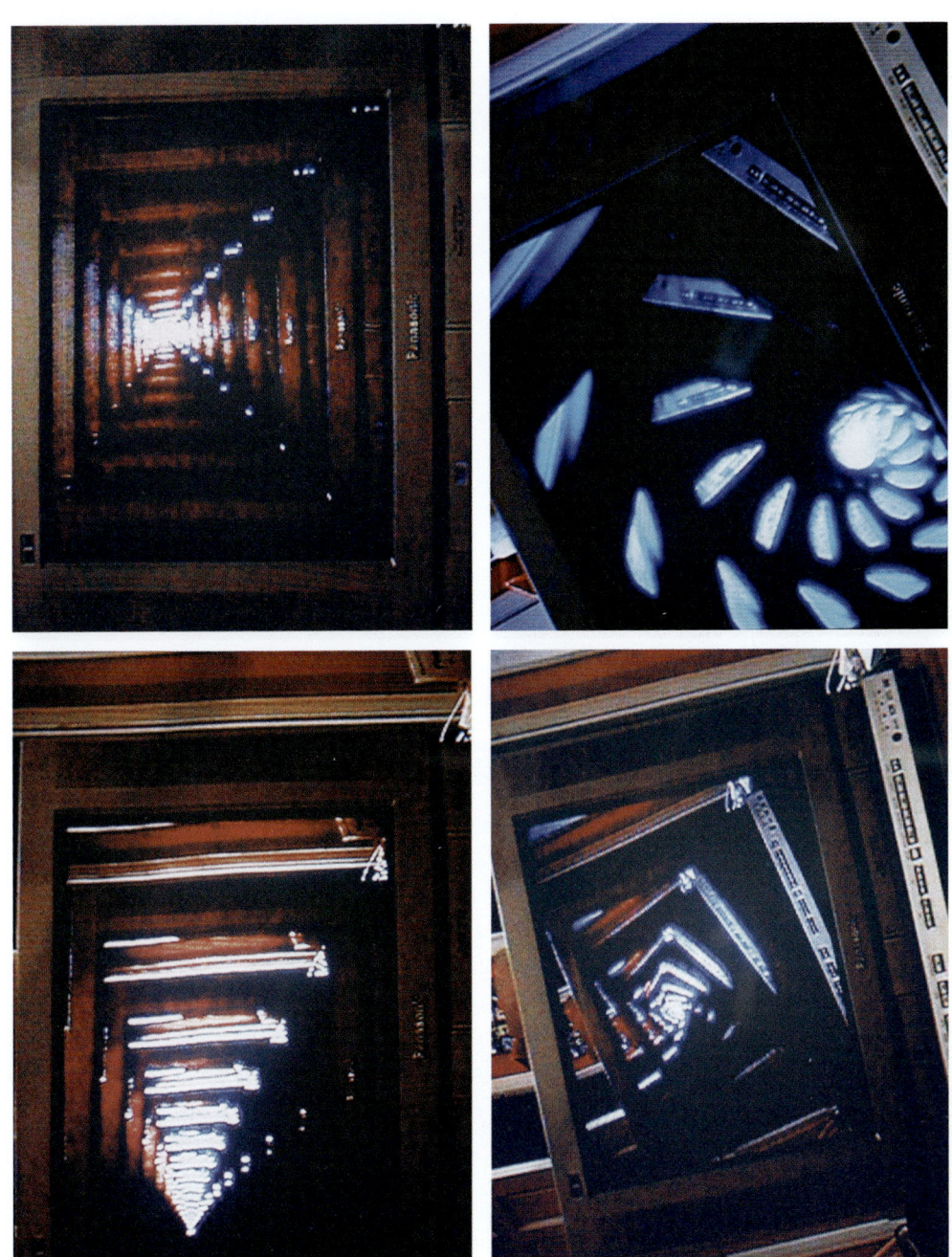

Exploration vidéo II, clichés 1-4

Exploration vidéo II, clichés 5-8

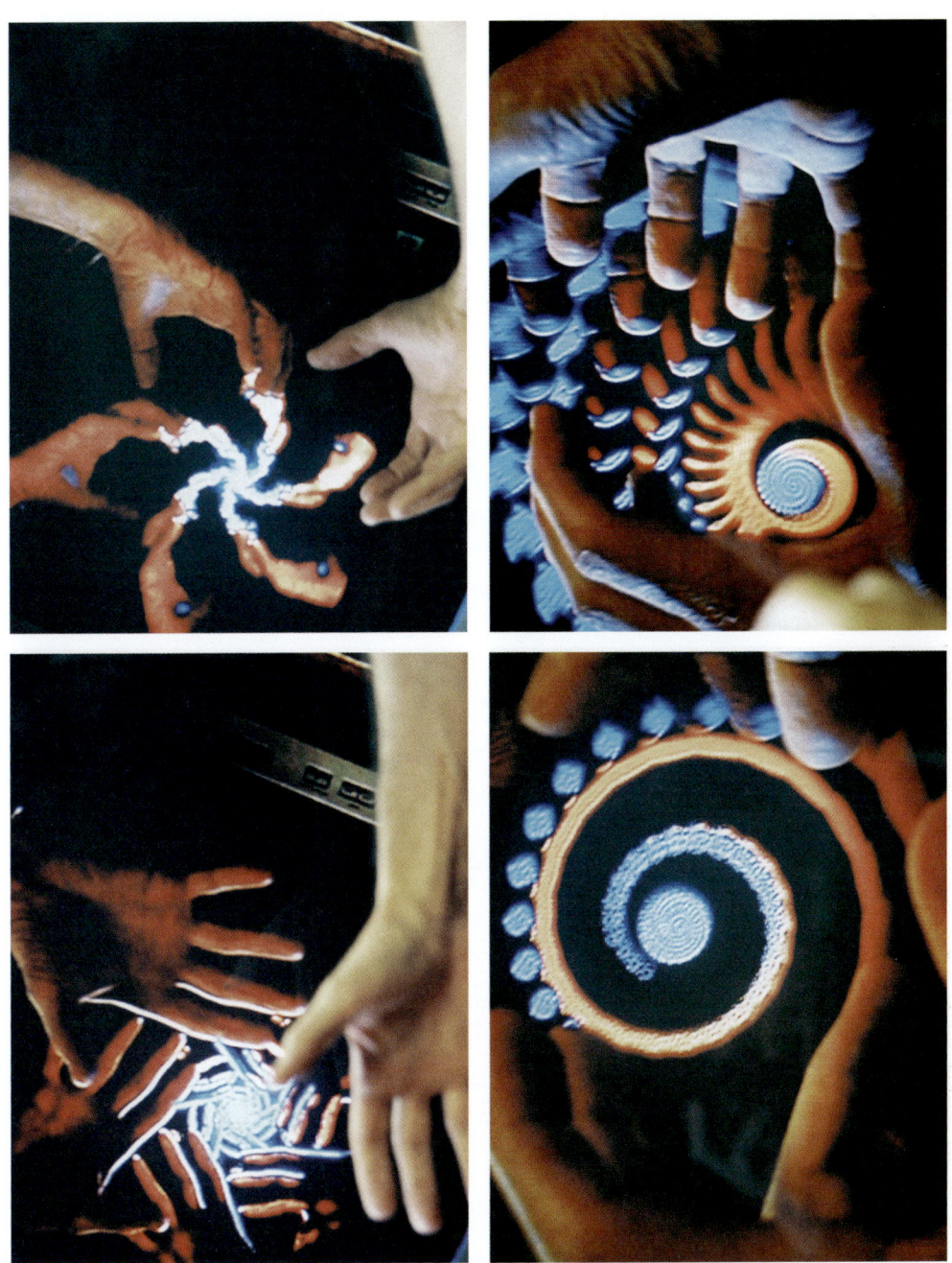

Exploration vidéo II, clichés 9-12

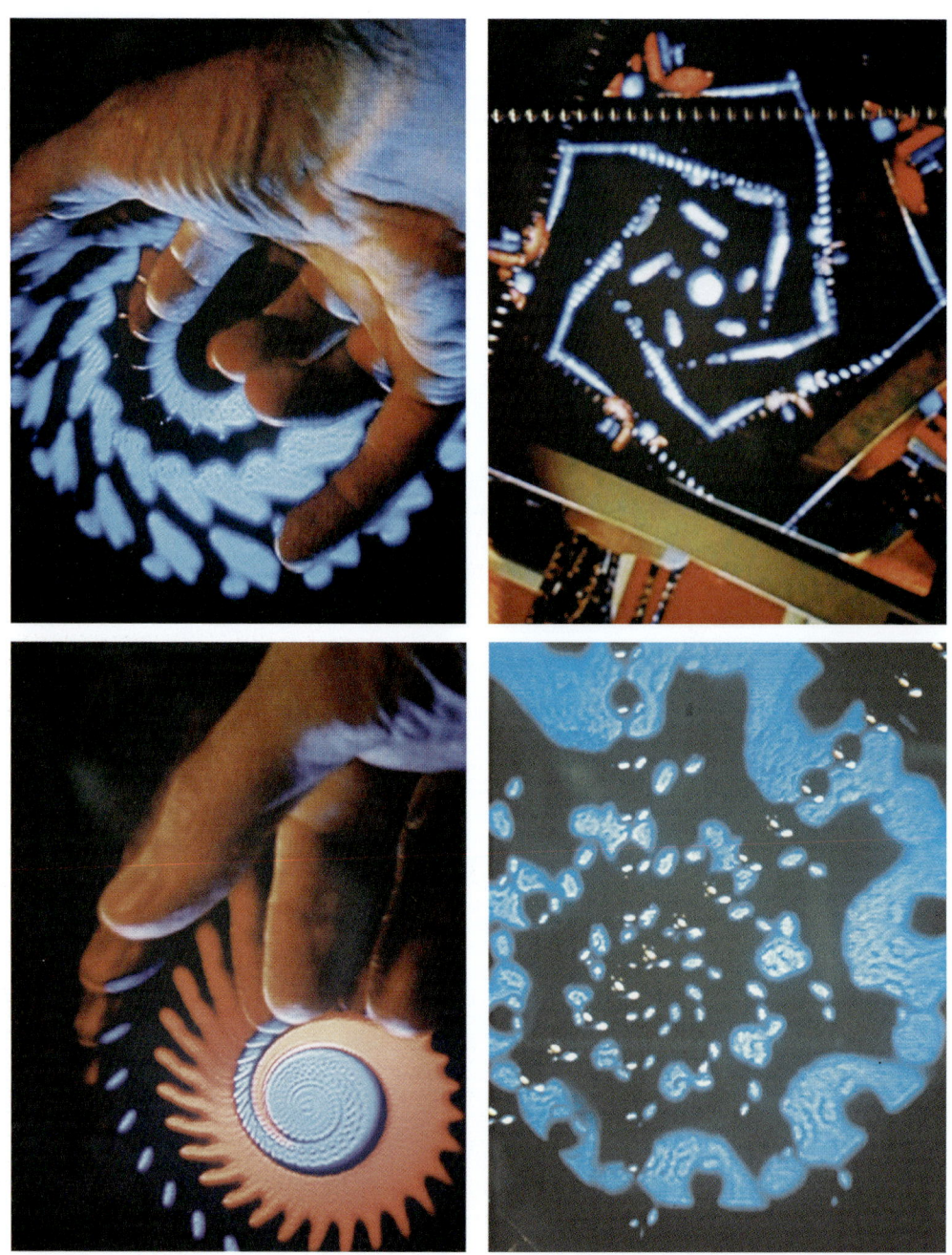

Exploration vidéo II, clichés 13-16

de *PM*. C'est la seule raison qui permet de dire que les simmbols ont du sens. Le sens, quel que soit son support – jouets Tinkertoys, papier hygiénique, cannettes de bière, simms, nombres entiers ou neurones – est le résultat automatique, inévitable de la fiabilité et de la stabilité de ce parallélisme : c'est la leçon du chapitre 11.

Notre cerveau n'est pas différent du billodrome, en dehors du fait bien sûr que le billodrome est le fruit de mon imagination et pas le cerveau. Les symboles de notre cerveau sont *vraiment* voués à cette valse envoûtante qu'ils exécutent si bien au sein de la soupe électrochimique des événements neuronaux. Il a fallu une éternité pour passer des protocerveaux les plus primitifs à notre cerveau, mais le plus étrange est que le sens s'est invité subrepticement, pratiquement sans qu'on le remarque. Ce n'est pas comme si quelqu'un avait planifié un million d'années à l'avance l'apparition, un beau jour, de structures signifiantes de haut niveau – des structures physiques figurant des catégories abstraites – dans de gros cerveaux élaborés. De telles structures (les « symboles » de ce livre) sont plutôt apparues comme des effets secondaires imprévus de l'époustouflant cheminement par lequel des cerveaux de plus en plus grands ont augmenté les chances de survie dans un monde impitoyable.

Celui qui n'aurait jamais eu l'idée de considérer le cerveau à un autre niveau que celui de l'agitation des molécules de Hans Moravec, serait tout aussi sidéré par l'émergence des symboles que Bertrand Russell par l'apparition inattendue des sens gödeliens de haut niveau au cœur de son bastion ultra-protégé des *Principia mathematica*. Gödel avait vu tout l'intérêt de déplacer l'attention vers un niveau entièrement différent de celui des chaînes de *PM*. Ce que je suggère (bien que je ne lui arrive certainement pas à la cheville), c'est de déplacer notre regard vers un niveau bien plus élevé de l'activité cérébrale, afin d'y découvrir les symboles, les concepts, les significations, les désirs et, finalement, le soi.

Le plus piquant est que nous autres, êtres humains, nous *situons* tous à ce niveau sans avoir jamais eu le choix. Nous percevons *automatiquement* l'activité cérébrale comme entièrement symbolique. Je trouve qu'il y a là quelque chose d'inversé et de merveilleusement étrange. Je vais essayer de m'expliquer à travers une allégorie.

Où l'Alfbert visite Austranius

Essayez d'imaginer la petite planète solitaire Austranius dont les seuls habitants sont la tribu des « Klüdgerots ». Depuis des temps immémoriaux, les Klüdgerots ont vécu leurs drôles de vies dans une jungle dense de lianes de *PM* de longueur gigantesque, dont certaines peuvent être ingérées en toute sécurité (les lianes sont leur seule source d'alimentation) et d'autres ne doivent surtout pas l'être, de peur qu'elles ne soient des poisons mortels. Par chance, les Klüdgerots ont trouvé un moyen de distinguer les deux sortes de lianes de *PM* : certaines, quand on les examine, délivrent un message qui dit, dans la mélodieuse langue klüdgerote : « Je suis comestible », tandis que d'autres affirment : « Je ne suis pas comestible ». Et, d'une façon tout à fait merveilleuse, par la Grâce de Notre Seigneur Miséricordieux Göd, il se trouve que chaque liane de *PM* proclamant qu'elle est comestible l'est effectivement, et que chaque liane affirmant ne pas l'être, ne l'est pas. C'est ainsi que les Klüdgerots ont prospéré depuis des tëmps indicibles sur leur planète d'abondance.

Or voilà qu'un jöour fatidique du mööis austranien de Spöö, un aéronef orange, d'allure étrange, venu de la lointaine planète Ukia, fond sur Austranius et se pose exactement au Pööle Nord[1]. S'en extirpe un alien imposant à tête blanche[2] qui se présente lui-même en ces termes : « Oyez et voyez : je suis l'Alfbert ! ». Il dit et s'enfonce tranquillement dans la jungle austranienne où il passe le reste du mois de Spöö, puis tout le mois de Blöö. L'alien en ressort aussi tranquillement qu'il y est entré, un peu dépenaillé mais plutôt en bonne forme et s'en retourne vers son aéronef. Dès potron-minet, le jöour suivant, il appelle tous les Klüdgerots d'Austranius à une assemblée. Sitôt qu'ils sont réunis, l'Alfbert entame un discours.

« C'est un grand jöour, vertueux Klüdgerots, psalmodie-t-il. Me revient l'insigne honneur de vous faire part d'une découverte scientifique que j'ai faite et qui va bouleverser Austranius. » Les Klüdgerots s'assoient

---
1. « North Pöö » (N.d.T.)
2. « Whiteheaded » (N.d.T.)

dans un silence respectueux quoique sceptique. « Il se trouve que chaque liane de *PM* qui pousse sur cette planète, poursuit l'Alfbert, n'est pas seulement une longue et belle plante grimpante mais contient aussi, ce qui est assez surprenant, un message que l'on peut décrypter. Vous devez m'en croire ! » En entendant ce qui n'est pas vraiment une nouvelle pour eux, de nombreux Klüdgerots bâillent de concert. Une voix lance : « Raconte un peu, visage pâle[1] », ce qui fait fuser de gros rires. Encouragé, l'Alfbert s'enhardit : « J'ai fait la découverte fantastique que chaque liane de *PM* affirme quelque chose dans ma belle langue alfbertique à propos d'entités merveilleuses connues sous le nom de "nombres entiers". Vous êtes certainement tous impatients d'avoir une explication, en termes simples que vous puissiez comprendre, sur ce qu'on appelle "nombres entiers". »

À peine a-t-il prononcé ces mots qu'un grondement monte de la foule frémissante. Cela fait des générations que les Klüdgerots, à l'insu de l'Alfbert, tiennent les entités dites « nombres entiers » pour des abstractions incompréhensibles ; de fait, les nombres entiers, il y a longtemps, ont été unanimement déclarés si détestables qu'on les a bannis de la planète, eux et leurs dénominations. À l'évidence, le message de l'Alfbert n'est pas le bienvenu : il est faux (cela va sans dire), mais pas seulement : il est totalement absurde. Plus encore, répugnant. À repousser sans ménagement.

Mais l'Alfbert à la blanche figure, joyeusement inconscient de la réprobation qu'il a suscitée, poursuit son discours devant une foule bruissante de colère qui s'agite de plus en plus. « Je vous le dis, hôtes d'Austranius, quelque hautement improbable que cela puisse paraître, il y a un *sens* dans chaque liane de *PM*. Il suffit de savoir comment l'examiner. Avec le code approprié, l'un quelconque de vous peut... »

Le tumulte éclate : l'Alfbert ne vient-il de prononcer « un », le mot méprisé, le nom proscrit de longue date du plus redouté des nombres entiers ? « Dehors l'alien ! Coupez la tête au visage pâle », hurle la foule en furie. Une phalange de Klüdgerots a tôt fait d'empoigner l'alien qui

---

1. « White head » (N.d.T.).

continue de pontifier. Mais, même emmené de force, l'Alfbert s'efforce d'expliquer patiemment aux Klüdgerots qu'il est simplement en train d'œuvrer à leur édification, que lui perçoit des faits d'une importance capitale qui leur sont cachés, en lisant les lianes dans une langue qu'ils ne connaissent pas, et que... Mais la foule en colère noie les mots pompeux de l'Alfbert.

Alors que l'impudent alien se voit promis à un sort funeste, un grand tumulte agite soudain les rangs des Klüdgerots : ils avaient complètement oublié la tradition klüdgerote, vénérable et vénérée, selon laquelle doit se tenir un Banquet Préliminaire-au-sort-funeste ! Une équipe est dépêchée pour cueillir les plus exquises de toutes les lianes de *PM* au Principal Parc de la Planète, le Wööw, un sanctuaire sacré où aucun Klüdgerot ne s'est aventuré jusque-là. À son retour de Wööw, munie d'une jolie moisson de lianes succulentes sur chacune desquelles on peut lire clairement « Je suis comestible », la petite troupe est accueillie par une tempête d'applaudissements. Une fois que les Klüdgerots ont rendu grâce à Göd, s'ouvre le traditionnel Banquet Préliminaire-au-sort-funeste et l'Alfbert finit par comprendre qu'il va très bientôt connaître... un sort funeste. Il est pris de vertige, sa tête blanche commence à chavirer, puis...

> Essayant avec idéalisme de sauver les crédules Klüdgerots, le toujours magnanime Alfbert s'écrie : « Écoutez, je vous prie, ô mes frères ! Votre moisson de lianes de *PM* est traîtresse ! Une superstition insensée vous a amenés à les croire nourrissantes, mais c'est le contraire qui est vrai : quand on décode leurs messages, ces lianes allèguent des choses si gravement fausses à propos des nombres entiers que personne – je dis bien personne – ne devrait les avaler ! » Mais il est trop tard et toutes les lianes de *PM* en provenance de Wööw sont englouties par les Klüdgerots aussi obstinés que superstitieux.
>
> Des gémissements terrifiants se font rapidement entendre. Le sensible Alfbert se voile la face devant une telle horreur. Quand il ose enfin regarder, il est témoin d'un bien triste spectacle : aussi loin que porte le regard de son œil unique gisent les carcasses sans vie de Klüdgerots qui, l'instant d'avant, faisaient stupidement bombance. « Que ne m'ont-ils écouté ! », songe tristement le bienveillant Alfbert, en grattant sa grande tête chenue

avec perplexité. Sur ces mots, il rejoint tranquillement son étrange aéronef orange au Pööle Nord, jette un dernier regard à l'austère paysage d'Austranius jonché de Klüdgerots, appuie sur le petit bouton rond « Décollage » du tableau de bord en skaï, et part pour une destination inconnue.

C'est alors que l'Alfbert reprend connaissance après s'être évanoui de terreur au début des agapes rituelles des convives. Il entend tout d'abord des cris d'excitation puis, quand il ose ouvrir les yeux, voit une scène saisissante : de tous côtés, aussi loin que son œil unique peut regarder, des masses de Klüdgerots scrutent avec un plaisir évident quelque chose qui bouge, au-dessus de sa tête blanche. Il se retourne pour voir de quoi il retourne, juste à temps pour entrevoir l'éclair fugace d'une forme effilée qui bruit d'un son étrangement haut perché tout en plongeant vers —

Bref débriefing

Je demande à feu Ambrose Bierce de me pardonner cette pâle imitation de l'intrigue de sa magistrale nouvelle, *An Occurrence at Owl Creek Bridge* (« Ce qui se passa sur le pont de Owl Creek »[1]), mais mes intentions sont pures. La *raison d'être** de cette allégorie assez osée est de renverser la classique tragi-comédie ayant pour vedettes Alfred North Whitehead et Bertrand Russel (conjointement alias Alfbert) et Kurt Gödel (alias Klüdgerot), en postulant d'étranges créatures incapables de décrypter les chaînes *PM* en termes de théorie des nombres, mais qui y voient néanmoins des messages signifiants – en ne percevant que les sens gödeliens de haut niveau. L'inverse de ce à quoi on peut naïvement s'attendre, puisque la notation de *PM* a expressément été inventée pour écrire des propositions sur les nombres et leurs propriétés, certainement *pas* pour écrire des propositions gödeliennes sur elles-mêmes.

---

1. Cette nouvelle, parue en 1891, a été adaptée plusieurs fois à l'écran, la dernière version datant de 1962 : il s'agit du court-métrage français *La Rivière du hibou,* de Robert Enrico, Palme d'or du court-métrage à Cannes en 1962 et Oscar dans la même catégorie en 1964, devenu film culte chez les cinéphiles américains. (N.d.T.)

Quelques remarques pour éviter des confusions auxquelles cette allégorie pourrait prêter. Tout d'abord, la longueur d'une chaîne de *PM* parlant de ses propres propriétés (la chaîne KG de Gödel en est bien entendu le prototype) n'est pas seulement gigantesque, comme je le signale au début de cette allégorie : elle est inconcevable. Je n'ai jamais essayé de calculer le nombre de symboles de la chaîne de Gödel une fois transcrite en notations *PM,* pour la bonne raison que je ne saurais pas par où commencer. Je soupçonne que ce décompte pourrait bien dépasser le « nombre de Graham », souvent présenté comme « le plus grand nombre jamais utilisé dans une démonstration mathématique ». Même si ce n'est pas le cas, il tient certainement la corde. C'est pourquoi l'idée que quiconque puisse lire directement les « lianes » proliférant sur Austranius, que ce soit à un niveau inférieur en tant qu'affirmations sur les nombres entiers ou à un niveau supérieur en tant qu'assertions sur leur propre comestibilité, est un véritable non-sens. (Tout comme, bien entendu, l'idée que des « lianes » de symboles mathématiques puissent pousser dans la jungle d'une lointaine planète, ou puissent être mangées : mais c'est là tout le privilège de la licence allégorique.)

Gödel avait élaboré sa proposition KG en passant par 46 étapes ascendantes par lesquelles il montrait qu'*en principe* certains concepts de la théorie des nombres *pourraient* être écrits en notations *PM*. Il s'agit de concepts du type : « L'exposant du k-ième nombre premier dans la décomposition en facteurs premiers de n ». Cette notion s'appuie sur des concepts définis antérieurement comme : « exposant », « nombre premier », « k-ième nombre premier », « décomposition en facteurs premiers » (aucun d'entre eux n'est un « concept natif » de *PM*). Gödel n'a jamais écrit explicitement ces notions en symboles *PM* : cela aurait nécessité un nombre prohibitif de symboles. À la place, chaque concept se voit attribuer un nom, une sorte d'abréviation, qui pourrait théoriquement être transcrit en pures notations *PM* si nécessaire, et qu'il réutilise dans les étapes ultérieures. Gödel se sert à maintes reprises des abréviations déjà définies pour en définir de nouvelles, édifiant ainsi soigneusement une tour d'abstractions toujours plus complexes, pour parvenir au point culminant, le concept de nombre princier.

Soap operas en sanscrit

Tout cela peut paraître quelque peu abstrus et rebutant. Essayons donc une analogie. Imaginons que nous voulions transcrire clairement le sens de l'expression contemporaine « présentoir de magazines télé » dans cette antique langue indo-européenne qu'est le sanscrit. La contrainte principale est que vous n'avez le droit d'utiliser que des mots de pur sanscrit, tel qu'il se parlait à son âge d'or, sans pouvoir y introduire un seul mot nouveau.

Pour restituer le sens de « présentoir de magazines télé » en détail, il vous faudra commencer par traduire les notions d'électricité et d'ondes électromagnétiques, de caméra télé, d'émetteur et de récepteur, d'émission télévisée et de publicité, de machines à laver et de concurrence entre fabricants de détergents (qui sponsorisaient les feuilletons télé aux États-Unis, d'où leur nom, *soap operas*, ou « opéras savons » comme disent les Québécois, N.d.T.), l'idée d'épisodes quotidiens sur des clichés mélodramatiques totalement prévisibles transmis chez des millions de particuliers, l'image de spectateurs accros aux intrigues qui se mordent la queue, le concept de supermarché, de caisse, de magazine, de présentoir, et ainsi de suite. Chacun des mots « présentoir », « magazines », « télé » devra être développé en une chaîne de mots d'ancien sanscrit des milliers de fois plus longues que lui. Votre texte final remplira des centaines de pages pour rendre accessible le sens de cette expression comprenant trois mots d'une grande banalité aujourd'hui.

De même, la chaîne KG de Gödel, que nous exprimons par convention sous une forme extrêmement condensée telle que « Je ne suis pas démontrable dans *PM* » serait, en notations *PM*, d'une longueur monstrueuse. Ce qui ne nous empêche pas de comprendre précisément ce qu'elle dit. Comment est-ce possible ? Cela vient de son aptitude à la condensation, l'abréviation. KG n'est pas une suite de symboles *PM* pris au hasard mais une formule très structurée. Tout comme les milliards de cellules qui font battre un cœur ont une organisation telle qu'on peut en résumer le fonctionnement d'un seul mot, pompe, les myriades de symboles de KG peuvent être contractées en quelques mots bien choisis.

Pour en revenir au sanscrit, j'aurais pu modifier les règles en vous autorisant à introduire de nouveaux mots de sanscrit utilisables pour définir d'autres nouveaux mots. « Électricité » aurait alors pu être défini puis employé pour décrire les caméras et les récepteurs télé, les machines à laver ; les « programmes télé » auraient pu servir dans la définition d'un « soap opera » ou d'une série télé, etc. Si l'on pouvait empiler les abréviations d'une façon illimitée, au lieu d'une explication occupant un livre entier pour « présentoir de magazines télé », vous n'auriez plus besoin que de quelques pages, peut-être moins. Évidemment, ce faisant, vous auriez radicalement modifié la langue sanscrite, en anticipant quelques milliers d'années, mais c'est toujours ainsi que les langues évoluent. C'est aussi de cette manière que fonctionne l'esprit humain – par l'amalgame d'idées anciennes en de nouvelles structures porteuses de nouvelles idées, vouées elles-mêmes à de nouveaux amalgames, et cela indéfiniment, en s'éloignant toujours plus des images élémentaires du terreau initial de chaque langue.

Pour conclure le débriefing

Dans mon allégorie, tant les Klüdgerots que les Alfberts sont censés pouvoir lire des chaînes de *PM* intégrales – qui ne contiennent pas la moindre abréviation. Ces chaînes, à un niveau, parlent au sujet d'elles-mêmes (le niveau que perçoivent les Klüdgerots), tout comme la proposition KG de Gödel, ce qui signifie qu'elles sont, à défaut de meilleurs termes, infiniment grandes (d'un point de vue pratique, en tout cas). Cela veut dire qu'on n'en tirera jamais rien de compréhensible en cherchant à les lire en tant que propositions de la théorie des nombres, d'où le caractère parfaitement fantasmagorique des talents de l'Alfbert, du moins tels que je les ai évoqués. Il en va de même des Klüdgerots, submergés qu'ils sont par un océan de symboles. La seule chance des uns et des autres de s'en sortir est de remarquer la fréquence de certaines configurations, de leur donner des noms spécifiques et de compresser la chaîne en quelque chose de plus gérable, puis de réitérer l'opération à un nouveau palier plus court, pour finalement, au fil des compressions successives, réduire la « liane » entière à une idée simple : « Je ne suis pas comestible » (ou, traduite en dehors de l'allégorie, « Je ne suis pas prouvable »).

Bertrand Russel n'avait jamais songé à ce jeu de saute-niveau en considérant les chaînes de *PM*. Il était piégé par l'idée préconçue, très compréhensible au demeurant, que les propositions sur les nombres entiers, quelle que soit leur longueur ou leur complexité, conserveraient toujours le parfum familier des propositions standards de la théorie des nombres telles que : « L'ensemble des nombres premiers est infini », ou « Il n'y a que trois puissances d'entiers dans la suite de Fibonacci ». Il ne lui est jamais venu à l'esprit que certaines assertions pouvaient avoir des structures hiérarchiques si complexes que les concepts de la théorie des nombres qu'elles expriment ne ressemblent plus du tout à des notions numériques. Comme je l'ai fait remarquer au chapitre 11, le chien n'imagine pas ou ne peut comprendre que certaines grandes matrices de points colorés puissent être si bien structurées qu'elles ne sont plus simplement de grands ensembles de points colorés mais deviennent des images de personnes, de maisons, de chiens et bien d'autres choses. Le niveau supérieur de perception prend le pas sur le niveau inférieur et, à travers ce processus, devient le « plus réel » des deux. Le niveau inférieur reste sur la touche, on l'oublie.

Un tel saut de niveau modifie radicalement la perception. Quand il se produit dans un univers inhabituel, abstrait, comme celui des chaînes des *Principia mathematica*, il peut paraître hautement improbable, alors qu'il est d'une évidence triviale dans un cadre familier (comme un écran de télévision).

Mon allégorie visait à montrer ce que pourrait être un saut de niveau *vers le bas*, une situation qui paraît très improbable. Les Klüdgerots ne voient que la signification de niveau supérieur, du style « je suis comestible », dans les gigantesques chaînes *PM*, et sont censés ne pouvoir concevoir qu'elles puissent receler *également* un sens d'un niveau inférieur. Ce qui nous semble faire preuve d'un aveuglement inexplicable, nous qui connaissons la fonction initiale des chaînes de symboles des *Principia mathematica*. Mais dès lors qu'il s'agit de comprendre notre propre nature, les choses s'inversent : un préjugé très semblable (en faveur du niveau supérieur de perception, et seulement lui) envahit, ou même définit « la condition humaine ».

Piégés au niveau supérieur

Pour les êtres humains que nous sommes, lucides, conscients de nous-mêmes, guidés par le « Je », il est presque impossible d'imaginer de descendre toujours plus vers le niveau neuronal de nos cerveaux, de tout ralentir indéfiniment jusqu'à percevoir (ou du moins se figurer) chacun des jaillissements chimiques dans chacune des fissures synaptiques – un gigantesque changement de perspective qui semblerait instantanément évacuer de l'activité cérébrale tout attribut symbolique. Envolé le sens, disparu l'épais jus sémantique : il n'y a plus qu'un nombre astronomique de molécules sans âme, dénuées de sens, s'agitant au hasard, tout au long de jours sans vie.

Le cerveau humain ordinaire ignore béatement ses composants physiques et leur mode de fonctionnement microscopique étrangement mathématisable ; il prospère plutôt dans le niveau infiniment lointain des soap operas, soldes d'hiver, 4 × 4, mobs, exams, Pères Noël, équipements splashtaculaires de plongée – scaphandres et autres tubas –, boules de neige, affaires de mœurs, bons et méchants... Il se compose ainsi un autoportrait aussi plausible que possible où le rôle vedette n'est pas tenu par le cortex cérébral, ni par l'hippocampe, les amygdales, le cervelet ni aucun de ces organes visqueux aux noms bizarres, mais par une entité louche et anatomiquement invisible dite « Je », propulsée par d'autres acteurs de l'ombre dénommés « idées », « pensées », « souvenirs », « croyances », « espoirs », « craintes », « buts », « désirs », « amour », « haine », « rivalité », « jalousie », « empathie », « honnêteté », etc. Dans le monde « aneuronal », tranquille et éthéré de *ces* acteurs, le cerveau humain ordinaire perçoit son propre « Je » comme le maître d'œuvre, sans jamais penser que son acteur vedette pourrait n'être que le raccourci commode de milliards – que dis-je de millions de milliards – d'entités infinitésimales et de leurs échanges chimiques invisibles à chaque seconde.

La condition humaine est donc profondément semblable à celle des Klüdgerots : aucune des deux espèces ne peut voir ni se figurer les niveaux inférieurs d'une réalité essentielle à son existence.

Premier ingrédient clé de l'étrangeté

Pourquoi le symbole « Je » n'émerge-t-il jamais dans un système vidéo en feedback, quelle que soit la complexité des emboîtements et enroulements des formes apparaissant à l'écran ? La réponse est simple : un système vidéo, en dépit de sa richesse en pixels ou de sa palette de couleurs, *ne met en œuvre aucun symbole*, car il ne *perçoit* rien. Il n'y a pas le moindre symbole à activer sur le parcours cyclique d'une boucle vidéo – ni concept, ni catégorie, ni signification –, pas un chouïa de plus que dans l'effet Larsen. Dans un feedback vidéo, d'étranges galaxies s'inscrivent à l'écran, mais le système ne leur attribue aucun pouvoir de causalité sur quoi que ce soit. En fait, il n'attribue rien à rien : totalement dépourvu de symboles, le système vidéo est incapable de *penser*, et ne le fait donc pas !

Ce qui fait apparaître une boucle étrange dans le cerveau et non dans le feedback vidéo est une *capacité* – celle de penser –, laquelle est en fait un mot de deux syllabes représentant un répertoire de symboles activables suffisamment vaste. Tout comme la richesse des nombres entiers donne à *PM* le pouvoir de représenter des phénomènes d'une infinie complexité, donc de se retourner sur lui-même et de s'engloutir *via* la construction de Gödel, notre répertoire extensible de symboles donne à notre cerveau le pouvoir de représenter des phénomènes d'une infinie complexité, donc de se tourner sur lui-même et de s'engloutir *via* une boucle étrange.

Second ingrédient clé de l'étrangeté

Il y a un revers à la médaille, un second ingrédient clé permettant de qualifier d'« étrange » la boucle du cerveau humain, donnant l'impression que le « Je » vient de nulle part. Ce revers est, paradoxalement, une *incapacité* – à savoir notre incapacité klüdgerote à voir au-dessous du niveau de nos symboles. Il s'agit de notre inaptitude à voir, sentir, pressentir de quelque façon que ce soit le charivari de la micro-substance, tout ce bouillonnement qui sous-tend notre pensée. Cette cécité innée à l'univers du minuscule nous contraint à inventer un schisme profond entre le monde matériel sans but fait de bric et de broc, de sons et de lumières d'une part, et de l'autre le monde abstrait débordant de desseins et d'espoirs, de convictions, de joies et de craintes au sein duquel semble régner une causalité de nature radicalement différente.

Face à un feedback vidéo, notre regard d'êtres humains dotés de symboles se porte naturellement sur les figures attirantes qui apparaissent à l'écran. Nous sommes enclins à leur donner des noms fantaisistes tels que « couloir hélicoïdal » ou « galaxie », tout en sachant que notre perception des motifs, quelle que soit leur configuration précédente, doit tout à la logique locale des pixels. Cette prise de conscience simple et claire dépouille le raffinement de ces *gestalts* fractales de toute apparence de vie, de toute autonomie. Nous ne sommes pas tentés d'attribuer désirs et espoirs, *a fortiori* conscience, aux formes tourbillonnantes de l'écran – pas plus que nous ne sommes enclins à voir dans les boules cotonneuses du ciel la représentation du profil d'un artiste ou de la lapidation d'un martyr.

Mais quand il s'agit de nous percevoir nous-mêmes, c'est une autre histoire ! Tout est bien plus trouble quand nous parlons de nous-mêmes et non de feedback vidéo, n'ayant accès, dans nos crânes, à rien d'analogue aux pixels et à leur logique locale. Nous avons beau savoir intellectuellement que nos cerveaux sont des réseaux denses de neurones, cela ne nous les rend pas plus familiers à ce niveau, pas plus que de savoir que les poèmes anglais sont écrits en caractères latins ne fait de nous des spécialistes de la poésie anglaise ! Notre incapacité à nous concentrer sur les micro-mécanismes qui activent notre cerveau est congénitale – et, malheureusement, il n'est pas possible d'aller acheter au drugstore du coin une paire de lunettes bon marché qui pallierait ce défaut.

On pourrait croire que les spécialistes des neurosciences, contrairement aux profanes, sont suffisamment familiers de la quincaillerie du niveau inférieur de nos cerveaux pour au moins savoir par quel bout aborder des mystères comme la conscience et le libre arbitre. Or on constate le plus souvent l'inverse : la grande familiarité avec les mécanismes cérébraux de niveau inférieur rend bon nombre d'entre eux sceptiques sur toute explication physiologique éventuelle de la conscience et du libre arbitre. Ils sont tellement déconcertés par ce qui leur apparaît comme un abîme infranchissable entre l'esprit et la matière, qu'ils abandonnent tout effort de recherche sur la façon dont la conscience et le soi pourraient émerger de processus physiques. Ils jettent l'éponge et deviennent dualistes. Il est regrettable de voir des scientifiques renoncer ainsi, mais cela n'arrive que trop souvent. La morale de l'histoire est que le professionnalisme en neurosciences n'implique en rien une connaissance approfondie du cerveau – pas plus que la pratique professionnelle de la physique n'amène à appréhender parfaitement les ouragans. Il arrive même que l'enlisement dans un tas de connaissances détaillées soit exactement ce qui fait obstacle à toute compréhension profonde.

Notre incapacité congénitale à regarder au-dessous d'un certain niveau à l'intérieur de notre crâne fait que l'analogue de la galaxie spirale de l'écran de télévision – la vaste galaxie spirale de notre « Je » – nous apparaît indiscutablement comme le *siège de la causalité* et non comme un simple épiphénomène passif provenant de niveaux inférieurs (à l'instar de la galaxie du feedback vidéo). La perception que nous avons de la sphéricité et de la dureté de cette « bille » nous convainc tellement que nous lui attribuons une réalité aussi grande qu'à n'importe quel objet de notre connaissance. Le verrouillage du symbole « Je » qui a fini par s'installer au fil des ans dans la boucle de feedback de l'autoperception humaine inverse le sens de la causalité et c'est le « Je » qui a l'air d'occuper le siège conducteur.

Pour résumer, la combinaison de ces deux ingrédients – une capacité et une incapacité – donne naissance à la boucle étrange « Je », un piège dans lequel nous tombons tous, que nous le voulions ou non. Bien que l'autoperception humaine commence aussi innocemment que l'humble mécanisme du flotteur d'une chasse d'eau ou d'une boucle de rétroaction audio ou vidéo, sans trace d'une quelconque causalité contre-intuitive, elle finit inéluctablement par postuler une entité émergente exerçant une causalité inversée sur le monde, laquelle se renforce considérablement et conduit au verrouillage immuable, invincible de cette certitude. Le résultat final étant le plus souvent le rejet catégorique de toute autre façon de voir.

Sperry, le retour

Je viens de dire que nous tombons tous dans le « piège », mais je ne vois pas les choses aussi négativement que cela. Un tel « piège » n'est pas dangereux si l'on y met un peu de sel. Il nous faut plutôt nous en réjouir et le chérir, car c'est ce qui nous rend humains. Permettez-moi de citer à nouveau la prose si éloquente de Roger Sperry :

> Dans le modèle cérébral proposé ici, la puissance causale d'une idée, ou d'un idéal, devient tout aussi réelle que celle d'une molécule, d'une cellule ou d'une impulsion nerveuse. Les idées engendrent des idées et facilitent l'élaboration de nouvelles idées. Elles interagissent entre elles, de même qu'avec d'autres forces du même cerveau, de cerveaux voisins et, grâce aux moyens de communication généralisés, de cerveaux étrangers et lointains. Elles interagissent aussi avec l'environnement extérieur pour produire in toto une explosion de sagesse qui laisse loin derrière tout ce que l'évolution a pu produire, y compris l'apparition de cellules vivantes.

Pour résumer, Sperry a tout simplement pris ici le risque d'oser affirmer, dans une revue scientifique sérieuse, ce que l'homme de la rue tient pour une banalité, une évidence : il y a une authentique réalité (c'est-à-dire un potentiel causal) dans ce que nous nommons « Je ». Dans le monde scientifique, une telle affirmation risque fort d'être regardée avec scepticisme parce qu'elle paraît superficielle et empeste le dualisme cartésien (pour ma part, quand je lis ce passage, me viennent à l'esprit des expressions à la merveilleuse connotation mystique comme *élan vital**, « esprit de la ruche », « entéléchie », « holarchie »).

Mais Roger Sperry savait très bien qu'il n'adhérait pas au dualisme ou à toute forme de mysticisme et eut donc le courage d'avancer sa thèse. Sa position est un acte d'équilibre subtil qui, j'en suis convaincu, sera reconnu à sa juste valeur. On le comparera alors à l'acte tout aussi subtil et équilibré de Kurt Gödel qui a montré comment les significations autoréférentielles de haut niveau émergeant dans un système mathématique formel peuvent avoir un potentiel causal tout aussi réel que celui des règles d'inférence froides et rigides au niveau inférieur du système.

Chapitre 15
Enlacements

≈ ≈ ≈

Un cerveau, des boucles étranges

J'ai affirmé au chapitre 13 qu'il y avait dans chaque crâne humain une boucle étrange constituant notre « Je », à titre de première ébauche avais-je précisé. En fait, la simplification est excessive. Dans la mesure où nous nous faisons une représentation mentale, à des degrés divers de précision et de fiabilité, de centaines d'autres êtres humains dont le trait essentiel est leur *propre* sens du soi, nous hébergeons dans nos têtes un grand nombre d'autres boucles étranges. Mais que signifie exactement le fait qu'il y a dans chaque tête humaine de multiples « Je » ?

À vrai dire, je n'en sais trop rien. Dommage ! Si je le savais, je remporterais la palme mondiale de la philosophie et de la psychologie. Tout au plus, en toute modestie, me dis-je que nous fabriquons une version extrêmement dépouillée de notre *propre* boucle étrange d'auto-représentation au cœur des symboles représentant les autres, en permettant à la grossière structure en boucle initiale d'évoluer au fil du temps. Dans le cas des personnes que nous connaissons le mieux – épou(x)se, parents, frères et sœurs, enfants, amis intimes – chacune des boucles correspondantes devient avec le temps une riche structure parée de milliers d'ingrédients spécifiques en acquérant une grande autonomie par rapport à la version « neutre » et rudimentaire d'origine.

Des boucles de feedback vierges

Éclairons un peu cette idée de boucle étrange brute (ou « neutre ») à travers notre vieille amie, la métaphore de l'effet Larsen. Supposons qu'un micro et une enceinte acoustique soient connectés de sorte qu'un bruit même infime puisse passer rapidement dans la boucle et enfler à chaque tour, jusqu'à déchirer les tympans. Mais supposons qu'il règne un silence de mort au départ. Que se passe-t-il en pareil cas ? Il continue à régner un silence de mort. La boucle fonctionne parfaitement mais aucun bruit n'y entre, donc aucun bruit n'en sort : zéro fois n'importe quoi, ça fait toujours zéro. Si aucun signal n'entre dans une boucle de feedback, celle-ci ne joue aucun rôle. Elle pourrait tout autant ne pas exister. En elle-même, une boucle audio ne produit aucun son. Il lui faut une entrée non nulle pour produire quelque chose.

Transposons le scénario dans le monde des boucles vidéo. Pointons une caméra au centre d'un écran vierge en veillant à ne rien capter de son cadre. Qu'on laisse la caméra immobile ou qu'on la penche, la fasse tourner, zoomer vers l'avant ou l'arrière (et à condition de toujours éviter le cadre), le montage ne produira jamais qu'une image blanche fixe en dépit de la boucle qu'il contient. Comme tout à l'heure, le fait que l'image soit produite à travers une boucle ne change rien, parce que rien d'extérieur ne vient *nourrir* la boucle. Je dirai de telles boucles de feedback, vierges de tout contenu, qu'elles sont « neutres » ou « standards ». Il est donc évident qu'on ne peut distinguer deux boucles vidéo neutres – elles ne sont que coquilles vides, sans trait particulier permettant de les reconnaître, sans « identité propre ».

Mais, pour peu que la caméra tourne suffisamment à gauche ou à droite, ou zoome vers l'arrière pour capter dans son champ quelque chose d'*extérieur* (même la plus petite tache de couleur), une partie de l'écran cessera d'être blanche et, instantanément, la tache entrera dans la danse de la boucle, comme une branche d'arbre happée par une tornade. Très vite, l'écran se peuplera d'une multitude de taches colorées qui se stabiliseront d'elles-mêmes en une structure complexe. Ce qui permet de reconnaître l'identité de cette boucle non élémentaire n'est pas seulement le fait que l'image se contient *elle-même* mais, fondamentalement, le fait que des objets *extérieurs*, dans une configuration particulière, font partie de l'image.

Si nous importons cette métaphore dans le contexte de l'identité humaine, nous pourrions dire qu'une boucle étrange d'autoreprésentation « brute » ne donne pas naissance à un soi distinct – elle n'est qu'une coquille générique, standard, qui a besoin qu'un contact avec le monde extérieur lui fournisse de quoi acquérir une identité propre, un « Je » distinctif. (Pour ceux qui aiment le grand frisson, plongeons dans l'océan tabou d'ensembles illégitimes qui, à la barbe de Bertrand Russel, pourraient se contenir eux-mêmes : soient deux singletons x et y, chacun d'eux se possédant pour seul élément. x et y sont-ils des objets identiques ou non ? Essayer de répondre à cette devinette en donnant pour définition que deux ensembles sont égaux si, et seulement si, ils ont les mêmes éléments, nous entraîne immédiatement dans une régression infinie, ce qui n'amène aucune réponse. Je préfère avoir l'impudence de trancher le nœud gordien en déclarant que rien ne permet de distinguer ces deux ensembles, qui sont donc identiques.)

Bébés boucles et bébés « Je »

En évoquant le concept de boucle étrange « neutre » dans un cerveau humain, je ne veux en aucun cas suggérer qu'un bébé humain serait doté à la naissance d'une telle boucle étrange d'autoreprésentation « brute » – c'est-à-dire d'une coquille entièrement formée, bien qu'élémentaire, emplie d'un « Je » pur, distillé – par le seul fait de détenir des gènes humains. Encore moins que l'embryon humain en acquerrait une dans le ventre de sa mère (sans parler de l'instant de la conception !). La réalisation d'un soi humain est loin d'être automatique et génétiquement prédéterminée.

La fermeture d'une boucle étrange d'autoreprésentation humaine dépend profondément des sauts dans les niveaux de la *perception* – c'est-à-dire de la *catégorisation*. Plus un organisme est richement doté de puissants instruments de catégorisation, plus son soi pourra s'épanouir. À l'inverse, plus le répertoire de catégories est pauvre, plus le soi sera dépouillé, à la limite inexistant.

J'ai souvent insisté sur le fait que les moustiques n'avaient pratiquement pas de symboles, donc pratiquement pas de soi. Pas de boucle étrange dans la tête du moustique ! Et ce qui vaut pour les moustiques vaut pour le petit de l'homme, et plus encore pour l'embryon. La différence tient à ce que les bébés et les embryons humains ont, de par leurs gènes humains, de fantastiques potentialités qui les amèneront à développer au fil des décennies d'énormes répertoires de symboles, et pas les moustiques. Ces derniers, indigents dès le départ et dotés d'un système de symboles inextensible par nature, sont condamnés à n'avoir pas d'âme (bon, d'accord, ils possèdent peut-être la valeur de 0,000 000 01 huneker de conscience – dépassant d'un cheveu le niveau d'un thermostat).

Pour le meilleur ou le pire, les êtres humains viennent au monde avec une goutte infime de ce que leur système de perception métamorphosera au fil des décennies d'interactions avec le monde extérieur. À la naissance, notre répertoire de catégories est si minimaliste que je peux, sans guère me tromper, le qualifier de nul. Privé de symboles qu'il puisse activer, le bébé ne peut donner aucun contenu aux sensations qui lui parviennent et que William James qualifiait joliment de « fichu grand charivari ». La construction d'un self-symbole se situe loin dans le futur pour un bébé et il n'y a donc en lui aucune boucle étrange d'autoréférence, pas même son amorce.

Pour parler franchement, le nouveau-né, aussi craquant soit-il, n'a tout simplement pas de « Je » : son équipement symbolique futur lui manque à 99 pour cent. En étant un peu plus généreux, on pourrait lui attribuer une petite pincée de « Je », quelque chose comme la valeur d'un huneker, sans que ça casse trois pattes à un canard. La tête d'un être humain peut donc contenir *moins* d'une boucle étrange. Et *plus* d'une ?

Boucles de feedback enlacées

Avant d'explorer concrètement ce que peut donner la coexistence de deux boucles étranges dans une même tête, commençons par une variation anodine sur notre bonne vieille métaphore vidéo. Supposons un dispositif de deux caméras et deux télévisions de sorte que la caméra A alimente l'écran A et, placée loin d'elle, la caméra B l'écran B. Supposons de plus que la caméra A capture en permanence *tout* ce qu'il y a sur l'écran A (plus quelques bricoles qui sont autour pour donner à la boucle A un « contenu ») et le renvoie sur l'écran A, la même chose se passant côté B. Les systèmes A et B étant, par hypothèse, loin l'un de l'autre, il est intuitivement clair qu'ils forment des boucles distinctes et disjointes. Si les tableaux capturés par les deux caméras sont différents, les configurations sur les écrans A et B seront faciles à distinguer et donc également l'« identité » de chacun des systèmes. Jusque-là, tout ce que nous donne cette métaphore, c'est une situation bien connue (en fait, deux situations bien connues) : chaque système possède une boucle.

Mais que va-t-il se produire si nous rapprochons progressivement les deux systèmes de façon qu'ils puissent interagir ? La caméra A ne capturera plus seulement l'écran A mais aussi l'écran B, et la boucle B alimentera la boucle A (et *vice versa*).

Admettons, ce qui paraît naturel, que la caméra A soit plus près de l'écran A que de l'écran B (et *vice versa*). La boucle A occupera alors plus d'importance sur l'écran A, c'est-à-dire accaparera un plus grand nombre de pixels et sera donc reproduite plus fidèlement sur l'écran A. La boucle A sera grande et possédera une trame fine tandis que la boucle B sera petite et d'un grain plus grossier. Dernière chose avant de poursuivre : désormais la boucle A, même si nous continuons à l'appeler « A », *intègre* la boucle B (et *vice versa*) ; chacune de ces deux boucles est maintenant nécessaire pour définir l'autre, même si la boucle A joue un rôle *plus grand* dans sa propre définition que la boucle B (et *vice versa*).

Nous voilà désormais avec une métaphore pour deux entités individuelles, A et B, chacune ayant son identité propre (c'est-à-dire sa propre boucle étrange) – laquelle est partiellement constituée, et donc dépend, de l'identité personnelle de *l'autre*. En outre, plus l'image de chaque écran est fidèle sur l'autre, plus les identités « personnelles » des deux boucles sont entrelacées et ont tendance à fusionner et à devenir indémêlables.

Arrivés à ce point, même à l'aide de cette seule curieuse métaphore technologique, je crois que nous approchons tout doucement de la compréhension de ce que représente une authentique identité humaine.

En fait, pas moyen d'aller plus loin dans l'élucidation du mystère de l'identité humaine sans se heurter à des structures abstraites peu familières. Sigmund Freud avait postulé le moi, le ça et le surmoi et il doit bien y avoir ce type d'abstractions dans l'architecture de l'âme humaine (peut-être pas ces trois-là, mais des structures de cet ordre). Nous sommes si différents des autres phénomènes naturels, y compris des autres êtres vivants, qu'il faut nous attendre à devoir mettre notre nez dans des endroits tout à fait inattendus pour avoir un aperçu de ce que nous sommes vraiment. Bien que mes boucles étranges soient manifestement très différentes des concepts de Freud, il y a une certaine similitude : les deux façons de voir le soi impliquent des structures abstraites très éloignées de leur substrat biologique – si éloignées, en fait, que les caractéristiques de ce dernier paraissent n'avoir plus aucun intérêt.

Une boucle privilégiée dans la tête

Imaginons qu'une technologie du futur en matière de télévision soit à même d'éliminer toute granularité des caméras et des écrans et que les images en deviennent parfaites à toutes les échelles. Un tel scénario fantaisiste rendrait caduc le raisonnement précédent, à savoir que la représentation dans A de la boucle B est moins fidèle que la représentation de la sienne propre puisqu'elle accapare moins de pixels. Désormais, A possède une *parfaite* représentation de la boucle B sur son écran, et *vice versa* : quelle différence y a-t-il alors entre A et B ? Ne peut-on plus les distinguer ?

Eh bien si. Il y a toujours une différence fondamentale entre A et B, même si chaque système représente l'autre à la perfection. La différence provient de ce que la caméra A alimente directement l'écran A (et pas l'écran B), et la caméra B directement l'écran B (et pas le A). Il en découle que, si la caméra A est penchée ou zoome vers l'avant, l'image complète sur l'écran A suit la manœuvre et penche ou grandit, tandis que l'image sur l'écran B ne bouge pas. (Pour être précis, l'image de l'écran A *nichée* dans l'écran B s'inclinera ou grandira, selon la ligne des images gigognes – mais l'orientation et la taille de l'écran *principal* dans le système B resteront inchangées, contrairement à son homologue du système A qui, lui, sera directement affecté par ce que fait la caméra A.)

L'intérêt de cette petite digression était de mettre en lumière qu'il existe toujours des entités distinctes même dans une situation où des boucles sont étroitement imbriquées parce que le support physique de la perception d'un système donné alimente directement ce système et lui seul. Cela peut avoir des incidences sur bien d'autres systèmes, qui peuvent s'avérer très importantes, mais tout substrat perceptuel est d'abord et principalement associé à un système qu'il alimente directement (ou avec lequel il est câblé, pour employer le jargon flou actuel de l'informatique et de la neurologie).

De façon moins métaphorique, les organes de mes sens alimentent mon cerveau directement. Ils alimentent aussi ceux de mes enfants, de mes amis et d'autres personnes (mes lecteurs, par exemple), mais ils ne le font qu'indirectement – généralement par le biais du langage (ou parfois par des photographies, des peintures, de la musique). Que je raconte à mes enfants une anecdote rigolote dont j'ai été témoin à la caisse du supermarché et, aussi sec, ils voient la scène, mais alors parfaitement, avec les yeux de l'esprit ! Le client avec le tabloïd noir et blanc *Weekly World News* dans son caddie, la tête de la caissière quand elle le prend et lit le gros titre à propos d'un bébé retrouvé en parfaite santé dans un radeau de sauvetage provenant du *Titanic*, le gloussement gêné du client, le bon mot du client suivant, etc. Les images ainsi créées dans les cerveaux de mes enfants, de mes amis et autres peuvent être d'une telle clarté qu'elles rivalisent avec les images qui leur sont directement fournies par leurs propres sens.

En vérité, notre aptitude à vivre ainsi par procuration est un aspect merveilleux de la communication humaine. Bien sûr, nous ne percevons pas tout, loin de là, par le filtre d'autrui, l'essentiel nous parvenant par le biais de notre propre équipement perceptuel. Pour parler franchement, c'est la raison pour laquelle je demeure avant tout moi-même et vous, vous-même. Évidemment, si mes perceptions inondaient votre cerveau à la même folle allure qu'elles le font pour le mien, il nous faudrait tout reconsidérer. Mais pour l'heure, aucun risque qu'il y ait de tels niveaux de communication entre, disons, mes yeux et votre cerveau.

Perception partagée, contrôle partagé

J'avais d'abord suggéré que le « Je » humain provenait de l'existence d'une boucle très étrange dans le cerveau. Mais nous reflétons en nous de multiples personnes, aussi nous faut-il affiner notre approche et considérer désormais de nombreuses boucles de différents calibres et niveaux de complexité. Ce raffinement dépend en partie, comme je viens de l'affirmer, du fait qu'une de ces boucles, dans un cerveau donné, est privilégiée – médiatisée par le système de perception qui alimente *directement* ce cerveau. Mais il y a un autre volet, qui tient plus à ce que le cerveau *contrôle* qu'à ce qu'il perçoit.

Le thermostat que j'ai chez moi ne régule pas la température chez vous. De façon analogue, les décisions prises dans mon cerveau ne contrôlent pas le corps auquel votre cerveau est câblé. Si nous jouons au tennis ensemble, mon cerveau ne contrôle que *mon* bras ! Voilà en gros ce qui apparaît au premier abord. Mais il s'agit d'une simplification excessive, et c'est là que le flou revient. J'ai un contrôle partiel et indirect sur vos bras – après tout, vous courez là où j'ai envoyé la balle, et mon intervention dans l'échange influe la façon dont vous allez balancer les bras. Ainsi, d'une certaine façon, mon cerveau, au cours d'une partie de tennis, peut contrôler vos muscles, mais pas d'une façon très sûre. Dans le même ordre d'idées, si j'appuie sur mes freins en conduisant, le conducteur de la voiture qui me suit en fera autant. Ce qui me passe par la tête exerce un petit contrôle sur les gestes de cet automobiliste, mais un contrôle ni fiable ni précis.

Ce type de contrôle externe ne crée pas une véritable zone de flou entre les identités de deux personnes. Le tennis comme la conduite automobile ne donnent pas naissance à une profonde interpénétration des âmes. Les choses deviennent plus compliquées quand le langage entre en scène. C'est essentiellement à travers lui que nos cerveaux peuvent avoir une influence certaine sur les corps d'autres êtres humains – un phénomène très familier non seulement aux parents ou aux sergents instructeurs, mais aussi aux publicitaires, aux scribouillards chargés des relations publiques d'un parti, aux adolescents aussi experts en pleurs qu'en cajoleries. À travers le langage, le corps d'autrui peut devenir une souple extension du nôtre. En ce sens-là, mon cerveau est connecté à votre corps de la même manière qu'il l'est au mien – mais, encore une fois, cette connexion n'est pas un câblage physique. Mon cerveau est rattaché à votre corps par des voies de communication bien plus lentes et indirectes que celles qui le lient à mon corps, et le contrôle est beaucoup moins efficace.

Par exemple, il m'est infiniment plus facile de signer de ma propre main que de tenter de vous le faire faire en vous décrivant tous les pleins et les déliés que j'exécute inconsciemment avec tant d'aisance au moment de payer à la caisse du supermarché. Mais nous voyons que la distinction initiale *fondamentale, absolue* entre la façon dont mon cerveau est relié à mon propre corps et celle dont il est lié à un corps étranger, est exagérée. Il est clair qu'il y a bien une différence de degré, mais y a-t-il vraiment une différence de nature ?

Où en sommes-nous arrivés dans la discussion sur l'entrelacement des âmes ? Nous avons vu que je peux percevoir indirectement à travers vous, et que je peux aussi contrôler indirectement votre corps. Réciproquement, vous pouvez percevoir par mon intermédiaire (c'est bien ce que vous êtes en train de faire à cet instant précis !), et vous pouvez contrôler mon corps indirectement, au moins un peu. Nous avons vu aussi que les voies de communication sont assez lentes puisqu'il y a deux systèmes assez clairement séparés auxquels nous pouvons sans problème donner des noms différents. Le fait que nos corps soient nettement séparés (excepté dans la relation mère-fœtus et dans le cas de jumeaux siamois) permet d'affecter très naturellement un nom différent à chaque corps ce qui, à première vue, semble régler la question une fois pour toutes. « Moi Tarzan, toi Jane. » Nos conventions de noms ne sont pas une simple commodité, elles nous aident énormément à verrouiller l'idée que nous – nos *moi* – sommes des entités nettement séparées. « Moi Tarzan, toi Jane » – fin de l'histoire.

Mais le langage joue un autre rôle dans le processus qui établit un corps comme siège d'une identité. Il ne se contente pas de donner un nom à chacun d'entre nous (« Tarzan », « Jane »), il nous fournit aussi les pronoms personnels (« moi », « toi ») qui, autant que les noms, renforcent le concept de distinction nette et claire entre les âmes, en associant de façon étanche chaque corps à une âme. Voyons cela d'un peu plus près.

Méli-mélo en Gémellie

Il y a quelques années, j'avais concocté un conte philosophique sur un univers de fantaisie, plutôt curieux. Si vous le voulez bien, je vais vous servir de guide dans les pages qui viennent. À l'époque, je n'avais pas donné de nom à cet endroit, que j'appellerai ici Gémellie. La particularité de la Gémellie est qu'il y naît de vrais jumeaux dans 99 pour cent des cas, et des individus isolés dénommés « seminés » (*semi-nés*, nés à moitié !) dans 1 pour cent des cas seulement. En Gémellie, les jumeaux (qui, comme dans notre monde, ne sont pas *exactement* identiques mais ont le même génome) grandissent et vont partout ensemble, portent des habits identiques, fréquentent les mêmes écoles, suivent les mêmes cours, font ensemble leurs devoirs à la maison, ont les mêmes amis, apprennent à jouer des mêmes instruments de musique et, en fin de compte, font équipe dans la même profession, etc. En Gémellie, une paire de vrais jumeaux s'appelle, presque inévitablement, une « pairsonne », ou un « dividuel » (ou simplement un « duel »).

Chaque dividuel de Gémellie se voit donner un nom à la naissance – une pairsonne masculine peut très bien être nommée « Greg », et une féminine « Karen ». Au cas où vous vous poseriez la question, il y a moyen de se référer à une seule des deux « moitiés » d'une pairsonne, mais, bien que cela arrive, la nécessité s'en fait très rarement sentir. Néanmoins, pour faire le tour de la question, je vais expliquer comment on procède. On ajoute simplement une apostrophe et une lettre suffixe – ou bien un « s » ou bien un « d » – au nom dividuel. (Les étymologistes de Gémellie prétendent que ces consonnes ne sont pas arbitraires mais des résidus des mots latins « *a sinistra* » et « *a dextra* », à gauche et à droite ; sans être attestée, une telle origine paraît probable.) Ainsi, Greg a une « moitié gauche », Greg's, et une « moitié droite », Greg'd. De même, Karen est formée de Karen's et Karen'd – mais, comme je l'ai dit, la plupart du temps personne n'éprouve le besoin de s'adresser à la moitié

« gauche » ou « droite » d'une pairsonne : ces suffixes ne sont donc presque jamais employés.

Qu'est-ce qu'un « ami » en Gémellie ? Que voulez-vous que ce soit, sinon une autre pairsonne – un groupe de deux, comme le W. L'amour, le mariage ? Eh bien, si vous pensez qu'une pairsonne tombe amoureuse d'une autre avec qui Eelle se marie, vous avez mis dans le mille ! En fait, par une extraordinaire coïncidence, lesdits Karen et Greg forment un couple typique de Gémellie ; ils sont de plus les pairents comblés de deux gemfants – une filles, « Nathalie », et un garçons, « Lucas ». (Pour répondre aux petits curieux, je dois dire que je ne sais absolument pas qui, de Karen's ou de Karen'd, a mis au monde chacun des gemfants, ni qui, de Greg's ou de Greg'd, a été pour ainsi dire l'instigateur dans chaque cas. Pairsonne, en Gémellie, ne s'interroge sur des questions aussi intimes – pas plus que, dans notre monde, on ne se demande si le spermatozoïde responsable de la naissance d'un enfant provenait du testicule gauche ou droit du père, ou si l'ovule provenait de l'ovaire gauche ou droit de la mère. Là n'est pas la question – le zygmote a été formé et le gemfant est né, et c'est tout ce qui compte. Mais, s'il vous plaît, ne me posez pas trop de questions sur un sujet aussi complexe. Vous m'avez déjà entraîné très loin du sujet de mon conte !)

En Gémellie, c'est une évidence tacitement reconnue que la cellule de base est la pairsonne et pas sa moitié gauche ou droite et que, même si l'on peut voir en chaque dividuel deux moitiés physiquement séparées, le lien entre elles est si étroit que leur séparation physique pèse très peu. Qu'une pairsonne soit composée de moitiés gauche et droite est une évidence de la vie, allant de soi comme le fait que chaque moitié a deux mains et chaque main cinq doigts. Les choses sont composées de parties, c'est clair, mais cela ne veut pas dire qu'elles n'existent pas comme un tout !

Les moitiés gauche et droite d'une pairsonne sont parfois séparées, mais le plus souvent pour de très courtes périodes. Par exemple, l'une peut faire un saut à l'épicerie pour acheter quelque chose qu'Eelles ont oublié pendant que l'autre prépare le repas. Ou, si Eelles font du snowboard, Eelles peuvent se séparer pour passer de chaque côté d'un arbre.

Mais, la plupart du temps, les deux moitiés préfèrent se tenir très proches. Bien qu'il arrive qu'Eelles aient une conversation, l'une anticipe facilement les pensées de l'autre, tant et si bien que très peu de mots s'avèrent nécessaires, même pour des idées relativement complexes.

Le « W » forme-t-il une ou deux lettres de l'alphabet ?

Nous en arrivons maintenant à la question délicate des pronoms pair-sonnels en Gémellie. Pour s'en sortir, ils ont quelque chose comme notre pronom familier « Je » pour chaque moitié, mais, ils l'écrivent sans majuscule, « je » (contrairement à l'« I » anglais). Cela parce que, comme pour les suffixes « s » et « d », « je » est un terme très rare, employé seulement, de façon quelque peu pédante, dans des cas extrêmes où cette précision s'avère nécessaire. Bien plus fréquent que ce « je », il y a le pronom que chaque moitié emploie pour se référer à la pairsonne *entière*. Il ne s'agit pas de notre pronom « nous », parce que ce mot englobe plus que la pairsonne qui est en train de parler et se réfère à d'*autres* pairsonnes. C'est ainsi que « nous » renvoie, par exemple, à « toute notre école » ou « toutes les pairsonnes au dîner de l'autre soir ». Ils emploient donc un autre mot que « nous » – « Nnous » (toujours avec un « N » majuscule) – qui traduit le fait que celui qui parle de la pairsonne est sa composante gauche ou droite. Il y a bien sûr l'analogue Wous qui permet de s'adresser à exactement une autre pairsonne. C'est ainsi que, par exemple, la première fois qu'ils se sont rencontrés, Greg (ce pouvait être Greg's ou Greg'd, je ne sais pas exactement) demanda timidement à Karen (pour qui Iil avait le béguin) : « Ce soir, après dîner, Nnous allons au cinéma ; Wous joindriez-Wous à Nnous, Karen ? »

Le pronom « vous » existe aussi en Gémellie, mais il est seulement pluriel, c'est-à-dire qu'il n'est jamais employé pour s'adresser simplement à un autre dividuel – il se réfère toujours à un groupe. « Savez-vous faire du ski ? » peut s'adresser à une famille entière, jamais à seulement un gemfant ou un pairent. (La bonne façon de poser la question en pareil cas serait bien sûr : « Savez-Wous faire du ski ? »). De manière analogue, « ils » ou « elles » ne se réfèrent jamais à un seul dividuel. « Ils sont venus tous deux à notre mariage » est une affirmation qui parle d'un *duo* de pairsonnes (autrement dit quatre moitiés – ou quatre « personnes », dans la terminologie curieuse en provenance de notre monde). Comme pour le pronom de la troisième personne du *singulier*, il y a « Iils » ou « Eelles ». Ainsi, « Sont-Eelles/Iils allé(e)s au concert hier soir ? » pourrait être une question à propos de Karen ou Greg (mais pas des deux ensemble, ce qui aurait nécessité l'emploi de « ils »). « Ont-Iils/Eelles eu la rougeole » pourrait concerner Lucas ou Nathalie, mais évidemment pas les deux ensemble.

Identité pairsonnelle en Gémellie

Une jeune pairsonne de Gémellie grandit avec la conscience naturelle de former une simple unité, quand bien même est-Eelle formée de deux parties détachées. « Tout dividuel est indivisible », proclame un vieux proverbe de Gémellie. Toutes sortes de conventions renforcent de manière systématique et verrouillent ce sentiment d'unité indivisible. Par exemple, une seule note est donnée pour le travail que Wous faites en classe. Il peut se faire qu'une moitié de Wous soit plus faible que l'autre, par exemple en maths ou en dessin, mais cela n'a pas d'incidence sur Wotre image collective de Wous-même. Ce qui compte est le résultat de l'*équipe*. Quand un gemfant apprend à jouer d'un instrument de musique, les deux moitiés ont leur propre instrument, jouent les mêmes morceaux au même moment. Un peu plus tard dans Wotre vie, quand Wous entrez à l'université, Wous lisez des romans écrits par des pairsonnes, allez à des expositions de peinture réalisées par des pairsonnes et étudiez des théorèmes qui ont été démontrés par des pairsonnes. Bref, mérite et faute, lauriers et honte, négligence et gloire sont toujours distribués aux pairsonnes, jamais aux simples *moitiés* de pairsonnes.

Les normes culturelles de Gémellie tiennent pour acquis, et donc renforcent, cette perception d'une paire de moitiés comme une unité naturelle et indissoluble. Alors que, dans notre société, les vrais jumeaux aspirent à se séparer l'un de l'autre, à voler de leurs propres ailes, à montrer à tout le monde qu'ils ne sont *pas* des personnes identiques, en

Gémellie, de telles aspirations et un tel comportement paraîtraient anormaux, profondément incompréhensibles. Les deux moitiés d'une même pairsonne se gratteraient la tête (ou la tête l'une de l'autre – pourquoi pas ?) et se diraient l'une à l'autre, peut-être en même temps : « Pourquoi, chez nous, ont-Iils bien pu se séparer ? Qui voudrait devenir un seminé ? Autant vivre dans un semitierre ! »

J'ai mentionné au début le fait qu'un pour cent des naissances en Gémellie sont des seminés et non des pairsonnes. À vrai dire, ce n'est pas tout à fait un pour cent, plutôt 0,99. En tout cas, une très jeune pairsonne se demande parfois ce que cela fait d'être né seminé, de ne pas être composé de deux moitiés « gauche » et « droite » pratiquement identiques, qui sont toujours dans les pattes l'une de l'autre, se faisant écho mutuellement, partageant les mêmes pensées, formant une équipe soudée. Ce dernier état paraît tellement la norme qu'il est très difficile d'imaginer la vie étrange, appauvrie, triste à mourir d'un seminé (vie qu'on appelle souvent, par dérision, une « demi-vie »).

Qu'en est-il maintenant de cette toute petite part restante des naissances, celles qui arrivent dans 0,01 pour cent des cas ? En bien, il se passe quelque chose de curieux pendant la grossesse : les deux ovules fertilisés qui constituent le zygmote se séparent en deux moitiés au même moment (personne ne sait exactement pourquoi il en est ainsi, mais c'est ce qui se passe) et le résultat est qu'au lieu d'avoir un gemfant unique à la naissance, on a deux gemfants génétiquement identiques ! (Curieusement, les bébés sont appelés « vrais jummeaux », même s'il n'est jamais tout à fait *vrai* qu'ils soient identiques.) Les pairents de jummeaux aiment bien entendu tout autant leurs rejetons « identiques » et, très souvent, leur donnent de façon charmante des paires de noms très voisins, (comme « Nathalie » et « Natalia », dans le cas de jummelles, ou « Lucas » et « Luc » dans le cas de jummeaux).

Parfois, en grandissant, les jummeaux ressentent le besoin de voler de leurs propres ailes, de montrer à tout le mmonde qu'ils ne sont *pas* des pairsonnes identiques. Mais certains jummeaux sont contents de rester jusqu'au bout dans la proche-identité. Roy et Bruce Nabel, par exemple, forment une paire typique de jummeaux (en fait, ils sont grands aujourd'hui). Ils adorent abuser leurs amis : c'est Bruce qui arrive quand c'est Roy qu'ils s'attendent à voir, ou *vice versa*. Il n'est pratiquement pairsonne, en Gémellie, qui ne trouve drôle ce genre de farce : l'idée même de jummeaux y est très peu familière aux pairsonnes ordinaires. De fait, une pairsonne normale de Gémellie (non jummelle) ne possède pratiquement pas de concept pour se représenter ce que cela peut faire d'être des jummeaux. Comme il doit être étrange de grandir en restant tout le temps avec une pairsonne qui Wous est identique !

Il était une fois un auteur de Gémellie qui avait inventé un conte philosophique se passant dans un monde fantastique et curieux appelé « Gémmellie », qui décrivait une situation où 99 pour cent de toutes les naissances aboutissaient à ce qu'il nommait de « vrais jummeaux ». Mais il s'agit vraiment là d'une tout autre histoire…

Jeux de « Je »-« Nnous » en Gémellie

Il ressort de notre petite excursion, que j'espère bien provocatrice, plusieurs conséquences jumelles. La plus frappante, bien sûr, est qu'en Gémellie, un individu *isolé*, une moitié, se construit une représentation de lui-même en tant que « je » (avec « j » minuscule !), tandis que, dans le même temps, une *paire* d'êtres humains, une pairsonne, le fait en tant que « Nnous ». Cette dernière situation vient en partie de la génétique (un seul génome, situé dans le zygmote, détermine le développement d'une pairsonne) et en partie de l'acculturation, améliorée par de nombreuses conventions linguistiques dont j'ai mentionné quelques-unes.

Supposons que nous voulions utiliser le mot « âme », lourd de sens, à propos des êtres vivant en Gémellie. Qui y possède une âme ? Le mot « être » est lui-même lourd de sens. Qu'est-ce qu'un *être* en Gémellie ? Pour moi, ces deux questions ont la même réponse que la question suivante : « Quelles sont les entités qui, en Gémellie, se construisent l'inébranlable conviction d'être un « Je » ? Une moitié, une pairsonne, les deux ? Nous sommes en fait en train de nous demander quelle est la puissance de chacune de ces deux analogies essentielles et rivales – précisément quelle est la puissance de l'analogie entre un « je » et un « Je », et aussi entre un « Je » et un « Nnous ».

Je soupçonne que chaque lecteur de ce chapitre peut facilement s'identifier, dans le monde gémellien, avec une « moitié » (comme Karen's ou Greg'd), ce qui suggérerait que l'analogie « je »/« Je » est la plus convaincante pour la plupart des lecteurs. Mais j'espère que tous trouveront convaincante aussi l'analogie entre le « Nnous » et le « Je » même si elle apparaît à certains comme moins puissante que celle entre « je » et « Je ». De toute façon, la Gémellie n'est qu'un conte, et chacun peut tout ajuster selon ses goûts. Vous et moi sommes libres, cher lecteur, de tourner toutes sortes de boutons de Gémellie pour obtenir un « je » plus faible et un « Nnous » plus fort, ou l'inverse.

Dans la balade gémellienne que nous venons de faire, j'ai réglé les boutons sur un niveau intermédiaire pour rendre les deux analogies en gros aussi plausibles l'une que l'autre et donc pour resserrer la compétition entre le « je » et le « Nnous ». Je vais maintenant tripoter les boutons Gémellie pour rendre le « Nnous » un peu plus fort. Il en résulte un nouveau monde fantastique que je nommerai « Gémellie siamoise » dans lequel les 99 pour cent de naissances ne sont plus composées de jumeaux identiques standards mais de jumeaux siamois liés, par la hanche par exemple. De plus, je postule que le pronom « je » n'existe pas dans ce monde. La seule analogie qui demeure est désormais entre notre concept de « Je » et leur concept de « Nnous ». Cela peut paraître extrêmement tiré par les cheveux, mais le plus curieux est que notre monde terrestre ordinaire a beaucoup à voir avec la Gémellie siamoise. Et voici pourquoi.

Nous avons tous deux hémisphères cérébraux (le gauche et le droit), chacun d'entre eux pouvant assez bien fonctionner comme cerveau autonome, au cas où l'un des côtés serait endommagé. Je vais supposer, cher lecteur, que vos hémisphères sont en bon état. Dans ce cas, quand vous dites « Je », ce que cela signifie implique une équipe très soudée formée de vos moitiés gauche et droite de cerveau, chacune d'entre elle étant directement alimentée par un seul de vos yeux et une seule de vos oreilles. Mais la communication entre les deux membres de votre équipe est si étroite et si rapide que l'entité fusionnée – l'équipe elle-même – semble ne faire qu'une, un soi absolument non séparable. Vous savez très bien ce qu'on ressent parce que c'est ainsi que vous êtes construit !

Si vous êtes bien fait comme moi, aucun de vos deux demi-cerveaux ne va claironner qu'il s'appelle « je » en revendiquant avec impudence l'autonomie de son âme ! Non, tous deux ensembles forment un seul « Je », avec la majuscule. En cela, dans le monde réel, notre humaine condition est très proche de celle des pairsonnes de la Gémellie siamoise.

La communication entre les deux moitiés d'un dividuel en Gémellie (que ce soit dans sa variante siamoise ou dans sa version originale) est, bien sûr, moins efficace que celle qui prévaut entre les deux hémisphères cérébraux d'une tête humaine physiquement câblés ensemble. Mais, d'un autre côté, la communication entre deux moitiés en Gémellie est plus efficace que celle existant entre deux individus de notre monde « normal ». Ainsi, le degré de fusion de deux moitiés gémelliennes n'est peut-être pas aussi profond qu'entre deux hémisphères cérébraux, mais il l'est plus qu'entre deux frères ou sœurs très proches de notre monde, plus qu'entre deux vrais jumeaux, plus qu'entre mari et femme.

Post scriptum – Re : Gémellie

Après avoir achevé un premier jet de ce chapitre et être passé au suivant, qui s'appuie sur un échange de courriels que j'avais eu en 1994 avec Dan Dennett, j'ai remarqué que dans l'un de ses messages, Dan se référait à des jumeaux anglais inhabituels qu'il avait mentionnés dans son livre paru en 1991 *Consciousness Explained*[1], et dont j'avais lu le manuscrit. J'avais oublié ce courriel de Dan et j'ai donc recherché dans le livre ce à quoi il faisait référence. J'ai trouvé le passage suivant :

> Nous pouvons imaginer (…) deux corps ou plus partageant un seul soi. En fait, il pourrait bien y avoir un tel cas à York, en Angleterre : les jumelles Chaplin, Greta et Freda (le Time du 6 avril 1981). Ces vraies jumelles, âgées aujourd'hui de quarante ans et vivant ensemble dans un foyer, semblent agir comme une seule et même personne ; elles coopèrent à chaque fois qu'elles s'expriment oralement, par exemple en finissant naturellement les

---

1. Traduit en français par Pascal Engel sous le titre *La Conscience expliquée*, paru en 1993 aux éditions Odile Jacob. (N.d.T.)

phrases l'une de l'autre ou en parlant à l'unisson, avec seulement une fraction de seconde de décalage. Elles sont inséparables depuis des années, aussi inséparables que peuvent l'être deux jumelles non siamoises. Parmi ceux qui ont eu affaire à elles, certains suggèrent que la méthode la plus simple et efficace qui s'impose est de les considérer plus comme une seule personne.

(...) Je ne suggère pas un seul instant que ces jumelles sont liées par télépathie, perception extrasensorielle ou autres liens obscurs. Ce que je veux dire est que nous sommes en présence d'une multitude de moyens subtils de communiquer et se coordonner dans la vie de tous les jours (en fait, il s'agit de techniques souvent hautement développées chez les vrais jumeaux). Ces jumelles ont vu, entendu, touché, senti, approfondi pour l'essentiel les mêmes choses tout au long d'une vie qu'elles ont abordée sans aucun doute avec des cerveaux prêts à réagir à ces stimuli pratiquement de la même manière. Aussi ne devrait-il pas y avoir besoin d'énormément de canaux de communication pour les conduire vers une sorte d'harmonie souple. (D'ailleurs, parmi nous, les plus maîtres d'eux-mêmes font-ils preuve d'une telle unité ?)

(...) En tout cas, n'y aurait-il pas là deux soi individuels parfaitement définis, un pour chaque jumelle, qui se ligueraient dans ce curieux trompe-l'œil ? Peut-être, mais il se pourrait également que chacune des femmes soit devenue si désintéressée (comme on dit) dans son dévouement à la cause commune qu'elle se soit plus ou moins oubliée elle-même dans cette histoire ?

Je ne me rappelle pas exactement quand j'ai eu l'idée de ce qui a donné ici le conte fantastique passablement complexe de la Gémellie. J'aime à croire que c'était avant d'avoir lu ce que Dan dit des jumelles Chaplin dans son livre. Mais peu importe l'inspiration de départ. J'ai été ravi de voir que Dan partageait cette idée, mais aussi que ceux qui travaillent sur le comportement humain réel affirmaient avoir observé quelque chose de très semblable à mes spéculations. La Gémellie est donc un peu plus plausible que je ne l'aurais cru.

Une autre curiosité, par extraordinaire, cadre avec ce chapitre. Deux jours après l'avoir achevé, je suis tombé sur un bout de papier qui traînait sur ma table de nuit avec, écrit au crayon de ma main, quatre mots d'allemand : *O du angenehmes Paar* (« O toi, couple aimable »). Cela ne me disait strictement rien mais, de par le style ancien et le ton exalté, je me suis dit qu'il s'agissait probablement de la première ligne d'un air d'une cantate de Bach que j'avais entendu à la radio et apprécié, en jetant sur le papier ce premier vers. J'ai rapidement pu voir sur la Toile que je ne m'étais pas trompé – ce sont les mots qui ouvrent un air de basse de la Cantate BWV 197, *Gott ist unsre Zuversicht* (« Dieu est notre espérance »). Il se trouve qu'il s'agit d'une « cantate de mariage » – censée accompagner la cérémonie.

Voici les mots que la basse chante au couple, d'abord dans l'original allemand, puis dans ma propre traduction en anglais qui respecte à la fois la métrique et la disposition des rimes de l'original :

O du angenehmes Paar,
Dir wird eitel Heil begegnen,
Gott wird dich aus Zion segnen
Und dich leiten immerdar,
O du angenehmes Paar!

*

O thou charming bridal pair,
Providence shall e'er caress thee
And from Zion God shall bless thee
And shall guide thee, e'er and e'er,
O thou charming bridal pair! [1]

N'êtes-vous pas frappé, cher lecteur, par quelque chose de très étrange dans ces vers ? Pour ma part, c'est de plein fouet : bien qu'adressés à un couple, ils utilisent des pronoms *au singulier* – *du, dir* et *dich* en allemand et, dans ma traduction anglaise, les pronoms archaïques « thou » et « thee ». D'un côté, l'emploi de ces pronoms à la seconde personne du singulier paraît curieux et mal à propos mais, de l'autre, ils apportent le sentiment profond que deux âmes vont s'unir par des liens sacrés. Ces vers me suggèrent que la cérémonie du mariage dans laquelle ils sont

---

1. O Toi, couple chéri, / Le salut tu trouveras, / Depuis Sion, Dieu te bénira / Par Lui, tu seras conduit, / O Toi, couple chéri !

prononcés constitue une « fusion des âmes » qui donne naissance à une entité unique possédant une seule « âme plus élevée », comme deux gouttes d'eau coulant l'une vers l'autre se touchent, se fondent en un tout cohérent, montrant une nouvelle fois qu'un plus un font parfois un.

J'ai trouvé des traductions de ces vers en français et en italien et elles utilisent elles aussi le *tu* pour s'adresser au couple ce qui, comme en allemand, me paraît bien plus étrange qu'en anglais puisque *tu* (aussi bien en français qu'en italien) est d'un usage courant aujourd'hui (contrairement à « thou ») et est toujours destiné à s'adresser à une seule personne, jamais *vraiment* à un couple ou un quelconque groupe.

Pour ressentir le même type de choc sémantique en anglais moderne, il faut passer de la deuxième personne à la première et imaginer ce qui viendra à la place du « nous » – à savoir un couple parlant de l'union formée en disant « Je ». Je vais donc agrémenter de façon contrefactuelle la cantate BWV 197 en imaginant un dernier air qui serait chanté à la toute fin de la cérémonie du mariage par le couple uni. Ses premières lignes seraient : *Jetzt bin ich ein strahlendes Paar* – « Je suis désormais un couple radieux » – et les nouveaux époux le chanteraient exactement à l'unisson du début à la fin plutôt qu'avec deux mélodies, comme dans le contrepoint caractéristique chez Bach, ce qui mettrait en évidence leurs identités distinctes. Dans cet air final, « Je » représenterait le couple lui-même et non l'un de ses membres, et l'air serait composé pour *la* nouvelle voix du couple plutôt que pour deux voix indépendantes.

Âmes sœurs et âmes couples

Le but véritable du conte fantastique sur la Gémellie était de faire planer le doute sur un dogme toujours actuel qui pourrait s'exprimer par le slogan : « Un corps, une âme ». (Si vous n'aimez pas le mot âme, vous êtes libre de lui substituer « Je », « personne », « soi » ou « lieu de conscience ».) Bien que cette idée soit rarement explicitée, on la considère comme allant de soi, au point d'être tautologique pour la plupart des gens (à moins de rejeter totalement l'existence des âmes). Mais un peu de tourisme en Gémellie (ou une simple excursion mentale s'il n'y a pas moyen d'organiser la balade), à défaut de renverser ce dogme, ouvre au moins une brèche qui permet de le discuter. J'ai donc fait en sorte que mes lecteurs s'ouvrent à cette notion contre-intuitive qu'une paire de corps puisse éventuellement être le siège d'une seule âme – c'est-à-dire que mes lecteurs puissent s'identifier à une pairsonne comme Karen ou Greg aussi facilement qu'avec R2-D2 ou C-3PO dans *La guerre des étoiles*. Si c'est le cas, le conte de Gémellie aura bien fait son travail.

Une des sources d'inspiration de cette fable a été l'idée qu'un couple marié représente « un individu de plus haut niveau » que deux simples personnes. De quoi m'ébahir en tombant inopinément sur le *O du angenehmes Paar* de ce bout de papier ! Bien des gens mariés acquièrent cette notion naturellement au cours de leur vie commune. J'avais vaguement ressenti quelque chose de ce genre avant mon mariage et je me rappelle comment, dans l'impatience des semaines qui l'ont précédé, j'en ai perçu le thème implicite et émouvant dans le livre intitulé *Married People : Staying Together in the Age of Divorce*, (« Mariage : rester ensemble à l'ère du divorce ») de Francine Klagsbrun. À la fin d'un chapitre sur l'aide psychologique et la thérapie de couple, Klagsbrun écrit par exemple : « Je crois qu'un thérapeute se doit d'être impartial avec ses interlocuteurs, les deux patients du couple marié, mais qu'il n'y a aucun manquement à l'éthique à avoir un préjugé en faveur du troisième patient, le mariage ». J'ai été profondément frappé par cette idée de considérer le mariage lui-même comme un « patient » susceptible d'une thérapie, et je dois dire qu'au fil des ans cette image très juste m'a grandement aidé dans les moments difficiles de ma vie conjugale.

Le lien qui se crée entre les deux partenaires d'un vieux couple est souvent si fort et puissant que la mort de l'un est suivie de très près de celle de l'autre. Quand ce dernier survit, c'est souvent avec le sentiment terrible de s'être fait arracher la moitié de son âme. Durant les jours heureux de la vie conjugale, les deux partenaires ont bien sûr des centres d'intérêt et des façons d'être qui leur sont propres mais, en même temps, ils s'en construisent qui sont communs. Au fil du temps, une nouvelle entité prend forme.

Dans mon propre cas, cette entité était Carol-et-Doug, que nous nous étions un jour amusés à désigner par un seul mot, « Doca » ou « Cado ».

Notre « un-en-deux » a commencé à m'apparaître clairement en plusieurs occasions la première année de notre mariage, à la suite d'un dîner où nous avions reçu quelques amis. Quand ils furent partis, Carol et moi commençâmes à tout nettoyer ensemble. Nous rapportions les plats à la cuisine et restions devant l'évier à laver, rincer, essuyer et passer en revue toute la soirée, à rejouer ensemble mentalement tout le film, à rire de bon cœur au souvenir des bons mots, à savourer une fois de plus la cocasserie de situations imprévues, à jaser sur ceux qui avaient l'air contents et ceux qui semblaient faire la tête – et le plus surprenant dans ce débriefing *post partyum* était que nous étions toujours sur la même longueur d'onde. Quelque chose, *une chose*, prenait vie, faite de nous deux.

Je me rappelle les remarques étranges qu'on nous faisait à l'occasion – c'était après quelques années de vie commune : « Vous vous ressemblez tellement ! ». Ce qui m'étonnait car je voyais en Carol une belle femme apparemment totalement différente de moi. Avec le temps, j'ai commencé à comprendre qu'il y avait *quelque chose dans son regard*, quelque chose dans sa façon de voir le monde qui me renvoyait à mon propre regard, à ma propre vision des choses. J'en ai conclu que la « ressemblance » que nos amis constataient n'avait rien à voir avec l'anatomie de nos visages. Une part de nos âmes paraissait irradier hors de nous en se manifestant abstraitement par les traits de nos expressions. Cela me sautait aux yeux en regardant certaines photos où nous sommes ensemble.

Les enfants sont des gluons

Mais ce qui a créé le lien le plus profond entre nous a sans aucun doute été la naissance de nos deux enfants. Comme simple couple sans enfant, notre fusion n'était pas complète – en fait, comme la plupart des couples, il nous arrivait d'éprouver des sentiments très confus. Mais quand de nouveaux êtres minuscules et vulnérables s'invitèrent dans notre vie, certains de nos vecteurs intimes devinrent parfaitement parallèles. Bon nombre de couples s'affrontent sur la façon d'élever les enfants, mais Carol et moi découvrîmes avec joie que nous étions pratiquement d'accord sur tout à propos des nôtres. À la moindre hésitation, il suffisait d'en parler à l'autre pour voir clair.

Nous voulions joyeusement mener nos enfants sur un chemin sûr et sensé à travers la folie souvent effrayante de ce monde immense. Ce but partagé devint la préoccupation essentielle de notre couple et nous a fondus dans un même moule. Même si nous étions des individus distincts, cette différence paraissait s'être estompée, presque évanouie, dès lors que nous étions devenus parents. D'abord dans ce domaine de la vie, puis peu à peu dans d'autres, nous en arrivâmes à n'être qu'un seul individu doté de deux corps, une seule « pairsonne », un « indivisible dividuel », un seul « duel ». Nous étions Nnous. Nous avions exactement les mêmes sentiments et réactions, les mêmes espoirs et effrois, les mêmes attentes, les mêmes craintes. Ces aspirations et ces rêves n'étaient pas les miens, ou ceux de Carol, en double exemplaire – ils formaient *un seul* ensemble, ils étaient *nos* aspirations et nos rêves.

Je ne voudrais pas paraître mystique, en laissant penser que nos espérances communes flottaient dans quelque Pays imaginaire éthéré en dehors de nos cerveaux. Ce n'est absolument pas ma façon de voir. Bien sûr, nos espoirs ont été physiquement réalisés deux fois, une fois dans chacun de nos cerveaux séparés – mais si l'on regarde les choses à un niveau suffisamment abstrait, ce n'étaient qu'une seule *structure*, mais réalisée dans deux supports physiques distincts.

Personne n'est choqué à l'idée que « le même gène » puisse exister dans deux cellules différentes, dans deux organismes différents. Mais qu'est-ce qu'un gène ? Il ne s'agit pas d'un objet physique véritable : si c'était le cas, il ne pourrait être localisé que dans *une seule* cellule d'*un seul* organisme. Non. Un gène est une *structure* – une séquence particulière de nucléotides (généralement codés par écrit en une séquence de lettres prises parmi « ACGT »). Un gène est donc une abstraction et voilà pourquoi il peut exister « vraiment le même gène » dans différentes cellules, différents organismes, voire des organismes séparés par plusieurs millions d'années.

Personne n'est choqué à l'idée que « le même roman » puisse exister dans deux langues différentes, deux cultures différentes. Mais qu'est-ce qu'un roman ? Il ne s'agit pas d'une séquence de mots spécifiques : si c'était le cas, il ne pourrait être écrit qu'en *une seule* langue, pour *une seule* culture. Non, un roman est une *structure* – un ensemble particulier de personnages, d'événements, d'états d'esprit, de tons, d'allusions et bien plus encore. Un roman est donc une abstraction et voilà pourquoi peut exister « vraiment le même roman » en différentes langues, différentes cultures, même à des siècles d'intervalle.

Personne ne devrait donc être choqué par l'idée que « les mêmes espoirs et les mêmes attentes » soient présents dans les cerveaux de deux personnes différentes, particulièrement quand celles-ci vivent ensemble depuis des années, ont engendré de nouveaux êtres sur qui lesdits espoirs et attentes se sont concentrés. Cela peut paraître romantique, mais c'est ce que j'ai ressenti à l'époque et ressens toujours. Tant de choses partagées, en particulier au sujet de nos enfants, ont aligné nos âmes de façon indéfinissable mais viscérale et, dans certaines dimensions de la vie, nous ont transformés en une seule entité agissant comme un tout, un peu comme un banc de poissons agissant comme une seule entité de haut niveau dotée d'un seul cerveau.

Chapitre 16
Les affres du plus profond mystère

ନ ନ ନ

Un seul aléa, et tout est bouleversé

Décembre 1993, au quart de mon année sabbatique à Trente, en Italie. Carol, mon épouse, meurt soudainement d'une tumeur au cerveau, sans le moindre symptôme prémonitoire. Elle n'a pas 43 ans et nos enfants, Danny et Monica, en ont cinq et deux. Je suis brisé, comme je n'aurais jamais pu imaginer l'être. Une âme éclatante illuminait ces yeux-là, qui s'est éclipsée subrepticement. La lumière s'est éteinte.

Ce qui m'a le plus anéanti ne fut pas ma perte personnelle (« Que vais-je faire maintenant ? Vers qui me tourner ? Auprès de qui me blottir la nuit ? ») – mais ce que Carol avait perdu. Elle me manquait, bien sûr, atrocement, mais le pire, ce que je ne pouvais accepter, était ce dont *elle* serait privée : voir grandir ses enfants, leur personnalité s'épanouir, se réjouir de leurs talents, les consoler, leur lire des histoires le soir, leur chanter des comptines, sourire à leurs blagues enfantines, peindre leurs chambres, marquer leur taille d'un trait de crayon sur les portes des placards, leur apprendre à faire du vélo, les emmener à l'étranger, les familiariser à d'autres langues, leur offrir un petit chien, connaître leurs copains, les voir pratiquer le ski et le skate, regarder ensemble de vieilles vidéos dans notre salle de jeu, et tant de choses encore. Tout cet avenir, qui allait de soi, Carol l'avait perdu. Je ne pouvais m'y habituer.

Bien des mois plus tard, de retour aux États-Unis, j'ai tenté de suivre des séances de thérapie pour époux endeuillés – Healing Hearts, « Guérir les cœurs », je crois que cela s'appelait ainsi – en constatant que la plupart de ceux qui venaient de perdre leur conjoint étaient submergés par leur propre peine, leur propre perte, l'angoisse de ce qu'ils allaient devenir. Certes, cela correspondait au nom de la thérapie – il s'agissait de guérir, d'aller mieux. Mais comment *Carol* allait-elle guérir ?

J'ai vraiment eu l'impression d'un dialogue de sourds, au cours de ces séances. Nous n'avions pas du tout les mêmes préoccupations ! J'étais le seul dont la compagne était morte alors que les enfants étaient en bas âge, ce qui faisait toute la différence. Je ne pouvais me faire à l'idée de tout ce qui lui serait arraché, subtilisé ! Mais j'y pensais tout le temps. Cette injustice m'accablait. Histoire de me réconforter – gardez-moi des bonnes intentions ! – mes amis ne cessaient de répéter : « Ne t'inquiète pas pour elle ! Elle est morte ! Il n'y a plus personne pour qui s'inquiéter ! ». Ce qui me paraissait totalement, profondément inepte.

Un jour que je contemplais une photo de Carol prise deux mois avant sa mort, je scrutais son visage si passionnément que j'ai eu l'impression d'être là, derrière ses yeux. Je me suis surpris à dire, en larmes : « C'est moi ! C'est moi ! ». Ces simples mots ont fait remonter à la surface un flot de pensées antérieures : la fusion de nos âmes en une entité de niveau supérieur au cœur de laquelle se nichaient des espérances identiques pour nos enfants, des espérances non pas distinctes, mais un unique espoir, un même sentiment qui nous définissait tous deux, forgeait entre nous une unité incomparable que j'avais à peine entrevue avant notre mariage et l'arrivée des enfants. Malgré la mort de Carol, sa quintessence n'avait pas du tout disparu mais continuait à vivre farouchement dans mon cerveau.

L'Alouette inconsolable

Dans les mois irréels qui ont suivi la mort brutale de Carol, j'ai été continuellement hanté par le mystère de la disparition de sa conscience – un non-sens à mes yeux – et par le fait indéniable que je ne cessais de penser à elle au présent. J'étais doublement désemparé. Éprouvant le besoin d'éclaircir sur le papier toute la confusion de mes sentiments, mais bien peu sûr de moi, j'ai entrepris fin mars 1994 un échange de courriels transocéanique avec mon ami et collègue Daniel Dennett (il était dans le Massachusetts) : les idées de Dan sur l'esprit et le concept de « Je » m'ont toujours paru être en phase avec les miennes (ce qui explique peut-être pourquoi nous nous sommes si bien entendus lorsqu'en 1981 nous avons édité ensemble un livre intitulé *The Mind's I* [1]). D'autant que Dan avait passé l'essentiel de sa vie professionnelle à réfléchir et écrire sur ce genre de problèmes : il ne s'agissait donc pas exactement d'un choix dû au hasard !

Une fois l'échange amorcé, nous nous sommes envoyé des messages à travers l'Atlantique de façon sporadique durant quelques mois, le dernier venant de moi fin août, juste avant de rentrer aux États-Unis avec les enfants. Ce fut un échange passablement asymétrique : j'occupais en gros quatre-vingt-dix pour cent de la « conversation », faisant de mon mieux pour préciser ces idées insaisissables, parfois inexprimables ; Dan se contentait généralement d'acquiescer ou pas, avec quelques explications succinctes.

En travaillant sur les derniers chapitres de *Je suis une boucle étrange*, j'ai relu tout notre échange, qui couvrait environ 35 pages imprimées. Ce n'était pas une prose grandiose, mais j'ai été frappé par le fait que des passages entiers méritaient de figurer dans le livre sous une forme ou une autre. Mes réflexions avaient évidemment un caractère très personnel, celles d'un mari dans les affres de la disparition inopinée de son épouse. J'ai décidé d'en inclure des extraits ici, non pas à titre de déclarations d'amour posthumes et publiques, en dépit des profonds sentiments que je porte à Carol, mais tout simplement parce qu'il s'agissait de préoccupations sincères portant précisément sur le sujet de cet ouvrage. Rien de ce que j'ai pu rédiger sur l'âme et la conscience humaines ne vient autant du fond du cœur que ce que j'ai pu écrire à

---

1. Traduit en français par Jacqueline Henry sous le titre *Vues de l'esprit : fantaisies et réflexions sur l'être et l'âme* – maintenant épuisé. InterEditions, Paris, 1987. (N.d.T.)

Dan. J'aime à croire que j'ai plus de clarté sur ces sujets aujourd'hui, mais aucun de mes textes actuels, probablement, n'arrive à faire ressentir autant ce sentiment d'urgence que ce que j'écrivis en ces jours d'angoisse et de désarroi.

Ces courriels tourmentés ont un style très différent du reste de ce livre. Ils ont de plus été écrits à une autre époque. C'est pourquoi j'ai pensé qu'il fallait leur consacrer un chapitre à part – celui-ci. À cet effet, j'ai réduit de trois quarts les 35 pages initiales – souvent embrouillées, redondantes et imprécises et comprenant ici et là des passages sur des sujets accessoires, voire hors de propos. J'ai également réordonné certains passages et me suis autorisé de légères modifications dans ce que j'ai conservé pour rendre l'enchaînement plus logique. Ce que vous lirez ici n'est donc pas une transcription brute (ce qui serait trop brouillon) de mon volet de la conversation, mais un condensé fidèle des sujets les plus importants.

Il s'agissait d'un dialogue. Mais j'ai écarté la voix de Dan de ce chapitre car, ainsi que je l'ai dit plus haut, il a surtout joué le rôle du confident calme et apaisant face à la flamme de mes investigations passionnées. Il n'a pas tenté d'introduire quelque nouvelle théorie. Il m'a juste écouté, en ami. Toutefois, en avril 1994, Dan s'est fait poète en évoquant ce que je traversais en ces jours et je crois que ses mots, que je cite ci-dessous, constituent un excellent prélude à ce chapitre. Tout ce qui vient ensuite est de ma main, tiré (sous une forme très légèrement remaniée) de mes réflexions par courriels entre mars et août 1994.

> Dans le Maine, proche de l'endroit où je navigue, il est un vieux voilier de course. J'aime le regarder sur la ligne de départ parce qu'il est peut-être le plus beau voilier que j'aie jamais vu. Son nom est L'Alouette inconsolable, ce qui est aussi très beau. Tu es aujourd'hui à bord d'une alouette inconsolable et, pour l'heure, c'est très bien ainsi. Tes réflexions sont celles de qui a fait la rencontre, et prit la mesure, du pouvoir de la vie sur notre belle Terre. Tu t'en retourneras, plus serein, frais, dispos – mais guérir demandera du temps. Nous serons tous là, sur le rivage, à t'attendre quand tu nous reviendras. [1]

* * *

« Carol » : ce nom représente pour moi, bien plus qu'un corps aujourd'hui disparu, une vaste *structure*, un style, un ensemble de concepts incluant souvenirs, espoirs, rêves, croyances, passions, engouements musicaux, sens de l'humour, doute, générosité, compassion, et ainsi de suite. Ce sont là choses objectives qui, dans une certaine mesure, peuvent être partagées et instanciées de multiples façons, un peu à la façon d'un logiciel sur une disquette. Ma manie de tout coucher par écrit, les nombreuses vidéos où elle figure et tous les souvenirs collectifs que nous avons d'elle font que ces aspects structurels subsistent, quoique de façon morcelée, éparpillée – dans des bandes vidéos, les cerveaux des amis et parents, divers blocs-notes, etc. En tout cas, il existe une structure éparse de *Carolitude* parfaitement discernable dans le monde physique. En ce sens, la Carolitude est toujours là.

Je veux dire par là que même ceux qui n'ont jamais connu Carol peuvent ressentir ce que cela signifiait d'être près d'elle, autour d'elle, avec elle – ils peuvent jouir de sa vivacité, de son sourire, l'entendre parler et rire, connaître ses frasques de jeunesse, savoir comment nous nous sommes rencontrés, la contempler en train de jouer avec les enfants, etc.

Je me demande néanmoins jusqu'à quel point une part de la *conscience* de Carol, de sa *vie intérieure,* persiste sur Terre grâce aux souvenirs qu'elle laisse – dans mon esprit, mes notes, les pensées des autres. Je crois fermement au fait que la conscience n'est pas centralisée mais répartie. J'ai donc tendance à penser que même si elle réside en priorité dans un cerveau bien précis, la conscience est aussi présente dans d'autres

---

1. "There is an old racing sailboat in Maine, near where I sail, and I love to see it on the starting line with me, for it is perhaps the most beautiful sailboat I have ever seen; its name is "Desperate Lark", which I also think is beautiful. You are now embarked on a desperate lark, which is just what you should be doing right now. And your reflections are the reflections of a person who has encountered, and taken a measure of, the power of life on our sweet Earth. You'll return, restored to balance, refreshed, but it takes time to heal. We'll all be here on the shore when you come back, waiting for you."

cerveaux et que, une fois le cerveau principal détruit, de petits fragments de l'individu vivant subsistent – c'est-à-dire sont toujours *vivants*.

Je fais également mienne la thèse selon laquelle la mémoire externe est une part tout à fait réelle de notre mémoire personnelle. Je pense donc que des éclats infimes de la conscience de Carol se retrouvent y compris sur les bouts de papier sur lesquels j'ai noté au vol ses meilleurs *bons mots** et que, dans une plus large mesure (même si cela reste très ténu), des fragments d'elle se trouvent couchés sur les feuilles des blocs-notes où, en ces derniers mois de deuil, j'ai consigné nombre de nos expériences communes. Bien sûr, ces expériences étaient déjà encodées dans mon propre cerveau, mais leur externalisation permettra un jour à d'autres personnes qui la connaissaient de les partager. D'une certaine façon, minime, elle en sera « ressuscitée ». Ainsi, même une représentation figée sur le papier peut contenir des bribes de la Carol « vivante », des bribes de sa conscience.

* * *

Tout cela me rappelle une conversation avec ma mère quelques semaines après la mort de mon père. Elle disait s'être surprise, en contemplant une précieuse photo où il souriait, à « lui » sourire en retour. « Sourire à cette photo n'a aucun sens, ce n'est pas *lui* – ce n'est qu'un bout de papier qui ne représente rien », s'était-elle reproché. Elle s'en voulait et s'était sentie encore plus désespérée de l'avoir perdu. J'ai réfléchi un moment à sa remarque désemparée, puis, tout en comprenant ce qu'elle voulait dire, la situation m'a paru bien plus compliquée.

C'est vrai, superficiellement, cette photo n'est qu'un bout de papier inerte, sans vie mais, *d'une certaine façon*, elle atteint ma mère, elle la touche. Cela m'a rappelé l'ensemble de feuilles de papier sans vie et sans âme des partitions des œuvres complètes pour piano de Frédéric Chopin. Ces simples feuilles de papier produisent un effet prodigieux partout dans le monde. Il doit en être de même de la photo de mon père. Elle ébranle profondément *mon* âme, celle de ma sœur Laura et de bien d'autres. Pour nous, cette photo n'est pas seulement un objet coloré doté d'une masse, d'une taille et autres caractéristiques physiques. C'est une *structure* imprégnée d'un fantastique pouvoir d'activation.

Bien entendu, outre la photo de quelqu'un ou les œuvres complètes d'un autre, il existe une foule d'autres cas de structures complexes qui contiennent des éclats d'âme – imagine, par exemple, des heures d'enregistrement vidéo de Bach à l'orgue ou parlant de sa musique, de James Clerk Maxwell s'exprimant sur la physique en relatant l'instant où il découvrit que la lumière pouvait être considérée comme une onde électromagnétique, de Pouchkine récitant ses propres vers, de Galilée commentant sa découverte des lunes de Jupiter ou de Jane Austen expliquant la façon dont elle imaginait ses personnages et leurs intrigues…

Mais quelle est la « masse critique » d'une vaste structure – qu'il s'agisse d'un ensemble d'enregistrements vidéos ou d'un journal intime (comme celui d'Anne Franck) – à partir de laquelle nous possédons un pourcentage significatif de quelqu'un, de son moi, de son âme, de son « Je », de sa conscience, de sa vie intérieure ? Si tu conviens, Dan, qu'un pourcentage significatif de ladite personne existe à un *certain* point de ce spectre, pourvu qu'on dispose d'une structure suffisamment grande, tu dois à mon avis également convenir qu'une structure bien plus petite, comme une photo ou mon cher recueil des « bons mots » de Carol, fournit déjà une fraction, peut-être microscopique mais non nulle, de la personne véritable – une « vue de l'intérieur » – et pas seulement de ce que cela représentait d'être *avec* elle.

* * *

C'était le troisième anniversaire de Monica – un événement à la fois joyeux et triste pour des raisons évidentes. J'ai emmené les enfants avec quelques amis dans une pizzeria à Cognola, un village à flanc de coteau juste au-dessus de Trente, où nous avions une vue magnifique sur les hautes montagnes environnantes. Petite Monica était installée sur son rehausseur juste en face de moi. L'émotion était si forte, Carol aurait tant aimé être là que j'ai voulu regarder Monica « à sa place ». Bien sûr, je me suis aussitôt demandé ce que j'étais en train de faire, quelle idée avait bien pu me passer par la tête.

Cette idée de « regarder Monica à la place de Carol » m'a renvoyé au souvenir vivace de Doug-l'Ancien et Carol-l'Ancienne (ou, si tu préfères, du jeune Doug et de la jeune Carol), assis à la terrasse du Wok, un de nos restaurants chinois favoris de Bloomington, à l'été 1983, quand nous étions captivés par une adorable petite fille brune de deux ou trois ans en robe de velours côtelé bleu marine, qui nous tournait autour. Nous n'étions pas encore mariés et n'y songions même pas, mais il nous était souvent arrivé de parler avec beaucoup d'émotion des enfants et nous aspirions tous deux à être les parents d'une telle petite fille. C'était manifestement un désir partagé, même s'il n'était qu'implicite.

Et voilà que, onze ans après, notre fille Monica est là : puis-je, en fin de compte, ressentir à la place de Doug-l'Ancien cette joie dont il rêvait en 1983 ? Puis-je, en ce jour de 1994, regarder sa fille Monica « à la place de Doug-l'Ancien » ? (Ou devrais-je dire « regarder *ma* fille à sa place » ? Ou les deux ?) Si je peux légitimement affirmer être capable de le faire pour Doug-l'Ancien, pourquoi pas pour Carol-l'Ancienne ? Après tout, ce désir d'avoir une fille ensemble en ce lointain été était profondément partagé, c'était *exactement le même désir*, brûlant du même feu dans nos âmes. D'où la question : puis-je ressentir cette joie à la place de Carol-l'Ancienne, puis-je maintenant regarder Monica à sa place ?

Ce qui paraît ici essentiel est la profondeur de l'interpénétration des âmes – le sentiment de buts partagés qui conduit à une identité partagée. C'est ainsi, par exemple, que Carol a toujours voulu très très fort que Monica et Danny deviennent en grandissant les meilleurs amis du monde et le restent une fois adultes. Cette aspiration existe toujours, elle persiste de façon très forte en moi (en fait, nous avons toujours partagé ce souhait, et j'ai fait de mon mieux pour le faire aboutir, même avant sa mort) et exerce aujourd'hui une influence encore plus grande sur moi, précisément à cause de la mort de Carol. Je suis son meilleur représentant en ce monde et me sens profondément responsable devant elle.

* * *

La perception personnelle que Carol avait de son « Je » a sa représentation dans mon cerveau, comme ses désirs, ses aspirations, etc., parce que j'étais très proche d'elle, en profonde empathie, capable de ressentir les choses de son point de vue, qu'il s'agisse de souffrances physiques (quand elle se tordait de douleurs une heure après une sigmoïdoscopie, les entrailles retournées par les bulles d'air résiduelles), de ses plus grands plaisirs (un sacrément bon mot de David Moser, un succulent repas indien à Cambridge), de ses espoirs les plus chers, de ses réactions à un film, etc.

Il arrivait en de brefs instants, au cours d'une conversation, ou dans des moments d'intense communion qui se passaient de mots, que *j'étais Carol* tout comme *elle était Doug*. Son « diamant personnel » (pour reprendre l'expression de Stanislas Lem dans sa nouvelle « Non serviam ») a donné naissance à quelque curieuse et grossière copie de lui-même dans mon cerveau, y a créé une spirale gödelienne secondaire (la primaire étant bien sûr ma propre spirale personnelle), spirale gödelienne qui permet à son soi, son diamant personnel, de chevaucher mon substrat, mon *hardware*.

Mais cette spirale secondaire qui vit maintenant dans mon cerveau, ce simili diamant personnel est-il en rien semblable à la spirale *réelle*, la primaire, celle qui vécut un jour dans son cerveau et a désormais disparu ? La conscience de Carol est-elle présente quelque part sur Terre ? Je veux dire, puis-je regarder Monica « à la place de Carol » et, même si c'est à un degré infime, *devenir* Carol regardant Monica ? Ou bien ce diamant personnel a-t-il en fin de compte été totalement et irrévocablement éradiqué ?

* * *

Un individu est une *façon de voir* – non seulement un point de vue *physique* (des yeux regardant le monde à partir d'un endroit précis de l'univers physique) mais, plus important, le point de vue d'une *psyché* : un ensemble d'associations à la gâchette sensible qui s'enracinent dans une énorme banque de souvenirs, laquelle peut se faire progressivement absorber par quelqu'un d'autre au fil du temps. Le processus s'apparente à l'apprentissage progressif d'une langue étrangère.

Au début, on parle de manière « empruntée » – c'est-à-dire qu'on pense dans sa langue natale en substituant les mots suffisamment rapidement pour donner l'impression que l'on pense dans la deuxième langue ; mais quand on progresse dans la connaissance de la seconde langue, de nouvelles habitudes grammaticales se forment et deviennent lentement réflexes en même temps que des milliers d'éléments de vocabulaire, et la seconde langue s'enracine peu à peu, devient plus authentique. On finit par penser et parler couramment dans l'autre langue, ça n'est plus « emprunté », même si l'on garde un accent. Il en va de même quand on commence à voir le monde à travers l'âme d'un autre.

Mes parents, par exemple, avaient intériorisé leur approche psychologique l'un de l'autre très profondément en près de cinquante ans de vie conjugale et chacun « parlait couramment » l'autre. Quand ma mère « parlait » mon père, peut-être le faisait-elle avec un accent, et *vice versa*, mais le fait d'être l'autre était pour eux très certainement authentique et pas du tout « emprunté ».

Comme pour mes parents, il y avait un certain degré d'authenticité quand *j'étais Carol*, et *vice versa*. Cela m'a pris des années pour apprendre à « être » Carol, et je n'ai sans doute jamais atteint le niveau d'un « locuteur natif ». Mais je crois pouvoir dire que, dans les moments où nous étions les plus proches, je « parlais couramment » ma femme. J'ai tant connu de ses souvenirs, au cours de notre vie commune et avant même que je la connaisse ; j'ai rencontré tant de gens qui ont contribué à la former ; nous avons aimé tant de morceaux de musique identiques, de films, de livres, d'amis, de plaisanteries ; j'ai tellement partagé ses désirs et aspirations les plus intimes… Aussi sa façon de voir, sa vie intérieure, son *soi*, instanciés à l'origine dans un seul cerveau, ont fini par l'être une seconde fois, même si c'était de façon moins complète et moins complexe que dans l'original. (En fait, bien avant qu'elle ne me rencontre, son point de vue avait déjà créé d'autres instanciations : il avait été intériorisé à divers degrés de fidélité par ses frères et sœurs, par ses parents.) Inutile de dire que la façon de voir de Carol avait pris corps *le plus* solidement, et de loin, dans son propre cerveau.

LES AFFRES DU PLUS PROFOND MYSTÈRE

Ces considérations sur le fait « d'être » quelqu'un d'autre me rappellent une soirée de Noël au département de linguistique, à la fin des années 1970, quand un de nos vieux amis, Tom Ernst, s'était livré à une merveilleuse imitation des manies de son professeur John Goldsmith (un ami lui aussi). J'étais médusé de voir Tom revêtir successivement toutes les manières de John – en faisant apparaître et disparaître autant de simulacres de John.

* * *

Chez un individu, il y a des aspects superficiels et d'autres plus profonds et ce sont ces derniers qui imprègnent les premiers d'une signification authentique. Mais peut-être tout cela est-il quelque peu sibyllin. Voilà ce que je veux dire : si je crois vraie une affirmation X (par exemple « Chopin est un grand compositeur ») et qu'un autre la croit vraie également, nos sentiments profonds à propos de X, malgré notre accord apparent, peuvent être extrêmement différents même si, en surface, au niveau verbal, nous sommes censés penser « la même chose ». D'un autre côté, si nos âmes se ressemblent énormément, les deux façons de croire en X seront en fait très semblables et nos sentiments intuitifs seront en résonance. La communication (au moins sur ce sujet) sera facile.

Voilà le genre de choses qui compte réellement dans la compréhension mutuelle de deux personnes : réagir de la même façon à la musique (avoir les mêmes goûts, mais aussi les mêmes aversions), aux gens (là encore, mêmes attirances, mêmes antipathies), posséder au même degré empathie, honnêteté, patience, sentimentalité, audace, ambition, esprit de compétition, etc. Ces piliers de la personnalité, du caractère, du tempérament sont décisifs pour la compréhension mutuelle.

Considère, par exemple, le sentiment cruel de se trouver toujours inférieur aux autres. Certains connaissent cela intimement tandis que d'autres n'en ont aucune idée. Celui qui détient de grandes réserves de confiance en soi ne ressentira *jamais* la paralysie qu'entraîne le manque d'assurance – il ne sait tout simplement pas ce que c'est. Ce sont *ces* facettes les plus intimes d'une âme (par opposition à ces choses relativement objectives et transmissibles que sont les voyages, les lectures, les recettes de cuisine, la connaissance des événements historiques, etc.) qui font l'unicité d'une âme.

Ce qui m'intéresse est de savoir si les aspects les plus profonds d'une personnalité, ceux qui font naître le soi, le « Je », sont transmissibles à autrui, assimilables par autrui (j'entends le cerveau d'un autre). L'autre n'a pas à changer sa propre personnalité, ses propres opinions pour cela ; il s'agit plutôt d'un alter ego, d'un costume, d'un personnage, d'un rôle dont on peut se vêtir à l'occasion (l'image qui me vient est celle de Tom Ernst qui se joue du personnage de John Goldsmith, mais bien sûr en un sens bien plus profond), une sorte de « second point de vue » à partir duquel on peut contempler le monde.

Mais la question essentielle n'est pas tant de savoir jusqu'à quel point on peut s'imprégner d'une autre personne, mais s'il est possible de s'en imprégner *suffisamment* pour qu'on puisse, quand le cerveau initial a péri, ressentir que cette *personne* n'a pas totalement disparu de la surface de la Terre parce qu'elle (ou au moins une fraction significative) est toujours instanciée dans votre cerveau, parce qu'elle continue à vivre dans une « deuxième demeure neuronale » ?

* * *

À mon avis, pour aborder la question de front, il faut vraiment se concentrer sur ce que j'ai appelé la « spirale gödelienne du soi ». La question essentielle devient : quand les *pointeurs* du « soi » – les structures qui, à travers le verrouillage et l'autostabilisation de toute une vie, font émerger le « Je » – sont dupliqués d'une façon imparfaite, en basse résolution, dans un cerveau secondaire, qu'est-ce qu'ils finissent par indiquer exactement ?

Mon modèle interne de Carol est certainement « mince » et pauvre si on le compare au « self-modèle » original (celui qui était implanté dans son cerveau à elle), mais là n'est pas l'essentiel. Le point crucial est celui-ci : même si mon modèle interne de Carol était prodigieusement riche (disons comme celui que ma mère possédait de mon père, voire même dix fois plus puissant), serait-ce néanmoins une *structure inadéquate* pour faire émerger un « Je » ? Serait-ce autre chose qu'une boucle étrange ?

Désignerait-elle *autre chose qu'elle-même*, et donc lui manquerait-il cette spirale, ce vortex, cette qualité autoréférentielle essentielle qui fait un « Je » ?

Mon hypothèse est la suivante : si le modèle était extrêmement riche et fiable, les assignations de tous les pointeurs qu'il contient seraient effectivement très *fluides* – en d'autres termes, les pointeurs à l'intérieur de mon modèle de Carol seraient capables de glisser, de pointer aussi exactement ses symboles dans *mon* cerveau, que ses « self-symbols » dans *le sien*. Dans ce cas, l'enroulement original, le « Je » original de la structure se serait transporté avec succès dans un autre medium et s'y serait fidèlement reconstruit (même si c'est avec un grain plus grossier).

* * *

Les couches « externes » d'un soi consistent en une foule de pointeurs orientés essentiellement vers les aspects universels et standards du monde (la pluie, une crème glacée, un vol d'hirondelles, etc.) ; ceux des couches « du milieu » s'orientent sur des choses qui nous sont plus proches (les visages et voix de nos parents, la musique que nous aimons, la rue où nous avons grandi, l'animal favori de notre enfance, nos films et livres préférés, et beaucoup d'autres choses profondes). Enfin, le sanctuaire intérieur possède des tonnes de pointeurs enchevêtrés, orientés vers des éléments « indexicaux » (ou « déictiques ») très profonds, comme le sentiment d'insécurité, l'attirance sexuelle, les terreurs ou les amours les plus intenses et bien d'autres choses que je ne puis exprimer. Tout cela est très vague et vise seulement à suggérer une représentation imagée où les couches les plus externes possèdent des flèches pointant pour l'essentiel sur l'extérieur, les couches du milieu un mélange de flèches pointant vers l'intérieur et vers l'extérieur, et le noyau le plus enfoui d'innombrables flèches qui pointent directement vers l'intérieur, sur lui-même. Boucle-Étrange City – voilà ce qu'est le « Je ».

Je présume que c'est cette propriété très égocentrée du noyau qui le rend difficile à implanter ailleurs, qui fait qu'une âme est intimement, presque irrévocablement attachée à un seul corps, un seul cerveau. Les couches extérieures sont relativement simples à transplanter, bien sûr, pauvres qu'elles sont en pointeurs tournés vers l'intérieur ; les couches médianes sont moyennement faciles à transplanter. Quelqu'un d'aussi proche que je l'étais de Carol peut capturer beaucoup de choses provenant des couches externes, pas mal des couches médianes et un tout petit peu du noyau central. Mais pourra-t-on jamais suffisamment intérioriser ce noyau central pour affirmer, même dans un sens très édulcoré : « Elle est toujours parmi nous » ?

* * *

Peut-être suis-je en train d'exagérer les difficultés de transfert. En un certain sens, toutes les boucles-de-soi gödeliennes (c'est-à-dire les boucles étranges faisant émerger un « Je ») sont isomorphes entre elles au niveau le plus grossier donc, en première approximation, ne devraient pas être difficiles à transférer. Ce qui les rend différentes les unes des autres est seulement leur « saveur », faite de souvenirs et, bien sûr, de préférences et dons génétiques, etc. C'est pourquoi, dans la mesure où nous pouvons nous faire caméléons et importer les « épices » provenant de l'histoire de la vie d'autrui (les épices qui imprègnent les boucles-de-soi de *leur* personnalité unique), nous *sommes* capables de voir le monde à travers leurs yeux. Leur point de vue psychique est transférable et modulaire – et non pas piégé en un seul substrat périssable.

Si tout cela est vrai, alors Carol vit encore parce que sa façon de voir vit encore – ou plutôt elle survit *dans la mesure* où son point de vue survit – dans mon cerveau et dans d'autres. C'est pourquoi c'est une très bonne chose de conserver des archives, de mettre par écrit des souvenirs, d'avoir des photos, des enregistrements vidéo, et de le faire avec le maximum de précision : grâce à de telles traces, on peut « posséder » les cerveaux d'autrui, ou « être possédé » par eux. Voilà pourquoi Frédéric Chopin, la personne réelle, vit si bien dans notre monde, même aujourd'hui.

* * *

Le jour où je regarderai les vidéos où Carol figure, mon cœur se brisera parce que je la reverrai, la revivrai, serai à nouveau avec elle. Mon cœur se gonflera d'amour, tout en ayant le sentiment que tout cela n'est qu'imposture, tromperie. Tout cela m'amènera à me demander ce qui se passe dans ma tête.

Il n'y a pas à douter que les structures qui s'éveilleront dans mon cerveau en regardant ces vidéos – les symboles qui y seront déclenchés, réactivés, ressuscités, ramenés à la vie pour la première fois depuis sa mort et qui danseront la gigue en moi – seront aussi puissantes que celles qui s'éveillaient quand elle était là, en personne, exécutant dans le monde réel ce qui n'est plus qu'images sur une bande. La vidéo mettra en branle dans mon cerveau *la même* danse de symboles, exécutée par les *mêmes symboles* qu'à l'époque où Carol se trouvait effectivement devant moi.

Il y a donc un ensemble de structures dans mon cerveau auquel les vidéos, photos et autres bouleversantes archives ont accès – des structures enfouies *en moi,* liées à la Carol vivante, en résonance avec elle, qui la représentaient, qui semblaient *être* exactement Carol. Mais regarder ces vidéos tout en sachant qu'elle n'est plus fera éclater la tromperie tout en me plongeant dans la plus grande confusion parce que je *croirai* la voir, l'avoir ranimée, ramenée à moi, comme je le fais dans mes rêves. Je me demande donc quelle *peut être* la nature de ces structures qui, collectivement, constituent le « symbole Carol » dans mon cerveau ? Ce symbole est grand comment ? Et, plus important que tout : dans quelle mesure ce symbole de Carol à l'intérieur de Doug *est-il* une personne, au lieu de se contenter de la *représenter* ou de la *symboliser* ?

La question suivante devrait être beaucoup plus simple (même si je pense qu'elle ne l'est pas vraiment). Quelle était la nature du « symbole Holden Caulfield » dans le cerveau de J. D. Salinger lorsqu'il écrivait *L'Attrape-cœur* ? Holden Caulfield n'est rien d'autre que cette structure – mais qu'est-ce qu'elle est riche ! Ce symbole ne l'était peut-être pas autant que peut l'être une âme humaine complète, mais Holden Caulfield semble *incroyablement* réel, avec un cœur véritable, un vrai diamant personnel, même en « miniature ». Impossible d'avoir une représentation et un reflet d'une personne à l'intérieur d'une autre plus riches que le symbole Holden Caulfield à l'intérieur du cerveau de Salinger.

***

J'espère que l'ensemble de ces idées te semble cohérent, Dan, même si l'on a du mal à suivre le fil de toutes les petites bribes qui le composent. Tout cela est très difficile à exprimer précisément, d'autant que de violentes émotions interfèrent, lesquelles *aspirent* à orienter les choses d'une certaine façon et induisent des réponses allant dans ce sens. Mais c'est aussi la force de ces désirs qui rend ces questions si prégnantes, si cruciales en les plaçant sur des voies où elles ne se seraient jamais aventurées si la tragédie ne les y avait jetées.

Je dois admettre que j'ai un peu l'impression d'être quelqu'un aux prises avec la réalité de la mécanique quantique à une époque où elle était en plein développement mais avant qu'elle ne soit entièrement et rigoureusement établie – quelqu'un autour de 1918, quelqu'un comme Sommerfeld, qui avait une compréhension profonde de tous les modèles alors en vigueur qu'on appelle « semi-classiques » (l'atome de Bohr et ses nombreuses versions améliorées), mais bien avant que Heisenberg et Shrödinger n'entrent en scène, allant au cœur même de la question et balayant toute confusion. Autour de 1918, une bonne part de la vérité était en passe d'être atteinte, mais même ceux qui étaient aux avant-postes pouvaient facilement tomber dans les modes de pensée purement classiques et sombrer désespérément dans la confusion.

En ces jours, c'est ce que je ressens à propos du soi, de l'âme et de la conscience. J'ai le sentiment de connaître intimement la répartition de la conscience et de l'illusion de l'âme, avec toutefois des trous de mémoire. Il est frustrant de se sentir revenir sans cesse vers un point de vue intuitif et conventionnel sur ces questions tout en sachant pertinemment que mon idée en la matière est radicalement contre-intuitive (« quantique »).

Post-scriptum

Bien après avoir mis la dernière main à ce chapitre (en dehors de ce post-scriptum), je me suis dit que certains lecteurs pourraient être tentés de conclure qu'à la suite de la mort de Carol, son époux profondément déprimé a craqué et cherché à se construire une sorte d'échappatoire intellectuelle sophistiquée lui permettant de nier l'évidence, à savoir que sa femme était morte, avait disparu. Pas la peine d'aller plus loin.

Un tel scepticisme, voire cynisme, est tout à fait naturel et je dois reconnaître que moi-même, en relisant ces considérations tourmentées, n'ai pu m'empêcher de me demander si mes réflexions sur l'âme et la survie, en cette année 1994 et celles qui ont suivi, n'ont pas été inspirées par le déni de la réalité de la mort ou de son irrévocabilité. Mais je me connais assez bien et ne pense pas que ce fût le cas (sans être toujours très sûr de quoi je pourrais être coupable). Ce qui me tracassait plus était que certains lecteurs, qui ne me connaissent pas, puissent mettre mes interrogations au compte des divagations passionnées de quelqu'un ayant adopté un système de croyances capable de lui mettre du baume au cœur.

Je me suis senti rasséréné lorsque, très récemment, j'ai trouvé pas mal de fiches anciennes dans un classeur – avec des noms comme « Identité », « Boucles étranges », « Conscience », etc. – et me suis plongé dans une abondance de textes où de telles idées étaient ébauchées en termes limpides bien avant qu'aucun nuage ne se manifeste à l'horizon. J'ai retrouvé d'innombrables notes manuscrites où je parlais de l'identité vague d'une âme humaine et plusieurs où, en particulier, à propos de Carol et moi, je parlais explicitement de la fusion de nos âmes en une seule entité, ou de « l'âme fusionnelle » de Carol et Danny.

Dans ces textes écrits au vol, j'imaginais souvent des expériences de pensée assez drôles mais tout à fait sérieuses dans lesquelles je trafiquais le taux de transfert potentiel d'informations entre deux cerveaux (supposant même une fois une connexion physique entre mon cerveau et celui d'un zombie – une idée que, personnellement, je trouve délicieuse !). Manifestement, cela fait des décennies que je tourne et retourne dans ma tête de telles idées sur ce que nous sommes et ce qui donne à l'individu son unicité, lesquelles sont arrivées à leur point d'ébullition quand je me suis marié puis ai dû élever des enfants avec quelqu'un dont l'amour qu'elle leur portait était en tout point semblable et inextricablement lié au mien.

J'ai achevé mon livre, maintenant, et ces vieilles fiches ont constitué une riche entrée en matière. Certaines ressortiront peut-être au grand jour, ou jamais, mais au moins ai-je la tranquillité d'esprit de savoir qu'à un moment de grand désarroi je n'ai pas cédé à la facilité de me plier à un système de pensée séduisant, mais suis resté fidèle à des principes anciens, soigneusement élaborés des années auparavant. Le savoir me donne un peu de réconfort.

ॐ ॐ ॐ

Chapitre 17
Nos vies des autres

ॐ ॐ ॐ

Les machines universelles

Quand j'avais une douzaine d'années, on pouvait acheter des kits de construction de circuits électroniques qui permettaient de monter des choses intéressantes : une radio, un circuit qui additionnait deux nombres écrits en binaire, un mécanisme qui pouvait coder ou décoder un message crypté par substitution, un « cerveau » capable de jouer au morpion contre vous et autres gadgets. Chacune de ces machines était *dédiée* à une seule chose. C'est ainsi que nous concevons une « machine » depuis que nous sommes petits. Nous sommes habitués à l'idée qu'un réfrigérateur est une machine dédiée à la conservation au frais, qu'un réveille-matin est fait pour nous… réveiller, etc. Mais, plus récemment, nous avons commencé à utiliser des machines qui vont au-delà de leur fonction initiale.

Prenez, par exemple, un téléphone cellulaire. De nos jours, pour des raisons de concurrence, on ne met pas tant sur le marché les téléphones cellulaires pour leur fonction originelle d'offrir des moyens de communication (ou alors un tout petit peu) que pour leurs mélodies, leurs jeux, la qualité des photos qu'on peut prendre avec et qui sait quoi encore ! Les téléphones cellulaires ont été, mais ne sont plus, des machines dédiées. Pourquoi ? Parce que leur système de circuits a dépassé un certain seuil de complexité, ce qui leur permet d'être « caméléons ». Nous pouvons utiliser leur hardware pour abriter un traitement de textes, un navigateur Web, un troupeau de jeux vidéo, etc. Fondamentalement, c'est là toute la révolution informatique : quand a été dépassé un certain seuil bien défini – que j'appelle le « seuil Gödel-Turing » –, un ordinateur peut simuler *toutes* sortes de machines.

Tel est le sens de l'expression « machine universelle » introduite en 1936 par le mathématicien britannique et pionnier de l'informatique Alan Turing. Aujourd'hui, l'idée de base nous est parfaitement familière, même si la plupart des gens ne connaissent pas le terme technique ou le concept. Nous téléchargeons sur le Web de façon routinière des machines virtuelles qui peuvent transformer nos ordinateurs portables universels en articles momentanément spécialisés permettant de voir un film, d'écouter de la musique, de jouer, de passer des coups de fil à l'international à bas prix et dieu sait quoi d'autre. Par des câbles ou même à travers les airs, des machines de toutes sortes nous parviennent *via* des logiciels, des configurations, et elles affluent et s'installent dans notre quincaillerie informatique. Une seule machine universelle se métamorphose pour fournir de nouvelles fonctionnalités d'un coup de baguette magique ou, plus précisément, d'un double-clic de souris. Je navigue en avant, en arrière, entre mon logiciel de messagerie, mon traitement de textes, mon navigateur Web, mon visionneur de photos et une douzaine d'autres « applications » qui résident dans mon ordinateur. À un instant donné, la plupart de ces machines indépendantes et dédiées sont en sommeil, attendant patiemment (en fait inconsciemment) d'être activées par mon double-clic régalien pour revenir à la vie et faire mes quatre volontés.

Inspiré par le codage de *PM* au sein de lui-même réalisé par Gödel, Alan Turing s'était rendu compte que le seuil critique pour atteindre ce type d'universalité calculatoire correspondait exactement au fait qu'une machine soit suffisamment souple pour lire et interpréter correctement un ensemble de données décrivant sa propre structure. À ce niveau critique, une machine peut, en principe, surveiller explicitement et pas à pas la façon dont elle exécute une tâche particulière. Turing avait découvert qu'une machine possédant un tel degré critique de souplesse peut imiter n'importe quelle autre machine, aussi complexe soit-elle. En d'autres termes, il n'y a rien de *plus* souple qu'une machine universelle. L'universalité n'a de limite que les vôtres !

C'est pourquoi mon Macintosh est capable, pour peu que je lui aie fait ingurgiter le bon logiciel, de se comporter à peu près comme celui de mon fils, un Alienware – plus rapide, et plus cher –, quand il fait tourner un quelconque programme spécifique, et *vice versa*. Seule différence, la vitesse, parce que mon Mac restera toujours, au fond de ses entrailles, un Mac. Il lui faudra par conséquent imiter ce rapide engin extraterrestre en consultant en permanence les tableaux de données qui décrivent explicitement le support matériel (le hardware) de l'Alien, ce qui prend beaucoup de temps. C'est comme si j'essayais de vous faire reproduire ma signature en vous mettant noir sur blanc une longue série d'instructions pour dessiner le moindre de ses minuscules méandres. C'est théoriquement possible, mais serait infiniment plus lent que d'utiliser mon propre *handware* (mon propre périphérique) – ma main !

De l'inattendu dans l'universalité

Il y a un lien étroit entre les machines universelles de ce type et l'universalité dont j'ai déjà parlé (même si je n'ai pas employé le terme) à propos du pouvoir de description des *Principia mathematica*. Bertrand Russel et Alfred North Whitehead ne soupçonnaient pas ce dont Gödel s'est rendu compte : parce que les *Principia* représentaient certaines propriétés des entiers positifs (des faits élémentaires, comme la commutativité, la distributivité, les lois du raisonnement mathématique par induction), ils conduisaient leur système formel *PM* à dépasser un seuil clé qui le rendait universel, c'est-à-dire capable de définir des fonctions de la théorie des nombres qui imitent d'*autres* structures arbitrairement complexes (ce qui rendait en fait le système capable de se retourner pour s'imiter lui-même – permettant le tour de force de Gödel).

Russel et Whitehead ne mesuraient pas la portée de ce qu'ils avaient écrit parce qu'il ne leur était pas venu à l'esprit d'employer *PM* pour « simuler » quoi que ce soit d'autre. Cette idée n'apparaissait pas à l'écran de leur radar (les radars n'apparaissant d'ailleurs sur les écrans de personne à l'époque). On ne considérait les nombres premiers, carrés, sommes de deux carrés, sommes de deux nombres premiers, nombres de Fibonacci, etc. que comme de belles structures mathématiques – sans penser que ces structures numériques, pourtant fabuleusement imbriquées et infiniment fascinantes, puissent être les images isomorphes de quoi que ce soit d'autre, sans même parler d'en être une véritable représentation. Mais après Gödel et Turing, de telles conceptions naïves ont fait long feu.

Pour l'essentiel, les ingénieurs qui ont conçu les premiers calculateurs électroniques étaient aussi inconscients que Russel et Whitehead de la richesse qu'ils avaient involontairement fait naître. Ils pensaient construire des machines d'une étendue très limitée, à des fins purement militaires – calculer les trajectoires de missiles balistiques par exemple, en prenant en compte les vents et la résistance de l'air, ou forcer des codes secrets ennemis d'un genre très précis. Ils envisageaient leurs calculateurs comme spécialisés, comme des machines à usage unique – un peu comme ces boîtes à musique à remontoir dont chacune ne peut jouer qu'un seul air.

Mais la théorie de la calculabilité abstraite de Turing, basée en grande partie sur l'article de Gödel de 1931, finit par se heurter aux réalités concrètes de l'ingénierie et quelques-uns parmi les plus perspicaces (particulièrement Turing lui-même et John von Neumann) ont tiré les conclusions qui s'imposaient et compris que leurs machines, qui intégraient toute la richesse de l'arithmétique dont Gödel avait montré la puissance, étaient de ce fait universelles. D'un seul coup, ces machines devinrent comme ces boîtes à musique capables, elles, de lire un rouleau quelconque de papier à trous et donc de jouer *n'importe quel* air. À partir de là, le passage aux téléphones cellulaires capables d'être plusieurs personnages et non plus un seul comme c'était le cas des bons vieux modèles n'était plus qu'une question de temps. Il leur suffisait de dépasser le seuil de complexité et de taille mémoire qui les limitait à « jouer un seul air », et de pouvoir ainsi faire tout et n'importe quoi.

Les premiers ingénieurs informaticiens voyaient dans leurs ordinateurs des dispositifs de traitement de nombres à grande échelle (*number-crunching* dans le jargon des informaticiens) mais ne s'étaient pas avisés que les nombres pouvaient être des médias universels. De nos jours, nous (et par nous, j'entends notre culture prise comme un tout plus que les spécialistes) ne les voyons pas non plus de cette manière, mais ce défaut de compréhension a une cause entièrement différente – à l'exact opposé. Aujourd'hui, ces nombres sont soigneusement cachés derrière les écrans de nos ordinateurs et nous en oublions complètement leur présence. Nous regardons des matches de football virtuels entre « équipes de rêve » qui se déploient sur nos écrans mais n'existent que dans le processeur (qui ne fait qu'exécuter des instructions arithmétiques, ce pour quoi il a été fait). Les enfants construisent des villes virtuelles habitées par une population qui monte sur des bicyclettes virtuelles, tandis que des feuilles virtuelles tombent des arbres et qu'une fumée monte dans un air virtuel. Les cosmologues créent des galaxies virtuelles, les laissent dériver et regardent ce qui se passe lors d'une collision virtuelle. Les biologistes créent des protéines virtuelles et observent comment elles se replient selon les règles de la chimie virtuelle complexe des sous-chaînes virtuelles qui les composent.

Je pourrais dresser une liste de centaines d'objets peuplant nos écrans d'ordinateurs, mais rares sont ceux d'entre nous à qui il arrive de penser que tout cela ne se produit qu'avec la bénédiction de *l'addition et la multiplication des entiers*, tout en bas, au niveau du *hardware*. Pourtant, *c'est exactement* ce qui se passe ! Après tout, ce n'est pas pour rien qu'en anglais ordinateur se dit *computer*, c'est-à-dire « calculateur »[1] !

---

1. L'origine, en français, du mot « ordinateur » pour désigner la machine devenue aujourd'hui un objet courant remonte au milieu des années 1950. La société IBM-France cherchait un nom pour sa nouvelle machine destinée au traitement de l'information, l'IBM 650 (son premier ordinateur produit en série et commercialisé à près de deux mille exemplaires). Aux États-Unis, ce type de machine était alors appelé « Electronic Data Processing System », ou EDPS. À l'époque, le terme « computer » (calculateur) était réservé à des êtres humains faisant des calculs et ce n'est qu'à la fin des années 1950 qu'on commença à parler de « digital computer ».
IBM-France décida de consulter Jacques Perret, titulaire de la chaire de philologie latine à la Sorbonne, qui fit une réponse dont voici le début. « *Que diriez-vous d'*ordinateur *? C'est un mot correctement formé, qui se trouve même dans le Littré comme adjectif désignant Dieu qui met de l'ordre dans le monde. Un mot de ce genre a l'avantage de donner aisément un verbe,* ordiner, *un nom d'action,* ordination. *L'inconvénient est que* ordination *désigne une cérémonie religieuse ; mais les deux champs de signification (religion et comptabilité) sont si éloignés et la cérémonie d'ordination connue, je crois, de si peu de personnes que l'inconvénient est peut-être mineur. D'ailleurs votre machine serait* ordinateur *(et non ordination) et ce mot est tout à fait sorti de l'usage théologique* (…) » (N.d.T.)

En fait, il ne s'agit que de calcul (*computing*) de sommes et de produits d'entiers exprimés en notations binaires. En ce sens, la vision de 1931 – celle universelle et brillante de Gödel comme celle, écrasante, de Russel, ou celle, vacillante, de Hilbert – est devenue un tel lieu commun dans notre culture de téléchargements, de mises à jour et de gigaoctets que, même si nous baignons dedans, il nous est difficile d'en être un tant soit peu conscients. Pour trouver une trace visible (ou, plutôt, « audible ») de l'idée de départ, il faut aller chercher le mot anglais « computer », calculateur – en français, on a préféré « ordinateur » et, de l'idée originelle, il ne reste rien ! Si penser à tout cela vous barbe, et que vous parlez anglais, le mot « computer » est là pour vous rappeler que, derrière les images en couleur, les jeux attractifs et les recherches éclair sur le Web, il n'y a rien d'autre que de l'arithmétique. C'est quand même drôle !

En réalité, c'est plus ambigu que cela, pour toutes les raisons décrites au chapitre 11. Là où il y a une structure, elle peut être regardée soit pour ce qu'elle est soit comme une représentation de quelque objet isomorphe. Les mots qui s'appliquent à la fugue de Pomponnette pourraient tout aussi bien s'appliquer à celle d'Aurélie, et c'est d'ailleurs le cas. Il n'est pas une interprétation qui soit meilleure que l'autre, même si c'est l'une qui était voulue au départ. De même, une opération sur des entiers écrits en notation binaire (par exemple celle qui fait passer de 0 000 000 011 001 111 à 1 100 111 100 000 000), qu'on peut décrire comme étant la multiplication par 256, peut aussi être décrite comme un décalage à gauche de huit rangs, comme le transfert d'une couleur d'un pixel à son voisin ou encore comme l'effacement d'un caractère alphanumérique dans un fichier. Du moment que chaque façon de voir est une description correcte de ce qui s'est passé, aucune n'est privilégiée. La raison pour laquelle on appelle en anglais les ordinateurs « calculateurs » est donc historique. Ils ont pour origine des machines de calcul arithmétique, et peuvent toujours être décrits comme tels – mais nous nous rendons compte, comme Gödel le fit le premier en 1931, que de tels mécanismes peuvent aussi légitimement être perçus et décrits en des termes qui sont à des années-lumière des raisons qui animaient leurs initiateurs.

Les êtres universels

Les êtres humains sont aussi des machines universelles, d'un genre différent : notre *hardware* (notre matériel) neuronal peut reproduire des structures quelconques, même si l'évolution n'a jamais planifié une telle « universalité dans la représentation ». Nos sens puis nos symboles nous permettent d'intérioriser des phénomènes extérieurs de toute sorte. Si nous observons par exemple des ondes qui se déplacent sur un plan d'eau, nos symboles font écho à leurs formes circulaires, les schématisent et peuvent, beaucoup plus tard, remettre en scène l'essentiel. Je dis « l'essentiel » parce que quelques détails – la plupart en fait – sont perdus ; nous savons très bien que nous ne retenons pas tous les niveaux de ce dont nous sommes témoins, mais seulement ceux que notre machinerie, sous les contraintes de la sélection naturelle, considère comme les plus importants. Il me faut aussi clarifier un point (même si j'espère qu'aucun de mes lecteurs ne serait tombé dans un tel piège) : quand je dis que nos symboles « intériorisent » ou « reproduisent » des configurations externes, je n'entends pas par là qu'en regardant des ondes sur un plan d'eau ou en nous en repassant le film (ou celui de nombreuses scènes du même genre fondues en une seule), il y a au sens propre des images de cercles se déployant sur quelque surface horizontale à l'intérieur de notre cerveau. Je veux dire que sont activées conjointement des structures hôtes qui sont en relation avec les concepts d'eau, de liquide, de plans d'eau, de surface horizontale, de cercle, d'expansion, de choses qui dansent sur l'eau, etc. Il n'est pas question d'avoir un écran de cinéma dans la tête !

L'universalité représentationnelle signifie aussi que nous pouvons importer des idées et des événements sans avoir à en être les témoins directs. Par exemple, comme je l'ai mentionné au chapitre 11, les êtres humains (mais pas la plupart des autres animaux) peuvent facilement traiter le tableau de pixels à deux dimensions d'un écran de télévision et voir dans ces tableaux mouvants une représentation de situations distantes ou fictives évoluant dans le temps.

Alors que nous étions au ski, dans la Sierra Nevada, loin de chez nous, les enfants et moi-même avons pu profiter de la « doggie cam », une webcam habillée en peluche, au chenil de Bloomington où nous avions confié notre golden retriever Ollie. Grâce à Internet, nous nous sommes offert une séance saccadée et silencieuse de quelques dizaines de chiens s'ébattant ici et là dans une aire de jeux clôturée, un peu comme des particules animées d'un mouvement brownien. Bien que chaque chien fût rendu sous une faible résolution, nous avons pu reconnaître à plusieurs reprises notre chien Ollie à des détails subtils comme l'angle de sa queue. Pour une raison ou une autre, nous avons trouvé hilarante cette séance visuelle d'« écoute aux portes ». Nous pouvions la raconter à des amis humains, et je parierais gros que ces quelques lignes ont suffi à évoquer de façon frappante les deux scènes – les chiens au chenil et les humains à la station de sports d'hiver. Mais nous nous sommes rendus compte que nous n'avions aucune chance de jamais pouvoir expliquer à Ollie lui-même que nous l'avions « espionné » à des milliers de kilomètres. Ollie ne le saura jamais et ne pourra jamais le savoir.

Pourquoi ? Parce qu'Ollie est un chien et que le cerveau des chiens n'est pas universel. Ils ne peuvent pas intégrer l'idée de « séquence saccadée et silencieuse de photos », de « webcam fonctionnant vingt-quatre heures sur vingt-quatre », d'« espionnage de chiens jouant au chenil » voire, dans ce cas précis, « à 3 500 kilomètres de distance ». C'est là une différence énorme, fondamentale entre humains et chiens – en fait entre humains et représentants de n'importe quelle autre espèce. C'est ce qui nous met à part, nous rend uniques et, en fin de compte, nous dote de ce nous appelons une « âme ».

Dans le monde du vivant, le seuil magique de l'universalité dans la représentation est franchi sitôt que le répertoire de symboles d'un système devient extensible sans limite évidente. Il l'a été quelque part entre les premiers primates et nous. Les systèmes qui se situent au-dessus de cet équivalent du seuil de Gödel-Turing – appelons-les « êtres » pour faire court – ont la capacité de modéliser en eux les autres êtres qu'ils rencontrent – de bricoler des modèles sommaires d'êtres qui se trouvent brièvement sur leur chemin, de les affiner avec le temps, voire de créer de toutes pièces des êtres imaginaires. (Pour ce qui est des êtres enclins à en inventer d'autres, on parle le plus souvent de « romanciers »…)

Une fois franchi le seuil magique, les êtres universels paraissent dévorés par la soif de goûter l'intériorité d'autres êtres universels. De là nous viennent les films, les feuilletons et les informations télévisés, les blogs, les webcams, les échotiers, les magazines « people » et autres *Weekly World News*. Nous aspirons à entrer dans la tête d'autrui, à « voir le monde » à partir de leur crâne, à nous abreuver de leurs expériences.

Bien que je l'aie décrite avec quelque cynisme, l'universalité représentationnelle et l'appétit insatiable qu'elle engendre pour l'existence par procuration sont tout proches de l'empathie, ce qui est pour moi une qualité incomparable de l'humanité. « Être » un autre, au sens le plus profond, n'est pas simplement voir le monde intellectuellement comme lui, s'ancrer dans les lieux et les époques qui l'ont façonné durant son enfance. Cela va beaucoup plus loin. C'est adopter ses valeurs, faire siens ses désirs, vivre ses espoirs, ressentir ses aspirations, partager ses rêves, frémir de ses craintes, participer à sa vie, plonger dans son âme.

Être visité

Il n'y a pas très longtemps, je me suis éveillé un matin avec la tête palpitante de l'image de mon père. Pendant quelques instants lumineux, mon esprit l'avait croisé en un rêve éclatant, même s'« il » lui avait fallu flotter dans l'atmosphère raréfiée de ma scène cérébrale. J'ai cru néanmoins le voir réapparaître un instant, pour éprouver ensuite la tristesse de son évanouissement. Comment comprendre ces expériences douces-amères familières aux adultes ? Quel est le degré de réalité de ces reconstitutions d'êtres qui nous habitent ? Pourquoi ai-je mis « il » entre guillemets quelques lignes plus haut ? Pourquoi ces précautions, ces faux-fuyants ?

Que se passe-t-il *vraiment* quand nous rêvons de quelqu'un que nous aimons ou pensons à lui autrement que de manière fugace (qu'il soit mort quelques années plus tôt ou à l'autre bout du fil) ? Selon la terminologie de ce livre, il n'y a aucune ambiguïté en la matière. Le symbole de cette personne a été activé dans le crâne, arraché à son état de dormance, aussi efficacement qu'une icône sur laquelle on double-clique. Dès que cela se produit, comme pour un jeu qui s'ouvre à l'écran, le cerveau se met à fonctionner autrement qu'il ne le fait dans un contexte « normal ». Nous autorisons un « être universel venu d'ailleurs » à nous envahir et, jusqu'à un certain point, cet alien prend le contrôle de notre cerveau, entame son petit chambardement personnel et fait mousser dans notre crâne des mots, des idées, des souvenirs et autres associations d'idées qui, en temps ordinaire, n'y sont pas. L'activation du symbole de la personne chérie met en œuvre tout un ensemble de tendances coordonnées propres à son style bien aimé, sa façon caractéristique de se positionner dans le monde et de le regarder. Dès lors, pendant la durée de cette visitation, nous nous surprenons nous-mêmes à faire des astuces qui ne nous sont pas habituelles, à regarder les choses avec une coloration émotionnelle différente, à changer de jugements de valeur, etc.

Mais la question ici essentielle est la suivante : le symbole que nous possédons d'autrui est-il vraiment un « Je » ? Peut-il avoir des expériences personnelles ? Ou est-il sans vie, comme celui que nous possédons pour une bûche, une pierre ou une balançoire ? J'ai choisi ce dernier exemple à dessein. Dès que j'en suggère le concept – peu importe l'aire de jeu, le matériau de son siège, la hauteur de la barre à laquelle elle est suspendue –, on voit la balançoire osciller d'avant en arrière, adopter ce curieux tangage qui lui est propre et qui perd de l'énergie à moins de la relancer, tout en entendant le léger grincement de ses chaînes. Bien qu'il ne vienne à l'idée de personne de dire que la balançoire est vivante, sa représentation mentale exécute manifestement une danse au sein de l'agitation du substrat de votre cerveau. Après tout, c'est la fonction d'un cerveau – être le théâtre de la danse des symboles actifs.

Si vous pensez sérieusement, comme je n'ai cessé de le répéter dans ce livre, que les concepts sont des *symboles actifs dans le cerveau*, et qu'en outre vous êtes convaincu que *les personnes, tout comme les objets, sont représentées dans le cerveau par des symboles* (autrement dit, que chaque personne de notre connaissance se reflète en nous par un concept, très complexe il est vrai), si enfin vous êtes persuadé que le *soi est aussi un concept, seulement plus complexe encore* (à savoir un « Je », un « diamant personnel », une « bille » bien dure), vous devez nécessairement en conclure que *notre cerveau est habité à des degrés divers par d'autres « Je », d'autres âmes*, le degré de chacun dépendant de la fidélité de notre représentation de la personne en question, de notre « résonance » avec elle. J'ai mis la réserve « de notre "résonance" avec elle » car on ne peut simplement se glisser dans n'importe quelle âme, pas plus que dans n'importe quel vieux vêtement : certaines âmes, comme certains costumes, nous « vont mieux » que d'autres.

Atomes crochus et croches pointées

Pour moi, la meilleure illustration de cette idée de « concordance » ou de « résonance » entre les âmes est le goût musical. Je n'oublierai jamais ce qui m'est arrivé, il y a quelque trente ans, quand une amie pianiste me vanta le second concerto pour violon de Béla Bartók et voulut me le faire connaître. C'était un geste de réciprocité pour l'avoir initiée, quelques années plus tôt, à l'un des morceaux les plus vibrants que je connaisse, le troisième concerto pour piano de Prokofiev. Le dernier mouvement l'avait tellement émue que j'en avais déduit que nous étions pour l'essentiel sur la même longueur d'ondes musicales. J'ai donc pris très au sérieux son enthousiasme pour le second concerto pour violon de Bartók. Pour m'appâter, elle m'expliqua que non seulement Bartók utilisait abondamment l'accord qu'elle préférait chez Prokofiev, mais qu'il le faisait *mieux* que ce dernier. Inutile d'en dire plus ! Je me suis empressé d'acheter le disque. Ce soir-là, l'eau à la bouche, j'ai écouté le disque attentivement. À ma grande déconvenue, je suis resté de marbre. C'était incompréhensible. Je l'ai repassé tant et plus. En deux semaines, j'ai dû mettre ce morceau culte une bonne dizaine de fois, si ce n'est plus. Toujours rien, mis à part un passage d'une quinzaine de secondes vers le milieu qui m'a légèrement remué. Vous pouvez appeler cela un angle mort – ou un angle sourd – ou encore, je préférerais, dire simplement que mon âme et celle de Bartók ne résonnent que très faiblement. Je l'ai vérifié de nombreuses fois depuis avec d'autres pièces de Bartók et je peux être certain de ce qui se passe (ou plutôt ne se passe pas) en moi quand j'écoute du Bartók. Même si j'apprécie quelques petites pièces (tirées de chansons folkloriques), la plus grande partie de ce qu'il a composé ne me parle absolument pas. Du coup, j'ai nettement revu à la baisse le sentiment que cette amie et moi partagions les mêmes goûts musicaux, mais notre amitié s'est néanmoins maintenue.

Après avoir écrit le dernier paragraphe, j'ai été curieux de voir si un souvenir de trente ans pouvait se révéler faux, ou si, qui sait, mon âme s'était ouverte à de nouveaux horizons. Je suis allé droit à mon tourne-disques (oui, des vinyles), ai sorti le concerto pour violon de Bartók et l'ai écouté une nouvelle fois attentivement du début à la fin. Toujours rien. Pour moi, ce morceau ne fait que vagabonder sans jamais aller nulle part. J'ai l'impression en l'écoutant d'être un champ magnétique se heurtant à un matériau supraconducteur – impossible de le pénétrer d'un micron ! Au cas où cette métaphore s'avérerait trop ésotérique, disons simplement que je suis arrêté net, juste à la surface. Cela ne me dit rien du tout. C'est une musique écrite dans une langue qui m'est impénétrable. Autant regarder un livre écrit en une écriture inconnue. Vous pouvez dire que cela contient de l'intelligence – peut-être même beaucoup ! –, mais vous n'avez aucune idée de ce qui s'y dit.

Cette anecdote un brin nostalgique symbolise ces milliers d'expériences de la vie que, par manque d'une meilleure expression, nous décrivons en parlant « d'atomes crochus ». Je n'ai tout simplement pas d'atomes crochus avec Bartók. Je respecte son intelligence, sa créativité et son sens élevé de la morale, mais n'ai aucune idée de ce qui faisait battre son cœur. Pas le moindre indice. Je peux en dire autant de milliers de gens – et il y a tous ceux pour lesquels la situation est exactement inverse. Par exemple, aucun morceau de musique ne me parle plus que le premier concerto pour violon de Prokofiev, composé avant celui de Bartók. (En fait, j'ai même vu les deux mentionnés comme étant de la même veine, comme s'ils avaient été taillés d'une même pièce, ce qui m'a plongé dans des abîmes de perplexité. Il y a peut-être quelques traits communs ici ou là, mais ils me font l'effet d'être aussi dissemblables que les univers de Bach et d'Eminem !) Alors que le concerto de Bartók glisse sur moi comme l'eau sur les plumes d'un canard, celui de Prokofiev se répand en moi comme un élixir enivrant. Il m'émeut, s'élève en moi, me met sur des charbons ardents, pousse à fond le volume de la vie.

Je ne vais pas aller plus avant parce que je suis sûr que chaque lecteur a connu ces expériences d'absence ou de présence d'atomes crochus – peut-être même à propos des mêmes concertos pour violon de Bartók et Prokofiev, mais dans l'autre sens. Si c'est le cas, peu importe : le message que j'essaye de faire passer est clair. La musique, à mon sens, donne un accès direct au cœur, ou entre les cœurs – en fait, l'accès le plus direct. Une coïncidence systématique des goûts musicaux, c'est-à-dire des passions et des aversions musicales – quelque chose de très rare – est le signe le plus sûr de l'affinité des âmes que j'aie jamais trouvé. Une telle affinité signifie que les personnes concernées peuvent connaître rapidement l'essence l'une de l'autre et sont particulièrement aptes à vivre l'une dans l'autre.

Les astéroïdes croissent par absorption de météorites

À l'enfance ou l'adolescence, parfois même à l'âge adulte, nous avons tous été des plagiaires. Involontairement, automatiquement nous intégrons à notre répertoire toutes sortes de fragments du comportement d'autrui. J'ai déjà mentionné mon « sourire d'Hopalong Cassidy » au CP, dont je suppose qu'il imprègne toujours vaguement mon sourire « réel », et j'ai le souvenir précis de dizaines d'autres exemples de mimétisme au même âge ou plus tard. Je me souviens avoir admiré, et donc copié, l'écriture découpée et irrégulière d'un de mes amis, le style décontracté et fanfaron d'un camarade de classe, la démarche bravache d'un garçon plus âgé, la façon dont le vendeur français de tickets prononce le mot *américain** dans le film *Around the World in Eighty Days*[1], l'habitude d'un camarade d'université de toujours conclure une conversation téléphonique par le nom de son interlocuteur, etc. Quand je regarde une vidéo où je figure, je suis toujours pris au dépourvu par

---

1. Film américain de Michael Anderson (1956), d'après le roman de Jules Vernes, *Le tour du monde en quatre-vingt jours*, et dont un remake a été tourné en 2003 par Frank Coraci. (N.d.T.)

les expressions qui me sont si familières de ma sœur Laura (c'est *tellement elle*) qui s'inscrivent, l'espace d'un instant, sur *mon* visage. Qui les a empruntées à l'autre, quand, pourquoi ? Je ne le saurai jamais.

J'ai longuement observé mes deux enfants reproduire les expressions favorites et les intonations entêtantes de leurs amis américains. Je peux aussi entendre, dans leur façon de parler italien, l'écho de sonorités et expressions d'amis de la péninsule. À une certaine époque, rien qu'en entendant l'un ou l'autre parler, je pouvais pratiquement débiter la liste des noms de leurs amis à partir des mots et des sonorités employés.

Les petites pièces pour piano que j'ai composées avec une intense émotion, avec ferveur – une ferveur qui était du *moi* tout craché – sont criblées de passages reconnaissables clairement empruntés à Chopin, Bach, Prokofiev, Rachmaninov, Chostakovitch, Scriabine, Ravel, Fauré, Debussy, Poulenc, Mendelssohn, Gershwin, Porter, Rodgers, Kern et facilement une dizaine ou plus d'autres compositeurs dont j'écoutais sans discontinuer la musique ces années-là. Mon style d'écriture porte la marque d'innombrables écrivains qui maniaient les mots d'une façon stupéfiante et que j'espérais pouvoir imiter. Mes idées me viennent de ma mère, de mon père, de mes amis d'enfance, de mes professeurs… Tout ce que j'accomplis est une sorte de remodelage d'emprunts faits à d'autres qui m'ont été proches, réellement ou virtuellement, et ces derniers sont ceux qui ont l'influence la plus profonde.

L'étoffe dont je suis fait est un patchwork de petits morceaux empruntés à l'expérience de milliers de personnages célèbres que je n'ai jamais rencontrés et ne rencontrerai presque certainement jamais, et ne sont donc pour moi que des « personnes virtuelles ». Entre autres : Niels Bohr, Dr Seuss, Carole King, Martin Luther King, Billie Holliday, Mickey Mantle, Mary Martin, Maxine Sullivan, Anouar El-Sadate, Charles Trenet, Robert Kennedy, P. A. M. Dirac, Bill Cosby, Peter Sellers, Henri Cartier-Bresson, Sin-Itiro Tomonaga, Jesse Owens, Groucho Marx, Janet Margolin, Roald Dahl, Françoise Sagan, Sidney Bechet, Shirley MacLaine, Jacques Tati et Charles Shultz.

Tous ces gens, simplement mentionnés, ont eu un impact positif majeur sur ma vie, j'ai été à un moment ou un autre leur contemporain et j'aurais donc pu, au moins en théorie, les rencontrer personnellement. Mais je suis fait aussi des traces d'une foule de personnes que je n'aurais jamais pu rencontrer, avec lesquelles je n'aurais jamais pu avoir d'interaction comme W. C. Fields, Galilée, Harry Houdini, Paul Klee, Clément Marot, John Baskerville, Fats Waller, Anne Franck, Holden Caulfield, Capitaine Nemo, Claude Monnet, Leonhard Euler, Dante Alighieri, Alexandre Pouchkine, Eugène Onéguine, James Clerk Maxwell, monsieur Samuel Pickwick, Charles Babbage, Archimède et Charlie Brown.

Certains de ces personnages sont, évidemment, fictifs ; d'autres se placent entre fiction et réalité, ce qui n'a pas plus de portée vu que, dans mon esprit, ils sont tous de simples êtres *virtuels*. Ce qui compte n'est pas qu'ils soient fictifs ou non, virtuels ou non mais la durée et la profondeur de leur interaction individuelle avec mon intériorité. De ce point de vue, Holden Caulfield est sur le même plan qu'Alexandre Pouchkine et bien plus haut que Dante Alighieri.

Nous sommes tous de curieux collages, de mystérieux petits astéroïdes qui grandissent par accrétion des habitudes, idées, styles, tics, plaisanteries, expressions, airs, espoirs et craintes d'autres personnes, comme s'il s'agissait de météorites entrant en collision avec nous sans crier gare. Ce qui, au départ, n'est que manie artificielle et étrangère s'amalgame lentement, comme cire fond au soleil, à ce qui fait notre soi. Elle finit par devenir une bonne part de *nous-mêmes* comme elle l'a été d'un autre (qui peut au début l'avoir lui-même empruntée à un troisième). Bien que ma métaphore des météorites puisse laisser entendre que nous sommes victimes de bombardements *aléatoires*, je ne cherche pas à faire croire que nous absorbons volontiers n'importe quelle marotte vadrouillant dans notre entourage : nous sommes très sélectifs, n'empruntant la plupart du temps que les traits que nous admirons ou envions. Mais même notre façon de trier est elle-même influencée au fil des ans par le résultat de nos accrétions répétées. Ce qui était en surface s'enterre lentement comme une ruine romaine, s'enfonçant peu à peu au cœur de nous-mêmes tandis que notre environnement s'élargit.

Tout cela suggère que chacun de nous est une recomposition d'éclats d'âmes empruntés à autrui. Bien entendu, tous ceux dont nous sommes débiteurs n'ont pas fourni la même contribution. Ceux que nous aimons et qui nous aiment sont le plus représentés et notre « Je » se compose d'une collusion complexe de toutes leurs influences se faisant écho sur de nombreuses années. Un merveilleux dessin à la plume d'un « pavage déformé », exécuté en 1964 par David Oleson (et reproduit ci-dessous), illustre cette idée non seulement par son graphisme mais aussi par un jeu de mots puisqu'il est intitulé « I at the Center », I au centre, et que « I » est la traduction anglaise de « je ».

On peut voir ici un individu métaphorique au centre dont la forme (la lettre « I ») est le produit des formes de tous ses voisins. De la même manière, leurs formes à eux sont produites par celles de *leurs* voisins, etc. Quand on s'éloigne vers les bords du dessin, les formes changent insensiblement. Quelle merveilleuse métaphore visuelle sur la façon dont nous sommes déterminés par ceux qui nous entourent, tout particulièrement par ceux dont nous sommes le plus proches !

Quelle quantité d'intériorité peut-on importer d'autrui ?

Durant les quelques minutes de contact avec le caissier d'un magasin, il est évident que nous ne pouvons pas nous faire une idée élaborée du feu qui l'anime. Sa représentation en nous est tellement partielle et fugace que nous ne le reconnaîtrions probablement même pas quelques jours plus tard. Il en va de même, à plus forte raison, des centaines de personnes que nous croisons sur les trottoirs encombrés lors de la frénésie des courses de Noël. Tout en sachant que chacune est dotée d'une boucle étrange semblable à la nôtre, les détails qui l'imbibent et la rendent unique nous sont inaccessibles et nous n'en avons strictement aucune représentation. Au lieu de quoi nous n'enregistrons que des aspects superficiels qui n'ont rien à voir avec le feu intérieur de ces individus, avec ce qu'ils sont réellement. Pour la plupart des gens que nous croisons, nous nous forgeons autant d'images de « corridors tronqués ». Nous n'avons pas la moindre idée de la boucle étrange qu'ils recèlent.

Bien des personnages célèbres dont j'ai dressé la liste plus haut ont joué un rôle essentiel dans la construction de mon identité : je ne peux imaginer ce que j'aurais pu être sans l'apport de leurs idées, de leurs actions. Mais il y en a des milliers d'autres qui n'ont laissé en moi que de faibles traces, bonnes ou mauvaises. J'ai conservé de ces personnages secondaires quelques prouesses notoires – une « petite phrase » dans un discours, une équation résolue, une photo prise sur le vif, le dessin d'un caractère d'imprimerie, un coup en flèche au base-ball miraculeusement attrapé au vol, la colère d'une foule, le sauvetage d'un réfugié, un complot, un poème écrit d'un jet, une offre de paix, une esquisse de BD, la chute d'une histoire drôle, un air de chanson.

Les personnages principaux, en revanche, sont représentés dans mon cerveau par des symboles complexes qui se sont répandus bien au-delà de leurs traces visibles. Ils ont distillé en moi comme un parfum de leur vie intérieure, de leur vision du monde. J'ai le sentiment d'avoir pénétré, parfois très profondément, le territoire secret de leur « Je » et, en sens inverse, ils se sont infiltrés dans le mien.

Cependant, malgré les effets merveilleux que nos compositeurs, écrivains ou artistes préférés exercent sur nous, nous avons un rapport plus intime avec les individus que nous connaissons personnellement, côtoyons depuis des années et chérissons. Ce sont ceux dont nous nous préoccupons au point de faire nôtres les objectifs qu'ils se sont fixés. Nous passons un temps non négligeable à supputer la manière de réaliser ces buts (c'est délibérément que j'ai choisi d'écrire « ces buts », laissant ainsi planer le doute sur le fait qu'il s'agit des *leurs* ou des *nôtres*).

Nous vivons à l'intérieur de nos proches, et ils vivent en nous. Pour reprendre la métaphore des deux systèmes de feedback vidéo en interaction, quelqu'un d'intime est représenté par un deuxième couloir infini qui s'ajoute au nôtre. Nous pouvons en sonder toute l'étendue : leur boucle étrange, leur diamant personnel est en nous. Mais, pour reprendre la métaphore, de même que caméra et écrans ont un certain degré de granularité, la représentation en nous de ceux que nous chérissons ne peut être aussi fine que celle que nous avons de nous-mêmes, ou que celle qu'ils ont d'eux-mêmes.

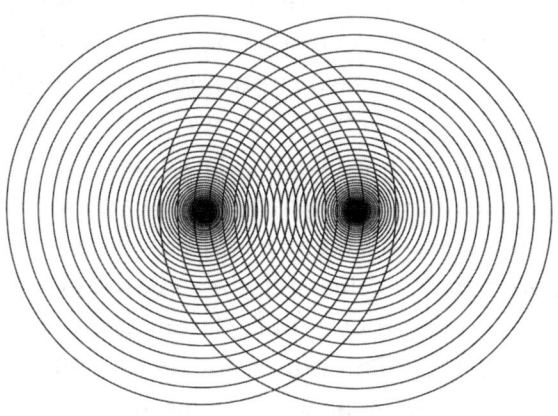

Double-clic sur l'icône de l'âme aimée

Dans les courriels que j'avais envoyés à Dan Dennett en 1994, j'étais inquiet de ce que je ressentirais en regardant pour la première fois depuis sa mort une vidéo où figure Carol. Je me disais que le symbole de Carol serait puissamment activé par les images – plus puissamment qu'à aucun autre moment depuis son décès – et je redoutais l'illusion et la déconvenue qui pourraient suivre. Il me semblerait la voir dans l'escalier mais, en m'approchant, je ne trouverais personne. Bien que je puisse voir son visage lumineux et l'entendre rire, je ne pourrais pas me lever pour la serrer dans mes bras. Regarder ces vidéos intensifierait l'angoisse due à sa mort en donnant *l'impression* de la ramener physiquement sans que ce soit le cas dans le monde réel. Les vidéos n'auraient pas le pouvoir de la faire revenir physiquement.

Mais qu'en est-il de son intériorité ? Quand Carol était en vie, sa présence éveillait systématiquement certains symboles dans mon cerveau. De manière presque évidente, les vidéos les activeraient à nouveau, bien que de façon atténuée. De quelle nature serait la danse ainsi déclenchée dans ma tête ? Que se passerait-il en moi lorsque les enregistrements produiraient immanquablement leur double-clic sur mon icône « Carol » ? La chose étrange et complexe qui s'arracherait des ténèbres du sommeil serait-elle réelle – du moins aussi réelle que le « Je » que je porte en moi ? La question essentielle est donc : jusqu'à quel point cette chose étrange dans mon cerveau est-elle différente du « Je » qui, autrefois, s'épanouissait en Carol ? Est-elle d'une tout autre sorte ou simplement moins sophistiquée ?

Penser avec un autre cerveau

Des nombreuses réactions de Dan Dennett à mes interrogations en ce sinistre printemps 1994, une phrase m'est toujours restée en mémoire : « Il est clair, dans tout ce que tu dis, que Carol pensera encore un certain temps avec ton cerveau ». J'ai dûment apprécié cette expression que Dan, je l'ai découvert ultérieurement, avait adapté librement d'une citation de notre ami commun Marvin Minsky, le pionnier de l'intelligence artificielle – les plagiaires sont décidément partout !

« Elle pensera encore avec ton cerveau. » Cette affirmation de Dennett-Minsky signifiait pour moi ceci : des signaux entrants, en certaines circonstances, suivraient des chemins cérébraux qui conduiraient non pas à *mes* souvenirs mais à ceux de *Carol* (ou plutôt à la copie grossière, de basse résolution que j'en ai). Les visages de nos enfants, la voix de ses parents, de ses frères et sœurs, les pièces de notre maison… seraient traités dans un cadre de référence qui les imbiberait d'un sens « carolien », les enracinerait dans *ses* expériences, les mettrait en relation avec ces dernières (encore une fois, dans le rendu grossier de mon cerveau). La sémantique des signaux m'affectant aurait pris sa source dans sa vie. Dans la mesure où, à travers nos années de vie commune, j'aurais importé, transplanté les expériences qui avaient enraciné Carol sur cette Terre, elle pourrait être capable de réagir au monde, de continuer à vivre en moi. Dans ce cas, et seulement dans ce cas, Carol penserait avec mon cerveau, ressentirait avec mon cœur, vivrait dans mon âme.

Des mosaïques de granularité différente

Puisque tout repose sur les mots « dans la mesure où », ce qui paraît le plus important ici est le *degré de fidélité* dans la restitution de l'original, une idée qui m'a tout de suite fait penser à une métaphore basée sur les portraits en mosaïque de petites pierres colorées. Plus une personne nous connaît intimement, plus fin sera le grain de notre « portrait » dans sa tête. La meilleure résolution est, bien entendu, celle de votre autoportrait – votre mosaïque de vous-même, votre self-symbole, construit tout au long de votre existence. Dans le cas de Carol, son propre self-symbole était de loin le portrait de son essence, de sa lumière intérieure, de son diamant personnel, dont le grain était le plus fin. Mais, assurément, *ma* mosaïque de Carol – la copie grossière de son intériorité qu'il y avait dans ma tête – faisait partie des meilleures résolutions qui suivaient.

Il va sans dire que mon portrait de Carol était d'un grain plus grossier que le sien – comment aurait-il pu en être autrement ? Je n'ai pas grandi dans sa famille, suivi sa scolarité, vécu son enfance ou son adolescence. Cependant, toutes les années passées ensemble, les milliers d'heures de conversation simples ou intimes m'ont permis d'importer un grand nombre de copies de moins bonne résolution des expériences qui ont fondé son identité : des souvenirs de jeunesse – ses parents, ses frères et sœurs, Barney, le colley de son enfance, les « sorties éducatives » à Gettysburg et Washington D.C., les vacances d'été dans une cabane au bord d'un lac au centre de l'Etat du Michigan, son attirance d'adolescente pour les chaussettes de toutes les couleurs, son amour de préadolescente pour la lecture et la musique classique, son sentiment d'être différente et isolée des enfants de son âge – tous ces souvenirs ont imprimé dans mon cerveau des copies d'eux-mêmes, vagues sans doute, mais copies malgré tout. Certains de ses souvenirs étaient si vivants qu'ils sont devenus miens, comme si je les avais vécus. Des sceptiques pourraient rejeter tout cela d'un catégorique « Ce ne sont que pseudo-souvenirs ! », à qui je répondrais : « Quelle différence ? »

Un ami m'a une fois relaté un de ses voyages pittoresques. Il le décrivait d'une façon si détaillée et si vivante que, quelques années plus tard, je croyais y avoir participé moi-même. Pour comble, j'en vins à ne même plus me rappeler que mon ami avait quelque chose à voir avec « mon » voyage ! Un jour que ledit voyage tomba dans la conversation, nous prétendîmes bien entendu tous deux être *celui* qui y avait participé. De quoi rendre perplexe ! Il a fallu que mon ami me montre ses photos et raconte bien plus de détails que je ne le pouvais pour que je rende les armes – mais qui sait combien de fois ce genre de confusion s'est produit dans ma tête sans être corrigé, faisant de pseudo-souvenirs des éléments authentiques de mon image de moi-même ?

Au bout du compte, quelle est la différence entre souvenirs réels, personnels et pseudo-souvenirs ? Elle est très mince. Je me rappelle certains épisodes du roman *L'attrape-cœur* et du film *David and Lisa*[1] comme s'ils m'étaient personnellement arrivés. Ce n'est pas le cas ? Et alors ? Ils sont aussi clairs dans ma tête que si je les avais vécus. On peut en dire autant de tas d'autres scènes décrites par des artistes. Elles font partie de ma bibliothèque d'émotions, sont en sommeil, stockées, attendant qu'un événement se présente et les fasse revivre d'une pichenette,

---

1. *David and Lisa*, film américain tourné en noir et blanc de Franck Perry (1962), d'après une nouvelle de Théodore Isaac Rubin, qui met en scène deux jeunes atteints de troubles mentaux dans un centre de soins.

exactement comme attendent mes souvenirs « authentiques ». Il n'y a aucune distinction fondamentale, absolue entre ce que je me rappelle avoir vécu moi-même et ce qui m'a été rapporté par d'autres. D'ailleurs, le temps passe et les contours des souvenirs (comme des pseudo-souvenirs) s'estompent : la différence devient de plus en plus floue.

Greffe de structures

Même si la plupart des lecteurs sont, pour l'essentiel, d'accord avec ce que je dis, il reste peut-être le plus difficile à comprendre : comment puis-je croire que l'activation d'un symbole dans ma tête, aussi complexe soit-il, peut reproduire ce qu'un autre voit du monde *à la première personne*, reproduire la conscience d'un autre ? Quelle est cette folie qui me conduit à imaginer que le soi *d'un autre* – celui de mon père, de mon épouse – pourrait ressentir quelque chose à travers moi, étant donné que tout vient du *hardware* neuronal à l'intérieur de *ma* tête et que chaque cellule du cerveau de l'autre personne est morte depuis longtemps ?

D'où la question clé, très simple et très crue : le *hardware*, le substrat effectif a-t-il une importance quelconque ? Les cellules *de Carol*, aujourd'hui recyclées dans le vaste écosystème impersonnel de notre planète, étaient-elles les seules à posséder le pouvoir de servir de support à ce que j'appelle « les sentiments de Carol » (un peu comme si les sentiments étaient estampillés d'une marque de fabrique qui les caractériserait) ou *d'autres* cellules, même en moi, pourraient-elles faire le même travail ?

À mon avis, la réponse est sans ambiguïté. Les supports de la conscience ne sont pas les cellules d'un cerveau : ce sont les *structures*. La configuration de l'organisation, voilà ce qui compte, pas la substance. « C'est pas l'bout d'chair qui compte, c'est qu'ça bouge ! » Sinon, il nous faudrait conférer aux molécules *à l'intérieur* de notre cerveau des propriétés qu'elles perdraient *au dehors*. Si je vois par exemple une dernière chips dans un panier, destinée à la poubelle, je devrais penser : « Quelle chance tu as, petite chips ! Si je te mange, toutes tes molécules sans vie, pour peu qu'elles aient la chance d'être transportées par mon système sanguin jusqu'à mon cerveau et de s'y installer, pourront profiter de l'expérience d'être moi ! Voilà pourquoi je dois te dévorer, pour ne pas priver tes molécules inertes de cette chance inouïe d'être humaines ! » J'espère que l'absurdité d'une telle idée est claire pour pratiquement tous mes lecteurs. Mais si ce *ne sont pas* les molécules qui « profitent » d'être les supports de nos sentiments, qu'est-ce alors ? Il ne reste que les *structures*. Et celles-ci peuvent être dupliquées d'un support à un autre, même s'ils sont de nature radicalement différente. Cela s'appelle une « greffe », une « transplantation » ou, pour faire court, une « traduction ».

Le contenu d'un roman peut résister à la transplantation dans une autre langue, même si les lecteurs de la « langue hôte » n'ont pas vécu sur son terreau natal, là où l'on parle la langue d'origine. Ce qui est essentiel est qu'ils ont vécu des expériences du même ordre là où ils vivent. En fait, tous les romans dépendent d'une greffe de cette sorte parce que deux êtres humains, qu'ils parlent la même langue ou non, n'ont jamais grandi sur le même terreau. Sinon, comment pourrions-nous comprendre aujourd'hui un roman de Jane Austen ?

L'âme de Carol peut résister à la transplantation sur le terreau de mon cerveau, même si je n'ai pas grandi dans sa famille et ses demeures. Je connais, jusqu'à un certain point, tous les éléments essentiels de ses jeunes années. Les premières racines qui ont fait grandir son âme vivent et survivent solidement en moi. Le terreau fertile de mon cerveau n'est pas un terreau d'âme identique au sien, mais il en est très proche. Voilà pourquoi je peux « être » Carol, quoiqu'avec un léger accent de Doug, tout comme la merveilleuse traduction, mélodieuse et lyrique, par James Falen d'*Eugène Onéguine* est *tout à fait le roman* en vers de Pouchkine, avec un léger accent américain.[1]

Malheureusement, bien sûr, aucune copie n'est parfaite. Mes reproductions des souvenirs de Carol sont très défectueuses et incomplètes. Elles ne peuvent rivaliser avec la précision des originaux. Malheureuse-

---

1. James E. Falen, professeur de russe à l'université du Tennessee, a publié une traduction anglaise en vers d'*Eugène Onéguine* en 1995 (Oxord World's Classics). Douglas Hofstadter en a aussi publié une traduction en vers chez Basic Books en 1999. (N.d.T.)

ment, Carol est reléguée dans mon crâne dans une infime fraction de la résidence à laquelle elle était habituée. Malheureusement, la mosaïque de mon cerveau représentant l'essence de Carol est bien plus grossière que celle qui résidait dans son cerveau à *elle*. Telle est la triste vérité. On ne peut nier la douleur de la mort. Néanmoins, cette douleur n'est pas aussi absolue et totale qu'il y paraît.

Une éclipse du soleil laisse apparaître la couronne qui entoure l'astre, un cercle flamboyant. Quand un être meurt, il reste derrière lui une couronne flamboyante, une rémanence dans l'âme de ceux dont il était proche. Avec le temps, cette rémanence s'estompe et disparaît, mais cela prend des années. Puis quand les proches s'éteignent à leur tour, toutes les braises sont froides et l'on peut dire : « Tu es poussière, à la poussière tu retourneras ».

Il y a plusieurs années, James Plath, un ami avec lequel je corresponds par courriel, au courant de ces investigations tourmentées, m'a fait parvenir un extrait du roman *Le cœur est un chasseur solitaire*, de Carson McCullers, qui servira de conclusion à ce chapitre.

> Tard, le lendemain, il s'assit pour coudre dans la pièce du haut. Pourquoi ? Pourquoi, quand l'amour est profond, celui qui reste ne met-il pas plus souvent fin à ses jours pour suivre l'être aimé ? Parce qu'il lui faut enterrer le mort ? À cause du rituel minutieux qui doit s'accomplir après chaque décès ? Parce que celui qui reste passe sur le devant de la scène pour un temps, un temps où chaque seconde dure un siècle, quand tous les regards se braquent sur lui ? Parce qu'il doit s'acquitter d'une fonction ? Ou alors peut-être, quand amour il y a, le survivant doit-il rester pour la résurrection de l'autre – afin que celui qui s'en est allé ne meure pas tout à fait mais puisse grandir, après une renaissance, dans l'âme de celui qui vit.

Chapitre 18
L'obscure clarté de l'identité humaine

❧ ❧ ❧

Viens chez moi, j'habite chez des copains

Une de nos certitudes les plus communes peut s'exprimer ainsi : « Un corps, une personne » ou, de manière équivalente, « Un cerveau, une âme ». Je dirai qu'il s'agit de la « métaphore de l'oiseau dans la cage », la cage étant bien sûr le crâne et l'oiseau, l'âme. Cette image évidente adhère si bien à notre façon de nous considérer nous-mêmes qu'il serait vain de l'expliciter. Autant dire « un cercle, un centre » ou « un doigt, un ongle ». Il faudrait avoir une araignée au plafond pour s'interroger à ce sujet. C'est néanmoins précisément l'objet des quelques chapitres qui précèdent !

L'idée que je veux mettre en avant va à l'encontre de la métaphore de l'oiseau dans la cage. Un cerveau humain adulte est une « machine » à représentations universelle et les humains sont des êtres sociaux. Le cerveau n'est donc pas le siège d'*une seule* boucle étrange constituant l'identité de la personne qui lui est prioritairement associée mais de *nombreuses* boucles étranges, reproductions grossières des originales qui logent dans d'autres cerveaux. Ainsi, le cerveau n° 1 contient des boucles étranges 1, 2, 3,…, chacune recélant des détails à un niveau qui lui est propre. Mais cette propriété n'est pas particulière au cerveau n° 1 et a donc sa contrepartie : l'âme de tout être humain adulte habite de nombreux cerveaux, à différents degrés d'exactitude ; par conséquent, toute conscience humaine, tout « Je », vit en même temps, à des degrés divers, dans tout un ensemble de cerveaux.

Chaque « Je » particulier a bien entendu une « résidence principale », un « cerveau privilégié », ce qui signifie qu'il y a une bonne part de vérité dans des lieux communs du style « Mon âme habite mon cerveau ». Mais, aussi sensée soit-elle, cette affirmation omet un aspect apparemment étrange mais essentiel, à savoir que « mon âme demeure, à des degrés moindres, dans des cerveaux autres que le mien ».

Là, il nous faut examiner, même succinctement, la signification d'expressions aussi banales que « mon cerveau » et « cerveaux autres que le mien ». Si j'ai cinq sœurs et que je dis « ma sœur », cela a peut-être un sens mais est pour le moins ambigu. De même, si je possède trois nationalités, dire « ma nationalité » est équivoque. Par analogie, si mon self-symbole existe dans, disons, quinze cerveaux différents (évidemment à quinze niveaux différents d'exactitude), l'ambiguïté réside non seulement dans l'expression « mon cerveau » mais déjà dans « mon » ! Qui est en train de parler ? Cela me rappelle un café, aujourd'hui disparu, dans la Baie de San Francisco, dont l'enseigne m'amusait au plus au point à chaque fois que je passais dans le secteur : « Chez mon frère ». Très bien, mais le frère *de qui* ? Qui parle ? Je n'ai jamais pu trouver la réponse (personne ne le peut, je crois) et j'ai apprécié l'absurdité volontaire de cette enseigne.

L'existence d'un « cerveau privilégié » permet heureusement à une expression comme « mon cerveau » d'avoir un sens premier dépourvu d'ambiguïté même si l'âme qui s'exprime loge au même moment, à un moindre degré, dans quatorze autres cerveaux. En général, l'âme qui s'exprime le fait par l'intermédiaire de son cerveau privilégié (donc de son corps et de sa bouche privilégiés) et tout le monde (lui compris) comprendra très bien.

Il n'est pas très simple d'opposer une métaphore évidente et suggestive à celle de l'oiseau dans la cage. J'en ai essayé plusieurs parlant d'abeilles, de tornades, de fleurs, d'étoiles, d'ambassades. Les images d'un essaim d'abeilles ou d'une nébuleuse expriment clairement l'idée de diffusion, mais il n'y a pas l'équivalent de la cage (ou, au moins, de la tête, du cerveau ou du crâne). (La ruche ne convient pas parce qu'un essaim en train de voler n'est pas dans la ruche.) L'image d'une cellule convective de tornade est séduisante car elle renvoie à des entités tourbillonnantes qui rappellent les boucles de feedback vidéo que nous avons si souvent évoquées et des spirales dispersées dans l'espace. Mais, là encore, il manque un équivalent au « lieu de résidence » et l'idée d'une tornade principale dans une cellule n'est pas évidente. Il y a bien l'image d'une plante essaimant des drageons, surgissant en plusieurs endroits à la fois : une tige primaire et des pousses secondaires, ce qui constitue une bonne part de notre idée. Ou encore un pays possédant des ambassades dans de nombreux autres, ce qui capte un aspect important de ce que je recherche. Mais aucune de ces métaphores ne me satisfait vraiment. Alors, plutôt que de me fixer sur une seule, je vais les évoquer toutes en même temps, en espérant que cela fera émerger les images appropriées dans votre esprit.

Se sentir ailleurs

Ces considérations sur une personne habitant plusieurs corps peuvent paraître s'écarter considérablement du « sens commun » qui nous interdit le don d'ubiquité. Examinons ce postulat du bon sens d'un peu plus près.

Si vous allez dans une salle de cinéma IMAX et vous retrouvez à dévaler un grand-huit, où êtes-vous exactement ? On est tenté de répondre : « Je suis assis dans une salle de cinéma ». Mais d'où vient votre effroi ? Qu'y a-t-il d'effrayant dans une vingtaine de rangées de sièges immobiles, l'odeur de pop-corn ou un écran plat à dix ou quinze mètres de distance ? La réponse est évidente : quand on regarde le film, l'ensemble des informations audiovisuelles qui parviennent au cerveau ne semble pas provenir de l'intérieur de la salle mais d'ailleurs, de très loin, d'un endroit qui n'a rien à voir avec la salle. Et ce sont *ces* informations qui, à votre corps défendant, vous disent où vous êtes. Vous avez l'impression d'avoir été transporté à un endroit où, en fin de compte, votre corps n'est pas, pas plus que votre cerveau.

Bien sûr, regarder un film est quelque chose de très familier et ce phénomène de déplacement virtuel ne nous trouble guère : nous acceptons de mettre entre parenthèses notre sens critique pour pouvoir pénétrer virtuellement, indirectement et temporairement dans un autre monde. Rien de très mystérieux là-dedans. Mais, à mon sens, ce premier hiatus permet d'ouvrir en grand la porte à différentes localisations simultanées d'un soi.

Revenons à l'expérience de la station de sports d'hiver dans la Sierra Nevada californienne où l'on se transportait au chenil de Bloomington par l'intermédiaire de la « doggie cam » et d'Internet. En voyant les chiens jouer dans leur petit espace, ni mes enfants ni moi-même n'avons eu à aucun moment l'impression d'être « dans la peau d'Ollie ». Mais modifions légèrement les paramètres. Supposons, par exemple, que nous ayons considérablement agrandi la largeur de bande des images et que, de plus, la webcam ne soit pas installée sur un support fixe au-dessus de l'aire de jeux mais sur la tête d'Ollie et qu'elle soit munie d'un micro. Supposons enfin que vous disposiez de lunettes spéciales (avec écouteurs) qui, lorsque vous les chaussez, vous retransmettent la scène avec une très grande fidélité audiovisuelle. Du moment que vous pouvez les enlever et les mettre, ces lunettes de téléportation sembleront n'être qu'un jeu. Mais qu'en serait-il si elles restaient fixées sur votre tête plusieurs heures durant et constituaient votre seul moyen d'observer le monde ? Ne croyez-vous pas que vous finiriez par ressentir que vous *êtes* un petit peu Ollie ? Qu'importe que vous soyez dans une lointaine station de ski californienne si vos yeux et vos oreilles ne peuvent rien en voir ni entendre !

Vous pourriez objecter qu'il vous est impossible de vous prendre pour Ollie puisque vous ne contrôlez pas ses mouvements. Ajoutons donc un joystick qui vous permette de déplacer Ollie vers la gauche ou la droite à votre guise (peu importe ici comment tout cela peut fonctionner). Voilà désormais que vous contrôlez de la main les mouvements d'Ollie et ne recevez d'informations audiovisuelles que de la caméra fixée sur sa tête, et cela sans interruption pendant des heures. Un tel scénario est sans doute insolite mais je pense que vous comprendrez aisément que vous n'allez pas tarder à vous sentir plutôt dans le chenil d'Indiana, où vous êtes libre de vos mouvements, que dans quelque station de ski californienne, rivé à votre siège (parce qu'avec vos lunettes vous ne pouvez voir où vous iriez et ne prendriez donc pas le risque de vous aventurer où que ce soit). Nous appellerons « téléprésence » (terme inventé par Pat Gunkel et popularisé par Marvin Minsky autour de 1980) cette sensation d'être loin de votre corps et de votre esprit grâce à la transmission ultra-rapide de données.

Téléprésence et présence réelle

J'ai fait l'expérience la plus impressionnante de téléprésence en réalisant la composition de mon livre *Gödel, Escher, Bach*. Cela se passait à la fin des années 1970, quand aucun écrivain n'exécutait ce type de travail. Mais j'ai eu la chance d'avoir accès à un des deux seuls systèmes de composition typographique informatisée existant dans le monde à l'époque, la coïncidence voulant qu'ils soient tous deux implantés à Stanford. La gageure était que j'exerçais alors comme maître-assistant à l'université d'Indiana dans la lointaine Bloomington, et j'avais cours les mardis et jeudis. Pour multiplier les difficultés, il n'y avait pas Internet et il n'était donc pas possible de faire le travail de saisie depuis l'Indiana. Pour assurer la composition de mon livre, il me fallait travailler sur site à Stanford, mais mon emploi du temps ne me laissait plus que les week-ends, et encore pas tous. À chaque fois que je m'envolais pour Stanford pour le week-end, je me précipitais au Ventura Hall, m'affalais devant un terminal de ce qu'on appelait « la salle de l'Imlac » et me mettais avec acharnement au travail. Il m'est arrivé une fois de travailler quarante heures d'affilée avant de perdre connaissance.

Quel rapport avec la téléprésence ? Eh bien, chaque séance de travail à Stanford était longue, éreintante et j'en ressortais quasiment sous hypnose. Aussi, quand je m'en allais, j'avais toujours à moitié l'impression d'y être encore. Une fois, alors que j'étais de retour à Bloomington, je me rendis compte que j'avais commis une grave erreur dans la composition d'un chapitre. Pris de panique, j'ai téléphoné à mon ami Scott

Kim qui, lui aussi, travaillait jusqu'à pas d'heure dans la salle de l'Imlac et je fus extrêmement soulagé de le trouver. Ca ne dérangeait pas du tout Scott d'aller s'asseoir devant un terminal de l'Imlac, de lancer le bon programme et de travailler sur le bon fichier. Et nous voilà tous deux à l'ouvrage, moi expliquant à Scott l'ensemble du processus long et détaillé, et Scott me lisant ce qu'il voyait à l'écran. Comme je venais de passer des heures là-bas, je voyais avec les yeux de l'esprit tout ce que me disait Scott. Je me souviens combien je me sentais désorienté quand, de temps à autre, je me rappelais que mon corps était toujours à Bloomington alors que je me croyais exactement à Stanford à travailler directement sur le terminal de l'Imlac. Remarquez que cette impression *visuelle* de téléprésence s'était produite seulement à travers la transmission *sonore* d'un téléphone. Tout se passait comme si, bien qu'à Bloomington, mes yeux regardaient un écran de l'Imlac en Californie, grâce aux yeux de Scott et à la précision de ses mots dans le combiné.

Parlez d'une « illusion » si ça vous chante, mais, avant, prenez en compte le caractère primitif de la mise en œuvre aujourd'hui dépassée de cette expérience de téléprésence. De nos jours, chacun peut facilement s'imaginer tripotant les boutons de la technologie pour obtenir un réglage beaucoup plus fin. Les lointains déplacements d'un robot mobile en Californie peuvent être placés de façon précise et instantanée sous mon contrôle (encore l'idée du joystick) et ses « organes de sens » multimédias me transmettre en retour dans l'Indiana tout ce qu'ils ont perçu. Le résultat est que je peux me trouver plongé dans une expérience virtuelle à des milliers de kilomètres de l'endroit où se trouve mon cerveau, et cela aussi longtemps que je le veux. Ce sont les moments de bascule qui seront le plus troublants, quand j'enlèverai le casque qui me fait me sentir en Californie, transporté à plus de trois mille kilomètres à l'est en une fraction de seconde – ou, à l'inverse, transporté dans l'instant sur la côte ouest sitôt que j'ai remis mon « heaume ».

Comment, en fin de compte, saurais-je que ma présence dans l'Indiana est plus réelle que ma présence en Californie ? Premier indice révélateur, le fait que pour « être à l'ouest » (en Californie !), il faudra me munir d'une sorte de casque, ce qui ne sera pas le cas pour me sentir à Bloomington. Je dispose aussi d'un autre tuyau : si je décide d'avaler quelque chose là-bas, pendant ma balade californienne, ça ne pourra pas se faire à travers mon estomac qui, lui, sera resté dans l'Indiana ! Mais cela pourrait facilement s'arranger : il suffirait de me relier par intraveineuse à une poche dans l'Indiana et faire en sorte qu'elle m'injecte des nutriments à chaque fois que je – là, je parle de mon corps de robot – me débrouille pour attraper quelque « nourriture » en Californie (nul besoin qu'il s'agisse de vraie nourriture dès lors que mes mains de robots, là-bas, activent le pompage nutritionnel ici, dans l'Indiana).

En manipulant ces idées de présence virtuelle « ailleurs », troublantes mais techniquement réalisables, on commence à se rendre compte qu'avec les progrès de la technologie de la téléprésence, les localisations « primaires » le sont de moins en moins. En fait, on peut imaginer le légendaire « cerveau dans la cuve »[1] à Bloomington en train de contrôler à distance un robot ambulant en Californie et persuadé qu'il est lui-même une créature physique complètement à l'ouest, ne croyant pas un seul instant qu'il est un cerveau dans une cuve. (Beaucoup de ces idées ont été explorées par Dan Dennett dans son conte philosophique « Where Am I ? »[2])

Quelle façon de voir est réellement la mienne ?

J'hésite à ajouter trop de scénarios de science-fiction en guise d'illustrations à mes idées, ce qui pourrait donner l'impression que mon point de vue est celui d'un accro de ce genre littéraire, ce qui n'est absolument

---

1. *Brain in the vat*. Il s'agit d'une version contemporaine du « malin génie » de Descartes (dans les *Méditations métaphysiques*). Le philosophe américain Hilary Putman a imaginé, dans le chapitre « Brain in a vat » de son ouvrage *Reason, Truth, and History*, publié en 1981 (traduction française de A. Gerschenfeld sous le titre *Raison, vérité et histoire*, Éditions de Minuit, 1984), qu'on vous avait volé, pendant votre sommeil, votre cerveau désormais conservé dans une cuve remplie d'un liquide nutritif et connecté à un ordinateur capable de lui faire parvenir toutes les sensations que transmettraient votre corps. La question étant : comment, au réveil, pouvez-vous savoir que ces lignes ne sont pas lues par « le cerveau dans la cuve » ? (N.d.T.)
2. « Où suis-je ? », publié dans *Vues de l'esprit*, Op. cit.

pas le cas. Je pense cependant que de tels exemples aident souvent à se débarrasser de vieux préjugés. Mais point n'est besoin de parler de caméras fixées sur la tête, de robots télécommandés, de poches de liquides nutritifs en intraveineuse pour nous rappeler que nous nous transportons dans des mondes virtuels de façon routinière. Le fait de lire un roman, tranquillement installé dans un fauteuil devant la fenêtre de son salon, en est l'exemple *par excellence**.

Quand nous lisons un roman de Jane Austen, nous ne voyons que des myriades de taches noires bien rangées en ligne sur un ensemble de rectangles blancs et, pourtant, ce que nous avons le sentiment de « voir » (fallait-il utiliser les guillemets ?), est un manoir de la campagne anglaise, un attelage de chevaux sur un chemin, un couple élégamment vêtu assis à l'arrière échangeant des civilités lorsqu'il aperçoit au bord du chemin une pauvre vieille sortant de son humble demeure. Nous sommes si bien dupés par ce que nous « voyons » que, au sens propre du terme, nous ne remarquons pas la pièce où nous sommes assis, les arbres à travers la fenêtre, pas même les petites taches noires qui parsèment les rectangles blancs que nous tenons dans nos mains (alors même que ce sont elles, quel paradoxe, qui éveillent en nous les images que je viens de décrire). Si vous ne me croyez pas, réfléchissez à ce qui vient de vous arriver au cours des dernières secondes : à partir de taches noires sur des rectangles blancs, vous avez « vu » quelqu'un lisant un roman de Jane Austen assis dans le fauteuil d'un salon et, en plus, un manoir, une route de campagne, un attelage, un couple élégant et une vieille dame… De petits dessins noirs sur fond blanc, disposés de façon adéquate, nous transportent en quelques millisecondes en des lieux et à des époques lointains ou même imaginaires.

Ce sur quoi je veux insister est l'idée que nous *pouvons* être en plusieurs endroits en même temps, à examiner simultanément différents points de vue. Vous venez tout juste de le faire ! Vous êtes assis quelque part en train de lire ce livre et, en même temps, vous étiez dans un salon en train de lire un roman de Jane Austen, tout en vous promenant dans un attelage le long d'une route de campagne. Au moins trois façons de voir ont coexisté dans votre crâne. Lequel de ces observateurs était-il

« réel » ? Lequel était « vraiment vous » ? Est-il besoin de répondre à ces questions ? Est-ce seulement possible ?

Où suis-je ?

Il y a quelques jours, au volant de ma voiture, je suis arrivé au niveau d'une joggeuse qui attendait à un feu rouge. Elle entretenait son mouvement en faisant du surplace et, dès qu'elle a pu, elle a traversé la rue et disparu. Pendant un bref instant, je me suis mis à sa place. Je ne l'avais jamais vue auparavant et ne la reverrai sans doute jamais, Mais je passe souvent par là et ai déjà vécu cette situation à ma manière : même si je ne sais pratiquement rien d'elle, nous partageons le même genre d'expérience. Il est évident que je ne voyais pas à travers ses yeux. Mais basculons une fois de plus dans le monde un peu déjanté de l'extravagance technologique.

Imaginons que chacun de nous porte une minuscule caméra sur l'arête du nez et que nous ayons des lunettes qui puissent se régler pour capter les signaux provenant de n'importe quelle caméra sur terre. S'il y avait moyen de choisir une personne par ses coordonnées GPS (ce qui ne paraît pas trop tiré par les cheveux), je n'aurais plus qu'à régler mes lunettes pour recevoir les signaux provenant de la caméra montée sur le nez de la joggeuse et regarder le monde de son point de vue. Alors que j'étais assis dans ma voiture et qu'au changement de feu elle a disparu comme une flèche, j'aurais pu la suivre et voir où elle allait, entendre les oiseaux pépier pendant qu'elle parcourait une allée boisée, etc. Depuis n'importe quel endroit, je pourrais changer de canal et partir voir le monde à travers la caméra nasale de ma fille Monica ou de mon fils Danny, ou de qui me plairait. Alors, où suis-je ? « Toujours là où tu es ! », susurre le sens commun. Mais c'est trop simpliste, trop ambigu.

Qu'est-ce qui détermine « où je suis » ? Si, une fois de plus, nous reprenons l'idée d'être alimentés par un mécanisme à distance et y ajoutons celle de pouvoir contrôler des mouvements à distance grâce à un joystick, voire certains événements mentaux, tout bascule dans l'incertitude. Bien sûr, un robot mobile ne se trouve pas au même endroit que l'ordinateur qui le contrôle et auquel il est connecté par radio. Un robot peut baguenauder sur la Lune pendant que le système informatique qui le guide se trouve dans quelque laboratoire sur Terre. Ou un véhicule autoconduit comme Stanley peut traverser le désert du Nevada avec son ordinateur de contrôle embarqué (... ou non – celui-ci pourrait très bien se trouver dans un labo de Californie, connecté par radio. D'ailleurs, devrions-nous seulement nous intéresser à la localisation de l'ordinateur ? Pour quoi faire ?).

Nous pensons qu'un robot est là où se trouve son *corps*. Aussi, quand mon cerveau peut (grâce aux lunettes sophistiquées décrites plus haut) se connecter à cent corps différents et passer à volonté de l'un à l'autre – ou, pis encore, en habiter plusieurs en même temps en recevant différentes sortes d'informations de chacun (visuelles de l'un, auditives de l'autre, tactiles d'un troisième) – le *où suis-je* devient très difficile à définir.

Différentes façons d'être un autre

Mais abandonnons les scénarios de science-fiction et intéressons-nous une fois de plus à la vie de tous les jours. Je suis assis dans un avion qui s'apprête à atterrir et capte des bribes de conversation au hasard autour de moi – le zoo d'Indianapolis est formidable, un nouveau « delicatessen » s'est ouvert à Broad Ripple[1], etc. Chaque fragment m'apporte une touche du monde d'un autre, comme un parfum ténu de sa façon de voir. Quand bien même la résonance est très faible avec cette dernière, je suis entré sur la pointe des pieds dans un univers « privé ». Une telle incursion, banale chez les humains, est de loin plus profonde que ne l'a jamais été l'incursion d'un chien dans l'univers d'un autre chien.

Si j'ai des milliers d'heures de conversation avec quelqu'un sur toute sorte de sujets, y compris nos sentiments les plus intimes avec force

---

1. Quartier « branché » d'Indianapolis, connu pour ses galeries d'art, ses restaurants, son université. « Delicatessen », souvent abrégé en « deli » : épicerie fine, où l'on peut se restaurer rapidement. Les « deli » sont connus pour leurs plats (sandwichs, mais pas seulement) inspirés de la cuisine d'Europe centrale et sont une véritable institution aux États-Unis, particulièrement à New-York. (N.d.T.)

confessions personnelles, l'interpénétration de nos univers s'étendra au point que nos façons de voir commenceront à fusionner. Tout comme j'ai pu atterrir en Californie par un échange téléphonique avec Scott Kim dans la salle de l'Imlac, je peux bondir dans le cerveau d'autrui dès lors que, par des mots ou des intonations, il évoque ses aspirations les plus chères ou ses plus grandes terreurs.

À des degrés divers, nous vivons déjà en d'autres humains, sans avoir besoin d'aucune technologie. L'interpénétration des âmes est une conséquence inévitable du pouvoir des machines universelles de représentation que sont nos cerveaux. C'est là le sens véritable du mot « empathie ».

Je peux être autrui, même si ce n'est pas dans une version de « première classe » mais dans une version passablement dégradée en comparaison de sa façon riche et profonde d'être lui-même. J'ai la chance d'avoir toujours la possibilité d'atterrir et redevenir « simplement moi-même » – en tout cas, c'est ce que je pense le plus souvent, mais parfois je m'interroge… – et cela parce qu'il y a un seul moi privilégié hébergé par mon cerveau. Mais s'il abritait plusieurs *soi* puissants se disputant la première place, la cote du mot « Je » serait vraiment en baisse.

Le point de vue naïf suffit le plus souvent

L'image que je viens d'évoquer de plusieurs soi concurrents a pu vous paraître étonnante et, cependant, nous connaissons tous très bien ce genre de conflit interne entre « soi rivaux ». Nous sommes partagés entre l'envie d'acheter ces bonbons et celle de nous restreindre ; entre la volonté de continuer à conduire « encore une trentaine de kilomètres » et le besoin de nous arrêter à la prochaine aire de repos pour faire un petit somme. Nous avons tous eu l'occasion de nous dire « encore un paragraphe et je prépare le dîner » tout en se disant, « je vais d'abord finir ce chapitre ». Laquelle de ces voix intérieures est vraiment *moi* ? En grandissant, nous apprenons à ne plus nous poser ce genre de question, du moins à ne plus chercher à y répondre. Nous acceptons inconsciemment de tels conflits internes comme faisant simplement partie de « la condition humaine ».

Si vous plongez simultanément votre main gauche dans une bassine d'eau chaude et la droite dans une d'eau froide, les y laissez pendant une minute puis les trempez ensemble dans un évier rempli d'eau tiède, vous verrez que vos deux mains – d'ordinaire vos plus sûrs éclaireurs et témoins du monde extérieur – vous enverront des informations complètement contradictoires à propos de quelque chose d'identique. Face à ce paradoxe, vous aurez tendance à hausser les épaules, sourire et vous dire : « Sacrée illusion tactile ! » Vous ne vous direz pas : « Ce partage cognitif à l'intérieur de mon cerveau, c'est le loup dans la bergerie, qui révèle le caractère illusoire d'un seul moi dans la tête. » Et la raison pour laquelle nous rechignons généralement à une telle conclusion est, qu'en pratique, il nous suffit de simplifier toute l'histoire.

Cette situation rappelle un peu celle de la physique newtonienne dont les lois sont extrêmement fiables tant que des corps ne se déplacent pas à des vitesses relatives proches de celle de la lumière, auquel cas les mêmes lois déraillent et fournissent des réponses tout à fait erronées. Il n'y a pourtant aucune raison d'abandonner la physique newtonienne dans la plupart des situations usuelles, y compris le calcul des trajectoires des véhicules spatiaux en direction de la Lune ou d'autres planètes. La vitesse de tels engins, même si elle est considérable par rapport à celle de nos avions, est négligeable comparée à celle de la lumière et rien n'exige que nous renoncions à Newton.

Alors, pourquoi devrions-nous abandonner ce que nous dit le sens commun à propos du nombre d'âmes qui habitent notre cerveau, à savoir *une* seule ? Tout ce que je peux en dire est : oui, la réponse est *très proche* de une mais, à un certain instant critique, on constate de menus écarts par rapport à la première approximation satisfaisante. D'autant que nous sommes confrontés à de telles déviations tous les jours – nous avons simplement tendance à les interpréter comme des illusions insignifiantes, ou alors nous nous contentons de les ignorer. Une telle stratégie fonctionne plutôt bien parce que nous n'approchons jamais de la « vitesse de la lumière », là où l'image naïve de l'oiseau dans la cage se révèle fausse. De façon moins métaphorique, les âmes de plus basse résolution, grossières, qui se chamaillent pour une place dans notre cerveau, ne parviennent jamais à vraiment concurrencer la « Numéro Un » au poste de commande : le dogme naïf de l'oiseau dans la cage, du « Un cerveau, une âme », reste la plupart du temps incontesté.

Où un requin-marteau pense-t-il être ?

Le défi, jeté à la thèse qu'une âme – par exemple la vôtre – s'éparpille en plusieurs cerveaux distincts, est la question toute simple : « D'accord, supposons que je me répartisse, d'une certaine façon, dans de nombreux cerveaux. Mais alors, quel est celui que *je ressens* vraiment ? Je ne peux pas être au même instant ici et ailleurs ! » Dans ce chapitre, j'ai pourtant essayé de montrer qu'on *peut* être à deux endroits à la fois, sans que personne n'y ait trouvé à redire. On peut être à Stanford et à Bloomington simultanément. Ou dans un chalet de montagne au col du Donner et dans l'aire de jeux d'un chenil d'une ville du Midwest. Assis dans le fauteuil moelleux d'un salon en même temps que sur la dure banquette d'un attelage brinquebalant le long d'un chemin de la campagne anglaise du dix-neuvième siècle.

Si ces exemples sont trop tirés par les cheveux, ou trop technologiques, à votre goût, pensez simplement à l'humble requin-marteau. Ce malheureux a les yeux de chaque côté de la tête, chacun ayant devant lui, la plupart du temps, deux scènes sans rapport entre elles. Quelle est celle que ce requin regarde *réellement* ? Où, *réellement*, croit-il être ? Évidemment, personne ne se pose semblables questions. Nous nous contentons d'accepter cette idée que le requin peut, « en quelque sorte », être dans deux univers différents en même temps, essentiellement parce que nous nous disons que la différence entre les deux scènes importe peu, qu'il s'agit de toute façon de zones contiguës de l'environnement sous-marin du requin et qu'il n'y a pas là de véritable problème de localisation. Mais c'est trop facile et on élude ainsi la question.

Pour voir les choses d'une façon plus nette, essayons une variante du requin-marteau. Nous allons postuler une créature dont les yeux reçoivent les informations d'un endroit (par exemple à Bloomington) et les oreilles d'un autre, complètement différent (mettons Stanford). Le cerveau va traiter ces données en même temps. Et ne me dites pas que c'est impossible ! Si c'est ce que vous aviez envie de répondre, alors commencez par vous rappeler ce que vous faites en conduisant, quand vous prenez garde aux autres véhicules, regardez le paysage, les panneaux de signalisation mais aussi publicitaires, tout en parlant avec un ami éloigné sur votre portable (le sujet de la conversation pouvant très bien vous expédier tout à fait ailleurs), pendant qu'un air récemment entendu vous trotte dans la tête, que votre dos vous fait souffrir et que votre estomac vous hurle « j'ai faim ! ». Tous ces univers sont mis en œuvre simultanément et parfaitement – alors, dans le même esprit, rien n'empêche un cerveau humain de s'occuper en même temps des sons venus de Stanford et des images provenant de Bloomington, pas plus que le cerveau du requin-marteau ne proteste en disant « Tout ça ne tient pas debout ! ». L'idée « Je ne peux pas être au même instant ici et ailleurs » a fait long feu. Nous *sommes* simultanément ici et ailleurs, tout le temps, y compris dans la vie quotidienne.

Des vibrations sympathiques

Mais peut-être avez-vous le sentiment que tout ce que je viens de raconter n'a aucun rapport avec la question posée, à savoir dans combien de cerveaux *vous* êtes réellement – que vos sentiments sont les vôtres, ceux de l'autre sont les siens et que les deux sont inconciliables, quelle que soit leur localisation. Revoilà donc l'image de l'oiseau dans la cage dont la vilaine tête réapparaît même après avoir été coupée. Essayons tout de même de nous attaquer encore une fois à cette hydre, mais d'une façon différente.

Si je dis que je suis partiellement dans ma sœur Laura et qu'elle est en partie en moi, il semble néanmoins évident que si ses pas la conduisent à notre échoppe de falafels favorite de San José, je ne suis pas, moi, en train d'en déguster pendant que je trime dans mon bureau de Bloomington, Indiana. Par conséquent, je ne suis pas là-bas mais ici ! Ma conscience est locale et non globale ou dispersée ! Fin de l'histoire !

Mais les choses ne sont pas aussi simples. Je peux entendre parler du falafel de Laura une heure plus tard, par un coup de fil. Quand elle se met à tout me dépeindre de façon vivante (même pas besoin que ce soit vivant : je connais !), je commence à saliver tandis que me revient en mémoire la texture exacte des boulettes croustillantes dans leur délicieuse sauce pimentée. Je connais ces falafels sur le bout des dents ! Ma langue ne caresse pas les boulettes frites, mais quelque chose dans mon cerveau prend un plaisir sensuel que je pourrais appeler, en plagiant l'expression médicale « douleur sympathique », un « plaisir sympathique » – un plaisir en résonance. Quoique de façon atténuée et en retard d'une heure, je partage le plaisir de Laura. D'ailleurs, qu'importe que ce soit dans une plus faible mesure et pas exactement en même temps : même si mon plaisir n'est qu'une copie en basse résolution du sien, décalé dans le temps, cela reste un plaisir, qui plus est en rapport avec Laura et pas moi. Sa satisfaction m'a été puissamment transmise. Ainsi, à distance, en décalage, à un moindre degré, je suis dans la peau de Laura et elle est dans la mienne.

C'est tout ce que je dis : il y a du flou. Ce qui se produit dans le cerveau d'autrui est recopié, quoique grossièrement, dans le cerveau de « Numéro Un ». Plus deux esprits sont émotionnellement proches, plus des tas de choses se dupliquent de l'un vers l'autre – et plus ces copies sont fidèles. Je n'ai jamais prétendu que cette reproduction était instantanée, parfaite ou complète. Je dis simplement que chacun vit *partiellement* dans le cerveau de l'autre et que, si la largeur de bande grandit, ils vivront toujours plus l'un dans l'autre – à la limite, jusqu'à ce que la notion de frontière claire entre eux se dissolve lentement, comme pour les deux moitiés d'une pairsonne de Gémellie (et plus encore pour une pairsonne de la Gémellie siamoise).

Justement, nous ne vivons pas dans un monde par paires comme en Gémellie, ni dans un monde où l'existence de frontières relativement définies entre les âmes est menacée de façon imminente par l'arrivée d'une communication intercérébrale à très grande largeur de bande – un monde où les échanges de signaux feraient rage et se dérouleraient à une telle vitesse que la distinction entre les corps ne permettrait plus de distinguer les individus. Nous n'en sommes pas là et je ne l'imagine pas dans un avenir prévisible (mais je ne suis pas futurologue et je pourrais bien me tromper).

En revanche, je pense que nous expérimentons continuellement la fausseté du mythe des frontières étanches entre les âmes. Mais il est si commode, si communément admis d'associer un corps à une âme bien précise, on a si bien l'habitude de faire correspondre parfaitement le corps à l'âme que nous choisissons de minimiser, ou même d'ignorer les manifestations au quotidien de l'interpénétration des âmes.

Observez à quel point vous pouvez être envahi par les succès ou les échecs d'amis proches, par leurs joies ou leurs souffrances les plus intimes. Si les falafels de ma sœur ont pu m'apporter, par procuration, un vif plaisir, songez seulement combien plus intense sera votre émotion quand un de vos amis, célibataire endurci, connaîtra enfin une belle et prometteuse histoire d'amour, ou quand un de vos amis, acteur manqué, aura enfin sa chance et sera porté aux nues par la critique. Ou, dans l'autre sens, combien vous ressentirez profondément l'injustice du malheur qui frappe brutalement un ami proche. Qu'est-ce là sinon vivre leur vie ?

Mais nous décrivons de tels phénomènes extrêmement familiers en termes plus simples, moins provocants, comme « Il s'identifie à elle », « C'est une femme qui sait tellement se mettre à la place des autres », « Je sais par quoi tu passes », « Je me mets à ta place », « Cela me fait de la peine de la voir dans ce pétrin » ou encore, « Ne m'en dis pas plus : je ne peux pas le supporter ! ». De telles expressions standards, tout en traduisant le fait d'être partiellement à l'intérieur d'autrui, ne sont que rarement, voire jamais, prises au pied de la lettre. L'idée de l'interpénétration et de la fusion des âmes est simplement trop compliquée, voire inquiétante, et nous préférons insister sur le fait qu'il n'y a aucun véritable chevauchement, que nous sommes des galaxies éloignées les unes des autres. Nous avons trop l'habitude d'accepter sans discuter la métaphore de l'oiseau dans la cage et il est très difficile de s'en défaire.

Ne suis-je personne d'autre ou suis-je tout le monde ?

L'image de l'oiseau dans la cage implique essentiellement que des personnes différentes ressemblent à des points séparés sur une même droite, des points d'un diamètre nul et n'ayant donc pas le moindre chevauchement. En fait, si nous prenons ce qu'on appelle « la droite des réels » en mathématiques élémentaires comme métaphore, celle de l'oiseau dans la cage assignerait à chaque personne un « numéro de série » qui serait un nombre avec une infinité de décimales et définirait exactement « à quoi ça ressemble » d'être cette personne. Ainsi, vous et moi – et peu importe à quel point nos pensées sont semblables, combien nous avons partagé d'expériences au cours de notre vie, ou même que nous soyons siamois – nous verrions simplement assigner à la naissance un numéro de série différent, et serions donc placés en des points d'épaisseur nulle distincts, et c'est tout. Vous êtes vous, je suis moi, il n'y a pas l'ombre d'un chevauchement, que nous soyons proche ou non. Je n'ai pas la moindre chance de savoir ce que c'est qu'être vous, et réciproquement.

La thèse opposée affirmerait que chacun est uniformément réparti tout au long de la droite des réels et que tous les individus sont par conséquent une seule et même personne ! Il n'y a qu'une personne. Ce point de vue extrémiste, bien que défendu moins communément, a aujourd'hui ses partisans, comme le philosophe Daniel Kolak dans son livre récent *I Am You* (« Je suis vous »). Cette position a pour moi aussi peu de sens que le panpsychisme, qui affirme que toute entité – pierre, table de pique-nique, pique-nique, électron, arc-en-ciel, goutte d'eau, chute d'eau, gratte-ciel, raffinerie d'essence, panneau, panneau de limitation de vitesse, amende, prison, évasion, rencontre d'athlétisme, trucage électoral, porte d'embarquement, solde de printemps, annulation de feuilleton télé, photographie de Marilyn Monroe, et ainsi de suite *ad nauseam* – est consciente.

Le point de vue de ce livre se situe quelque part entre ces deux extrêmes, décrivant les individus non comme des points représentant des numéros de série avec une infinité de décimales mais plutôt comme des zones équitablement réparties, floues et dispersées ici et là le long de la droite. Tandis que certaines de ces zones se chevauchent énormément, la plupart d'entre elles ne se chevauchent qu'un petit peu, voire pas du tout. Après tout, deux taches d'un centimètre chacune placées à 100 kilomètres l'une de l'autre n'auront évidemment aucun chevauchement. Mais deux taches d'un centimètre de large centrées à un demi-centimètre l'une de l'autre se superposeront sur une étendue importante. Le fossé entre ces deux personnes pourra être comblé. Chacune est en fait dispersée dans l'autre, vit partiellement dans l'autre.

Interpénétration d'âmes nationales

Un peu plus haut dans ce chapitre, j'ai évoqué la métaphore d'un pays disposant d'ambassades dans de nombreux autres. Avant de l'expliciter, je partirai de ce qu'est un pays et construirai le reste à partir de là. Considérons le slogan « Un pays, un peuple ». Il suggère que chaque *peuple* (une notion spirituelle, culturelle, englobant histoire, traditions, langue, mythologie, littérature, musique, art, religion, etc.) se superpose nettement et parfaitement à un *pays* (une notion physique, géographique mettant en jeu océans, lacs, rivières, montagnes, vallées, plaines, dépôts minéraux, villes, autoroutes, frontières reconnues, etc.).

Si nous nous en tenons strictement à l'équivalent géographique de la métaphore de l'oiseau dans la cage, pour décrire les soi humains, nous en arriverons à cette curieuse conviction que tous les individus d'une certaine région auront toujours la même identité culturelle. Une expression comme « Un Américain à Paris » n'aura aucun sens, puisque la nationalité française devrait coïncider exactement avec les frontières du territoire appelé « France ». Il ne pourrait jamais y avoir d'Américains en France, pas plus que de Français en Amérique ! Bien entendu, la même chose est valable pour *tous* les pays et les peuples. Tout cela est manifestement absurde. Migrations et tourisme sont des phénomènes universels, qui mêlent en permanence territoires et peuples.

Cela ne signifie pas que des notions telles que peuple ou pays n'existent pas. Elles restent d'emploi commode, malgré leur caractère extrêmement flou. Prenez l'Italie. La région du nord-ouest dénommée « Vallée d'Aoste » est essentiellement francophone tandis que celle située au nord-est, dénommée « Trentin-Haut-Adige » (ou « Sud-Tyrol ») est majoritairement germanophone. Il y a plus : au nord de Milan, mais au-delà de la frontière, il y a le canton suisse du Tessin qui est italophone.

L'OBSCURE CLARTÉ DE L'IDENTITÉ HUMAINE

Quelle est donc la relation entre le pays, l'Italie et le peuple italien ? Le moins qu'on puisse dire est qu'elle n'est pas précise et tranchée – ce qui ne nous empêche pas de trouver commode de parler de l'Italie et des Italiens. Nous savons simplement qu'il y a du flou entre les deux concepts. Et ce qui est vrai de l'Italie l'est de tous les pays. Nous savons qu'une nationalité est un phénomène flou, dispersé, centré sur une seule région géographique mais sans y être confiné – et nous y sommes complètement habitués. Cela n'est pas le moins du monde paradoxal ou confus.

Exploitons un peu cette familiarité avec les relations entre un territoire et un peuple pour essayer de nous faire une idée un peu élaborée des relations entre corps et âme. Prenez la Chine qui, au cours des deux derniers siècles, a perdu avec l'émigration des millions de gens. La Chine les oublie-t-elle, les considérant comme des déserteurs en les chassant de sa mémoire collective ? Absolument pas. Il y a un sentiment très fort en Chine envers les « Chinois d'Outre-mer ». Aimés malgré la distance, ils sont pressés de « rentrer au pays », au moins pour un temps, et, quand ils le font, sont chaleureusement accueillis comme des parents perdus de vue depuis longtemps (ce qu'ils sont très exactement). Les Chinois considèrent cette diaspora comme une branche d'Outre-mer du pays. C'est un « halo » de sinité qui s'étend loin au-delà des frontières physiques du pays.

Tous les pays bien sûr, et pas seulement la Chine, ont un tel halo, qui se reflète tantôt puissamment, tantôt faiblement, dans tous les autres pays du monde. S'il y avait l'équivalent pour les pays de la mort d'un être humain, un pays dont le « corps » aurait été annihilé (par quelque cataclysme comme une énorme météorite s'écrasant sur son territoire) pourrait survivre, au moins en partie, grâce au halo rayonnant au-delà de ses frontières physiques.

Bien que terrifiante, une telle image ne nous choque pas comme étant le moins du monde contre-intuitive car nous comprenons que la patrie physique, tout en étant glorifiée dans les chansons et la légende, n'est pas indispensable à la survie d'une nation. Le territoire n'est que le terreau de la culture traditionnelle d'un antique ensemble de gènes et de mèmes[1] – teint, type physique, couleur des cheveux, traditions, mots, proverbes, danses, mythes, costumes, recettes, etc. Aussi longtemps qu'une masse critique de porteurs de gènes et de mèmes, situés à l'étranger, survit au cataclysme, toute cette richesse pourra se perpétuer et fleurir ailleurs, et le territoire disparu continuer d'être célébré par le chant et l'écrit.

Bien qu'il ne soit jamais arrivé qu'un pays entier disparaisse ainsi, des événements de cet ordre se sont déjà produits. Je pense aux voisins de la Pologne qui, aux dix-huitième et dix-neuvième siècles n'ont fait qu'une bouchée de ce pays – ce qu'on a appelé le « partage de la Pologne ». Le peuple polonais n'en a pas moins continué d'exister. Il y avait une nation – *Naród Polski* – vibrante et vivante, mais entièrement privée de pays. En fait, les mots par lesquels s'ouvre l'hymne national polonais célèbrent cette survie : « Toujours vivra la Pologne tant que nous vivrons ! ». De même, les Juifs originels, chassés aux temps bibliques du berceau de leur culture et dispersés, ont survécu dans la Diaspora en maintenant vivantes leurs traditions, leur langue et leurs croyances.

Halos, rémanences, couronnes

Dans le sillage de la mort d'un être humain, ce qui survit est un ensemble de dernières lueurs, certaines plus brillantes d'autres plus ternes, dans les cerveaux de ceux qui lui furent les plus chers. Quand ceux-là s'éteignent à leur tour, ces lueurs s'estompent. Puis c'est la couche externe qui tombe dans l'oubli : la rémanence vacille avant de s'éteindre tout à fait.

Le lent processus d'extinction que je viens de décrire, pour triste qu'il soit, l'est un peu moins que la façon de voir habituelle. La mort corporelle est nette, tranchée, dramatique, et nous avons tendance à nous accrocher à l'idée de l'oiseau dans la cage. Aussi un décès nous frappe-t-il d'une façon immédiate, absolue, aussi définitive que la lame

---

1. Le terme de *mème* est une notion élaborée par le biologiste Richard Dawkins en 1976 dans son livre *Le Gène égoïste*, combinant la notion de gène et de *mimesis* (du grec « imitation »). Il s'agit de réplicateurs culturels, comparables à ce titre aux gènes, mais responsables de l'évolution culturelle. (N.d.T.)

de la guillotine. Nous pensons d'instinct que la lumière s'est totalement éteinte brutalement. Ce que je suggère est que ce n'est pas le cas pour notre âme, du fait que l'essence de l'Homme – contrairement à celle du moustique, du serpent, de l'oiseau ou du cochon – est répartie dans de nombreux cerveaux. Il faut deux générations pour qu'une âme s'évanouisse, pour que son scintillement s'estompe, pour que les braises s'éteignent. À la fin, sans doute, « tu es poussière, à la poussière tu retourneras », mais la transition n'est pas aussi abrupte que nous avons tendance à le croire.

Aussi, me semble-t-il, l'usage naturel – mais rarement clairement exprimé – d'organiser une cérémonie funèbre ou une commémoration vise à réunir ceux qui étaient dans la plus grande intimité du défunt afin de raviver en tous, une dernière fois, son essence. Chacun peut alors profiter de la présence de tous pour ressentir celle partagée en eux du cher disparu. C'est ainsi que se consolide au mieux le diamant personnel secondaire qui continuera à scintiller dans tous ces cerveaux. Bien que le cerveau premier se soit évanoui, il y a en ceux qui restent et sont réunis pour ranimer l'esprit du mort une couronne collective qui luit. C'est ce que permet l'amour des Hommes. Le mot « aimer » est indissociable du mot « Je ». Plus profondément est enraciné en nous le symbole d'un autre, plus grand est notre amour, plus vive sera la flamme qui survivra.

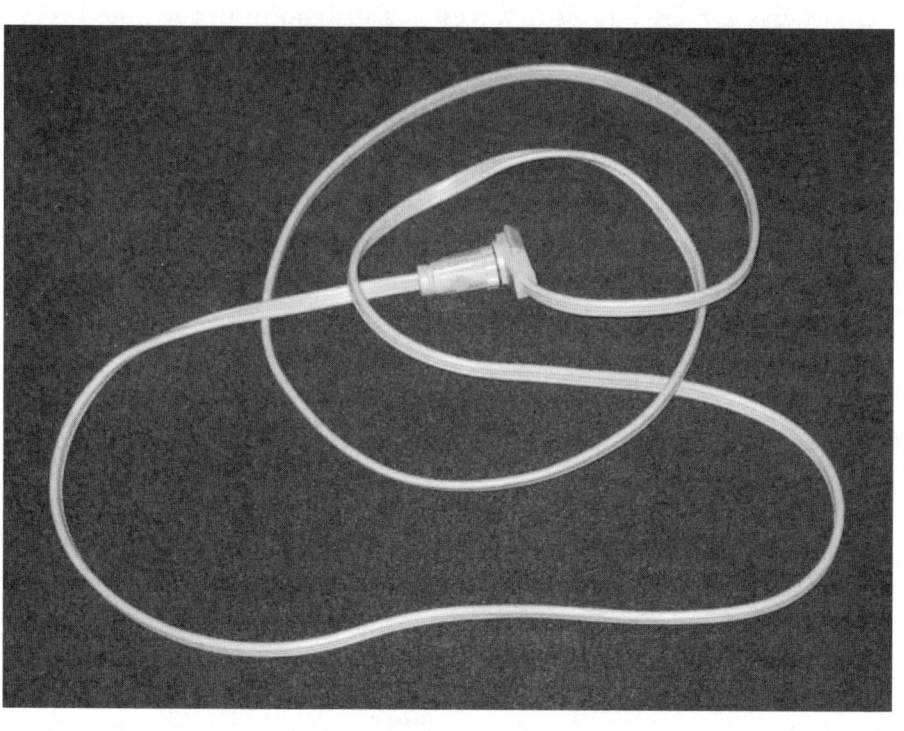

Chapitre 19
La conscience, c'est la pensée

☙ ☙ ☙

Où se trouve donc la conscience, dans mon histoire de boucle ?

Depuis le tout début de ce livre, j'ai employé quelques termes clés relativement interchangeables : « soi », « âme », « Je », « lumière intérieure » et « conscience ». Pour moi tous ces termes renvoient au même phénomène, même si ce n'est pas le cas pour d'autres personnes. C'est un peu comme les nombres premiers de la forme $4n + 1$ et ceux qui sont somme de deux carrés – en apparence, ces deux définitions semblent renvoyer à des entités complètement différentes mais, dès qu'on y regarde de plus près, ce sont exactement les mêmes.

Dans ma façon de voir, tous ces phénomènes apparaissent en nuances de gris. Quand l'un d'eux représente une entité précise (naturelle ou artificielle), la nuance qui l'habille est la même pour tous les autres. Je pense donc qu'en parlant du concept de « Je » ou de « Moi », j'ai en même temps parlé de la conscience. Certains objecteront que tout en ayant abordé la question de l'identité personnelle, voire celle des concepts de « Je » et de « soi », je n'ai pas même effleuré l'énigme autrement plus profonde de la conscience. Ils me demanderont avec scepticisme : « Mais que devient l'*expérience,* la perception de l'existence, dans votre terminologie de boucles étranges ? En quoi les boucles étranges dans le cerveau peuvent-elles nous dire ce que nous *ressentons* en tant qu'êtres vivants : les effluves du chèvrefeuille, le lever du soleil, le bruit des gouttes de pluie tambourinant sur un toit de tôle ? C'est de *cela* qu'il s'agit quand on parle de conscience ! Quel rapport avec votre étrange idée de boucle ? »

Je ne crois pas pouvoir donner des réponses qui satisfassent les sceptiques endurcis : ce que j'en dis leur paraîtrait trop simple et trop vague. Je vais néanmoins répondre en allant à l'essentiel : la conscience est la danse des symboles dans le crâne. Ou, plus lapidaire encore : la conscience, c'est *la pensée*. Comme disait Descartes, *Cogito ergo sum*.

Malheureusement, je crains que pareille réponse soit par trop condensée, même pour les mieux disposés des lecteurs. Je vais donc essayer d'expliciter un peu. La plupart du temps, un symbole donné dans notre cerveau est en sommeil, comme un livre reposant dans un coin reculé d'une gigantesque bibliothèque. De temps en temps, un événement fera qu'on ira le chercher, on l'ouvrira et ses pages se ranimeront pour un lecteur. De façon analogue, les événements extérieurs perçus dans le cerveau humain activent constamment des symboles de manière très sélective, les arrachant au sommeil pour les mettre en œuvre dans toutes sortes de configurations inattendues et inédites. C'est cette danse des symboles dans le cerveau qui forme la conscience. (La pensée n'est pas autre chose.) Remarquez que je dis « symboles » et pas « neurones ». La danse se doit d'être perçue *à ce niveau* pour qu'elle soit constitutive de la conscience. Voilà pour la version un peu plus explicite de la réponse.

Mais voici les sceptiques

« Mais qui *lit* ces symboles et leurs configurations ? », demanderont nos sceptiques. « Qui *ressent* que ces symboles sont "ranimés" ? Où se trouve l'équivalent du lecteur du livre qu'on est allé chercher ? »

Ils soutiendront, j'imagine, que la danse des symboles en elle-même n'est jamais que mouvement d'entités matérielles que personne ne ressent, et que cette danse ne peut donc, quoi que j'en dise, être la conscience. Ils voudraient que je localise en un endroit précis la *représentation* subjective que nous possédons tous de nos pensées et perceptions. Il me semble, toutefois, qu'un tel souhait exprime quelque chose de confus :

le mot « perception » n'est rien d'autre, selon moi, qu'un synonyme de « conscience », et la question posée ne fait que reprendre la première à un niveau différent. En d'autres termes, ceux qui cherchent le « lecteur » des configurations de symboles accepteraient bien l'idée de l'activation d'une foule de symboles dans le cerveau, mais refusent d'appeler ce traitement interne « conscience » parce qu'ils veulent que les symboles *eux-mêmes* soient perçus. Ces gens-là n'apprécieront sans doute pas que je ressorte la métaphore du billodrome et suggère que la danse des simmbols y représente la conscience. Il n'y a là qu'interactions d'escouades de toutes petites billes sur une vulgaire table de billard et tout cela est manifestement dépourvu de conscience, objecteront-ils. Ils en voudront plus.

De tels sceptiques, par nature, renvoient le problème toujours plus haut – au lieu d'accepter l'idée que l'activité cérébrale au niveau des symboles (ou l'activité du billodrome au niveau des simmbols) reflétant les événements extérieurs *soit* la conscience, ils tiennent à ce que les événements internes de l'activité cérébrale soient perçus à leur tour pour qu'émerge la conscience. Le risque ici est de s'en remettre à une régression infinie et de s'éloigner toujours plus de la réponse à l'énigme de la conscience.

Je vais cependant faire une concession – je suis d'accord que l'activité symbolique est en elle-même, fondamentalement, le centre de gravité d'un cerveau humain (mais j'ajouterai immédiatement que cela n'est pas vrai des poulets, des grenouilles ni des papillons, et l'est franchement très peu des chiens). Les cerveaux humains sont en permanence en train de réduire la complexité de ce qu'ils perçoivent, ce qui signifie qu'ils cherchent constamment à s'emparer des *structures* inhabituelles, complexes, faites d'un grand nombre de symboles qui viennent d'être activés ensemble, pour en éveiller *un seul*, familier et préexistant (en tout cas un tout petit nombre d'entre eux). En fait, c'est l'activité principale du cerveau humain – prendre une situation complexe et en dégager *les grandes lignes*, filtrer la profusion de sensations et d'idées pour dégager ce qui compte vraiment. Pointer l'essentiel. Mais pour Spot le chien[1],

---

1. Jeu de mots sur « to spot », pointer, et Spot, le petit chien héros d'un livre pour enfants. « To spot the gist », pointer l'essentiel. « To Spot, the gist... » : pour Spot, l'essentiel... (N.d.T.)

l'essentiel ne compte pas énormément. L'essentiel n'a certainement pas plus d'importance qu'une puce sur sa queue frétillante.

Cela dit, je crains que tout cela ne paraisse quelque peu abstrus et vais donc donner un exemple caractéristique.

Les symboles en activent d'autres

Nicole, une nouvelle étudiante, était venue passer une journée en ville pour envisager de faire son doctorat au sein de mon groupe de recherche. Après avoir discuté avec elle plusieurs heures au centre puis autour d'un repas chinois, mes étudiants de troisième cycle et moi-même nous accordions sur sa délicieuse vivacité d'esprit en estimant qu'elle était sur notre longueur d'onde. Visiblement, l'enthousiasme était réciproque. Inutile de dire que nous nous réjouissions d'avance à l'idée qu'elle nous rejoindrait l'automne suivant. De retour chez elle, Nicole m'a envoyé un courriel pour me dire qu'elle était toujours très enthousiaste pour nos idées et qu'elle n'arrêtait pas d'y repenser. J'ai répondu par un petit mot d'encouragement et puis… plus rien : silence électronique pendant deux semaines. J'ai fini par lui renvoyer un mail pour lui dire combien nous étions impatients qu'elle nous rejoigne l'année suivante. Deux jours passent. Un troisième. Arrive une réponse laconique et plutôt guindée : elle était désolée mais avait décidé de rejoindre une autre université pour son troisième cycle et concluait poliment « Mais j'espère bien que nos routes se recroiseront ».

Ce petit épisode est encore frais dans ma mémoire. Nicole est une jeune femme remarquable, nos échanges pleins d'entrain furent uniques en leur genre et la configuration complexe de symboles que tout cela activa dans mon cerveau fut, par définition, sans précédent. Pourtant, à un autre niveau, ce que je viens de dire est complètement faux.

Cette histoire a moult précédents dans ma mémoire épisodique forte de nombreuses décennies, lesquels ne demandent qu'à ressortir pour peu que je la laisse vagabonder dans ma tête. En fait, c'est sans effort que pas mal de souvenirs remontent à la surface pour la première fois depuis des années. Celui qui date d'une trentaine d'années, quand un jeune et très prometteur candidat à un poste d'enseignant semblait très intéressé mais, à notre grande surprise, refusa notre offre particulièrement généreuse. La fois où, quelques années plus tard, un de mes étudiants très brillant était tout excité de m'accompagner en Californie pour mon année sabbatique, puis changea d'avis et disparut complètement, sans donner aucune nouvelle depuis. Et puis cette histoire plus triste, quand j'étais très amoureux d'une jeune femme d'un lointain pays, à l'attitude frémissante de promesses avant que, sans raison apparente, elle prenne ses distances ; près d'une semaine plus tard, elle m'avouait être fiancée à un autre (en fin de compte, j'ai vécu *cette* situation bien plus d'une fois, à mon grand regret…).

C'est ainsi que le dernier épisode en date nous fait extraire un à un des étagères de l'oubli tous ces vieux « livres » poussiéreux : cette situation « sans précédent », quand elle est traitée à un niveau plus abstrait, qu'on la débarrasse de sa couche extérieure et condense son noyau, conduit droit sur d'autres histoires anciennes conservées sur les rayons de ma « bibliothèque » d'où elle les ranime et les pousse l'une après l'autre sous les feux de la rampe. Ces vieilles histoires, empaquetées de longue date dans de jolies reliures à l'intérieur de mon cerveau, attendaient sagement d'être rouvertes le jour où « la même chose » viendrait à se présenter sous une nouvelle apparence. C'est triste à dire, mais c'est arrivé !

Quand tout ce débordement – de souvenirs qui en réveillent d'autres qui en réveillent d'autres… – a fini de se répandre, quelque chose apparaît lentement, une sorte de « précipité », pour emprunter cette image à la chimie. Dans ce cas précis, il s'est concentré en un seul mot : « plaqué ». Oui, je me sens *plaqué*. Mon groupe de recherche a été *plaqué*.

Quelle extraordinaire réduction de la complexité ! Tout commence par une rencontre qui dure des heures, se déroule en deux lieux différents et implique de nombreuses personnes avec des milliers de mots échangés et un nombre incalculable d'impressions visuelles, cela se poursuit par quelques courriels pour se terminer dans un entonnoir qui concentre tout (ou devrais-je dire qui « fait tout tomber à l'eau » ?) en un seul petit mot de six lettres si décevant. Evidemment, ce n'est pas la seule idée que je retiens de cette histoire, mais « plaqué » est devenue la catégorie mentale dominante associée à jamais à la visite de Nicole. Comme de bien entendu, ce « Je » qui est le mien a dûment relié et rangé sur les rayons de ma mémoire épisodique la saga de Nicole pour éventuellement la récupérer, quelque part dans le futur, qui sait où et quand.

La boucle centrale de la connaissance

Le mécanisme qui garantit la merveilleuse fluidité de cette espèce de perception abstraite et la récupération des souvenirs ressemble un peu à ce que nos sceptiques réclamaient : il s'agit d'une sorte de perception de structures symboliques internes plus que d'événements extérieurs. On semble regarder les configurations de symboles activés, entrevoir leur essence et, de ce fait, activer la recherche d'autres symboles en sommeil (qui, comme nous venons de le voir, peuvent être de très grandes structures – des paquets de souvenirs emmagasinant par exemple toute une histoire d'amour). Tout cela tourne en rond, faisant émerger un cycle fertile d'activité symbolique – une danse de symboles bien exécutée mais complètement improvisée.

Les étapes de ce cycle d'éveils de symboles peuvent au départ sembler n'avoir aucun rapport avec l'acte de reconnaissance – par exemple d'un magnolia à travers un flot d'informations visuelles – puisque cela suppose une scène *extérieure* ; tandis qu'ici, à l'opposé, c'est le bal de mes propres symboles activés que j'observe et son essence que je cherche à localiser plutôt que celle d'une scène extérieure. Mais je soutiens que le fossé est bien moins profond qu'on ne pourrait le croire *a priori*.

Mon cerveau (le vôtre aussi, cher lecteur) cherche en permanence à étiqueter, catégoriser, trouver des précédents et des analogues – en d'autres termes *à simplifier sans laisser l'essentiel s'éclipser*. Il mène cette activité avec opiniâtreté, non seulement en réponse à des informations sensorielles fraîchement parvenues mais aussi à sa propre danse interne et il n'y a vraiment pas beaucoup de différence entre les deux : une fois qu'une information sensorielle est parvenue par l'intermédiaire de la rétine, des tympans ou de la peau, elle entre dans le domaine de l'*interne* et, à partir de là, la perception n'est plus qu'une affaire intérieure.

En résumé, et cela devrait plaire à nos sceptiques, *il y a bien* une sorte de perception de l'activité symbolique – mais ce qui leur plaira moins est que celui qui « perçoit » n'est lui-même qu'une autre activité symbolique, plus éloignée. Il n'y a pas une « localisation de la conscience » particulière où se produirait quelque chose de magique, quelque chose d'*autre*, de différent, un lieu où la danse des symboles entrerait en contact avec… avec quoi au juste ? Qu'est-ce qui pourrait faire plaisir à nos sceptiques ? Si la « localisation de la conscience » n'est qu'une partie matérielle du cerveau, en quoi cela peut-il les satisfaire ? Ils continueraient à objecter que si ce que j'appelle conscience n'est que *cela*, ce n'est jamais qu'une activité physique sans signification, ni différente ni meilleure que le tangage inepte des simms dans l'arène inanimée du billodrome et que tout cela n'a rien à voir avec la conscience !

Je crois qu'il est temps de permettre à mes différentes voix intérieures sceptiques de fusionner en un seul personnage de papier (fort heureusement pas un tigre de papier !) et de le laisser mener une joute oratoire avec un autre qui représentera, pour l'essentiel, les idées de ce livre. J'appellerai ce dernier « Boucle étrange 641 », tandis que la voix des sceptiques sera « Boucle étrange 642 ».

Certains lecteurs estimeront peut-être qu'il est déloyal d'influencer les débats en choisissant pour étiquette « boucle étrange » non seulement pour moi-même (ou mon double) mais aussi pour mon digne opposant et que je révèle ainsi que les jeux sont faits d'avance. Mais ce ne sont jamais que des étiquettes. Ce qui importe dans le dialogue est ce que les personnages disent et pas le nom dont je les ai affublés. Si vous préférez désigner « Boucle étrange 641 » et « Boucle étrange 642 » par « Lumière intérieure 7 » et « Lumière intérieure 8 », ou même « Socrate » et « Platon », qu'à cela ne tienne.

Et maintenant, sans plus de façons, mettons-nous à l'écoute de nos deux boucles étranges (ou lumières intérieures) dans leur aimable joute oratoire. Oups ! Je crois que j'ai été un peu trop long et il semble que nous ayons malencontreusement raté les premières répliques de nos deux amis. Après tout, c'est la vie. Je pense que vous comme moi parviendrons à enchaîner sans être trop perdus. Essayons…

Chapitre 20
Duel à fleuret moucheté

❧ ❧ ❧

Personnages

Boucle étrange 641 : un partisan des idées de *Je suis une boucle étrange*.

Boucle étrange 642 : un contestataire des idées de *Je suis une boucle étrange*.

* * *

BE 642 :   Quelle barbe, mais quelle barbe ! Ta description de l'âme n'est pas seulement ennuyeuse, elle est complètement vide de sens. Vaine. Aucune spiritualité là-dedans. Rien qu'une simple agitation physique.

BE 641 :   Tu t'attendais à quoi ? À quoi *pourrait*-on s'attendre ? À moins que tu ne sois dualiste, auquel cas tu crois en des âmes qui sont des entités fantomatiques, non matérielles, qui ne relèvent pas de l'univers physique mais peuvent néanmoins en bousculer les éléments.

BE 642 :   Non, ce n'est pas mon genre. Mais il doit bien y avoir dans cet univers matériel quelque chose de vraiment spécial rendant compte d'êtres dotés de spiritualité, d'activités mentales, de sentiments, de perception – quelque chose qui explique notre lumière intérieure, notre appréhension des choses, notre *conscience*.

BE 641 :   On ne saurait mieux dire. L'explication de phénomènes aussi insaisissables appelle forcément quelque chose de particulier. Fabriquer de l'âme avec des clous et des boulons, bien matériels, c'est une gageure. Mais rappelle-toi que, pour moi, la conscience est une espèce très insolite de structure matérielle complexe, pas n'importe quelle bonne vieille agitation physique. Il ne s'agit pas du balancement d'une chaîne, du plouf de la pierre dans une mare, des éclaboussures d'une chute d'eau, des tourbillons d'une tornade, du remplissage d'une chasse d'eau, de l'autorégulation de la température domestique, du flux des électrons dans un programme de jeu d'échecs, du frétillement d'un spermatozoïde vers l'ovule, des signaux neuronaux dans le cerveau d'un moustique affamé... quoique, au fur et à mesure que cette liste s'allonge, nous nous approchions toujours plus. Une « lumière intérieure » *commence* à poindre quand on s'élève dans cette hiérarchie. La lueur est toujours extrêmement faible, même en haut de la liste, mais si nous poursuivons – cerveaux des abeilles, des poissons rouges, des lapins, des chiens et des bambins à l'âge de leurs premiers pas –, elle devient bien plus brillante. Et elle brille de mille feux pendant des décennies quand on en arrive aux adolescents et aux adultes. Ce que nous appelons notre conscience, oui, *n'est rien d'autre* qu'une activité physique à l'intérieur d'un cerveau humain ayant vécu un certain nombre d'années.

BE 642 :   Non. Dans ton tableau, pas d'essence de la conscience. Tu as décrit un ensemble complexe d'activités cérébrales impliquant des symboles qui s'activent les uns les autres, et je suis prêt à croire qu'il y a quelque chose de ce genre dans le cerveau. Mais l'histoire ne s'arrête pas là, parce que *Je* n'y suis nulle part ! Pas un endroit pour *Moi*. Tu as parlé de myriades de particules qui rebondissent un peu partout, à la rigueur de gros nuages correspondant aux activités de ces particules – mais si l'univers n'était que cela, il n'y aurait pas ni moi, ni toi, ni opinions. Il n'y aurait que la Terre avant que la vie n'y apparaisse, des millions de levers et de couchers du Soleil, des vents soufflant çà et là, des nuages se formant et se dispersant, des orages s'abattant le long des vallées, des blocs de pierre dégringolant des montagnes et creusant des ravins, de l'eau s'écoulant dans le lit des rivières en découpant des gorges encaissées, des vagues se brisant sur des plages de sable, des flux et reflux de marées, des volcans crachant des océans de lave incandescente, des chaînes de montagne jaillissant des plaines, des continents dérivant et se morcelant, et ainsi de suite. Toutes choses très colorées, mais sans lumière ou vie intérieure, sans pensée, sans Je – personne pour apprécier tout ce décor.

BE 641 : Je partage cette impression de désolation d'un univers qui ne serait fait que de phénomènes physiques ; mais il y a des systèmes matériels qui peuvent refléter leur environnement et agir en fonction de leurs perceptions. Et ça n'est qu'un début. Quand la perception devient suffisamment sophistiquée, elle peut conduire à des phénomènes qui n'ont pas d'équivalent dans les systèmes dont les perceptions sont plus élémentaires. Par « système de perceptions élémentaires », j'entends des entités comme, par exemple, les thermostats, les genoux, les spermatozoïdes et les têtards. Ils sont trop rudimentaires pour mériter qu'on les qualifie de « conscients ». Mais quand la perception prend place dans un système doté d'un ensemble de symboles vraiment riche, souple et extensible, alors un « Je » peut apparaître de la même manière qu'une boucle étrange émerge nécessairement dans la forteresse aride des *Principia mathematica*.

BE 642 : Perception ?! Mais qui perçoit ? Personne ! Ton univers reste un système vide de sens d'objets matériels aux mouvements complexes, entrelacés, emmêlés – galaxies, étoiles, planètes, vents, rochers, eau, glissements de terrain, ondulations, ondes sonores, feu, radioactivité, etc. On peut même y ajouter les protéines, l'ARN et l'ADN. Ou même tes chères boucles de rétroaction – missiles à tête chercheuse, thermostats, chasses d'eau, feedbacks vidéo, chaînes de dominos, tables de billard inondées de billes magnétiques microscopiques. Mais il manque quelque chose à ton décor de désolation, c'est le *moi*. *Je* me trouve dans un *endroit* précis. Je suis *ici* ! Comment repérer un *ici* dans un monde fait d'eau, de flotteurs et de milliers de réservoirs, ou dans un monde d'une foultitude de chaînes de dominos ? Là, il n'y a pas d'*ici*.

BE 641 : Je comprends parfaitement que cette question te taraude : il en serait de même pour tout être pensant. Ma réponse est la suivante : dans le vaste univers des divers événements matériels que tu viens d'évoquer de façon si pittoresque, certains points isolés concentrent des activités locales dans lesquelles on peut trouver une espèce particulière de structure abstraite en spirale. Ces lieux particuliers – au moins ceux que nous avons explorés jusqu'ici – sont les cerveaux humains, et les « Je » ne se trouvent que là. Ils sont difficiles à trouver dans le vaste monde car ils sont peu nombreux et disséminés. Mais partout où ces phénomènes physiques particuliers et rares émergent, il y a un *Je* et un *ici*.

BE 642 : Ton expression « structure abstraite en spirale » me fait penser à un vortex, un ouragan, un tourbillon ou une galaxie spirale – mais je suppose que ce n'est pas assez abstrait pour toi.

BE 641 : Non, en effet. Les tourbillons et les ouragans ne sont que des vortex – les cousins fluides des toupies et des gyroscopes. Pour qu'il y ait un « Je », il faut des *significations* et, pour en obtenir, il y faut perception et catégories – en fait, un répertoire de catégories qui se construit à partir de lui-même, en grossissant indéfiniment. Toutes choses qu'on ne peut trouver dans les vortex physiques que tu as mentionnés. C'est pourquoi la structure des formules autoréférentes que Gödel a découvertes dans l'univers d'apparence aride de *PM* constitue une bien meilleure métaphore du « Je ». Ses formules, tout comme les « Je » humains, sont structurées de façon extrêmement complexe et fine, et on n'en trouve pas à la pelle. Les formules « ordinaires » de *PM*, comme $0 + 0 = 0$ par exemple, ou une formule qui affirme que tout entier est somme d'au plus quatre carrés, sont les analogues des objets physiques inertes, dépourvus de « Je » comme les grains de sable ou les boules de bowling. Des formules simples de ce genre n'ont pas de significations enveloppantes d'ordre supérieur comme c'est le cas pour les chaînes singulières de Gödel. Il faut toute une manipulation des mécanismes de la théorie des nombres pour parvenir à la complexité des boucles étranges gödeliennes à partir d'affirmations numériques ordinaires, de même qu'il faut toute l'œuvre de l'évolution pour aboutir à la complexité des boucles étranges du cerveau à partir de boucles de rétroaction rudimentaires.

BE 642 : Suppose que je t'accorde qu'il y a un grand nombre de « boucles étranges » abstraites éparses dans l'univers, dont la coalescence, en quelque sorte, s'est réalisée au cours des milliards d'années de l'évolution – des boucles étranges qui résident dans les crânes, un peu comme ces effets Larsen dans les auditoriums. Elles peuvent être aussi complexes que tu veux : je me fiche comme d'une guigne de la complexité de leur activité physique. La question épineuse qu'on ne peut tout simplement pas évacuer est : qu'est-ce qui ferait que l'une d'elle serait *moi* ? Laquelle ? Tu ne peux pas répondre à ça.

BE 641 : Si, mais tu ne vas pas aimer ma réponse. Ce qui fait que l'une d'elle est *toi* est qu'elle réside dans un cerveau précis qui a fait, à travers toutes ses expériences, que tu es toi.

BE 642 : Cela, ce n'est qu'une tautologie !

BE 641 : Pas vraiment. C'est une idée subtile dont le point crucial consiste à dire que ce que tu appelles « Je » est un *résultat,* et non un point de départ. Tu es l'aboutissement d'une accrétion non planifiée, ne prenant vie que lentement et non en un éclair. Au commencement, quand le cerveau qui allait abriter ton âme a pris forme, ce n'était pas toi. Mais ton cerveau a grandi lentement, au fil de la lente accumulation des expériences en son sein. En chemin, tout en intégrant et enregistrant progressivement tout ce qui pouvait lui arriver, il a commencé à imiter les conventions culturelles et linguistiques dans lesquelles il était plongé et s'est essayé timidement à dire « Je » à propos de lui-même (même si le référent du terme restait très flou). Cela s'est produit en gros quand il a remarqué qu'il était quelque part – et, sans surprise, c'était là où se trouvait un certain cerveau ! À ce point, cependant, il ne savait encore rien de son cerveau. En revanche, il en connaissait le *contenant,* un certain corps. Mais même s'il ne savait rien de son cerveau, ce « Je » naissant, en toute confiance, le suivait partout comme son ombre.

BE 642 : Tu ne réponds pas à ma question : comment *me* repérer dans un univers de structures physiques que rien ne permet de discriminer.

BE 641 : J'y viens. Pour toi, tous ces cerveaux abritant des boucles étranges sont, peu ou prou, autant de machines à coudre cliquetantes éparpillées ici et là. Tu demandes : « Laquelle est *moi* ? » Évidemment aucune ! Parce qu'aucune ne *perçoit* quoi que ce soit. Tu estimes que les cerveaux qui hébergent des boucles étranges sont aussi dépourvus de réactivité et d'identité que des machines à coudre, des roues crantées ou des manèges. Mais le plus drôle est que les êtres dont les cerveaux abritent ces boucles étranges ne sont pas d'accord avec toi pour dire qu'ils n'ont pas d'identité. L'un d'eux insiste : « "Je" suis celui qui est *ici* à regarder cette fleur pourpre et non cet autre, *là-bas*, en train de boire un milk-shake ! » Et l'autre de renchérir : « "Je" suis celui qui boit un chocolat frappé, pas cet autre qui regarde la fleur ! » Chacun d'eux est convaincu de se trouver quelque part à regarder, écouter, faire des expériences. Pourquoi rejeter ce qu'ils disent ?

BE 642 : Je m'en garde bien ! Ce qu'ils disent est parfaitement fondé – c'est simplement que ça n'a rien à voir avec des cerveaux abritant des boucles étranges. Tu t'accroches à quelque chose de faux. Toute prétention à « être ici » ou « être conscient » ne vaut que parce il y a quelque chose de plus, quelque chose au-dessus et au-delà des boucles étranges, permettant au cerveau d'abriter une âme. Je ne peux pas te dire exactement quoi, mais je suis sûr que c'est vrai parce que *Je* ne suis pas qu'un truc physique se produisant quelque part dans l'univers. Je *perçois* des choses : cette fleur pourpre dans le jardin, cette moto qui pétarade dans la rue d'à côté. Et mon ressenti est la donnée première sur laquelle tout ce que je dis s'appuie. À toi de ne pas rejeter ce que je dis.

BE 641 : Où est la différence avec ce que je viens de décrire ? Un cerveau suffisamment complexe peut non seulement percevoir et créer des catégories, mais aussi en parler. Comme toi, il peut parler de fleurs, de jardins et du bruit d'une moto, mais aussi de lui-même, en expliquant où il se trouve ou pas ; il peut décrire ses expériences présentes et passées, ses buts, ses certitudes et ses perplexités… Que veux-tu de plus ? Pourquoi ne serait-ce pas ce que tu appelles ton « expérience » ?

BE 642 : Des mots, toujours des mots ! Le problème est que cette expérience implique *plus* que des mots – des *sensations, des sentiments*.

N'importe quel « sujet » digne de ce nom se doit de voir la beauté de la couleur pourpre de cette fleur et la *ressentir*, et pas simplement débiter le son « pourpre » comme une voix de synthèse au téléphone. Voir l'éclat d'un pourpre, cela vient d'un niveau plus profond que celui des mots, des idées ou des symboles : d'un niveau plus primordial. C'est une expérience directement ressentie par le sujet. Voilà la différence entre la conscience authentique et la « transmission artificielle » de sons automatiques *via* le menu arborescent d'un téléphone.

BE 641 : Dirais-tu que les animaux non dotés de la parole jouissent de telles facultés « primordiales » ? La vache apprécie-t-elle le pourpre profond d'une fleur aussi intensément que toi ? Et le moustique ? Si tu me dis « oui », ne sommes-nous pas en train de glisser dangereusement vers l'idée que vaches et moustiques ont autant de conscience que toi ?

BE 642 : Le cerveau d'un moustique est bien moins complexe que le mien et ne peut donc connaître la même richesse de sensations.

BE 641 : Minute. Tu ne peux pas dire les deux à la fois ! Il y a dix secondes tu insistais sur le fait que ce n'est pas la complexité du cerveau qui fait la différence – que s'il lui manque ce *je ne sais quoi** qui distingue les choses qui ressentent de celles qui ne ressentent rien, il n'abrite pas de conscience. Et voilà que tu prétends maintenant que c'est la complexité du cerveau en question qui *fait* toute la différence.

BE 642 : Eh bien, je suppose qu'un certain degré de complexité est nécessaire. Le moustique n'est pas équipé pour apprécier la couleur pourpre d'une fleur de la même manière que moi. Par contre, c'est peut-être le cas de la vache, qui du moins s'en approche un peu plus. Toujours est-il que la complexité n'explique pas à elle seule la présence de sensations et de sentiments dans le cerveau.

BE 641 : Regardons d'un peu plus près ce qu'il y a derrière le fait de ressentir le monde extérieur. Si tu regardais fixement un grand morceau de tissu de couleur pourpre uniforme, ta nuance préférée, et qu'il remplisse tout ton champ de vision, ressentirais-tu la même émotion qu'en voyant cette même couleur sur les pétales d'une fleur épanouie dans le jardin ?

BE 642 : Je ne pense pas. Une partie de l'intensité de ma réaction devant une fleur de couleur pourpre vient de toutes ces nuances subtiles qui en parent les différents pétales, des courbes délicates de chacun d'eux et de la façon dont ils s'enroulent en spirale autour d'un centre éclatant parsemé de minuscules étamines...

BE 641 : Sans parler du port de la fleur sur sa tige, de la disposition de la tige dans le buisson et de l'effet de ce seul buisson parmi tant d'autres dans le foisonnement de couleurs du jardin.

BE 642 : Es-tu en train d'insinuer que je n'apprécie pas le pourpre pour lui-même mais parce qu'il est un des éléments d'une vaste scène ? Ça va trop loin. L'environnement peut *intensifier* ma sensation, mais j'apprécie le riche velouté du pourpre strictement pour lui-même, indépendamment de quoi que ce soit d'autre.

BE 641 : Alors pourquoi, quand tu en parles, utilises-tu le mot « velouté » ? Une mouche ou un chien ressentent-ils « le velouté » des fleurs pourpres ? N'est-ce pas une référence au velours ? Cela ne signifie-t-il pas que ta perception visuelle fait appel à des souvenirs profondément enfouis, peut-être des souvenirs tactiles remontant à ton enfance comme caresser du bout des doigts un coussin de velours pourpre ? Ou peut-être, inconsciemment, cela te rappelle-t-il un vin de couleur sombre qu'il t'est arrivé de déguster et dont l'étiquette vantait le « velouté ». Comment peux-tu affirmer que cette évocation est « indépendante de quoi que soit d'autre au monde » ?

BE 642 : Tout ce que j'essaye de dire est qu'il est des sensations de base, primitives, à partir desquelles il s'en construit de plus vastes. Mêmes les plus primitives sont radicalement, qualitativement différentes de ce qui se produit dans un système physique simple comme une corde se balançant au vent ou des flotteurs dans une chasse d'eau. La corde ne sent rien quand elle est agitée par le vent. Il n'y a là aucune sensation ; là, il n'y a pas d'*ici*. Mais quand je vois du pourpre ou goûte du chocolat, il s'agit d'une expérience sensuelle et c'est à partir de millions de sensations comme celles-là que ma vie mentale se construit. Il y a un grand mystère dans ce saut.

BE 641 : C'est séduisant, malheureusement je crois que tu as tout mis à l'envers. Ces petites expériences sensuelles sont à la grande structure de ta vie mentale ce que les caractères d'imprimerie d'un roman sont à son intrigue et ses personnages – il n'y a aucun rapport, ces caractères ne sont que signes arbitraires non porteurs de sens. La lettre « b » n'a pas de sens particulier et pourtant, pour peu qu'elle et les autres lettres de l'alphabet forment certaines suites complexes, il en jaillit tout ce qui fait la richesse des sentiments humains d'un roman ou d'une nouvelle.

BE 642 : Ce n'est pas à ce niveau qu'on peut parler d'une nouvelle. Un écrivain choisit des *mots*, pas des lettres, et les mots ont un sens. Assemble toutes ces minuscules significations et te voilà avec un grand ensemble signifiant. De la même façon, la vie est faite d'une foule d'infimes expériences sensuelles, reliées les unes aux autres pour former une gigantesque expérience sensitivo-émotionnelle.

BE 641 : Attends un peu. Un mot isolé n'a ni sens profond ni pouvoir évocateur. Placé dans un contexte élaboré, il peut en avoir un grand, mais pas tout seul. Ce serait une illusion, et une illusion encore plus grande d'en attribuer aux lettres qui le constituent.

BE 642 : D'accord pour les lettres, mais pas pour les mots ! Ils sont les atomes de sens à partir desquels se construisent de plus vastes structures signifiantes. Impossible d'obtenir de vastes significations à partir d'atomes dénués de sens !

BE 641 : Vraiment ? Je croyais que tu venais d'admettre que c'est exactement ce qui se passe dans le cas des mots et des lettres. Mais très bien, prenons un autre exemple. Dirais-tu que la musique a du sens ?

BE 642 : La musique est une des choses les plus porteuses de sens que je connaisse.

BE 641 : Mais est-ce le cas de chaque note ? Par exemple, éprouves-tu de l'attirance ou de la répulsion à l'égard du Do central, lui trouves-tu de la beauté ou de laideur ?

BE 642 :   Bien sûr que non ! Pas plus qu'en voyant un Do isolé sur la portée.

BE 641 :   Y a-t-il une seule note isolée qui, en elle-même, t'attire ou te repousse ?

BE 642 :   Non, une note isolée n'apporte strictement rien. Celui qui prétendrait être remué par une seule note se la jouerait !

BE 641 :   Pourtant, quand tu écoutes un morceau de musique que tu aimes ou détestes, tu es certainement attiré ou repoussé. D'où vient cette impression, puisqu'il est fait de notes qui ne provoquent en elles-mêmes ni attraction ni répulsion ?

BE 642 :   Cela dépend de la façon dont elles sont agencées au sein de plus vastes structures. Une mélodie me plaît de par l'espèce de « logique » qu'elle possède. Une autre ne me plaira pas parce qu'il lui manque cette logique, ou qu'elle est trop simpliste, enfantine.

BE 641 :   Voilà qui a plutôt l'air d'une réaction à une *structure,* bien différente d'une sensation brute… Un morceau de musique peut avoir un grand pouvoir émotionnel tout en n'étant composé que de minuscules atomes sonores dont aucun n'a un tel pouvoir. Ce qui compte, donc, est la structure de l'organisation, pas la nature de ses constituants. Cela nous ramène à ce qui te laissait perplexe : la différence entre des sujets dotés de perceptions comme toi et moi et ce qui est en dénué, comme une corde qui se balance ou des flotteurs en plastique. Pour toi, la différence fondamentale doit trouver son origine dans quelque ingrédient spécial, une *chose* tangible, une *substance,* faisant partie de la constitution des êtres sensibles, dont est privé tout ce qui est dépourvu de sensibilité. C'est bien cela ?

BE 642 :   Quelque chose comme ça, en effet…

BE 641 :   Appelons donc « sensum » cet ingrédient spécial qui permet aux êtres doués de sensations d'exister. Malheureusement, personne n'a jamais trouvé un atome ou une molécule de sensum. Mais, même si l'on découvrait une mystérieuse substance présente chez tous les animaux supérieurs – mais pas chez les animaux inférieurs, *a fortiori* pas dans de simples machines –, je crois bien que tu demanderais comment une telle substance inanimée et insensible par elle-même peut donner naissance à des sensations.

BE 642 : Le sensum, s'il existait, s'apparenterait plus à l'électricité qu'aux atomes ou aux molécules. À moins que cela ne ressemble au feu ou à la radioactivité – en tout cas à quelque chose qui aurait l'air vivant, quelque chose qui, par nature, exécute une danse frénétique – mais ce ne serait pas de la *matière* inerte.

BE 641 : Quand tu as décrit la Terre avant l'apparition de la vie, il y avait des volcans, de la foudre et des éclairs, de l'électricité, du feu, de la lumière et des sons – et le Soleil, cette grosse boule en fusion nucléaire. Pourtant, tu n'imaginais pas que l'existence de semblables phénomènes, quels que fussent leur enchaînement et leur combinaison, pourrait jamais faire émerger des sujets doués de sensations. Et voilà qu'à l'instant, en parlant de l'essence mystérieuse pourvoyeuse d'âme que j'ai appelée « sensum », tu as utilisé le mot « danse », comme dans l'expression « la danse des symboles ». Aurais-tu involontairement changé de discours ?

BE 642 : Eh bien, disons que je peux concevoir que c'est dans une « danse » étincelante, flamboyante que réside ce qui distingue les sujets doués de sensation des choses insensibles. Mais même si nous en venions à comprendre la physique par laquelle le sensum engendre les sensations, quelque chose de fondamental ferait *toujours* défaut. Imagine que le monde soit peuplé de sujets définis par quelque structure ayant trait au sensum. Imaginons même que cette structure au plus profond de chaque sujet soit une boucle étrange, comme tu l'as postulé. Eh bien, à cause de cette insaisissable mais merveilleuse structure mettant en œuvre, en partie du moins, le sensum, il y aura de nombreuses « lumières allumées » dispersées en certains endroits, çà et là dans l'univers. Le point de friction demeure : laquelle est *moi* ? Qu'est-ce qui fait que l'*une* est différente des autres ? Quelle est l'origine de mon « Je » ?

BE 641 : Qu'est-ce qui te fait dire que tu es différent des autres ? Chacun va s'écrier qu'*il* est différent. Mais ce sont les mêmes pensées que vous déballeriez. Ce n'est en tout cas pas cela qui permettrait de vous distinguer les uns des autres !

BE 642 : Tu te moques de moi ! Tu sais parfaitement que je ne suis *pas* le même qu'un autre. Ma flamme intérieure est *ici* et nulle part ailleurs. Je veux savoir ce qui distingue cette flamme-là de celle des autres.

BE 641 : Je te l'ai déjà dit : tu es un satellite de ton cerveau. Tel cerveau précis, comme tel foyer de cheminée, se trouve en un endroit précis. Et, partout où il se trouve être, sa boucle étrange résidente baptise l'endroit « ici ». Qu'y a-t-il de mystérieux là-dedans ?

BE 642 : Pas moyen de te faire répondre à la question. L'as-tu seulement *entendue,* l'as-tu *ouïe,* espèce d'âne ?!

BE 641 : Oh que oui, je t'ai ouï, ouistiti ! Moi ici, toi là !

BE 642 : Houlà ! Un peu de sérieux. Ma question est très claire. N'importe qui est capable de la comprendre (à part toi, peut-être). Pourquoi suis-je dans *ce* cerveau ? Pourquoi n'ai-je pas atterri dans un *autre* cerveau ? Pourquoi pas dans le tien, par exemple ?

BE 641 : Parce que ton « Je » n'était pas une chose *a priori* bien définie, prédestinée à sauter de pied en cap, en un instant précis, dans n'importe quel récipient vide tout juste créé pour l'occasion. Pas plus que ton « Je » ne s'est mis soudain à exister, sans qu'on l'attende mais déjà au mieux de sa forme. Non, ton « Je » a émergé lentement à partir d'un million d'événements imprévisibles qui sont arrivés à un certain corps et au cerveau qu'il hébergeait. Ton « Je » est une structure qui s'autorenforce et qui en vient à exister peu à peu non seulement *dans* ce cerveau-là mais *grâce* à lui. Il n'aurait pas pu naître dans cet *autre* cerveau car cet *autre* a connu d'autres expériences qui ont mené à un autre être humain.

BE 642 : Et pourquoi ne pourrais-*je* pas bénéficier de ces expériences aussi bien que toi ?

BE 641 : Attention ! Chaque « Je » est défini comme le *résultat* de ses expériences, mais la réciproque n'est pas vraie ! Penser le contraire est tentant, mais serait un piège. Tu persistes dans ton hypothèse de départ, à savoir que tout « je », pour avoir grandi dans un cerveau bien précis, n'est pas pour autant profondément enraciné en lui – que ce même « Je » aurait tout aussi bien pu être connecté à n'importe quel autre cerveau ; qu'il n'y a pas de lien plus profond entre un « Je » et un cerveau donnés qu'entre un canari et sa cage. Qu'on pourrait s'échanger les cerveaux arbitrairement.

BE 642 : Encore une fois, tu réponds à côté. Je ne me demande pas pourquoi j'ai *atterri* dans ce cerveau mais pourquoi *j'ai débuté* dans ce cerveau pris au hasard et pas d'un autre. Il n'y a pas de raison pour que ce soit *celui-là*.

BE 641 : Non, c'est *toi* qui es à côté de la plaque ! La question essentielle, aussi dérangeante qu'elle te paraisse, est que *personne* n'a fait ses débuts dans ce cerveau, vraiment personne. Il était aussi inhabité que peut l'être une corde qui se balance ou un tourbillon. Mais, à la différence de ces systèmes physiques, il était capable de percevoir et donc de gagner en sophistication. Ainsi, au fil des semaines, des mois et des années, *quelqu'un* a commencé à habiter là-dedans. Mais cette identité personnelle n'est pas apparue d'un seul coup, toute faite. Non. Elle s'est agglomérée lentement avant d'apparaître clairement, un peu comme un nuage dans le ciel ou la condensation sur une vitre.

BE 642 : Mais qui était cette personne en gestation ? Pourquoi n'aurait-elle pu être quelqu'un d'autre ?

BE 641 : J'y viens. Ce qui s'est lentement propagé dans ce cerveau était un ensemble complexe de tendances mentales et d'habitudes verbales qui présentement ne cessent de répéter la question : « Pourquoi suis-je *ici* et non *là* ? » Comme tu peux le remarquer, ce cerveau-ci (c'est-à-dire le mien) n'oblige pas sa bouche à ressasser cette question. *Mon* cerveau est très différent *du tien*.

BE 642 : Que veux-tu dire ? Que cela n'a aucun sens de demander « Pourquoi suis-je ici et non là » ?

BE 641 : Oui, entre autres choses. Ce qui rend tout cela tellement contre-intuitif – parfois à la limite de l'incompréhensible – est que ton cerveau (ou le mien, ou celui de n'importe qui) s'est répété à lui-même un million de fois une histoire qui s'autorenforce, dont le personnage central s'appelle « Je ». Or l'un des attributs essentiels de ce « Je », une condition *sine qua non* de la « Je-nèse » et de la

« Je-nitude », est qu'il se glisse aisément dans d'autres cerveaux, du moins partiellement. En mal d'empathie, d'amitiés, de relations familiales (et de bien d'autres choses), le « Je » de ton cerveau fait sans arrêt de petits raids à l'intérieur d'*autres* cerveaux pour adopter dans une certaine mesure leur point de vue, en se persuadant qu'il aurait très bien pu être hébergé par eux. Et voilà comment, tout naturellement, il se retrouve à se demander pourquoi il n'y *habite pas*.

BE 642 : Et il a bien raison ! Quoi de plus naturel ?

BE 641 : Un bout de la réponse est que ton « Je », dans une faible mesure, *squatte* d'autres cerveaux. Eh oui, ton « Je » habite un tout petit peu mon insupportable tête de mule, et *vice versa*. Mais malgré ces débordements inconvenants qui transforment ton « Je » version intra-muros en « Grand "Je" métropolitain », il reste tout de même très localisé. Bien entendu, il ne se répartit pas uniformément parmi tous les cerveaux de la surface du globe – pas plus que le Grand Mexico n'a de banlieue à Madagascar ! Mais la réponse à ta question « Pourquoi ici et pas là ? » comprend un autre volet qui va t'embarrasser. C'est que ton « Je » n'est hébergé nulle part.

BE 642 : Pardon ? Voilà que tu changes de refrain ?

BE 641 : Ce n'est qu'une autre façon de voir les choses. Tout à l'heure, j'ai parlé de ton « Je » comme d'une structure et d'une histoire qui se consolidaient elles-mêmes. Mais là je prends le risque de te fâcher en parlant d'un *mythe* qui se conforte lui-même.

BE 642 : Un *mythe* ?! Je n'ai rien d'un mythe et je suis ici pour te le prouver.

BE 641 : Ne monte pas sur tes grands chevaux. Pense un peu à l'illusion de la bille dans la boîte d'enveloppes. Si je m'obstinais à prétendre qu'il y avait là une vraie bille, tu dirais que je suis tombé dans le panneau d'une illusion tactile, pas vrai ?

BE 642 : Certes, bien que l'*impression* qu'il y a quelque chose de solide ne soit pas une illusion.

BE 641 : D'accord. Eh bien je prétends que ton cerveau (tout comme le mien ou n'importe lequel) a inventé inopinément quelque chose qu'il a appelé « Je », tout aussi réelle (ou plutôt illusoire) que la bille de la boîte d'enveloppes. En ce sens, ton cerveau s'est dupé lui-même. Le « Je » – le tien, le mien, celui que tu veux – est une illusion formidablement efficace, et d'une valeur fantastique en termes de survie. Nos « Je » sont des illusions qui se renforcent elles-mêmes tout en étant les sous-produits obligés des boucles étranges, elles-mêmes sous-produits obligés de cerveaux dotés de symboles, guidant les corps à travers les embûches et les chausse-trappes de la vie.

BE 642 : Tu me racontes qu'il n'y a pas *vraiment* de « Je ». Mais mon cerveau me dit avec la même assurance *qu'il existe* bien. Puis tu prétends que c'est mon cerveau qui me joue des tours. Excuse-moi : il joue des tours à *qui* ? Tu viens juste de me dire que ce *moi* n'existe pas, donc de *qui* le cerveau se paie-t-il la tête ? Et, excuse-moi encore, comment puis-je seulement parler de « *mon* cerveau » s'il n'y a pas de *moi* à qui appartenir ?

BE 641 : Le problème tient, en un sens, à ce que le « Je » est quelque chose qui vient du néant. Comme c'est impossible, le prétendu quelque chose s'avère n'être qu'une illusion. Mais une illusion très puissante, un peu comme celle de la bille au milieu des enveloppes. Cela dit, le « Je » est un mirage bien plus tenace et récalcitrant car dans son cas, pas moyen de retourner la boîte, d'ausculter chaque enveloppe et d'en déduire qu'il n'y a rien de solide et sphérique. Nous n'avons pas accès au fonctionnement interne de notre cerveau. La seule façon d'appréhender la bille « Je » est de prendre toutes les enveloppes en bloc, et *cette* façon de procéder nous dit qu'il est réel !

BE 642 : S'il n'y a pas d'autre point de vue possible, qu'est-ce qui a pu nous mettre sur la piste de la supercherie ?

BE 641 : Ce qui incite bien des gens à subodorer secrètement qu'il y a une part de mythe dans la notion de « Je », est précisément ce qui t'a troublé tout au long de notre discussion : une certaine incompatibilité entre les lois rigides de la physique et l'existence de quelque chose de très imprécis et brumeux que nous appelons « Je ».

Comment des êtres doués de sensations et de sentiments peuvent-ils apparaître dans un monde où il n'y a que des objets sans âme en mouvement ? Tout se passe comme si la perception, la sensation et l'expérience venaient *en plus*, par-dessus et au-delà de la physique.

BE 642 : Sauf bien sûr si le sensum existe, ce qui est loin d'être évident. En tout cas, je suis d'accord que ce conflit avec la physique est un indice du fait que le concept de « Je » est tout à fait insaisissable et réclame une explication.

BE 641 : L'autre indice nous incitant à reconsidérer la chose tient à notre façon de percevoir qui est la cause de quoi. Dans la vie de tous les jours, il va de soi que le « Je » peut agir et tout chambouler autour de lui. Si je prends la voiture pour aller au supermarché, mon automobile d'une tonne finit par m'y emmener et m'en ramener. Ce qui paraît plutôt curieux dans l'univers de la physique où tout résulte d'interactions entre particules. Quelle place y a-t-il dans cette histoire de particules pour un vague « Je » éthéré capable de déplacer un lourd véhicule ? De quoi jeter également un doute sur la réalité du concept de « Je ».

BE 642 : Peut-être, mais alors un doute très léger.

BE 641 : Peu importe. Ce doute extrêmement ténu s'insinue dans tout ce que nous tenons pour acquis depuis notre petite enfance, à savoir l'existence *effective* du « Je » – credo qui triomphe haut la main chez la plupart des gens, à qui ne vient même pas à l'esprit d'engager la bataille. Mais, pour un petit nombre, la guerre fait rage : physique contre « Je ». Plusieurs échappatoires ont été proposées, dont l'idée que la conscience est une nouvelle sorte de phénomène quantique, ou encore qu'elle réside uniformément dans toute la matière, etc. Quant à moi, je propose une trêve en considérant le « Je » comme une hallucination perçue par une autre hallucination, ce qui paraît étrange, voire plus étrange encore, comme une hallucination ayant l'hallucination d'une hallucination.

BE 642 : Étrange, étrange… Délirant, oui !

BE 641 : Peut-être, mais comme bien des fruits de la science moderne. Cela semble fou tout en étant vrai. Il paraissait délirant, jadis, de croire que la Terre tournait autour d'un Soleil immobile, quand il était d'une évidence flagrante que c'était le contraire. Aujourd'hui, nous pouvons adopter les deux façons de voir en fonction des circonstances. Dans le cadre de pensée de la vie quotidienne, nous pouvons dire « le Soleil se couche » et, dans celui de la science, nous nous rappelons que c'est la Terre qui tourne. Nous sommes des créatures flexibles, capables de changer d'angle de vue en fonction des circonstances.

BE 642 : Selon toi, serions-nous également capables de passer d'un point de vue à un autre à propos de l'existence du « Je » ?

BE 641 : Absolument. Quand je dis que le « Je » est une hallucination perçue par une autre hallucination, cela s'apparente au point de vue héliocentrique – cela ouvre de nouvelles perspectives mais c'est très contre-intuitif et ne facilite guère la communication avec les autres êtres humains qui croient dur comme fer en leur « Je ». Nous expliquons notre comportement et celui des autres grâce à l'hypothèse de notre « Je » et de son équivalent chez les autres. Ce point de vue naïf nous permet de parler du monde humain en des termes qui sont parfaitement intelligibles à tous.

BE 642 : *Naïf* ?! Je note que c'est *toi* qui n'arrêtes pas de parler du « Je » ! Tu l'as prononcé une bonne centaine de fois au cours des cinq dernières minutes !

BE 641 : Certes. Tu as parfaitement raison. Le concept de « Je » nous est nécessaire, indispensable à tous, même s'il n'est qu'illusion, comme le fait de penser que le Soleil tourne autour de la Terre parce qu'il se lève, traverse le ciel et se couche. Ce n'est que lorsque notre point de vue naïf se heurte au monde de la physique que surgissent des difficultés de toute sorte. Ceux d'entre nous qui sont le plus versés dans les sciences se rendent alors compte qu'il faut un autre scénario. Mais l'histoire toute simple du « Je » est un million de fois plus importante pour la plupart d'entre nous qu'une explication scientifique, et c'est pourquoi on ne la conteste pas. Le mythe du « Je » l'emporte haut la main, sans débat, même chez la majorité des scientifiques.

BE 642 :   Comment cela se fait-il ?

BE 641 :   J'y vois deux raisons. La première est que le mythe du « Je » est infiniment plus essentiel à notre système de pensée que celui du Soleil tournant autour de la Terre. La seconde est que toute approche scientifique en la matière est bien plus subtile et déroutante que ne le fut le passage à l'héliocentrisme. Voilà pourquoi il est bien plus difficile de déloger de nos cerveaux le mythe du « Je » que celui de « la rotation du Soleil autour de la Terre ». Démystifier le « Je » pour un adulte moyen cela équivaut à démystifier le Père Noël pour un bambin. En fait, c'est bien plus difficile ! Cesser de croire complètement au « Je » est même impossible, car il est indispensable à la survie. Que nous le voulions ou pas, nous autres humains sommes enchaînés pour de bon à ce mythe.

BE 642 :   Pourquoi persistes-tu à dire que le « Je » n'est qu'un mythe, une hallucination, une illusion, tout comme cette fichue non-bille ? J'en ai assez de t'entendre débiter ta vieille métaphore fatiguée de la bille. Je veux savoir qui est victime de l'hallucination.

BE 641 :   Très bien. Envoyons se coucher la métaphore de la bille un moment. L'idée de base est que la danse des symboles dans le cerveau est elle-même perçue par des symboles, ce qui amplifie la danse en une boucle qui s'élargit. Voilà en un mot ce qu'est la conscience. Mais il faut se rappeler que les symboles ne sont que de vastes phénomènes prenant naissance dans une activité neuronale exempte de tout symbole. Si on change d'angle de vue et qu'on se débarrasse entièrement du langage des symboles, le « Je » disparaît. Il se volatilise et donc plus de causalité descendante.

BE 642 :   Qu'est-ce que tout cela veut dire, précisément ?

BE 641 :   Que dans la nouvelle description il n'y a plus de désirs, de convictions, de traits de caractère, de sens de l'humour, d'idées, de souvenirs ou de quelque autre activité mentale : rien que de minuscules événements physiques (essentiellement des collisions de particules). On peut faire la même chose dans le billodrome où l'on peut changer d'angle de vue, soit en regardant tout au niveau des simmbols soit en restant à celui des simms. Dans le premier cas, les simms sont invisibles et, dans le second, ce sont les simmbols. Ces deux points de vue concurrents sont antinomiques, comme les systèmes héliocentrique et géocentrique.

BE 642 : Je vois bien tout cela, mais pourquoi insinues-tu sans cesse que l'un n'est qu'illusion et l'autre vérité ? Tu donnes toujours la primauté au point de vue des *particules*, le niveau le plus bas, microscopique. Pourquoi de telles idées préconçues ? Pourquoi ne pas considérer ces deux façons de voir comme étant aussi valides l'une que l'autre, nous permettant d'osciller entre elles en fonction de nos besoins, un peu comme les physiciens qui travaillent sur les gaz peuvent basculer entre les points de vue de la thermodynamique et de la mécanique statistique ?

BE 641 : Parce que, pour notre plus grand malheur, le point de vue qui ignore les particules induit différents modes de pensée magique. Il incite à séparer le monde en deux sortes d'entités radicalement différentes (les êtres conscients et les autres), il implique deux sortes de causalité complètement différentes (descendante et ascendante), l'existence d'âmes immatérielles qui naissent à partir de rien avant de disparaître à un moment donné, et bien d'autres choses encore.

BE 642 : Qu'est-ce que tu peux être versatile ! Tu *aimais* bien l'explication sur les dominos qui testaient la primalité de 641 ! C'est celle que tu *préférais* ! Tu n'arrêtais pas de dire que c'était la *véritable* raison pour laquelle les dominos ne tombaient pas, que l'autre explication était aveugle et sans aucun intérêt.

BE 641 : *Touché** ! Je reconnais le paradoxe de ma position. Il arrive que le point de vue strictement scientifique ne présente pas le moindre intérêt, même s'il est juste. C'est un dilemme. Comme je l'ai dit, c'est notre humaine condition de croire en un mythe. Nous sommes définitivement pris au piège, et c'est ce qui fait tout le piment de la vie.

BE 642 : Le Taoïsme et le Zen ont perçu, il y a bien longtemps, cette situation paradoxale et s'en sont servis pour tenter de déconstruire le « Je », ou carrément s'en débarrasser.

BE 641 : L'objectif est louable, mais voué à l'échec. Tout comme nos yeux nous permettent de *voir*, notre « Je » nous permet d'*être* ! Nous sommes destinés à percevoir des abstractions et agir en conséquence. Nous passons notre temps à classifier le monde en une hiérarchie toujours croissante de structures, toutes représentées dans notre cerveau par des symboles. Nous forgeons en permanence de nouveaux symboles en en regroupant d'anciens dans des structures d'un nouveau type, et cela pratiquement à l'infini. De plus, nous nous situons au niveau macroscopique et ne pouvons descendre à celui où les causes physiques se manifestent. Pour compenser, nous trouvons toutes sortes de raccourcis merveilleusement efficaces pour décrire tout ce qui se produit car le monde, bien que dément et chaotique, n'en présente pas moins des régularités auxquelles, la plupart du temps, on peut se fier.

BE 642 : De quelles régularités parles-tu ?

BE 641 : Oh, par exemple, on peut aisément prévoir que des balançoires sur une aire de jeux... se balanceront pour peu qu'on les pousse et cela même si les détails du mouvement de leurs chaînes ou de leurs sièges échappent à notre capacité de prédiction. Mais, à vrai dire, nous ne nous intéressons pas à de tels détails et avons le sentiment de très bien savoir comment se fera le balancement. Même chose pour les caddies de supermarché qui vont là où nous les poussons, même si leurs drôles de roues bancales (mais cela aussi est prévisible) leur confèrent une certaine dose amusante d'imprédictibilité. Quelqu'un qui se promène sur le trottoir dans ta direction fera peut-être d'infimes écarts imprévisibles, sans que tu craignes qu'il ne te rentre dedans et t'envoie *ad patres*. Nous connaissons parfaitement les régularités de cette sorte et les considérons comme allant de soi. Elles se situent extraordinairement loin du niveau des collisions de particules. Le raccourci le plus efficace et le plus irrésistible consiste à attribuer des aspirations et des convictions abstraites à certaines entités « privilégiées » (celles dotées d'un cerveau : les animaux et les êtres humains) et d'en faire un seul paquet présumé indivisible qui représente l'essence de chacune d'elles.

BE 642 : Tu veux parler de l'âme ?

BE 641 : En effet. Ou, si ce mot te gêne, parlons de la façon dont une telle entité perçoit de l'intérieur – disons son point de vue intérieur. Puis, pour finir, comme chaque être doué de perception navigue en permanence entre ses actions et leurs innombrables conséquences, il ne peut pas s'empêcher de s'inventer une fable particulière et complexe à propos de son âme *propre*, de son essence *propre*. Cette fable n'est pas fondamentalement différente de celles qu'il invente pour tous les êtres dotés d'un cerveau qu'il rencontre – elle est simplement bien plus détaillée. De surcroît, le conte du « Je » parle d'une essence qui reste toujours présente (contrairement aux « toi », « elle » ou « il » qui ont tendance à apparaître le temps d'une séquence ou deux avant de quitter la scène).

BE 642 : C'est donc le fait que le système peut s'observer lui-même qui le condamne à n'être qu'illusion.

BE 641 : Pas seulement parce qu'il *peut* s'observer lui-même, mais parce qu'il *s'observe* lui-même en permanence. D'autant, fait fondamental, qu'il n'a d'autre choix que de tout simplifier à l'extrême. Nos catégories sont de grandes simplifications des structures de l'univers mais, bien choisies, elles sont extraordinairement efficaces pour nous permettre de sonder et prévoir ce qui se passe autour de nous.

BE 642 : Et pourquoi ne pouvons-nous pas nous débarrasser de nos hallucinations ? Pourquoi ne parvenons-nous pas à cet état de pure abstraction de soi que recherchent les adeptes du Zen ?

BE 641 : On peut s'y essayer tant qu'on veut, et l'exercice est intéressant pendant une courte période, mais nous ne pouvons pas survivre en faisant disparaître notre équipement perceptuel. Nous ne pouvons pas faire en sorte de *ne pas* percevoir les fleurs, les chiens, les autres gens, etc.. Nous pouvons toujours nous y amuser, nous dire à nous-mêmes que nous y sommes parvenus, prétendre qu'ils sont « sortis » de notre perception, mais ce n'est que du baratin à usage personnel. Reste que nous sommes des créatures macroscopiques et que notre perception et nos catégories sont donc d'une texture extrêmement grossière par rapport à celle du niveau où se situe la véritable causalité de l'univers. Pour le meilleur ou le pire, nous sommes englués au niveau des simplifications radicales.

BE 642 : Est-ce dramatique ? À t'entendre, on croirait à un sort funeste.

BE 641 : Mais pas du tout ! C'est tout à notre honneur ! Il n'y a que les adeptes du Zen et du Taoïsme pour considérer qu'il faut s'y opposer bec et ongles. Ils en veulent aux mots, ils récusent l'idée de partager le monde en éléments discrets auxquels on attribue un nom. À cet effet ils te donnent des recettes – comme leurs drôles de koans – pour essayer de combattre la propension universelle à se servir des mots. Personnellement, je n'ai nullement l'intention de partir en guerre contre l'usage des mots pour percer les énigmes de l'univers – tout au contraire ! Mais je reconnais que cela présente un inconvénient majeur.

BE 642 : Lequel ?

BE 641 : Celui qui consiste à devoir vivre avec les paradoxes, et cela de façon intime. Ce qu'incarne le mot « Je » à lui tout seul.

BE 642 : Je ne vois rien de paradoxal dans le mot « Je ». En fait, je ne vois aucun rapport entre l'idée du « Je », banale, directe, terre à terre et cette notion ésotérique, presque insaisissable, de boucle étrange gödelienne.

BE 641 : Très bien, voyons cela. D'un côté, le « Je » indique une collection d'abstractions de très haut niveau : l'histoire d'une vie, un ensemble de goûts, un tas d'espoirs et d'effrois, des talents et des faiblesses, un certain sens de l'humour, certaines dispositions, etc. D'un autre côté, le « Je » indique un objet physique fait de milliards de cellules, chacune faisant son travail sans se préoccuper le moins du monde de ce prétendu « tout » dont elle n'est qu'une partie infinitésimale. Pour le dire autrement, le « Je » renvoie simultanément à un substrat biologique tout à fait tangible et palpable, et à une configuration psychologique extrêmement abstraite et intangible. Quand tu dis « j'ai faim », auquel de ces niveaux te réfères-tu ? Et quand tu dis « je suis content » ou avoues « je n'arrive pas à me rappeler notre ancien numéro de téléphone » ? Ou que tu t'exclames : « J'adore le ski », ou « j'ai sommeil » ?

BE 642 : C'est vrai, maintenant que tu le dis, je t'accorde qu'il est difficile de cerner ce que représente le « Je ». Il renvoie tantôt à quelque chose de concret, de physique et tantôt à quelque chose d'abstrait, de psychique. Pourtant, quand on y regarde de près, « Je » est toujours à la fois concret et abstrait.

BE 641 : Ce n'est qu'une seule et même chose, mais décrite de deux manières extraordinairement différentes. Et c'est exactement la même chose pour une phrase gödelienne. C'est pour cela qu'il est vrai de dire qu'une telle phrase porte à la fois sur les nombres et sur elle-même. De façon analogue, le « Je » renvoie à la fois à une myriade d'objets physiques distincts et à une seule structure abstraite – la structure même qui nous permet de parler du monde !

BE 642 : Il semble que ce petit pronom soit le lien entre tout ce qui rend notre existence humaine mystérieuse et mystique. C'est vraiment quelque chose à part. La boucle qui pointe intrinsèquement sur elle-même et à laquelle se réfère le pronom « Je » – son indexicalité comme diraient les philosophes – est fondamentalement différente de toute autre structure dans l'univers.

BE 641 : Je ne suis pas tout à fait d'accord. Ou plutôt pas du tout. Le pronom « Je » n'implique pas une autoréférence plus forte, profonde ou mystérieuse que le cœur de la construction de Gödel. C'est presque le contraire. Gödel a simplement explicité la signification réelle du « Je ». Il a révélé que, dans les coulisses de ce qu'on appelle les « indexicaux », il n'y a que des codes et correspondances dépendant de systèmes d'analogies stables et fiables. Ce que nous appelons « Je » vient de cette stabilité référentielle, et c'est tout. Il n'y a rien de plus mystique dans « Je » que dans tout autre mot de référence. La vérité, c'est que le *langage* est une structure très différente des autres structures de l'univers.

BE 642 : Alors, pour toi, le « Je » n'a rien de mystique ? Être n'a rien de mystérieux ?

BE 641 : Ce n'est pas ce que j'ai dit. Être me paraît *très* mystérieux parce que, comme tout le monde, je suis fini et n'ai pas la possibilité de sonder suffisamment profondément mon substrat pour faire disparaître mon « Je ». Si je le faisais, je crois que la vie perdrait tout intérêt.

BE 642 : Moi aussi !

BE 641 : Quand nous examinons notre substrat au niveau le plus fin à l'aide d'expériences scientifiques, nous découvrons de petits miracles aussi gödeliens que le « Je ».

BE 642 : Nous voilà bien ! Des microgödclinos ! Mais encore ?

BE 641 : Je veux parler de la duplication de la double hélice de l'ADN. Le mécanisme qui se cache derrière implique exactement le même genre d'idées abstraites que dans le type d'autoréférence de Gödel. C'est ce que John von Neumann a involontairement révélé quand il a conçu, au début des années 1950, une machine capable de s'autoreproduire ayant exactement la même structure abstraite que la ruse autoréférentielle de Gödel.

BE 642 : Es-tu en train de dire que les microgödelinos sont des machines qui s'autorépliquent ?

BE 641 : Oui ! Il s'agit d'une analogie subtile mais belle. L'analogue du nombre k de Gödel est un programme particulier. La machine « parente » examine ce programme et suit ses instructions à la lettre – c'est-à-dire construit ce que le programme décrit. Pour cela, elle doit savoir quels symboles représentent quels objets – une sorte de code à la Gödel, une correspondance. L'objet nouvellement construit est une machine à qui il manque une partie essentielle. Pour combler cette lacune, la machine parente *copie* alors le programme et colle cette copie (la partie manquante essentielle) à l'intérieur de la nouvelle machine, et le tour est joué : le nouvel objet est une machine « fille », identique à la machine « parente ».

BE 642 : Cela me rappelle le logo de la boîte de sel Morton. Est-ce que la « machine fille » à qui il manque quelque chose d'essentiel serait comme « la petite fille au parapluie » si elle avait les mains vides ? Et le programme jouerait le rôle de la petite boîte de sel bleue ?

BE 641 :   Tout juste ! Donne-lui la petite boîte bleue, et c'est parti ! Ah, l'infinité ! Très curieusement, à peine quelques années plus tard, les biologistes moléculaires ont découvert que le mécanisme gödelien de von Neumann était la même astuce que celle que la Nature avait trouvée pour assurer la reproduction d'entités physiques. Le programme, c'est l'ADN, bien sûr. Il ne dépend que de l'existence de correspondances stables (ici la correspondance est le « code génétique ») et des significations qui en découlent. Et vois où cela nous mène : à tout le vivant, depuis son apparition jusqu'où il pourra aller. Ah, l'infinité !

BE 642 :   Selon toi, donc, le sentiment d'être une créature vivante unique en son genre, qui se traduit dans l'indexicalité magique de l'insaisissable terme « Je », n'est pas un phénomène profond mais une conséquence banale des systèmes de codification ?

BE 641 :   Je ne crois pas avoir dit cela ! La sensation d'être vivant et d'être un maillon unique dans une chaîne infinie *est* certainement profonde, mais elle ne transcende pas pour autant les lois de la physique. Bien au contraire, elle les utilise à fond – ce qui n'est guère banal ! D'un autre côté, l'envie très courante d'entourer de mystère le pronom « Je », comme s'il recelait une énigme plus profonde que d'autres mots, embrouille tout. À l'origine de tous ces étranges phénomènes, une seule chose : la *perception*, qui importe des symboles et des significations dans un système physique. Percevoir, c'est faire un saut fantastique du « fichu charivari » de William James à un niveau symbolique abstrait. Puis, quand la perception se retourne et se cible elle-même – ce qui est inévitable –, vous obtenez de riches retombées qui paraissent magiques. Note bien : qui *paraissent* magiques, mais ne le sont pas *réellement*. Nous avons là une boucle de rétroaction qui transcende les niveaux et dont la solidité apparente assure son hégémonie sur la réalité du reste de l'environnement. Ce « Je », cette bille de marbre cérébrale non réelle mais d'une obstination inouïe, ce phénomène « Épi », prend tout simplement le pouvoir en se consacrant Numéro Un du Réel et ne cédera plus la place, quoi qu'on en dise.

BE 642 : Ce « Je » est donc marbreilleux, extraordinairement marbreilleux ?

BE 641 : Quoi ?! Je pensais que tu pensais que ma conception du « Je » ne valait pas un clou ?

BE 642 : C'est vrai, mais je crois voir où tu veux en venir. Et ça commence à m'intriguer. Ta conception du « Je » frise le paradoxe, sans y tomber. Elle fait penser aux *Mains dessinant* d'Escher : le dessin est paradoxal si on se laisse absorber par son merveilleux réalisme en le considérant de l'*intérieur*, mais le paradoxe s'évanouit dès qu'on prend du recul en le regardant de l'*extérieur*. Cette fois, ça devient un autre dessin ! Franchement déconcertant. Vraiment trop déconcertant, trop à la Berry en somme, pour mériter... de jamais figurer dans le dictionnaire de Russel.

BE 641 : Quelle douce musique à mes oreilles ! Je suis ravi que tu trouves quelque mérite à mes idées. Comme tu le sais, ce ne sont que des métaphores, mais qui m'aident à donner du sens à la grande énigme du vivant ainsi qu'à celle, comme tu n'as cessé de le souligner, du fait d'être *ici*. Je te remercie pour cette superbe occasion d'échanger nos vues sur des sujets aussi subtils.

BE 642 : Tout le plaisir était pour moi. J'attends notre prochain rendez-vous avec empressement, impatience, assiduité, entrain, vigueur, vitalité, savoir-faire et hâte excessive. Adieu en attendant, et ciao !

[Ils sortent.]

Chapitre 21
Petit bras de fer avec les Ego cartésiens

ಶ ಶ ಶ

Il suffit de bien raconter pour toucher la corde sensible

Dans le précédent dialogue, l'interrogation lancinante de Boucle étrange 642 se résumait à ceci : « Qu'est-ce qui fait que je réside dans ce cerveau particulier plutôt que dans un autre ? ». Boucle étrange 641 avait beau s'efforcer de répondre de différentes façons à l'énigme, 642 avait toujours l'impression pénible que 641 ne saisissait pas vraiment la question et son importance cruciale pour l'existence humaine. Y aurait-il ici un dialogue de sourds, certaines personnes étant tout simplement hermétiques à la subtilité et au caractère insaisissable du problème ?

Bien. Si vous n'avez rien contre les scénarios de science-fiction, on peut poser la même question de façon si vivante et réaliste que tout le monde la comprendra et, du moins je l'espère, ne manquera pas d'en être profondément troublé. C'est ce que fait le philosophe britannique d'Oxford, Derek Parfit, dans son ouvrage merveilleusement inventif de 1984, *Reasons and Persons*. Voilà sa façon de présenter l'énigme :

> Je m'introduis dans le téléporteur. Je suis déjà allé sur Mars, mais uniquement selon la vieille méthode, un voyage en vaisseau spatial prenant plusieurs

semaines. Cette machine va m'expédier à la vitesse de la lumière. Je n'ai qu'à appuyer sur le bouton vert. Comme les autres, je suis nerveux. Est-ce que ça va marcher ? On nous a prévenus. Je me souviens de ce à quoi je dois m'attendre. Dès que je vais appuyer sur le bouton, je vais perdre conscience, puis me réveiller ce qui me semblera un instant plus tard. En fait, j'aurai été inconscient pendant environ une heure. Le Scanner, ici, sur Terre, détruira mon cerveau et mon organisme, tout en enregistrant l'état exact de toutes mes cellules. Il transmettra ensuite l'information par radio. Le message, se déplaçant à la vitesse de la lumière, mettra trois minutes pour atteindre le Réplicateur sur Mars. Ce qui créera, à partir d'un matériau nouveau, un cerveau et un organisme parfaitement identiques aux miens. C'est dans ce corps que je me réveillerai.

Tout en étant persuadé que c'est bien ce qui va se passer, j'hésite encore. Puis je revois le sourire de ma femme quand ce matin, au petit-déjeuner, je lui ai fait part de mon anxiété. Comme elle me l'a rappelé, elle a souvent été téléportée tout en restant, elle, en parfait état. J'appuie sur le bouton. Comme prévu, je m'évanouis et semble reprendre immédiatement conscience, mais dans une cabine différente. Je m'examine. Rien de changé. Pas même la coupure sur la lèvre supérieure que je me suis faite ce matin en me rasant.

*

Plusieurs années passent, pendant lesquelles je suis souvent téléporté. Me revoilà dans la cabine, prêt pour un autre voyage sur Mars. Mais cette fois, quand j'appuie sur le bouton, je ne perds pas conscience. J'entends un vrombissement, puis silence. Je quitte la cabine et m'adresse au technicien : « Ça ne marche pas. J'ai fait une fausse manœuvre ? »

« Ça marche », répond-il en me tendant une carte imprimée où l'on peut lire : « Le Nouveau Scanner enregistre votre configuration sans détruire votre cerveau ni votre organisme. Nous espérons que vous apprécierez les opportunités offertes par ce progrès technologique. »

L'assistant m'informe que je suis l'un des premiers à utiliser le nouveau Scanner. Il ajoute que si je reste une heure, je peux utiliser Intercom pour me voir et me parler sur Mars.

« Une minute, dis-je. Si je suis ici, je ne peux pas être aussi sur Mars. »

Quelqu'un toussote poliment. Un homme en blouse blanche demande à me parler en privé. Nous allons dans son bureau où il m'offre un siège, et marque une pause. Puis il commence : « Je crains que nous ayons des problèmes avec le nouveau Scanner. Il enregistre vos données tout aussi parfaitement, comme vous le verrez quand vous vous parlerez à vous-même sur Mars. Mais il semble endommager le système cardiaque qu'il scanne. À en juger par les résultats jusqu'ici, tout en étant en parfaite santé sur Mars, il faut vous attendre à une crise cardiaque ici, sur Terre, dans les prochains jours ».

L'assistant m'appelle un peu plus tard sur Intercom. Je me vois sur l'écran exactement comme dans la glace chaque matin. À deux différences près. Sur l'écran, je ne vois pas mon image renversée de gauche à droite. Puis, à mon ébahissement, je peux me voir et m'entendre parler dans le studio de Mars.

Mon fac-similé sachant que je suis sur le point de mourir, tente de me réconforter avec les mêmes propos que je tenais récemment à un ami mourant. Quelle tristesse de découvrir, du côté du receveur, à quel point de telles considérations sont vaines ! Ma réplique m'assure qu'il reprendra mon existence là où je la laisserai. Il est amoureux de ma femme et tous deux prendront soin de mes enfants. Il terminera le livre que je suis en train d'écrire. Non content de disposer de tous mes brouillons, il a intégré toutes mes intentions. Je dois admettre qu'il peut tout aussi bien que moi achever l'ouvrage. Autant de détails qui me consolent un peu. Mourir tout en sachant que j'aurai une copie de moi-même, ce n'est pas aussi dramatique que mourir tout court. Malgré tout, je vais bientôt perdre conscience, pour toujours.

Nous sommes de sacrés gogos !

Les préoccupations qui font tout le sel de l'histoire en deux parties de Derek Parfit, sont manifestement celles qui hantent Boucle étrange 642. Dans la première partie, nous nous inquiétons de savoir, en compagnie de l'auteur, s'il va vraiment ressusciter suite à son atomisation sur Terre et la transmission ultra détaillée de son phénotype sur Mars, censée présider à la fabrication de son nouvel organisme ; nous nous demandons si le nouveau personnage ne va pas se contenter de ressembler parfaitement à Parfit, penser comme Parfit, mais sans être Parfit. Puis, rapidement, nous avons le soulagement de constater que nos appréhensions n'étaient pas fondées : c'était bien Parfit, jusqu'à la moindre égratignure. Formidable ! Et comment le savons-nous ? Parce qu'il nous l'a dit ! Mais quel est ce « il » qui nous annonce la bonne nouvelle ? Est-ce Derek Parfit l'auteur-philosophe, ou Derek Parfit l'intrépide voyageur de l'espace ?

C'est Parfit le voyageur de l'espace. Il se trouve que Parfit, le philosophe, s'est contenté de ficeler une histoire à dormir debout en faisant de son mieux pour la rendre plus vraie que nature, mais on se rend compte rapidement qu'en fait l'auteur ne croit pas à différents volets de sa propre histoire. Le second épisode commence par contredire le premier. Quand nous apprenons que le nouveau Scanner, contrairement à l'ancien modèle, *ne* détruit *pas* « l'original », nous intégrons tacitement l'idée que Parfit, l'intrépide voyageur de l'espace, n'est parti nulle part. Nous ne nous posons pas la question de savoir s'il est sorti de la cabine sur Terre, parce *qu'il est toujours là*.

Ah, mais quels gogos nous faisons ! Alors que nous avons mordu à l'hameçon de « la téléportation équivaut au voyage » dans le premier épisode, en avalant toute la ligne et même le plomb, il semble que nous ayons dans le deuxième épisode emprunté sans réfléchir le chemin de moindre résistance, ce qui donne quelque chose du genre : « S'il existe deux choses différentes qui ressemblent à Derek Parfit, pensent et baratinent comme lui, et si l'une d'elles se trouve où nous avons vu Parfit pour la dernière fois alors que l'autre se trouve très loin, il s'ensuit, nom d'une pipe, que la plus proche est manifestement la *vraie*, et que l'autre n'est qu'une *copie* – un clone, une contrefaçon, un imposteur, un charlatan. »

De quoi déjà alimenter passablement la réflexion. Si la copie sur Mars est une imposture dans le deuxième épisode, pourquoi ne l'était-elle pas dans le premier ? Pourquoi marchons-nous à ce point en lisant le premier épisode ? Nous croyons naïvement au sourire rassurant de sa femme au petit-déjeuner puis, quand il sort de la cabine martienne, l'entaille révélatrice de son visage suffit à nous convaincre définitivement. Nous le croyons sur parole quand il dit que c'était vraiment *lui* qui sortait de la cabine. Mais à quoi d'autre fallait-il s'attendre ? Le corps nouveau-né allait-il sortir de la cabine en annonçant : « Ah, c'est affreux, je ne suis pas moi ! Je suis quelqu'un d'autre qui se contente de me *ressembler,* qui détient tous mes souvenirs depuis l'enfance, jusqu'à celui du petit-déjeuner que j'ai pris il y a quelques instants avec ma femme ! Je ne suis qu'un simulacre, mais alors, un sacré simulacre ! »

Le Martien nouvellement fabriqué ne va pas, bien entendu, proférer quelque chose d'aussi incohérent, pour la bonne raison qu'il n'a aucun moyen de savoir qu'il est un faux. Il croira, en tout état de cause, *être* l'original de Derek Parfit, désintégré dans le scanner terrestre il y a quelques instants. Après tout, c'est ce que son cerveau lui dirait, puisqu'il est identique à celui de Derek Parfit ! Ce qui montre qu'il faut considérer les déclarations d'identité personnelle, y compris celles venant directement de la bouche de la première personne, avec la plus grande circonspection.

Bon. Maintenant que nous nous sommes vaccinés contre le non-sens et injecté une bonne dose de rationalisme, quoi penser du deuxième épisode ? On nous dit que Parfit, le candidat au voyage dans l'espace, est cette fois sorti de la cabine *sur Terre,* qui plus est avec une maladie de cœur. Mais comment savons-nous que *celui-ci* est bien Parfit ? Pourquoi Parfit l'auteur ne nous raconte pas l'histoire du point de vue du nouveau Martien, qui lui aussi se désigne sous le nom de « Derek Parfit » ? Imaginez qu'il nous ait raconté l'histoire sous cette forme : « Dès que je suis sorti de la cabine martienne, on m'a annoncé l'affreuse nouvelle que l'*autre* Parfit – ce pauvre bougre resté sur Terre – a été victime de dégâts cardiaques en me téléportant ici. J'en suis accablé. Nous nous sommes peu après parlé au téléphone et je me suis trouvé dans la position inconfortable de tenter de le réconforter comme je l'avais fait récemment pour un ami à l'article de la mort… »

Pour peu qu'on nous ait raconté cette version avec assez d'habileté, nous n'aurions peut-être pas résisté à l'idée que *ce* corps-*là,* né sur Mars, était réellement Derek Parfit. En vérité, Derek Parfit, le talentueux philosophe-conteur, aurait pu nous faire imaginer que le corps terrestre cardiaque n'était jamais qu'un prétendant au titre d'Âme Unique baptisée par décret divin « Derek Parfit ».

Téléportation d'une expérience de pensée à travers l'Atlantique

Il semble que la façon dont on raconte un scénario de science-fiction – l'art de manipuler l'intuition – compte beaucoup sur sa crédibilité. Mon vieux collègue et ami Dan Dennett a fait maintes fois cette remarque en analysant les astucieuses expériences de pensée des philosophes. D'ailleurs, Dan a baptisé de telles fables minutieusement ciselées *pompes à intuition*. Il parle d'autant mieux en connaissance de cause qu'il a inventé certaines des pompes à intuition les plus perspicaces dans le domaine de la philosophie de l'esprit.

Je dois dire qu'en tapant pour ce chapitre le conte de Parfit extrait de son livre de 1984, une petite voix me murmurait, « Dis donc, ça ne te rappelle pas la préface de Dan à *The Mind's I*,[1] son ingénieuse fantaisie de téléportation qui nous attira tant de lecteurs lors de la parution du livre en 1981 ? ». Du coup, après avoir transcrit l'histoire de Parfit, je suis allé chercher dans ma bibliothèque un exemplaire de *The Mind's I* pour en relire les premières pages. J'en suis resté bouche bée. Il s'agissait exactement de la même fiction, en inversant les planètes et les sexes, racontée dans un style plus américain. Même structure bipartite, la première décrivant un « Téléclone Mark IV » qui détruisait l'original, la seconde une nouvelle version améliorée (« Mark V ») qui préservait l'original.

Que dire ? J'adore les deux histoires, chacune d'un côté de l'Atlantique, que l'une soit le clone de l'autre ou que leurs pedigrees n'aient aucun rapport (ce qui me semble peu probable étant donné que *The Mind's I* apparaît dans la bibliographie de Parfit). Bon. Maintenant que je me suis soulagé de cette broutille qui me restait sur le cœur, je vais pouvoir

---

1. Littéralement « Le Je de l'esprit », paru en français sous le titre *Vues de l'esprit*, Op. cit.

continuer de commenter le conte provocateur de Parfit (et bien entendu aussi celui de Dan, grâce au pouvoir référentiel de l'analogie).

Les quartiers louches des ego cartésiens

La question clé soulevée par le conte de Parfit est la suivante : « Où se trouve *réellement* le voyageur de l'espace Derek Parfit, suite à la téléportation du deuxième épisode ? ». En d'autres termes, lequel des deux prétendants à l'existence de Parfit, *est* réellement Parfit ? Dans le premier épisode, Parfit le conteur donne une réponse apparemment très plausible, tout en discréditant ladite réponse de façon tout aussi plausible au deuxième épisode. À ce stade, on peut presque entendre Boucle étrange 642, en pleine identification avec le voyageur de l'espace, s'écrier : « Lequel des deux suis-je ? »

À mon avis, on ne peut prétendre dire quoi que ce soit de pertinent sur le mystère de la conscience sans proposer (et défendre) une forme de réponse à cette question brûlante, apparemment instinctive. Je crois que désormais vous avez une idée de ma réponse, mais qui sait ? En tout cas, je vais vous laisser plancher là-dessus un peu, le temps de vous expliquer comment Parfit considère plus ou moins l'affaire.

La question est au cœur de l'ouvrage de Parfit et il consacre une centaine de pages à expliquer sa position. La notion principale contre laquelle il rompt des lances est ce qu'il surnomme, pour faire court, « le pur ego cartésien », ou « l'ego cartésien ». Dans ma façon de m'exprimer, l'ego cartésien correspond exactement à un quantum d'âme pure (ce qu'on appelle aussi « identité personnelle »), à 100 pourcent indivisible et impossible à diluer. Bref, c'est ce qui fait que vous, c'est *vous* et moi, c'est *moi*. Mon ego cartésien m'appartient et à personne d'autre, de la naissance à la mort, un point c'est tout. C'est mon propre univers à la première personne, totalement privé, non partagé et impartageable. C'est le sujet de mes expériences existentielles. Mon unique lumière intérieure. Vous voyez ce que je veux dire !

Entre parenthèses, je dois dire qu'à chaque fois que je tombe sur l'expression « ego cartésien », même si mes yeux ne perçoivent ici qu'un seul « g », une partie de moi a invariablement l'hallucination d'un deuxième « g » qui, dans mon cerveau, prend la forme d'un œuf (en anglais, « egg ») – un « eggo cartésien », si vous me passez l'expression –, un œuf magnifique à la coquille d'une blancheur immaculée, protégeant en son sein un vitellus parfaitement sphérique et infiniment précieux. Selon mon imagerie étrangement distordue, ce jaune d'œuf est le secret de l'identité humaine – et malheureusement, la mission première de l'ouvrage de Parfit consiste à broyer impitoyablement l'ensemble de l'œuf, ce sacro-saint vitellus compris.

Pour être plus précis, Parfit pourfend avec opiniâtreté la notion d'« identité personnelle » et lui dénie une quelconque signification. Certes, le concept a un sens dans notre univers quotidien – un monde sans téléclonage et autres manipulations de couper-coller fantaisistes sur les cerveaux et les esprits. Le fait est que nous nous fions tous peu ou prou à cette notion d'« ego cartésien » dans la vie de tous les jours ; elle s'est forgée au coin de notre bon sens et de notre culture aussi profondément, tacitement, subtilement et subrepticement que la notion du temps qui passe ou de la préservation de l'identité des objets qui se meuvent. Mais Parfit tient à explorer la façon remarquable dont cette notion primordiale d'ego cartésien résiste à des pressions extrêmes, sans précédent. En penseur consciencieux, il réalise quelque chose d'analogue à ce que faisait Einstein quand celui-ci s'imaginait se déplacer à la vitesse de la lumière ou une vitesse proche – il repousse les limites des notions classiques – et, à l'instar d'Einstein, constate que le point de vue classique sur le monde ne fonctionne pas toujours dans des univers très différents de celui où nous sommes nés et avons grandi.

Où suis-je ? Sur Vénus ou sur Mars ?

Sur sa quelque centaine de pages de réflexions sur le sujet, Parfit analyse bon nombre d'expériences de pensée, dont certaines de son cru ou concoctées par d'autres philosophes contemporains, avec autant de finesse que de clarté. Je n'ai pas l'intention de reproduire ici les expériences en question ni ses analyses, mais j'en résumerai les conclusions. Parfit a essentiellement pour parti pris d'expliquer que l'identité personnelle, à la limite, devient une notion indéterminée. Dans des circonstances extrêmes comme celles du deuxième épisode, la question « Lequel des deux suis-je ? » n'a pas de réponse valable.

De quoi décevoir et troubler bon nombre de lecteurs du livre de Parfit, comme de celui-ci. Les intuitions que nous avons acquises sur la planète Terre ne nous ont pas le moindrement préparés à un scénario de téléportation non destructive, ce qui nous conduit à revendiquer une réponse simple et directe, tout en subodorant qu'il n'en existe aucune. Après tout, nous pourrions imaginer un troisième épisode, mettant en scène un scénario de téléportation *destructive* comme dans le premier épisode, mais où l'on enverrait simultanément des signaux à des stations réceptrices sur Vénus et sur Mars. Cette fois, peu après la destruction de l'organisme et du cerveau originels de Parfit, deux Parfit flambant neufs (deux versions achevées, coupure de rasoir comprise) seraient assemblés plus ou moins simultanément sur les deux planètes, sans que l'un où l'autre puisse revendiquer légitimement la primauté (à moins que vous expliquiez que *le premier à être achevé* doive revendiquer l'honneur de l'ego cartésien, mais auquel cas il suffit de décider qu'ils sont assemblés en même temps, ce qui exclut cette facile échappatoire).

Pour nos tournures d'esprit de tous les jours, bien terre à terre, à la BE 642, l'affaire est simple et sans détour : l'un des Parfit est un imposteur. Être en deux endroits à la fois, cela dépasse l'imagination, ce qui nous amène à penser (en nous identifiant au voyageur intrépide) : « Ou je suis le type de *Venus,* ou celui de *Mars,* ou *ni l'un ni l'autre* ». Il n'empêche qu'aucune de ces réponses ne satisfait nos intuitions traditionnelles.

La réponse de Parfit, en fait, est plus proche de l'idée que j'avais écartée de façon expéditive au paragraphe précédent : à savoir que nous sommes aux deux endroits à la fois ! Je dis *plus proche* de cette réponse sans que ce *soit* cette réponse, car le point de vue de Parfit, comme le mien dans ce livre, consiste à dire que tout ce qui nous paraît blanc ou noir adopte en fait des nuances de gris. Il s'agit en effet de prendre en compte que dans les circonstances habituelles, les choses sont toujours si près d'être *parfaitement* blanches ou noires que le moindre indice de grisaille passe inaperçu, non seulement grâce au fait externe évident que nous possédons tous des cerveaux physiques séparés logés dans des crânes séparés, mais parce que le vaste réseau de conventions linguistiques et culturelles impose de façon collective et subliminale l'idée que chacun de nous n'est qu'une personne (ce qui correspond à la « métaphore de l'oiseau dans la cage » du chapitre 18 et à la notion d'ego cartésien). De quoi nous dissuader implicitement d'imaginer toute forme de mélange, chevauchement ou partage d'âmes.

Il existe aussi, je ne peux le nier, la certitude absolue, profondément ancrée en chacun de nous, de *ne pouvoir être en deux endroits à la fois*. Dans des chapitres antérieurs je me suis longuement étendu sur toutes sortes de contre-exemples, tout comme Parfit prend la peine d'apporter d'autres formes de preuves permettant d'envisager la dispersion des identités. En fait, il évite le terme « identité personnelle » en lui préférant une autre expression, moins susceptible de suggérer l'image de « quanta d'âme » indivisibles (analogues aux numéros de série industriels ou aux cartes d'identité nationales). Parfit parle de « continuité psychologique », ce que pour ma part j'appellerais « similarité psychologique ». Autrement dit, même s'il ne se réfère pas aux mathématiques, Parfit propose en substance une « fonction distance » abstraite (une « métrique » diraient les mathématiciens) entre personnalités dans « l'espace des personnalités » (ou entre les cerveaux, bien qu'il ne soit jamais spécifié à quel niveau structurel il faudrait décrire les cerveaux pour permettre ce « calcul de distance », tant il est difficile d'imaginer de quel niveau il pourrait s'agir).

En ayant recours à une telle métrique d'esprit à esprit, je pourrais être très « proche » de la personne que j'étais hier, un peu moins proche de celle que j'étais il y a deux jours, et ainsi de suite. Autrement dit, bien qu'il y ait un énorme degré de chevauchement entre les individus Douglas Hofstadter aujourd'hui et Douglas Hofstadter hier, les deux ne sont *pas identiques*. Nous choisissons néanmoins systématiquement (et instinctivement) de les considérer comme identiques parce que c'est on ne peut plus commode, naturel et facile. Cela rend la vie bien plus simple. Cette convention nous permet de donner aux choses (animées ou inanimées) des noms une fois pour toutes et d'en parler d'un jour à l'autre sans avoir à actualiser constamment notre lexique. En outre, cette convention s'enracine en nous dès l'enfance – à peu près au même stade de développement auquel, selon Jean Piaget[1], nous découvrons qu'une balle qui roule derrière une boîte existe toujours même si elle n'est pas visible, et peut même réapparaître de l'autre côté de la boîte en une seconde ou deux !

Les conceptions révolutionnaires de Parfit

Il ne faut pas avoir froid aux yeux pour chercher à démanteler des idées préconçues aussi profondément enracinées et imprégnant à ce point nos conceptions du monde. La subtilité et la difficulté de l'entreprise n'ont rien à envier à ce qu'Einstein avait accompli en élaborant la relativité restreinte (laquelle remettait en cause, *via* un pur raisonnement logique, nos intuitions foncières et apparemment incontestables sur la nature du temps), et à l'exploit collectif de toute une génération de brillants physiciens autour d'Einstein, ayant abouti à la mécanique quantique (remettant en cause le même type d'intuitions sur la nature de la causalité et de la continuité). La nouvelle conception de Parfit consiste à reconsidérer radicalement la façon de percevoir le fait d'*être,* une révolution à certains égards très dérangeante. Ou si vous préférez, très libératrice ! Parfit consacre même une page ou deux à expliquer comment ce nouveau point de vue sur l'existence humaine l'a libéré en bouleversant ses attitudes envers la vie, la mort, ses proches et les gens en général.

Le chapitre 12 de *Reasons and Persons,* intitulé avec aplomb « Pourquoi notre identité n'est pas ce qui compte », comprend une série de réflexions pénétrantes aux sous-titres merveilleusement provocateurs. Étant un admirateur inconditionnel de ce livre et de son style, je me contenterais de vous citer les intitulés en question, histoire de vous mettre l'eau à la bouche : « Les esprits divisés » ; « Qu'est-ce qui explique l'unité de la conscience ? » ; « Que se passe-t-il quand le moi se morcelle ? » ; « Qu'est-ce qui importe quand le moi se morcelle ? » ; « Pourquoi

---

1. Jean Piaget (1896-1980), théoricien suisse de la psychologie du développement, fondateur de *L'Épistémologie génétique* (analyse de l'évolution de la connaissance à travers l'étude du développement de l'intelligence chez l'enfant). (N.d.T.)

l'identité n'a pas de critère susceptible de répondre à deux exigences légitimes » ; « Wittgenstein et Bouddha » ; « Suis-je essentiellement mon cerveau ? » et, pour finir, « Le point de vue vrai est-il crédible ? ».

Même si les huit sections frappent par leur perspicacité, c'est la dernière que j'admire le plus, parce que Parfit se demande à la fin s'il croit vraiment à l'édifice qu'il vient juste de construire. Comme si Albert Einstein, en se rendant compte que ses idées allaient anéantir toute la mécanique newtonienne, avait marqué une pause : « Ai-je suffisamment confiance dans les chemins qu'emprunte mon esprit pour croire à la bizarrerie des conclusions défiant l'intuition auxquelles je suis parvenu ? Ne fais-je pas preuve d'une insupportable arrogance en rejetant deux ou trois siècles d'un réseau cohérent d'idées, soigneusement élaboré par les extraordinaires physiciens qui m'ont précédé ? »

Même si Einstein a fait preuve d'une excessive modestie tout au long de sa vie, la réponse à cette question (bien qu'à ma connaissance il n'ait jamais écrit un tel essai introspectif) était en effet : « Oui, j'ai cette foi étrange en la justesse de mon propre esprit. La nature *doit* se conformer à cela, peu importe ce que les autres en ont dit avant moi. On m'a donné l'occasion, en quelque sorte, de jeter un coup d'œil dans la logique intime de la nature, de façon plus profonde et plus précise que quiconque avant moi. C'est une chance inexplicable et, sans en tirer la moindre vanité, je tiens à publier cette incomparable façon de voir, ne serait-ce que pour la partager avec d'autres ».

Confiance en soi, humilité et doute de soi-même

Parfit se montre beaucoup plus prudent. À mon sens, ses conclusions sont aussi révolutionnaires que celles d'Einstein (bien qu'il y ait encore un petit bout de chemin à parcourir avant que les vues révolutionnaires sur l'ineffabilité de l'identité personnelle conduisent à de quelconques retombées technologiques merveilleuses, pas franchi par les idées d'Einstein, évidemment), mais il n'en est pas aussi convaincu que devait l'être Einstein. Il a confiance en son édifice de pensée, mais pas totalement. Il ne pense pas qu'il va s'effondrer pour peu qu'il monte dessus, mais il admet que ce n'est pas impossible. Laissons-le s'exprimer à ce sujet :

> [Le philosophe de l'esprit Thomas Nagel] expliquait un jour que, même si le point de vue réductionniste est vrai, il nous est psychologiquement impossible d'y croire. Je vais donc revenir brièvement sur mon argumentation précédente. Je vais me demander si je peux honnêtement prétendre que je crois en mes conclusions. Si c'est le cas, je présume que je ne suis pas le seul. Il doit y avoir au moins quelqu'un d'autre qui croit en cette vérité.
> [Quelques pages plus loin] (…) J'ai maintenant reconsidéré les principaux arguments de l'opinion réductionniste. Est-il impossible, à mon sens, d'y croire ?
> Voilà ce que j'ai constaté. Je peux y croire au niveau intellectuel, logique. L'argumentation m'a convaincu. Mais tout se passe comme si, à un autre niveau, j'avais toujours des doutes (…)
> J'imagine que la vérification de mon argumentation ne fera jamais disparaître totalement mes doutes. Au niveau logique ou intellectuel, je resterai convaincu que le point de vue réductionniste est vrai. Mais à un niveau inférieur j'aurai encore tendance à croire qu'il doit toujours y avoir une réelle différence entre la personne future qui est moi et ce même être qui sera quelqu'un d'autre. J'ai une impression similaire en regardant à travers une fenêtre au sommet d'un gratte-ciel. Je sais que je ne cours aucun danger. Mais, en regardant en bas de cette hauteur vertigineuse, j'ai peur. J'éprouverais la même peur irrationnelle si j'étais sur le point d'appuyer sur le bouton vert.
> (…) Il est difficile d'avoir sereinement confiance en mes conclusions réductionnistes. Il est difficile de croire que l'identité personnelle n'est pas ce qui compte. Si demain quelqu'un est à l'article de la mort, il est difficile de croire à la vacuité de la question de savoir si moi je peux ressentir son agonie. Et si je suis sur le point de perdre connaissance, il est difficile de croire qu'il n'y a peut-être pas de réponse à la question : « suis-je sur le point de mourir ? ».

Je dois dire que je trouve exceptionnelle la détermination de Parfit d'affronter ses doutes sur soi-même et d'en faire part à ses lecteurs, et merveilleusement rafraîchissante.

Métamorphose de Parfit en Bonaparte

Dans le dernier paragraphe cité ci-dessus, Parfit fait allusion à une expérience de pensée due pour moitié au philosophe Bernard Williams et pour moitié à lui-même (autrement dit, inventée par un hybride Williams-Parfit que l'on pourrait baptiser « Bernek Willfits »), où il est sur le point de subir une opération de neurochirurgie particulière dont la nature exacte (le nombre de modifications à réaliser) est déterminée par un paramètre numérique. En quoi consistent ces modifications individuelles ? Chacune d'entre elles convertit l'un des traits de personnalité de Parfit en un trait de personnalité différent appartenant à personne d'autre que Napoléon Bonaparte (« à personne d'autre », littéralement, comme je vais l'expliquer brièvement). Par exemple, une modification rend Parfit nettement plus irascible, une autre annihile sa répugnance à voir tuer des gens, etc. Remarquez, dans la phrase qui précède, que j'utilise le nom propre de « Parfit » et le pronom « sa », qui se réfère vraisemblablement sans ambiguïté à Parfit. Cela dit, toute la question ici est de savoir s'il est légitime de se plier à cet usage. Si on envoyait les modifications l'une après l'autre en transformant progressivement Parfit en Napoléon, à quel stade il – ou plutôt, *cette personne se métamorphosant lentement – serait* tout bonnement Napoléon ?

Comme je l'ai déjà expliqué, demander à quel endroit du parcours la conversion (le passage de Parfit à Napoléon) se produit exactement n'a pas de sens du point de vue de Parfit, car ce qui compte est la continuité psychologique (c'est-à-dire la proximité dans l'espace quasi mathématique des personnalités ou des cerveaux que j'évoquais un peu plus haut), une continuité qui prend toutes les nuances de gris. Ce n'est pas une affaire de 0/1, de tout ou rien. Quelqu'un peut-être *partiellement* Derek Parfit et *partiellement* Napoléon Bonaparte, et dériver de l'un à l'autre au fur et à mesure de l'envoi des modifications. Ce qui ne signifie pas pour autant que la personne se contente de *ressembler* de plus en plus à Napoléon Bonaparte – mais que la personne en question devient effectivement, progressivement, Bonaparte.

Selon Parfit, l'ego cartésien de Napoléon n'est pas indivisible, ni celui de Derek Parfit. Tout se passe comme si un curseur glissait sur un fil, et que les deux individus (qui ne sont *pas* réellement des « individus » au sens étymologique du terme, lequel signifie « indivisible ») pouvaient se confondre ou se métamorphoser arbitrairement en faisant glisser le curseur vers la position désirée sur le fil. Il en résulte une personne hybride, au dixième, au tiers, à la moitié ou aux trois-quarts du parcours entre les deux bouts – quelles que soient les proportions souhaitées, depuis Derek Parfit en passant par Deren Parfite, Deréon Parpite, Deléon Parapite, Doléon Paraparte, Daoléon Panaparte, Dapoléon Ponaparte jusqu'à Napoléon Bonaparte.

La plupart des gens, contrairement à Parfit, veulent être précisément quelque part et sont persuadés qu'en chacun des points du spectre, il *doit* y avoir une réponse tranchée, oui ou non, à la question : « Cette personne est-elle Derek Parfit ? ». Il s'agit du point de vue traditionnel, bien sûr – celui qui tient pour acquise la notion de l'ego cartésien de Parfit. C'est ainsi que la plupart des gens se trouvent dans la situation embarrassante de devoir dire qu'il existe un point particulier le long du fil où d'un seul coup, sans crier gare, à l'instant où le curseur passe, l'ego cartésien de Parfit s'évanouit pour laisser la place à celui de Napoléon Bonaparte. Là où un instant auparavant on avait affaire à un Derek Parfit à la personnalité quelque peu modifiée, mais néanmoins bel et bien un Derek Parfit éprouvant sincèrement les sentiments de Derek Parfit, on tombe soudain sur un Napoléon Bonaparte modifié, qui ressent les sentiments de Napoléon, et aucunement ceux de Parfit !

La reconfiguration radicale de Douglas R. Hofstadter

Les intuitions dont il est ici question sont fondamentalement d'ordre émotionnel et culturel et conditionnent toute notre façon de considérer l'existence. Je me sens particulièrement concerné par ce scénario et vois déjà les effets successifs qu'auraient sur moi les substitutions de traits de personnalité qu'obtiendrait un neurochirurgien adepte de la méthode.

Pour commencer, j'imagine par exemple que suite à l'envoi de la modification n° 1, mon amour pour Chopin et Bach se transforme en aversion viscérale et que fleurisse au sein de « mon » cerveau une profonde vénération pour Beethoven, Bartók, Elvis et Eminen.

Puis, avec la modification n° 2, je me vois chaque week-end (comme à tout autre instant de loisir) passer des heures à regarder en célibataire des matches de football américain sur grand écran télé, en me délectant du spectacle des beautés à poitrine avantageuse des pubs pour marques de bière, au lieu de concevoir des ambigrammes ou de m'éreinter à écrire un livre sur le fait d'être une boucle étrange.

Modification 3 : mes opinions politiques s'inversent, y compris mes décennies de croisade contre le langage sexiste. Voilà que je ponctue chaque phrase de « hé, les mecs ! » en traitant quiconque s'insurge de « vieille bique politiquement correcte », histoire de rire (sachant, vous vous en doutez, qu'il s'agit de l'un des épithètes les plus tempérés dont je suis coutumier).

Modification 4 : je me débarrasse de mes vieux penchants végétariens en échange d'une passion pour la chasse au cerf et autres animaux sauvages – en ayant une préférence pour les plus gros, comme de bien entendu. Muni de mon bon vieux fusil, j'*adore* faire un carton sur un éléphant ou un rhino ! Le pied ! À chaque fois qu'une de ces nobles bêtes s'effondre humblement sous mes balles triomphantes, j'envoie une de ces vigoureuses secousses du bras que les joueurs de foot américain affectionnent après chaque essai marqué.

Enfin, inutile de dire qu'après l'envoi de la modification 5, j'adhère totalement à l'expérience de pensée de la Chambre chinoise de John Searle[1], en me disant que les idées de Derek Parfit sur l'identité personnelle ne valent pas un clou. Ah ! J'oubliais, c'est impossible : je ne m'intéresse jamais à des questions philosophiques !

Vous avez peut-être remarqué qu'en évoquant la modification 1, j'ai mis des guillemets à « mon » en parlant du cerveau où fleurit une

---

1. L'expérience de pensée de John Searle, philosophe de l'esprit, date de 1980 : on se glisse en quelque sorte dans la peau d'un ordinateur qui est capable de répondre à des questions en chinois sur instructions précises, sans savoir le chinois, c'est-à-dire sans avoir aucune compréhension de ce qu'il dit. Il s'agit de montrer que l'ordinateur ne fait que manipuler des symboles auxquels il n'attache aucun sens. Conclusion : l'ordinateur ne pense pas. (N.d.T.)

vénération pour Ludwig, Béla, Elvis et Eminem. Ensuite, je ne me suis plus soucié de mettre des guillemets, peut-être à tort. Après tout, tout ce que je suggère dans les paragraphes précédents s'oppose diamétralement à ce que je considère comme *l'essence de mon moi*. Un seul des traits de caractère dont il est question suffit à me faire penser : « Cette personne ne pourrait plus être moi. Cela *ne pourrait pas* être moi. C'est incompatible avec les fibres les plus profondes de mon être ».

Évidemment, on pourrait imaginer des modifications plus subtiles, comme une autre vie où je ne serais jamais tombé sur le concerto pour violon n° 1 de Prokofiev. Ce serait une autre version de moi-même, certainement plus pauvre, mais ce moi-là aurait encore l'impression d'être moi. À moins qu'on imagine qu'il m'arrive de manger des hamburgers tout en ayant des remords, ou qu'une fois tous les trente-six du mois je regarde délibérément un match de foot à la télé. Autant de nuances de gris créant un halo de « Doug possibles » autour du Doug qu'il se trouve que je suis devenu, grâce à un million d'événements accidentels survenus au fil des décennies, et aux centaines d'individus particuliers à qui il est arrivé d'entrer dans ma vie (et les millions d'autres qui ne l'ont jamais fait, sans parler de l'infinité des individus fictifs !). Nous n'envisageons pas habituellement le « qui suis-je, que suis-je et comment » avec de telles nuances de gris. Et pourtant, c'est bien ce qui correspond à la réalité et ce que j'ai tenté d'un peu élucider, du moins en ce qui me concerne.

Du « qui » et du « comment »

Pendant que j'y suis, je pourrais ajouter qu'à mon avis on accorde parfois un peu trop de pouvoir subliminal au pronom relatif « qui » [plus précisément au pronom relatif anglais « *who* » consacré aux personnes, par opposition à « *that* » employé pour les choses, N.d.T.], tout comme aux pronoms personnels « il » et « elle » (vous vous souvenez peut-être de mon bref échange avec Kellie au sujet des pronoms anglais appliqués aux animaux, au premier chapitre) – c'est-à-dire en anglais « *he* » et « *she* » par opposition au pronom neutre « *it* ». Dans les années 1980,

Pamela McCorduck a écrit une histoire de l'intelligence artificielle au titre tout aussi ingénieux que provocateur, « Les machines *qui* pensent » [avec en anglais « *who* » et non « *that* », la provocation étant dans le « *who* » et non dans le verbe « pensent », N.d.T.]. Le terme « qui » (« *who* ») dans le titre évoque une image radicalement différente de nos associations réflexes avec les machines standards du type ouvre-boîtes, réfrigérateurs, machines à écrire et même ordinateurs ; il suggère, du moins pour certaines machines, qu'il y a quelqu'un « là-dedans », ou comme dirait Thomas Nagel, « il y a quelque chose qui a l'air d'être ce truc » (« *there is something it is like to be that machine* », une formule au demeurant difficile à traduire en d'autres langues – Note de Douglas Hofstadter). Ce qui suggère implicitement, une fois de plus, une dichotomie tranchée, en noir et blanc, entre un ensemble de « machines à pensée » hypothétiques [« machines *that* think » et non « *who* think »] (lesdites machines se *contenteraient* de penser sans avoir de vie intérieure) et un ensemble différent de « machines pensantes » tout aussi hypothétiques [« machines *who* think », cette fois] (ces dernières *auraient* une vie intérieure, chacune d'elles étant *quelqu'un de particulier*).

J'ai souvent eu l'impression, en fin de compte, quand je pense à *qui* sont mes amis les plus proches, que tout se résume à la question de savoir *comment* ils sont – comment ils sourient, comment ils parlent, comment ils rient, écoutent, souffrent, partagent, etc. Je me dis que la quintessence de chacun de mes amis est faite de milliers de tels « comment », et que l'ensemble de ces « comment » est la réponse – *toute* la réponse – à « Qui est cette personne ? ».

Cela pourrait passer pour un point de vue strictement à la troisième personne, extérieur, qui néglige, voire nie, toute perspective à la première personne. Une façon de ne pas donner le change au « Je », voire de l'ignorer avec désinvolture. Ce que toutefois je ne crois pas, car je pense que même *du point de vue du Je*, le « Je » se résume à ces « comment ». Là où le bât blesse, c'est que le « Je » est très fort dès qu'il s'agit de se convaincre lui-même qu'il est beaucoup plus que cela – en fait, cela relève de sa compétence professionnelle ! « Je » a tout intérêt à persévérer dans l'escroquerie, même s'il en est la première « victime » !

Un doublé sinon rien

Revenons enfin à l'énigme sur Vénus ou Mars du troisième épisode. Je vous ai déjà expliqué que Parfit avait quelque peu éludé la question en niant tout simplement l'existence des ego cartésiens, donc en affirmant que la question n'avait pas de réponse significative. Cela dit, il se réfère également assez souvent dans son livre à ce qu'il appelle la « double survie », ce qui veut dire en substance qu'il se trouve en deux endroits à la fois. Il précise à plusieurs reprises que la double survie n'est guère équivalente à la mort (ce qui serait la *non*-survie), et que le nombre deux ne devrait pas être assimilé au nombre zéro ! Que veut-il dire exactement ? Qu'il n'y a pas de réponse à la question, ou qu'il a été multiplié par deux, qu'il y a désormais deux Derek Parfit ?

J'ai bien du mal à me faire une opinion car je crois qu'il affirme les deux options suffisamment souvent pour qu'on interprète ses propos des deux façons. Mais où « Je » vais dans l'histoire ? À mon avis, « Je » vais du côté des « deux moi ». De prime abord, on a presque l'impression que je me rallie à la théorie de l'ego cartésien, en me figurant simplement que l'œuf est cloné et que deux ego cartésiens identiques se mettent à exister, l'un sur Vénus et l'autre sur Mars. Mais BE 642 s'écrierait : « Lequel des deux est moi ? ». De quoi se dire que je n'ai pas du tout répondu à la question, ou que je veux mon œuf sur Mars et la crémière… sur Vénus.

Histoire de regagner un semblant de cohérence, il me faut revenir au thème développé par BE 641 dans le dialogue, à savoir que la notion de « Je » est fondamentalement, au bout du compte, une hallucination. Appliquons le troisième épisode, mon scénario de téléportation avec de nouveaux exemplaires sur Venus et Mars sans plus d'exemplaire sur Terre, non pas à Parfit mais à moi. Dans ce cas, chacun des nouveaux cerveaux – celui sur Mars et celui sur Vénus – est persuadé qu'il est *moi*. Il a le sentiment d'avoir toujours eu le sentiment d'être moi. La même vieille envie de dire « Je suis *ici* et pas *là* » se fait entendre dans les deux cerveaux avec le même automatisme que le réflexe rotulien. Mais réflexe ou pas, la vérité est qu'il n'existe pas *quelque chose* du nom de « Je » – pas de bille de marbre, pas de précieux vitellus protégé par une coquille d'œuf cartésienne – tout juste des tendances, des inclinations et des habitudes, y compris verbales. En fin de compte, il faut croire les deux Douglas Hofstadter quand ils disent : « Celui qui se trouve *ici* est moi », au moins dans la mesure où nous nous fions au Douglas Hofstadter qui se trouve en ce moment dans son bureau à taper ces lignes en vous disant en caractères d'imprimerie, « Celui-ci, ici, c'est moi ». Le fait de le dire et d'insister sur sa véracité n'est jamais qu'une tendance, une propension, une habitude – un réflexe rotulien, en fait – et rien de plus, même s'il semble que ce soit beaucoup plus.

En dernière analyse, le « Je » est une hallucination bien que, paradoxalement, ce soit la chose la plus précieuse que nous possédions. Comme Dan Dennett le fait remarquer dans *La Conscience expliquée*, le « Je » ressemble un peu à un billet de banque – ça *donne l'impression* d'avoir beaucoup de valeur, mais au bout du compte ce n'est jamais qu'une convention sociale, une manière d'illusion que nous acceptons tous tacitement sans jamais la remettre en cause, laquelle, tout en étant illusoire, soutient l'ensemble de notre économie. Ce qui n'empêche pas le billet de n'être qu'un bout de papier sans aucune valeur intrinsèque.

Les trains « qui » roulent

Dans les chapitres 15 à 18, j'ai expliqué que chacun d'entre nous est dispersé et que, en dépit de nos intuitions habituelles, chacun de nous loge au moins partiellement dans différents cerveaux pouvant être éparpillés un peu partout sur la planète. Cette façon de voir revient à dire que quelqu'un *peut* se trouver en deux endroits à la fois, en dépit de notre rejet réflexe initial d'une idée aussi délirante. Si le fait d'être en deux endroits ou plus à la fois vous semble bizarre, inversez les rôles de l'espace et du temps. Vous verrez qu'il vous est facile d'imaginer que vous existerez demain et aussi après-demain. Laquelle de ces deux personnes futures sera *réellement* vous ? Comment deux « vous » *différents* peuvent-ils exister, les deux revendiquant votre nom ? « Ah, rétorquerez-vous, mais je vais bientôt arriver là, comme un train passant par différentes gares ». Mais c'est une façon d'éluder la question. Pourquoi est-ce le *même* train si, ce faisant, il a déposé des passagers et en a pris d'autres à bord, s'il a échangé un ou deux wagons, voire changé de locomotive ? C'est qu'il s'appelle « le train 641 », et *voilà* pourquoi c'est « le même train ». C'est une convention linguistique, au demeurant excellente. Une convention très naturelle dans le monde traditionnel où nous vivons.

Si le train 641 en provenance de Milan et se dirigeant vers l'est devait toujours se diviser en deux à Vérone, une rame se dirigeant au nord vers Bolzano et l'autre continuant à l'est vers Venise, on n'appellerait sans doute plus l'une ou l'autre moitié « train 641 » mais on leur attribuerait des numéros différents. Mais on pourrait aussi les appeler « train 641a » et « train 641b », voire leur laisser l'appellation « train 641 ». Il pourrait se trouver, après tout, qu'en atteignant Bolzano, la moitié se dirigeant au nord vire systématiquement vers l'est, et que de la même façon celle qui se dirige vers l'est vire systématiquement vers le nord en atteignant Venise, et que les deux moitiés se rejoignent toujours pour fusionner à Belluno, sur leur trajet – ou plutôt sur *son* trajet – vers Udine !

Vous objecterez peut-être que les trains n'ont pas de points de vue *internes* en la matière – que « 641 » n'est qu'une dénomination à la troisième personne et non un point de vue à la première personne. Tout ce que je peux dire, c'est que cette façon de voir est très tentante mais qu'il faut y résister. Les trains « qui » roulent [« trains *who* roll »] et les trains *que* l'on fait rouler [« trains *that* roll »] sont la même chose, du moins s'ils disposent de systèmes de représentation suffisamment riches leur permettant de se retourner sur eux-mêmes et de s'autoreprésenter. Ce qui n'est pas le cas de la plupart des trains aujourd'hui (en fait, d'aucun), ce qui fait que les anglophones ne leur accordent généralement pas le privilège du pronom « *who* ». Mais les trains, comme notre attitude à leur égard, peuvent évoluer. En tout cas, la transition d'un pronom anglais à un autre ne sera ni flagrante ni soudaine ; elle se fera graduellement, comme la disparition de la croyance en l'ego cartésien au fur et à mesure que l'humanité gagnera en sophistication.

L'éclat de la couronne soulaire

Frappé par le fait que tout ce chapitre est fondé sur des scénarios de science-fiction saugrenus, vous vous dites peut-être qu'il n'a aucun rapport avec notre façon de considérer la réalité du monde, des êtres humains, de leur existence et de leur mort. Mais je crois que vous feriez erreur.

J'ai un ami dont le vieux père, Jim, a la maladie d'Alzheimer. Pendant quelques années, mon ami a regardé avec tristesse son père perdre contact, bribe par bribe, avec différents aspects d'une réalité qui, à peine quelques années auparavant, constituait le socle absolu, la terre ferme parfaitement fiable, de sa vie intérieure. Il ne connaît plus son adresse, il a perdu la compréhension de choses aussi prosaïques que les cartes de crédit, et ne sait plus trop qui sont ses enfants, bien qu'ils lui paraissent vaguement familiers. Tout devient toujours plus terne, jamais plus brillant.

Jim finira peut-être par oublier son nom, l'endroit où il a grandi, ce qu'il aime manger et bien plus. Il se dirige vers le même brouillard terrible, épais, envahissant où a vécu l'ex-président des États-Unis Ronald Reagan durant les dernières années à faible huneker de son existence. Pourtant, quelque chose de Jim survit fortement – survit dans *d'autres* cerveaux, grâce à l'amour humain. Son sens de l'humour accommodant, sa joie sans bornes à conduire dans les vastes espaces de la prairie, ses idéaux, sa générosité, sa simplicité, ses espérances et ses rêves – et (pour ce que ça vaut) sa compréhension des cartes de crédit. Tout cela survit à différents niveaux chez bon nombre de gens qui, parce qu'ils sont entrés en relation avec lui intimement pendant des années ou des décennies, constituent sa « couronne d'âme », ou plutôt sa « couronne soulaire » pour reprendre le terme anglais « soul » – sa femme, ses trois enfants et ses nombreux, nombreux amis.

Avant même que le corps de Jim ne meure physiquement, son âme sera devenue si vague et brumeuse qu'elle pourrait tout aussi bien ne pas exister du tout – victime d'une pleine éclipse soulaire – mais, malgré tout, son âme existera *encore*, sous forme d'exemplaires partiels, à faible résolution, dispersés un peu partout sur le globe terrestre. Le point de vue de Jim à la première personne vacillera peu ou prou dans d'autres cerveaux, de temps en temps. *Il* existera, mais sur un mode extrêmement dilué, cette fois ici, cette fois-là. *Où Jim sera-t-il ?* Très peu quelque part, j'en conviens, mais dans une certaine mesure il sera en bien des endroits à la fois, et à des degrés différents. Tout en étant terriblement diminué, il sera partout où porte sa couronne soulaire.

C'est très triste, mais c'est aussi très beau. En tout cas, c'est notre seule consolation.

Chapitre 22
Le tango des zombies

☙ ☙ ☙

Pédanterie sémantique ?

Disputer de la question de savoir ce qui, du féminin ou du neutre anglais, sera le plus approprié un jour, dans le futur, pour parler d'une hypothétique machine pensante, paraîtra sans doute à certains le comble de l'argutie, de la pédanterie sémantique. Mais il en est d'autres pour qui c'est un problème vital. Certes, c'est essentiellement une affaire de sémantique : il s'agit de décider quelle étiquette verbale appliquer à un phénomène inédit et, dans la mesure où la catégorie utilisée va droit au cœur de la pensée, elle détermine notre attitude envers toute chose, y compris des questions comme la vie et la mort. C'est pourquoi j'ai le sentiment que ce problème de genre, tout en n'étant « qu'une affaire de sémantique », compte énormément dans notre façon de ressentir qui (ou ce que) nous sommes.

Le célèbre philosophe australien de l'esprit David Chalmers – qui n'est pas seulement un ami très cher mais aussi un de mes ex-étudiants en doctorat – a consacré de nombreuses années à défendre l'idée provocatrice qu'il pourrait y avoir et des « machines *à* pensée » [« machines *that* think »] et des « machines *pensantes* » [« machines *who* think »]. À mon avis, la notion de coexistence de ces deux types de machines n'a pas de sens parce que, ainsi que je l'ai expliqué au chapitre 19, le mot « penser » représente la danse des symboles dans le crâne ou le billodrome (ou tout cadre du même type), tout comme le mot « conscience ». Dès lors que la conscience mérite l'emploi du genre masculin/féminin – et donc l'emploi du pronom « who » en anglais, de même que les pronoms « Je », « moi », etc. –, il doit en être de même pour la pensée, ce qui, dans ma façon de voir, clôt le débat. En d'autres termes, « machine à pensée » (« machine that think ») est une expression incohérente car cela lui dénie tout rôle actif dans la pensée (ce que traduit l'emploi du neutre en anglais) : si jamais de telles machines existent un jour, alors, par définition, ce seront des machines *pensantes* (« machines *who* think »).

Deux machines

Dave Chalmers examine ces questions d'une façon novatrice. Il dépeint un univers comprenant deux machines identiques jusqu'au moindre clou, transistor, atome et quark. Ces deux machines, placées côte à côte sur une vieille table de chêne du bureau 641 au Centre de Recherche sur la Conscience et les sciences Cognitives de l'université de l'État de Pakistania[1], sont affectées exactement aux mêmes tâches. Pour être concret, disons qu'elles tentent toutes les deux de prouver, en utilisant des notions géométriques familières plutôt que des manipulations algébriques formelles, le simple mais étonnant « théorème de l'angle inscrit » de la géométrie euclidienne qui affirme que si un point (A sur la figure ci-dessous) se déplace le long d'un arc de cercle, alors l'angle aigu (α) qu'il forme avec les extrémités d'une corde fixe [BC] reste constant.

---

1. Il s'agit de l'université où enseigne Egbert B. Gebstadter, le double fictif de Douglas Hofstadter (Geb – comme *Gödel, Escher, Bach*, son célèbre ouvrage paru en 1979, prix Pulitzer en 1980), dont les publications portent des titres clones de ceux de l'auteur (réel) et figurent dans toutes les bibliographies de ses livres (y compris, bien sûr, le présent ouvrage). (N.d.T.)

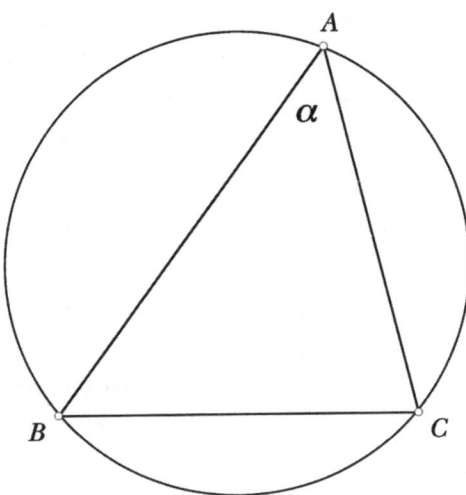

J'ai choisi ce théorème, élémentaire mais élégant, car c'est l'un de ceux dont Dave et moi-même avons discuté avec grand plaisir il y a de nombreuses années : plusieurs des remarques qu'il fit alors m'ont inspiré des idées qui ont littéralement changé ma vie. En fait, l'idée décisive qui m'a placé à la croisée des chemins a été d'imaginer l'activation du Commutateur 6, laquelle aurait soustrait de mon cerveau tout ce que je sais de ce théorème et, du même coup, la passion pour la géométrie qu'il m'avait inspirée…

On lance donc nos deux machines strictement identiques dans cette tâche à la même téraseconde grâce à une horloge atomique, et elles progressent vers la solution en parfaite synchronie. Disons qu'elles simulent le processus exact qui s'est déroulé dans le cerveau de Dave Chalmers la première fois qu'il a eu l'idée d'une preuve visuelle. Les détails du programme fonctionnant dans les deux machines n'ont ici aucune importance. Ce qui compte est que la machine Q (comme « qualia ») *ressent* vraiment quelque chose tandis que la machine N (comme « nada ») ne ressent rien. C'est là que les idées de Dave me deviennent incompréhensibles.

Il me faut préciser que j'ai légèrement modifié le scénario de Dave pour rendre les choses un peu plus claires. J'ai placé les deux machines côte à côte sur la vieille table de chêne du bureau 641 du CRCC, ce que Dave n'a jamais fait. Je suis sûr qu'il élèverait une protestation du genre, « C'est fichtrement incohérent de postuler deux machines fonctionnant de manière identique placées sur la même table de chêne, l'une ressentant quelque chose et l'autre rien. Cela va à l'encontre des lois de l'univers ! ».

J'admets pleinement l'objection et plaide coupable. Pour expier mon péché et remettre mon histoire sur les rails de la sienne, commençons par enlever une des machines de la vieille table de bois de la salle 641. Appelons la machine qui reste – peu importe comment nous l'avions appelée auparavant – « Machine Q ». Et maintenant, suivant en cela Dave, passons à une nouvelle et surprenante étape : imaginons un univers différent mais isomorphe (c'est-à-dire « séparé mais impossible à distinguer »). Le premier est « l'univers Q » et l'autre « l'univers N ». Les deux univers obéissent aux mêmes lois physiques qui constituent, dans chacun, tout ce qui est nécessaire pour pouvoir prédire ce qui va se passer, une configuration initiale de particules étant donnée.

Une des innombrables conséquences du fait que ces deux univers sont impossibles à distinguer est que l'univers N, exactement comme le Q, possède une Voie Lactée contenant une étoile, dénommée Soleil, entourée d'un système de neuf planètes, la troisième portant le nom de Terre. Sur la Terre de cet univers N, il y a une université de Pakistania et son Centre de Recherche sur la Conscience et les sciences Cognitives avec son bon vieux bureau 641. Il y a aussi « la même » vieille table de chêne et dessus, que trouve-t-on ? « La même machine ». Je suis sûr que vous voyez très bien la situation, non ? Mais puisque cette machine relève de l'univers N, nous l'appellerons « machine N », de façon à avoir des noms différents pour des machines impossibles à distinguer situées dans des environnements impossibles à distinguer.

Désormais, bien sûr, nous ne pouvons pas lancer les machines Q et N « au même instant » puisqu'elles relèvent d'univers différents, chacun disposant de sa propre flèche du temps. Fort heureusement, les deux univers sont régis exactement par les mêmes lois physiques et la synchronisation n'est pas nécessaire. Donc nous les lançons et les laissons travailler. Comme tout à l'heure, elles font *exactement la même chose*, puisqu'elles obéissent aux mêmes lois physiques et que celles-ci suffisent à déterminer leur comportement dans les moindres détails. Mais, à votre avis, que peut-il bien se passer ? Étrangement et bien que les deux machines fassent exactement la même chose jusqu'au bout des quarks et même au-delà, la machine Q jouit de *sensations* sur ce qu'elle fait mais pas la machine N, laquelle ne ressent rien. Mais alors rien, nada, le néant.

« Comme est-ce possible ? », demanderez-vous. Je ne suis pas moins intrigué que vous et me pose la même question. Et Dave d'expliquer allégrement : « C'est tout simplement que dans l'univers de la machine Q, il y a un extra, au-dessus des lois de la physique, qui permet aux *sensations* d'escorter certains types de processus physiques. Même si ces sensations n'ont et *ne peuvent* avoir d'effet sur quoi que ce soit de physique, elles n'en sont pas moins réelles et bel et bien là. »

En d'autres termes, malgré l'identité physique des univers Q et N, aucune sensation dans N, qu'une vaine agitation. La machine N débite donc les mêmes mots que la Q. Elle affirme être en extase devant la preuve qu'elle a trouvée (tout comme la machine Q), de même que devant sa beauté intrinsèque (tout comme la machine Q) – mais en réalité elle ne ressent rien. Ses mots sont creux.

Deux Dave

Quel est cet extra qui rend les univers Q et N résolument différents ? Dave ne le dit pas. Il explique en revanche que c'est l'essence même de la conscience – ce que je nommerai *élan mental**. Si vous êtes né dans un univers où *il y en a*, vous en avez de la chance ! Sinon, pas de pot ! Pas de tu-itude, de qui-itude, de moi-itude (ou de il- ou elle-itude) en vous. Rien que *ça*-... itude. Malgré cette différence énorme, tous les phénomènes objectifs des deux univers sont identiques. On a donc les films des Marx Brothers dans les deux et quand les N-gens regardent *Une nuit à l'Opéra*, ils rient exactement comme les Q-gens qui regardent le même film dans leur univers.

La délicieuse ironie de l'histoire c'est que, tout comme il y a un Dave Chalmers dans l'univers Q (le *nôtre*), il y a également un Dave Chalmers qui parcourt l'univers N en donnant des conférences pour expliquer pourquoi *il y a* des sensations dans l'univers où il est né mais *pas* de sensations dans l'univers isomorphe où son malheureux « jumeau zombie » est né. L'ironie, bien sûr, vient de ce que le Dave Chalmers de cet univers N ment avec aplomb, mais sans en avoir le plus petit soupçon. Bien qu'il *croie* être conscient, en vérité il ne l'est pas. C'est triste à dire, mais ce Dave est l'innocente victime de l'*illusion* de la conscience, ce qui n'est que le sous-produit ordinaire de la présence d'une boucle étrange profondément implantée dans son cerveau, tandis que son comparse isomorphe de l'univers Q, usant des mêmes mots et intonations, dit la vérité puisque *lui est* véritablement conscient ! Pourquoi ? Parce qu'il ne se contente pas d'avoir une boucle étrange logée dans le cerveau mais également – heureux homme ! – parce qu'il vit dans un univers avec *élan mental**.

N'allez pas croire que je me moque de mon ami Dave Chalmers : Dave parcourt *vraiment* le monde d'un département de philosophie à l'autre, en donnant des colloques où il parle avec jubilation de son « jumeau zombie » et glousse de plaisir en décrivant la supercherie sans espoir dont il est victime, puisque le zombie donne mot pour mot et blague pour blague la même conférence, croyant en chacune de ses paroles mais sans rien ressentir. Dave est un penseur plein d'idées et il est aussi conscient que moi de la folie *apparente* de sa distinction entre les univers Q et N, entre les machines Q et N, et entre lui-même et son prétendu jumeau zombie. Mais alors que je trouve tout cela d'une ineptie inadmissible, Dave est convaincu qu'en dépit de l'extravagance de cette dichotomie, l'*élan mental**, cet ingrédient surnuméraire de l'univers Q, mystérieux, non physique et dépourvu de causalité, n'en est pas moins la clé manquante sans laquelle la nature de la conscience serait inexplicable.

La peur du zombie

Récemment, bon nombre de philosophes de l'esprit, tout comme Dave, ont été happés par la déferlante fascination pour cette notion de

« zombies ». (En fait, il s'agit plutôt de « la notion que nous adorons haïr ».) Elle semble avoir son origine dans les rites vaudous des Caraïbes et s'être répandue dans les films d'horreur avant d'envahir la littérature mondiale. Une recherche sur le Web vous fournira très vite toutes les informations voulues, la plupart fort drôles.

À la base, un zombie est un humanoïde inconscient qui agit [« who acts »] – oups ! je veux dire « agissant » [« that acts »] – comme s'il était conscient. Il n'y a personne à l'intérieur d'un zombie même si, de l'extérieur, on pourrait le croire. Je dois dire qu'il m'est arrivé, de loin en loin, de rencontrer quelqu'un dont les yeux vitreux donnaient l'impression sinistre qu'il n'y avait personne derrière. Bien sûr, je ne prends pas une telle impression au sérieux. Encore que bon nombre de philosophes aient transformé l'image des yeux caves et vitreux en emblème de la peur. Aujourd'hui, on ne manque pas de philosophes de l'esprit qui ne se contentent pas de relever une connotation exécrable et pénible dans la notion de zombie mais la créditent d'une cohérence mystérieuse. Le spectre du zombie les a si bien hantés qu'ils se sont donné la mission sacrée de montrer que notre monde n'a pas la froideur et la vacuité de l'univers N mais la douce chaleur diffuse de l'univers Q.

Vous vous dites peut-être que tout ce livre roule pour la vision froide, yeux vitreux, « zombiesque » des êtres humains puisqu'il postule que le « Je », à la fin des fins, est une illusion, un tour de passe-passe, un piège que le cerveau se tend à lui-même, une hallucination ayant l'hallucination d'une hallucination. Cela voudrait dire que nous ne *sommes* pas conscients mais *croyons* l'être et *agissons* comme tels. D'accord. Bien vu. J'admets que c'est une caractérisation équitable de ma façon de voir. Mais la cohorte des philosophes redoutant les zombies veulent tous que notre existence soit plus riche que cela. Ils affirment pouvoir aisément concevoir un univers froid, glacé, peuplé uniquement de zombies caverneux et cauchemardesques, néanmoins impossible à distinguer objectivement du nôtre, tout en prétendant qu'il ne s'agit pas de l'univers où nous vivons. À les entendre, nous autres humains ne nous contentons pas d'*agir* consciemment ou de *proclamer* que nous sommes conscients, nous le *sommes* vraiment, ce qui est tout à fait autre chose. Hofstadter et Parfit ont donc tort, David Chalmers a raison.

Eh bien, je crois que Dan Dennett remet les choses en place en critiquant ces philosophes. Dan affirme que ces penseurs, en dépit de leurs promesses solennelles, ne conçoivent *pas* un monde identique au nôtre avec comme seule différence qu'il est peuplé de zombies. Ils ne font d'ailleurs pas beaucoup d'efforts dans ce sens. Ils sont comme BE 642 qui, lorsqu'il imagine ce qu'une boucle étrange dirait à la vue d'une fleur d'un pourpre éclatant, choisit le verbe déshumanisé « débiter » pour décrire sa façon de parler et compare sa voix à celle, mécanique, préenregistrée de la boîte vocale du téléphone. BE 642 a une image stéréotypée d'une boucle étrange comme étant sans âme, et ce préjugé foule aux pieds l'image d'un comportement humain parfaitement naturel et normal. De même, si ces philosophes ont peur des zombies, c'est par crainte des voix mécaniques, des yeux vitreux et de l'inhumanité frigide qui envahiraient à coup sûr un monde peuplé de simples zombies – même si, un instant plus tôt, ils avaient conclu sur l'idée qu'un tel monde *ne pourrait pas se distinguer* du nôtre.

La conscience n'est pas un toit ouvrant électrique

Dans les discussions à propos de la conscience, une des questions qui revient le plus souvent ressemble à ceci : « En quoi la conscience nous aide-t-elle à *survivre* ? Pourquoi ne disposerions-nous pas de tout ce système cognitif tout en étant de simples machines qui ne ressentent rien ? » Pour moi, une telle interrogation revient à demander : « Pourquoi la conscience a-t-elle été *ajoutée* aux cerveaux ayant atteint un certain degré de complexité ? Pourquoi l'avons-nous touchée par-dessus le marché, comme une sorte de *prime* ? Quel bénéfice évolutif *supplémentaire* apporte-t-elle, si c'en est un ? »

Poser cette question, c'est faire l'hypothèse implicite qu'il pourrait exister des cerveaux développant n'importe quel degré de complexité *sans* conscience. C'est avaler la différence entre les machines Q et N placées côte à côte sur la vieille table de chêne du bureau 641, lesquelles entreprennent des opérations identiques, mais l'une *avec* conscience et l'autre *sans*. Cela suppose que la conscience est une sorte d'« option » qu'on peut commander et que certains modèles, même les plus raffinés, peuvent avoir ou non – comme on peut commander une voiture de luxe avec ou sans lecteur DVD ou toit ouvrant électrique.

Mais la conscience n'est pas un toit ouvrant électrique (je vous autorise à citer ce que je viens de dire…). La conscience n'est pas une option dont on peut passer commande indépendamment de la façon dont le cerveau est bâti. Vous ne pouvez pas commander une voiture avec un petit moteur de deux cylindres et demander en même temps au vendeur qu'on lui ajoute de quoi lui donner la « puissance d'une formule 1 ». (Évidemment, rien ne vous interdit de le demander, mais pas la peine de bouillir d'impatience en attendant votre commande !) Cela serait aussi stupide que de commander un bolide de seize cylindres en demandant au vendeur : « Pardonnez-moi, mais combien faut-il que je rajoute pour un moteur de formule 1 ? ».

Ma notion de « puissance de formule 1 » en option est évidemment stupide, vu qu'il s'agit de l'extrémité supérieure d'un spectre de puissances découlant automatiquement de la conception initiale du moteur. Il en va de même pour la conscience, qui est l'extrémité supérieure d'un spectre de niveaux d'autoperception, découlant automatiquement de la structure initiale du cerveau humain. Un cerveau de course élaboré disposant de 100 hunekers ou plus, comme le vôtre ou le mien, est doté d'une grande capacité d'autoperception, donc d'une bonne dose de conscience, alors qu'un cerveau « à remontoirs et élastiques » très primitif comme celui d'un moustique n'en a pratiquement pas et qu'enfin un cerveau intermédiaire avec une pincée d'hunekers (comme celui d'un enfant de deux ans, d'un chat ou d'un chien) en a un petit peu.

La conscience ne vient pas en option dans un cerveau de 100 hunekers : c'est le résultat émergent obligé du fait que le système dispose d'un répertoire de catégories suffisamment sophistiqué. Tout comme la boucle étrange de Gödel, qui apparaît *automatiquement* dans tout système formel de la théorie des nombres suffisamment puissant, la boucle étrange du soi émergera inéluctablement de tout répertoire de catégories suffisamment complexe : une fois qu'on a le soi, on a la conscience. Pas besoin d'*élan mental**.

Liphosophie

Les philosophes qui pensent que la conscience vient d'un je ne sais quoi se situant au-dessus et au-delà des lois de la physique sont dualistes. Ils croient que nous vivons dans un univers qui s'apparente à celui du Réalisme magique, dans lequel il y a deux sortes d'entités : celles, magiques, qui possèdent l'*élan mental** et les autres, qui n'en ont pas. Plus précisément, une entité magique possède une âme immatérielle, ce qui revient à dire qu'elle est imprégnée exactement d'« une pincée de conscience » (la pincée étant l'unité standard d'*élan mental**). Alors que les entités ordinaires ont zéro pincée. (Dave Chalmers croit en deux types d'univers plutôt qu'en deux sortes d'entités au sein d'un seul univers mais, à mon sens, la dichotomie est la même puisque nous pouvons considérer différents univers comme des entités appartenant à un plus grand « méta-vers ».) Mais je voudrais m'assurer, cher lecteur, que nous nous comprenons à propos de cette dichotomie entre entités magiques et ordinaires. Pour que les choses soient le plus clair possible, je vais en faire un pastiche, mais passablement innocent.

Imaginons une école philosophique appelée « liphosophie » dont les disciples, les « liphosophes », croient en une insaisissable – en fait indétectable – mais extrêmement importante qualité immatérielle dénommée *Tasdfeuillitude* (toujours avec un T majuscule) en précisant que certaines entités de notre univers ont le bonheur d'en être imprégnées. Vous ne serez pas surpris de nous voir appeler ces bienheureuses entités « tas de feuilles » (avec tout le flou qu'une telle phrase comporte). Si vous ou moi en entrevoyons une et que nous sommes convenablement disposés, nous pourrions nous écrier : « Ça alors, un tas de feuilles ! ». Je suppose que vous et moi nous contenterions d'une telle explosion d'enthousiasme. Et nous n'y penserions pas plus que ça.

Mais un liphosophe, lui, serait amené à penser : « Ah ! Mais voilà une de ces entités rares imbibées d'une pincée de Tasdfeuillitude, cette aura mystique, immatérielle, éthérée mais tout à fait réelle qui n'affecte jamais les meules de foin, les ramettes de papier ou les barquettes de frites mais seulement les tas de feuilles. Sans la Tasdfeuillitude, un tas de feuilles ne serait jamais qu'un amas hétéroclite de débris en provenance des arbres mais, grâce à la Tasdfeuillitude, un tel amas devient Tasdfeuillu ! Et, puisque les pincées de Tasdfeuillitude sont différentes les unes des autres, cela signifie que chaque tas de feuille qu'on trouve sur Terre est imprégné d'une identité absolument unique ! Quel phénomène extraordinairement profond que la Tasdfeuillitude ! »

Quelle que soit votre opinion sur la conscience, cher lecteur, je crains que le dogme de la liphosophie ne vous laisse perplexe. Vous risquez bien de vous demander : « Qu'est-ce que c'est que cette histoire débile d'essence CAPITALE ? Et qu'est-ce qu'elle apporte, cette aura invisible et indétectable ? » Vous vous demanderiez probablement aussi : « Qui décide (ou quel agent de la nature décide) quelles entités du monde réel auront droit à leur pincée de Tasdfeuillitude ? »

Semblables questions vous amèneront à vous en poser d'autres, plus ardues, telles que : qu'est-ce qui constitue exactement un tas de feuilles ? Il y faut combien de feuilles, et de quelle taille ? Quelles feuilles lui appartiennent, lesquelles ne lui appartiennent pas ? « Appartenir » à un tas donné est-il toujours une notion bien tranchée ? Qu'en est-il de l'air entre les feuilles ? Et de la poussière sur chacune d'elle ? Que se passe-t-il si les feuilles sont sèches et que quelques-unes (ou la moitié, ou la plupart) sont réduites en miettes ? Et si deux tas voisins se partagent certaines feuilles ? Les contours d'un tas de feuille sont-ils nettement et parfaitement définis ? En clair, est-ce que Dame Nature sait à la perfection quels sont les réceptacles dignes de pincées de Tasdfeuillitude ?

Si vous poussiez encore plus loin votre humeur philosophique, vous vous poseriez des questions du genre : que se passerait-il si, par accident, une pincée de Tasdfeuillitude nimbait par exemple une pile de feuilles où se balade une fourmi (c'est-à-dire *l'ensemble* formé par un tas de feuilles et une fourmi) ? Ou seulement les deux tiers supérieurs d'un tas ? Ou un tas d'algues ? Ou le château de sable à moitié écroulé d'un enfant sur la plage ? Ou le Zoo de San Francisco ? Ou la galaxie d'Andromède ? Ou mon prochain rendez-vous chez le dentiste ? Que se passerait-il si *deux* pincées de Tasdfeuillitude se répandaient sur *un seul* tas de feuilles ? (Ou zéro pincée, donnant naissance à un tas de feuille « zombie » ?) Quelles en seraient les conséquences dramatiques ou, au contraire, merveilleuses ?

Je crains, cher lecteur, que vous ne prendriez pas au sérieux un liphosophe qui défendrait que la Tasdfeuillitude est un attribut essentiel et mystique du cosmos, qu'il transcende les lois de la physique, que les entités dotées de Tasdfeuillitude sont intrinsèquement différentes de toute autre entité dans l'univers, que chaque tas de feuilles a une identité unique – grâce non pas à sa composition interne unique mais à la pincée particulière de Tasdfeuillitude qui lui est parvenue d'on ne sait où. J'espère que vous vous joindriez à moi pour dire : « La liphosophie n'est qu'un tas de balivernes ! Passons à autre chose ».

La Conscience : une essence CAPITALE

Nous avons eu notre dose de liphosophes. Revenons-en aux philosophes qui voient dans la conscience un attribut de l'univers insaisissable – en fait indétectable – mais extrêmement important. Pour distinguer *cette* notion de conscience de celle dont nous avons parlé tout au long de ce livre, mettons-lui une majuscule : « Conscience ». À chaque fois que vous verrez ce mot avec une majuscule, pensez simplement à l'essence immatérielle dénommée *élan mental** ou faites l'analogie avec la « puissance de formule 1 » ou la Tasdfeuillitude ; dans les deux cas, vous ne serez pas loin.

Il me faut toutefois admettre que j'ai assez peu d'imagination pour les essences CAPITALES. Quand j'essaye de me représenter un objet physique imbibé d'une essence immatérielle (comme la Tasdfeuillitude ou *l'élan mental**), je retombe par inadvertance dans mes représentations dérivées du monde purement physique. C'est ainsi que lorsque je tente de me figurer une « pincée de Conscience » ou une « âme immatérielle », inévitablement je vois une spirale de brume translucide et rougeoyante flottant à l'intérieur de son habitacle matériel, et peut-être un peu tout autour. Remarquez, je sais bien que c'est tout à fait erroné, puisque le phénomène, par définition, n'est *pas* matériel. Mais, je vous l'ai dit, je manque d'imagination et j'ai besoin d'un tel support physique pour me venir en aide.

Quoi qu'il en soit, cette idée d'une dichotomie bien nette entre objets imbibés de pincées de Conscience et ceux qui en sont privés conduit à toutes sortes de devinettes curieuses comme les suivantes.

Quelles entités physiques sont dotées de Conscience et quelles sont celles qui ne le sont pas ? Est-ce la totalité d'un corps humain qui possède la Conscience ? Ou serait-ce seulement son cerveau ? Ou peut-être seulement une partie du cerveau ? Quelles sont les limites exactes d'une entité physique Consciente ? Quelle est la propriété organisationnelle ou chimique d'une structure physique qui lui confère l'honneur d'être ointe d'une pincée de Conscience ?

Quelle propriété de la nature fait que cet élixir insaisissable de la Conscience remarque certaines entités physiques et en dédaigne d'autres ? Quel merveilleux algorithme de reconnaissance structurelle possède la Conscience pour repérer infailliblement les objets physiques qui le méritent avant de s'offrir à eux ?

Comment la Conscience sait-elle tout cela ? Se promène-t-elle un peu partout dans l'univers physique à la recherche des bons candidats ? Ou braque-t-elle métaphoriquement une lampe métaphorique sur le monde qu'elle examine en détail, en se disant à l'occasion : « Ah ! Voici une entité qui mérite une pincée de moi de taille standard ! »

Comment la Conscience fait-elle pour s'attacher à une structure physique précise et non pas à un bout de matière qui traîne par hasard dans les parages ? Quel type de « colle » utilise-t-Elle pour se fixer ? Cette « colle » peut-elle s'user et faire dégringoler accidentellement la Conscience, ou alors la transférer à quelqu'un d'autre ?

Quelle différence y a-t-il entre votre Conscience et la mienne ? Nos pincées respectives nous arrivent-elles affectées de numéros de série différents, ou de « saveurs » différentes, marquant ainsi la coupure étanche entre nous ? Si votre pincée de Conscience m'avait été donnée et *vice versa*, seriez-vous en train d'écrire ceci et moi de le lire ?

Comment la Conscience fait-elle pour coexister avec les lois de la physique ? Précisément, comment une pincée de Conscience fait-elle pour chambouler tous ces bouts de matière sans entrer en conflit avec le fait que les lois de la physique, à elles seules, suffiraient à déterminer leur comportement ?

L'échelle glissante de l'Élan mental

Certains lecteurs vont peut-être penser que je ne suis pas assez respectueux envers l'*élan mental** (alias la Conscience). Peut-être pensent-ils qu'il y a des degrés dans la répartition de cette essence, de sorte que certaines entités en reçoivent une bonne dose, d'autres moins ou pas du tout. Ce n'est pas tout ou rien, mais plutôt que la quantité de Conscience attachée à une structure physique donnée n'est pas précisément une pincée mais peut être n'importe quel nombre de pincées (y compris des quantités fractionnaires). On progresse !

Mais même pour ces lecteurs, il me reste pas mal de questions :

Comment détermine-t-on exactement le nombre de pincées (ou de fraction de pincée) de Conscience devant revenir à une entité physique précise ? Où ces pincées sont-elles rangées entre-temps ? En d'autres termes, où se trouve la Banque Centrale de la Conscience ?

Une fois qu'une certaine quantité de Conscience a été prodiguée à une entité receveuse (Ronald Reagan, un jeu d'échecs électronique, un spermatozoïde, une fleur de tournesol, un thermostat, un tas de feuilles, une pierre, la ville du Caire), s'agit-il d'une allocation fixée une fois pour toutes ou est-elle susceptible de changer en fonction de circonstances concernant le destinataire ? Si ce dernier change d'une façon ou d'une autre, son allocation revient-elle en tout ou partie à la Banque Centrale de la Conscience, ou dérive-t-elle à jamais, privée d'ancrage physique ? Et dans ce dernier cas, garde-t-elle une trace du récipiendaire auquel elle a été une fois rattachée ?

Qu'en est-il des sujets atteints de la maladie d'Alzheimer ou d'autres formes de démence – sont-ils, jusqu'à leur mort, toujours « aussi Conscients » qu'ils l'ont toujours été ? De toute façon, qu'est-ce qui fait que quelque chose peut rester « la même entité » sur une longue période ? Qui décrète (ou qu'est-ce qui décrète) que la structure changeante ayant été successivement connue au fil des décennies comme étant « Ronnie Reagan », « Ronald Reagan », « le Gouverneur Reagan », « le Président Reagan », « l'ex-Président Reagan » était une seule et même entité ? Et si vraiment, objectivement, indiscutablement elle était une seule et même entité, en dépit de sa fugacité et sa dégradation récentes, se pourrait-il qu'elle existe encore ?

Et que dire de la Conscience des fœtus (ou de leur cerveau en formation, même lorsqu'il consiste en deux neurones seulement) ? Et des vaches (ou de leur cerveau) ? Des poissons rouges (ou de leur cerveau) ? Des virus ?

J'espère que cette liste de devinettes montre que les questions soulevées par l'existence d'une essence CAPITALE dénommée « Conscience » ou *élan mental**, prolifèrent indéfiniment. Croire au dualisme conduit à un insondable abîme de mystères.

Pinaillage sémantique dans l'univers N

Il me reste une chose à voir à propos du fameux jumeau zombie de Dave Chalmers dans l'univers N. Vous vous rappelez que ce Dave-là *croit* sincèrement aimer les crèmes glacées et les fleurs de couleur pourpre mais qu'en fait ses déclarations sont fausses puisqu'il n'aime rien du tout, ne ressentant rien du tout – pas plus que ne ressentent les engrenages d'une grande roue de fête foraine. Eh bien, ce qui me gêne ici est l'enthousiasme avec lequel on affirme, sans esprit critique, que ce Dave totalement dépourvu de sensations *croit* certaines choses, et même qu'il les croit *sincèrement*. La croyance sincère n'est-elle pas une sorte de sentiment, de sensation ? Les mécanismes d'une grande roue croient-ils sincèrement quoi que ce soit ? J'espère que vous répondrez non, comme pour le flotteur d'une chasse d'eau.

Revenons donc sur ce bout de sincérité et disons simplement que le Dave de l'univers N *croit* en ses affirmations fausses sur le fait qu'il aime ceci ou cela. Mais, encore une fois, ne pourrait-on avancer qu'une *croyance* est une sorte de sensation ? Je ne vais pas développer ici car ce n'est pas là où je veux en venir. Ce que je veux dire est que, comme beaucoup de distinctions dans ce monde complexe qui est le nôtre, la différence apparente entre des phénomènes qui *impliquent* des sensations et ceux pour lesquels ce n'est *pas* le cas est tout sauf blanche ou noire.

Si je vous demande de dresser la liste des termes qui glissent graduellement des émotions et sensations fortes à l'absence totale d'émotion et de sensation, je pense que vous pourriez le faire facilement. Autant s'y essayer tout de suite. Voici quelques verbes qui me viennent à l'esprit, classés grossièrement par ordre émotionnel décroissant : *être au supplice, jubiler, souffrir, aimer, souhaiter, écouter, entendre, goûter, percevoir, remarquer, estimer, raisonner, opposer, affirmer, croire, se rappeler, oublier, savoir, calculer, déclarer, enregistrer, réagir, rebondir, retourner, déplacer, arrêter.* Je ne prétendrai pas que cette liste sommaire est impeccablement classée. Je les ai simplement jetés sur le papier pour montrer qu'il y a indéniablement un spectre, un ensemble de nuances de gris à propos de mots qui suggèrent ou non la présence de sentiments et de sensations à l'arrière-plan. La question piège est la suivante : lequel de ces verbes (ou autres adjectifs, adverbes, noms et pronoms comparables) voudrions-nous appliquer au jumeau zombie de Dave de l'univers N ? Y a-t-il une ligne de partage précise au-delà de laquelle certains mots sont récusés ? Et qui détermine cette ligne ?

Pour mettre tout cela en perspective, considérez les critères que nous appliquons facilement (j'avais commencé par écrire « inconsciemment », mais j'ai pensé que le choix du mot paraîtrait étrange vu les circonstances !) quand nous regardons les pitreries des robots humanoïdes R2-D2 et C-3PO de *La guerre des étoiles*. Quand l'un d'eux agit craintivement et tente de fuir dans des circonstances que nous trouvons parfaitement appropriées, n'est-il pas justifié d'utiliser l'adjectif « effrayé » ? Ou aurions-nous besoin d'obtenir à l'avance une sorte de permis d'usage de mots, lequel nous serait accordé uniquement quand l'univers environnant est imbibé d'*élan mental** ? Et comment déterminer une telle propriété « scientifique » de cet univers ?

Si les spectateurs de films d'aventures spatiales étaient « scientifiquement » informés au début de la projection que la saga qui suit se passe dans un univers complètement différent du nôtre – précisément dans un univers sans une seule goutte d'*élan mental** – regarderaient-ils ensuite avec une parfaite indifférence comment de mignons petits robots, dans le genre de R2-D2 ou C-3PO (faites votre choix) se font réduire en miettes par des robots plus grands ? Les parents diraient-ils à leurs enfants en larmes : « Ça suffit maintenant, arrête de brailler ! Cet idiot de robot n'était pas *vivant* ! Le réalisateur du film nous a dit dès le début que, dans l'univers où il *vivait*, il n'y a aucune créature avec des sentiments ! Pas une seule ! » Quelle différence entre *être vivant* et *vivre* ? Et, plus important, qu'est-ce qui mérite qu'on pleure dessus ?

Pinaillage dans l'univers Q

Arrivés à la fin du chapitre, nous voilà revenus à la « pédanterie sémantique » anglophone avec laquelle nous l'avions commencé. Devrions-nous utiliser des pronoms et des genres différents pour parler du Dave Chalmers de l'univers Q (qui a manifestement droit au pronom de personne masculin anglais « he ») et de son jumeau zombie impossible à distinguer de l'univers N (lequel, manifestement, n'a droit en anglais qu'au pronom neutre, « it ») ? Bien entendu, de telles chicaneries sémantiques ne se limitent pas aux humains et à leurs jumeaux zombies. Si un moustique de notre univers – notre univers Q, chaleureux et débordant d'*élan mental** – est indiscutablement un écrabouillable « it », qu'en est-il d'une dinde ? Et si une dinde n'est qu'un indiscutable repas de Thanksgiving, alors qu'en est-il du chinchilla ? Et si le chinchilla n'est qu'un vêtement de fourrure, alors que dire d'un lapin, d'un chat, d'un chien ? D'un fœtus humain ? D'un nouveau-né ? Où faire passer la ligne de partage des pronoms « who »/« which » ?

Comme je l'ai dit au début de ce chapitre, je considère qu'il s'agit de questions importantes – qui, en fin de compte, ont tout à voir avec les problèmes de la vie et de la mort. Les réponses ne sont sans doute pas simples, mais elles méritent amplement qu'on y réfléchisse. La sémantique ne se résume pas toujours à du pinaillage.

Chapitre 23
L'exécution de deux vaches sacrées

&? &? &?

Le chiffon rouge

La littérature philosophique sur la conscience affectionne une idée qui me fait voir rouge (ou plutôt bleu d'affliction) : ce qu'on appelle « le problème du spectre inversé ». Après avoir portraituré aussi fidèlement que possible cette vache sacrée, je m'emploierai à l'euthanasier le plus vite possible. (Elle souffre de la maladie de la vache sacrée folle.)

Tout vient de l'idée que vous êtes censé être si différent de moi qu'il n'y a pas moyen de franchir le fossé entre nos intériorités – vous ne pourrez pas savoir à quoi je ressemble à l'intérieur, et *vice versa*. Si, en particulier, vous regardez un bouquet de roses rouges et que je fais de même, nous extériorisons tous deux ce que nous voyons en émettant grosso modo le même bruit (« roses rouges »), mais il est fort possible, autant que vous le sachiez, que ce que *je* perçois comme du rouge au sein de mon crâne privé et inaccessible, est ce que *vous*, si seulement vous pouviez « entrer » un instant dans ma subjectivité, qualifieriez de « bleu ». (Soit dit en passant, les partisans de l'énigme du spectre inversé écarteraient avec dédain la moindre suggestion que vous et moi *soyons* effectivement déjà à l'intérieur l'un de l'autre, ne serait-ce qu'un tout petit peu. Leur paradoxe se fonde sur l'existence d'un abîme infranchissable entre vous et moi – c'est-à-dire l'impossibilité absolue pour quelqu'un d'accéder à l'intériorité de quelqu'un d'autre. Pour le dire autrement, la thèse du spectre inversé est proche cousine de celle des ego cartésiens – l'idée que nous somme tous des îlots séparés et que « vous ne pouvez pas aller là à partir d'ici ».)

Bleu blanc rouge = Red, White and Blue

Examinons l'affaire. Quand les soixante millions de Français voient du sang en affirmant qu'il est de couleur « *rouge** », il est possible, juste possible, qu'ils ressentent en fait une sensation intérieure de bleu ; en d'autres termes, le sang leur fait la même impression que la glace fondue aux myrtilles aux Américains. Et quand ils contemplent un beau ciel d'été sans nuages et profèrent le mot « *bleu** », ils ont en fait la sensation visuelle d'une glace fondue à la framboise. *Sacrebleu** ! Ils sont victimes d'un subterfuge systématique, doublé d'un complot linguistique qui empêche quiconque, y compris eux-mêmes, de se douter de quoi que ce soit.

Nous pourrions admettre ce renversement si seulement nous pouvions pénétrer à l'intérieur de leur crâne et ressentir les couleurs en leur inimitable mode *bleu-blanc-rouge,* mais hélas, nous n'en aurons jamais l'occasion. Pas plus qu'ils ne pourront jamais voir les couleurs à notre façon red-white-and-blue. D'ailleurs, cela ne tient *pas* à ce que certains câbles aient été échangés dans les crânes français – leurs cerveaux n'ont pas l'air différents des nôtres, à quelque échelle que ce soit, des neurotransmetteurs en passant par les neurones jusqu'au cortex visuel. On ne peut pas y remédier par un recâblage, ou toute autre opération physiologique. C'est juste une question, eh bien... de *sentiments* ineffables. Et le pis, c'est que tout en étant la vérité, personne ne le saura jamais puisque personne ne pourra jamais voleter d'une intériorité à une autre – nous sommes tous piégés dans notre propre crâne.

Ce scénario vous paraît maintenant franchement idiot, n'est-ce pas ? Comment pourrait-il se faire que les soixante millions de gens vivant à l'intérieur des frontières plutôt arbitraires d'un certain pays de forme hexagonale, prennent à tort le rouge pour le bleu et le bleu pour le rouge (sans jamais se trahir verbalement, puisqu'on leur a tous appris à désigner la sensation de bleu par « rouge » et la sensation de rouge par « bleu ») ?

Les partisans les plus intransigeants du spectre inversé trouveraient eux-mêmes le scénario inepte. Pourtant, il s'agit exactement du même chiffon rouge que le spectre inversé standard ; on l'a simplement promu au niveau de cultures entières, ce qui lui donne la connotation qu'il mérite – celle d'un naïf conte de fée.

L'inversion du spectre sonore

Poursuivons notre exploration du spectre inversé en tournant d'autres boutons. Et si toutes les joyeuses notes aiguës du piano (nous sommes d'accord sur leur gaîté, n'est-ce pas cher lecteur ?) étaient perçues sur un registre très grave et profond par, disons, Diana Krall (bien qu'elle les *appelle* toutes « aiguës »), alors qu'elle entend toutes les notes graves et profondes comme de joyeuses notes aiguës (bien qu'elle les appelle « graves ») ? Il s'agirait également d'un problème de « spectre inversé », se rapportant simplement au spectre sonore et non visuel. Il faut dire que ce scénario me paraît encore moins plausible que l'original portant sur les couleurs, et j'espère qu'il en va de même pour vous. Mais pourquoi y aurait-il une différence fondamentale entre un spectre sonore inversé et le spectre visuel ?

Eh bien, il est évident qu'au fur et à mesure que les notes musicales plongent vers le grave, les vibrations individuelles qui les constituent deviennent de plus en plus perceptibles. Si vous frappez la touche qui se trouve à l'extrême gauche du piano, vous ressentirez des pulsations très rapidement en même temps que vous sentirez (si je puis dire) le registre. La note est si basse que nous touchons la limite entre ce que nous entendons comme *ton* unitaire et ce que nous entendons – ou plutôt ressentons – comme une rapide séquence d'oscillations individuelles. La « note » grave flotte quelque part entre la singularité et la pluralité, entre l'audition et le toucher. Et si nous disposions d'un piano pourvu d'une quinzaine ou d'une vingtaine de touches supplémentaires vers la gauche (certains Bösendorfer en ont quelques-unes, mais ce piano fictif irait beaucoup plus loin dans les graves), les notes extra-graves ressembleraient plus à des vibrations de notre peau ou de nos os qu'à des tons musicaux. Deux touches voisines ne produiraient pas, quand on les frappe, de tons distinguables mais uniquement un grondement bourru faisant penser à de longs coups de tonnerre ou des explosions lointaines, voire aux rythmes incroyablement primitifs des basses sortant des haut-parleurs des voitures qui vous passent sous le nez, et non une séquence de tons qu'on pourrait chanter.

En général, les notes graves, quand elles le deviennent toujours plus, glissent imperceptiblement vers des vibrations corporelles (par opposition au spectre des sons musicaux) alors que les notes aiguës, en devenant plus aiguës, ne le font pas. Ce qui établit une différence objective simple et manifeste entre les deux extrémités du spectre audible. C'est pourquoi il est inconcevable que Diana Krall puisse être victime du spectre inversé – c'est-à-dire ressentir ce que vous ou moi appellerions un son très *aigu* quand on frappe la touche la plus basse du piano. C'est que les notes aiguës ne produisent pas de vibrations corporelles objectives !

Le glébissement et l'équenorquage

Bien. Si l'idée du spectre *sonore* inversé est incohérente, pourquoi le spectre inversé *visuel* devrait-il être un tant soit peu plus plausible ? Les deux extrémités de la palette visible du spectre électromagnétique sont physiquement tout aussi différentes l'une de l'autre que les deux extrémités du spectre sonore audible. À un bout la lumière de basses fréquences, qui permet à certains pigments de l'absorber, et à l'autre la lumière de plus hautes fréquences, qui permet à *d'autres* pigments de l'absorber. Contrairement aux grondements sonores, toutefois, ces pigments cellulaires ne sont pour nous que des abstractions intellectuelles, ce qui donne à certains philosophes l'impression que nos façons de *ressentir* le rouge ou le bleu sont totalement déconnectées des lois de la physique. La sensation de la couleur, ont-ils conclu, n'est qu'une forme d'invention personnelle, et deux personnes différentes peuvent l'« inventer » différemment sans que l'une soit plus compétente en la matière que l'autre.

Explicitons un peu. Partons du principe que le glébissement et l'équenorquage (deux mots que je viens d'inventer) sont deux sensations très différentes propres à tout cerveau humain. Tous les êtres humains naissent avec ce type de sensations faisant partie de leur répertoire inné. Vous et moi sommes nés dotés de ces glébissements et équenorquages standards, et avons éprouvé les deux sensations des milliers de fois depuis le berceau. Chez certaines personnes, toutefois, c'est la lumière rouge qui les incite à glébir et la bleue qui les fait équenorquer, tandis que, pour d'autres, c'est l'inverse. Quand vous étiez petit, il se trouve que l'une ou l'autre des couleurs rouge et bleu activait le plus souvent le glébissement, et l'autre l'équenorquage. Vers l'âge de cinq ans, cette tendance initiale s'installait pour de bon. Aucun fait scientifique ne permettait de prédire l'orientation initiale ni son résultat final – mais le résultat était là. Et c'est ainsi que vous et moi, cher lecteur, aurions pu nous retrouver des deux côtés de la barrière glébir/équenorquer – mais qui sait lequel pour chacun de nous ? Qui pourra *jamais* savoir ?

Je dois souligner que dans le scénario du spectre inversé, l'association de la lumière rouge (ou la lumière bleue) avec le glébissement n'a rien d'un *câblage* post-natal installé dans le cerveau du bébé, lequel se renforcerait au cours de la croissance. En fait, bien que j'aie précisé plus haut que le glébissement et l'équenorquage sont des *sensations* innées, dont le cerveau des bébés est équipé à la naissance, il ne s'agit pas de *processus* cérébraux qu'on puisse distinguer l'un de l'autre. Il est impossible de déterminer, quelle que soit la sophistication des gadgets d'investigation cérébrale dont on dispose, si mon cerveau (ou le vôtre) glébit ou équenorque. Bref, nous ne sommes pas en train de discuter de faits cérébraux objectivement observables ou mesurables.

Si l'énigme du spectre inversé ne portait que sur des faits *objectivement observables,* il serait simple comme bonjour de dire la différence entre nous (les Américains) et les soixante millions de Français dont les sensations internes sont franchement fallacieuses. Il suffirait d'examiner leur matière grise et de repérer la tache révélatrice où certaines connexions essentielles dérailleraient par rapport aux nôtres. On pourrait ensuite regarder ces cerveaux français glébir quand le même stimulus rétinien provoquerait chez les nôtres un équenorquage. Mais la signification du spectre inversé n'a strictement rien à voir avec cela. L'idée en question consiste à dire qu'en dépit d'un câblage cérébral *identique,* deux personnes regardant le même objet éprouvent des sensations colorées totalement différentes.

Le spectre politique inversé

Cette notion hypothétique fait ressembler nos ressentis internes des couleurs de l'arc-en-ciel à un ensemble de pures abstractions flottantes innées qui ne sont pas reliées intimement (en fait pas du tout) aux structures physiques externes au cerveau, ni même à aucune structure physique interne ; en fait, ces sensations internes sont mises *arbitrairement* en correspondance avec les phénomènes extérieurs. En grandissant, l'arc-en-ciel des couleurs se cale sur le spectre de sentiments préfabriqués avec lesquels nos cerveaux ont été équipés « clés en main » à la naissance, mais la correspondance n'est pas médiatisée par un câblage neuronal ; après tout, on observe ce câblage neuronal d'un point de vue détaché à la troisième personne, à la façon d'un neurochirurgien, ce qui exclut ce dernier cas de figure.

Penchons-nous maintenant sur les implications de cette notion d'indépendance des sentiments subjectifs par rapport aux stimuli externes. Il se peut, pour prendre un exemple au hasard, que je ressente l'abstraction de la « liberté » à la façon dont vous, vous ressentez l'abstraction de l'« emprisonnement » – à ce détail près que nous utilisons tous deux le même mot « liberté », ce qui fait que nous avons l'illusion de ressentir la même chose. Cela semble très improbable, n'est-ce pas ? Après tout, la liberté c'est agréable, et l'emprisonnement désagréable. Mais encore une fois, qui sait ? Il se pourrait que ce que je ressens comme agréable soit désagréable pour vous, et *vice versa*.

Il se pourrait que l'irritation que je ressens quand je tombe sur des conservateurs cocardiers ou des militants anti-avortement (ceux qui l'ont emporté dans les États « rouges » aux élections américaines de 2004) soit identique à l'irritation que vous ressentez quand vous rencontrez des contestataires de gauche en faveur du droit à l'avortement (ceux qui l'ont emporté dans les États « bleus » aux élections américaines de 2004), et *vice versa* !

Les philosophes qui prennent vraiment au sérieux le spectre visuel inversé n'en feraient pas autant pour le spectre politique inversé. Mais pourquoi, au fait ? Sans doute parce qu'ils ne pensent pas que nos cerveaux sortent de l'usine équipés de « sentiments » politiques préfabriqués, sentiments que l'on pourrait arbitrairement attacher à la politique de gauche ou celle de droite en grandissant. Et pourtant, ils croient *vraiment* que nous venons au monde pourvus de glébissement et d'équenorquage (même s'ils n'ont pas recours aux mêmes termes que moi).

Je tiens une fois de plus à vous rappeler que ce glébissement n'est pas un phénomène cérébral physique identifiable (pas plus que l'équenorquage). Le glébissement est cette *sensation* intrinsèquement incommunicable que vous êtes censé éprouver quand la lumière rouge (ou bleue, cher lecteur, si vous êtes français) atteint votre rétine. Les Français sont sujets aux mêmes événements physiques cérébraux que nous, mais ils n'ont pas la même *perception* que la nôtre. Ils ressentent du glébissement quand la lumière rouge atteint leur rétine, et de l'équenorquage quand c'est la bleue. Qu'est donc cette « sensation » de glébissement, si ce n'est pas quelque chose d'identifiable dans le cerveau ?

Les spectristes inversés disent que c'est du pur *sentiment*. Mais comme cette distinction est totalement indépendante des phénomènes physiques, cela se résume au dualisme (ce que vous connaissez déjà, puisque la croyance en l'ego cartésien est une forme de dualisme).

Les violettes sont rouges et les roses sont bleues

Pourquoi ceux qui font l'hypothèse du spectre inversé ne se réfèrent-ils qu'à des sensations à échelle numérique unidimensionnelle ? Il faut sérieusement manquer d'imagination pour se limiter à échanger le rouge et le bleu. S'il vous paraît logique de dire à quelqu'un, « *Ta* perception intime du rouge est identique à *ma* perception intime du bleu », pourquoi ne serait-il pas tout aussi logique de lui dire, « *Ta* perception intime du spectacle d'une rose rouge est identique à *ma* perception intime d'une violette bleue » ?

Qu'y a-t-il de sacro-saint dans l'idée d'un échange de couleurs au sein d'un spectre ? Pourquoi ne pas échanger arbitrairement toutes sortes d'expériences perceptives ? *Ta* sensation intime du rouge est peut-être la même que *ma* sensation intime des notes graves du piano. À moins que *ta* perception intime d'un match de base-ball ne soit la même que *ma* perception intime d'un match de football américain. Ou la même que ma perception intime d'un tour sur des montagnes russes, ou encore que de préparer des cadeaux pour Noël.

J'espère que tout cela vous paraît absurde et que vous saurez remonter les variations sur le thème du spectre inversé jusqu'à l'énigme originale sans perdre le sens du ridicule. Ce qui me plairait infiniment, dans la mesure où je ne vois aucune différence fondamentale entre le paradoxe initial et les caricatures ci-dessus manifestement absurdes.

Le chiffon bleu

L'énigme du spectre inversé repose sur l'idée que nous naissons pourvus d'une certaine palette de « sensations pures », sans bases physiques, mais pouvant se rattacher, pendant la croissance, à certains stimuli extérieurs : c'est ainsi que des sensations spécifiques se marient à des stimuli spécifiques avec lesquels elles restent intimement reliées pour la vie. Mais ces « sensations pures » sont censées ne pas êtres des états physiologiques du cerveau. Il s'agit de *sentiments* subjectifs que chacun se contente « d'avoir », sans qu'on puisse en donner d'explication matérielle. Les états de nos cerveaux respectifs auront beau être aussi similaires qu'on puisse l'imaginer (en ayant recours à des appareils d'investigation cérébrale à très haute définition), là où je ressens du bleu, vous ressentirez du rouge.

Le conte de fée du spectre inversé est une piètre mixture de bravade et de frilosité. Tout en niant avec aplomb tout rapport entre nos sensations intimes et le monde physique, il se limite docilement à un spectre unidimensionnel, au seul spectre électromagnétique qui plus est. Les phénomènes physiques objectifs reliés au spectre sonore, tels que les battements et les vibrations, nous sont trop manifestes pour imaginer qu'il puisse être inversé, sans parler de l'absurdité évidente de l'hypothèse dès qu'on s'aventure au-delà du royaume des spectres unidimensionnels.

Mais oui, les gens veulent et désirent

La littérature philosophique sur la conscience a une prédilection pour un autre thème qui me donne des envies… assassines : ce qu'on appelle le « problème du libre arbitre » (*free will problem*). Permettez-moi de brosser le portrait de cette deuxième vache sacrée pour l'achever elle aussi, dans les plus brefs délais. (Elle souffre, comme sa congénère, de la maladie de la vache sacrée folle).

Quand on décide de faire quelque chose, on dit volontiers, « je l'ai fait de mon propre gré ». Ce qui signifie en substance, si je ne me trompe pas : « Je l'ai fait parce que je le voulais, pas parce que quelqu'un m'y a forcé ». Bien que l'expression « je l'ai fait de mon propre gré » me mette mal à l'aise, la paraphrase que j'en ai donnée me semble parfaitement incontestable. Nous avons effectivement des désirs et des volontés, lesquels nous incitent effectivement à faire certaines choses (du moins dans la même mesure que la primalité de 641 suscite la chute d'un domino dans une chaîne de dominos).

Le labyrinthe de la vie

Il arrive que nos désirs se heurtent à des obstacles. Quelqu'un a bu le dernier jus de fruit du réfrigérateur ; l'épicerie ouverte auparavant toute la nuit ferme désormais à minuit ; la voiture de mon ami a un pneu crevé ; le chien a dévoré mon devoir ; l'avion que je devais prendre a décollé il y a trente secondes ; le vol a été annulé à cause d'une tempête de neige à Saskatoon ; on a des problèmes informatiques qui nous empêchent de travailler sur PowerPoint ; j'ai oublié mon portefeuille dans la poche de mon autre pantalon ; tu t'es trompé de date limite ; le critique littéraire ne peut pas nous saquer ; elle a entendu parler de ce job trop tard ; le coureur du couloir d'à côté est plus rapide que moi, et ainsi de suite.

Dans ces différents cas de figure, notre seule volonté, tout en faisant pression sur nous, ne nous permet pas d'obtenir ce que nous voulons. Elle nous pousse dans une certaine direction, mais nous évoluons au sein d'un labyrinthe où les bonnes issues sont dictées par le reste du monde, pas par nos volontés. C'est ainsi que nous parcourons le labyrinthe bon gré mal gré, mais pas libre gré mal gré. Une combinaison de pressions, certaines internes et d'autres externes, nous dictent collectivement l'issue de ce labyrinthe de fou qu'on appelle « la vie ».

Pas de quoi être perplexe. Et je le répète, l'idée que certaines des pressions en question soient nos propres *volontés,* n'a rien de choquant. Ce qui en revanche n'a pas de sens, est de maintenir, par-dessus le marché, que nos volontés ou nos décisions sont « libres ». Non. Elles sont le résultat d'événements physiques à l'intérieur de nos têtes ! Qu'est-ce que la liberté vient faire là-dedans ?

Le libre arbitre n'existe pas

Quand un chien renifle une chienne en chaleur, il éprouve manifestement des désirs intenses, qu'il cherchera à satisfaire à tout prix. La force du désir est si manifeste qu'il suffit qu'il soit contrarié (par une barrière ou une laisse par exemple), pour que nous compatissions sur ce pauvre animal piégé par ses pulsions innées, cette force abstraite dont il n'a pas la moindre compréhension. Ce spectacle poignant illustre parfaitement la *volonté,* mais s'agit-il d'une *libre* volonté ?

Nous, êtres humains, avons-nous quoi que ce soit qui transcende ce type de besoin impérieux ? Nous aussi avons nos désirs irrépressibles – certains dans le domaine sexuel, d'autres dans des sphères plus éthérées de l'existence. Quand nos aspirations sont satisfaites, nous accédons à un certain état de béatitude mais, quand elles sont contrariées, nous sommes au désespoir, comme ce malheureux chien en laisse.

Alors, pourquoi tout ce foin autour du « libre arbitre » ? Pourquoi tant de gens tiennent-ils à ce point à cette expression pompeuse, en y trouvant même souvent le titre de gloire de l'humanité ?

À quoi cela nous avancerait-il si le mot « libre » était employé ici à juste titre ? Honnêtement, je ne vois pas. Je ne vois pas où se nicherait la « liberté » de ma volonté, dans ce monde complexe.

Je suis heureux d'avoir une volonté, ou du moins d'en avoir une quand les contraintes du labyrinthe de l'existence ne la frustrent pas trop, mais je ne vois pas à quoi elle ressemblerait si elle était *libre*. Qu'est-ce que cela pourrait bien vouloir dire ? Qu'il m'arriverait de ne pas lui obéir ? Pourquoi le ferais-je ? Pour me frustrer moi-même ? Dans ce cas, j'imagine que ce serait par choix – mais alors ce serait parce que je *veux* me frustrer moi-même, et que ce désir d'un niveau supérieur serait plus fort que mon bon vieux désir ordinaire. C'est ainsi que je pourrais choisir de ne pas me réserver une part de nouilles même si j'en avais envie – ou plutôt si une partie de moi-même en avait envie – parce qu'une *autre* partie de moi-même ne veut pas que je grossisse, et qu'il se trouve (ce soir) que la part qui surveille mon poids a remporté plus de suffrages que la part goulue. Si ce n'est pas le cas, elle aura perdu et ma gourmandise interne aura gagné, et ce sera *fair-play* – mais dans les deux cas, c'est mon non-libre arbitre qui aura gagné et j'aurai suivi le désir dominant de mon cerveau.

Oui, incontestablement, je prendrai une décision en me livrant ainsi à une sorte de vote interne. Le décompte des votes aboutira à un résultat et, sapristi (*by George !*), l'un des deux vouloirs en sortira gagnant. Mais où se niche une quelconque « liberté » dans tout cela ?

En parlant de George, l'analogie avec notre procédure électorale est si flagrante que je vais m'y étendre un peu. Ce n'est pas qu'il y ait dans notre cerveau une sorte de « suffrage neuronal » (« un neurone, un vote ») ; cela dit, à un niveau supérieur d'organisation, il existe bien une sorte de « suffrage désir-versel ». Étant donné que notre compréhension du cerveau n'en est pas au stade où je puisse identifier ce suffrage physiquement, je me contenterai de dire qu'il s'agit essentiellement de « un désir, *n* votes », où *n* désigne un certain poids associé à un désir donné. Toutes les valeurs de *n* ne sont pas identiques, ce qui revient à dire que tous les désirs ne sont pas nés égaux ; le cerveau n'est pas une société égalitaire !

En somme, nous prenons nos décisions de façon analogue au processus électoral démocratique. Nos différents désirs se mettent d'accord en prenant en compte les multiples facteurs extérieurs contraignants ou, plus métaphoriquement, qui jouent le rôle des haies du vaste labyrinthe de la vie où nous sommes piégés. Une bonne part de l'existence est incroyablement aléatoire : nous n'avons pas le moindre contrôle sur elle. Nous pouvons tout de même vouloir tout notre saoul, mais au risque, la plupart du temps, de la frustration de nos aspirations.

Notre volonté, contrairement au sentiment de liberté, est fiable et stable, comme un gyroscope interne, et c'est la stabilité et la constance de notre non-libre arbitre qui font que je suis moi et vous vous, en garantissant la continuité de nos *soi*. Quant à notre libre arbitre *Free Willy*[1], notre ami, ce n'est jamais qu'une autre baleine bleue, une espèce en voie de disparition.

---

1. Jeu de mots entre « free will », libre arbitre, et *Free Willy*, film franco-américain de 1994 (titre français : « Sauvez Willy »). Keiko, qui interprétait l'orque Willy, est décédée en 2003, à 27 ans, dans un fjord norvégien des suites d'une pneumonie. (N.d.T.)

Chapitre 24
De la magnanimité et de l'amitié

☙ ☙ ☙

Y a-t-il de petites et grandes âmes ?

Il m'est arrivé ici et là, dans cet ouvrage, d'évoquer allégrement le nombre de « hunekers » de différentes âmes humaines en faisant allusion à la drôle de mise en garde de James Huneker à l'encontre des « hommes à petite âme » que j'avais mentionnée au premier chapitre. Mais je n'avais jamais spécifié quels types de traits distinctifs manifestaient les âmes à haut et bas huneker. En vérité, la moindre allusion à ce genre de discrimination risque de mettre le feu aux poudres, tant notre culture cultive le dogme selon lequel, grosso modo, toutes les existences humaines se valent.

Ce qui ne nous empêche pas de violer le tabou régulièrement. Le cas typique est celui d'une déclaration de guerre, quand tout un peuple adopte, d'autorité, un nouveau mode collectif où l'on réduit brusquement à néant la valeur de l'existence d'un vaste sous-ensemble de l'humanité. Je ne m'étendrai pas là-dessus, tant c'est flagrant. La peine de mort – le choix de société mettant un terme à une vie humaine – constitue également une profanation de ce principe sacro-saint. En l'occurrence, on décide qu'une âme particulière, au fond, ne mérite nullement qu'on la respecte. En deçà de la peine capitale, on a l'incarcération, par laquelle la société traite les gens à de multiples niveaux de dignité ou d'indignité, manifestant ainsi implicitement différents degrés de respect pour des âmes de diverses tailles. Considérez aussi les différences phénoménales dans la façon dont les médecins se mobilisent pour sauver une vie. Le chef d'État (ou le dirigeant de toute grande entreprise) victime d'une crise cardiaque bénéficiera de bien meilleurs soins que le citoyen lambda, sans parler de l'étranger en situation irrégulière.

Pourquoi vois-je dans les iniquités sociales une discrimination tacite entre les valeurs des *âmes* ? Parce que je pense que nous évaluons tous, délibérément ou non, la taille de l'âme d'un être vivant à l'aune « objective » de son existence, c'est-à-dire au degré de respect que nous accordons, de l'extérieur, à son être intérieur. Or nous n'accordons certes pas la même valeur à toutes les existences vivantes ! Nous n'hésitons pas un instant à faire une énorme distinction entre la valeur d'une vie humaine et celle d'un animal, ainsi qu'entre les valeurs des vies d'animaux de « niveaux » différents.

C'est ainsi que la plupart des êtres humains participent délibérément, directement ou indirectement, au massacre des animaux de nombreuses espèces et en consomment la chair (en ne se gênant même pas à l'occasion de mélanger en un seul plat les fragments de dépouilles de cochons, vaches et agneaux). Avec la même désinvolture, nous nourrissons nos animaux de compagnie avec la chair des animaux que nous avons trucidés. De tels actes établissent manifestement dans nos esprits une hiérarchie au sein du royaume des âmes animales (à moins qu'on ne prétende, en bon vieux style noir et blanc, que le terme d'« âme » ne s'applique même pas aux bêtes – mais un tel absolutisme procède plus de l'idée reçue que de la mûre réflexion).

La plupart des gens placeraient (explicitement ou implicitement selon leur comportement) l'âme d'un chat plus haut que l'âme d'une vache, celle d'une vache plus haut que celle d'un rat, celle-ci plus haut que celle d'un escargot, cette dernière plus haut que celle d'une mouche, et ainsi de suite. Ce qui m'amène à me demander, au vu de la banalité rassurante de la notion de discrimination des âmes *entre* différentes espèces, s'il ne faudrait également envisager (explicitement cette fois) une sorte de spectre des tailles d'âmes *au sein* d'une même espèce, en particulier la nôtre.

De l'abîme à la cime

Ayant pris quelques risques dans la section précédente, autant attaquer sabre au clair. Théâtre des opérations : deux extrémités d'un vaste spectre, en supposant que vous et moi, cher lecteur, nous trouvons quelque part à mi-chemin (mais heureusement plus près de l'extrémité « supérieure » que de l'extrémité « inférieure »).

À l'extrémité inférieure, donc, je placerai les dangereux psychopathes – les adultes qui commettent des actes violents à l'encontre des autres êtres vivants, parce qu'ils sont incapables d'intérioriser les états mentaux des autres personnes (ou des animaux). Ils ont peut-être eu le malheur de naître ainsi mais, quelle que soit la raison de leur psychose, je les classe à l'extrémité inférieure du spectre. Pour dire les choses carrément, il s'agit d'individus qui *ne sont pas aussi conscients* que les adultes normaux, autrement dit, qui ont *une âme plus petite.*

Je ne m'offrirai pas le ridicule de suggérer un barème numérique en hunekers. J'espère simplement que vous saisissez ma façon de poser le problème sans y voir des considérations immorales. Ce n'est guère différent, somme toute, que de dire qu'il faudrait mettre telle personne derrière les barreaux et, à ce que je sache, personne ne considère les prisons comme des institutions *en soi* immorales (la façon dont on les régente étant bien entendu une autre affaire).

Qu'en est-il de l'extrémité supérieure du spectre ? Cela ne vous étonnera guère si j'y range des individus dont le comportement est à l'exact opposé de celui des psychopathes dangereux. Il s'agit de personnages bienveillants tels que Mohandas Gandhi, Eleanor Roosevelt, Raoul Wallenberg, Jean Moulin, Mère Teresa, Martin Luther King et César Chávez[1] – des individus extraordinaires dont la profonde empathie pour ceux qui souffrent les conduit à consacrer l'essentiel de leur existence à aider les autres, et cela par des méthodes non violentes. Je dirais de telles personnes qu'elles sont *plus conscientes* que les adultes normaux, c'est-à-dire qu'elles ont des *âmes plus grandes.*

---

1. César Chávez (1927-1993), syndicaliste paysan américain d'origine mexicaine utilisant les méthodes de la lutte non violente et des droits civiques, qui organisa la mobilisation victorieuse des ouvriers agricoles de Californie dans les années 1960 et 1970. Il est mort en 1993. (N.d.T.)

Bien que je m'attarde rarement sur l'étymologie des mots, j'ai pris plaisir à faire remarquer, en préparant une conférence sur ce sujet il y a quelques années, que le mot « magnanimité », que nous considérons comme un synonyme de « générosité », signifiait en latin « avoir une grande âme » (*animus,* l'âme). Il m'a beaucoup plu de considérer ce mot familier sous la lumière de ce rayon X. (Puis, à mon étonnement, j'ai découvert en préparant l'index dément de ce livre, que « Mahatma » – le titre de respect que l'on donne habituellement à Gandhi – signifie également « grande âme » en sanskrit.) Une autre étymologie émouvante est celle de « compassion », venant des racines latines signifiant « souffrir avec ». Ces messages secrets parcourant les millénaires m'ont incité à pousser plus loin mon investigation.

La magnanimité d'Albert Schweitzer

Mon modèle personnel en matière de grandeur d'âme est le théologien, musicien, médecin, écrivain et humaniste Albert Schweitzer, né en 1875 dans le petit village de Kaysersberg en Alsace (qui faisait alors partie de l'Allemagne, bien que mon encyclopédie française préférée *Le Petit Robert 2,* parue exactement un siècle plus tard, en fasse un *Français**!), lequel doit sa célébrité mondiale à l'hôpital qu'il fonda en 1913 à Lambaréné en Afrique équatoriale française (dans le territoire du Gabon), où il exerça cinquante ans.

Schweitzer s'identifiait déjà aux autres à un très jeune âge, éprouvait pour eux de la pitié et de la compassion en voulant partager leurs souffrances. D'où lui venait cette généreuse empathie ? Qui peut le dire ? Toujours est-il qu'à six ans, à son tout premier jour d'école, Albert avait remarqué que ses parents l'avaient paré de vêtements plus recherchés que ceux de ses camarades, ce qui l'avait grandement perturbé. Dès lors, il exigea d'être habillé comme ses camarades d'école moins fortunés.

Un extrait du livre autobiographique de Schweitzer, *Aus meiner Kindheit und Jugendzeit*[1] dépeint sur le vif la compassion qui imprégnait sa vie :

---

1. Paru dans une traduction française sous le titre « *Souvenirs de mon enfance* ». (N.d.T.)

Aussi loin que je me souvienne, j'ai souffert de toutes les misères que je voyais autour de moi. Je n'ai jamais vraiment connu la simple joie de vivre juvénile et je crois que c'est le cas de bien des enfants, même s'ils donnent extérieurement une apparence de bonheur et d'insouciance.

La souffrance et la détresse que de pauvres animaux devaient endurer me tourmentaient particulièrement. Le spectacle d'un vieux cheval qui boitait tiré par un homme pendant qu'un autre lui donnait des coups de bâton sur le chemin de l'abattoir de Colmar m'a hanté pendant des semaines. Même avant d'aller à l'école, je n'arrivais pas à comprendre pourquoi, lors de la prière du soir, je n'étais censé prier que pour le sort des êtres humains. C'est ainsi que je prononçais secrètement les paroles d'une prière de mon cru : « Cher bon Dieu, protégez et bénissez tout ce qui respire, protégez-les du mal et laissez-les dormir doucement ».

La compassion de Schweitzer pour les animaux ne se limitait pas aux mammifères mais descendait tout le spectre animal jusqu'aux créatures inférieures comme les vers et les fourmis. (Je dis « descendait » et « inférieures » non pas pour indiquer un dédain quelconque, mais pour suggérer que Schweitzer, comme pratiquement tous les êtres humains, devait se figurer un « cône de conscience », vaguement semblable à « mon cône » personnel de la page 19. Une hiérarchie mentale de ce type peut tout aussi bien susciter un sentiment d'intérêt et de responsabilité qu'un regard dédaigneux.) Il fit un jour remarquer à un garçon de dix ans qui s'apprêtait à marcher sur une fourmi, « C'est ma fourmi à moi. Tu risques de lui casser les pattes ». Il avait l'habitude de ramasser le ver qu'il apercevait au milieu de la rue ou l'insecte qui se débattait dans une mare pour le déposer dans un champ ou sur une plante afin de lui donner une chance de survie. Comme il l'expliquait avec une certaine amertume : « À chaque fois que je vais au secours d'un insecte en détresse, je le fais pour expier un tant soit peu les crimes de l'humanité à l'encontre des animaux ».

Comme chacun sait, le principe directeur simple et néanmoins profond de Schweitzer était ce qu'il appelait « la vénération de la vie ».

À l'occasion de son prix Nobel de la Paix en 1953, Schweitzer déclara dans son allocution :

> L'esprit n'est pas mort, il vit dans la solitude. (…) Il est convaincu que la compassion, dans laquelle l'éthique prend sa racine, ne gagne sa véritable étendue et profondeur que si elle ne se limite pas aux hommes, mais s'étend à tous les êtres vivants.

L'anecdote qui suit, également extraite de *Aus meiner Kindheit und Jugendzeit,* est particulièrement révélatrice. C'était le printemps, à l'approche de Pâques. Le petit Albert, de sept ou huit ans, avait été invité par un camarade – presque littéralement un compagnon d'armes ! – à s'aventurer à la chasse aux oiseaux à l'aide de lance-pierres qu'ils venaient tous deux de confectionner. Des décennies plus tard, en revenant rétrospectivement sur ce tournant décisif de son existence, Schweitzer raconte :

> C'était une invite exécrable, mais je n'ai pas osé refuser de peur qu'il ne se moque de moi. Nous nous sommes vite retrouvés près d'un arbre dénudé dont les branches étaient recouvertes d'oiseaux chantant gaiement au lever du jour, sans la moindre peur de nous. Mon compagnon, accroupi à la manière d'un Indien à l'affût, plaça un caillou dans la poche de cuir du lance-pierres et l'étira fortement. Obéissant au coup d'œil impérieux qu'il me lança, je fis de même, en luttant contre les violents sursauts de ma conscience tout en me jurant fermement de tirer en même temps que lui.
>
> Au même instant, les cloches de l'église se mirent à sonner en se mêlant au chant des oiseaux au soleil. C'étaient le carillon matinal qui précédait d'une demi-heure la volée principale. Mais, pour moi, c'était une voix qui venait du Paradis. J'ai jeté mon lance-pierres de façon à effaroucher les oiseaux pour qu'ils se réfugient hors de portée du lance-pierres de mon copain, et me suis enfui à la maison.
>
> Depuis, à chaque fois que les cloches de la semaine sainte se font entendre parmi les arbres encore dénudés du printemps, je me souviens avec gratitude du commandement qu'elles firent résonner dans mon cœur : « Tu ne tueras point ». À partir de ce jour, je me suis juré de me libérer de la peur des autres personnes. À chaque fois que mes convictions intimes étaient en

jeu, je donnais moins de poids aux opinions de l'entourage. Et je faisais de mon mieux pour surmonter la crainte des moqueries de mes pairs.

Nous avons ici le conflit classique entre la pression des pairs et ses propres voix intérieures, ou selon l'expression habituelle (et celle de Schweitzer) sa propre *conscience*. Dans ce cas, heureusement, la conscience fut visiblement la gagnante. Ce qui entraîna une résolution pour la vie.

La co(n)-science forge-t-elle la conscience ?

Dans cette région de l'espace sémantique, on peut ajouter une autre observation linguistique qui me frappe par son aspect provocateur. C'est le fait que, dans les langues romanes, il n'existe qu'un seul et même terme pour les mots anglais « *conscience* » et « *consciousness* », lesquels représentent sans ambiguïté pour les anglophones des concepts distincts – l'« état de conscience » et la « conscience morale ». (Mais en français, par exemple, le mot *conscience* a les deux sens, ce que j'ai appris à l'adolescence en achetant un livre intitulé *Le cerveau et la conscience*[1]). Il peut s'agir d'une simple lacune lexicale ou d'un flou sémantique propres à ces langues (au sens propre, conscience signifie co-science, c'est-à-dire science ou savoir partagé) mais, même si c'est le cas, je pense tout de même que cela suscite un éclairage qui aurait pu sinon nous échapper : à savoir que l'intériorisation partielle de l'intériorité des autres créatures (con-science, « science avec ») est ce qui distingue le plus les créatures dotées de grandes âmes (dotées d'un haut degré de « consciousness », c'est-à-dire en français de conscience morale), des créatures dotées de petites âmes et de celles qui n'en ont pas ou pratiquement pas.

Il me semble évident, ou presque, que les moustiques n'ont pas de con-science ni de conscience (morale), donc rien qui mérite le mot « âme ». Ces automates volants, vrombissants et suceurs de sang ressemblent plus à des missiles à tête chercheuse miniatures qu'à des êtres pourvus d'âme. Pouvez-vous vous figurer un moustique ressentant de l'indulgence, de la pitié ou de l'amitié ? Passons…

---

1. De Paul Chauchard, paru aux éditions du Seuil en 1960. (N.d.T.)

Et qu'en est-il, disons, du lion, le prototype de la notion de carnivore ? Le lion chasse, bondit sur sa proie, la déchire et dévore zèbres et girafes sans la moindre miséricorde ou pitié, en dépit de leurs coups de sabots et mugissements. Ce qui suggère une absence totale de compassion alors même que la lionne prend grand soin de ses petits, les renifle, les nourrit, les protège et les éduque. Voilà qui n'est pas exactement un comportement de moustique ! En outre, je subodore que les lions peuvent facilement finir par aimer certaines bêtes d'autres espèces (dont l'espèce humaine par exemple). En ce sens, le lion peut et veut intérioriser certains aspects limités de l'intériorité d'au moins *certaines* autres créatures (spécialement de quelques autres lions, plus particulièrement ceux de sa famille immédiate), même s'il reste parfaitement sourd et indifférent aux parcelles d'intériorité de la plupart des autres créatures (un trait qu'il partage, de quoi sérieusement déprimer, avec la plupart des êtres humains).

Il me paraît également évident, ou presque, que la plupart des chiens se préoccupent des autres créatures – en particuliers des êtres humains faisant partie de leur cercle intime. Il est en effet bien connu que certains chiens, faisant preuve d'une incroyable magnanimité, n'hésiteront pas à sacrifier leur vie pour leurs maîtres. Je n'ai toujours pas entendu parler de lion capable d'un tel comportement envers un animal d'une autre espèce, même si je présume qu'un lion à la fidélité canine, quelque part, a pu se battre à mort contre une autre bête pour sauver un compagnon humain. Il faut toutefois faire un gros effort d'imagination pour se représenter un lion végétarien.

Quoique, une rapide recherche sur la toile montre que l'idée du lion végétarien n'est pas rare (habituellement dans la littérature de fiction, d'accord, mais pas toujours). Il se trouve qu'un lion de ce genre, au demeurant une lionne dénommée « Little Tyke »[1], a été élevée comme animal de compagnie près de Seattle. Pendant quatre ans (dit le site Web), Little Tyke a refusé la viande qu'on lui présentait jusqu'à ce que ses propriétaires renoncent et se fassent à son comportement végétarien et

---

1. Quelque chose en français comme « La môme » ou « Petit clebs », « Petit bâtard ». (N.d.T.)

ses joyeux ébats avec les agneaux, poulets et autres bestioles. Little Tyke fut une lionne végétarienne jusqu'à sa mort. On n'arrête pas les miracles.

Toujours est-il qu'avoir une conscience – un sens de la moralité et du comportement « correct » envers les autres êtres doués de sensations – me paraît être le signe plus naturel et heureusement le plus fiable de la conscience morale chez une créature. Ce qui se résume peut-être simplement à la façon dont chacun met en pratique la règle d'or.

Albert Schweitzer et Jean-Sébastien Bach

Je dois reconnaître que j'ai toujours eu le sentiment intuitif que l'on pouvait évaluer la conscience à l'aide d'un autre critère tout différent, même s'il est flou et prête à controverse : le goût musical. Je serais bien en peine d'expliquer mes propres goûts musicaux et de les défendre, et ne tiens pas à m'enliser dans de douteux marécages. Il me faut toutefois révéler quelque peu mes préférences en la matière ne serait-ce que pour parler d'Albert Schweitzer et de sa profondeur musicologique.

Pour mon seizième anniversaire, ma mère m'avait offert un disque des premiers huit préludes et fugues du Livre 1 de l'œuvre monumentale de J.S. Bach, *Le Clavier bien tempéré,* interprété au piano par Glenn Gould. C'était mon premier contact avec la notion de « fugue », ce qui eut un effet électrique sur mon jeune esprit. Les années qui suivirent, à chaque fois que je passais chez un disquaire, je recherchais d'autres séries du *Clavier bien tempéré* interprétées au piano, ce qui a l'époque était une véritable gageure (de même qu'au clavecin, mais surtout au piano, ce que je préférais). À chaque fois que je découvrais un nouvel ensemble de préludes et fugues de l'un des deux livres de l'œuvre, le geste de poser l'aiguille sur les sillons du nouveau disque avant de l'écouter pour la première fois représentait l'un des événements les plus excitants de mon existence.

La discothèque de mes parents comprenait également un enregistrement de plusieurs œuvres de Bach pour orgue interprétées par Albert Schweitzer, mais je mis du temps à me décider, car je craignais que ce ne fût trop « lourd ». Mais quand je finis par écouter le disque, ce que j'entendis fut incroyablement émouvant et je ne pus pas plus m'en passer que du *Clavier bien tempéré*. J'étendis bien sûr mes recherches chez les disquaires en y intégrant les œuvres de Bach pour orgue, pour découvrir rapidement quelque chose de troublant : bon nombre d'interprètes adoptaient un tempo très rapide et guilleret, comme s'ils effectuaient de simples exercices de virtuosité au lieu de transmettre un profond message sur la condition humaine. L'interprétation de Schweitzer était humble et simple, et j'étais séduit par sa façon de poursuivre imperturbablement en dépit de quelques fausses notes ici et là (impossible de relever *une seule* fausse note dans les autres enregistrements, ce qui me semblait peu naturel et même bizarre). À noter, ce qu'à l'époque je ne savais pas, que les différentes prestations de Schweitzer avaient été enregistrées sur l'orgue de cette même église alsacienne du village de Günsbach dont les cloches avaient carillonné un beau matin de printemps et sauvé la vie à un oiseau ou deux en métamorphosant celle du jeune Albert comme celle, dans la foulée, de milliers de gens.

Écoutez-moi cette profondeur !

Au fil des années, les interprétations de Bach par Schweitzer devinrent une intime partie de moi-même. Je me suis procuré d'autres de ses enregistrements appartenant à la même série, chacun révélant un nouvel horizon d'une sagesse cosmique (les termes peuvent paraître pompeux, mais c'est exactement ce que je ressens) émanant aussi bien du compositeur que de l'interprète.

J'ai bien sûr été ravi de constater que la popularité de mon livre *Gödel, Escher, Bach* avait quelque peu intégré mon nom à la communauté musicale amatrice de Bach (ce fut un véritable honneur) et, lors du 300e anniversaire de Bach, en 1985, j'ai eu le plaisir de participer à plusieurs célébrations du tricentenaire, parmi lesquelles la petite fête que j'avais organisée à Ann Arbor le jour exact de son anniversaire à l'intention de mes élèves et quelques amis, dont le clou fut la petite tempête de feu que déclenchèrent les 300 bougies allumées sur le gigantesque gâteau que j'avais commandé.

DE LA MAGNANIMITÉ ET DE L'AMITIÉ

Quinze ans après, j'ai eu la surprise d'être invité à une commémoration du 250ᵉ anniversaire de la mort de Bach (au mois de juillet 1750) à Rovereto, en Italie. J'ai accepté avec joie, d'autant que je devais me trouver en Italie du nord au même moment. On put entendre plusieurs discours mémorables dans l'après-midi puis, à l'issue d'un banquet, il y eut une surprise – l'exécution de plusieurs pièces de Bach (transcrites pour chœur) par un groupe vocal réputé. Ils avaient du talent et je m'attendais à une soirée enrichissante de musique émouvante.

Ce que j'entendis fut toutefois très différent, mais peut-être aurais-je dû m'en douter : une démonstration ininterrompue de virtuosité vocale non contenue, et rien de plus. C'était terriblement impressionnant mais, à mon sens, terriblement insipide. Le pire moment de la prestation fut pour moi celui où les chanteurs abordèrent l'une des fugues de Bach pour orgue les plus bouleversantes – la fugue en sol mineur qu'on appelle souvent simplement « la Grande » (BWV 542), une œuvre dont j'admire particulièrement l'interprétation d'Albert Schweitzer, dans toute sa modestie et son incomparable profondeur de sentiment. Malheureusement, je n'oublierai jamais comment les chanteurs attaquèrent cette fugue méditative à un tempo deux fois plus rapide qu'il ne le faudrait, en la massacrant comme s'il leur fallait faire un sprint pour attraper un train, tout en frimant comme ce n'est pas permis. Ils sautillaient comme pour inciter le public à se balancer à leur rythme en se permettant même de claquer des doigts pour battre la mesure (le verbe « battre » étant d'ailleurs d'un ridicule achevé dans un tel contexte sacré). Certains exécutants décochaient régulièrement de grands sourires à l'attention du public comme pour dire, « C'est super, hein ? Avez-vous jamais entendu quelqu'un chanter autant de notes à la seconde ? Et ces trilles ! Ça, c'est de la musique sexy, non ? J'espère que ça vous branche, tous autant que vous êtes ! Et n'oubliez pas, il y a des tas de CD que vous pourrez acheter après le show ! »

Tout cela m'a franchement mis en boule (ou en boucle, pour le coup !) et quelque peu désorienté. Certes, il y a la place en ce monde pour bien des interprétations musicales, et il y avait bien sûr quelque chose *d'intéressant* dans la vélocité et le bagout sonore de ces chanteurs, dans leur façon d'exécuter des trilles à toute vitesse sans une faute – c'était aussi impressionnant que les détails mécaniques d'une belle voiture de sport – mais pour moi cela n'avait rien à voir avec le *sens* de la musique. En l'occurrence, il s'agissait d'un sens contemplatif et cosmique, sans frime ni fanfreluches. Je suis tolérant dans la façon d'interpréter des morceaux de musique, mais j'ai mes limites et cette fois cela dépassa les bornes. Cela me donna envie d'entendre la profondeur légèrement fautive, très humaine et réfléchie d'Albert Schweitzer à l'orgue de son petit village de Günsbach, mais ce n'était pas au programme ce soir-là. Un cas classique de sacrilège, qui me laisse une trace cuisante en mémoire.

Je suis tombé, en préparant ce chapitre, sur certains passages de Schweitzer lui-même qui font étrangement écho (si l'écho peut précéder sa cause !) à mon désarroi en cette soirée à Rovereto. Voici ce qu'il écrivait, près de cent ans auparavant, au sujet des interprétations de Bach en ce domaine :

> De nombreux musiciens ont interprété Bach pendant des années sans ressentir intérieurement la profondeur que Bach est capable de susciter chez tout artiste authentique. La plupart de nos chanteurs sont loin d'avoir le niveau technique leur permettant de chanter Bach correctement. Seule une minorité est en mesure de reproduire l'esprit de sa musique ; le reste est incapable de pénétrer l'univers spirituel du maître. Ils ne ressentent pas ce que Bach essaie de dire et ne peuvent donc pas le transmettre à quiconque. Le pis est qu'ils se considèrent comme de remarquables interprètes de Bach sans avoir conscience de ce qui leur manque. On se demande parfois comment les auditeurs qui assistent à de telles interprétations superficielles peuvent avoir la moindre idée de la profondeur de la musique de Bach.
> Ceux qui comprennent la situation actuelle ne considéreront pas que ces commentaires sont exagérément pessimistes. Notre engouement pour Bach subit une crise. Le danger est que notre amour pour la musique de Bach devienne superficiel et soit entaché de vanité et de suffisance. La lamentable tendance moutonnière de l'époque se révèle aussi en ce que nous nous imposons à Bach, d'une façon par trop flagrante. Nous nous comportons comme si nous voulions encenser Bach, mais en réalité nous nous encensons nous-mêmes. Nous nous comportons comme si nous l'avions redécouvert, compris et interprété comme personne auparavant.

Un peu moins de bruit, un peu moins de « dogmatisme bachiste », un peu plus de talent, d'humilité, de tranquillité, de dévouement… Cela seul pourra mieux honorer Bach en esprit comme en authenticité qu'il ne l'a jamais été.

Il n'y a pas grand-chose à ajouter à cette critique tranchante d'une superficialité qui se prend pour de la profondeur ; je dirai simplement que la découverte de ces lignes m'a réconforté, même s'il a fallu attendre plusieurs années après l'événement de Rovereto, en m'apprenant que je ne suis pas le seul à me lamenter. Schweitzer ayant été la plus humble et la plus modeste des personnes, il ne faut prendre sa remarque que pour ce qu'elle est : une réaction honnête au courant déplorable qui commençait déjà à poindre il y a un siècle et qui ne semble que s'être renforcé aujourd'hui.

Alle Grashüpfer Müssen Sterben

Certains lecteurs risquent de se demander le rapport entre tout cela et le « Je », la conscience ou l'âme ? Ce à quoi je répondrai, « Qu'est-ce qui pourrait avoir *plus* d'affinité avec la conscience et l'âme que de s'imprégner de la spiritualité combinée d'Albert Schweitzer et J.S. Bach ? »

L'autre nuit, histoire de rafraîchir mes vieux souvenirs de la musique de Bach pour orgue interprétée par Schweitzer (que j'ai écoutée des centaines de fois entre l'adolescence et autour de 20 ans), j'ai sorti les quatre vieux vinyles de mon étagère pour les écouter à la file. J'ai commencé par le prélude et fugue en do majeur (BWV 536, que Schweitzer avait surnommé « la fugue qui marche ») et enchaîné sur bien d'autres, pour aboutir à mon morceau favori, le serein prélude et fugue en sol majeur (BWV 541) puis, en guise de touche finale, j'ai écouté le si douloureusement mélancolique prélude au choral « Alle Menschen Müssen Sterben » (« Nous devons tous mourir » ou plutôt, pour faire écho à la métrique trochaïque de l'allemand, « Tous les hommes sont voués à la mort »).

J'étais assis en silence dans mon salon à écouter attentivement les notes suaves de cette méditation insondable, quand j'ai remarqué une sauterelle solitaire installée sur le tapis. J'ai d'abord cru qu'elle était morte (après tout, toutes les sauterelles doivent mourir, elles aussi) mais, quand je me suis approché, elle a fait un bond, de sorte que je me suis emparé d'un bol en verre sur une table, l'ai retourné pour piéger la petite sauteuse et ai prudemment glissé une pochette de disque en dessous, de façon à former un plancher à cet habitacle de verre. Puis j'ai transporté ce vaisseau improvisé et sa passagère minuscule devant ma porte pour libérer la sauterelle, laquelle, dans l'ombre du soir, a bondi dans un buisson. Je ne suis entré en résonance avec l'esprit de Schweitzer qu'au beau milieu de ce minigeste de Samaritain – en fait, juste à l'instant où j'ai glissé la pochette sous le bol, laquelle arborait un portrait de Schweitzer à l'orgue de la main de Ben Shahn, de sorte que la sauterelle se tenait sur la main de Schweitzer. Cette coïncidence fortuite faisait ressentir quelque chose.

Une heure ou deux plus tard, en me levant pour m'étirer, j'ai eu la chance d'apercevoir une fourmi charpentière sous une table. J'ai fabriqué derechef un petit véhicule de transport pour mon amie à six pattes que j'ai escortée au-dehors. Je commençai à trouver plutôt curieux que tout ce mini-samaritanisme se produisît pendant mon immersion au sein de la profonde spiritualité de Bach et de la « vénération de la vie » pacifiste de Schweitzer.

Histoire, qui sait, de rompre le charme, ou de souligner ma propre frontière personnelle, j'aperçus un autre petit point noir zigzagant de façon familière autour de la lampe et allai voir de quoi il retournait. La petite tache noire atterrit sur la table au-dessous de la lampe, et il n'y avait pas à barguigner : c'était un moustique, *a mosquito, una zanzare, eine Mücke*. Une seconde plus tard, ledit *Mücke* faisait partie de l'histoire. (Je vous passe les détails.) Au point où nous en sommes, j'imagine, le lecteur en a peut-être assez de ma vision assassine de la gent Anophèle, mais je dois dire que je ne ressens pas le moindre sentiment de culpabilité au sujet de la disparition de ce missile à tête chercheuse de sang.

Peu avant minuit, j'ai interrompu ma session musicale pour appeler ma vieille mère malade en Californie, ce que je fais chaque soir pour lui donner de petites nouvelles de la famille et la dérider un peu. Suite à notre bref échange, je suis retourné à ma musique et quand ce fut le tour de la toccata et fugue Dorienne, mes pensées se tournèrent vers un ami intime qui aime profondément ce morceau, tout comme son fils à qui l'on vient juste de diagnostiquer une maladie inquiétante. Toutes ces songeries sur des personnes que j'aime et la précieuse et effrayante fragilité de la vie humaine s'amalgamèrent naturellement à la musique.

Pour couronner le tout, à un moment donné après minuit, j'ai entendu frapper à la porte de derrière (ce qui, je vous assure, était chez nous un événement !). C'était un adolescent que j'avais rencontré une fois ou deux, chassé de chez lui par ses parents un mois auparavant et qui dormait dans les parcs. Il m'expliqua qu'il faisait plutôt frisquet cette nuit-là et me demanda s'il pouvait dormir dans notre salle de jeu. Je réfléchis un instant et acceptai, sachant que ma fille lui faisait confiance.

J'eus immédiatement l'impression d'un très étrange concours de circonstances : ces problèmes profondément humains, ces incidents qui dépendaient de mon regard sur l'intériorité des autres êtres, prenaient place au moment précis où je me concentrais sur les concepts de compassion et de magnanimité.

Les amis

La compassion, la magnanimité, la vénération de la vie – autant de qualités incarnées par Albert Schweitzer, qui en outre avait le mérite d'être un organiste respectueux de Bach – ce qui à mon avis, ne devait rien au hasard. On pourrait dire que Schweitzer et les gens de sa trempe sont *altruistes, dépourvus d'ego,* ou littéralement dépourvus de « soi » comme disent les anglophones (*selfless*). Je comprends l'idée et lui accorde une certaine véracité, mais d'un autre coté, assez curieusement, j'ai expliqué, en me calquant sur l'étymologie, que le soi et l'âme sont non pas moindres, mais d'autant *plus grands* que l'on fait preuve de magnanimité. Je dirais donc que ceux qui nous frappent par leur altruisme, leur absence d'ego (ou de « soi »), sont en fait remplis d'âme – c'est-à-dire qu'ils abritent bon nombre d'autres âmes au sein de leur propre crâne/cerveau/esprit/âme – et je ne pense pas que ce partage de l'espace spirituel amoindrit leur nature intime mais au contraire la grandit et l'enrichit. Comme le disait Walt Whitman dans son poème « Song of Myself » [Chant de moi-même], « je suis vaste, je contiens des multitudes ». Toute cette richesse provient du fait qu'à un certain moment de son passé brumeux, le cerveau humain générique dépassa un seuil critique de flexibilité et devint quasi universel, capable d'intérioriser les essences abstraites des autres cerveaux humains. De quoi s'émerveiller.

Un jour que j'essayais de comprendre où je mettais personnellement la limite en appliquant l'adjectif « conscient » (même si bien sûr il n'y a pas de frontière tranchée), je me dis que le critère essentiel était de savoir si l'on pouvait dire que l'entité en question avait ou non une certaine notion, même très primitive, de ce qu'est un « ami », l'ami étant quelqu'un auquel vous vous intéressez et qui s'intéresse à vous. Il paraît manifeste que les bébés humains acquièrent les rudiments de cette notion très tôt, comme il est tout aussi manifeste que certains animaux – en général les mammifères mais pas seulement – ont un sens assez développé du concept d'« ami ».

Il est clair que les chiens sentent que certains humains et certains chiens sont leurs amis, voire éventuellement quelques autres animaux. Je ne vais pas énumérer quels types d'animaux semblent capables d'acquérir la notion d'« ami », parce qu'elle est floue et que vous pouvez tout aussi facilement que moi en dresser une liste mentale. Mais plus j'y pense, plus cela me paraît juste. Ce qui m'amène à la conclusion inattendue que ce qui paraît être l'exemple même du soi – le sentiment du « Je » – n'existe que si et seulement s'il existe aux côtés de ce soi un sentiment des *autres* soi, avec lesquels on a des liens d'affection. Pour résumer, la générosité n'apparaît qu'avec l'ego.

Voilà qui est très différent de la conception de la majorité des philosophes de l'esprit sur la nature de la conscience ! Pour eux, la conscience provient du fait d'avoir ce qu'on appelle des *qualia,* les sensations prétendument primitives (comme la sensation rétinienne provoquée par la couleur pourpre, le son du do central, le goût d'un Cabernet Sauvignon) à partir desquelles toutes les sensations « supérieures » se construisent de façon ascendante. Ma conception, en revanche, postule un seuil de haute abstraction à partir duquel la conscience commence à émerger des ténèbres. Les moustiques peuvent « ressentir » le *quale* du goût du sang, mais ne sont pas conscients de ce *quale* ; de la même façon les chasses d'eau réagissent aux différents *qualia* des divers niveaux d'eau, mais n'en ont aucune conscience. Cela dit, si les moustiques avaient des cerveaux suffisamment importants pour leur permettre d'avoir des *amis,* ils pourraient alors être *conscients* de ce goût ineffable ! Hélas, nos pauvres petits moustiques à petits cerveaux sont constitutionnellement privés de cette opportunité.

Mais notre gloire, en tant qu'êtres humains, grâce à ces cerveaux suffisamment complexes pour nous permettre d'avoir des amis et de ressentir de l'amour, est d'obtenir en prime *l'expérience sensible* du vaste monde autour de nous, c'est-à-dire une conscience. On aurait pu faire plus mauvaise affaire.

Épilogue
Le dilemme

☙ ☙ ☙

Pas si fou !

Dans les vingt-quatre chapitres qui précèdent, j'ai fait de mon mieux pour expliquer ce qu'est un « Je », ce qui signifie, forcément, que j'ai fait également de mon mieux pour expliquer ce qu'est le soi, l'âme, la lumière intérieure, le point de vue à la première personne, l'intériorité, l'intentionnalité et la conscience. Une gageure, certes, mais qui, j'espère, ne m'a pas entraîné à trop divaguer. Cela dit, certains lecteurs y verront sans doute une histoire de fou – à dormir debout – par trop invraisemblable. Autant dire immédiatement que je sympathise avec eux, car je reconnais qu'il reste des questions dérangeantes en suspens.

Le problème essentiel, à mon sens, tient à ce que nous autres, êtres humains – créatures spirituelles dans un univers purement matériel –, sommes condamnés à une éternelle perplexité au sujet de la nature dès que nous essayons de comprendre ce que nous sommes. J'ai un vif souvenir de la façon dont à l'adolescence, quand je me plongeais dans des livres sur le cerveau, j'ai dû affronter pour la première fois l'idée que le cerveau humain, en particulier le mien, devait être une structure matérielle obéissant aux lois de la physique. Aussi étrange que cela puisse vous paraître – tout comme à moi aujourd'hui – cette prise de conscience m'a profondément désorienté.

En un mot, notre dilemme est le suivant : soit nous pensons que notre conscience est *autre* chose qu'un résultat des lois de la physique, soit nous pensons qu'elle *est* un résultat des lois de la physique – l'un et l'autre choix conduisant à des conséquences dérangeantes, voire inacceptables. Je me propose dans ces dernières pages de m'attaquer de front au problème.

L'attrait et les embûches du dualisme

Au chapitre 22, j'ai discuté du dualisme – l'idée selon laquelle il existe, en plus des entités matérielles gouvernées par les lois de la physique, une Essence (avec un E majuscule) qu'on appelle la « Conscience », laquelle est un attribut de l'univers, mais invisible, non mesurable et indétectable, propre à certaines entités et pas aux autres. Cette notion, très proche de la notion « d'âme » appartenant à la tradition religieuse occidentale, est très séduisante car elle est conforme à la sensation quotidienne d'avoir affaire à un monde divisé en deux sortes de choses – animées et « inanimées » [« sans âme »] – tout en donnant une manière d'explication au fait que nous ressentons notre propre intériorité ou notre lumière intérieure de façon si intime qu'il paraît absurde sinon impossible d'en nier l'existence.

Le dualisme suscite également l'espoir d'expliquer la mystérieuse division du monde *animé* [pourvu d'âme] en deux types d'entités : *moi-même* et *les autres.* Une division qui représente un fossé apparemment infranchissable entre la vision du monde subjective, à la première personne, et sa vision impersonnelle, à la troisième personne. Si ce que nous appelons le « Je » est une giclée de quelque essence CAPITALE inanalysable, administrée magiquement à chaque être humain au moment de sa conception, chacune des doses respectives ayant une saveur unique déterminant définitivement l'identité de son bénéficiaire, il n'est nul besoin de chercher plus loin l'explication de ce que nous sommes (*a fortiori* si cela dépend de quelque chose d'inexplicable).

En outre, l'idée que chacun d'entre nous est intrinsèquement défini par une essence incorporelle unique suggère que nous sommes dotés d'une âme immortelle ; la croyance au dualisme dissipe donc quelque peu la douloureuse appréhension de la mort. Il n'est pas très difficile pour quelqu'un ayant baigné depuis l'enfance dans l'imagerie picturale et verbale de la religion occidentale de se figurer une petite aura éthérée s'échappant du corps de quelqu'un qui vient de mourir, appareillant vers un royaume céleste invisible où elle survivra éternellement. Croyants ou sceptiques, cette imagerie fait partie de notre héritage occidental, et c'est pourquoi il est difficile de s'en débarrasser totalement, quel que soit le bagage scientifique de chacun.

Peu après la mort de Carol, mon épouse, j'ai organisé une cérémonie en sa mémoire, en intercalant les souvenirs de quelques amis et parents proches avec des morceaux de musique qui comptaient beaucoup pour elle. Pour clore cette triste cérémonie, j'avais choisi le final de deux minutes et demie du mouvement d'ouverture du premier concerto pour violon de Serge Prokofiev, un étonnant chef-d'œuvre de poésie musicale sous le charme duquel Carol était tombée aussi profondément que moi. Du passage que j'avais sélectionné (tout comme de son jumeau, à la fin de l'ensemble du morceau) se dégageaient une telle beauté, une telle émotion qu'il aurait pu tout aussi bien être composé afin d'évoquer l'image d'une âme ascendante, tant sa ligne mélodique était ténue, frémissante et délicate, surtout dans la dérive ascendante des notes finales. Bien que Carol n'eût pas plus que moi la moindre conviction religieuse, l'image naïve de son essence épurée s'échappant de sa dépouille mortelle en s'élevant toujours plus haut évoquait en moi quelque chose d'extraordinairement authentique, même si, finalement, son âme ne s'était pas envolée *au ciel,* mais simplement chez *ce type-là...*

Comme cet épisode le révèle, il arrive à ce type, malgré toutes ses années d'apprentissage scientifique et de réflexions ardues sur les racines physiques du cerveau et de la conscience, d'être sensible à l'imagerie dualiste traditionnelle que la plupart d'entre nous ont acquise en grandissant – sinon dans la famille, du moins dans le contexte culturel plus large. Cette imagerie peut me séduire, même si j'en rejette les idées. Mais dans mes moments plus rationnels, la même imagerie n'a plus pour moi aucun sens, car je sais trop bien à quel point le dualisme mène à une longue liste de questions sans réponses – j'en ai énuméré certaines au chapitre 22 – dévoilant si bien son arbitraire et son illogisme qu'on a l'impression qu'il va s'effondrer sous son propre poids.

L'attrait et les lacunes du non-dualisme

En revanche, si on pense que la conscience (avec un petit « c » cette fois) est une retombée des lois de la physique, il ne reste plus de place pour un quelconque supplément, « au-dessus ». De quoi séduire un esprit scientifique, car c'est bien plus simple que le dualisme. Cela nous débarrasse de la dichotomie embarrassante entre les entités physiques ordinaires et les essences non physiques extraordinaires, tout en annulant la longue liste de questions sur la nature de l'essence CAPITALE immatérielle.

D'un autre côté, jeter le dualisme aux orties est tout aussi embarrassant parce que, du moins à première vue, cela ne nous permet pas de faire une distinction entre les entités animées et inanimées et nous laisse sans explication sur la sensation unique de notre propre intériorité ou lumière intérieure, ni sur le gouffre séparant *notre* soi de celui des *autres*. En y regardant de plus près, toutefois, on s'aperçoit que ce point de vue ménage un espace à de telles distinctions.

Dans la préface de ce livre, j'ai évoqué « l'apparition miraculeuse de soi et d'âmes à partir de matière inanimée », une expression qui a dû hérisser le poil à plus d'un lecteur, je suppose. « Comment l'auteur peut-il se référer au cerveau humain – l'entité la plus animée entre toutes de l'univers – comme à de la "matière inanimée" ? » Eh bien, l'un des leitmotive de ce livre est que la présence ou l'absence d'« animanité » dépend du niveau auquel on observe une structure. Le cerveau, vu à son niveau le plus haut, le plus collectif, est intrinsèquement animé et conscient. Mais à mesure que l'on descend graduellement, structure après structure, du cerveau au cortex, à la colonne corticale, à la cellule, au cytoplasme, à la protéine, au peptide jusqu'à la particule élémentaire, on perd de plus en plus la sensation de l'*animanité* jusqu'à ce que, aux niveaux les plus bas, elle se soit entièrement évanouie. On peut aller et venir dans son propre esprit entre les niveaux supérieurs et inférieurs, et osciller ainsi à volonté entre la vision d'un cerveau animé ou inanimé.

La vision du monde non dualiste peut ainsi parfaitement inclure des entités animées, pour autant que différents niveaux de description le permettent et soient reconnus comme tels. Les entités animées sont celles, à un certain niveau de description, qui présentent un certain type de structure en boucle, laquelle commence inévitablement à prendre forme si le système pourvu de la capacité intrinsèque à filtrer la perception du monde en catégories discrètes étend vigoureusement et indéfiniment son répertoire de catégories vers l'abstraction. Cette structure atteint son plein épanouissement quand elle en arrive à une autoreprésentation profondément enracinée – une histoire que l'entité se raconte à elle-même – dans laquelle le « Je » de cette entité interprète le rôle vedette, en tant qu'agent causal unitaire motivé par un ensemble de désirs. Plus précisément, une entité s'anime au *degré* auquel apparaît une telle structure de « Je » en boucle, tant il est vrai que la présence de cette structure n'est certes pas une affaire de tout ou rien. C'est ainsi qu'il existe de l'animanité pour autant qu'il existe une structure de « Je » dans un substrat donné, et que l'entité en question est inanimée là où cette structure est absente.

Des pierres ou des arcs-en-ciel ?

Reste une question délicate : en quoi une structure abstraite en boucle, quelle que soit sa sophistication, constitue-t-elle un lieu d'intériorité, une lumière intérieure, un site de sensation à la première personne ? Autrement dit, d'où vient le *moi* ? La notion qu'une telle structure gagne énormément en taille et en complexité au fil du temps, se perçoit elle-même et s'implante si profondément qu'il n'est plus possible de la déloger, représentera une réponse satisfaisante pour ceux qui sont en quête de vérité (comme Boucle étrange 641). Cela dit, pour les autres (telle Boucle étrange 642), ça ne fait pas du tout l'affaire.

Pour les penseurs de la dernière catégorie, il restera toujours le type d'énigme posée au chapitre 21 à propos des deux nouvelles copies identiques, à l'atome près, d'un organisme détruit, l'une sur Mars et l'autre sur Vénus : « Où vais-je me réveiller ? Lequel des deux corps va-t-il héberger *ma* lumière intérieure, si du moins l'un s'en chargeait ? » Les penseurs de ce type s'accrochent férocement à la notion instinctive de l'ego cartésien unique constituant l'identité, le « Je », la lumière intérieure, l'intériorité de tout être doué de sensations. Il leur paraîtra parfaitement inacceptable de suggérer que leur précieuse notion du *moi* ressemble plus à un chatoyant arc-en-ciel insaisissable qu'à une pierre bien solide et pourvue d'une masse, et qu'il n'y a donc pas de réponse pertinente à la devinette embarrassante « Lequel serais-je ? ». Ils persisteront à affirmer qu'il doit y avoir une authentique bille de « Je » dans l'un des deux corps et non dans l'autre, et non pas une entité insaisissable qui, comme l'arc-en-ciel, s'estompe puis se désintègre entièrement au fur et à mesure qu'on s'en approche. L'ennui, c'est que la croyance en un tel « Je » indivisible et indissoluble revient à croire en l'immatérialité prônée par le dualisme.

Le Problème difficile

On en arrive au dilemme central. Soit nous croyons en une âme immatérielle qui subsiste en dehors des lois de la physique, ce qui conduit à un point de vue magique non scientifique, soit nous en rejetons l'idée, auquel cas la question fatale, « Qu'est-ce qui peut faire qu'une simple structure physique soit un *moi* ? » – la question que le philosophe David Chalmers a surnommée judicieusement et avec succès « Le problème difficile » (*The Hard Problem*) – semble aujourd'hui bien loin de trouver sa réponse comme c'était déjà le cas il y a bien des siècles (et en l'occurrence, comme demain, après-demain ou jamais).

Après tout, une expression comme « système physique » ou « substrat physique » évoque pour la plupart des gens, y compris une proportion substantielle de philosophes et neurologues de la planète, une structure compliquée constituée d'un grand nombre de rouages, mécanismes, tiges, tubes, boules et autres pendules, même s'il s'agit de dispositifs infimes, invisibles, parfaitement silencieux voire éventuellement statistiques. Un tel ensemble de substances inanimées en interaction paraît à la plupart des gens aussi inconscient et dénué de lumière intérieure qu'une chasse d'eau, la transmission d'une automobile, une montre suisse (mécanique ou électronique), un chemin de fer à crémaillère, un paquebot ou une raffinerie de pétrole. Un tel système, de leur point de vue, ne se contente pas d'être *probablement* inconscient, il l'est *forcément*. On a affaire ici à ce type d'intuition à un seul niveau que John Searle a exploité avec tant d'habileté en vue de faire accroire que les ordinateurs ne pourront jamais être conscients, quelles que soient les structures abstraites qui les habitent, et ne pourront jamais signifier quoi que ce soit, quelle que soit la longueur des chaînes lexicales qu'ils pourraient assembler.

La riposte : un poème en prose

Et quant à toi, dévoué lecteur qui fit l'effort de parvenir jusqu'à la fin, le dernier point, de cet ouvrage, j'espère bien que ton avis est différent. Ensemble nous sommes passés d'une boucle à l'autr' plus compliquée, de ce fuyant point rouge vif aux caméras sophistiquées s'alimentant de ce qu'elles ont elles-mêm' filmé, puis nous avons envisagé les énoncés *PM* hurlant « j'ai pas de preuve », ainsi nous pûmes constater qu'apparaissait dans ce dédale symbolique au fond du crâne de chacun, d'étranges boucles. (*L'Élan mental* fut délaissé, car il nous eût précipités dans ses filets incohérents.)

Si jamais fut, sur notre Terre gouvernée par la physique souveraine, quelque magie, ma foi c'est indéniablement dans ces « objets ». D'étranges boucles, tel ce fameux cheval de Troie de Kurt Gödel qui découvrit les phrases qui s'autoréfèrent (en un château pourtant bâti pour s'en garder), faisant songer Roger Sperry à cette tour faite de forces emboîtées l'une dans l'autre, donnent l'uniqu' explication que j'admettrais de la façon dont l'âme naît de la matière inanimée, et qui en même temps maintient l'unicité de cette bille, que tu appelles toi ton « Je » (mais qui sera pour moi ton « Tu »).

Mille milliards de milliards de fourmis dans les jambes

Vous et moi sommes des mirages qui nous percevons nous-mêmes et la seule machinerie magique des coulisses est la perception – l'activation, par de gigantesque flux de données brutes, d'un petit ensemble de symboles qui représentent les régularités abstraites de l'univers. Dès lors que la perception pénètre le monde physique à de hauts niveaux d'abstraction et qu'une abondance de boucles de feedback entrent en jeu, le « que » ou le « quoi » (le *what* anglais) désignant une chose, finit par se transformer en « qui » (le *who* anglais). Il faut reconsidérer ce que l'on avait un jour qualifié péremptoirement de « mécanique » en lui déniant par réflexe toute prétention à la conscience.

Nous, les êtres humains, sommes des structures macroscopiques d'un univers dont les lois résident au niveau microscopique. En tant que créatures en quête de survie, nous sommes amenés à rechercher des explications efficaces ne se référant qu'aux entités de notre propre niveau. C'est ainsi que nous dressons des frontières conceptuelles autour des entités que nous percevons aisément, en sculptant ainsi ce qui nous paraît être la réalité. Le « Je » que nous créons pour chacun d'entre nous est l'exemple par excellence de cette réalité perçue ou inventée. Ce « Je » parvient si bien à expliquer notre comportement qu'il devient le moyeu autour duquel semble tourner le reste du monde. Or cette notion de « Je » n'est jamais qu'un raccourci pour tout ce grouillement et pullulement dont, forcément, nous ne nous rendons absolument pas compte.

Parfois, quand ma jambe s'endort (comme nous le disons en anglais – *when my leg goes to sleep*) et que je ressens un millier d'épingles et d'aiguilles à l'intérieur, je me dis, « Ah, ah ! C'est donc *vraiment ça*, d'être vivant ! J'ai rarement l'occasion d'avoir un tel aperçu de ma véritable complexité ! » (En français, on dit que l'on a « des fourmis dans les jambes » et notre personnage de dessin animé *Dennis the Menace*[1] fit remarquer un jour qu'il avait de la « *Ginger ale*[2] dans les jambes » – deux métaphores mémorables pour cette étrange sensation néanmoins universelle.) Bien entendu, nous ne pouvons jamais expérimenter le fourmillement de l'entière complexité de ce que nous sommes réellement, dans la mesure où nous avons, juste à titre d'exemple, six mille milliards de milliards (c'est-à-dire six mille millions de millions de millions) d'exemplaires de molécule d'hémoglobine qui se précipitent en désor-

---

1. « Denis la malice » dans la version française. (N.d.T.)
2. Le soda au gingembre dont on se sert pour couper les cocktails ou les jus de fruit. Équivalent à notre Canada dry. (N.d.T.)

dre à chaque instant dans nos veines dont, à chaque seconde de notre existence, 400 milliards sont détruits et autant créés. De tels nombres dépassent de loin l'entendement humain.

Mais notre propre « insondabilité » est une chance ! De la même façon que nous serions anéantis en ressentant réellement notre insignifiance en comparaison du vaste univers où nous vivons, nous exploserions de surprise et d'effroi pour peu que nous soyons effectivement confrontés à l'agitation inimaginable se déroulant dans notre corps. Nous vivons dans un bienheureux état d'ignorance, lequel est également un état de merveilleuse élucidation dans la mesure où nous évoluons dans un univers de catégories de notre cru, de niveaux intermédiaires – des catégories qui s'emploient magnifiquement à augmenter nos chances de survie.

Je suis une boucle étrange

Pour finir, nous qui nous percevons, nous inventons nous-mêmes, qui nous emprisonnons dans des mirages, sommes bel et bien des miracles d'autoréférence. Nous croyons en des billes qui se désintègrent pour peu que nous partions à leur recherche, lesquelles sont néanmoins aussi réelles que toute bille authentique quand nous ne nous en préoccupons pas. Notre nature exacte consiste à nous empêcher de comprendre pleinement sa nature exacte. Situés à mi-chemin entre l'immensité cosmique invraisemblable de la courbure de l'espace-temps et l'incertitude du scintillement indistinct du monde quantique, nous, êtres humains, qui ressemblons plus à des arcs-en-ciel et des mirages qu'à des gouttes de pluie ou des galets, sommes d'imprévisibles poèmes qui s'écrivent eux-mêmes – des poèmes flous, métaphoriques, ambigus et parfois d'une beauté extravagante.

Cette vision de nous-mêmes n'est sans doute pas aussi réconfortante que de croire en d'ineffables lueurs venues d'ailleurs dotées de vie éternelle, mais elle a ses avantages. Cela permet de renoncer au sentiment puéril que les choses sont telles qu'elles paraissent, et que le « Je », avec son apparente solidité que la moindre bille pourrait lui envier, est la chose la plus réelle au monde ; cela permet d'apprécier notre fragilité intrinsèque et l'énorme différence entre ce que nous sommes réellement et ce que nous semblons être. De la même façon que les boucles étranges inattendues de Kurt Gödel nous ont donné une vision plus profonde et plus subtile de la signification des mathématiques, le fait d'attribuer à notre essence le qualificatif de boucle étrange nous donne une vision plus profonde et plus subtile de notre humanité. Et à mon sens, nous ne perdons pas au change.

Notes

ઝ ઝ ઝ

Préface

Page *xii*   (…) *provoquèrent chez moi suffisamment d'angoisse et de terreur pour m'inciter à lire quelques livres de vulgarisation sur le cerveau humain…* Il s'agissait de [Pfeiffer] et [Penfield et Roberts]. J'ai aussi été très tôt et profondément influencé par [Wooldridge].

Page *xv*   (…) *la loi de Hofstadter.* Dans le chapitre 5 de [Hofstadter 1985].

Page *xv*   (…) *Quel effet cela fait d'être une chauve-souris.* Voir le chapitre 24 de [Hofstadter et Dennett].

Page *xvi*   *Cela fait bientôt trente ans que je travaille…* Voir, par exemple, [Hofstadter et Moser], [Hofstadter et FARG], [Hofstadter 1997] et [Hofstadter 2001].

Page *xx*   (…) *pratiquement toutes les pensées de ce livre* (…) *sont une analogie.* Voir [Hofstadter 2001].

Page *xx*   (…) *sans s'égarer dans des digressions à la Pouchkine…* Voir la brillante traduction en français faite par André Markowicz du célèbre roman en vers *Eugène Onéguine* [Pouchkine 2008] ou ma propre traduction en anglais [Pouchkine 1999]. Il n'est pas mariage plus superbe de la forme et du fond que celui d'*Eugène Onéguine*.

Page *xxi*   (…) *pouvoir participer à sa mise en page dans les moindres détails…* Dans ce livre, une de mes principales préoccupations esthétiques a été le point de chute de chaque page. Une règle cardinale aura été qu'il n'y ait jamais de coupure de paragraphe (ou de section) d'une seule ligne en haut ou bas de page. Je me suis aussi imposé que, sur chaque ligne, la répartition des espaces entre les mots soit plaisante à voir et, en particulier, que ces espaces ne soient pas trop grands – un désagrément fréquent et horrible de la composition sur ordinateur.

Les contraintes esthétiques suivantes (parmi de nombreuses autres sur lesquelles je ne vais pas m'étendre) ont été de placer çà et là des repères à chaque page du livre, chacun d'eux me rappelant : « Tu ne crois pas que tu pourrais réécrire cette phrase non seulement pour qu'elle ait meilleure allure mais pour que son objet soit plus clair et formulé plus élégamment ? » Certains auteurs trouvent peut-être cela fastidieux, mais j'avoue que, pour ma part, j'adore ces marques et le double défi qu'elles me lancent et que j'ai travaillé d'arrache-pied à relever partout. Il n'y a aucun doute que ces contraintes tant sur la forme que sur le fond – implacables, intenses et imprévisibles – ont beaucoup amélioré la qualité de ce livre, non seulement visuellement mais intellectuellement.

Pour plus de précisions sur mes façons de voir concernant le pouvoir magique de l'interaction de la forme et du fond, voir [Hofstadter 1997], en particulier l'introduction et le chapitre 5[1].

Prologue

Page 4   *(...) aucune machine ne peut savoir ce que sont les mots, ou ce qu'ils signifient...* Cette idée archaïque est le cri de ralliement de nombreux philosophes tels que John Searle. Voir le chapitre 20 de [Hofstadter et Dennett].

Page 4   *(...) dont les lois opératoires sont arithmétiques.* Il s'agit d'une allusion à cette idée qu'un « Cerveau électronique géant », dont les fibres intimes sont arithmétiques, pourrait agir sans qu'on puisse voir de différence avec un cerveau humain ou animal en reproduisant le comportement de chacun de ses neurones. Cela donnerait naissance à une sorte d'intelligence artificielle, mais très différente des modèles dans lesquels les éléments de base sont les mots ou les concepts, régis par des règles qui reflètent le flux abstrait d'idées dans un cerveau plutôt que celui, microscopique, des courants électriques et des réactions chimiques dans le hardware biologique. Le chapitre 17 de [Hofstadter 1985], le 26 de [Hofstadter et Dennett] et le 26 de [Hofstadter 1988] exposent tous minutieusement cette distinction subtile, que j'avais commencé à examiner dès mon adolescence.

Chapitre 1

Page 8   *Je ne sais pas si cela lui a fait voir la photo autrement...* J'ai récemment lu à haute voix, avec une certaine appréhension, cette introduction à ma mère qui, à presque 87 ans, ne peut se déplacer dans sa vieille maison de Stanford qu'en chaise roulante mais a toujours la même intelligence acérée et reste intéressée par ce qui se passe dans le monde autour d'elle. Elle a écouté avec attention et fait cette remarque : « J'ai dû beaucoup changer depuis parce que, aujourd'hui, ces photos représentent tout pour moi. Je ne pourrais pas vivre sans elles. » Je doute que ce que je lui ai dit presque seize ans plus tôt en cette triste journée ait joué un grand rôle dans l'évolution de ses sentiments, mais cela m'a fait plaisir de voir qu'elle pensait désormais ainsi.

---

1. Les mêmes soucis ont guidé dans la préparation de cette édition en français toute l'équipe qui y a travaillé. (Note de l'éditeur.)

NOTES – CHAPITRE 2

Page 9 *(...) une tomate est une entité sans désir, sans âme et sans conscience...* À l'opposé, [Rucker] avance que les tomates, les pommes de terre, les choux, les quarks et la cire à cacheter sont conscients.

Page 10 *(...) une nouvelle (...) intitulée Cochon...* Dans [Dahl].

Page 16-17 *Dans sa préface aux études de Chopin...* Toutes les préfaces que Huneker écrivit pour les éditions Shimmer se trouvent dans [Huneker].

Page 20 *Qu'est-ce qui nous donne un tel droit...* Voir [Singer et Mason].

Page 22 *(...) il est constitué de la « mauvaise substance ».* Les cerveaux sont constitués de « la bonne substance », pas les ordinateurs est un slogan de John Searle. Voir le chapitre 20 de [Hofstadter et Dennett].

Page 26 *Les philosophes de l'esprit utilisent souvent le terme...* Voir, par exemple, [Dennett 1990].

Chapitre 2

Page 30 *« Qu'entend-on par "recherche sur le cerveau" » ?* Voir [Churchland], [Dennett 1978], [Damasio], [Flanagan], [Hart], [Harth], [Penfield], [Pfeiffer] et [Sperry].

Page 30 *Tous ces éléments sont importants et constituent les objets d'étude légitimes de la neurophysiologie.* Voir [Damasio], [Kuffler et Nicholls], [Wooldridge], et [Penfield et Roberts].

Page 30 *(...) les abstractions sont essentielles (...) dans l'étude du cerveau.* Voir [Treisman], [Minsky 1988], [Schank], [Hofstadter et FARG], [Kanerva], [Fauconnier], [Dawkins], [Blackmore], et [Wheelis] pour plus de développements.

Page 31 *(...) la notion de « gène » a été avancée et étudiée comme une entité théorique...* Voir [Judson].

Page 31 *(...) celle d'« atome » qui a été avancée et étudiée comme brique élémentaire...* Voir [Pais 1986], [Pais 1991], [Hofmann], et [Pullman].

Page 33 *Les machines de Turing sont des ordinateurs théoriques très simples...* Voir [Hennie] et [Boolos et Jeffrey].

Page 34 *Les articles de Searle sont colorés.* Voir chapitre 22 de [Hofstadter et Dennett].

Page 35 *(...) une canette précise devrait « jaillir »...* Dans sa critique dédaigneuse et suffisante ([Searle]) de [Hofstadter et Dennett], Searle affirme : « Imaginons donc notre programme de simulation de la soif tournant sur un ordinateur entièrement fait de vieilles cannettes de bière par millions (ou par milliards), toutes manœuvrées par leviers, la source d'énergie étant des éoliennes. On peut figurer que le programme simule l'excitation neuronale dans les synapses par des chocs entre elles de cannettes de bière, dans une correspondance stricte. À l'achèvement du programme, une cannette de bière jaillit avec écrit sur elle : "J'ai soif". Et maintenant, demandons-nous à nouveau : qui peut croire que cet ensemble à la Rube Goldberg a vraiment soif au sens où vous et moi pouvons l'entendre ? »

Page 36 *Considérer le cerveau comme un système fonctionnant à de multiples niveaux...* Voir [Simon], [Pattee], [Atlan], [Dennett 1990], [Sperry], [Andersen], [Harth],

[Holland 1995], [Holland 1997], et le dialogue « Prélude… et Fourmugue » dans [Hofstadter 1985] ou [Hofstadter et Dennett].

Page 37   (…) *comme une colonne du cortex cérébral*… Voir [Kuffler et Nicholls].

Page 37   *Je suis un jour tombé sur un livre dont le titre était* Les Dieux moléculaires… Il s'agissait de [Applewhite].

Page 37   (…) *citer ici un court passage de l'essai de Sperry*… Extrait de [Sperry].

Page 38   (…) *tirée de* The Floor, Le sol… Voir [Edson], avec un petit ensemble de poèmes en prose tout à fait saisissants, surréalistes, souvent hilarants et cependant profondément tristes.

Page 40   (…) *que des phénomènes macroscopiques tels que frottements*… Une très belle et très accessible description de la façon dont des phénomènes de la vie quotidienne (tels que la manière dont se déchire le papier) sont issus de l'étrange substrat de la mécanique quantique qui régit notre monde est donnée dans [Chandrasekhar].

Page 41   (…) *des quarks, des gluons, des bosons W et Z*… Voir [Pais 1986] et [Weinberg 1997].

Page 43   *La simplification drastique nous permet (…) de découvrir des abstractions*… Voir [Kanerva], [Kahneman et Miller], [Margolis], [Sander], [Schank], [Hofstadter et FARG], [Minsky 1988] et [Gentner et al.].

Chapitre 3

Page 45   (…) *disons 641*… J'ai choisi ce drôle de numéro qu'est 641 à cause de son rôle célèbre dans l'histoire des mathématiques. Fermat a conjecturé que tous les entiers de la forme $2^{2^n} + 1$ sont premiers, mais Euler a découvert que 641 (qui est lui-même premier) divise $2^{2^5} + 1$, réfutant ainsi la conjecture de Fermat. Voir [Wells 1986], [Wells 2005] et [Hardy et Wright].

Page 50   *L'intelligence profonde de la causalité*… Voir [Pattee], [Holland 1995], [Holland 1997], [Andersen], [Simon] et le chapitre 26 de [Hofstadter 1985].

Page 56   *Le billodrome*. Le chapitre 25 de [Hofstadter 1985] est un très long dialogue entre Achille et la Tortue expliquant en détails la métaphore du billodrome.

Page 60   *Cet effet (…) a été expliqué (…) par Albert Einstein*. Voir [Hoffmann] et [Pais 1986].

Page 61   *De ce point de vue, il n'y a ni simmbols, ni symboles*. Cette façon de voir est proche de la philosophie réductionniste extrême telle que développée dans [Unger 1979] et [Unger 1979 (2)].

Chapitre 4

Page 64   *Pourquoi est-il si tentant d'attribuer (…) des intentions à un système doté de rétroaction (on parle alors d'attitude téléologique)* ? Voir [Monod], [Cordeschi], [Haugeland 1981], et [Dupuy 1999].

Page 66   *Dans la vidéo de Karl Sims,* Créatures virtuelles… On la trouve très facilement sur Internet.

NOTES – CHAPITRE 4

Page 66   (…) *incite fortement les humains à changer de niveau de description (…) à passer directement au niveau délibérément orienté de la cybernétique…* Voir [Dupuy 1999], [Monod], [Cordeschi], [Simon], [Andersen], et le chapitre 11 de [Hofstadter et Dennett], qui discute d'un trio en « isme » : le holisme, le « ciblisme », l'« âmisme ».

Page 67   (…) *l'histoire de ce sultan qui avait demandé…* Trouvée dans le charmant ouvrage ancien de [Gamow].

Page 68   (…) *contient les germes de sa propre destruction…* Comparez ce scénario d'autodestruction avec l'histoire racontée dans le dialogue « Contracrostipunctus » dans [Hofstadter 1985].

Page 71   (…) *je suis tombé sur un petit livre de poche…* Il s'agissait bien entendu de [Nagel et Newman].

Page 71   (…) *je suis sûr que je n'ai pas pensé « il » ou « elle »…* Voir chapitres 7 et 8 de [Hofstadter 1988].

Page 74   *J'ai tenté ma chance en inventant cette phrase mieux remplie…* Sans le savoir, je ressentais faiblement la hiérarchie infinie des opérations de l'arithmétique et ce que je connaîtrai plus tard sous le nom de « fonction d'Ackermann ». Voir [Boolos et Jeffrey] et [Hennie].

Page 76   (…) *le caractère pathologique d'un tel sauve-qui-peut devant le sens commun…* Je ne peux résister à l'envie de signaler que, dès leurs premières phrases, les *Principia mathematica* brandissent fièrement l'autoréférence – la première phrase affirme imperturbablement : « Le sujet du présent ouvrage, le traitement mathématique des principes des mathématiques, a son origine dans la réunion de deux domaines d'études différents et, pour l'essentiel, très modernes. » Les *Principia mathematica* se retournent ainsi vers elles-mêmes en évoquant fièrement le « présent ouvrage » – c'est-à-dire le type même d'autoréférence que, dans un contexte plus formel, ses auteurs s'étaient acharnés à proscrire catégoriquement. De façon encore plus curieuse, le chapitre où est exposée la théorie des types bannissant l'autoréférence commence de façon… autoréférente : « La théorie des types logiques exposée dans le présent chapitre s'est imposée à nous en premier lieu pour son aptitude à résoudre certaines contradictions (…) ». Remarquez enfin l'usage du pronom « nous », par lequel Russel et Whitehead font pourtant référence à eux-mêmes et qu'ils utilisent sans scrupule. N'étaient-ils pas conscients de l'ironie de ces situations ?

Page 77   (…) *à l'autoréférence dans le langage.* Voir les chapitres 1 à 4 dans [Hofstadter 1988].

Page 78   *Ce pangramme auto-descriptif…* Le pangramme, en anglais, du texte original était le suivant : « This pangram tallies five a's, one b, one c, two d's, twenty-eight e's, eight f's, six g's, eight h's, thirteen i's, one j, one k, three l's, two m's, eighteen n's, fifteen o's, two p's, one q, seven r's, twenty-five s's, twenty-two t's, four u's, four v's, nine w's, two x's, four y's, and one z . » Ce « pangramme » parfait, qui fait son propre inventaire en décomptant ses propres lettres, a été trouvé par Lee Sallows sur un ordinateur analogique de sa fabrication.

Je me suis souvent demandé ce que pourrait donner une vaste communauté de phrases semblables à celle de Sallows, chacune faisant l'inventaire non seulement d'elle-même (c'est-à-dire fournissant le décompte de ses vingt-six lettres de l'alphabet comme ci-dessus) mais aussi d'autres, voire de toutes les autres. Chacune des phrases de ce type serait de très loin plus longue que le remarquable pangramme de Sallows. Mais, à la différence de ce dernier, je me figure ces « individus » comme ne fournissant pas tous une description exacte. Certaines de leurs affirmations seraient complètement fausses. J'imagine la plupart d'entre elles assez précises sur l'auto-inventaire (la plupart de leurs comptes des 26 lettres à la « premières personnes » serait tout à fait juste, quelques décomptes tombant peut-être un peu à côté). Mais d'un autre côté, pour les autres phrases, chaque inventaire serait de justesse variable, depuis le presque exact jusqu'au largement faux.

Inutile de dire que ce n'est là qu'une métaphore d'une société d'êtres humains en interaction, chacun d'eux ayant une image plutôt bonne de lui-même mais moins précise des autres, souvent observés à la va-vite et sans grande précision. Deux phrases « qui se connaissent assez bien » (c'est-à-dire qui fournissent l'une de l'autre des décomptes raisonnablement précis quoique imparfaits) seraient les analogues de bons amis, tandis que deux phrases qui ne se décrivent mutuellement que de manière grossière ou partielle, voire qui s'ignorent, seraient les analogues d'étrangers.

Une variation plus complexe sur ce thème mettrait en jeu une population de phrases de type Sallows, mais évoluant dans le temps. Toutes comporteraient au départ des nombres aléatoires mais qui seraient tous mis à jour en même temps. Précisément, chacune remplacerait ses valeurs erronées par le décompte des lettres en elle-même et dans quelques autres. Bien sûr, chaque phrase cible étant changeante, le résultat serait encore faux mais on peut espérer qu'après une longue série d'itérations de cet ordre effectuées en parallèle, chaque phrase évoluerait, au moins en moyenne, vers une meilleure précision, particulièrement concernant son propre cas. Elle se constituerait ainsi un petit groupe d'« amis » (des phrases dont elle ferait l'inventaire assez complètement et précisément) tandis qu'elle resterait éloignée de la plupart des autres (c'est-à-dire ceux que, au mieux, elle décrirait à peine et avec beaucoup d'erreurs, voire pas du tout). C'est là une espèce de caricature de mon idée de gens « vivant à l'intérieur les uns des autres » que je développe dans les chapitres 15 à 18.

Page 78   *Peut-être n'y a-t-il aucun mal…* Citation de [Skinner] dans la lettre de George Brabner.

Page 79   *(…) j'ai rédigé une assez longue réponse…* Dans le chapitre 1 de [Hofstadter 1988].

Chapitre 5

Page 84   *Mais les chiens ne sont pas des robots…* Alors que je mettais la dernière main à ces notes, mes enfants et moi-même avons pris l'avion pour passer les vacances de Noël en Californie. Alors que nous planions lentement à l'approche de l'aéroport de San José, Danny, qui scrutait à travers le hublot, me lança : « Tu ne sais pas ce que je viens de voir ? » – « Quoi donc », répliquai-je, n'en ayant pas la moindre idée. Il répondit : « Un parking rempli de voitures dont les phares et les feux arrière s'allument et s'éteignent au hasard. ». « Et pourquoi font-elles toutes cela ? », ai-je aussitôt demandé. Danny donna immédiatement la réponse : « Leurs alarmes se sont déclenchées les unes les autres. J'en suis sûr parce que j'ai déjà vu des feux d'artifice déclencher des alarmes de voiture. » Abasourdi, je me suis délecté de la scène avec les yeux de l'esprit, d'autant que Danny n'avait pas lu une ligne de mon manuscrit et ne pouvait pas se douter de l'adéquation avec mon livre de sa remarque sur les klaxons et les clignotants en réverbération – j'étais précisément en train d'écrire les notes à ce propos (celles du chapitre 5). Le parking en résonnance de Danny avait rendu insignifiants les aboiements en écho : les gens d'en bas ont vraiment dû avoir droit à un raffut infernal ! Pourtant, observée fortuitement d'en haut, la scène se déroulait dans un silence absolu, vision surréaliste de robots s'excitant mutuellement et certainement pas près de se calmer comme des chiens l'auraient finalement fait. Un ajout de dernière minute à mon livre – mais combien prodigieux !

Page 86   (...) *l'univers extraordinaire découvert, dans les années 1980...* Voir [Peitgen et Richter].

Chapitre 6

Page 95   (...) *pour finalement activer un petit ensemble* (...) Voir [Kanerva] et [Hofstadter et FARG].

Page 96   *Commençons par un humble moustique...* Voir [Griffin] et [Wynne]. Ce dernier présente une remarquable analogie de toutes les créatures faite par des abeilles !

Page 100   (...) *les véhicules qui se conduisent eux-mêmes le long de routes peu fréquentées ou à travers des déserts rocheux.* Voir [Davis 2006].

Page 103   (...) *un chien* (...) *possède une sorte de structure cérébrale interne qui le représente lui-même.* Cela paraît être une plaisanterie, mais ne l'est pas vraiment. Quand il s'agit du self-symbole des êtres humains – leur « Je » –, une grande partie de la structure du « Je » implique des pointeurs qui renvoient au « Je » abstrait et non pas simplement au corps. Voir chapitres 13 et 16.

Page 105   (...) *le système de catégories humain est devenu arbitrairement extensible.* Je défends cette thèse dans [Hofstadter 2001]. Pour en savoir plus sur les catégories humaines, voir [Sander], [Margolis], [Minsky 1988], [Schank], [Aitchison], [Fauconnier], [Hofstadter 1997] et [Gentner et al.].

Page 108   *Il est évident que les souvenirs de ces épisodes peuvent être activés...* Voir [Kanerva], [Schank] et [Sander].

Page 109   *Ce sont la profondeur et la complexité de ce modèle qui font tout le prix de notre « Je ».* Voir [Dennett 1993], [Metzinger], [Horney 1997], [Horney 1992], [Wheelis], [Nørretranders] et [Kent].

Chapitre 7

Page 114   *Les abstractions s'ajoutaient aux abstractions* (...) Si l'on veut en avoir une petite idée, on peut s'essayer à lire d'une traite [Ash et Gross]. C'est un peu comme commander un « plat épicé » dans un vrai restaurant indien : vous vous demandez quelle idée vous avez eu là.

Page 117 *(...) l'impossibilité, d'après Évariste Galois, de résoudre par radicaux...* Le grand Galois était effectivement un jeune radical, ce qui a conduit à son absurde mort tragique à l'âge de 21 ans au cours d'un duel. Mais l'expression « résoudre par radicaux » renvoie en fait à l'extraction des racines n-ièmes, appelées « radicaux ». Pour se faire une idée respectivement superficielle, intermédiaire et profonde des idées immortelles et radicales de Galois sur les structures mathématiques cachées, voir [Livio], [Bewersdorff] et [Stewart].

Page 122 *(...) il y a une sorte de structure, ou de configuration abstraite...* « Structures véritables », dans [Dennett 1998] combat pour la réalité des structures abstraites, en s'appuyant sur l'automate cellulaire de John Conway connu sous le nom de « Jeu de la vie ». Le Jeu de la vie est parfaitement présenté dans [Gardner] et son adéquation avec la vie biologique est expliquée dans [Poundstone].

Chapitre 8

Page 130 *(...) désolé de le dire, par trop ressassé...* Je suis un vieil amoureux de l'art d'Escher. Mais, le temps passant, je me sens plus attiré par les paysages non paradoxaux de ses débuts, dans lesquels je trouve partout des allusions à son sens du merveilleux tel qu'on le trouve dans des scènes ordinaires. Voir [Hofstadter 2002], article écrit à l'occasion du centième anniversaire de la naissance d'Escher.

Page 132 *Mais alors, existe-t-il une authentique boucle étrange – une structure paradoxale...* Trois excellents livres sur les paradoxes : [Falleta], [Hughes et Brecht] et [Casatti et Varzi 2008].

Page 133 *(...) un bibliothécaire d'Oxford, G.G. Berry...* Les remerciements des auteurs (pratiquement) autosuffisants des *Principia mathematica* ne sont adressés qu'à deux personnes et G. G. Berry est l'une d'elle.

Page 139 *(...) Chaitin et d'autres ont développé...* Voir [Chaitin], truffé de résultats aussi stupéfiants qu'étranges.

Chapitre 9

Page 146 *(...) en notations PM, c'est quelque chose comme...* J'ai emprunté ici la version simplifiée des notations *PM* de Gödel plutôt que les symboles pris à la source, qui auraient été beaucoup trop indigestes. (Reportez-vous page 123 et vous verrez pourquoi.)

Page 146 *(...) somme de deux carrés...* Voir [Hardy et Wright] et [Niven et Zuckerman].

Page 146 *(...) somme de deux nombres premiers.* Voir [Wells 2005], un Jardin des Délices enchanteur.

Page 149-150 *La quête fervente de l'ordre dans un désordre apparent est ce qui allume leurs feux...* Voir [Ulam], [Ash et Gross], [Wells 2005], [Gardner], [Bewersdorff] et [Livio].

NOTES – CHAPITRE 10

Page 151 *Rien n'arrive « par hasard » dans le monde mathématique.* Voir [Davies].

Page 151 *Paul Erdös fit un jour remarquer avec drôlerie…* Erdös, un mathéiste fervent, parlait souvent des démonstrations tirées du « Livre », un volume imaginaire contenant les démonstrations parfaites de Dieu de toutes les grandes vérités. Quant à ma propre vision du « mathéisme », voir le chapitre 1 de [Hofstadter et FARG].

Page 154 *Variations sur un thème d'Euclide…* Voir [Chaitin].

Page 155 *Dieu ne joue pas aux dés.* Voir [Hoffmann], un des meilleurs livres que j'aie jamais lus.

Page 156 *(…) de nombreux ouvrages de théorie des nombres donnent la démonstration de ce théorème…* Voir [Hardy et Wright] et [Niven et Zuckerman].

Page 158 *Dans la première décennie du vingtième siècle…* L'histoire des efforts réalisés pour formaliser les mathématiques et la logique est très bien racontée dans [DeLong], [Kneebone] et [Wilder].

Page 158 *(…) un jeune garçon grandissait dans la ville de Brno…* Voir [Goldstein] et [Yourgrau].

Chapitre 10

Page 161 *(…) Fibonacci avait concocté et exploré ce qu'on appelle aujourd'hui les nombres de la « suite de Fibonacci ».* Voir [Huntley].

Page 161 *Cette façon presque-mais-pas-tout-à-fait-circulaire…* Voir [Péter] et [Hennie].

Page 164 *(…) la cohorte des mathématiciens…* Un livre récent prétend transmettre à un vaste public l'essence des insaisissables idées de cette « cohorte » : [Ash et Gross]. J'admire le culot de ses auteurs, mais je crains que ce ne soit une tâche impossible.

Page 164 *(…) un trio de mathématiciens…* Il s'agit de Yann Bugeaud, Maurice Mignotte et Samir Siksek. Il en ressort que la preuve du fait que 144 est le seul carré de la suite de Fibonacci (en dehors de 1) ne nécessite pas le recours à des idées de haute abstraction, même si elle est tout de même assez subtile. C'est John H. E. Cohn qui l'a produite en 1964.

Page 165 *(…) cette analogie s'est révélée prodigieusement féconde.* L'essence et la signification du travail de Gödel sont très bien décrites dans de nombreux ouvrages parmi lesquels [Nagel et Newman], [DeLong], [Smullyan 1961], [Jeffrey], [Boolos et Jeffrey], [Goodstein], [Goldstein, Smullyan 1978], [Smullyan 2000], [Wilder], [Kneebone], [Wolf], [Shanker] et [Hofstadter 1985].

Page 166 *(…) développée pas à pas au cours des siècles…* Voir [Nagel et Newman], [Wilder], [Kneebone], [Wolf], [DeLong], [Goodstein], [Jeffrey] et [Boolos et Jeffrey].

Page 175 *Ce que tu peux faire, je le fais mieux !* Mon excellent ami Dan Dennett a écrit un jour dans une merveilleuse critique de [Hofstadter et FARG], rééditée dans [Dennett 1998 (2)], la phrase suivante : « "Tout ce que tu peux faire, je peux le méta-faire" est une des devises de Doug, qu'il applique évidemment, de façon récursive, à tout ce qu'il fait. »

Cette drôle de phrase de Dan donne l'impression que Doug lui-même a surgi avec cette « devise » et se promène vraiment partout en l'assénant (pour quelle autre raison Dan l'aurait-il mise entre guillemets ?). En fait, je n'ai jamais dit quelque chose de ce genre ni ne l'ai pensé. Dan ne faisait que « surenchérir sur moi » à sa façon inimitable. Mais, à ma grande surprise, cette « devise » a commencé à circuler et des gens me l'ont citée en retour comme si je l'avais inventée et que j'y croyais. Cela m'a vite lassé parce que, même si la devise de Dan est intelligente et drôle, elle ne me reflète pas. En tout cas, cette note sera ma tentative pour couper court à cette rumeur que la devise citée plus haut est une phrase authentique de Hofstadter, même si, je le crains, elle n'aura pas beaucoup d'effet.

Page 177 *(...) si vous vouliez savoir si l'assertion X est vraie ou fausse...* Le rêve d'une méthode mécanique pour assigner de façon fiable aux assertions une valeur binaire (« vrai » et « faux ») est connu sous le nom de recherche d'un algorithme de décidabilité. L'inexistence définitive d'un tel algorithme pour la vérité (ou la prouvabilité) est discutée dans [DeLong], [Boolos et Jeffrey], [Jeffrey], [Hennie], [Davis 1965], [Wolf] et [Hofstadter 1985].

Page 180 *Aucune formule ne peut contenir au sens propre...* [Nagel et Newman] présentent cette idée très clairement, de même que [Smullyan 1961]. Voir aussi [Hofstadter 1982].

Page 180 *(...) l'élégante analogie linguistique...* Voir [Quine] pour l'idée originale (qui est véritablement une variante de l'idée de Gödel (qui est elle-même une variante d'une idée de Jules Richard (qui est une variante d'une idée de Georg Cantor (qui est une variante d'une idée d'Euclide (avec l'aide d'Épiménides)))))), et [Hofstadter 1985] pour une variation sur le thème de Quine.

Chapitre 11

Page 191 *(...) et des systèmes apparentés (I).* Gödel mit un chiffre romain à la fin du titre de son article car il craignait de ne pas avoir explicité suffisamment clairement certaines de ses idées et s'attendait à devoir produire une suite. Mais, très vite, son article reçut les louanges de John von Neumann et d'autres personnages respectés, ce qui fit de Gödel l'inconnu une célébrité en un temps très court et cela même s'il a fallu à la plus grande partie de la communauté mathématique plusieurs décennies pour digérer le sens de ses résultats.

Page 194 *(...) les plus grands égards envers les analogies qui nous paraissent les plus triviales...* Voir [Hofstadter 2001] et [Sander], aussi bien que le chapitre 24 de [Hofstadter 1988] et [Hofstadter et FARG].

Page 207 *(...) La pièce de X n'est que méga-inconsistance...* On devrait entendre « La pièce de X n'est qu'oméga-inconsistance », clin d'œil aux concepts méta-mathématiques d'oméga-inconsistance et oméga-incomplétude, discutés dans de nombreux ouvrages cités dans la bibliographie tels que [DeLong], [Nagel et Newman], [Hofstadter 1985], [Smullyan 2000], [Boolos et Jeffrey] et autres.

Mais, notre propos étant ici plus modeste, il suffit de savoir que l'astuce avec le « o », ainsi que celle qui arrive quelques lignes plus bas, n'est qu'un jeu de mots.

Page 208 *De fait, des logiciens (…) étudièrent ce type de formules autoréférentes quelques années après Gödel.* Voir [Smullyan 2000], [Boolos et Jeffrey] et [Wolf].

Chapitre 12

Page 214 *Pourquoi logiciens et mathématiciens (…) restent-ils à cet égard si impavides…* Voir [Kneebone], [Wilder] et [Nagel et Newman] pour les raisons de croire fermement en la consistance de systèmes tels que PM.

Page 216 *(…) bien qu'elle soit vraie, mais pis, parce qu'elle est vraie.* Pour une autre présentation de cette idée contrariante de l'évolution de « bien que » en « parce que », voir le chapitre 13 de [Hofstadter 1985].

Page 217 *(…) ce qui en ferait tout autant la proie du traquenard gödelien.* Le fait que la construction de Gödel peut se répéter indéfiniment est interprété de façon amusante comme prouvant l'impossibilité de l'intelligence artificielle dans le chapitre écrit par J.R. Lucas dans [Anderson]. Ce chapitre est analysé en détails (et, heureusement, réfuté) dans [DeLong], [Webb] et [Hofstadter 1985].

Page 219 *(…) ce que l'on appelle « le programme de Hilbert »…* Voir [DeLong], [Wolf], [Kneebone] et [Wilder].

Page 223 *Ce délicieux synopsis, certes parfaitement improbable…* [DeLong], [Goodstein] et [Chaitin] discutent de formules non gödeliennes qui sont indécidables pour des raisons gödeliennes.

Page 225 *(…) la machine à distinguer le roturier du princier de façon fiable n'existe pas.* Voir [DeLong], [Boolos et Jeffrey], [Jeffrey], [Goodstein], [Hennie], [Wolf] et [Hofstadter 1985] pour l'examen de nombreux résultats limitatifs comme celui-ci (à savoir le théorème de Church).

Page 225 *Il appartint au logicien Alfred Tarski d'enfoncer un des derniers clous…* Voir [Smullyan 2000] et [Hofstadter 1985] pour l'analyse du résultat profond de Tarski. Dans le dernier, il y a une nouvelle approche du classique paradoxe du menteur (« Cette phrase n'est pas vraie ») qui se sert de celui de Tarski, mais en remplaçant un système axiomatique par le cerveau humain.

Page 226 *(…) ce qui se révèle comme une sorte de causalité inversée.* Voir [Andersen] pour une discussion technique détaillée de la causalité descendante. On trouve des vues moins techniques dans [Pattee] et [Simon]. Voir aussi les chapitres 11 et 20 de [Hofstadter et Dennett], tout particulièrement les Réflexions. [Laughlin] fournit des arguments fascinants en faveur de la thèse qu'en physique le macroscopique est plus essentiel, ou « profond », que le microscopique.

Page 229 *(…) en se contentant d'une représentation de haut niveau des processus de manipulation de l'information.* Voir [Monod], [Berg et Singer], [Judson] et le chapitre 25 de [Hofstadter 1988].

Chapitre 13

Page 233 *(...) symboles dans nos cerveaux respectifs.* Voir [Hofstadter 1985], tout particulièrement le dialogue « Prélude... et Fourmugue » et les chapitres 11 et 12, pour une discussion minutieuse de cette notion.

Page 234 *(...) par opposition au niveau aride et inaccessible des quarks et des gluons...* Voir [Weinberg 1997] et [Pais 1986] pour une tentative d'explication de ces notions incroyablement abstruses.

Page 234 *(...) ou à celui, qui l'est à peine moins, des gènes...* Voir [Monod], [Berg et Singer], [Judson] et le chapitre 25 (« Trouvez-vous le Code Génétique Arbitraire ? ») dans [Hofstadter 1988].

Page 236 *(...) nous pouvons mieux comprendre nos propres faits et gestes...* Voir [Dennett 1990] et [Dennett 1998].

Page 239 *(...) embellie par le roman fantastique des versions de rechange...* [Steiner 1991] contient une discussion riche et provocatrice sur l'« alternité », et le dialogue « Contrafactus » de [Hofstadter 1988] met en scène un scénario amusant impliquant les « reprises immédiates et conditionnelles ». Voir aussi [Kahneman et Miller] et le chapitre 12 de [Hofstadter 1985] pour pousser la rêverie sur la présence sans cesse vacillante de contrefactualisations dans le subconscient humain. [Hofstadter et FARG] décrivent une famille de modèles informatiques des processus humains de pensée dans lesquels les incursions incessantes dans l'alternité constituent un trait architectural clé.

Page 240 *(...) l'hébergement d'une boucle d'autoreprésentation...* Voir [Morden], [Kent] et [Metzinger].

Page 246 *(...) les années passant, le « Je » converge et se stabilise...* Voir [Dennett 1992]

Page 249 *Nous ne pouvons nous empêcher d'attribuer de la réalité à notre « Je » et celui des autres...* Voir [Kent], [Dennett 1992], [Brinck], [Metzinger], [Perry] et [Hofstadter et Dennett].

Page 250 *J'ai été très impressionné par un article sur « Stanley », un véhicule-robot...* Voir [Davis 2006].

Chapitre 14

Page 255 *(...) un simple gros bulbe spongieux inerte formé de molécules inanimées...* Je suppose que presque tous les livres sur le cerveau réussiraient à convaincre de cela ; en tout cas, adolescent, je l'ai été par [Penfield et Roberts].

Page 256 *(...) Hans Moravec, pionnier de la robotique et écrivain provocateur...* Pour quelques-unes des spéculations les plus provocatrices de Moravec sur le futur à court terme de l'humanité, voir [Moravec].

Page 257 *(...) c'est-à-dire de la chimie organique, celle du carbone.* Voir le chapitre 22 de [Hofstadter et Dennett] dans lequel John Searle parle de la « bonne substance », qui garantit ce qu'il nomme « les pouvoirs de causalité sémantique du cerveau » – une expression qui sonne plutôt bien mais est en réalité trouble et qui, chez Searle, signifie que lorsqu'un cerveau humain (comme le sien ou, disons, celui du poète

Dylan Thomas) amène son propriétaire à sortir des mots, ceux-ci ne se contentent pas de paraître représenter quelque chose, ils le représentent effectivement. Malheureusement, dans le cas du poète Thomas, l'essentiel de sa production, quoique sonnant plutôt joliment, est tellement trouble qu'on ne peut que se demander de quelle « substance » peut bien être fait le cerveau qui l'a créée.

Page 264 (...) *ce décompte pourrait bien dépasser le « nombre de Graham »...* Voir [Wells 1986].

Chapitre 15

Page 277 *Pour ceux qui aiment le grand frisson, plongeons dans l'océan tabou d'ensembles illégitimes...* Voir [Barwise et Moss].

Page 277 *Plus un organisme est richement doté de puissants instruments de catégorisation...* Voir [Hofstadter 2001].

Chapitre 16

Page 307 (...) *un sacrément bon mot de David Moser...* Un soir, peu après notre mariage, Carol et moi-même avions invité quelques amis pour un repas indien dans notre maison d'Ann Arbor. Melanie Mitchell et David Moser, très au fait de la géniale cuisine indienne de Carol, étaient ravis de venir. Mais, à la dernière minute, nos invités les plus âgés, qui allaient sur leurs quatre-vingt ans, nous appelèrent pour nous dire qu'ils auraient du mal à supporter des plats très épicés : cela torpillait les plans culinaires de Carol. Elle s'est alors débrouillée pour tout changer en un clin d'œil et nous a préparés un repas complètement différent mais absolument délicieux. Une heure ou deux après nos agapes suivies d'une discussion pleine d'entrain, la plupart de nos invités étaient repartis et nous n'étions plus que David, Mélanie, Carol et moi. Nous avons bavardé un moment et, à la fin, comme ils s'apprêtaient à se mettre en route, Carol leur a expliqué très simplement pourquoi elle n'avait pas pu tenir sa promesse d'un repas indien. En un clin d'œil, David s'écria : « Indien vaut mieux que deux tu l'auras ! »[1].

Page 307 *Son « diamant personnel » (pour reprendre l'expression de Stanislas Lem)...* Voir « Non serviam » dans [Hofstadter et Dennett] qui est un conte philosophique de virtuose déguisé en critique de livre (livre qui n'est, est-il besoin de le dire, que le produit de l'imagination de Lem).

Page 314 (...) *quelqu'un aux prises avec la réalité de la mécanique quantique...* [Pais 1986], [Pais 1991] et [Pullman] décrivent la période de transition qui va de l'atome de Bohr à la mécanique quantique, tandis que [Jauch] et [Geenstein et Zajonc] relèvent les mystères qui demeurent.

---

[1]. Le jeu de mots en anglais est plus subtil : « *Why, you Indian-dinner givers, you!* ». « *Indian giver* » : une personne qui reprend ce qu'elle a offert. Jeu de mot, donc, sur Indian-dinner, repas indien. (N.d.T.)

Page 314 *(…) certains lecteurs pourraient être tentés de conclure qu'à la suite de la mort de Carol…* Voir le chapitre 15 de [Hofstadter 1997], où je discute aussi nombre de ces idées.

Chapitre 17

Page 318 *(…) le sens de l'expression « machine universelle »…* Voir [Hennie] et [Boolos et Jeffrey].

Page 326 *(…) les concepts sont des symboles actifs dans le cerveau…* Voir le chapitre 11 de [Hofstadter 1985].

Page 332 *Un merveilleux dessin à la plume d'un « pavage déformé », exécuté en 1964…* Plus d'une dizaine d'exemples de ce genre artistique subtil inspiré d'Escher sont évoqués dans le chapitre 10 de [Hofstadter 1985].

Chapitre 18

Page 342 *Il n'est pas très simple d'opposer une métaphore évidente et suggestive à celle de l'oiseau dans la cage…* L'idée d'une âme répartie en de nombreux cerveaux m'évoque une image issue de la physique de l'état solide, domaine dans lequel j'ai passé ma thèse de doctorat. Un solide est un cristal, ce qui signifie un réseau périodique d'atomes dans l'espace, comme les arbres d'un verger, mais en trois dimensions et non deux. Dans certains solides (ceux qui ne conduisent pas le courant électrique), les électrons qui « voltigent » autour de chaque noyau atomique sont liés de façon si étroite qu'ils ne s'égarent jamais bien loin de ce noyau. Ils sont comme des papillons qui virevolteraient autour d'un seul arbre du verger, n'osant jamais s'aventurer jusqu'à l'arbre voisin. À l'opposé, dans les métaux, qui sont d'excellents conducteurs, les électrons ne sont pas timides et casaniers, fixés à un seul arbre, mais voltigent audacieusement autour du réseau tout entier. C'est la raison pour laquelle les métaux sont excellents conducteurs.

L'image correcte d'un électron dans un métal n'est en réalité pas celle d'un papillon voletant de façon volage d'un arbre à l'autre, ne se préoccupant jamais de l'endroit où il se pose, mais plutôt celle d'une distribution de densité présente dans tout le cristal en même temps – plus dense à certains endroits, moins à d'autres, la répartition évoluant dans le temps. Un électron serait plutôt figuré comme une nuée de papillons orange, un autre par une nuée de papillons rouges, bleus, etc., chaque nuée étant dispersée à travers tout le verger et entremêlée aux autres. Bref, les électrons d'un métal sont rien moins que des points étroitement liés : ce sont des structures flottantes sans domicile fixe.

Ne perdons pas de vue notre but qui est de suggérer des images utiles pour nous représenter ce qu'est l'essence d'une âme humaine. Si nous faisons correspondre à chaque arbre (ou à chaque noyau) du réseau cristallin un cerveau humain particulier, alors, dans le modèle à liens étroits (qui correspond à la métaphore de l'oiseau dans la cage), chaque cerveau posséderait une seule âme, représentée par le nuage de timides papillons qui volètent autour de lui et lui seul. À l'opposé, si nous songeons

NOTES – CHAPITRE 18

à un métal, alors le nuage est réparti à travers tout le réseau – c'est-à-dire également réparti entre tous les arbres (ou les noyaux). Pas d'arbre privilégié. Dans cette image (très proche des vues de [Daniel Kolack 2004], chaque âme humaine flotte parmi tous les cerveaux humains, son identité étant déterminée non par sa localisation mais par l'ondulation globale de la configuration qu'il forme.

Ces deux situations sont extrêmes, mais rien ne nous interdit d'imaginer une situation médiane, avec de nombreuses nuées de papillons localisées, chacune flottant à proximité d'un arbre précis, mais sans se limiter à lui. C'est ainsi qu'une nuée de papillons rouges pourrait être centrée sur un arbre A tout en diffusant sur une dizaine d'autres, une nuée bleue en faisant de même autour d'un arbre B, une jaune autour d'un arbre C, etc. Chaque arbre ne serait le centre que d'une seule nuée et chaque nuée n'aurait qu'un seul arbre principal, mais les nuées s'interpénètreraient si étroitement qu'il serait difficile de déterminer quelle nuée « appartient » à quel arbre, ou *vice versa*.

Ce conte bizarre et surréaliste, commençant dans la physique de l'état solide et finissant dans l'image de nuées entremêlées de papillons colorés voletant dans un verger, donne une vue assez claire de la façon dont je me figure la dispersion d'une âme humaine à travers différents cerveaux.

Page 347 *Beaucoup de ces idées ont été explorées par Dan Dennett dans son conte philosophique « Where Am I ? »* Cette nouvelle classique se trouve dans [Dennett 1978] et [Hofstadter et Dennett].

Page 351 *(…) ce genre de conflit interne entre « soi rivaux »…* Le chapitre 13 de [Dennett 1993] présente une étude minutieuse de divers troubles de la personnalité. Voir aussi [Thigpen et Checkley] qui a servi au scénario d'un film célèbre[1]. Voir aussi [Minsky 1986] et le chapitre 31 de [Hofstadter 1988] en ce qui concerne la façon dont un soi normal en contient plusieurs autres en compétition.

Page 352 *(…) auquel cas les mêmes lois déraillent…* Voir [Hoffmann] pour une étude sur les relations subtiles entre physiques relativiste et newtonienne.

Page 357 *(…) que toute entité (…) est consciente…* Voir [Rucker] pour une critique du panpsychisme.

---

1. Du livre *The Three faces of Eve*, traduit en français chez Gallimard par Boris Vian sous le titre *Les trois visages d'Ève*, a été tiré en 1957, sous le même titre, un film de Nunnally Johnson pour lequel l'actrice Joanne Woodward, alors peu connue, a obtenu l'Academy Award de la meilleure actrice. Il s'agit de l'histoire d'une femme, Chris Costner-Sizemore de son vrai nom, souffrant de dissociation mentale. Le livre et surtout le film ont donné lieu à une polémique : patiente du docteur Thigpen, Chris Costner-Sizemore s'est déclarée victime d'une exploitation commerciale de son trouble et a contesté la façon dont il avait été décrit à un moment où elle n'était pas en état de s'expliquer. Elle a obtenu, en 1988, l'annulation du contrat qui la liait à la Fox qui avait produit le film et l'empêchait de rien publier par elle-même sur sa propre vie. Elle s'est expliquée dans deux livres *I'm Eve* et *A Mind Of My Own*. (N.d.T.)

Chapitre 19

Page 365 *(...) parce qu'ils veulent que les symboles eux-mêmes soient perçus...* Dans [Dennett 1993], l'auteur démystifie minutieusement ce qu'il nomme « le théâtre cartésien ».

Page 365 *(...) en éveiller un seul, familier et préexistant...* Cela s'applique tout particulièrement au cauchemar de la préparation d'un index. Seul celui qui a trimé pendant des semaines pour établir un index détaillé peut comprendre à quel point il s'agit d'un travail éreintant (et stupide).

Page 367 *(...) qu'on la débarrasse de sa couche extérieure et condense son noyau...* Voir [Sander], [Kahneman et Miller], [Kanerva], [Shank], [Boder] et [Gentner *et al.*] pour des études sur les mécanismes s'appuyant sur les analogies pour recouvrer des souvenirs, ce qui est à la base de toute la connaissance humaine.

Page 368 *(...) à simplifier sans laisser l'essentiel s'éclipser...* Voir [Hofstadter 2001], [Sander] et [Hofstadter et FARG]. Trouver comment fournir à un ordinateur les rudiments de cette capacité a été la quête du « Saint Graal » de mon groupe de recherche depuis plus de trente ans.

Page 369 *(...) Il n'y a pas une « localisation de la conscience » particulière...* Voir [Dennett 1993].

Chapitre 20

Page 372 *(...) nous nous approchions toujours plus.* Voir [Monod], [Cordeschi] et [Dupuy 1999] pour une étude claire sur l'émergence d'un comportement intentionnel (c'est-à-dire de la téléologie) à partir de la rétroaction.

Page 374 *(...) un vortex, un ouragan, un tourbillon...* Voir le chapitre 20 de [Hofstadter 1988] pour une discussion sur l'essence abstraite des ouragans.

Page 374 *(...) tout entier est somme d'au plus quatre carrés...* Voir [Hardy et Wright] et [Niven et Zuckerman] en ce qui concerne ce théorème classique, le cas particulier le plus simple du théorème de Waring.

Page 376 *(...) de voir la beauté de la couleur pourpre de cette fleur...* Voir [Chalmers] pour une défense courageuse de la notion de *qualia* et [Dennett 1993], [Dennett 1998 (2)], [Dennett 2008] et [Hofstadter et Dennett] qui s'efforcent de faire les rabat-joie à propos d'une telle idée.

Page 379 *La lettre « b » n'a pas de sens particulier...* Voir le dialogue « Prélude... et Fourmugue » (qu'on trouvera dans [Hofstadter 1988] et [Hofstadter et Dennett]) pour une discussion sur l'émergence à un niveau supérieur de significations à partir de symboles non signifiants d'un niveau inférieur.

Page 386 *(...) l'idée que la conscience est une nouvelle sorte de phénomène quantique...* Voir [Penrose], qui regarde la conscience comme un phénomène intrinsèquement quantique, et [Rucker], qui la voit comme répandue en toute chose dans l'univers.

Page 389 *Le Taoïsme et le Zen ont perçu, il y a bien longtemps, cette situation paradoxale...* Voir [Smullyan 1977], de loin le meilleur des livres que j'ai lus sur ces approches spirituelles de la vie. Mais [Smullyan 1980] et [Smullyan 1983] contiennent aussi d'excellents passages sur ce sujet. Ces idées sont aussi discutées dans [Hofstadter 1985], mais d'un point de vie sceptique.

NOTES – CHAPITRE 21

Page 391 *(...) le conte du « Je » parle d'une essence qui reste toujours présente...* Voir [Dennett 1992] et [Kent].

Page 393 *(...) La boucle qui pointe intrinsèquement sur elle-même et à laquelle se réfère le pronom « Je »...* Voir [Brinck] et [Kent].

Page 394 *C'est ce que John von Neumann a involontairement révélé...* Voir [von Neumann] et [Poundstone] pour une étude, respectivement très difficile et très lucide, d'un automate se dupliquant lui-même. Voir les chapitres 2 et 3 dans [Hofstadter 1988] pour une discussion plus simple sur les mêmes idées. Le chapitre 16 de [Hofstadter 1985] expose minutieusement la correspondance entre la construction autoréférentielle de Gödel et les mécanismes d'autoréplication au cœur du vivant.

Page 395 *Ce « Je » est donc marbreilleux, extraordinairement marbreilleux.* Il s'agit d'un emprunt de quelques mots d'une chanson d'amour de Johnny Mercer et Richard Whiting, incomparablement interprété par Franck Sinatra.

Page 396 *(...) avec empressement, impatience, assiduité, entrain, vigueur, vitalité, savoir-faire et hâte excessive.* Un ami de mon père, Bob Herman (en haut du hit-parade des physiciens, connu pour avoir co-prédit le rayonnement cosmique fossile qui ne fut détecté que quinze ans plus tard), adorait réciter cette devinette, en prenant un fort accent yiddish : « Dans les bois, un clochard tomba sur un nid de frelons. Quand ils l'eurent piqué avec empressement, impatience, assiduité, entrain, vigueur, vitalité, savoir-faire et hâte excessive, il songea : "Ah ! Si j'avais autant de bosses du côté gauche de mes végétations adénoïdes droites que six trois quarts fois les sept huitièmes de ceux que j'ai entre le talon d'Achille et la circonférence de ma pomme d'Adam, combien de temps cela prendrait-il à un garçon jouant au cerceau en le remontant le long d'un escalier roulant en train de descendre pour compter les éclats d'une promenade de planches si un cheval avait six pattes ?" ». J'ai voulu donner un coup de chapeau posthume à Bob.

Chapitre 21

Page 402 *(...) Dan a baptisé de telles fables minutieusement ciselées « pompes à intuition »...* Je crois que Dennett a introduit ce terme de « pompe à intuition » dans les Réflexions écrites sur l'expérience de pensée de « la Chambre chinoise » de John Searle au chapitre 22 de [Hofstadter et Dennett].

Page 406 *Parfit parle de « continuité psychologique »...* Voir [Nozick] pour une très longue étude sur le concept étroitement parent de « continuateur le plus proche » (closest continuer).

Page 407 *(...) ce qu'Einstein avait accompli en élaborant la relativité restreinte...* Voir [Hoffmann].

Page 407 *(...) toute une génération de brillants physiciens autour d'Einstein...* Voir [Pais 1986], [Pais 1991] et [Pullman].

Page 416 *(...) tout juste des tendances, des inclinations et des habitudes, y compris verbales.* Voir le Prologue pour les premières ébauches de mes idées sur cette question.

Chapitre 22

Page 422 *Dave Chalmers examine ces questions...* Voir [Chalmers]. J'ai toujours trouvé de l'ironie dans cette situation : c'est sous mon nez, dans mon propre Centre de Recherche sur les Concepts et la Cognition de l'université d'Indiana (bien que la vieille table en chêne du bureau 641 soit une histoire à dormir debout) que les idées extrêmement claires et subtiles de Dave, si furieusement opposées aux miennes, ont pris forme. Dave a apporté beaucoup de brio à notre groupe de recherches et était, pour Carol et moi-même, un ami proche. Malgré nos différends sur les *qualia*, les zombies et la conscience, nous sommes restés bons amis.

Page 424 *(...) entourée d'un système de neuf planètes...* Je n'ai pas l'intention de m'immiscer dans le débat insupportable pour savoir si oui ou non Pluton est une planète[1] (le Pluto de Disney est-il un chien ?), même si je pense que la question est passionnante du point de vue des sciences cognitives dans la mesure où elle représente une ouverture sur des questions profondes de la nature des catégories et des analogies dans l'esprit humain.

Page 425 *(...) les N-gens (...) rient exactement comme les Q-gens...* Voir « La planète sans rires » dans [Smullyan 1980], un conte merveilleux avec des zombies sans rire ni expression.

Page 428 *(...) Dan Dennett remet les choses en place en critiquant ces philosophes.* Voir tout particulièrement « L'absurdité impensée des zombies » dans [Dennett 1998] et « L'intuition du zombie » dans [Dennett 2008] où l'on trouvera de merveilleux arguments dennettiens.

Page 429 *(...) je vous autorise à citer ce que je viens de dire...* En fait, l'image est de Bill Frucht, c'est donc lui que vous pouvez citer... À l'origine, j'avais écrit quelque chose à propos d'un calicot à la Flash Gordon et Bill, estimant sans doute à juste titre que cette image des années 1950 était dépassée, peut-être même kitch, m'a projeté à lui seul dans le vingt-et-unième siècle.

Page 431 *Qu'est-ce que c'est que cette histoire débile d'Essence CAPITALE ?* J'ai inventé cette expression « Essence CAPITALE » dans le dialogue « Invention à trois voix » de [Hofstadter 1979].

Chapitre 23

Page 439 *(...) il est fort possible (...) que ce que je perçois comme du rouge...* L'étude la plus pénétrante que j'aie jamais lue sur cette énigme du spectre inversé est dans [Dennett 1993].

---

1. Depuis, ce « *débat insupportable* » a évolué puisque, le 14 octobre 2007, à l'assemblée générale de l'Union astronomique internationale réunie à Prague, les 2 500 astronomes présents, par un vote à main levée, ont déchu Pluton de son statut de planète. Pluton fait désormais partie de la catégorie des « planètes naines », au même titre que Cérès, un gros astéroïde, et que la mystérieuse Xéna, découverte en 2004 aux confins du Système solaire. Dans la catégorie « planète », il n'y a plus – en tout cas depuis 2007 et jusqu'à une éventuelle prochaine révision... – que huit éléments dans notre système solaire ! (N.d.T.)

Page 440 *Bleu blanc rouge.* Les couleurs du drapeau français sont bleu blanc rouge et celle du drapeau américain rouge blanc bleu. De là la suggestion ironique que peuvent faire des Américains vis-à-vis des Français, et *vice versa*, qu'ils perçoivent les couleurs « tout comme nous, mais à l'envers ».

Page 447 (…) *ce qu'on appelle le « problème du libre arbitre »*… Il y a quelques domaines dans lesquels les vues de Dan Dennett et les miennes ne coïncident pas en tout point. Nous sommes parvenus à la fin de mon livre et en voici donc un : c'est la question du libre arbitre. Je suis en accord avec la plupart des arguments que Dan développe dans [Dennett 1984] mais ne peux le suivre quand il affirme que nous disposons d'un libre arbitre, quel qu'il soit. Un jour, Dan et moi-même aurons fini par régler ce différend entre nous.

Page 449 (…) *l'analogie avec notre procédure électorale est si flagrante*… Cette idée de « vote » dans le cerveau est discutée dans le chapitre 31 de [Hofstadter 1988], mais aussi dans le dialogue du Billodrome au chapitre 23 du même ouvrage.

Chapitre 24

Page 453 *Il s'agit de personnages bienveillants tels que (…) César Chávez*… À la fin des années 1960 et au début des années 1970, très abattu par les assassinats de Martin Luther King et Robert Kennedy, j'ai milité intensément pour le United Farm Workers Organizing Committee (Comité d'organisation de l'Union des travailleurs agricoles, devenu plus tard « United Farm Workers of America », l'Union des travailleurs agricoles d'Amérique) pendant deux ans, d'abord comme bénévole fidèle puis, pendant plusieurs mois, comme organisateur de boycottages (de raisins puis de laitue). En tant que tel, j'ai eu la chance de rencontrer César Chávez à quelques reprises ; à mon grand regret, je n'ai jamais vraiment pu le connaître personnellement.

Page 457 (…) *un livre intitulé « Le cerveau et la conscience »*… Il s'agissait de [Chauchard 1960].

Épilogue

Page 475 [Nous reproduisons ci-dessous le texte original de ce poème en prose écrit par Douglas Hofstadter (N.d.T.).]

And yet to you, my faithful reader who has plowed all through this book up to its nearly final page, I would hope that things seem otherwise. Together, you and I have gone through instance after instance of increasingly sophisticated structures having loops, from the ever-darting-off Exploratorium red dot to fine-grained television cameras taking in the screens they fill, then to formulas asserting that they have no PM proof, and winding up with the strange loop that comes about inside the ever-growing repertoire of symbols in each human being's brain. (Élan mental we have no truck with, for it leads to endless traps.) If there were ever, in our physics-governed world, a kind of magic, it is surely in these self-reflecting, self-defining patterns. Such strange loops, inspired by Gödel's Trojan horse that sneaked self-consciousness inside the very fortress that was built to keep it out, and recalling Roger Sperry's tower of forces within forces within forces (found inside each teet'ring bulb of dread and dream), give the only explanation I can fancy for how animate, desire-driven beings can arise from just plain matter, and for how, among the swarm of loops that populate our planet, there is one, and only one, that you call "I" (and I call "you").

La riposte : un poème en prose... Pour ces versets, mode d'emploi de ma folie : ils obéissent à une vieille loi métrique, qu'on affubla voilà longtemps d'un joli nom, la « péonique ». Chaque « péan » est ainsi fait : trois pieds dits faibles, puis un plus fort, sans que ce soit (du moins j'essaie) exagéré : « Et quant à *toi*, dévoué lec*teur* qui fit l'ef*fort* de parve*nir* jusqu'à la *fin*, le dernier *point*, de cet ou*vrage* ». Une autre loi que j'ai suivie fut la longueur de ces versets comptée en pieds (de ceux qu'on dit accentués). En les comptant, tous ces péans donnent quarante : c'est pour copier ce que je fis, deux versets de quatre fois dix, page 5a de mon *Ton beau*. [Nous avons là, tant bien que mal, tenté de rendre en bon français le sel rythmique de la note. Voilà rendu pour l'anglophone, l'original inimitable de l'auteur.]

There is a method to my madness in this section. In particular, both paragraphs were written to an ancient kind of meter called "paeonic". What this means is that three syllables go by without a stress, but on the fourth a stress is placed, without its seeming (so I hope) to have been forced. I now will offer one small sample for your pleasure, and respectfully suggest that you try reading it aloud: "And yet to *you*, my faithful *reader* who has *plowed* all through this *book* up to its *nearly* final *page*." One last contrains upon both paragraphs is simply on their length in terms of "feet" (which means stressed syllables). The number of this "peons" must be forty, and the reason is, I'm mimicking two paragraphs of forty paeons each on page 5a of *Le Ton Beau*.]

Page 498   *Pour ces versets, mode d'emploi...* Pour cette note, mode d'emploi de ma folie : elle présente autant que suit la vénérable loi métriqu' que l'on appelle « péonique ». Chaque péan est ainsi fait : trois pieds dits faibles, puis un plus fort, sans que ce soit (du moins j'essaie) exagéré. Voici d'ailleurs, pour vous lecteur, un bel exemple à déclamer bien haut et fort si vous souhaitez vous rendre compte de l'effet : « Pour ces ver*sets*, mode d'em*ploi* de ma fo*lie* ». Une autre loi ici suivie : tous les péans de cette note sont deux fois vingt : c'est pour copier ce que je fis, deux versets de quatre fois dix, page quatr' cent nonante-huit du livre que vous lisez là. [Nous avons là, tant bien que mal, tenté de rendre en bon français le sel rythmique de la note. Voilà rendu pour l'anglophone, l'original inimitable de l'auteur.]

There is a method to my madness in this footnote. In particular, the footnote both describes and represents an ancient meter called "paeonic". What this means is that three syllables go by without a stress, but on the fourth a stress is placed, without its seeming (so I hope) to have been forced. I now will offer one small sample for your pleasure, and respectfully suggest that you try reading it aloud: "There is a *me*thod to my *mad*ness in this *foot*note." In particular, I've got to use exactly forty feet because I'm mimicking two paragraphs of forty paeons each on page three hundred six-and-seventy of *I Am a Strange Loop*.]

Bibliographie

☙ ☙ ☙

Nous n'indiquons que les traductions françaises lorsqu'elles existent. Les références en langue anglaise qui subsistent ne sont pas, à notre connaissance, traduites en français. L'ordre de présentation des titres d'un même auteur est l'ordre de parution en langue orginale. (N.d.E.)

Aitchison, Jean. *Words in the Mind: An Introduction to the Mental Lexicon* (second edition). Cambridge, Massachusetts : Blackwell, 1994.

Andersen, Peter B. *et al.* (eds.). *Downward Causation: Minds, Bodies, and Matter.* Aarhus : Aarhus University Press, 2000.

Anderson, Alan Ross. *Pensée et machines.* Seysell : Champ Vallon, 1983.

Applewhite, Philip B. *Molecular Gods: How Molecules Determine Our Behavior.* Englewood Cliffs, New Jersey : Prentice-Hall, 1981.

Ash, Avner et Robert Gross. *Fearless Symmetry: Exposing the Hidden Patterns of Numbers.* Princeton : Princeton University Press, 2006.

Atlan, Henri. *Entre le cristal et la fumée : Essai sur l'organisation du vivant.* Paris : Éditions du Seuil, 1979.

Barwise, K. Jon et Lawrence S. Moss. *Vicious Circles: On the Mathematics of Non-well-founded Phenomena.* Cambridge, Royaume-Uni : Cambridge University Press, 1996.

Berg, Paul et Maxine Singer. *Comprendre et maîtriser les gènes : le langage de l'hérédité.* Paris : Vigot, 1993.

Bewersdorff, Jörg. *Galois Theory for Beginners.* Providence : American Mathematical Society, 2006.

Bierce, Ambrose. « Ce qui se passa sur le pont de Owl Creek ». Dans *Ce qui se passa sur le pont de Owl Creek et autres nouvelles.* Paris : LGF, 2004.

Blackmore, Susan. *La théorie des mèmes : pourquoi nous nous imitons les uns les autres.* Paris : Max Milo, 2006.

Boden, Margaret A. *The Creative Mind: Myths and Mechanisms.* New York : Basic Books, 1990.

Boolos, George S. and Richard C. Jeffrey. *Computability and Logic.* New York : Cambridge University Press, 1974.

Borges, Jorge Luis. *Fictions.* Paris : Gallimard, 1974.

Bougnoux, Daniel. *Vices et vertus des cercles : L'autoréférence en poétique et pragmatique.* Paris: Éditions La Découverte, 1989.

Braitenberg, Valentino. *Véhicules : expériences en psyxhologie synthétique.* Lausanne : Presses polytechniques et universitaires romandes, 1991.

Brinck, Ingar. *The Indexical « I » : The First Person in Thought and Language.* Dordrecht : Kluwer, 1997.

Brown, James Robert. *Philosophy of Mathematics.* New York : Routledge, 1999.

Carnap, Rudolf. *The Logical Syntax of Language.* Paterson, New Jersey : Littlefield, Adams, 1959.

Casati, Roberto et Achille Varzi. *Holes and Other Superficialities.* Cambridge, Massachusetts : MIT Press, 1994.

—. *39 petites histoires philosophiques d'une redoutable simplicité.* Paris : LGF, 2008.

Chaitin, Gregory J. *Information, Randomness, and Incompleteness : Papers on Algorithmic Information Theory.* Singapour : World Scientific, 1987.

Chalmers, David J. *The Conscious Mind : In Search of a Fundamental Theory.* New York : Oxford University Press, 1996.

Chauchard, Paul. *Le Cerveau et la conscience.* Paris : Éditions du Seuil, 1960.

Chandrasekhar, B. S. *Why Things Are the Way They Are.* New York : Cambridge University Press, 1998.

Churchland, Patricia Smith. *Neurophilosophie : l'esprit-cerveau.* Paris : PUF, 1999.

Cope, David. *Virtual Music : Computer Synthesis of Musical Style.* Cambridge, Massachusetts : MIT Press, 2001.

Cordeschi, Roberto. *The Discovery of the Artificial : Behavior, Mind, and Machines Before and Beyond Cybernetics.* Dordrecht : Kluwer, 2002.

Dahl, Roald. *Kiss Kiss.* Paris : Gallimard, 1978.

Damasio, Antonio. *Le Sentiment même de soi : corps, émotions, conscience.* Paris : Odile Jacob, 2002.

Davies, Philip J. « Are there coincidences in mathematics ? » *American Mathematical Monthly* (1981), pp. 311-320.

Davis, Joshua. « Say Hello to Stanley ». *Wired* **14** (Janvier 2006).

Davis, Martin (ed.). *The Undecidable: Basic Papers on Undecidable Propositions, Unsolvable Problems, and Computable Functions.* Hewlett, N.Y : Raven, 1965.

Dawkins, Richard. *Le Gène égoïste.* Paris : Odile Jacob, 1996.

DeLong, Howard. *A Profile of Mathematical Logic.* Reading, Massachusetts : Addison-Wesley, 1970. (Réédité par Dover Press, 2004.)

Dennett, Daniel C. *Brainstorms : Philosophical Essays on Mind and Psychology.* Cambridge, Massachusetts : MIT Press, 1978.

—. *Elbow Room: The Varieties of Free Will Worth Wanting.* Cambridge, Massachusetts : MIT Press, 1984.

—. *La Stratégie de l'interprète : le sens commun et l'univers quotidien.* Paris : Gallimard, 1990.

—. *La Conscience expliquée.* Paris : Odile Jacob, 1993, 2008.

—. « The Self as a Center of Narrative Gravity », dans F. Kessel, P. Cole, and D. Johnson (eds.), *Self and Consciousness.* Hillsdale, New Jersey : Lawrence Erlbaum, 1992.

—. *La diversité des esprits.* Paris : Hachette Littératures, 1998.

—. *Brainchildren: Essays on Designing Minds.* Cambridge, Massachusetts : MIT Press, 1998 (2).

—. *De Beaux Rêves : obstacles philosophiques à une science de la conscience.* Paris : Éclat, 2008.

Donald, Merlin. *Les origines de l'esprit moderne : trois étapes dans l'évolution de la culture et de la cognition.* Paris : De Boeck, 1999.

Dupuy, Jean-Pierre. *Ordres et désordres.* Paris : Éditions du Seuil, 1982.

—. *Aux Origines des sciences cognitives.* Paris : La Découverte, 1999, 2005.

Edson, Russell. *The Clam Theater.* Middletown, Connecticut : Wesleyan University Press, 1973.

Enrustle, Y. Ted. *Prince Hyppia : Math Dramatica,* Volumes I-III. Luna City : Unlimited Books, Ltd., 1910-1913.

Falletta, Nicholas. *Le Livre des paradoxes.* Paris : Belfond, 1992 ; Diderot, 1998.

Fauconnier, Gilles. *Espaces mentaux : aspects de la construction naturelle du sens dans les langues.* Paris, Minuit, 1984.

Flanagan, Owen. *The Science of the Mind.* Cambridge, Massachussets : MIT Press, 1984.

Gamow, George. *One Two Three… Infinity.* New York : Mentor, 1953.

Gardner, Martin. *Jeux mathématiques du « Scientific American ».* Paris : Cedic, 1979.

Gebstadter, Egbert B. *Tu es un drôle de zèbre.* Perth : Éditions Nos Dus, 2008.

Gentner, Dedre, Keith J. Holyoak et Boicho N. Kokinov (eds.). *The Analogical Mind: Perspectives from Cognitive Science.* Cambridge, Massachussets : MIT Press, 2001.

Gödel, Kurt. *On Formally Undecidable Propositions of Principia mathematica and Related Systems.* New York : Basic Books, 1962. (Réédité par Dover, 1992.)

Goldstein, Rebecca. *Incompleteness: The Proof and Paradox of Kurt Gödel*. New York : W. W. Norton, 2005.

Goodstein, R. L. *Development of Mathematical Logic*. New York : Springer, 1971.

Greenstein, George and Arthur G. Zajonc. *The Quantum Challenge*. Sudbury, Massachussetts : Jones and Bartlett, 1997.

Griffin, Donald R. *La Pensée animale*. Paris : Denoël, 1988.

Hardy, G. H. et E. M. Wright. *Introduction à la théorie des nombres*. Paris : Vuibert, 2007.

Hart, Leslie A. *How the Brain Works*. New York : Basic Books, 1975.

Harth, Erich. *Windows on the Mind: Reflections on the Physical Basis of Consciousness*. New York : William Morrow, 1982.

Haugeland, John (ed.). *Mind Design: Philosophy, Psychology, Artificial Intelligence*. Montgomery, Vermont : Bradford Books, 1981.

—. *Artificial Intelligence: The Very Idea*. Cambridge, Massachusetts : MIT Press, 1985.

Hennie, Fred. *Introduction to Computability*. Reading, Massachusetts : Addison-Wesley, 1977.

Hoffmann, Banesh. *Albert Einstein, créateur et rebelle*. Paris : Seuil, 1979.

Hofstadter, Douglas R. *Gödel, Escher, Bach : Les Brins d'une Guirlande Éternelle*. Paris : InterÉditions, 1985. (Réédité par Dunod, 2000, 2008)

—. « Analogies and Metaphors to Explain Gödel's Theorem ». *The Two-Year College Mathematics Journal*, vol. 13, N° 2 (March 1982), pp. 98-114.

—. *Ma Thémagie : en quête de l'essence de l'esprit et du sens*. Paris : InterÉditions, 1988.

—. *Le Ton beau de Marot : In Praise of the Music of Language*. New York : Basic Books, 1997.

—. « Analogy as the Core of Cognition ». Epilogue to D. Gentner, K. Holyoak, and B. Kokinov (eds.), *The Analogical Mind*. Cambridge, Massachusetts : MIT Press, 2001.

—. « Mystery, Classicism, Elegance: an Endless Chase after Magic ». Dans D. Schattschneider et M. Emmer (eds.), *M. C. Escher's Legacy*. New York : Springer, 2002.

Hofstadter, Douglas R. et Daniel C. Dennett (eds.). *Vues de l'esprit*. Paris : InterÉditions, 1987.

Hofstadter, Douglas R. et David J. Moser. « To Err Is Human ; To Study Error-making Is Cognitive Science ». *Michigan Quarterly Review* **28**, n° 2 (1989), pp. 185-215.

Hofstadter, Douglas R. et le Fluid Analogies Research Group. *Fluid Concepts and Creative Analogies*. New York : Basic Books, 1995.

BIBLIOGRAPHIE

Holland, John. *Hidden Order: How Adaptation Builds Complexity.* Redwood City, Californie : Addison-Wesley, 1995.

—. *Emergence: From Chaos to Order.* Redwood City, Californie : Addison-Wesley, 1997.

Horney, Karen. *L'Auto-analyse.* Paris : Marabout, 1997.

—. *Nos Conflits intérieurs.* Paris : Arche éditeur, 1992.

Hughes, Patrick and George Brecht. *Vicious Circles and Paradoxes.* New York : Doubleday, 1975.

Huneker, James. *Chopin: The Man and His Music.* New York : Scribner's, 1921. (Réédité par Dover, 1966.)

Huntley, H. E. *La Divine Proportion.* Paris : Navarin, 1986.

Jauch, J. M. *Are Quanta Real? A Galilean Dialogue.* Bloomington : Indiana University Press, 1989.

Jeffrey, Richard C. *Formal Logic: Its Scope and Limits.* New York : McGraw-Hill, 1967.

Judson, Horace Freeland. *The Eighth Day of Creation.* New York : Simon & Schuster, 1979.

Kahneman, Daniel et Dale Miller. « Norm Theory : Comparing Reality to Its Alternatives ». *Psychological Review* **80** (1986), pp. 136-153.

Kanerva, Pentti. *Sparse Distributed Memory.* Cambridge, Mass. : MIT Press, 1988.

Kent, Jack. *Mr. Meebles.* New York : Parents' Magazine Press, 1970.

Klagsbrun, Francine. *Married People: Staying Together in the Age of Divorce.* New York : Bantam, 1985.

Kneebone, G. T. *Mathematical Logic and the Foundations of Mathematics.* New York : Van Nostrand, 1963.

Kolak, Daniel. *I Am You: The Metaphysical Foundations for Global Ethics.* Norwell, Massachusetts : Springer, 2004.

Kriegel, Uriah et Kenneth Williford (eds.). *Self-Representational Approaches to Consciousness.* Cambridge, Massachusetts : MIT Press, 2006.

Kuffler, Stephen W. et John G. Nicholls. *From Neuron to Brain.* Sunderland, Massachusetts : Sinauer Associates, 1976.

Külot, Gerd. « Sur les répliques formellement inécrivables de *Prince Hyppia : Math Dramatica* et des pièces de théâtre apparentées (I) ». *Bologna Literary Review of Bologna* **641** (1931).

Laughlin, Robert B. *Un Univers différent.* Paris : Fayard, 2005.

Le Lionnais, François. *Les Nombres remarquables.* Paris : Hermann, 1983.

Lem, Stanislas. *La Cybériade.* Paris : Gallimard, 2004.

Livio, Mario. *The Equation that Couldn't Be Solved.* New York : Simon and Schuster, 2005.

Margolis, Howard. *Patterns, Thinking, and Cognition.* Chicago : University of Chicago, 1987.

Martin, Richard M. *Truth and Denotation : A Study in Semantical Theory.* Chicago : University of Chicago Press, 1958.

McCorduck, Pamela. *Machines Who Think.* San Francisco : W. H. Free-man, 1979.

Mettrie, Julien Offray de la. *L'Homme-machine.* Paris : Gallimard, 1999.

Metzinger, Thomas. *Being No One : The Self-Model Theory of Subjectivity.* Cambridge, Massachusetts : MIT Press, 2003.

Miller, Fred D. et Nicholas D. Smith. *Thought Probes : Philosophy through Science Fiction.* Englewood Cliffs : Prentice-Hall, 1981.

Minsky, Marvin. *La Société de l'esprit.* Paris : InterÉditions, 1988.

—. *The Emotion Machine.* New York : Simon & Schuster, 2006.

Monod, Jacques. *Le Hasard et la nécessité : essai sur la philosophie naturelle de la biologie moderne.* Paris : Seuil, 1973.

Moravec, Hans. *Robot : Mere Machine to Transcendent Mind.* New York : Oxford University Press, 1999.

Morden, Michael. « Free will, self-causation, and strange loops ». *Australasian Journal of Philosophy* **68** (1990), pp. 59-73.

Nagel, Ernest, James R. Newman, Kurt Gödel, Jean-Yves Girard. *Le Théorème de Gödel.* Paris : Seuil, 1989.

Neumann, John von. *Theorie générale et logique des automates.* Seyssel : Champ Vallon, 1996.

Niven, Ivan et Herbert S. Zuckerman. *An Introduction to the Theory of Numbers.* New York : Wiley & Sons, 1960.

Nørretranders, Tor. *The User Illusion.* New York : Viking, 1998.

Nozick, Robert. *Philosophical Explanations.* Cambridge, Massachusetts : Harvard University Press, 1981.

Pais, Abraham. *Inward Bound : Of Matter and Forces in the Physical World.* New York : Oxford University Press, 1986.

—. *Niels Bohr's Times.* New York : Oxford University Press, 1991.

Parfit, Derek. *Reasons and Persons.* New York : Oxford University Press, 1984.

Pattee, Howard H. *Hierarchy Theory : The Challenge of Complex Systems.* New York : Braziller, 1973.

Peitgen, H.-O. et P. H. Richter. *The Beauty of Fractals.* New York : Springer, 1986.

Penfield, Wilder et Lamar Roberts. *Langage et mécanisme cérébraux.* Paris : PUF, 1963.

Penrose, Roger. *The Emperor's New Mind.* New York : Oxford University Press, 1989.

Perry, John (ed.). *Personal Identity.* Berkeley : University of California Press, 1975.

Péter, Rózsa. *Recursive Functions.* New York : Academic Press, 1967.

Pfeiffer, John. *The Human Brain.* New York : Harper Bros., 1961.

Pouchkine, Aleksandr S. *Eugène Onéguine* (traduction par André Markowicz). Arles : Actes Sud, 2008.

—. *Eugene Onegin : A Novel Versification* (traduction anglaise par Douglas Hofstadter). New York : Basic Books, 1999.

Poundstone, William. *The Recursive Universe.* New York : William Morrow, 1984.

Pullman, Bernard. *L'Atome dans l'histoire de la pensée humaine.* New York : Oxford University Press, 1998.

Quine, Willard Van Orman. *The Ways of Paradox, and Other Essays.* Cambridge, Massachusetts : Harvard University Press, 1976.

Ringle, Martin. *Philosophical Perspectives in Artificial Intelligence.* Atlantic Highlands : Humanities Press, 1979.

Rucker, Rudy. *Infinity and the Mind.* Boston : Birkhäuser, 1982.

Sander, Emmanuel. *L'analogie, du Naïf au Créatif : Analogie et Catégorisation.* Paris : L'Harmattan, 2000.

Schank, Roger C. *Dynamic Memory.* New York : Cambridge University Press, 1982.

Schweitzer, Albert. *Souvenir de mon enfance.* Paris : Albin Michel, 1992.

Searle, John. « The Myth of the Computer » (critique de *Vues de l'esprit*). *The New York Review of Books,* 29 avril 1982, pp. 3-6.

Shanker, S. G. (ed.). *Gödel's Theorem in Focus.* New York : Routledge, 1988.

Simon, Herbert A. *Les Sciences de l'artificiel.* Paris : Gallimard, 2004.

Singer, Peter et Jim Mason. *The Way We Eat : Why Our Food Choices Matter.* Emmaus, Pennsylvanie : Rodale Press, 2006.

Skinner, B. F. *About Behaviorism.* New York : Random House, 1974.

Smullyan, Raymond M. *Theory of Formal Systems.* Princeton : Princeton University Press, 1961.

—. *The Tao Is Silent.* New York : Harper & Row, 1977.

—. *Quel est le titre de ce livre ?* Paris : Dunod, 1993.

—. *This book needs no title.* Englewood Cliffs, New Jersey : Prentice-Hall, 1980.

—. *5000 B.C. and Other Philosophical Fantasies.* New York : St Martin's Press, 1983.

—. *Le livre qui rend fou.* Paris : Dunod, 1999.

—. *Les Théorèmes d'incomplétude de Gödel.* Paris : Dunod, 2000.

Sperry, Roger. « Mind, Brain, and Humanist Values », dans John R. Platt (ed.), *New Views on the Nature of Man.* Chicago : University of Chicago Press, 1965.

Steiner, George. *Après Babel : une poétique du dire et de la traduction*. Paris : Albin Michel, 1991.

Stewart, Ian. *Galois Theory* (seconde édition). New York : Chapman and Hall, 1989.

Suppes, Patrick C. *Introduction to Logic*. New York : Van Nostrand, 1957.

Thigpen, Corbett H. et Hervey M. Cleckley. *The Three Faces of Eve*. New York : McGraw-Hill, 1957. (Traduction française de Boris Vian sous le titre *Les trois visages d'Ève*. Paris : Gallimard, 1957, épuisé.)

Treisman, Anne. « Features and Objects : The Fourteenth Bartlett Memorial Lecture ». *Cognitive Psychology* **12**, n° 12 (1980), pp. 97-136.

Ulam, Stanislaw. *Adventures of a Mathematician*. New York : Scribner's, 1976.

Unger, Peter. « Why There Are No People ». *Midwest Studies in Philosophy,* **4** (1979).

—. « I Do Not Exist ». Dans G. F. MacDonald (ed.), *Perception and Identity*. Ithaca : Cornell University Press, 1979 (2).

Wadhead, Rosalyn. *The Posh Shop Picketeers*. Tananarive : Wowser & Genius, 1931.

Webb, Judson. *Mechanism, Mentalism, and Metamathematics*. Boston : D. Reidel, 1980.

Weinberg, Steven. *Le rêve d'une théorie ultime*. Paris : Odile Jacob, 1997.

—. *Facing Up*. Cambridge, Mass. : Harvard University Press, 2001.

Wells, David G. *The Penguin Dictionary of Curious and Interesting Numbers*. New York : Viking Penguin, 1986.

—. *Prime Numbers*. New York : Wiley & Sons, 2005.

Wheelis, Allen. *The Quest for Identity*. New York : W. W. Norton, 1958.

Whitehead, Alfred North and Bertrand Russell. *Principia mathematica,* Volumes I-III. Londres : Cambridge University Press, 1910-1913.

Wilder, Raymond L. *Introduction to the Foundations of Mathematics*. New York : Wiley & Sons, 1952.

Wolf, Robert S. *A Tour through Mathematical Logic*. Washington, D.C. : The Mathematical Association of America, 2005.

Wooldridge, Dean. *Mechanical Man : The Physical Basis of Intelligent Life*. New York : McGraw-Hill, 1968.

Wynne, Clive D. L. *Do Animals Think ?* Princeton : Princeton University Press, 2004.

Yourgrau, Palle. *Einstein/Gödel : quand deux génies refont le monde*. Paris : Dunod, 2005.

Crédits

Nous adressons ici nos sincères remerciements aux personnes, éditeurs et entreprises qui autorisèrent dans ce livre la reproduction d'œuvres ou d'extraits d'œuvre dont ils détiennent les droits.

Les plus grands efforts ont été faits pour retrouver et contacter les ayants droit. Toute erreur ou omission portée à notre attention sera corrigée dans les futures éditions.

Merci à William Frucht pour la photo de couverture et toutes les photos du cahier couleur.

Merci à Daniel et Monica Hofstadter pour les photos de boucles variées entre les chapitres.

Merci à Kellie et Richard Gutman pour les deux photos du Chapitre 4.

Merci à Jeannel King pour le poème « Ode to a Box of Envelopes » dans le Chapitre 7.

Merci à Silvia Sabatini pour la photo de genoux en boucle, face au Chapitre 8.

Merci à Peter Rimbey pour la photo de Carol et Douglas Hofstadter se faisant face, Chapitre 16.

Merci à David Oleson pour son pavage déformé *I at the center* au Chapitre 17.

Le logo « Three Kangaroos », dessiné par David Lance Goines © Ravenswood Winery est reproduit avec l'autorisation de Joel Peterson, Ravenswood Winery.

Le logo « Three Ravens », dessiné par David Lance Goines © Ravenswood Winery est reproduit avec l'autorisation de Joel Peterson, Ravenswood Winery.

La bande dessinée *Peanuts*, datée du 08/14/1960 © United Feature Syndicate, Inc, est reproduite avec l'autorisation de United Media.

M.C. Escher, *Drawing Hands* © 2008 M.C. Escher Company, Holland. Tous droits réservés. *www.mcescher.com*. Reproduit avec l'autorisation de M.C. Escher Company.

Whitehead, Alfred North et Russell, Bertrand, *Principia mathematica* (seconde édition), Volume I (1927), page 629, réimprimé en 1973 © Cambridge University Press, reproduit avec l'autorisation de Cambridge University Press.

Le dessin *Sluggo dreaming* (« Arthur Rêvant ») : © United Feature Syndicate, Inc, est reproduit avec l'autorisation de United Media.

Morton Salt *Umbrella Girl* © Morton International, Inc, reproduit avec l'autorisation de Morton International, Inc.

Extrait de Karen Horney, *Our Inner Conflicts,* 1945 © W.W. Norton & Co., Inc, reproduit avec l'autorisation de W.W. Norton & Co. Traduction française Julien Bambaggi.

Extraits de Daniel Dennett *La Conscience expliquée*, 1991 © Daniel C. Dennett, reproduit avec l'autorisation de Hachette Book Group USA. Traduction française Julien Bambaggi.

Extrait de Carson McCullers, *The Heart Is a Lonely Hunter,* 1940, 1967 © Carson McCullers, est reproduit avec l'autorisation de Houghton Mifflin Company. Tous droits réservés. Traduction française par Julien Bambaggi.

Extraits de Derek Parfit, *Reasons and Persons*, 1984 © Oxford University Press, est reproduit avec l'autorisation d'Oxford University Press. Traduction française par Julien Bambaggi.

Extraits d'Albert Schweitzer, *Aus meiner Kindheit und Jugendzeit*, © C.H. Beck, Munich, 1924. Traduction française par Julien Bambaggi.

Extrait de Nagel *et al.*, *Le théorème de Gödel*, © Seuil 1989 pour la traduction française. Traduction de Jean-Baptiste Scherrer.

Index

A

Abattage des animaux 9-16, 453, 456-457
Abeilles, essaim d', par opposition à la métaphore de l'oiseau en cage 343
Aboiement en échos 84
Absence de signification : de l'activité cérébrale de bas niveau 268-269, des symboles et des chaînes de *PM* 191-192, présumée de l'auto-référence 79-79
Abstractions : caractère essentiel 30, comme causes 45-49, emboîtements dans l'esprit humain 105, 113, 118, 266, 485-486
Accrétion : du « Je » 102, de l'âme, 329
Ackermann, fonction d' 483
Acteur (ou mouvement) premier (641) 45-46, 50, 123-124
Activité cérébrale : dissimulation du substrat de l' 228, 269, évidence du haut niveau de l' 228, modélisée par informatique 480, nécessité de posséder une vision de haut-niveau de l' 259, 364
ADN 30, 41, 228, 231, 395
Aimable, le boulanger 197, 199
Alf and Bertie, boutique de luxe 201, 209
Alfbert 260, 266
Alignement : de deux âmes mariées dans un but commun 296, 299, entre les théorèmes de *PM* et les nombres 168, entre les vérités et les théorèmes de *PM* 166
Alle Grashüpfer Müssen Sterben (Bach) 463
Alouette Inconsolable 302-303
Alzheimer, maladie d' 18, 21, 418, 434-435
Ambassades d'un pays, comme opposé à la métaphore de l'oiseau dans la cage 343
Ambiguïté des opérations dans un ordinateur 319
Âme : architecture de l' 244, 280, comme illusion 314, comme points sur une ligne 357-358, comme raccourci commode 390, comme structure 25-26, comparée à un essaim de papillons 492-493, de haut-niveau, forgée dans le mariage 292-298, des moustiques 98-100, dogme de l'absence d'– chez l'animal 452, dogme de l'absence d'– chez la femme 18, en Gémellie 289-291, et faculté de penser 2, immortalité traditionnelle des 471, s'envolant au paradis au 471, taille des 17-18, croissance des 23-24, valeur des 451-452, vivant dans le cerveau d'autres âmes 343-344, du moustique 98, 99

Amis : comme critère essentiel de la conscience 447-448, donnant naissance au « Je » 447-448, partager joies et peines des 356

Amour : halo de concepts pour comprendre l' 235-236, indissociable du concept de « Je » 361, jusqu'à présent plutôt incompris en termes d'électrodynamique quantique 235, pour des enfants, menant à l'enlacement des âmes 315, profonde influence de ceux pour qui nous ressentons de l' 333-334

Amplification : de la source dans le feedback audio 67-68, saturation 68

Analogies : dont la force est proportionnelle à la précision et à la visibilité 198, 202, 206, activées par des événements 366, autoréférentielle 77, comme médiation 191-211, 323, 403, comme source de sens 191-211, 323, comme structure de la pensée *xix*, 193, entrée d'index *xx*, exemples apparemment triviaux d' 193, faite par des abeilles 485, par W.V.O. Quine, 181-186, recherche sur les 29, rivalité entre, 289, rôle central, dans ce livre *xx*, sautant aux yeux 193-199, jaillissant sans effort 29, vue comme des configurations de simmbols dans le billodrome 61

Analogies, exemples sérieux d' : entre « Je » et « Épi » 119, 236, 248, 272, entre « Je » et billets 416, entre « Je » et galaxie de feedback vidéo 272, entre « Je » et soit « je » soit « Nnous » 289, entre « présentoirs de magazines télé » en sanscrit et formule de Gödel en notation *PM* 265, entre Alfbert et Whitehead/Russell 260-263, entre âmes humaines et trains 416, entre apprendre à être un autre et apprendre une langue étrangère 307-308, entre Arthur rêvant de lui-même et phrases autoréférentes 186, entre article de Gödel sur les *Principia mathematica* et critique de G. Külot sur *Prince Hyppia : Math Dramatica* 208, entre Aurélie et Pomponnette 197-201, 206, entre autoréférence et autoréplication 373, entre billodrome et cerveau 55-61, entre billodrome et flipper 59, entre billodrome naïf et Doug enfant 126, entre boîtes à musique et machines dédiées 320, entre boîtes de bières et neurones 36, 481, entre boîtes de sel et images de boîte de sel 188, entre boucle étrange de Gödel et feedback vidéo 209, entre boucles étranges et « Je » 127, 132-133, 189, 254, 268-273, 395, entre boucles vidéos enlacées et âmes enlacées 278, entre cerveaux et pays 358, entre cerveaux et *PM* comme substrat de boucles étranges xiii, 254, entre cerveaux et raffinerie de pétrole 256, entre chaînes de domino et embouteillages 47, entre Chantal regardant un film et Russel regardant la formule de Gödel 199, entre chien regardant des pixels et Russel regardant la formule de Gödel 199, 267, entre cœur et cerveau 32, entre comestible et prouvable 260-263, entre cookies sur la même assiette 193, entre Coquine et KG 222, entre couples 195-201, entre cristal et verger 492-493, entre croissance d'une âme et accrétion d'astéroïdes 329, entre décision et procédure électorale 449, entre Doug et Carol 299, entre enfants aux bottes crottées 13, entre épiphénomènes dans un cerveau et dans un minéral 34, entre équilibre de Sperry et de Gödel 273, entre essaim de papillons et âmes, 492-493, entre feedback vidéo et itérés complexes 86-87, entre feedbacks audio et vidéo 69, entre porter un vêtement et s'identifier à quelqu'un 310, 327, entre formules se contenant elles-mêmes et éléphants dans une boîte d'allumettes 180-186, entre fourmis dans les jambes et *ginger ale* 475, entre gemmes de la mer Caspienne et puissances de la suite de Fibonacci 162, entre gènes et romans 298, entre grandeur d'âme et taille 20.14, entre Guru et Göru 176, entre idée de « Je » de l'auteur et mécanique quantique 314, entre images de boîte de sel et astuce autoréférentielle de Gödel 186, entre inaccessibilité de KJ et indémontrabilité de KG 220-222, entre Klüdgerot et Kurt Gödel 260-263, entre l'esprit de l'auteur et d'autres esprits xi, entre l'haleine de Xerxès et celle de Yolanda 195, entre lignes inécrivables et chaînes indémontrables 203-206, entre machines universelles et entiers caméléons 319, entre machines universelles et personnes 323, entre mort et éclipse 299, 340, 361, 418, entre moulins à vent et moulins à pensées 61, entre moustiques et chasses d'eau 249, entre moustiques et missiles 457, 464, entre moustiques et spots rouge 98, entre nombre k de Gödel et boîtes de sel Morton 218, entre nombres princiers et nombres premiers 176-180, entre nombres roturiers et répliques inécrivables 203-208, entre nombres sans intérêt et nombres de Berry 135, entre non-amateur de Bartók et champs magnétique ne pénétrant pas un superconducteur 327, entre nuages d'électrons et âmes humaines 492-493, entre organisation de pixels et événements 199, entre pairsonnes et personnes 284-294, entre Parfit et Einstein 407-410, entre parts de gâteau 193, entre phrases citées et nombres de Gödel 181-186, entre physique newtonienne et point de vue naïf de « Je » 351, entre piquets de grèves dans et hors du théâtre 201, entre *PM* et naufrage 218, entre les *Principia mathematica* et forteresse assiégée 145, 191, entre récursivité et croissance végétale 161, 166, entre Rosalyn Wadhead et Russell et Whitehead 206, entre self-symbole et feeback vidéo 93, 246-247, entre séquences récursives de nombres et théorèmes de *PM* 164-174, entre soi et les autres 115, entre structure du cerveau et atomes ou gènes 32, entre symboles dans le cerveau et livres dans une bibliothèque 364-368, entre tas-defeuillitude et conscience 430, entre véhicules-robots et fourmis 251, entre vie et labyrinthe de buis 448-449, entre voitures et chiens 484-485, entre Y. Ted Enrustle et Whitehead et Russell 206

INDEX

Analogies, fantaisistes, exemples hasardeux d' : entre Betty Vroum-Vroum et Hopalong Cassidy 249, entre boucle étrange du « Je » et collier de perles 237, entre ce livre et une salade *xix*, entre conscience et toit ouvrant 428-429, 496, entre Dieu et Russell 201, entre Doug/Carol et banc de poissons 298, entre étymologie et rayons X 454, entre Gémellie et Gémmellie 289, entre John Searle et Dylan Thomas 490-491, entre lire la preuve d'Euclide et goûter du chocolat 152, entre lire une version accessible de la preuve du dernier théorème de Fermat et commander épicé au restaurant indien 485-486, entre manque d'imagination et manque d'oxygène 113-114, entre *Principia Mathematica* et *Principia* de Newton 146, entre vendeurs de voitures et chirurgiens cardiologues 33

Animaux, abattage des 9-16, 451, conscience de soi des 94, 98, 102-107

Antarctique, réalité de l' 116

Anterselva di Mezzo 129

Anthropomorphisme, 64

Arbitraire, correspondance – entre stimuli et sensations 446

Arbitrairement : propriétés – subtiles des entiers 145, 209, répertoire – extensible de symboles 238-240, 249, *voir aussi* Concepts, Symboles, Universalité

Archives écrites, traces d'éclats d'âmes 303

Arithmétisation des formules de *PM* 169-172

ARN 30, 41

Assimiler l'essence d'un autre 310

Atomes, comme entités théoriques 31, crochus 236

Attrape-cœurs, L' (Salinger) 313

Aura éthérée montant au ciel 470

Aurélie, femme volage 197-201, 258

Aus meiner Kindheit und Jugendzeit (Schweitzer) 456-457

Austen, Jane 305, 339, 348

Austranius 260

Auto-Analyse, L' (Horney) 244

Autoréférence : bannissement de l' 75-79, 133-140, 145, comme cause de l'incomplétude de *PM* 218-220, dans les *Principia* 483, présence quotidienne de l' 78-79, sans indexicalité 209, sans régression infinie 181-189

Autoreproduction, mécanisme gödelien d' 394

Autorité, arguments d' 116

Avogadro, nombre d' 41, 89, 135

Axiomes : analogues aux semences dans une récursion, 162, comme premières lignes des preuves dans *PM* 158, 165, 174

B

b (nombre de Berry), 134-135

Bach, Jean-Sébastien 41, 123, 305, 411, 459-465, cantate de 293, fête du tricentenaire de, 460, musique pour orgue par 459-465

Baleine bleue, 450

Ballon, comme cherchant un but 64-65

Banque Centrale de la Conscience 434

Bartók, Béla 327-329, 412, concerto pour violon n° 2, 327-329

Basketball : aptitude au, comme partie du self-symbole 241, imprévisibilité au 54, 125, 241

Beardsley, Dick, 114

Bébé, absence de « Je » 277

Beethoven, Ludwig van 412

Bernstein, Jeremy *xxi*

Berry, G.G. 135-140, 396

Bhoutan 117

Bierce, Ambrose 263

Bille illusoire dans une boîte d'enveloppe 115, 118-122, 237, 248, 395, *voir aussi* Épi

Billodrome 56-60, 258, deux visions du 59-61, en pleine croissance 126-127, insuffisant pour les sceptiques 364, self-symbole du 126-127

Boîte à musique, dédiée et universelle 320

Bon mots : de Carol Hofstadter, 304, de David Moser 307, 491

Bonaparte *voir* Napoléon

Boole, George 166

Boucles de rétroaction voir *Feedback*

Boucles étranges 641 et 642 : dialogue entre 371-396, gouffre entre 473, noms de 369

Boucles étranges : absence de – chez le moustique 249, brute 277, comme centres du « Je » 127, 132, 143, 236-237, 268-273, comme paradoxales 131, 133, comme sans âme 428, croissance des 275, 277-278, 472-473, dans les *Principia Mathematica* 132-133, de grandes tailles, chez le chien 249, définition des

130-132, différentes tailles de 249-250, essences des 208-209, 268-273, et feedback vidéo 132, 246, 269, existence des 132-133, illusoire dans *Drawing Hands* 132, plusieurs par cerveau 237-238, 275, 284-298, 341-343, une par cerveau 237, 294, 341, une privilégiée par cerveau 280-281
Braitenberg, Valentino, 102
Brown, Charlie *xvii*
Bugeaud, Yann 164, 487
Bulbe vacillant plein d'espoirs et d'effroi (Edson) 38
Bushmiller, Ernie 187
Buts : des créatures vivantes 123, partagés 296, 305, 334

C

C'est pas l'bout de chair qui compte, c'est qu'ça bouge (Mann et Glover) 257, 338
C-3PO (robot) 21-22, 294, 436
Câblage : des hémisphères du cerveau 291, du contrôle d'un moteur comme source d'identité 282, du matériel perceptif comme source d'identité 280
Caddie, fiabilité d'un 53, 390
Café, transformé en théorèmes 151
Caméléon, pouvoir du – des entiers 209, 216, 319, pouvoir du – des machines universelles 317-323
Caméra : attaché à une télé 93, en laisse 93, 256, explosion de 70, portée sur le nez par tout le monde 349
Cannettes de bières et balles de ping-pong comme substrat de la pensée 34, 481
Cantate de mariage de Bach 291
Cantor, Georg, 488
Capacité illimitée du répertoire de catégories humain 105-109, 238, 240, 250, 269
Carnap, Rudolf, 142
Carol-et-Doug : comme entité de niveau supérieur 295, 299, « un-en-deux » 296, 296, 299
Carolitude, survivance de la 303, 305-307
Carrés 146, somme de deux 146-151, 155
Carrés magiques, définition floue du concept de 138
Carton à rabat 72-73, 129
Casserole d'eau bouillante, fiabilité d'une 53

Catégories et symboles 94, 97, 99, *voir aussi* Répertoires
Catégorisation et mécanisme, comme déterminant la taille de l'âme 277, efficacité de la 475, pour convertir le complexe en simple 366
Caulfield, Holden 112, 313
Causalité descendante 62, dans la vie quotidienne 51-53, dans le billodrome 57-59, dans le cerveau 226-228, 256, 271, dans les embouteillages 48, dans un moteur 50, en alpinisme 220, en mathématiques 222, 228
Causalité 62, dans le « Je » 124, des dogmes dans le déclenchement de guerres 39-40, 234, explication éclairante de la 50, 234, le prix à payer 126, mathématique 213, 220-222, 227, schisme entre deux types de 269, 391, voir aussi *Causalité descendante*
Ce qui fait tourner le monde 234
Célibataire, imprécision du concept de 234
144, carré de la suite de Fibonacci 162
Centre de Recherche sur la conscience et les sciences cognitives 422
Cérémonie de mariage comme symbole de fusion des âmes 291
Cerveau, comme fusion de deux demi-cerveaux 291, comme inanimé *xiii*, 254, comparé au cœur 32, complexité du – relativement à la conscience 376, contrôlant directement ou indirectement un corps 282, dans la cuve, scénario du 345-347, évolution du 256, non responsable de la *qualia* des couleurs 442, percevant de multiples environnements en même temps 353, peu propice à abriter un « Je » 254, privilégié 341, recevant des données des sens directement ou indirectement 282, ressemblant à une éponge inerte 254, siège de plus d'un « Je » 325, 465, structures du 29, 268
Cerveau électronique géant *xii*, 480
Cerveau principal d'une âme 342
« Cete phrase » 77
« Cette formule est prouvable » 208
« Cette formule n'est pas prouvable » 179, 189
« Cette phrase est fausse » 78, 181, 489
« Cette phrase », sans indexicaux 181
Chaîne de dominos 45-47
Chaîne de dominos, causalité dans une 45-47

INDEX

Chaînes de symboles 170, comestibles, opposées à non comestibles 260-263, 266-267
Chaitin, Greg 139
Chalmers, David 421-428, 435-437, 496, jumeau zombie de, 425, 435-437, 474
Chantal Duplessix 199
Chávez, César 453, 497
Cheval de Troie, le – de Gödel 475
Chez mon frère 342
Chiens : aboyant en échos 84, ami des 465, comme « quoi » et non « qui » 19, comme nourriture 20, compassion des 457, conscience de soi des 102, en chaleur 449, magnanimité des 457, n'entrant pas dans l'esprit d'autres chiens 350, répertoire de symboles limité 102, 249, 324, souvenirs épisodiques des 108, 249
Chiffon : bleu 439, rouge 447, *voir aussi* Baleine bleue
Chimie : du carbone comme clé putative de la conscience 256, ignorée dans l'explication de l'hérédité et de la reproduction 228
Chimpanzés 38, 103
Chinois, comme entité éparpillée 359
Chopin, Frédéric 304, 330, 412, comme éclat d'âme, 7, 304, étude Op. 25 n° 11 en La mineur, 17, étude Op. 25 n° 4 en La mineur, 51, nostalgie de, 40, survivance de 312
Clavier bien tempéré, Le (Bach) 459
Club : de tous les nombres premiers 152-153, de tous les nombres fbf 172
« Cochon » (nouvelle de Roald Dahl), 10-11
Code génétique 228, 373
Cœur est un chasseur solitaire, Le (McCullers) 340
Cœur : architecture du 32-33, comme une pompe 32-33, 266
Cogito ergo sum 364
Cohérence de *PM*, certitude de la 213, 218, espoir de la 167
Cohn, John H.E. 487
Coïncidences en mathématiques 151, 155-157, 162, absence de 151, 164, possibilité de 162
Coïncidences infinies : apparentes dans la suite de Fibonacci 162, non-existence de 157-158, 164
Compassion 454-457, 465, étymologie 454
Complétude de *PM*, espoir de 166

Comportements, essais et évaluations, 242, 245
Compression de KG 266
Concepts : activation de 96, comme codés par des simmbols 56-57, comme structures dans le cerveau 30-31, 98-99, livrés sur un plateau 43, nichés en nous 105-107
Concertos pour violon, Prokofiev et Bartók 327, 470
Condition humaine xxi, comme foi en un mythe 384, liée à la granularité importante de la perception 268, piégée dans un dilemme 469, vue naïve de la 351
Condition klüdgerotique 269
Conditionnel épisodique 238
Conflit pâteux 449
Connaissance, boucle centrale de la 368
Conscience de soi limitée : des chiens 104-105, des enfants 104, des robots 251-252
Conscience expliquée, La (Dennett) 291, 416
Conscience : = penser 364-368, 421, amitiés, comme critère pour la 465, apparente mais illusoire 426, « bonne substance », comme source de la 22, 254-256, chimie organique comme source de la 256, comme absente de ce livre selon certains 363-364, comme conséquence émergente de la structure du cerveau 429, comme illusion 4-5, comme option du cerveau 428, 432, comme phénomène quantique 386, cône de 21, 24, critère de la 465, d'une autre personne, dans notre cerveau 338, distribution de la 303-305, 314, 338-343, 350, 359-361, 492-493, essence CAPITALE de la, 432, 470, essence même de la 425, et boucles étranges 189, lieu, absence de 368, mesurée par les goûts musicaux 459, n'agissant ni ne proclamant agir mais l'étant 427, nuances de gris dans la 23-26, 363, opposée aux réflexes 5-6, réalité physique de la *xii-xiii*
Conserve dans un caddie, fiabilité d'une 53
Consistance de KJ 220
Contingence, en géologie, pas en mathématiques, 162
Contrefactualité 247, 251, 490
Contrôle de votre corps par mon cerveau 282
Contrôle et perception mutuels menant au brouillage de l'identité 282-298

Conventions de langage renforçant la vue naïve du soi 283
Conventions dramaturgiques des lignes inécrivables 203
Coquine, affirmation de l'existence d'une infinité de nombres parfaits 222, contraste avec KG 224, hypothétique seconde signification de 223, vérité et démontrabilité de 223
Correspondance : au centre de la vie 229, donnant naissance au sens 193, entre couleurs et sensations des couleurs 444, entre structures de *PM* et nombres 169-171, marbreilleuse 395
Couloirs 82-83, 105, hélicoïdal 83, tronqué opposé à sans fin 82-83, 94, 334
Couronne soulaire 418-419
Couronne : durant une éclipse d'âme 340, 360, soulaire 418
Courriels, échange avec D. Dennett 193, 301, 335
Créativité, opposé à règles rigides 141
Créatures virtuelles (Karl Sims), 66
Crédibilité du Point de vue Vrai 408
Credo des mathématiciens 154-155, 163, confirmation empirique du 163, contredit par la formule de Gödel 216, prétendument méchanisé dans *PM* 166-168, 177, 219, revers du 157
Croyance : telle que sincèrement ressentie par un zombie 435, partagée 309
Curseur sur une ligne déterminant l'identité 411,

D

Dadas et toutous *xvii-xviii*
Dahl, Roald, 10-12
Danse des simmbols 63, 364,
Danse des symboles : comme constituant la conscience 364, 421, comme pensée 364, constituant l'âme de l'autre 313, perçue par d'autres symboles 364-368,
Dawkins, Richard 31
De Morgan, Augustus, 166
Décision, comme vote 449, procédures de 176, 224
Décodage sans effort d'un isomorphisme 199
Déconstruction du « Je » façon Zen 389
Deep Blue 250

Dennett, Daniel C., 257, 291, 334, 402, 416, échange de courriels entre l'auteur et 291, 299-316, fantaisie téléportatrice par 403, sur *L'Alouette Inconsolable* 302, sur les zombies 428, *Where am I?* 347
Descartes, René, 364
Description de niveau inférieur du cerveau 256-257, 268, 386, 472
Désirs : caractère inanalysable des 123, comme agent causal 123, en conflit entre eux 123, 351, 447, imputés à un ballon 63, imputés à un tournesol 63, imputés à une chasse d'eau 63
Dialogues 1-6, 18, 19, 371-396
Diamant personnel (Lem), comme coeur de l'identité 307, diminué, dans un autre cerveau 307, 334, 360-361, disparition du 307, voir aussi *Ego cartésien*
Dieu : insaisissabilité de la vérité mathématique et 226, ne joue pas aux dés 155, réalité de 112, 121
Dinde comme quoi [*which*] et non qui [*who*] 18-19, 437
Discours du Nobel d'Albert Schweitzer 456
Dividuels en Gémellie 284, 291
Domino, Fats 49
Double sens des formules de *PM* 191
Drawing Hands (Escher), comme candidates à l'étrangeté en boucle 131, 139, 396, une main effaçant 208
Dualisme, abandonner le 477, attraits et embûches du 470, caractère mystique du 273, chez certains spécialistes des neurosciences 271, énigmes du 434, gentiment parodié 428-432, implicite dans l'inversion du spectre 445, menant à un abîme de mystère 435, selon Sperry 272

E

Éclats d'âme, survivance d' 7-8, 299-300, 304
Éclipse d'âme 299, 340, 360
Éclipse soulaire 299, 340, 419
Écran télé, comme structure de pixels sans signification 199-200
Edson, Russell 38, 482
Efficacité et survie 97, 475
Eggo cartésien 404

INDEX

Ego cartésien 397-404, 407, 410, 415, 473, disparition de l' 418, vu par le bon sens quotidien 404

Einstein, Albert 13, 60, 94, 155, 404, 407-408

Élan mental, 425-426, 430-497, échelle glissante de l' 434

Élan vital, 272

Élection, comme métaphore des procédures de décision 449

Électromagnétisme, force fondamentale 40, comme ayant des propriétés indiscutablement précises 234

Électrons, dans les métaux et les matériaux non conducteurs 492-493

Éléments (Euclide) 165

Éléphant, dans une boîte d'allumettes 181, 185, 186, ADN d'un – dans une boîte d'allumettes 181

Embouteillages, explication globale des 47-48

Eminem, 328, 413

Enfants : comme ayant moins d'huneker que les adultes 23, comme provoquant la fusion des âmes de leurs parents 296, représentation d'eux-mêmes des 103

Enlacement : de boucles de feedback 278, d'âmes 278-297

Enrustle, Y. Ted 203-208

Entiers : descriptibilité des 133-139, flexibilité et richesse des 133, 146, 208-210, 319, gigantesques 133-135, 171, 176, 178-179, 186, 264, intéressants, opposés à inintéressants 135-136, 144, universalité des – ignorée par Whitehead et Russell 319

Entiers inintéressants 136, 144

Enveloppes dans une boîte 119

Envolée, au ciel 471, chez ce type 471

Épi (bille apparente dans une boîte d'enveloppes) 115, 118-122, 236, 248, 395, paramètres déterminant la réalité d' 248, poème sur 291-293, pouvoir explicatif possible d' 248, réalité apparente d' 271, 472

Épiménide 488

Épiphénomènes : dans le billodrome 57, 59, dans le cerveau 37, dans les minéraux 36, dans un feedback vidéo 84-89, dans une boîte d'enveloppes 119-122, 236, 248

Épisodes, comme concepts 107

Épouse, mort de l' – comme traumatisme 295,

Equénorquage 444 *voir aussi* Glébissement

Erdös, Paul 151, 487

Ergo cartésien 364

Ernst, Tom 309

Escher, Maurits Cornelis, 73, 130-131, 139, 396, 486

Espoirs et rêves, partagés comme des structures similaires en différents cerveaux 297, 418

Esprit et matière, abîme infranchissable les séparant 271

Essence de la conscience 425, *voir aussi* Élan mental, *Sensum*

Essence, extraction d'–, dans le cerveau 323, 366-368

Essences CAPITALES 430-434, 470, 496, annihilation des questions sur les 425

Être quelqu'un d'autre, avec un « accent » 308, 339, version pour cours d'économie 350

Être : à deux endroits à la fois 341-354, 397, 404, 415-417, à deux moments au même endroit 416

Êtres humains comme machines représentationnelles universelles 323, 341

Êtres universels 323-325, soif du goût d'autres intériorités 325

Études (Chopin) 7-8, 16

Étymologie 454, 457, 465

Eugène Onéguine (Pouchkine) 228, 339, 479

Euler, Leonhard, 331, 482

Everest, Mont 87

Évolution : ajoutant la conscience en option 428, de la complexité du cerveau 38, 256, du billodrome 57, du cœur 32-33, 40, et efficacité 97, produisant du sens comme sous-produit accidentel 259, produisant l'universalité comme sous-produit accidentel 323, 465

Existence : du « Je » 124, flou de l' 111-115

Expériences de pensée : changement de paramètres dans les 343-347, téléportées de l'autre côté de l'Atlantique 402

Expériences par procuration : grâce à la représentation universelle 324, soif de 324, transition fluide à travers des expériences « réelles » 355

Expériences : comme co-existante au « Je » 35, 91, 363, 467, comme déterminant le « Je » et

non l'inverse 376, pures, non liées à la physique 446
Explications, choix du niveau correct pour l' 40
Exploratorium 65, 98, 475

F

F, nombres – 161, *voir aussi* Fibonacci
Falen, James 339
Fauconnier, Gilles 31
Fausseté en mathématiques, présumée équivalente à l'absence de preuve 151, 154-155
Feedback 63-71, comme tabou instinctif 70, 81, et buts des créatures vivantes 121, et croissance exponentielle 67-71, rôle dans la croissance du self-symbole 240, 245, 254, saut de niveau dans le 130, 385, vierges 276, *voir aussi* Boucles étranges
Feedback audio 67-69, 237, tonalité du 68
Feedback vidéo 81-89, candidate à être une boucle étrange 132, 246, 269, 475, épiphénomène dans une – 84, 87-88, crainte de faire fondre l'écran 70, gestalts fractales de 269, absence de « Je » dans une – 269, absence de perception dans une – 93-96, 246, 269, absence de symboles dans une – 269, absence de pensée dans une – 269, verrouillage de structures dans une – 87-88, paramètres d'une – 81-84, 85-86, 93, réverbération dans une – 84-85, deux systèmes de – entrelacés 278, 333, boucle ordinaire dans une – 276
Feigen, George, 10
Femme du boulanger, La (Pagnol), sens indirects convoyés par analogie dans 197, 199, 258
Fermat, Pierre de 95, 164, 482
Fiabilité des sources d'information 116
Fibonacci (Leonardo di Pisa) 161
Fidélité d'une copie dans l'âme d'un autre 336
Flexibilité maximale des machines 317
Flirt avec l'infini 132
Flotteur de chasse d'eau 63
Flou des concepts quotidiens 233
Fondations des mathématiques, quête pour la stabilité des 75-77, 139-140, 157-158, 218
Forces : dans le cerveau 37-44, en physique 40, opposées aux désirs 65-66
Formule de Gödel, infinité de la 178
Formules bien formées de *PM* (fbf) 171

Français au spectre inversé 440
Frege, Gottlob 166
Freud, Sigmund 31, 280
Frontière entre les âmes, flou de la 355, 492-493
Frontières macroscopiques, comme non pertinente pour les particules 57-58, 230
Frucht, William, 82, 496
Funérailles, rôle des 360
Fusion des âmes : cérémonie de mariage 293, envisagée avant la mort de Carol 315-316
Fusion psychique : des âmes, comme conséquence de l'intimité 350, des époux 291, des jumeaux Chaplin 291, des moitiés en Gémellie 284-294

G

g (nombre de Gödel de la formule de Gödel) 178-180, 184, codant les répliques inécrivables 203, se passer de 220
« *g* n'est pas princier » 178-180, 203, 206, *voir aussi* KG
Galileo Galilei 210, 305
Galois, Évariste, comme radical, 117, 486
Gandhi, (Mahatma) Mohandas 453
Gaz, comportement des 41-42, 50-51, 55, 89
Gémellie 284-292, âmes en 289-291, 294-295, habitants de 289, plausibilité de la 292
Gémellie siamoise, 290-291
Gemfant en Gémellie 285-289
Gemme dans la mer Caspienne 162
Gémmellie 289
Gènes : comme éloigné de la vie quotidienne 234, comme entités abstraites 32, 228, 297, comme entités physiques 228, comme structures copiés dans de nombreux organismes 297, sources de boucles étranges potentielles 277
Génies des questions mathématiques 176-178
Genoux : comme candidats à la conscience 256, 373, comportement réflexe des 99, 415-416, vie intérieure des 99
Glébissement 444, *voir aussi* Équénorquage
Gluons 39, 41, 46, 112, 296
Göd, 260
Gödel, Escher, Bach : composition informatique de 345, dialogues de *xx*, écriture de *xiv*, *xviii*,

INDEX

xx, message central de *xiv*, photos de feedbacks vidéo dans 81

Gödel, Kurt *xii*, arithmétisant *PM* 164-166, 168-172, article de 1931 par 133, 145, 168, 179, 207, 216, 322, 323, 488, codant les symboles et les formules de *PM* 169, comme réinventant ce qu'est le sens 191, 11,2, 206, concoctant des phrases autoréférentes dans *PM* 178, croyant à la cohérence de *PM* 214, découverte des boucles étranges par 133, 145, 259, 477, dépassant l'indexicalité 179, 209, respect de – pour la puissance de *PM* 168, 216, trémas (umlaut) 71, 226, voit des analogies entre les nombres de Fibonacci et les théorèmes de *PM* 164, 168, 172, 174, voit la puissance causale de la signification des chaînes 273, voit le pouvoir représentatif des nombres entiers 209, 319, 323

Goldsmith, John 309-310

Göru : décevant nos espoirs 224, impossibilité de 225, machine départageant les nombres princiers et roturiers 176, machine résolvant tout problème mathématique 176, 224

Gott ist unsre Zu versicht (Bach) 292

Gouffre entre vérité et prouvabilité 224

Granularité, d'autres âmes dans la nôtre 278, 305-314, 338, 418, de la copie d'une âme 311, 333-341, 355, de la perception 125-127, 228, 241-248, 268, du feedback vidéo 83, 280

Gravitation 40

Greffe : d'un roman dans un autre pays 298, d'une âme dans une autre 355-356, 338-340

Greg et Karen, couple en Gémellie, 284-291, 294

Griffons, réalité incertaine des 112

Guerres : engendrées par des croyances religieuses ou par des collisions de particules 38, 42, 234, réductrices de tailles d'âme 17, 451

Guillemets : dans les phrases autoréférentes 181-186, en nuances de gris 101, 413, métaphores des nombres de Gödel 185, utilisation correcte des 72, 74, 479, utilisation douteuse des 348, 479, 488

Guru, machine départageant les nombres premiers et non premiers 176

Gutman, Hattie 18, 22

Gutman, Kellie 18, 73

H

h (nombre de Gödel de la formule de Gödel KH) 217

H1 (Véhicule robot) 250

Hallucination hallucinée par une hallucination 386, 414

Hardware, opposé à structure 257, 338

Haut en bas, de –, causalité, *voir* causalité descendante

Haut en bas, perception de – : dans les chaînes de *PM* par les Klüdegerots 260-263, 266-267, du monde par les humains 227, 259

Heisenberg, Werner 314

Hiérarchie : des âmes 23-25, des créatures vivantes 21, 453, 455, des fonctions récursives définies par Gödel 264, des forces dans le cerveau 37-38, des valeurs 453

Hilbert, David 166, 219, 322, programme de 166

Hofstadter, Carol Ann Brush : bons mots de 305, comme structure 303-305, étant Doug 305, pensant avec le cerveau de Doug 300, souvenirs de – copiés dans Doug 335, survivance de l'intériorité de 300-313, survivance en Doug des éclats d'âme de 300

Hofstadter, Daniel 19, 27, 74, 299, 305, comme catalyseur de la fusion des âmes de ses parents 296, intériorisant les manières de ses amis 329, repérant un parking en résonance 484-485

Hofstadter, Douglas : à la fois sur Mars et sur Vénus 415, assis sur ses propres genoux 128, aussi naïf qu'un jeune billodrome 126, balançant entre les idées « classique » et « moderne » de l'âme 314, choisissant un pronom 19, 251, colonnes dans le *Scientific American* 77-79, comme spécialiste pensant sur la pensée *xv-xvi*, compilant son propre index *xix-xx*, 494, 515, confondant ses souvenirs et ceux d'un ami 337, courant 113, 123, croyant à la logique comme clé de l'esprit humain 142, enseignant la logique 142, étant Carol 305, 339, étant différentes personnes avec le temps 406, étudiant les langues 143, fasciné par deux deux 74, fidèle à ses idées 315, grandissant par accrétion 329, imitant beaucoup de gens 329, intrigué par trois trois 74, moqué par des livres de logique avancée 142, reniant la méta-devise 487-488, perdant foi dans la logique comme clé de l'esprit humain 143, plaqué 366, réagissant au deuil de sa mère 7-8, 304, 480, regardant sa fille Monica pour Carol, pour Doug-l'Ancien, pour Carol-l'Ancienne 306, reniant les idées de Parfit 411, souriant comme Hopalong Cassidy 242, 247, 329, spéculant sur la fusion des âmes 315, travail en sciences cognitives *xvi*, 29-31, 193-195, versions contrefactuelles de 411, 422

Hofstadter, Laura *xi*, étudiant la logique 142, expressions de – sur le visage de son frère 329

Hofstadter, Molly *xi*

Hofstadter, Monica 27, 74, 299, 305-306, comme catalyseur de la fusion des âmes de ses parents 296, intériorisant les manières de ses amis 329, troisième anniversaire de 305

Hofstadter, Nancy *xi*, Celle-qui-sait-tout aux yeux du jeune Doug 74, en deuil de son mari 7-8, 304, étant son mari avec un accent 308

Hofstadter, Oliver, 19, 108, au chenil, 324, 344, voit ses mouvements contrôlés au joystick 345

Hofstadter, Robert *xi*, 69, 140, photo de 7-8, 304, vivant peut-être dans le cerveau de son fils 325

Hopalong Cassidy, sourire de 242, 247, 329

Horney, Karen 243

Humour, comme structure cérébrale 31

huneker, comme unité de la quantité d'âme 23-24, 100, 104, 278, 429, 451

Huneker, James 16-17, 23, 25, 451

hunekométrie 238

I

I at the Center (Oleson) 333

i, nombre de Gödel de Coquine 223

« *i* n'est pas princier », 223

Idées : interaction entre 38, 63, 272, puissance causale des 37-38, 127, 272

Identité humaine, métaphore vidéo pour l' 278

Identité pairsonnelle en Gémellie 287-289

Identité personnelle : comme déterminé par un curseur sur une ligne 411, comme déterminée par le cerveau et non l'inverse 383, comme déterminée par le contenu d'une boucle étrange 277, comme déterminée par les conventions de language 283-284, 406-407, 410, 416-417, comme déterminée par toute source de perceptions intenses 279, comme déterminée par un numéro de série 357, 406-407, 433, comme notion incohérente 404, énigmes sur l'– dans un monde pourvu de Conscience 433, partagée par les deux moitiés d'une pairsonne 287-289, s'agrégeant avec le temps 383

Il n'y a plus personne pour qui s'inquiéter 300

Illusion de la conscience 5-6

Illusion tactile, comme indice de fausseté de la représentation de soi 352, d'une bille dans une boîte d'enveloppes, *voir* Épi

Imitation, du comportement des autres, 329

Imlac (ordinateur de Stanford) 345, 351

Imprécision du langage 137

Imprédictibilité, zones d'– : acquisition du concept de 55, dans un feedback vidéo 84, 86, 88-89

Inaccessibilité du pic himalayen KJ 220-221

Incomplétude de *PM* : découlant de l'existence de la formule de Gödel 216, dérivant de sa force 216, due à la force expressive du système 217

Incomplétude essentielle 217-218

Incompréhensibilité de la vue de bas niveau 40-41, 50, 53-54, 266-268

Inconsistance (incohérence) de *PM* dérivant de n'importe quelle affirmation fausse et démontrable 213-214

Incroyablement, adverbe paradoxal 135

Indémontrabilité et fausseté, équivalence supposée 157

Indescriptible, adjectif paradoxal 135

Index, supplice pour composer un bel 494

Indexicalité : du « Je », comme magique 393, empêchée par Russell 209, Gödel dépassant l' 179, 209, non indispensable à l'autoréférence 209

Indirect : perception 283, contrôle – d'un moteur 282
Indistinguabilité : des boucles de feedback vierges 277, des singletons se contenant eux-mêmes 277, des Univers Q et Z 424
Inécrivabilité 203-207
Infinité, ah ! 395
Influence des autres dans la croissance d'une âme 329-334
Insondabilité de soi-même 477-478
Intelligence artificielle 481, *voir aussi* Robots
Intentionnalité, comme synonyme de « avoir un "Je" » 26
Interaction nucléaire faible 40
Intériorité : d'un genou 99, d'une tomate 8-9, de Carol Hofstadter 303-312, de Frédéric Chopin 8, de Robert Hofstadter 8, degrés d'importabilité d'une 333-334, des moustiques 98-100, des robots 21-22, des symboles d'un autre 326-327, entrer dans l'– d'un autre 333, inaccessibilité de l'– d'un autre 357, préservée par une masse critique d'éclats d'âmes 305, seconde instanciation d'une 308-310, 325
Interpénétration des âmes humaines : comme résultat de nombreuses conversations intimes 350-351, étendue de l' 306, image de l' 334, niée par la langage ordinaire 355-356
Interpénétration des âmes nationales 358-360
Introduction à la logique (Suppes) 142
Inversion du spectre, énigme de l' 440-446, comme un conte de fées 446, timidité de l' 445-446, variété florale de l' 445-446, variété politique de l' 444-445, variété sonore de l' 441-442, variété sportive de l' 446
Invraisemblance du Point de vue Vrai 409
Islandais, opacité présumé du langage 199
Isomorphismes : comme analogies formelles 195, comme créant des références implicites 322
Italie, frontières floues de l' 358-359
Itérations dans le plan complexe 86-87

J

James, William 278, 395
Je demeure avant tout moi-même et vous vous-même 280
Je suis vaste, je contiens des multitudes 466

Je : à la fois concret et abstrait 392, analogue à la boucle étrange de Gödel 254, 266-274, artificiel 253, capitalisation de 91, cerveau principal du 341-343, changements infimes dans le temps 245, comme boucle étrange 127, 246, 254, 268-273, comme Boucle-Étrange City 311, comme croyance commune 272, comme entité à la troisième personne 414, comme essence indépendante du cerveau 378, comme fusion de deux hémisphères 291, comme hallucination 386, 414, comme illusion 91, 118, 120, 141, comme illusion inévitable 141, 239, comme lieu de la causalité 271, comme plus réel que tout 91, 118, 233, 236, 248, 269, comme pronom pluriel 294, comme réflexe linguistique 4-6, 375, comme représentation unifiée des espoirs, croyances, etc. 236, comme symbole des autres 325-327, 333-334, 338-340, comme transportable d'un cerveau à l'autre 311, 338-340, conséquence automatique de la perception 91-96, 256, 473, croissance au cours du temps du 238-246, d'un bébé 277, d'un véhicule robot 250, dictant librement sa loi au libre arbitre 447, en Gémellie 289, en Gémmellie 290, existence certaine du 124, faisant référence à un couple 294, granularité importante de la perception indispensable au 268, indexicalité de 393, influencé par les autres 333, mystification du 388, naissant de la générosité 465, nécessaire, pour être 387, nécessité de l'illusion du 387, 396, nuances de gris dans le 473, opposé à « je » et « Nnous » 289, perçu comme maître à bord 123-124, 127, 237, 241, 269, 271, plus d'un – par cerveau 275, 284-296, réalité douteuse du 248, réparti en plusieurs cerveaux 341-343
je, pronom semi-personnel en Gémellie 286
« Je ne suis pas prouvable » 179, 188, 254, 475
« Je ne suis pas un théorème » 179, 188, 475
« Je suis comestible » / « Je ne suis pas comestible » 260, 266-268
« Je suis en train de mentir » 71, 483
« Je » artificiel, toujours loin 251
Jetzt bin ich ein strahlendes Paar 294
Jeu de la Vie, Le (John Conway) 486
Juifs durant la diaspora 360

Jumeaux Chaplin (Freda and Greta) 291-292

K

k (nombre de Gödel d'un fragment de la formule de Gödel) 184
Karen, *voir* Greg
Kasparov, Gary 250
Kennedy, Robert 497
KG, formule de Gödel : absence d'indexicaux dans 209, causalité descendante et 222, 227, condensabilité de 264, décrite par des abréviations 264, indémontrabilité de 213-216, 218, longueur inconcevable de 263, 266, repoussante pour Russell 191, traduite avec l'indexical « Je » 181, 189, vérité de 213-216
KH, formule de Gödel pour *Super-PM* 217
Kim, Scott 345-346, 351
King, Jeannel, poème de 120
King, Martin Luther, Jr 453, 497
KJ, pic himalayen, inescaladabilité de 220-221
Klüdgerot 260-163, 266-267, 269
Koans, 392
Kolak, Daniel 357
Krall, Diana 441, 443
Kriegel, Uriah *xiv*
Külot, Gerd, critique dramatique du *Prince Hyppia : Math Dramatica* par 204-206

L

La raison du plus fort est la meilleure 20
Labyrinthe de la vie 448
Langage : acquisition du 4-5, comme code implicite 202, sans autoréférence 76-77, 78
Le Lionnais, François 144
Leibniz, Gottfried Wilhelm von 166
Leonardo di Pisa (Fibonacci), 161-162
Lettres, comme dénuées de sens 379
Libre arbitre : d'une machine 141, opposé à la volonté 447-449, vaincu par lui-même 448
Lions : compassion des 458, conscience des 458, végétarisme supposé des 458-459
Liphosophie 430-432
Little Tyke, lion prétendument végétarien 348-349
Löb, Martin Hugo 208
Logique simmbolique 61-62, 125
Logique symbolique 142-143, 166

Loi de Hofstadter *xv*
Lucas, *voir* Nathalie
Lumière intérieure 19-22, 256, soudainement éteinte 299, 360, 389

M

Ma Thémagie, articles dans 77-79
Machine Q opposée à Machine Z, 422-428
Machines de Turing 33-34
Machines ressentant, opposées aux machines ne ressentant pas 422
Machines Who Think (McCorduck) 414
Machines : ayant des opinions 141, ayant une âme 141, capables de construire des phrases 3-4, comme nécessairement inconscientes 413, conscientes 141, créatives 141, croyant au libre arbitre 141, dédiées 317-319, désorientées 141, lisant et interprétant sa propre description 318-319, *qui* pensent [*who think*] 414, 421-425, universelles 317-319
Madurodam 74
Magnanimité 454-459, étymologie du mot 454, 465
Mahatma, étymologie du mot, 454
Malgache, opacité présumé du langage 199
Manipulation de symboles : par les mathématiciens 141, 172, par *PM* 145, 158, 172
Manipulation mécanique des symboles 166
Mariage : comme combinateur d'âmes 293-298, comme le troisième patient dans une thérapie de couple 295, de Carol et Doug 295-296
Married People: Staying Together... (Klagsbrun), 295
Mars, téléportation sur, 397-404, 415-416
Martin, Richard M., 142
Mathéisme, 487
Mathématiciens : comme cousins d'Einstein 155, comme machines à transformer le café en théorèmes 151, comme machines à transformer les conjectures en théorèmes 151, pourchassant les raisons 147, 151-152, pourchassant les structures 147, 149-151, ténacité des 157
Mathématiques : comme étude des structures 143, 147, études de 114, frontières floues des 138, raisonnant sur eux-mêmes 71-72, 210, se modélisant eux-mêmes 210

INDEX

Matière inanimée, comme substrat de l'âme *xiii*, 254-256, 472, 475

« Mauvaise substance » comme support de la conscience 22

Maxwell, James Clerk, 305

McMahon, Mademoiselle (enseignante de CP), 242

Mécanisation du raisonnement 165-168

Mega-inconsistance, *voir* Omega-inconsistance

Mèmes 31, 360

Mémoire épisodique : contenant des précédents pour de nouvelles situations 367, des chiens 249, des humains 107-108, rôle central de la - dans le « Je » 108, 238

Mémoire : à long terme et à court terme 31, dans l'aboiement en échos 84-85, dans la réverbération vidéo 84, épisodique 31, 107-109

Mentalique statistique 42

Métamathématiques 71, 143

Métrique entre cerveaux 406

Microgödelinos, 394

Mignotte, Maurice, 164, 487

1906, description en deux syllabes 136

1931 (année) 139, 141, 167, 179, 193, 201, 207, 213, 216, 219, 320, 322

Mind's I, The (*Vues de l'esprit*, Hofstadter and Dennett), 301, 403

Minsky, Marvin, 31, 335, 345

Mirage de la conscience *xiii*, 477

Miroirs reflétant des miroirs 73, 83

Mitchell, Melanie 491

Modus ponens 157

Modus tollendo tollens 142

Moitiés droite et gauche en Gémellie 284

Molécules : existence des 60, histoires de la vie des 51, non-pertinence des 50-51, opposées aux pensées 39, soumises au désir 124, virtuelles, dans un ordinateur 321

« Mon cerveau », signification de 342

« Mon » comme concept chez le chien 103, chez l'humain 118

Moravec, Hans 256, 259

Mortalité 116

Morton, boîte de sel, présentant une régression infinie bloquée 74, 187-188

Moser, David : admiration pour Carol Hofstadter 491, confinant au sacré 307, se plaignant de ses mauvais hôtes 491, vivacité d'esprit de 307

Mots : absence de pouvoir évocateur 379, comme étrangers au Zen 389, creux 425, 480, comme noms non prévus pour les épiphénomènes apparaissant dans un feedback vidéo 88-89

« Mot » et autres mots se référant au langage 76, 92

Moustiques 43, 66, absence d'amis des 467, aussi conscients que des humains 100, 257, caractère non réparti des 361, comparés à des chasses d'eau 249, 467, comparés à des missiles à têtes chercheuses 457, 464, comparés à des thermostats 249, complexité du cerveau des 377, 429, 467, dépourvus d'âmes 457, et *qualia* 467, expérience du sang des 467, expérience du violet des 378, intériorité d'un 98-100, 240, 249, 278, ne méritant pas d'être sauvés 464, n'ayant ni conscience, ni pitié, ni indulgence 457, symboles dans les 96-98, 240, 249, 278

Mouvement brownien, 60

« Mur » rencontré par les marathoniens 111-113

Musique : activant (ou pas) un neurone 49, contraste entre différents styles de 459-465, goûts en matière de – comme aspects profonds de l'âme 309, 329, 459, signification de la – comme résultant de structures 288

Mystères de la réverbération vidéo 84

N

« *N* » rimant avec « nada » 422

Nabel, Roy et Bruce, jummeaux 288-289

Nagel, Ernest 72, 74, 140

Napoléon 117, 410-411

Nathalie et Lucas, pairsonnes en Gémellie 284-285

Nature symbolique des simmbols 57, 61-62

Neige, comme concept vague 234

« N'est pas » n'est pas la source de l'étrangeté 208-209

Nether Wallop 117

Neumann, John von, 168, 320, 394, 488

Neurones 30, 37, 48-49, 56, 99, 228, 270, 480, boucles de – dans le cerveau 237, comme mauvais niveau pour rechercher la conscience 364

Neurosciences, vues des spécialistes des - sur le cerveau et le « Je » 270-272, *voir aussi* Sperry

Newman, James R. 72, 74, 140

Ni figue ni raisin 185

Nichage des concepts 105

Nicole, possible étudiante 366

Niveaux de description : causalité à différents 45-62, oscillations entre 469-470

Niveaux inférieurs, manque de pertinence des 47, 49-53, 280

« Nnous » (pronom première personne du pluriel en Gémellie) 286

Nom des mots 72

Nombres : comme générateurs de paradoxes 140, comme mode de figuration 209-211, dansant la même danse que d'autres structures 209-210, flexibilité et richesse des 133, 146, 208-210, 319, nature caméléonesque 217, 321 reflétant des formules 164-176,

Nombres de Fibonacci 161-165, 172

Nombres entiers bannis par les Klüdgerots, 260

Nombres fbf, 171-174

Nombres parfaits, infinité potentielle des 222-223

Nombres premiers 45-47, 146, de la forme $4n + 1$ 155-156, 363, infinité des 152-154, 170, somme de deux carrés 147-151

Nombres princiers 174-178, comme sommet d'une tour d'abstraction de 46 étages 264, miroir des formules démontrables 175, 179, 217, 223, pouvoir des 176-178

Nombres remarquables, Les (Le Lionnais), 144

Nombres roturiers 178, 203-204, 224

Nombres super-princiers, 217

Non-conscience de soi : des moustiques 98-100, des véhicules-robots 104

Non-dualisme, attrait et lacunes du 472-473

« Non Serviam » (Lem) 307

Non-universalité des cerveaux de chiens 324

Nos conflits intérieurs (Horney) 243-244

Notes isolées, absence de signification de 379-380, 466

Notice nécrologique, notre propre 116

Notions intellectuelles, opposées à substrat physique 228-229

Nourrir une formule avec son propre nombre de Gödel 185

Nuages, interprétés de manières simple et sophistiquée *xvii*, 269

Nuances de gris : de la conscience 20-24, 363, de la perception 100-102, de la personnalité 410-412, de la réalité 112-115, des guillemets 101, 413, des verbes d'émotion 436, d'où l'on se tient 404-407

Nucléotides 229

Nuit à l'Opéra, Une 425

Number-crunching 172, 320-322, ambiguïté du 322, interprétable comme traitement de texte, traitement d'images, etc. 320-321

O

O du angenehmes Paar (Bach) 293-294

Ô toi couple aimable, 293-294

Occurrence at Owl Creek Bridge, An (Bierce) 263

Ode à un paquet d'enveloppes (Jeannel King) 120

Œil de Dieu 126

Oiseau dans la cage, métaphore de l' 341, 406, analogie avec la physique newtonienne 351, au niveau des pays et des cultures 358, comme habitude ancrée 354, indices de la fausseté de l' 351, 355, métaphores opposées à l' 343, 358, 492-493, proche de la vérité 351, renforcée par le langage 356, tentation de l' 356

Omega-inconsistance dans *Prince Hyppia: Math Dramatica* 207, 488-489

Ordinateur, comme terme historiquement daté 321

Ordre dans le désordre, comme quête des mathématiciens 151

Orgue 459-463

« Ou », règle d'inférence possible pour 166

P

P (plus grand nombre premier) 153, 223

Pagnol, Marcel, signification convoyée par analogie dans un film de 197-199

INDEX

Pain transformé en arme, 139

Pairsonnes, en Gémellie 284-291, 355, impossibilité d'imaginer ce que ressentent les jummeaux 288, ne voulant pas devenir seminées 287-288

Pales d'un ventilateur 59

Paliers dans l'explication du fonctionnement du cerveau 42

Pangramme autoréférentiel découvert par Lee Sallows 483

Panpsychisme 357, 493

Papier hygiénique et cailloux comme substrat de la pensée 34

Papiers remplis de souvenirs constituant des éclats d'âme 304

Paradoxes : autoréférence et 75-76, dans *Drawing Hands* 130-131, débauche de 72, 130-131, 133, 396, en mathématiques 133-135, 140, inéluctabilité des 133, role clé dans les boucles étranges 132-133, utiles pour pointer les faiblesses dans les fondations des mathématiques 140

Paradoxe de Berry : comme candidat à l'étrangeté en boucle 133-139, comme terreau du théorème de Gödel 139, 180, formalisé par Chaitin 139

Paradoxe du barbier, 75

Paradoxe du menteur 71, 79, 483

Paradoxophobie 77, 205

Paraparte, Doleon 411

Parce que, coïncidant avec « bien que » (ou « malgré » avec « grâce ») 82, 140, 215

Parfit, Derek 397-411, 413-416, 427, doutes de 409, en Napoléon 410-411, radicalité des vues de 407-408

Particules : comme causes, opposées aux entités de haut niveau 38-44, 57-59, 123-124, 227, 230-231, 235, 238, 247, 386, 388, comme servant des forces supérieures dans le cerveau 247, mépris pour les catégories macroscopiques 230-231

Pascal, Blaise 166

Pavage déformé 332, 492

Pays, opposés à « personnes » 358

Peano, Giuseppe 166

Peanuts *xvii*

Peine capitale, 17, 451

Penguin Dictionary of Curious and Interesting Numbers, The (Wells) 144

Pensée : avec le cerveau d'un autre 335-336, comme danse des simmbols 61-62, comme ensemble d'habitude 4-6, comme mouvement premier dans le cerveau 127, comme synonyme de conscience 4-5, 269, essence de la 5, 29, 368-370

Pensée magique à propos du « Je » 389

Péonique, métrique cachée dans le texte 475, 498

Perception : comme changement de niveau dans une boucle étrange 277, comme germe du « Je » 91-96, 256, comme recherche d'analogues 366-368, comme un route à double-sens 95-96, d'un véhicule robot 100-102, dans le billodrome, 56-57, 126, dans le cerveau 56-57, de celui qui perçoit 91-93, 98-100, 103, 108-109, 256, 395, de la danse des symboles 366-368, des causes microscopiques 236, des moustiques 96-100, 102, granularité de la 43, 125-127, 228, 233-236, 239, 395, indispensable à la construction d'un « Je » 246, 278, 373, 375-376, opposée à réception 94-96, 246, primitive, opposée à fluide 373, sans percevant 373, suppression impossible de la 395

Père-noël, déconstruction du 388

Perversité divine 226

Peterson, Nancy 9

Pfeiffer, John 127

Phénomènes émergents : dans la vie de tous les jours, issus de la mécanique quantique, 482, dans le cerveau 37, dans le feedback vidéo 84-89, dans le plan complexe 86-87, dans les minéraux 36, issus des *Principia mathematica* se visant eux-mêmes 211

Photographies : comme collection d'éclats d'âme 7-8, 304, comme preuves d'une réalité 116, pouvoir déclencheur des 304, vues comme inutile 7, 304

Physique : comme opposée au libre arbitre 447, comme unique genre de causalité 40-44, 50, 57-59, 240, 476-477

Pistolet, à base de pain 139

Plafond d'abstractions chez l'auteur *xviii*, 113, 117

Plus petit entier inintéressant 136, 144
Pluton, membre douteux d'un club 496
PM (système formel des *Principia mathematica*), 145-147, 158, chiffrage de Gödel de 169-171, comme système universel de représentation 318, enrichissement insuffisant de 217, exemple de notation 159, force expressive de – entraînant sa perte 217, lianes de 260-263, pointant sur lui-même 217, prouvé incomplet 216
Poèmes : autoécrit 477, dans le texte 120, 293, 475, 498
Point de vue de niveau supérieur : caractère indispensable du 89, 231, de la formule de Gödel 228, éclipsant le point de vue de niveau inférieur 268, sur l'activité cérébrale 364, 472, sur la génétique canine 231, sur la vie en général 235, sur le billodrome 59, 258, sur le feedback vidéo 89, sur les embouteillages 48, sur les pixels d'un écran 199, 267
Points ne se chevauchant pas, âmes comme des, 357-358
Pologne comme entité abstraite 360
Pompes à intuition 402
Pomponnette 197-198, 258
Posh Shop Picketeers, The (Rosalyn Wadhead) 201-202
Pouchkine, Alexandre 305, 331, 339
Pourpre, sensation du 377
Pourquoi : en mathématiques 147, 149-155, je suis moi et tu es toi, 280, 403, 448
« Précédé de lui-même entre guillemets » 182-184
« Présentoir de magazine télé » en sanscrit 265
Pression de l'entourage 456-457
Preuve de l'infinité des nombres premiers 152-153
Preuve du dernier théorème de Fermat 164
Preuves empiriques, opposées aux preuves mathématiques 157, 162
Preuves, en géologie 163, en mathématiques 151-158
Prince Hyppia: Math Dramatica (Y. Ted Enrustle) 203-205
Princess Bloppia, 203
Principia mathematica (Whitehead and Russell) 75-77, 145-147, étudiant ses propres propriétés 174, fondations solides des 158, s'ouvrant avec une autoréférence 483, une page des 159, vulnérables à l'autoréférence 209-211,
Problème difficile, Le 474
Projection épisodique 238
Prokofiev, Sergei 327, concerto n° 3 pour piano 327, concerto n° 1 pour violon 328, 413, 471
Pronoms pairsonnels en Gémellie 286-287
Propositions vraies : exemples favoris des logiciens de 234, nombre de Gödel de 226
Propriétés informationnelles des molécules 229
Psychodynamique 42

Q

Q (produit de tous les premiers) 153
Qualia, expériences ineffables 91, 423, 466-467
Quantité d'âme 23-25, croissant avec l'âge 21-24, lien avec la musique 459-460, non limitée à 100 hunekers 21
43 et 49, entiers inintéressants 144
Quarks 39, 41, 46, 234
« Qui » : comme question à propos de la viande, 14-16, comme synonyme de l'ego cartésien 403, opposé à « quoi », réponse à des milliers de « comment » 413, vu comme question d'identité 19-20. Voir machines, Hattie Gutman, Chalmers, McCorduck
Qui bouscule qui 37-38, 47, 60-62, 123-124, 230, 247, 325, 432
Quine, Willard Van Orman 180, quasi-quolibet de 181-184

R

R2-D2 (robot), 21-22, 295, 436-437
Raisonnement, mécanisation du 166-168, 175
Raisonnements mathématique et logique unifiés 157-158
Rayon Gödel 222
Reagan, Ronald, 18, 22, 418, 434-435
Réalisme magique 430
Réalité : déterminée par la perception 43, 53, flou de la 115, fondements de la 115-118, niveaux de 111-119, niveaux macroscopiques ayant plus de 43, 233-234, 268

Reasons and Persons (Parfit) 397, 403-409
Recherche de structures en théorie des nombres 147-152
Récursivité, règle de croissance 161, 164
Réductionniste, point de vue : de Dereck Parfit 409, désespérante complexité du 230-231, sur le billodrome 57-59, sur les chiens 231, sur les gaz 89, *voir aussi* Frontières
Règle d'or 459
Règles d'inférence 157-158, analogues au règles définies par récursion 165-166, ignorant la signification 191-192
Règles d'inférences typographiques 165-166, reflétées par des règles calculatoires 174-175, 192
Règles récursives 172-176
Régression infinie 73, 82, 132, 187-188, évitée 187-188, 396, des entrées d'index 523
Régularités, du monde macroscopique 49-55, 390, en mathématiques 156
Répartition des âmes 303, 314, 338-341, 350, 354-360, facile à oublier 314, métaphore des papillons pour la 492-493
Répertoire de symboles 96-107, 256, chez le chien 249-250, chez le moustique 249, comme déterminant la taille de l'âme 277, et représentation universelle 324, extensibilité du 105-107, 242, 269
Répliques écrivables, conventions dramaturgiques des 203-207
Requin marteau 353
Richard, Jules 488
Robots : âme des 250, conscience des 437, localisation corps/cerveau des 349-350 véhicule 100
Romanciers comme inventeurs d'autres êtres 324
Romans : comme abstractions 297-298, comme structures copiées dans différentes cultures 297-298, 339, comme téléporteurs 348, signification des – comme issue des lettres ou des mots 379
Rotules, *voir* Genoux
Russell, Bertrand : admettant que les formules de *PM* ont un sens 192, aveuglé par l'intuition de Gödel 219, 259, 322, banissant l'autoréférence 75-79, 133-140, 145, 209, banissant les ensembles qui se contiennent 76, 277, formalisant le raisonnement 158, 165-168, 218, ne voyant qu'un niveau dans les chaînes de Gödel 172, 174, 200, 220, niant que les formules de *PM* aient un sens 192, paradoxophobe 77, 205, s'essayant à l'autoréférence 483

S

Sallows, Lee, 483-484
Samir Siksek 164, 487
Sandwich au beurre de cacahuètes comme medium flexible 139
Sanscrit 265-266
Sceptiques, voix des, *xx*, 364-366, 368-369
Schrödinger, Erwin, 314
Schweitzer, Albert 454-465, compassion de 454-457, et Bach 459-463, et pistolets 456, sur le sacré 462-463
Searle, John 33-37, 45, 102, 257, 412, 475, 480-481, 490, 495
Self-symbole : d'un chien 104, du billodrome 127, raisons de voir le – comme une boucle étrange 255, 268-273, s'agrégeant au cours du temps 240
Semences, dans une définition récursive 162, 165-168, 174
Seminés en Gémellie 284, 288
Sensum, substance de la sensation 380
Séries télé comme concept gigogne 265, comme structure bien réelle 233, 268
Seuil de complexité : pour l'universalité calculatoire 318, pour l'universalité représentationnelle 324-325, 466
Seuil Gödel-Turing 318, 324
Sexualité en Gémellie 285
Shahn, Ben 464
Shell, panneau 115
« Si… alors », écriture formelle de 158
Signification : comme cause 63, comme conséquence d'un parallélisme systématique 259, comme critère de l'apparition d'un « Je »374, comme effets secondaires de l'évolution 259, dans des substrats quelconques 259, dans les molécules, établie par correspondance 229, émergeant avec le recul 258, en musique 379-380, faite de morceaux dénués de sens

379, involontairement produite par l'auteur 198, 202-205, toujours établie par analogie/correspondance 193-195, 206
Signification « facile » et « supérieure » des motifs de pixels 201
Signification de niveau inférieur des formules de Gödel 192, ignorance de la 220, 268
Signification de niveau supérieur : causalité descendante de la 220-224, de la formule de Gödel 193, 201, 213-216, 228-228, de la réplique du Prince Hyppia 203-208, des lianes de *PM* lues par les Klüdgerot 260-263, 266-268, évidence pour un cerveau de la 228
Simmbols 55-62, 125-127, pourvus de sens 258-259
Simms 55-56, comme soupe indistincte 59-61
Singletons/paires dans une séquence de nombres premiers 148-151
Situation sans précédent, en ayant en fait de nombreux 366-367
641, primalité de, comme cause 45-48, 50, 62, 177, 231, 389, 447, rôle dans l'histoire des mathématiques 482
Skinnner, B.F. sur les phrases autoréférentes 78
Soap operas, voir Série télés
Soif : comme structure collective de cannettes 34-37, comme une cannette précise s'ouvrant 35, 481
62, l'entier ennuyeux 136, 144
Sommerfeld, Arnold 314
« Song of myself » (Whitman) 466
Souvenirs d'un être cher : comme copie grossière dans un autre cerveau 336, comme éclats d'âmes infinitésimaux 303
Spectre électromagnétique, donnant naissance aux sensations visuelles 444
Sperry, Roger 37-38, 42, 49, 60, 62, 231, 247, 272, 475, 497
Spin, d'un électron, comme ayant des propriétés indiscutablement précises 234
Spirales gödelienne 310, isomorphisme entre deux 312, pointeurs dans les 310, transport facile des 311-312, *voir aussi* Boucles étranges
Spot rouge de l'Exploratorium 65-66, 98-99, 475
« ss0 + sss0 = sssss0 », comme théorème concevable de *PM* 192

Stanford University, 81, 82, 85, 88, 114, 140-142, 250, 345-346, 353-354
Stanley (véhicule robot) 250-251, non-pertinence de la localisation de l'ordinateur de 350, version contrefactuelle de 251-252
Structure implique cause 151-154
Structures : causes derrière les 151-154, 164, infinies 152, 156, pouvoir causal des 45-62, 256
Structures en théorie des nombres 147-158, 161-164, 166-168, 319
Structures fractales des boucles de feedback vidéo 269
Structures physiques indépendantes du ressenti des couleurs 446
Structures typographiques, reflétées par des structures de nombres 164-165, 168-176
Substrat de la pensée : improbabilité qu'un cerveau le postule 228, invisibilité du 228, 271, non-pertinence des détails du 46, 49-53, 280, suffrage au sein du 449-450
Super-*PM*, aussi incomplet que *PM* 217-218,
Suppes, Patrick C. 142
Surnaturel, caractère – de la conscience 425
Survivance : comme fonction de la transportabilité du point de vue psychique d'une personne donnée 312, double 415, partielle, dans d'autres cerveaux 340, 360-361, 418, 419, rôle clé de la perception dans la 477, *via* un clone téléporté 397-407, 415-416
Symboles dans le cerveau : « Je » comme le plus complexe de tous 238, analogues à des livres dans une bibliothèque 364, 367, comme effets secondaires de l'évolution 259, danse des 258-259, 326, 364-369, 381, 388, 421, déclenchement de– par des événements 366-368, déclenchement de– par des signaux 94-95, 238, 337, définition 94, des chiens 102-105, des humains 105-107, des moustiques 98-100, exemples typiques de 233, perception directe des 227-228, perçus par d'autres symboles 366-368, répertoire illimité de 269
Synchronie : de Pomponnette et Aurélie 258, des nombres de Gödel et des formules de *PM* 168-172, 175, 223, des nombres princiers et des théorèmes de *PM* 258-259, entre simmbols et monde extérieur 258

INDEX

Synonymie de « Je », « Soi », « Âme », « Conscience », « lumière intérieure » etc. 363, 469
Syntaxe logique du monde, La (Carnap) 142
Système perceptif : appauvri 278, croissant avec le temps 278
« s0 + s0 = ss0 » 146, 167

T

Taches dénuées de signification sur le papier 8, 192
Taches noires sur fond blanc : comme éclats d'âme 7-8, 304, comme technologie primitive de téléportation 347
Taoïsme 389
Tarski, Alfred 225, 489
Tas de feuilles : comme entités macroscopiques 41, comme pourvus de Tasdefeuillitude 430-432, nature intrinsèque des 430
Tasdefeuillitude, essence CAPITALE 430-432
Téléologique, langage 65, 67
Téléportation destructive, 397, 404
Téléprésence : téléphonique 345-346, *via* caméra embarquée 349, *via* un roman 348
Théorèmes : comme formules prouvables 157-158, 175, comme structures dépourvues de signification 192, comme structures pourvues de signification 191-193, première, seconde (etc.) générations de 166, reflétés par les nombres princiers 174-176, 179
Théorème d'incomplétude de Gödel, prouvé par Chaitin 139, prouvé par Gödel 216-218
Théorème de Gödel, Le (Nagel et Newman) 71, 140
Théorème de l'angle inscrit 422
Théorie algorithmique de l'information 140
Théorie de la calculabilité 320
Théorie des dominos (Guerre froide), 46
Théorie des ensembles 75-76
Théorie des types 75-76, 79, 136, 179
Thermodynamique, opposée à mécanique statistique 40-41, 389
Thermostat 63, 97, 99, 240, 249, 256, 278, 282, 373
« Toi », origines du, 280, 383, 403
Toilettes, conscience de soi des 99, 257
Toit ouvrant, comme distinct de la conscience 428

Tomates, comme dénuées d'âme 8-9, 20, 240
Tour de définitions de plus en plus abstraites 265
Trains : identité des 416-417, comme qui [*who*], non quoi [*that*] 417
Trous noirs en feedback vidéo, 83, 122
Truth and Denotation (Martin) 142
Tu, adressé à un couple marié 293
Turing, Alan 318, 320
Types, hiérarchie rigide des 76
Typogaphiques, règles de croissance – pour les chaînes de *PM* 165-169

U

Ubiquité 345-347
« Un corps, un nom », comme convention 283
« Un corps, une âme », dogme (également « un corps, une personne » et « un corps, un cerveau ») 294, 341, voir aussi *Oiseau dans la cage*
« Un pays, un peuple » 358
« Un », mot banni 261
Unidimensionnalité du spectre inversé 445
Univers Q et univers N 424-426, 430, 435-437
Universalité dans la représentation : des humains 323-325, empathie, sous-produit de l'– 325, seuil pour l'– 325
Universalité de *PM* 319-320
Universalité des nombres entiers : 145-146, 209-217, 319-320, ayant échappé à Whitehead et Russel 320, ayant échappé aux premiers informaticiens 320
Universalité des ordinateurs 317-322, comme non anticipée par les premiers ingénieurs informaticiens 320-321
Universelles : boîtes à musique – 320, machines – 317-322
Université de l'Indiana, *xviii*, 13, 345
Usage et citation, distinction entre 72, 74

V

Valeur des vies humaines et animales 16-25, 451-453
Végétarien, régime : de la lionne « Little Tyke » 458-459, improbable chez les lions 458, réflexions sur le 8-16

Verbal : comportement –, traduction évidente de la conscience 376, insuffisant pour les sceptiques 376-377
Verbales, habitudes –, renforçant la conception naïve du « Je » 383, 416
Verger, métaphore de l'âme 492-493
Vérité : comme notion inexprimable en notation *PM* 225-226, et improuvabilité se conditionnant facheusement l'une et l'autre 216, préservation de la – par les règles d'inférence 165-166, présumée équivalente à la prouvabilité dans *PM* 167
Verre d'eau, siège d'une activité fébrile 59
Verrouillage : d'épiphénomènes sur un écran 87-88, des perceptions 67, 97-98, du « Je » 240, 245, du soi 247-248
Vibrations et hauteur de tons 441
Victimes de l'échelle macroscopique 43
Vidéo, expéditions I et II, 81-82, 85, 88
Vie : comme illusion 5-6, dans l'Univers Z 497, définition 1-6,
Violation de l'ordre hiérarchique comme essence d'une boucle étrange 208
Violet, expérience du 376-378, 428, 435
Violettes et roses comme sensations inversées 446
Virtuelle, nourriture 345, présence – ailleurs 343-350
Virtuels, mondes – sur les écrans des ordinateurs 322
Virtuosité, par opposition à profondeur 460
Visité, être – dans son esprit par un autre 325
Vitalité de la jeunesse, *xxi*
Vitalité salutaire *xxii*
Vivre dans quelqu'un d'autre 324-325, 329, 333-334, 350-351, 357-358, voir aussi *Survivance*, *Visité*
Voitures : comme objets de haut niveau 33, 47, mues par le désir 124
Voix intérieures en conflit 351
Volcans, comme entité explicative 59
Volonté, comme mouvement premier 123-124, éventuellement frustrée par soi-même 449, non libre 448-450, restreinte par les contraintes du labyrinthe de la vie 448, *voir aussi* Libre arbitre
Vroum-Vroum Betty, 249
Vue classique de l'identité humaine, *voir* Ego cartésien, Oiseau dans la cage
Vue naïve du soi, analogue à la physique newtonienne 351

W

Wadhead, Rosalyn 201
Wagner, Richard 117
Wallenberg, Raoul 453
Washington, George 18
Webcam au chenil 324, 344
Weekly World News, The 280, 323
Wells, David 144
Where am I? : comme question très pertinente de la vie réelle 343, 345-349, 373, 382, conte fantastique de Dennett, 347, question posée dans les questions de téléportation 397-404, 413-417, 473
Whitehead, Alfred N., 75, 76, 133, 158, 165, 166, 171, 172, 174, 178, 203, 218, 260-263, 319, 483
Whitman, Walt, 465
Wiles, Andrew 164
Willfits, Bernek 410
Williams, Bernard 410
Williford, Ken *xv-xvi*
Wired article sur les véhicules-robots 251
Wous, pronom personnel en Gémellie 286-287

Z

Zen, cherchant à déstructurer le « Je » 389
Zermelo-Fraenkel, théorie des ensembles de, 166, 216
« 0 = 0 » 171
Zombie : humains, 237, 425-428, 435-497, tas de feuilles, 430 robots, 22, jumeau de Dave Chalmers 425, 435
Zoom avant et arrière dans le billodrome, 59-62, 125-126, 238, 258, 392

049971 - (I) - (4) - OSB 80° - TYP - NGT

Achevé d'imprimer sur les presses de
Snel
Z.I. des Hauts-Sarts - Zone 3
Rue Fond des Fourches 21 – B-4041 Vottem (Herstal)
Tél +32(0)4 344 65 60 - Fax +32(0)4 286 99 61
Octobre 2008 – 46204

Dépôt légal : novembre 2008

Imprimé en Belgique